東洋古典譯註叢書 140

譯註 明清八大家文鈔 4

張裕釗·吳汝綸

附 索引

著者 張裕釗·吳汝綸 編者 王文濡
책임번역 李相夏
공동번역 金玟榮 金成恩 安垵爽 禹羅映

전통문화연구회

飜譯委員

企劃編輯　東洋古典飜譯編輯委員會
飜譯研究管理　南賢熙
著　　者　張裕釗 吳汝綸
編　　者　王文濡
責任飜譯　李相夏
共同飜譯　金玟榮 金成恩 安埈奭 禹羅映
索　　引　禹羅映
潤　　文　南賢熙 李孝宰
校　　訂　南賢熙 李孝宰
編輯出版　白俊哲
裝　　幀　김진디자인

圖書管理

弘報管理　李和春
普　　及　申洋先
古典情報化　安成守

東洋古典譯註叢書를 발간하면서

우리의 古典國譯事業은 민족문화 진흥의 기초사업으로 1960년대부터 政府 支援으로 古文獻 現代化 작업을 추진하여 많은 成果를 거두었다. 당시 이 사업 추진의 先行課題로 東洋古典이라 일컬어지는 중국의 基本古典을 먼저 飜譯하여야 한다는 學界의 주장이 있었음에도 불구하고 우리 고전이 아니라는 일부의 偏狹한 視角과 財政 事情 등으로 인하여 배제되어 왔다.

전통적으로 중국의 기본고전은 우리 歷史와 함께 숨쉬며 각종 교육기관의 教科書로 활용됨은 물론이고 지식인들의 必讀書가 되어 왔으며, 우리 文化의 基底에 자리잡고 거의 모든 방면의 體系와 根幹을 형성하여 왔다. 그래서 학문연구의 기본서 역할을 해 왔을 뿐만 아니라 오늘날에도 우리의 國學徒 및 東洋學 研究者들에게 같은 역할을 하고 있음은 주지의 사실이다. 그럼에도 불구하고 中國古典은 우리 것이 아니라 하여 專門機關의 飜譯對象에 포함하지 않음으로써, 대부분 原典에서의 직접 번역이 아닌 重譯이나 拔萃譯의 방식이 주를 이루면서 教養水準으로 出版되어 왔다.

오늘날 東洋 三國 중에서 우리의 東洋學 연구가 가장 부진한 이유는, 東洋基本古典에 대한 폭넓은 이해의 부족과 漢文古典 讀解力의 저하에 기인함을 우리는 솔직히 인정하여야 한다. 따라서 이들 중국고전에 대한 신뢰할 만한 國譯이 이루어지는 것이 한국학 연구를 촉진시키는 시급한 先行課題라 할 수 있다.

이에 韓國學 및 東洋學의 연구와 古典現代化의 基盤構築을 위해서는, 전문기관으로 하여금 동양고전을 단기간에 각 분야의 專門 研究者와 漢學者가 상호 협동하여 연구번역하여 飜譯의 傳統性과 效率性, 研究의 專門性을 높일 수 있도록 政策的 配慮가 있어야 한다.

이에 本會에서는 元老 및 中堅 漢學者와 斯界의 專攻者로 하여금 協同硏究飜譯하여 공부하는 사람들이 믿고 引用하거나 깊이 있는 註釋 등을 활용할 수 있게 하고, 知識人들의 敎養을 증진시켜 줄 수 있는 東洋古典의 國譯書 간행을 지속적으로 추진해 왔다. 근래에 다행히 이 사업에 대하여 각계 지도층의 폭넓은 이해와 지원에 힘입어 2001년도부터 國庫補助를 받아 東洋古典譯註叢書를 간행하게 되었다. 이를 계기로 우리 先學의 註釋과 見解를 반영하는 등 국역사업의 內實을 기하게 되었음을 이 자리를 빌려 衷心으로 감사드리며, 아울러 國譯에 參與하신 관계자 여러분의 勞苦에 깊은 謝意를 표한다.

끝으로 우리의 이러한 작업은 오랜 역사 위에 축적된 先賢들의 業績과 現代學問을 이어주는 튼튼한 架橋와 礎石이 되어 진정한 韓國學과 東洋學 발전에 기여할 것을 굳게 믿으며, 21세기를 우리 文化의 世紀로 열어 가는 밑거름이 되도록 우리의 力量을 本 事業에 경주하고자 한다. 江湖諸賢의 부단한 관심과 지원을 기대해 마지않는다.

社團法人 傳統文化硏究會 理事長 李啓晃

凡 例

1. 본서는 ≪譯註 明淸八大家文鈔≫ 제4책으로, ≪明淸八大家文鈔≫ 중 張裕釗(淸)의 ≪張濂亭文鈔≫와 吳汝綸(淸)의 ≪吳摯甫文鈔≫를 譯註한 것이다.
2. 底本은 王文濡(淸)가 編輯한 ≪明淸八大家文鈔≫로 中國 進步書局에서 初刊된 石印本(1915)이다.
3. 본서는 원전의 傳統性과 번역의 現代性을 구현하기 위해 노력하였다.
4. 原文에는 우리나라 전통방식의 懸吐를 하였다.
5. 原文의 校勘은 誤字, 脫字, 衍文, 倒文 등을 대상으로 하였다.
6. 原註의 위치는 본문의 原文에 ①, ② 등으로 표기하였다.
7. 飜譯은 原義에 충실하게 하되, 이해가 어려운 부분은 意譯 또는 補充譯을 하였다.
8. 譯註는 校勘, 人物, 制度, 官職, 역사적 사건, 인용문의 出典, 異說, 故事, 전문용어, 難解語 등에 관한 사항을 밝혔다.
9. 飜譯文은 한글과 한자를 혼용하였으며, 맞춤법과 띄어쓰기는 한글 맞춤법과 표준어 규정을 따랐다.
10. 원문이나 번역문의 한자 중에 僻字나 讀音이 특수한 글자는 한글로 音을 달아주었다.
11. 본서의 校勘에 사용된 符號는 다음과 같다.
    ( )〔 〕: (저본의 誤字)〔교감한 正字〕
    〔 〕: 저본의 脫字 보충
    ( ): 저본의 衍字 삭제
12. 본서에 사용한 주요 부호는 다음과 같다.
    “ ”: 對話, 각종 인용
    ‘ ’: “ ” 안에서 재인용, 강조

「　」: ‘　’ 안에서 재인용, 강조

『　』: 「 」안의 재인용

(　) : 원문에서는 讀音이 다른 글자나 僻字의 音, 번역문에서는 간단한 譯註

〔　〕: 번역문의 이해를 돕기 위한 原文의 漢字나 句節, 譯註에서 인용한 原文

≪ ≫ : 書名

< > : 篇章名, 作品名, 補充譯

目 次

제8권 吳摯甫文鈔

〔附錄 1〕 - 索引

〔附錄 2〕 - 參考資料

明淸八大家의 생애와 문학 - 張裕釗 · 吳汝綸 -

禹羅映*

1. 張裕釗(1823~1894)

1) 생애

張裕釗는 道光 3년(1823)에 湖北 鄂州(지금의 武昌)에서 출생하였으며, 字는 廉卿, 호는 濂亭이다. 어려서부터 制擧業을 좋아하지 않고 唐宋 古文과 經史 서적을 두루 읽으며 經世學에 뜻을 두었다. 특히 宋代 古文家인 曾鞏의 ≪南豐集≫을 애호하여 반복하여 읽었다. 18년(1838) 16세 때에 縣試에 응시하여 秀才가 되었고, 26년(1846)에 湖北 鄕試에 합격하여 擧人이 되었다. 30년(1850)에 入京하여 會試를 보았으나 낙제하였다. 후에 國子監 學正으로 선발되어 內閣中書에 제수되었는데, 당시 主試官이었던 曾國藩이 그의 문장이 증공과 비슷한 것을 보고 칭찬하였다. 이를 계기로 증국번의 문하에 들어가 수학하면서, 학문과 문장이 크게 진보하였다. 장유소는 증국번의 가르침을 통해 이전에 자신이 쓴 글이 범속하다는 것을 깨닫고, 司馬遷, 班固, 司馬相如, 揚雄의 글을 매일 송독하면서 문장을 학습하였다. 장유소는 증국번에게 큰 기대를 받는 수제자였으나, 평소 관로에 큰 뜻을 두지 않았다. 북경에서 2년 동안 봉직하면서 官場의 부정부패를 목도하고 귀향하였다.

咸豐 2년(1852)에 李鴻章의 초빙으로 武昌 勺庭書院의 主講이 되면서 교육 활동에 종사하기 시작하였다. 4년(1854)에 증국번이 太平軍을 진압하기 위해 호북으로 출병했을 때 장유소를 幕僚로 불러들였다. 이후 10여 년간 증국번의 幕下에 있는 동안 여러 동료들이 높은 관직에 진출하였으나, 그는 정치를 단념하고 교육 활동과 문학 창작, 서법 연구에 전념하였다. 同治 10년(1871)부터 江寧 鳳池書院, 保定 蓮池書院, 武昌 江漢書院, 襄陽 鹿門書院의 주강을 지냈다. 당시 서구의 침입으로 국내외로 위기가 고조되어 인재 양성이 매우 시급한 국가적 과제였는데, 장유소는 과거제를 폐지하고 西學을 적극 수용할 것을

---

*) 서울대학교 중어중문학과 박사수료

주장하였다. 그는 서원에서 여전히 전통적인 古文을 교육하는 한편, 학생들에게 실업과 과학기술 중심의 교육을 시행함으로써 신식 교육 체계를 수립하는 데 일조하였다. 光緖 18년(1892년)에 두 아들을 따라 襄陽에서 西安으로 이주하였다. 20년(1894) 72세를 일기로 서안에서 사망하였다.

장유소는 서법 분야에서 '北碑南帖'이라 불리는 北朝의 소박하고 역동적인 서체와 南朝의 전아하고 우미한 서체를 조화시켜 새로운 풍격을 만들어 내었다. '張體'라고 불리는 그의 독창적인 서체는 100여 동안 청대 서예계에 큰 영향을 미쳤다. 서법가로서의 탁월한 성취에 가려져 문장가로서의 면모는 비교적 덜 알려진 편이지만, 장유소는 평생에 걸친 강학 활동을 통해 桐城派의 文論을 널리 전파하여 청대 말까지 동성파의 명맥이 이어지는 데 기여하였다. 그가 배출한 수많은 문하생들은 학자, 문인, 실업가, 관료 등 다방면으로 진출하여 큰 성취를 거두었다. 그중에서도 范當世, 張謇, 姚雪臣, 朱銘盤, 일본인 宮島詠士 등이 대표적인 인물로 꼽힌다.

2) 문학과 학술 사상

장유소는 黎庶昌, 吳汝綸, 薛福成과 더불어 '曾門四弟子'로 꼽히는 인물이다. 그중에서도 증국번이 "내 문인 중에서 성과를 기대할 수 있는 이는 張生과 吳生 두 사람뿐이다."라고 말했을 만큼, 장유소와 오여륜은 증국번을 계승한 嫡統이라고 할 수 있다.

그의 문학적 입장은 다음과 같다. 첫째, 증국번의 文氣論을 계승하여, 문장 창작에 있어서 氣의 자연스러운 운용을 관건으로 삼았다. 다만, 장유소는 이 기가 바로 소리, 즉 聲音의 抑揚高低를 통해 드러난다고 보았다. 장유소는 오여륜에게 보낸 〈答吳至甫書〉에서 "文은 意를 주로 삼아 辭는 그 意에 능히 부응할 수 있고자 하고 氣는 그 辭를 능히 들 수 있고자 해야 합니다. 비유하자면 수레가 그러하니, 意는 수레를 몰고 辭는 짐을 싣고 氣는 가도록 하는 것입니다. 古人의 文을 배우고자 한다면 처음에는 소리를 인하여 氣를 찾아야 합니다.〔文以意爲主 而辭欲能副其意 氣欲能擧其辭 譬之車然 意爲之禦 辭爲之載 而氣則所以行也 欲學古人之文 其始在因聲以求氣〕"라고 하였다. 이런 입장은 '神(작가의 精神)'과 '氣(문장의 氣勢)'가 문장의 音節을 통해서 드러난다고 본 梅曾亮의 견해와도 상통하는 것이다.

둘째, 동성파의 義法을 계승하여 번잡하고 화려한 문장보다는 내실을 갖춘 단정한 글을 쓸 것을 주장하였다. 그는 〈答藜蒓齋書〉에서 매증량을 평하면서 "梅氏의 장점은 무엇보다도 筆勢의 妙를 능히 남김없이 다하는 데 있으니, 그 修辭는 진실로 方公(方苞)과 姚

公(姚鼐)보다 낫습니다. 그러나 오로지 여기에만 정신을 쏟은 나머지 氣・體・理・實은 마침내 廣大精微한 이치를 끝까지 다하지 못했으니, 이것이 단점이 되는 바입니다.〔梅氏勝處 最在能窮盡筆勢之妙 其脩詞誠愈於方姚諸公 然一意專精於是 而氣體理實 遂不能窮極廣大精微之致 此其所以病也〕"라고 하였다. 氣(문장의 기세), 體(문장의 풍격), 理(문장의 이치), 實(문장의 내용)을 겸비하여야 좋은 문장이 된다고 본 것이다.

셋째, 문장의 雅健한 기풍을 높이 쳤다. 그는 〈答劉生書〉에서 "문장의 도는 아건한 것보다 중요한 것이 없다. 굳세게 하려다가 너무 매몰차면 혹 속됨에 가깝게 되고, 속됨을 면하려고 자연스럽기를 힘쓰면 또 혹 미약해서 떨칠 수 없게 된다.〔夫文章之道 莫要於雅健 欲爲健而厲之已甚 則或近俗 求免於俗而務爲自然 又或弱而不能振〕"라고 하였는데, 문장은 전아하여 속되지 않으면서도 강하고 힘차야 한다는 것이다. 이는 '陽剛'의 풍격을 통해 웅장하고 근엄한 풍격의 글을 쓰고자 한 증국번의 영향을 받은 것이다.

실제 창작에서, 장유소의 글은 풍부하고 다채로운 언어를 구사하면서도 감정 표현이 진솔한 것이 특징이다. 그는 자신의 불우한 처지를 반영한 글을 많이 지었다. 일례로 〈送梅中丞序〉는 젊을 때 국자감에서 함께 수학하였던 梅啓照가 浙江 巡撫로 부임하러 가는 것을 전송하며 준 글로, 현달하여 높은 벼슬에 오른 친구와 불우하고 낙척한 자신을 비교하면서 좌절과 실의에 빠진 심정을 솔직하게 드러내었다. 아내 黃氏의 묘지명인 〈黃孺人墓誌銘〉에는 가난한 집에 시집와서 약한 몸으로 고생하다가 44세의 나이로 일찍 죽은 아내에 대한 애틋하고 슬픈 심정이 잘 드러나 있다. 한편 〈蟲單傳〉은 여느 동성파 문인과도 차별화되는 그의 개성적인 면모가 잘 드러나는 작품이다. 이 글은 '蟲'자와 '單'자를 합하면 '蟬(매미)'이 되는 것에 착안한 假傳體 소설로, 名利를 바라지 않고 혼탁한 세상을 떠나 초연히 사는 隱士의 삶을 매미에 비유하였다. 그는 사회 현실을 반영한 글도 많이 남겼는데, 관료로서의 경력이 일천함에도 불구하고 당시의 혼란한 국가 상황 및 국제 정세를 누구보다도 예리하게 파악하고 있다. 일례로 〈送吳筱軒軍門序〉에서는 청나라가 외교에서는 굴욕을 참고 서양과 적극적으로 소통하여 자기를 낮추어 실익을 추구해야 한다고 주장하였다.

학술 방면에서, 장유소는 동성파의 학술을 계승하여, 漢學과 宋學의 조화를 꾀하되 의리가 최상이고 考據와 詞章은 그 다음이라고 하였다. 학술 연구에 있어서 고증학의 가치는 인정하였으나, 문장 학습에 있어서 지나친 고증이나 주석은 문장의 고유한 가치를 해칠 뿐이며 문장 자체만 반복하여 숙독한다면 그 뜻을 터득할 수 있다고 보았다. ≪史

記≫ 학습에 있어서도 ≪史記集解≫, ≪史記索隱≫, ≪史記正義≫를 비롯한 ≪사기≫의 대표적인 주석서들을 과감하게 평가절하하고, 주석을 제외한 ≪사기≫ 본문에 歸有光의 평점을 덧붙인 ≪震川評點史記≫를 간행하였다. 반면, 陳第가 중간한 ≪毛詩古音考≫에 써준 〈重刊毛詩古音考序〉에서는 ≪詩經≫ 및 三代와 兩漢의 전적을 연구하기 위해서는 古音과 訓詁에 대한 연구가 중요하다고 역설하였다. 장유소 본인이 ≪左氏服賈注考證≫과 ≪今文尙書考證≫ 등을 집필한 것을 통해서도 그의 학술이 저변이 매우 넓으며 유연하였음을 알 수 있다.

3) 張裕釗 文集의 版本과 ≪明淸八大家文鈔≫ 수록 양상

장유소는 100여 편의 고문과 270여 수의 시를 남겼다. 그의 시문은 門人 및 親友들에 정리 간행되어, 현재 30여 종에 달하는 판본이 전한다. 가장 이른 시기에 간행된 것은 光緖 8년(1882) 蘇州에서 장유소의 제자 査燕緖가 고문 85편을 모아 편집한 ≪濂亭文集≫ 8권이다. 그리고 20년(1894) 장유소가 사망하였을 때, 黎庶昌이 유고를 모아 ≪濂亭遺文≫ 5권과 ≪濂亭遺詩≫ 2권을 편집하여 이듬해 간행하였다. 民國 5년(1916)에 장유소의 손자 張孝移가 北京에서 ≪염정문집≫, ≪염정유문≫, ≪염정유시≫를 모아 ≪濂亭集≫을 간행함으로써 全集의 형태가 갖추어졌다. 한편, 手稿本 2종이 남아 있는데, 대만 국립중앙도서관에 소장된 ≪張廉卿先生詩文稿≫에는 77편의 문장이 수록되어 있다. ≪張廉卿先生論學手箚≫ 2권은 장유소가 연지서원에서 강의하던 시기에 오여륜에게 보낸 56통의 서신을 모은 것이다.

≪明淸八大家文鈔≫에는 장유소의 산문이 총 42편 수록이 되어 있는데, 문체별로 나누면 書後 4편, 序 6편, 跋 2편, 送序 8편, 壽序 3편, 書 6편, 碑記·墓表·墓誌銘 8편, 傳 1편, 記 4편이다.

2. 吳汝綸(1840~1903)

1) 생애

吳汝綸은 道光 20년(1840)에 安徽 桐城에서 출생하였으며, 字는 摯甫, 摯父이다. 빈한한 집안에서 태어났으나 어려서부터 열심히 공부하여 諸子百家의 서적을 섭렵하였다. 문학을 특히 애호하여 同鄕 先輩인 方苞, 劉大櫆, 姚鼐의 문장을 추숭하였다. 同治 2년

(1863)에 縣試에 응시하여 秀才가 되었고, 이듬해 江南 鄕試에 합격하여 擧人이 되었다. 4년(1865)에 會試에 합격하여 內閣中書에 올랐다. 曾國藩이 그의 재주를 높이 평가하여 幕府로 불러들였다. 10년(1871) 증국번의 추천으로 深州知州로 부임하였는데, 12년(1873)에 부친의 병을 이유로 사임하고 귀향하였다. 부친상을 마치고 13년(1874)에 江蘇巡撫 張樹聲의 幕僚가 되었다. 光緖 2년(1876)에 天津으로 가서 直隸總督 李鴻章의 막료가 되었다. 5년(1879)에 天津知府를 代理하였고, 7년(1881)에 冀州知州로 보임되었다. 그는 深州와 冀州를 다스리는 동안 교육 사업에서 탁월한 성과를 거두어 북경에까지 이름이 널리 알려졌다.

광서 14년(1888)에 張裕釗의 후임으로 蓮池書院의 主講이 되었다. 이때부터 12년 동안 연지서원에서 강학하면서 교육 방면에서 많은 업적을 남겼다. 그는 당시의 국가적 위기를 타개하기 위해서는 과거제도를 폐지하여 새로운 인재를 양성하고 서양의 사상, 제도, 문물을 수용하는 것이 급선무라고 생각하였다. 이런 신념을 바탕으로 서원의 전통적인 學制를 개혁하여, 영국인과 일본인을 교사로 초빙하여 외국어를 가르치고 博物·格致·機械 등의 과목을 개설하였다. 신식 교육을 시행하는 한편, 여전히 經·史·子가 학문의 근본이 되어야 함을 강조하고 동성파의 고문을 교육하면서 전통 학문의 명맥을 이어 나갔다. 당시에 국내외로 오여륜의 명성이 널리 알려져서 일본인과 서양인 학자들이 그를 찾아와 활발히 교유하였다.

광서 28년(1902)에 學部大臣 張百熙의 추천으로 京師大學堂 總敎習에 임명되었는데, 오여륜은 이를 수락하면서 일본으로 가서 신식 학제를 시찰할 것을 요청하였다. 이해 5월에 일본으로 건너가 3개월이라는 짧은 체류 기간 동안 5개 도시의 50여 곳을 방문하면서 학교를 탐방하고 학제를 조사하였다. 그리고 이 기간 동안의 견문을 정리하여 ≪東遊叢錄≫을 편찬하였는데, 이 책은 중국에서 최초로 메이지유신 이후의 일본을 소개한 전문 저작이자 중국 근대 교육의 이론적 기초를 마련한 책이다. 10월에 유학생 문제 때문에 駐日公使 蔡鈞과 마찰을 빚어 귀국하였다. 이후 安慶에 거처하면서 桐城學堂을 설립하였다. 29년(1903)에 갑자기 병을 얻어 64세를 일기로 사망하였다.

오여륜은 전통 학문과 신식 학문의 조화를 자신의 시대적 소명으로 삼고, 시대적 요구에 맞추어 전통 고문을 교육하고 전수할 방법을 고심하였다. 그 결과 수많은 평점본과 독본류 서적을 편찬하였는데, 그중에서도 ≪桐城吳氏古文讀本≫은 姚鼐의 ≪古文辭類纂≫의 770편 가운데 290편을 節錄한 것이다.

2) 문학과 학술 사상

오여륜은 張裕釗, 黎庶昌, 薛福成과 더불어 '曾門四弟子'로 꼽히는 인물이다. 사제자 중에서도 장유소와 오여륜은 증국번의 막부에서 서로 알게 된 후로 26여 년간 활발히 교유하면서 학술적, 문학적, 정치적 지향을 공유하였다. 오여륜은 桐城 출신으로 누구보다도 동성파의 적통을 자임하였지만, 동성파의 家法을 고수하지 않고 개혁과 쇄신을 적극 추진함으로써 근대에도 동성파의 명맥이 이어지게 하는 데 큰 기여를 하였다.

그의 문학적 입장은 다음과 같다. 첫째, 여느 동성파 문인과 다름없이 그 역시 文氣論을 주장하였으나, 문장을 창작하는 요소로 才, 氣, 學을 아울러 제시하면서 氣의 범주에 대해 독창적인 견해를 제시하고 있다. 그는 〈與楊伯衡論方劉二集書〉에서 "문장은 氣를 주로 하고 才는 氣를 통해 드러나는데, 요컨대 반드시 學의 수준을 가지고 재주의 수준을 살펴보아야 한다.〔夫文章以氣爲主 才由氣見者也 而要必由其學之淺深 以視其才之厚薄〕"라고 하였다. 이때 그가 말하는 才는 글재주에 국한되지 않고 학술과 문장의 재주를 아우르는 것이며, 氣 역시 문장을 써 내려가는 氣勢에 국한되지 않고 장기간의 학문과 수양을 통해 형성되는 작가의 기운을 아우르는 것이다. 오여륜은 行文에서 느껴지는 거창하고 종횡무진한 기세보다는 작가의 학문이 심화된 결과로 얻게 되는 精深하면서 醇厚한 기풍을 더욱 높이 평가하였다.

둘째, 장유소와 마찬가지로 "소리를 인하여 기를 구하는 것〔因聲求氣〕"을 고문 학습의 방법으로 삼아 誦讀을 중시하였다. 그는 문장을 소리 내어 읽음으로써 문장의 斷續, 緩級, 長短, 抑揚, 頓挫 등의 변화를 체득해 나가다 보면 자연스럽게 그 속에 숨겨진 정미하고 심오한 영역에까지 나아갈 수 있다고 하였다.

셋째, 그는 "예부터 도를 구하는 자는 반드시 문에 의지하였는데 그 효용은 반드시 당세를 이롭게 하여 구제하는 데 있다.〔自古求道者 必有賴於文 而其效必有以利濟乎當世〕"라고 하면서, 문장의 사회적 효용 가치를 중시하였다. 또한 문장은 시대의 변화에 발맞추어 변화해 나가야 한다고 생각하였다. 그는 동성파 고문이 현실과 괴리된 공허한 글이 되지 않도록 글 속에 당시의 사회 정치적 현안 및 서학에 관련된 내용을 담아내었다.

실제 창작에서, 그의 문장은 의론이 뛰어나고 說理가 풍부한 것이 특장으로 꼽힌다. 일례로 〈讀淮南王諫伐閩越疏書後〉는 淮南王 劉安이 漢 武帝에게 상소하여 閩越을 정벌하지 않을 것을 간언하는 상소를 올린 것에 대해 논한 글이다. 오여륜은 유안이 반역을 도모하였다는 세간의 평가를 부정하고, 정연한 논리로 당시의 역사적 맥락을 분석해 나가면서 유안의 상소가 忠心에서 비롯한 것임을 밝히고 그의 반역 또한 억울한 獄事였음을 설파하였다. 오여륜이 다방면에 정통하였던 까닭에 그의 글은 經學, 史學, 군사 제도, 지리학 등에 대한 심도 있는 지식을 담고 있는 경우가 많다. 예컨대 〈合肥淮軍昭忠祠記〉에서는 청나라 兵制가 변모한 과정을 서술하면서, 淮軍이 승세를 유지할 수 있었던 것은 李鴻章이 외국의 뛰어난 병기와 병법을 적극 차용하였기 때문이라고 분석하였다. 또한 〈歷代兵事〉에서는 ≪後漢書≫·≪資治通鑑≫·≪宋史≫를 비롯한 각종 史書를 두루 활용하여 戰國時代부터 당시에 이르기까지 역대로 深州 지역에서 있었던 兵事를 총망라하여 기술하였다.

그의 글은 조어가 간결하고 정확하며 질박하면서도 노련한 행문을 구사하며 감정 표현이 절제되어 있다. 일례로 〈題玉露禪院〉은 오여륜이 山東省 沭寧縣에 있는 玉露禪院을 방문하고 쓴 것으로, 27년 전 증국번의 막료로 있을 때 이곳에서 즐겁게 노닐었던 추억을 회상하고 시간이 덧없이 흐른 것에 대한 감개를 간결한 필치로 드러내었다. 오여륜은 이홍장을 특별히 존중하여 이홍장 사후에 祭文뿐만 아니라 神道碑銘과 墓誌銘을 지었다. 이런 글에서 오여륜은 太平軍과 捻軍을 진압하고 중국의 근대화를 위한 부단히 노력한 이홍장의 업적을 상세히 기술하는 한편, 반대 세력의 시기와 모해로 그가 뜻을 온전히 펼치지 못한 데 대한 안타까움을 드러내었다.

학술 방면에서, 오여륜은 經史子集의 학문을 아우르되, 특히 경학을 깊이 연구하여 ≪易說≫, ≪尙書故≫, ≪夏小正私箋≫ 등을 저술하였다. 〈記寫本尙書後〉에서는 ≪尙書≫가 道뿐만 아니라 문장으로서도 뛰어나다고 상찬하는 동시에 今古文 논쟁의 맥락에 유의하여 ≪상서≫ 텍스트에 정밀하게 접근할 것을 강조하였는데, 여기에서 오여륜이 문장가이자 경학가로서 어느 한 방면에 치우치지 않고 ≪상서≫를 폭넓게 수용하려고 한 것을 알 수 있다. 그는 동성파의 입장을 계승하여 漢學보다는 宋學을 중시하였으나, 宋儒가 道를 중시하고 文을 경시하는 태도에는 반대하고 訓詁와 文辭를 아우를 것을 주장하였다. 또한 그는 서구의 학문을 적극적 수용하여 진보적 사관을 가지고 있었다. 그는 嚴復이 헉슬리(Huxley, T. H.)의 ≪진화와 윤리(Evolution and Ethics)≫를 번역한 ≪天演論≫에 서문을 써주었는데, ≪천연론≫의 주장에 동조하면서 자신의 진화론적 사상을 드러내었다.

3) 吳汝綸 文集의 版本과 ≪明淸八大家文鈔≫ 수록 양상

光緖 30년(1904)에 오여륜의 아들 吳闓生이 시문을 편집하고 문인들이 出資하여 ≪桐

城吳先生全書≫ 18권이 간행되었다. ≪易說≫ 2권, ≪尙書故≫ 3권, ≪夏小正私箋≫ 1권, ≪文集≫ 4권, ≪詩集≫1권, ≪尺牘≫ 5권, ≪尺牘補遺≫ 1권, ≪諭兒書≫ 1권으로 구성되어 있다. 그 후로도 ≪桐城吳先生日記≫, ≪尺牘續編≫, ≪摯甫詩集≫ 등이 계속 간행되어, 현재 여러 종의 시문집이 남아 있다.

≪明淸八大家文鈔≫에는 오여륜의 산문 24편이 수록되어 있는데 문체별로 나누면 書後 3편, 序 1편, 事略 1편, 送序 1편, 題跋 3편, 記 2편, 壽序 1편, 碑文 2편, 墓碑銘·神道碑銘·墓誌銘·墓表 9편, 祭文 1편이다. 말미에 부록으로 오여륜이 저술한 深州 지역의 지방지 ≪深州風土記≫에서 4편을 뽑아서 수록하였다.

參考文獻

◇ 원전 자료

- 王文濡 編, ≪明淸八大家文鈔≫, 進步書局, 1915.
- 施培毅·徐壽凱 校點, ≪吳汝綸全集≫, 黃山書社, 2002.

◇ 단행본

- 吳孟復 저, 심경호·김봉희 역, ≪桐城文派述論≫, 태학사, 1998.

◇ 논문

- 김화진, 〈만청 고문 선집의 변천과 문화·교육적 함의〉, ≪중국어문학논집≫ 84, 중국어문학연구회, 2014.
- ———, 〈청말 교육사상의 근대적 전환과 동성고문〉, ≪중국어문논총≫ 76, 중국어문연구회, 2016.
- 孫瑩瑩, 〈張裕釗文氣論與桐城傳承〉. ≪漢語言文學硏究≫ 3, 2012.
- 汪長林, 〈張裕釗詩文集版本述錄〉. ≪安慶師範學院學報(社會科學版)≫ 26, 2007.
- 周曉坤, 〈吳汝綸古文"聲氣論"與桐城家法〉, ≪大衆文藝≫ 10, 2017.

◇ 電子文獻 및 Web DB

- 中國基本古籍庫

張瀌亭文鈔

제7권 張濂亭文鈔

01.〈元后傳〉뒤에 쓰다　書元后傳後*

*元后는 前漢 元帝의 황후인 王政君으로 王莽의 고모이다. 18세에 궁중에 들어가 家人子가 되었고, 원제의 총애를 받아 成帝를 낳았다. 원제가 즉위하자 황후가 되었고, 성제가 즉위한 뒤 황태후에 올랐다. 哀帝가 즉위하자 太皇太后에 올랐고, 平帝 때 정권을 조카인 왕망에게 넘겼다. 後漢 明帝 때 班固가 漢 高祖로부터 왕망의 멸망 때까지 230년간(B.C. 206~A.D. 24)의 역사를 기록하여 ≪漢書≫로 編述하면서 〈元后傳〉을 〈外戚傳〉과 〈王莽傳〉 사이에 두었다. 이는 전한이 外戚 때문에 망했다는 사실을 드러낸 것이다. 張劉釗는 전한 때 권세를 휘두른 황후·태후와 그 외척들을 들어서 신랄하게 비판한 다음 武帝가 董仲舒와 같이 훌륭한 인물을 등용하지 못한 것을 탄식함으로써 글을 마무리하였다.

班固가 〈元后傳〉의 序次를 정하여 〈王莽傳〉 앞에 둔 것은 漢나라가 멸망한 연유를 드러냄으로써 成帝를 탓한 것이다. 아아! 한나라 외척의 禍亂은 유래가 점차 쌓여온 것이니, 성제에 대해 어찌 비판하리오. 高祖부터 權謀와 武力을 써서 秦나라와 項羽의 허물을 답습하여 마침내 천자가 되었고, 천하가 안정되자 刀筆吏를 임명하여 일체의 정치를 했을 뿐 정치의 근본은 군주된 이가 먼저 스스로 다스려야 한다는 것을 다시 알지 못지 못하였다. 이런 까닭에 宮廷 안에서 신하들이 방자하게 예의·법도가 없어 구차스럽게 자기 감정과 욕심대로 행동하였을 따름이었다. 그리하여 고조가 죽은 지 얼마 안 되어 呂氏의 화란이 일어나 이에 應對하였으니,[1] 한나라가 망하지 않은 것이 요행이다.

班氏次元后傳하여 居王莽前은 著漢之所自亡하여 以尤成帝也라 嗚乎라 漢外戚之禍는 由來漸

1) 이에 應對하였으니 : 이에 상응하는 일이 일어난다는 뜻이다. ≪春秋左氏傳≫ 僖公 5년에 士蔿가 머리를 조아리며 대답하기를 "신이 듣건대 喪事가 없는데도 슬퍼하면 근심스러운 일이 반드시 이에 應對하고 戰爭이 없는데도 성을 쌓으면 원수가 반드시 이를 保壘로 삼는다고 하였습니다.〔臣聞之 無喪而慼 憂必讐焉 無戎而城 讐必保焉〕" 하였는데, 杜預 注에 "讐는 應對와 같다.〔讐 猶對也〕"라 하였다.

矣니 於成帝何譏焉이리오 自高祖用權謀武力하여 蹈秦項之瑕하여 遂踐天子하고 天下旣定에 任刀筆之吏하여 爲一切之治하고 不復(부)知治之有本이 君人者之先自治也라 是以로 宮廷之內에 放無禮度하여 苟任情縱欲而已라 身沒未幾에 而呂氏之禍譬焉하니 漢不亡者幸耳라

이때 이후로 폐해가 있는 제도가 이어져 沿襲하여 관례가 되었다. 周勃이 나온[2] 것과 郅都가 죽은[3] 것과 王信을 封侯하는[4] 것과 趙綰·王臧이 폐해진[5] 것은 모두 태후가 주도한 셈이다. 轅固生[6]은 黃老學을 배척하는 말을 했다가 거의 화를 면치 못할 뻔했고, 田蚡·竇嬰의 訟事[7]는 비록 魏其侯를 옳다 하고 武安侯를 신임하지

2) 周勃이 나온 : 前漢 呂太后가 집권할 때, 王室인 劉氏를 탄압하고 惠帝가 죽자, 궁인의 아들 劉弘을 혜제의 아들이라 하여 제위를 계승시켜 小帝라 하였다. 여태후가 죽자 漢 高祖의 옛 신하인 陳平·周勃 등이 소제를 폐위시키고, 고조의 아들인 代王 劉恒을 옹립하여 孝文帝로 삼았다.(≪史記≫ 권10 〈孝文帝本紀〉)

3) 郅都가 죽은 : 질도는 漢 景帝 때 사람으로, 直諫을 거침없이 하고 법 집행을 엄격하게 하였기 때문에 당시 貴戚들이 '蒼鷹(매)'이라고 부르면서 미워했고, 竇太后가 법을 위태롭게 한다고 해서 죽였다.(≪史記≫ 권122 〈酷吏列傳 郅都〉)

4) 王信을 封侯하는 : 왕신은 景帝 때 황후의 오빠이다. 竇太后가 왕신을 封侯하자고 권하자 경제가 승상 周亞夫와 의논했는데 주아부가 반대하여 그만두었다. 주아부가 죽은 뒤 信爲蓋侯에 봉해졌다.(≪史記≫ 권57 〈絳侯周勃世家〉)

5) 趙綰·王臧이 폐해진 : 文帝의 황후인 竇太后는 아들 景帝가 즉위하자 皇太后가 되었고, 손자 武帝가 즉위하자 太皇太后가 되어 권력을 장악하였는데, 黃老學을 좋아하여 儒學을 옹호하고 황로학을 배척하던 竇嬰·田蚡·趙綰·王臧 등을 배척하였다. 조관은 西漢 때 代郡 사람으로, 申公에게 ≪詩經≫을 배웠고, 무제 때 御史大夫가 되었다. 明堂을 세워 제후들의 조회를 받으라고 청하였고, 또 東宮, 즉 두태후가 정치에 간여하는 것을 배제하기 위해 동궁에 정사를 보고하지 말라고 청했다가 두태후의 노여움을 사서 하옥되었다가 자살하였다. 왕장은 서한 때 東海 蘭陵 사람으로, 신공에게 ≪시경≫을 배웠다. 경제 때 太子少傅가 되었고, 무제 建元 초에 郎中令이 되었다. 조관 등과 함께 유학을 숭상하고 황로를 배척할 것을 청하였다가 두태후의 미움을 받아 하옥되어 자살하였다.(≪史記≫ 권107 〈魏其武安侯列傳〉)

6) 轅固生 : 西漢 景帝 때 博士로 있으면서 ≪道德經≫을 평민들의 말이라고 비판하자, 竇太后가 격노하여 儒家의 전적을 '司空城旦書'라고 폄하하였다. 司空은 獄官이고 城旦은 형벌의 일종이니, 사공성단서란 律令을 기록한 刑官의 法典이란 말이다. 道家의 입장에서 유가의 전적을 각박하다고 풍자하여 비판한 것이다.(≪史記≫ 권121 〈儒林列傳 轅固生〉)

7) 田蚡·竇嬰의 訟事 : 武安侯 田蚡은 景帝의 황후인 王太后의 아우이고, 魏其侯 竇嬰은 文帝의 황후인 竇太后의 종질이다. 두영이 권세를 잡았을 때 전분은 諸曹郎으로 직위가 낮았기 때문에 두영에게 술을 가지고 가서 마치 친아들처럼 섬겼다. 경제 말년에 전분이 높은 관작에 올랐고, 武帝가 즉위하자 전분은 무안후에 봉해져 太尉가 되었다. 두태후가 죽고 무제가 전분을 승상으로 삼자 전분과 두영이 서로 다투게 되었다. 두영이 권세를 잃은 뒤로도 潁陰의 灌夫만은 두영의 곁을 떠나지 않아 두 사람의 사이가 좋았다. 그런데 관부는 강직하고 술주정이 있어 권세가 자기보다 위에 있는 자들을 반드시 능멸하였다. 그래서 자주 술에 취하여 전분의 비위를 거슬렀다. 전분이 관부의 家屬이 潁川에서 전횡했다는 죄목을 들어서 관부를 처형할 것을 청하였다. 이에 두영이 上書하여 관부를 구원해줄 것을 청하였다. 무제가 전분과 함께

않았던 천자로서도 東宮[8)]에게 뜻을 굽히지 않을 수 없어서 두영과 灌夫는 마침내 주살되고 말았다.

景帝는 王夫人의 말을 따라 栗太子를 폐위하였는데[9)], 武帝에 이르러서는 戾園조차도 모반을 꾀했다는 이유로 주살되었다.[10)] 衛皇后[11)]와 李夫人[12)]은 미천한 가문에서 나와서 至尊의 배필이 되니, 아무도 그녀들의 뜻을 반대하는 사람이 없었다. 이에 衛青·霍去病·李廣利 등을 더욱 임용하여 북쪽으로는 匈奴를 정벌하고 서쪽으로는 大宛을 쳐서 병력을 남용한 지 수십 년 만에 海內가 쇠잔하여 거의 장차 큰 난리가 일어날 지경이었다. 이러한 일들은 기실 모두 황제가 총애한 여인들 때문이었다. 諸侯王들도 이를 본받아 나라 안팎이 혼란하자 금수와 같은 짓들이 마구 쏟아져 나오니, 군자로서는 차마 들을 수 없는 바가 있었다.

東朝에 가서 태후를 뵙고 조정에서 이 문제를 토론하였다. 무제가 신하들에게 "두 사람 중 누가 옳은가?"라고 물으니, 汲黯만이 "두영이 옳다." 하였고, 韓安國은 "두 사람 다 옳다." 했으며, 鄭當時는 처음에는 "두영이 옳다."고 했으나 계속 고집하지는 못하였다. 이에 왕태후가 노하여 식사를 하지 않고 말하기를 "지금 내가 살아 있는데도 저들이 다들 내 아우 전분을 짓밟고자 하니, 내가 죽은 뒤에는 친정 사람들이 다 물고기 뱃속에 있겠구나."라 하였다. 원래 경제가 두영에게 "불편한 일이 있으면 편의대로 그 일을 논술하여 다음 황제께 보고하라."라고 하는 遺詔를 내려 자신의 사후에 뒤를 잇는 황제로 하여금 두영이 곤경에 처했을 때 두영을 보살펴주도록 하였다. 두영은 이 유조를 거론하였는데, 유조가 두영의 집에만 있고 조정에는 없었으므로 先帝의 유조를 위조했다는 모함을 받았다. 이에 무제가 부득이 뜻을 굽혀 관부와 두영을 처형하였다.(≪史記≫ 권107 〈魏其武安侯列傳〉)

8) 東宮 : 漢나라 때 太后가 거주하는 宮을 지칭하는 말이다. 태후의 長樂宮이 未央宮 동쪽에 있기 때문이 이렇게 부른 것이다.

9) 景帝는……폐위하였는데 : 경제의 본처인 栗姬의 아들 劉榮은 태자에 책봉되었고, 王氏 부인에게서 낳은 아들 劉徹은 膠東王에 책봉되었다. 文帝의 長公主 劉嫖가 자기 딸을 태자에게 시집보내고자 하였는데 율희가 반대하자 교동왕 유철에게 시집보냈다. 이때부터 왕씨 부인과 장공주가 율희를 미워하여 음해하다가 왕씨 부인이 몰래 大行令을 시켜 율희를 황후로 책봉하라는 청을 하자 경제가 대로하여 대행령을 처벌하고, 왕씨 부인을 황후로 삼고, 교동왕 유철을 황태자로 삼고, 태자를 폐위하여 臨江王으로 강등하니, 율희가 원한을 품고 죽었다.(≪御批資治通鑑綱目≫ 第4上) 대행령은 秦나라 때 만들어진 관직으로, 귀화한 蠻夷를 담당한 典客이다. 漢 景帝 때 대행령으로 고쳤다.(≪漢書≫ 권19 〈百官公卿表〉)

10) 武帝에……주살되었다 : 간신 江充이 주술로 무제를 죽이려 한다고 황태자 劉据를 무함하였다. 이에 유거가 병사를 일으켜 강충을 죽이고 자결하였다. 丙吉을 시켜 이 사건을 조사하게 하고 진상을 파악한 무제가 아들 유거를 불쌍히 여겨 思子宮을 짓고 태자가 달아났던 곳에 歸來望思臺를 지었으며, 후일에 宣帝가 시호를 내려 戾太子라 하고, 무덤을 戾園이라 하였다.(≪漢書≫ 권6 〈武帝紀〉, 권45 〈江充傳〉, 권63 〈武五子傳〉)

11) 衛皇后 : 漢 武帝의 妃로 戾太子 劉據를 낳았다.

12) 李夫人 : 李廣利의 누이로 미색이 매우 뛰어나 武帝의 총애를 받았다. 그녀가 일찍 죽자, 무제는 그녀의 화상을 그려 甘泉宮에 두고 보면서 그리워하였다.

自是以後로 弊制相尋하여 沿習爲故라 周勃之出과 郅都之死와 王信之侯와 趙綰王臧之廢를 一自太后主之라 轅固譏黃老라가 幾不免하고 而田竇之獄은 雖以天子是魏其하고 不直武安으로도 而不能不絀於東宮하여 竇嬰灌夫가 卒就夷滅이라 孝景用王夫人하여 廢栗太子러니 及武帝하여 而戾園且以反誅하고 衛皇后李夫人은 出微賤하여 體至尊하니 而莫有非之者라 乃益任衛靑, 霍去病, 李廣利之徒하여 北征匈奴하고 西伐大宛하여 窮兵數十年에 海內彫耗하여 幾且大亂하니 其實皆以女寵耳라 諸侯王化之하여 外內亂에 鳥獸行이 滂興紛出하니 君子有所不忍聞也러라

쇠퇴하여 成帝에 이르러서는 趙氏 자매를 총애함으로써 자신의 代를 끊었고[13], 더욱이 外叔들을 존숭함에 이들이 뿌리를 얽어 서로 결탁하여[14] 마침내 난리의 바탕이 되었다. 哀帝·平帝의 시대에는 傅氏[15]·王氏[16]가 다시 번갈아 盛衰하여 母后 상하[17]를 똑같이 보았다. 그러나 元后가 장수함에 王莽이 도움을 받아 마침내 한나라 왕실을 무너뜨렸다. 군주와 신하가 道에 대해 막연히 알지 못하여 정치가 그 근본을 잃었으니, 禍變이 온 것이 어찌 어느 하루의 연고이겠는가!

陵夷至於成帝하여는 寵趙氏姊弟하여 以殄其世하고 益尊崇諸舅하여 根據盤互하여 訖爲亂基라 哀平之世에 傅氏王氏가 更(갱)迭盛衰하여 壹視母后上下로되 而元后壽考에 王莽獲助하여 卒傾漢室이라 君若臣이 邈不與聞乎道하여 而治亡其本하니 禍變之來가 豈一日之故哉리오

---

13) 趙氏……끊었고 : 조씨 자매는 趙飛燕과 그의 여동생 合德을 말한다. 성제는 許皇后를 폐위하고 자신이 총애하는 조비연을 황후로 삼고 조비연의 여동생 합덕을 昭儀로 삼았다. 이 자매는 다른 후궁들이 皇子를 낳으면 온갖 방법으로 살해하였으므로 당시에 "제비가 날아와 황손을 쫀다.〔燕飛來 啄皇孫〕"라는 동요가 있었다고 한다. 성제는 아들이 없어 定陶王 欣을 후세로 세우니 곧 哀帝이다. 애제도 아들이 없었고 조카 衎이 王莽의 추대를 받아 즉위하니, 곧 平帝이다. 왕망이 평제를 독살하고 前漢은 멸망하였다.(≪漢書≫ 〈外戚傳 孝成趙皇后傳〉)

14) 外叔들을……결탁하여 : 成帝의 외숙은 王鳳 형제를 말한다. 왕봉은 元帝의 황후 王氏의 오빠이다. 그는 원제의 아들 성제가 즉위하자 大司馬·大將軍·領尙書를 역임하면서 권세를 전횡하여 성제도 그를 두려워하였다. 河平 2년(B.C. 27)에 王譚·王商·王立·王根·王逢 5형제가 같은 날에 封侯되니, 세상 사람들이 이 5형제를 五侯라 불렀다. 京兆尹 王章이 그를 탄핵하다가 도리어 대역죄에 걸려 처형된 뒤로 조정 신하들이 두려워 그를 똑바로 보지도 못하였다고 한다.(≪漢書≫ 권98 〈元后傳〉)

15) 傅氏 : 元帝의 昭儀이며 哀帝의 조모인 傅太后의 친정 일족을 말한다.(≪漢書≫ 권97 〈外戚傳 下〉)

16) 王氏 : 元帝의 황후인 王政君의 친정 일족을 말한다. 왕정군이 곧 元后이다. 王莽은 원후의 조카이다.(≪漢書≫ 권99 〈王莽傳〉)

17) 母后 상하 : 傅太后와 元后를 말한다.

옛날에 先王은 천하를 다스림은 반드시 그 正道로써 해야 한다는 것을 알았다. 이 때문에 非幾의 경계[18]를 삼가고 冢宰의 직책을 중시하며 宮府(宮中과 官署)의 제도를 세우고 內外의 다스림을 엄히 하였다. 자신을 근본으로 삼아 백성들에게서 징험하고, 집안을 말미암아 국가로 차츰 나아갔다. 이에 그 父子·夫婦·長幼·尊卑의 질서를 세우자 인륜 기강이 바로잡혔으며, 敎化를 밝히고 禮讓을 높이고 등급을 변별하자 禮俗이 이루어지고 상하의 신분이 정해졌다. 이에 국가의 기반이 높고 튼튼하여 후대가 이로써 안정되었다.

昔者에 先王知治天下之必以其道也라 是故로 謹非幾之戒하며 重冢宰之職하고 立宮府之制하며 嚴內外之治라 本身以徵之民하고 由家而漸之國이라 於是에 爲序其父子夫婦長幼卑尊에 而倫紀正하고 明敎化하며 崇禮讓하며 辨等列에 而禮俗成하고 上下定이라 基局隆固하여 後世以安이라

漢나라가 일어났을 때 蕭何·曹參과 같은 이들이 실로 재상이 되어서 법령을 정비하고 管籥을 신중히 지키면서[19] 종전의 비루한 제도를 그대로 따르고 법령을 간략하게 하는 쪽으로만 나아갔을 뿐이라 典禮와 제도조차도 위로 옛날의 것을 상고하지 못하였다. 더구나 근본을 바로잡고 表를 바로잡으며[20] 안을 다스려서 밖으로 미치는 道에 이르러서는 군주조차도 전혀 듣지 못하였는데, 그 아랫사람 중 또 누가 능히 알 이가 있겠는가.

漢之興也에 蕭何曹參之徒가 實爲相國하여 修法令하고 愼筦籥하여 因陋就簡而已라 典禮制度도 且不能上稽之古어든 況至於端本正表治內及外之道하여는 其君未之或聞이어니 其下又孰有能知之者乎아

---

18) 非幾의 경계 : 비기는 마음 속에서 일어나는 不善한 기미이다. 周 成王이 신하들에게 元子인 釗를 잘 보필하라고 유명을 내리면서 "생각건대 사람은 스스로 위의를 다스려야 하니, 너희는 소를 데리고 불선한 기미에 무턱대고 나아가지 않게 하라.〔思夫人自亂于威儀 爾無以釗冒貢于非幾〕"라고 한 것을 말한다.(≪書經≫ 〈周書 顧命〉)

19) 管籥을……지키면서 : 관약은 열쇠이다. 성곽의 문을 함부로 열지 않음을 말한다. ≪禮記≫ 〈月令〉에 "성곽에 틈을 바르며, 문을 경계하며, 자물쇠를 수리하며, 管籥를 삼가 지킨다.〔坏城郭 戒門閭 脩鍵閉 愼管籥〕"라 하였다.

20) 근본을……바로잡으며 : 임금이 자신을 바로잡음으로써 臣民들을 바로잡는다는 말이다 ≪書經≫ 〈商書 仲虺之誥〉에 "만방을 表正한다.〔表正萬邦〕"라 했는데, 蔡沈의 傳에 "표정은 해시계 막대가 여기에 똑바르면 그림자가 저기에 바른 것이다.〔表正者 表正於此 而影直於彼也〕"라 하였고, ≪千字文≫에 "몸이 바르면 그림자가 바르며 表가 바르면 그림자가 바르다.〔形端表正〕"라 하였고, 表는 標木으로 해시계에서 그림자를 재는 나무막대이다.

司馬遷이 漢나라 초엽의 역사를 서술하면서 은미한 비판을 하였는데 후대의 사람 중에 이를 알 사람이 드물 뿐이다. 그 후 賈生(賈誼)이 文帝 시대에 일어나 正朔을 고치고 服色을 바꾸고 왕과 諸侯王들을 나누어 왕으로 삼으며, 정치 제도를 제정하고 禮敎를 흥기하며 태자를 曉喩하여 대신들을 예우할 것을 청하였으니, 참으로 탁월한 이라 이를 만하다. 그러나 임금의 修身·齊家의 도에 대해서는 한마디도 언급하지 않았으니, 도가 밝아지지 못한 지 오래이다.

나는 이에 劉向이 董生(董仲舒)을 크게 칭찬한 것이 터무니없지 않은 줄 알겠다. '자기 자신을 바로잡아 조정을 바로잡는다'[21)]는 말과 '義를 바르게 하고 도를 밝힌다[22)]'는 말은 孔子와 孟子가 이미 沒世하고 程子와 朱子가 아직 출현하지 않은 천여 년 사이에 누가 이렇게 말할 수 있는 이가 있었던가. 안타깝도다, 武帝가 〈동중서를〉 등용하지 못한 것이여!

司馬遷之述漢初也에 有微詞焉이어늘 後之人이 尠足以識之耳라 其後賈生이 興於孝文之世하여 請改正朔하며 易服色하고 分王諸侯王하고 定經制하며 興禮敎하고 諭敎太子하여 禮貌大臣하니 信可謂卓然者歟인저 然이나 於君人者修己正家之道에 無一及焉하니 道之不明也久矣라 吾於是에 知劉向之盛稱董生이 非妄也로다 正身以正朝廷之言과 正誼明道之說은 孔孟旣沒하고 而程朱未興한 千餘歲之中에 孰能與於此哉아 惜乎라 武帝之不能用也여

21) 자기……바로잡는다 : 董仲舒는 前漢 武帝 때의 학자이다. 무제가 즉위한 建元 원년(B.C. 140)에 조칙을 내려 '현량하고 방정하며 직언하여 극간하는〔賢良方正 直言極諫〕' 인재를 선발하였는데, 이때 동중서가 무제의 策問에 세 차례 답하여 글을 올렸다. 이를 〈天人策〉이라 하는데, 그중에서 "자기 자신을 바로잡음으로써 朝廷을 바로잡고, 조정을 바로잡음으로써 백관을 바로잡고, 백관을 바로잡음으로써 만민을 바로잡는다.〔正身以正朝廷 正朝廷以正百官 正百官以正萬民〕"라 하였다.(≪漢書≫ 권56 〈董仲舒傳〉)

22) 義를……밝힌다 : 동중서의 〈天人策〉에 "仁者는 그 義를 바르게 하고 그 이익을 도모하지 않으며, 그 도를 밝히고 그 공로를 따지지 않는다.〔仁人者 正其誼 不謀其利 明其道 不計其功〕"라 하였다.(≪漢書≫ 권56 〈董仲舒傳〉)

02. 〈藝文志〉의 뒤에 쓰다　書藝文志後*

* 장유소가 班固가 저술한 ≪漢書≫ 〈藝文志〉를 읽고 그 문장 수준이 높아 반고가 지을 수 없는 것임을 알고서, 고찰하여 반고의 글들 중에는 전시대 문호인 司馬遷과 劉向의 글들이 섞여 들어 있다는 사실을 간파한 것이다.

班固

내가 班固의 ≪漢書≫ 〈藝文志〉를 읽고서 그 문장을 매우 높게 평가했으니, 반고가 지은 다른 글과는 매우 달랐다. 후일에 司馬貞[1)]의 ≪史記索隱≫에 劉向[2)]의 ≪別錄≫의 말을 인용한 것을 읽어보니, 반고의 〈예문지〉에 있는 글들이 왕왕 있었다. 그런 뒤에야 〈예문지〉는 유향의 글을 반고가 취한 것임을 알았다. 반고가 ≪한서≫를 지으면서 司馬遷[3)]·楊惲[4)]·馮商[5)]·楊雄[6)]·유향

---

1) 司馬貞 : 679~732. 唐나라 때 河內 사람으로 자는 子正이다. ≪史記索隱≫ 외에도 ≪補三皇記≫ 30권을 저술하였다.

2) 劉向 : B.C. 77~B.C. 6. 前漢 말기의 인물로 자는 子政이다. 궁중 도서를 교감하여 해제한 ≪別錄≫을 만들었다. 이 밖에도 춘추전국시대로부터 漢나라 때까지 인물들의 언행을 분류하여 ≪新序≫와 ≪說苑≫을 저술하였고, ≪詩經≫과 ≪書經≫에 나오는 훌륭한 여인들을 모아 ≪列女傳≫을 저술하였다.

3) 司馬遷 : B.C. 145?~B.C. 86? 前漢 武帝 때 대문호요 역사가로 자는 子長이며, ≪史記≫를 저술하였다.

4) 楊惲 : ?~B.C. 54. 사마천의 외손으로, 외조부가 지은 ≪사기≫를 읽고 역사에 조예가 깊었다. 사마천이 ≪사기≫를 저술하였으나 세상에 알려지지 못했는데, 宣帝 때에 이르러 양운이 ≪사기≫를 간행하여 세상에 널리 전파하였다.(≪事文類聚≫ 後集 권10 〈外祖孫〉)

5) 馮商 : ?~? 前漢 말엽의 인물이다. 자는 子高이며, 詔命을 받고 ≪續太史公書≫ 10여 편을 지었는데, ≪漢書≫ 〈藝文志〉에 제목만 보일 뿐 現傳하지 않는다.

6) 楊雄 : B.C. 53~A.D. 18. 前漢 말엽의 학자요 문장가로 자는 子雲이다. 저술로 ≪太玄經≫·≪法言≫·≪方言≫이 있다.

父子[7)]의 글을 취한 것이 매우 많다.

余讀班固藝文志하고 **甚高其辭**하니 **與班氏它所爲文異甚**이라 **後讀司馬貞史記索隱**에 **引劉向別錄語**하니 **則班氏志所有者**가 **往往而在**라 **然後**에 **知爲向之辭而固取之者也**라 **固爲漢書**에 **所取司馬遷楊惲馮商楊雄劉向父子甚衆**이라

지금은 단지 太初[8)] 이전 부분은 사마천의 글을 본받았고, 《三統曆》[9)]은 유흠의 글을 본받았음을 알 수 있을 뿐이요, 그 밖의 글은 모두 이미 볼 수 없다. 그러나 이 〈예문지〉가 반고의 저술 중에서 걸출하기에 고찰해보고서야 비로소 유향의 글에서 나온 것임을 알았다.

심하도다, 문장 수준의 高下를 가장할 수 없음이여! 반고의 문장은 東漢 사람 중에서 가장 뛰어나지만 사마천・司馬相如・유향・양웅과 비교하면 훨씬 미치지 못한다. 반고의 글들 중에는 왕왕 문장의 수준이 높아 반고가 지을 수 있는 바가 아닌 것이 있으니, 비록 지금 상고할 수는 없으나 뜻으로 추정하여 〈반고의 글이 아님을〉 알 수 있다.

아아! 옛사람이 말한, 학문을 좋아하고 사고를 깊이 하여 마음으로 그 뜻을 아는 사람이 아니면, 저들이 장차 나의 말을 망언이라 하지 않겠는가?

今亶知太初以前本司馬遷이요 **三統秝本劉歆而已**요 **其它竝已不可見**이나 **而是篇傑然出於班氏之書**일새 **考求而乃知其出於劉向**이라 **甚矣**라 **文高下不可假也**여 **固之文**이 **於東漢人**에 **最爲崛出**이나 **而與司馬遷相如劉向楊雄較**면 **則不逮遠甚**이라 **其中時有其辭之高而非固所能爲者**하니 **雖於今不可考**나 **然可以意而知也**라 **烏乎**라 **非夫昔之人所謂好學深思**하여 **心知其意者**면 **彼且不以爲妄言乎哉**아

7) 유향 父子 : 유향과 그의 아들 劉歆을 말한다. 유흠은 자가 子駿이고 유향의 세 아들 중 막내이다. 成帝 河平 3년(B.C. 26)에 詔命을 받아 아버지 유향과 함께 궁중의 장서를 정리하였고, 哀帝 때에는 유향이 지은 《別錄》을 바탕으로 삼아 중국 최초의 도서 분류 목록인 《七略》을 편수하였다.(《漢書》 권30 〈藝文志〉)

8) 太初 : 漢 武帝의 연호이다.

9) 三統曆 : 劉歆이 부친 유향이 만든 太初曆을 보완하여 만든 曆法이다.

03. 〈魏其武安傳〉 뒤에 쓰다　書魏其武安傳後*

* 前漢 武帝 때 강직하고 豪俠한 灌夫가 한때의 분노를 참지 못하여 당대에 권세를 잡은 소인 武安侯 田蚡의 비위를 거슬렀다가 자기를 구명해주려던 魏其侯 竇嬰과 함께 참형을 당하고 만 일의 연유를 서술하고 탄식한 글이다.

魏其[1]가 이미 세력을 잃고서 灌夫[2]를 끌어들여 원조로 삼았는데 그 뒤에 재앙을 만난 것은 바로 한갓 관부 때문이었다. 그렇지 않다면 위기가 설령 武安[3]과 사이가 벌어졌어도 재앙이 이처럼 심하지는 않았을 것이다. 게다가 관부는 자신을 높여 義烈한 행위를 하면서 스스로 즐거워하였으니, 바로 또 무안의 방문에 대해 무슨 좋아하여 취할 게 있었겠는가. 더구나 위기는 〈무안의 방문을〉 영화로 여겼음에랴.[4] 처신의 진퇴에 근거를 잃었으니, 단지 자신에게 殃禍를 끼치기에 족할 따름이다. 부귀와 顯達의 길에는 용렬하고 비루한 자들이 열에 여덟아홉이다. 이들은 지위를 얻어 뜻을 펴게 되면 어리석게 勢利만 알고 그 나머지를 더 이상 알지 못하니, 저들이 그렇게 하는 것은 진실로 당연하다.

---

1) 魏其 : 漢 文帝의 황후인 竇氏의 조카인 竇嬰의 봉호가 魏其侯이다. 그는 왕실의 외척으로 대장군을 거쳐 승상에 이르렀으나 武安侯 田蚡과 사이가 나빠져 灌夫를 구명하려다 처형을 당하였다. 〈書元后傳後〉의 역주 '田蚡·竇嬰의 訟事' 참조.

2) 灌夫 : 漢 武帝 때의 義俠이자 이름난 무신으로 자가 仲孺이다. 그는 豪俠하여 신분이 높고 권세를 쥔 사람일수록 반드시 능멸하고 마는 강직한 성격을 가졌으며, 吳楚七國의 난 때 아버지인 灌孟과 함께 참전하여 큰 전공을 세우기도 했다. 관부는 평소 무안후 田蚡과 사이가 좋지 않았는데, 승상인 전분이 燕王의 딸을 부인으로 맞이하던 날 연회에 참석했다가 관부가 귀인들에게 모욕을 주었다. 평소 두영과 관부에 대한 감정이 좋지 않았던 전분은 관부를 처형하고, 관부를 구출하고자 한 두영 역시 무함하여 처형하였다.(≪史記≫ 권107 〈魏其武安侯列傳〉)

3) 武安 : 漢 景帝의 황후 田氏의 동생인 田蚡의 봉호가 武安侯이다. 전분 역시 왕실의 외척으로서 太尉를 거쳐 승상에 이르렀다.(≪史記≫ 권107 〈魏其武安侯列傳〉)

4) 관부는……여겼음에랴 : 관부가 승상 전분의 집에 들르니, 전분이 위기후 두영의 집에 들르고 싶다고 하였다. 관부가 그 말을 두영에게 전하니, 두영은 아내와 함께 소고기와 술을 사고 집을 깨끗이 소제하고 기다렸다. 전분이 오기로 한 시간이 지났으나 오지 않자 관부가 불쾌하여 전분의 집에 찾아가니, 전분은 그때까지 누워 있었다. 관부가 두영 부부가 기다리고 있다고 말하자 전분이 깜박 잊었다고 하고는 전분의 집으로 가되 수레를 천천히 모니, 관부가 더욱 노하였다. 관부가 술이 취해 전분에게 무례한 말을 하자 두영이 전분에게 사과하고 관부를 부축해 데리고 나갔다. 전분은 밤이 늦도록 술을 마시며 한껏 즐기다 떠났다.(≪漢書≫ 권52 〈竇田灌韓傳〉)

魏其旣失勢에 引灌夫爲援이러니 而其後遭禍(화)[5]는 乃徒以灌夫故라 不然이면 魏其卽與武安隙이라도 禍不至若是酷也라 且灌夫旣抗爲義烈之行自喜矣니 卽又何取於武安之臨이리오 況魏其以爲榮也아 進退失據하니 適足以殃其身而已라 富貴顯赫之途에 庸鄙之夫가 十而八九焉이라 意得志溢이면 則貿然惟勢利之知하고 而不復(부)識其餘하니 彼固其所耳라

식견이 툭 트인 군자가 이런 경우를 만나면, 오직 자신을 바르게 하고 의리로 보아 마땅히 처신할 바를 살필 따름이고 그 가운데 속 시원히 분풀이를 하고자 하는 바가 없다. 혹 자기의 속 좁은 마음을 이기지 못하고서 힘써 意氣로 상대의 비위를 거슬러 하루의 승리를 차지하고자 한다면 결국에는 殃禍와 만나게 될 터이니 크게 미혹된 짓이라 하지 않을 수 있겠는가. 위기와 관부의 일은 밝은 鑑戒로 삼을 만하다.

達識之君子가 其有遇此면 則惟有正己而審其義之所宜處而已矣요 無所求逞於其間이라 或乃不勝其褊志하여 務欲以意氣相遻하여 以搏一日之勝이면 其卒也乃與禍會니 可不謂大惑乎아 魏其灌夫之事는 可以爲炯戒者也라

아! 재주를 믿고 기개를 높이는 선비에게 道를 알기를 기대하는 것이 진실로 또한 어렵다. 관부와 같은 이는 본디 말할 것이 없거니와 史冊이 있은 이래로 기록된 奇異한 행위를 하는 烈士가 왕왕 이와 같이 화를 당한 경우는 대개 이루 다 헤아릴 수 없다. 저들은 비범한 자품을 자부하지만, 소심하고 하찮은 자들이 비루하고 용렬한 재주로 저들의 위에서 방자하게 위세를 부리면서 賢能한 인물이건 아니건 막론하고 죄다 권세로 짓밟으니, 저들이 진실로 참을 수 없는 바가 있다면 자신의 위험을 아랑곳하지 않고 한번 결행하여 속 시원히 분풀이를 하는 것을 어찌 그만둘 수 있으리오! 어찌 그만둘 수 있으리오! 아아, 슬프도다!

嗟乎라 負才尙氣之士를 而期之以知道는 誠亦難之라 若灌夫者는 固不足道어니와 自史策以來로 所記畸行烈士가 往往而受禍若此者는 蓋不可勝數也라 彼其負絶俗之資나 而齪齪者以卑瑣庸陋之材로 侈然而肆於其上하여 無賢若否하고 而一切以勢轥[6]之하니 彼誠有所不可忍耳면 則夫不惜其身之危하고 而快志於一決을 豈得已哉리오 豈得已哉리오 烏乎悲夫로다

5) 禍(화) : '禍'자의 古字이다.
6) 轥 : '躪(짓밟다)'과 같다.

04. 〈外戚世家〉의 뒤에 쓰다　書外戚世家後*

*≪史記≫ 〈外戚世家〉를 읽어보고 뒷부분에 붙어 있는 修成君, 衛皇后, 尹夫人・邢夫人, 鉤弋夫人에 관한 글은 대개 楊惲, 馮商이 지은 것이고, 사마천의 글과 褚小孫이 삽입한 글들도 섞여 있다고 밝힌 것이다. 장유소는 이 글의 말미에서, 탄식하면서 문장은 후대로 갈수록 쇠퇴하지만 韓愈와 같이 걸출한 문호는 예외라고 하였다. 이 글은 앞의 〈書藝文志後〉와 함께 문장에 대한 장유소의 높은 안목을 보여준다.

내가 ≪史記≫ 〈外戚世家〉를 읽어보니 책 뒤쪽에 褚先生이 편수한[1] 修成君[2], 衛皇后[3], 尹夫人・邢夫人[4], 鉤弋夫人[5]의 일이 첨부되어 있었는데, 그 문장이 매우 뛰어나 褚少孫이 응당 이 정도 수준에 미치지 못할 것이다. 그러나 또한 太史公(사마천)의 옛 글은 아니었다. 대개 구익부인 같은 사람은 그 시기가 미치지 못하니,[6]

---

1) 褚先生이 편수한 : ≪史記≫ 〈外戚世家〉 뒷부분의 '褚先生曰'로 시작하는 글들을 말한다. 저선생은 前漢의 학자 褚少孫이다. 그는 博士를 역임했고, 司馬遷이 세상을 떠난 뒤에 ≪사기≫ 중에서 전승 과정에서 흩어진 10편을 ≪漢書≫의 기록에 의거하여 보완하였다.

2) 修成君 : 景帝의 황후인 孝景皇后 王氏의 딸로 이름은 俗이다. 효경황후는 젊을 때 金王孫이란 사람과 결혼하여 속을 낳았는데 효경황후의 어머니가 자신의 딸이 훗날 존귀해질 것이란 점괘를 듣자 황궁에 시녀로 보내 경제의 총애를 받아 황후가 되게 했다. 이후 무제가 즉위하면서 속에게 재산과 수성군이라는 칭호를 주어 예우하였다.

3) 衛皇后 : 前漢 武帝의 두 번째 황후로, 자는 子夫이며 河東郡 平陽縣 사람이다. 태자 劉據를 낳았는데, 유거가 江充의 誣告에 저항하여 강충을 죽이고 반란을 일으켰다가 실패하여 자결하자 위황후도 자살하였다.

4) 尹夫人・邢夫人 : 무제에게 총애를 받은 夫人들이다. 이 두 부인이 서로 질투할까 염려하여 무제는 이 두 부인을 서로 만나지 못하게 하였다.

5) 鉤弋夫人 : 무제의 寵姬로서 鉤弋宮에 살던 趙婕妤로 昭帝의 생모이다. 무제가 소제를 후계자로 삼고자 하였는데 자신은 늙고 소제는 어리므로 장차 태후와 그 외척이 권세를 전횡할 것을 염려하여 "어린 임금에게 젊은 어미가 있으면 폐해가 있을 것이다."라고 하면서 구익부인을 죽였다.(≪漢書≫ 권97 상 〈外戚傳 孝武鉤弋趙〉)

6) 구익부인……못하니 : 구익부인의 경우는 생몰년이 늦어 사마천이 〈外戚世家〉에 넣을 수 없었을 것이라는 말이다. 구익부인은 〈외척세가〉에 실린 여인들 중 생몰 시기가 가장 후대로 B.C. 88년에 죽었고, ≪사기≫를 저술한 사마천의 생몰년은 오늘날에는 대략 B.C. 145?~B.C. 86?으로 추정한다.

아마 楊惲, 馮商 등 여러 사람이 지은 것을 저소손이 취한 것일 터이다.

余讀外戚世家에 **後附褚先生所次修成君衛皇后尹邢鉤弋夫人事**하니 **詞甚工**이라 **褚少孫宜不及是**나 **然抑非太史公之舊**라 **蓋如鉤弋夫人者**는 **其時不相及矣**하니 **其楊惲馮商諸人之所爲**를 **而少孫取之者歟**인저

方望溪氏[7]가 이르기를 "이 편 첫머리에서 '漢興'부터 '居北宮'까지[8]는 太史公의 옛 글이고 '秦以前尙已' 두 구절[9] 및 그 뒷부분 '迎立代王' 몇 구절[10]은 다 저소손이 지은 것이다."[11]라고 하였으니, 지금 보건대 오히려 믿을 만하다. 그러나 나는 생각건대 그 뒷부분 '及李夫人卒' 운운[12]한 것 역시 저소손이 멋대로 삽입한 것이지 태사공의 말이 아니다.

---

7) 方望溪氏 : 명청팔대가의 한 사람인 方苞를 말한다. 그의 호가 望溪이다.

8) 漢興부터 居北宮까지 : ≪사기≫의 원문은 "漢興 呂娥姁爲高祖正后 男爲太子 及晩節 色衰愛弛 而戚夫人有寵 其子如意 幾代太子者數矣 及高祖崩 呂氏夷戚氏 誅趙王 而高祖後宮 唯獨無寵疎遠者得無恙 呂后長女爲宣平侯張敖妻 敖女爲孝惠皇后 呂太后以重親 故欲其生子 萬方終無子 詐取後宮人子爲子 及孝惠帝崩 天下初定未久 繼嗣不明 於是貴外家 王諸呂以爲輔 而以呂祿女爲少帝后 欲連固根本牢甚 然無益也 高后崩 合葬長陵 祿產等懼誅謀作亂 大臣征之 天誘其統 卒滅呂氏 唯獨置孝惠皇后 居北宮(漢나라가 흥기하자 呂娥姁가 高祖의 황후가 되고 아들은 태자가 되었다. 만년에 이르러 미색이 시들어 총애를 잃었고 戚夫人이 총애를 얻어서 그 아들 如意가 태자 자리를 대신할 뻔한 일이 몇 차례 있었다. 고조가 崩御하자 呂后는 척씨를 섬멸하고 趙王 여의를 죽였는데, 고조의 후궁들 중 총애를 받지 못하고 소원했던 사람만 무사하였다. 여후의 장녀는 宣平侯 張敖의 아내가 되었으며, 장오의 딸은 孝惠皇后가 되었다. 여태후는 효혜황후가 이중으로 혼인 관계를 맺은 가까운 친척이었기 때문에 효혜황후가 자식을 낳게 하고자 온갖 방법을 다 썼으나 끝내 아들을 낳지 못하자 속임수로 후궁의 자식을 취하여 효혜황후의 아들로 삼았다. 효혜제가 붕어하자 천하가 막 안정된 지 오래지 않은 터라 後繼가 분명치 못하였다. 이에 외척을 중시하여 呂氏들을 왕으로 봉하여 돕게 하고, 呂祿의 딸을 少帝의 황후로 삼아 근본을 더욱 견고하게 하고자 했으나 소용이 없었다. 여태후가 붕어하자 고조의 능인 長陵에 합장하였다. 여록과 呂産등이 죽임을 당할까 두려워 모의하여 반란을 일으키자 대신들이 정벌했는데, 하늘이 그 統緖를 인도하여 마침내 여씨를 멸하고, 효혜황후만은 조치하여 북궁에 거처하도록 하였다.)"이다.

9) 秦以前尙已……구절 : ≪사기≫의 원문은 "秦以前尙略矣 其詳靡得而記焉(秦나라 이전은 오히려 기록이 소략하여 상세한 역사를 기술하기 어렵다.)"으로, '已'자가 '略'자로 되어 있다.

10) 迎立代王……구절 : ≪사기≫의 원문은 "迎立代王 是爲孝文帝 奉漢宗廟 此豈非天耶 非天命孰能當之(代王을 맞아 옹립하니, 이분이 孝文帝라 漢나라의 종묘를 받들었으니, 이 어찌 천명이 아니겠는가! 천명이 아니면 누가 이를 감당하겠는가!)"이다.

11) 方望溪氏가……것이다 : 方苞의 ≪評點史記≫에 보이는 내용이다.

12) 及李夫人卒 운운 : ≪사기≫의 원문은 "及李夫人卒 則有尹婕妤之屬更有寵 然皆以倡見 非王侯有土之女 士不可以配人主也(李夫人이 卒하자 尹婕妤(윤첩여)의 무리들이 다시 총애를 얻었다. 그러나 이들은 모두 노래하는 藝人으로서 武帝의 눈에 들었던 사람이라 봉토를 소유한 왕후의 士女가 아니었으므로 군주의 배필이 될 수 없었다.)"이다.

方望溪氏謂是篇篇首漢興至居北宮은 史公之舊이요 秦以前尙已二語及後迎立代王數語는 皆褚少孫爲之者라하니 以今觀之컨대 猶信이라 然余謂其後及李夫人卒云云도 亦少孫妄羼入之耳요 非史公語也라

이 편에서 전후에 베껴 編次한 자질구레한 일들은 매우 좋아할 만하지만 그중에 때때로 저소손의 말을 섞어 넣은 부분들은 문장이 전혀 유사하지 않다. 비유하자면 깨진 자갈을 구슬과 璧玉 속에 섞어놓은 것과 같으니, 글을 아는 사람은 멀리서 보기만 해도 알 수 있을 것이다. 게다가 저소손은 前漢〔西京〕의 융성하던 시대에 태어나 문장이 고금에 우뚝이 뛰어나지만 ≪사기≫에 보충한 글들은 비루하고 수준이 낮아 비웃음을 받을 만한 부분이 많은 것이 거의 사람들이 미처 생각지도 못할 정도이다. 東漢의 문장의 쇠락이 대개 여기에서 비롯하였다.

그러나 唐나라에 이르러 선비 중에 천년 뒤에 우뚝 나와 奮起한 이가 있어 그 문장이 탁월하여 前古와 나란히 융성했으니,[13] 사람은 진실로 스스로 樹立하는 것이 귀한 법이다. 문장이 시대와 더불어 盛衰하여 오르내리는 것은 세속 사람의 경우일 뿐이니, 걸출한 선비야 어찌 이러하다고 하겠는가.

是篇前後摹次瑣事는 絶可喜나 而其間時雜入褚少孫語는 乃甚不類하니 譬如以敗礫錯珠璧中하니 知文者望而能識之已라 且褚少孫은 生當西京之盛하여 文采冠絶古今이나 而其補史記는 乃卑陋鄙賤하여 多可哂者하니 殆非人意所及이라 東漢文章之衰가 蓋肇於此라 然至於唐하여 而士乃有崛出奮起於千載之後者가 文字卓然하여 與前古比隆하니 人固貴自樹立哉인저 文之與時盛衰上下는 世俗耳니 豪傑者奚謂然이리오

13) 唐나라에……융성했으니 : 당나라 때 古文을 唱導한 韓愈와 그의 門人인 李翺, 孫樵 같은 문장가들을 말한다.(≪音注張濂亭文≫(中國文學精華 味經山房選本) 注)

05. ≪歸震川評點史記≫의 後序 歸震川評點史記後序*

* 歸有光이 評點한 ≪史記≫에 대한 後序이다. ≪귀진천평점사기≫는 표제가 ≪歸震川評點本史記 方望溪評點坿後≫로 되어 있다. 이 글에서 장유소는 지금 四庫全書에도 실려 있는 ≪사기≫의 대표적인 주석서 ≪史記集解≫, ≪史記索隱≫, ≪史記正義≫를 과감히 평가절하하고 귀유광의 평점을 높이 평가하는 한편 方苞가 평점한 것을 4권으로 만들어 부록으로 붙였다.

歸熙甫(歸有光)가 ≪史記≫를 評點하였는데 古文을 공부하는 이들이 많이들 소중히 소장하여 서로 전하고 베꼈다. 그러나 이 사람 저 사람이 베낀 것들이 서로 몹시 어긋나 맞지 않았다. 馬平 사람 王少鶴 太常[1)]이 歸氏(歸有光) 및 望溪 方氏(方苞)의 평점을 취하여 처음부터 끝까지 다 摘錄하고 합쳐서 간행하여 ≪歸方評點史記合筆≫이라 하고 스스로 그 진수를 얻었다고 여겼다. 내가 보건대 이 또한 아직도 미심쩍은 부분이 많지만 내가 본 다른 本들에 비해 좋을 뿐이다.

歸熙甫氏評點史記어늘 **治古文家多葆之**하여 **傳相迻寫**나 **然彼此參錯異甚**이러니 **馬平王少鶴太常**이 **取歸氏及望溪方氏評點**하여 **摘錄起訖**하고 **合而刊之曰歸方評點史記合筆**이라하고 **自以爲得其眞**이나 **以余觀之**컨대 **亦尙多可疑者**로되 **顧視諸所見本爲善耳**라

과거에 내가 오로지 ≪사기≫ 本書만 취하고 귀씨의 평점을 덧붙여 간행하여 同好人들과 공유하고자 하다가 간행 자금이 몹시 부족하여 실행하지 못했다. 그래서 이 일을 벗 吳摯甫(吳汝綸)에게 말했더니 오지보가 힘써 그 일을 돕고 또 廬江 吳小軒 軍門[2)]과 의논하니, 아낌없이 1,200금을 빌려주었다. 이에 刻手들을 모

1) 王少鶴 太常 : 王拯(1856~1876)을 말한다. 왕증의 호가 少鶴이고 太常寺卿(태상시경)을 역임했으므로 이렇게 부른 것이다. 그의 원래 이름은 錫振이고 자는 定甫이며, 다른 호는 龍壁山人이다. 廣西 馬平 사람으로 梅曾亮의 門人이다. 道光 연간에 진사시에 급제하였고 벼슬은 通政使에 이르렀다. 古文·詩·詞에 두루 뛰어났다. 詞는 常州派를 배웠고, 文은 桐城派에 가깝다. 저서로 ≪滄齋文鈔≫·≪龍壁山房詩藁≫·≪茂陵秋雨詞≫가 있다.

2) 廬江……軍門 : 吳長慶(1829~1884)을 가리킨다. 그는 淸나라 말엽의 장군으로 安徽省 廬江縣

아 光緖[3] 2년(1876) 정월에 일을 시작하여 4년 7월에 이르러 간행하였다.

귀씨의 평점은 舊本에는 丹筆과 黃筆을 달았는데, 지금 간행본은 검은색 먹으로만 간행한 本이다. 그래서 황필로 되어 있던 것은 銳形(삼각형)으로 표기하고 단필으로 되어 있던 것은 圜形(圈點)으로 표기하였으며, 그 평점이 이미 근거할 만한 定本은 없지만 그래도 그냥 그만둘 수 없는 곳에는 오로지 왕씨의 평점을 따라 분명하게 일치시켰다.[4]

往者에 **余嘗欲專取史記本書**하고 **附益以歸氏評點**하여 **梓而公諸同好**라가 **苦乏刊貲**하여 **不果**라 **以語友人吳摯甫**러니 **摯甫則力贊其事**하고 **且爲謀諸廬江吳小軒軍門**하니 **慨以千二百金相假**라 **於是**에 **鳩集梓人**하여 **經始光緖二年正月**하여 **訖四年七月刊成**이러라 **歸氏評點**은 **舊係丹黃二筆**이러니 **今刊本**은 **墨本也**니 **其黃筆**은 **爲銳形識**(지)**之**하고 **其丹筆**은 **爲圜形識之**요 **其評點**이 **旣無定本可据**이어니와 **無已則一倣王氏**하여 **昭晝**(획)**一也**이라

秦나라가 천하를 倂呑하고부터 오직 사사로운 지혜만 써서 聖人의 제도를 업신여기고 폐기하였는데, 漢나라가 일어나자 오로지 진나라를 그대로 답습하였다. 이런 까닭에 三代의 盛世를 아득히 다시 볼 수 없게 되었다

司馬氏(司馬遷)는 漢나라가 안정된 지 백 년 안에 태어나서 이를 근심하며 슬퍼하였고, 게다가 漢 武帝가 과도한 욕심을 많이 부려 무력을 마음대로 사용하고 가혹하고 아첨하는 신하들이 海內를 해치고 어지럽히는 상황을 만났다. 뿐만 아니라 자신도 형벌을 당해서 억울해하고 실의에 빠졌다가 發奮하여 책을 저술하였으니, 그 버림받아 외로운 마음과 침통한 심정과 跌宕하고 변화무쌍한 글은 미묘해서 알기 어려운 지경에 이르렀다.

세상에 전하는 裴駰,[5] 司馬貞, 張守節[6]의 주석본들은 공력을 들인 것이 본디 부지런하지 않았다고 할 수는 없다. 그러나 모두 사마씨의 本意를 아득히 알지 못하

사람이며, 관직이 提督에 이르렀다. 자는 筱軒인데, 小軒으로도 쓴다. 그는 독서를 좋아하고 군사를 사랑하여 儒將으로 일컬어졌다. 袁世凱의 은사이다. 군문은 청나라 때 제독 또는 總兵으로서 제독 직함을 받은 사람에 대한 존칭이다.

3) 光緖 : 청나라 11대 황제 德宗의 연호로 1875~1908년이다.

4) 그 평점이……일치시켰다 : 光緖 2년에 武昌 張氏가 校刊한 ≪귀진천평점사기≫를 보면, 큰 銳形과 圜形의 평점 외에 작은 예형과 원형의 평점들이 있는데, 이는 모두 王拯의 ≪歸方評點史記合筆≫을 그대로 따랐다는 말이다.

5) 裴駰 : 南朝 宋나라 때 학자로 ≪史記集解≫를 저술하였다.

6) 張守節 : 唐나라 때 학자로 ≪史記正義≫를 저술하였다.

였고 게다가 간간이 우스울 만한 것도 많다. 이 책은 단지 歸氏의 평점만 수록하였고, 위 三家의 注는 세상에 이미 많기에 지금 모두 다시 수록하지 않았다.

自秦幷天下로 **專任私智**하여 **蔑棄聖制**러니 **漢興**에 **一踵習秦**이라 **故三代之盛**을 **渺焉不可復**(부)**覩**라 **司馬氏生當漢定百年之間**하여 **慭焉傷之**하고 **重値漢武侈心多慾**하여 **任用武力**하고 **酷烈導諛之臣**이 **毒亂海內**요 **又身遭刑辱**하여 **抑鬱侘傺**하여 **發憤著書**하니 **其孤遠之指**와 **深痛之思**와 **軼蕩譎激之辭**가 **乃至微妙難識**이라 **世傳裴駰, 司馬貞, 張守節諸注本**은 **用力故不可謂不勤**이나 **然皆邈不得司馬氏之意**요 **且其間多可笑者**라 **是書**는 **亶錄歸氏評點**하고 **三家注**는 **世旣多有**일새 **今竝不復**(부)**錄**하노라

옛사람들의 책 중에는 설명을 기다려야 분명히 알 수 있는 것이 열에 서넛일 따름이고, 설명으로 인해 알기 어려워진 것이 대개 열에 대여섯이니, 학문을 좋아하고 사고를 깊이 하는 선비들이 오직 옛사람들의 책만 가지고서 반복해서 깊이 읽어 자기 생각으로 옛사람들의 뜻을 추측하여 그 오묘한 뜻을 안다면 그 터득한 바가 심상한 해설보다 훨씬 더 뛰어난 점이 있을 것이다. 글에 구애되고 뜻에 속박되며 화려한 문장을 자랑하고 해박한 지식을 뽐내어 지엽적이고 번잡한 글을 짓기를 좋아하는 이들이 어찌 이를 알겠는가.

夫古之人書는 **待說而明者**가 **十之三四而已**요 **因說之而晦者**가 **蓋十五六焉**이니 **好學深思之士**가 **顓取古人之書**하여 **反復而熟讀之**하여 **以意逆志**하여 **達於幽眇**하면 **其所得**이 **蓋有遠出尋常解說之上者矣**라 **拘文牽義**하고 **騖華炫博**하여 **好爲枝詞碎說之徒**가 **烏足以知此哉**리오

望溪 方氏는 마음을 다해 義法[7]을 궁구하였으니 그의 설은 또한 뜻을 밝힌 바가 많으나 歸氏가 터득한 바가 깊다. 지금 ≪方望溪史記評點≫ 4권을 따로 만들어 뒤에 첨부하여 보는 이들로 하여금 아울러 보고 참고할 수 있게 한다. 이 책을 교정하는 일에 참여한 사람은 나의 門人 大冶 劉炳燮과 맏아들 沆이다.

望溪方氏究心義法하니 **其說**이 **亦多所發明**이나 **然歸氏所得**이 **爲深矣**라 **今別爲方望溪史記評點四卷附於後**하여 **俾覽者兼采焉**하노라 **與校是書者**는 **余門人大冶劉炳燮及長子沆也**라

---

7) 義法 : 桐城派 古文家들이 글을 쓸 때 준수해야 할 준칙을 말한다. 方苞의 〈書貨殖傳後〉에 "≪春秋≫에서 義法을 제정한 것은 태사공부터 시작되었고 후세의 문장에 조예가 깊은 이들도 이를 갖추고 있다.〔春秋制義法 自太史公發之 而後之深于文者亦具焉〕"라 하였다.

06. 중간본 ≪毛詩古音考≫에 대한 序　重刊毛詩古音考序*

*前漢의 학자 毛亨이 ≪詩訓詁≫를 지어 家傳하였고, 毛萇이 이를 더욱 정밀하게 연구하여 貫長卿에게 전수하였다. 지금의 ≪詩經≫은 모형과 모장이 전한 것이라 하여 ≪毛詩≫라고도 한다. 이 글은 明나라 때 連江 사람 陳第(1541~1617)가 ≪시경≫의 古音을 고찰해 저술한 ≪毛詩古音考≫를 중간한 데 대해 쓴 서문으로 고증학을 중시하는 사상이 드러난다.

唐나라 顔師古[1]와 章懷太子[2]가 ≪前漢書≫·≪後漢書≫에 注를 달면서부터 처음으로 合韻說[3]이 있었는데, 후대의 ≪毛詩≫를 연구하는 이들이 그 오류를 답습하여 韻이 맞지 않는 곳은 일괄적으로 協韻[4]으로 단정하니, ≪詩經≫ 및 三代와 兩漢의 고서를 거의 읽을 수 없게 되고 말았다.

그 후에 吳棫[5]·楊愼[6] 같은 이들이 차츰 그 境域을 엿보아 알고서 고금의 音讀이 퍽 다르다는 사실을 깨달았다. 그러나 끝내 本原을 깊이 탐색하여 그 旨趣를 환히 아는 자는 없었는데, 陳季立[7]이 처음으로 힘써 그 문빗장을 열어젖혀 ≪모시고음고≫ 한 책을 저술하니, 이에 古音에 관한 설이 해와 달처럼 밝아졌다.

---

1) 顔師古 : 581~645. 唐나라 초엽의 학자로, ≪舊唐書≫ 〈顔籀傳〉에서는 자가 師古이고 이름이 籀라고 하였으며, ≪新唐書≫ 〈顔師古傳〉에서는 이름이 師古이고 자가 籀라고 하였다. ≪顔氏家訓≫의 저자인 顔之推의 손자이다. ≪漢書≫에 注를 달았다.

2) 章懷太子 : 654~684. 唐 高宗의 여섯째아들 李賢의 시호이다. 그의 자는 明允이다. 張大安 등의 학자들을 모아서 ≪後漢書≫에 注를 달았다.

3) 合韻說 : 合韻은 協韻과 같다.

4) 協韻 : 시문의 平仄을 맞추기 위하여 古音 중 동일한 韻에 속하지 않는 글자를 동일한 韻으로 삼아 통용시키는 것이다.

5) 吳棫 : 1100~1154. 宋나라 때 학자로 자는 才老이다. 저서로 ≪詩補音≫, ≪字學補韻≫, ≪論語指掌≫, ≪書裨傳≫, ≪韻補≫, ≪字學補韻≫, ≪楚辭釋音≫ 등이 있다.

6) 楊愼 : 1488~1559. 明나라 때 학자로 자는 用修이고 호는 升菴이다. 저서로 ≪古今風謠≫, ≪古今諺≫, ≪古音略例≫ 등이 있다.

7) 陳季立 : 陳第(1541~1617)의 자가 季立이고 호는 一齋·溫林山農·子野子이다. 音韻學에 조예가 깊어 고금의 音의 同異를 고증하여 후세 음운 연구에 큰 영향을 끼쳤다. 저서로 ≪毛詩古音考≫, ≪讀詩拙言≫, ≪屈宋古音義≫ 등이 있다.

우리 國朝(청나라)의 大儒들이 기존의 저술을 인하여 더욱 미루어 넓히고 정밀히 연구하여 같은 부류끼리 비교하고 이를 확장하여 상통하는 이치를 찾아내었으니, 다만 音韻學이 크게 밝혀져 ≪시경≫ 및 고대의 韻이 있는 글을 읽을 수 있게 되었을 뿐만이 아니다. 六書의 뜻인 象形, 指事, 會意 외에 形聲, 轉注, 假借 세 가지가 그 근본이 모두 聲音에서 연유한 것이다. 이런 까닭에 반드시 고음을 밝게 안 뒤에야 訓詁가 밝아지고 훈고가 밝아진 뒤에야 六經의 설을 알 수 있다.

自唐顔師古章懷太子注兩漢書로 **始有合均**(운)[8]**之說**이러니 **後之治毛詩者**가 **踵襲其誤**하여 **均所不諧**는 **則概以叶命之**하니 **而三百篇曁三代兩漢之古書**가 **殆於不可讀矣**라 **其後吳棫楊愼之徒**가 **稍稍窺見涯涘**하여 **頗寤古今音讀之殊**라 **然**이나 **卒未有能深探本原**하여 **洞曉其旨趣者**러니 **陳氏季立乃始力闢扃奥**하여 **爲毛詩古音考一書**라 **於是**에 **古音之說**이 **炳若日月**이라 **國朝諸大儒**가 **益因其舊**하여 **推廣而精求之**하여 **引伸觸類**하고 **旁推交通**하니 **匪獨音均之學大明**하여 **三百篇曁古有均之書**를 **可得而讀而已**라 **六書之恉**가 **象形, 象事, 會意而外**에 **形聲, 轉注, 假借三者**가 **其本皆原由於聲音**이라 **是故**로 **必明乎古音而後**에 **訓詁明**하고 **訓詁明而後**에 **六經之說**을 **可得而知**라

우리 國朝의 經學이 옛날을 뛰어넘은 것은 실로 陳氏가 앞길을 연 것이니, 비록 그 후에 顧炎武[9], 江永[10] 등 諸賢의 저술이 宏博하고 정밀하기가 전대보다 더욱 더했으나 진씨가 창시한 공이 도리어 위대하지 않은가. 명나라가 古學(古文經學·古文字學)을 업신여기고 폐기하여 오류를 그대로 답습하였으니, 옛 전적을 깊이 연구하여 걸출한 큰 견해를 낸 학자는 진씨 한 사람일 뿐이다.

게다가 오늘날 세상의 선비들은 康熙·雍正·乾隆·嘉慶[11] 연간 이래 학자들이 남긴 연구 성과를 이어받아서 逸文을 수집하고 古義를 考定하니, 비유하자면 가벼

---

8) 均(운) : 韻의 古字이다.

9) 顧炎武 : 1613~1682. 명말·청초의 학자로 청나라 고증학의 시조라 할 수 있다. 음운학 저서로 ≪音學五書≫가 있다.

10) 江永 : 1681~1762. 청나라의 학자로 자는 愼修이고 徽州 婺源 사람이다. 顧炎武의 古韻十部說을 13部로 정밀하게 나눈 ≪古韻標準≫을 저술하였다. 그의 학문은 門人 戴震으로 이어져 皖派考證學으로 발전하였다.

11) 康熙·雍正·乾隆·嘉慶 : 강희(1661~1722)는 청나라 4대 황제 聖祖의 연호이고, 옹정(1722~1735)은 5대 황제 世宗의 연호이고, 건륭(1735~1795)은 6대 황제 高宗의 연호이고, 가경(1795~1820)은 7대 황제 仁宗 때의 연호이다.

운 수레를 타고 익숙한 길을 달리는 것은[12] 사람들이 다들 힘써서 해낼 수 있는 것과 같다.

진씨는 명나라 말엽에 태어나 온 세상이 浮薄하고 비루하고 용렬한 학문에 빠져 있거늘 홀로 뜻을 가다듬어 옛 전적을 고찰하여 깊이 연구하고 묵묵히 깨달아 우뚝이 百代의 先覺이 되었으니, 이야말로 지극히 어려운 것이다. 지금 그 本證과 旁證 및 첨부한 ≪讀詩拙言≫을 보건대 잡다한 자료들을 두루 망라하고 심오한 이치를 끝까지 밝혔으니, 학문을 좋아하고 생각을 깊이 하여 마음으로 그 뜻을 안 이라 하지 않을 수 있겠는가.

我朝經學이 **度越前古**는 **實陳氏有以啓之**하니 **雖其後顧江諸賢之書**가 **宏博精密**이 **益加於前時**나 **然陳氏創始之功**이 **顧不偉哉**아 **有明一代**가 **蔑棄古學**하여 **譌謬相循**하니 **沈潛遺籍**한 **傑出元解**는 **陳氏一人而已**라 **且今世之士**가 **承康雍乾嘉以來諸儒之遺緖**하여 **搜采逸文**하고 **考定古義**하니 **譬之駕輕車**하여 **就熟路**는 **人皆得勉焉**이라 **陳氏生當有明之季**하여 **擧世汨於浮游膚陋妄庸之學**이어늘 **獨刻意稽古**하여 **覃精冥悟**하여 **卓爲百代之先覺**하니 **斯至難能者耳**라 **今觀其所爲本證旁證**과 **及所附讀詩拙言**건대 **旁羅雜襲**하고 **究極幽渺**하니 **可不謂好學深思**하여 **心知其意者歟**아

일찍이 생각건대 고금의 학술이 세상의 풍조와 더불어 바뀌어가니, 학술의 기치를 세운 바에 온 천하 사람들이 공경히 달려가서 우레에 다 같이 반응하고 메아리처럼 호응하며 그림자가 형체에 붙어 있고 폭풍이 빠르게 모여드는 것과 같을 때를 당해서는 비록 고명한 재주가 있는 사람이라도 놀라서 고개를 숙이고 따르지 않을 수 없다. 그러다가 하루아침에 풍조가 변천하면 예전의 것을 버리고 새로운 것을 도모하니, 지난날 숭상하던 바가 다하여 마치 梼雺[13]・漂梗[14]이 썩은 먼지를 따라 함께 다하여 없어지는 것과 같다.

---

12) 가벼운……것은 : 韓愈의 〈送石洪處士序〉에 "駟馬가 가벼운 수레를 끌고 익숙한 길을 달리는데 王良과 造父(조보)가 앞뒤에서 말을 모는 것과 같다.〔若駟馬駕輕車就熟路 而王良造父爲之先後也〕"는 표현이 보인다.

13) 梼雺 : 나무 그루터기에 묻은 습기로 생기는 흰 무늬이다. ≪釋名≫에 "습기가 나무에 붙었다가 추위를 만나 얼어 흰색이 된 것을 '雺'이라 한다."라 하였다.

14) 漂梗 : 물에 떠다니는 목각 인형이다. 土偶가 桃梗에게 말하기를 "지금 그대는 동쪽 나라의 도경으로 나무를 깎아서 사람 형상을 만든 것이다. 비가 내려 淄水가 불어 그대를 떠내려 보내니, 그대는 둥둥 떠서 장차 어디로 가려는가?"라 하였다는 얘기가 있다.(≪戰國策≫ 〈齊策〉) 桃梗은 복숭아나무로 만든 목각 인형이다.

오직 우뚝 선 군자만이 높은 곳에 서서 멀리 내다보아 時俗과 더불어 변천하지 않고서 온 세상에서 아무도 하지 않을 때 홀로 끊어진 학문을 하여 깊이 나아가 自得하여[15] 우뚝이 고인에 어그러짐이 없다. 그런 뒤에야 백대토록 홀로 서서 마멸될 수 없는 것이니, 孟子가 호걸의 선비를 일컬은 것이 이 때문이다.[16]

嘗以謂古今學術이 **與世風尙轉移**하니 **當其標幟所樹**에 **擧天下之人**이 **賓敬而奔趨**하여 **雷同而響應**하고 **景附而猋合**하여는 **雖有高明之才**라도 **不能不爲所震駴**하여 **俛焉以從之**라가 **一旦風會變遷**하면 **棄其舊而新是圖**하니 **溷時之所尊尙**이 **澌焉有若�霁漂梗**이 **隨腐埃以俱盡**이라 **夫惟特立之君子**가 **高蹈遠覽**하여 **不與時俗貿遷**하여 **獨爲絶學於擧世不爲之日**하여 **深造自得**하여 **而卓然不謬於古人**하니 **夫然後獨立於百世**하여 **而不可磨滅**하니 **孟子所以稱豪傑之士者**가 **此也**라

진씨의 이 책은 萬曆[17] 병오년(1606)에 간행하였고 건륭 연간에 濰川 사람 徐氏가 重刊하였으나 전하여 오는 本이 대개 적었다. 내가 지난날 京師(北京)에 있을 때 벗 李士棻[18] 君이 이 책을 구입하였는데 肅寧 사람 苗仙麓[19] 선생이 듣고는 이에 再拜하고서 請求하였으니, 이 책을 얻기 어렵기가 이와 같다.

나는 진씨가 古學에 공로가 있음을 가상히 여기고 그 책이 마침내 泯沒하여 후세의 고음을 공부하는 사람들로 하여금 그 근원을 상고할 수 없게 할까 염려되었

15) 깊이……自得하여 : ≪孟子≫ 〈離婁 下〉에 "군자가 깊이 나아가기를 도로써 함은 자득하고자 해서이니, 자득하면 처하는 것이 편안하고 처하는 것이 편안하면 자뢰함이 깊고 자뢰함이 깊으면 좌우에서 취하여 씀에 그 근원을 만나게 된다. 그러므로 군자는 자득하고자 하는 것이다.〔君子深造之以道 欲其自得之也 自得之則居之安 居之安則資之深 資之深則取之左右 逢其原 故君子欲其自得之也〕"라고 하였다.

16) 孟子가……때문이다 : ≪맹자≫에서 호걸의 선비를 일컬은 부분은 두 곳에 보인다. 〈滕文公 上〉에 "진량은 초나라 태생으로, 周公과 仲尼의 도를 좋아하여 북쪽으로 중국에 와서 공부하였는데, 북방의 학자들 중에서 혹시라도 그보다 앞선 자가 없었으니, 그는 이른바 호걸의 선비일 것이다.〔陳良 楚産也 悅周公仲尼之道 北學於中國 北方之學者 未能或之先也 彼所謂豪傑之士也〕" 하였고, 〈盡心 上〉에 "문왕 같은 성군이 나온 뒤에 흥기하는 자는 일반 백성이다. 호걸의 선비 같은 경우는 비록 문왕 같은 성군이 나오지 않더라도 흥기한다〔待文王而後 興者 凡民也 若夫豪傑之士 雖無文王 猶興〕."라고 하였다. 호걸의 선비는 걸출한 선비라는 말이다.

17) 萬曆 : 明 神宗의 연호로 1573년부터 1619년까지이다.

18) 李士棻 : 1821~1885. 자는 芋仙 또는 重叔이고 忠州 사람으로 藏書家이고 詩와 書法에 뛰어났다. ≪忠州李氏藏書草目≫을 편찬했으며, 저서로 ≪天瘦閣詩草≫, ≪天補樓行記≫가 있다.

19) 苗仙麓 : 苗夔(1783~1857)이다. 자가 先麓 또는 仙麓이고 肅寧 사람이다. 淸나라 때 言語學者로 許愼의 ≪說文解字≫와 顧炎武의 ≪音學五書≫의 영향을 받아 音韻學 연구에 주력하였다. 저서로 ≪毛詩韻訂≫, ≪說文聲訂≫, ≪說文聲讀考≫, ≪集韻經存韻補正≫ 등이 있다.

다. 이에 이 책을 刻手에게 맡겨 간행하여 세상에 널리 전해지게 한다. ≪屈宋古音義≫는 진씨가 이 책을 읽는 데 도움이 되도록 한 것이라 아울러 후미에 붙여 간행한다.

陳氏是書는 刊於萬曆丙午하고 乾隆中에 濰川徐氏嘗重梓以行이나 而傳本蓋少라 往在京師에 友人李君士棻購得此書러니 肅寧苗仙麓先生聞하고 乃再拜求之하니 其難得如此라 余嘉陳氏有功於古하고 懼其書之遂泯하여 使後之治古音者로 無以考其朔也라 於是에 爲付諸梓人하여 以廣其傳焉하노라 屈宋古音義는 陳氏所以左右是書者也라 竝附刊於其後云하노라

07. ≪鍾祥縣志≫의 後序　鍾祥縣志後序*

* 湖北省 鍾祥縣의 縣志을 편찬할 때 교정하는 일을 하고 쓴 글이다. 종상현은 전국시대 楚나라의 도성이 있던 郢 땅에 해당한다. 그래서 장유소는 縣城 위에 올라 옛날 楚辭의 작가인 屈原과 宋玉을 생각하며 감회에 젖었다.

滎成[1] 사람 孫 아무개 군이 鍾祥縣令을 攝行할 때 고을 사람들과 도모하여 縣志를 편집하였다. 나는 마침 郢[2] 땅에 와 있었는데, 손군이 옛 현지에 서술된 建置·연혁·산천·隄防·藩封[3]에 엉성하고 틀린 곳들이 퍽 많다고 하여 나에게 교정해줄 것을 부탁하였다. 교정을 마친 뒤에 내가 손군에게 "현지는 지리보다 중요한 것이 없는데 지금 이미 일이 퍽 진행되었으니, 다시 지도를 만들어 보충해야 한다."라 하고는 이어서 晉나라 裴秀[4] 씨가 논한 지도 제작의 分率·准望[5]에 관한 설을 덧붙여 말해주었다. 손군은 화공을 부르고 나에게 곁에서 지시해주길 부탁하여 다시 몇 폭의 지도를 만들었다.

滎成孫君某가 **攝縣事鍾祥**할새 **與邑人謀輯縣志**라 **而余適游於郢**이러니 **孫君以舊志所次建置, 沿革, 山川, 隄防藩封頗疏訛**라하여 **屬爲考定**이라 **已**에 **余復爲孫君言**호되 **志莫要於地理**어늘 **今旣頗有緖**하니 **當更**(갱)**爲圖輔之**라하고 **因益爲述晉裴秀氏所論制圖分率准望之說**한대 **孫君召繪人**하고 **屬余居旁指授**하여 **復爲圖若干幅**이라

그렇지만 나는 객지를 떠도는 몸이라 몹시 孤陋하여 是正한 바가 없었고, 게다

---

1) 滎成 : 청나라 때 縣 이름으로 지금 山東省에 속한다.
2) 郢 : 郢州로, 곧 湖北省 鍾祥縣 지역이다.
3) 藩封 : 제후로 봉하는 것인데, 역대 그 지역에 分封된 왕에 관한 사적을 말한다.
4) 裴秀 : 224~271. 魏·西晉 시대의 문신이요 학자로 자는 季彦이다. ≪禹貢地域圖≫를 편찬하여 지도 제작의 준칙을 만들었다. 이 준칙이 명나라 때 마테오리치가 經緯線을 이용한 지도를 중국에 전파하기 전까지 중국 평면지도를 제작하는 기본 원칙으로 쓰였다.
5) 分率·准望 : 배수가 ≪우공지역도≫에서 말한 지도 제작의 요체로 分率은 넓이와 척도를 판별하는 것이고, 准望은 피차간의 위치를 바로잡는 것이다.(≪晉書≫ 권35 〈裴秀傳〉)

가 중도에 도적의 변고를 만나 경황이 없고 다급하여 이 때문에 늘 두려운 마음을 품고 있던 터라 손군이 부탁한 뜻에 다 부응하지 못할까 염려된다.

그러나 나는 이 일로 인해 이 縣의 강역·풍토와 강산의 勝地를 다 알게 되었다. 그리하여 한가한 날 성 동북쪽 모퉁이에 올라 漢水와 長江을 굽어보면서 禹임금의 자취[6]를 생각하고, 蘭臺[7]의 좋은 경치를 구경하면서 慨然히 騷人의 아름다운 옛일[8]을 상상하곤 한다. 그리고 사방 교외를 둘러봄에 산천이 서리어 얽혀있으니, 아마 출중하고 박식한 백성으로서 이 산천 어딘가에 은거하는 이가 있을 터이다. 내가 장차 가서 높은 산봉우리에 오르고 울창한 숲속에 들어가서 楚나라 사람의 가사[9]를 노래함으로서 그 가사에 담긴 뜻을 알고자 하는 한편, 옛날의 고사들을 두루 현실에서 징험하며 유실하여 잊혀진 고사를 수집하고, 게다가 그와 더불어 아득하고 광막한 地境에서 원대하고 고상한 상상의 나래를 펴고자 한다. 나 홀로 이 때문에 황홀한 마음으로 배회하면서 서글피 바라보아 마지않는다.

顧余以客游로 苦孤陋無所是正하고 又中值寇警하여 蒼黃卒遽하여 常用瞿然하여 慮未能盡副孫君相屬之意也라 然이나 余因是得盡識邑中疆域風土와 與江山之勝概라 暇日登城東北隅하여 俯漢江而思禹跡하고 攬蘭臺之勝에 慨然想騷人之遺芬이라 顧瞻四郊에 山川蟠結하니 庶其有秀異博通之民이 伏處於澗阿之間者乎인저 余將往從陟絶巘하고 蔭茂林하여 詠歌楚人之詞하여 以求其意하고 滂[10]徵舊事하며 蒐採遺忘하고 益相與遠想高寄於遼絶曠邈之境이라 獨以是悅焉相羊하여 悵望而不能已也로다

6) 禹임금의 자취 : 장강과 한수가 우임금이 治水한 자취라는 말이다.
7) 蘭臺 : 전국시대 楚 襄王이 지은 蘭臺宮이다. 양왕이 이곳에서 宋玉과 노닐었다고 한다.(≪文選≫ 권13 〈宋玉 風賦〉)
8) 騷人의……옛일 : 소인은 楚辭의 작가인 宋玉을 가리킨다. 楚 襄王이 蘭臺宮에서 노닐다 갑자기 바람이 불어오자 옷깃을 열어젖히면서 "快哉라. 이 바람이여, 과인이 서민들과 공유하는 것이로다." 하니, 송옥이 곁에서 응대하기를 "이는 오직 대왕의 바람일 뿐입니다. 서민들이 어찌 공유할 수 있겠습니까." 하였다는 고사가 있다.(≪文選≫ 권13 〈風賦〉)
9) 楚나라……가사 : 屈原과 宋玉 같은 작가들이 지은 楚辭를 말한다.
10) 滂 : ≪音注張濂亭文≫에는 '旁'자로 되어 있다.

08. ≪高淳縣志≫의 序　高淳縣志序*

* 江寧府 高淳縣의 縣志에 대한 서문이다. 당시 중국은 아편전쟁을 겪은 후로 內憂外患 중에 서양 문물이 밀려들어와 중국 전통의 미풍양속이 사라져가는 것을 개탄하면서 고순현의 아름다운 풍속을 기록한 이 책을 보고 다른 고을도 본받기를 바란다고 하였다.

高淳은 明나라 弘治 4년에 처음 縣을 설치하였고, 正德[1] 연간에 縣令 頓銳[2]가 邑志를 처음 纂輯하였고, 嘉靖 병술년부터 國朝 乾隆 신미년까지 이어서 改修한 것이 다섯 번이다. 건륭 신미년부터 지금까지 130년 동안 많은 세월 흐르고 일이 변천했는데 기록이 없었다.

光緖 6년(1880)에 江寧에서 府志를 개수할 것을 계획할 때에 郡中에서 屬邑에 명하여 각각 志를 올리게 하였다. 이에 權知高淳縣 麗江 사람 楊君(楊福鼎)이 읍의 인사들과 함께 6월에 局을 열어 찬집하여 12월에 책을 완성하고서 나를 고순으로 불러 교정과 책의 서문을 부탁하고, 내년 孟春(음력 정월)에 판각한다고 하였다. 내가 그 책을 가져다 읽어보니, 건륭 신미년 이전의 기록은 다 예전의 志를 따랐고 건륭 신미년 이후의 기록은 각각 부류에 따라 편집하여 차례로 열거하여 덧붙였으니, 이미 주밀하고 신중해서 사실과 어긋나거나 빠뜨린 것이 없었다. 이에 서문을 써서 보내준다.

高淳은 **自明宏治**[3]〔**四**〕[4]**年**으로 (治)〔**始**〕[5]**立縣**하고 **正德中**에 **縣令頓銳肇輯邑志**하고 **嘉靖丙戌**로 **迄國朝乾隆辛未**하여 **續修者五**라 **由乾隆辛未**로 **至今百有三十年**에 **時遷事貿**호되 **紀**

---

1) 正德 : 明 武宗의 연호로 1506~1521년이다.
2) 頓銳 : 자는 叔養이고 호는 鷗汀으로, 正德 6년(1511)에 進士試에 급제하여 直隸, 高淳縣知縣을 역임하였다.
3) 宏治 : 弘治의 이칭이다. 明 孝宗의 연호로 1488~1505년이다. 淸 高宗의 이름이 弘曆이기 때문에 황제의 이름을 諱하여 '弘'자를 '宏'자로 바꾸어 쓴 것이다.
4) 〔四〕 : 저본에는 1자 공란으로 되어 있으나, ≪高淳縣志≫에 의거하여 '四'를 보충하였다.
5) (治)〔始〕 : 저본에는 '治'로 되어 있으나, ≪濂亭文集≫에 의거하여 '始'로 바로잡았다.

載闕如라 **光緖六年**에 **江寧謀修府志**할새 **郡中令屬邑**하여 **各以志上**이라 **於是**에 **權高淳縣麗江楊君**이 **偕邑人士**하여 **以(某)〔六〕**[6]**月**로 **開局纂輯**하여 **粤十二月**에 **書成**하고 **延余至高淳**하여 **屬**(촉)**爲是正而弁言於其首**하고 **且告以明年孟春之月**로 **卽付梓矣**라 **余取其書觀之**호니 **蓋乾隆辛未以前**은 **悉遵舊志**하고 **乾隆辛未後**는 **各依類綴緝**하여 **以次比附**하니 **旣周旣愼**하여 **罔有訛舛**敓(탈)**遺**라 **於是**에 **爲序而歸之**하노라

고순은 북쪽으로 江寧省의 治所와 거리가 겨우 100여 리이고, 동쪽으로 蘇州·商州 등 郡들과 매우 가깝다. 그러나 그 風氣는 질박하고 純厚하기가 다른 郡縣들이 미칠 수 없는 바이다.

처음 내가 고순에 올 때 강녕에서 배를 사서 太平河를 따라 현의 地境 안에 들어와보니, 두 호수가 서로 이어져 있고 드넓은 평야가 아득히 펼쳐져 있었다. 마을들을 두루 돌아다니며 謠俗을 물어보니, 초야에 奇民[7]이 없고 저자에 진귀한 寶貨가 없으며, 사대부는 비록 신분이 존귀할지라도 외출할 때 肩輿를 타지 않고 빈민들도 견여나 轎子를 메는 下役을 하는 사람이 없었다.

肩輿

백성들은 다들 농사에 힘쓰고 법령을 받들고 고을 수령을 경외하였다. 그리고 士族들은 모두 禮讓을 높이고 廉隅에 힘써 儒術을 숭상하였으며, 공적인 일을 맡으면 반드시 성심과 思慮를 다하여 어렵고 힘든 일을 피하지 않고 털끝만큼도 자신의 사리사욕을 채우지 않았다. 粤逆의 난리[8]에 永成鄕[9]의 士民이 의병을 일으

6) (某)〔六〕: 저본에는 '某'로 되어 있으나, ≪高淳縣志≫에 의거하여 '六'으로 바로잡았다.
7) 奇民 : 漢代에 제후를 가리키는 말로 직접 생업에 종사하지 않는 백성을 말한다.
8) 粤逆의 난리 : 1851년 洪秀全이 일으킨 太平天國運動을 말한다. 당시 조정에서는 이들을 '粤逆' 또는 '粤寇' 등으로 지칭하였다.
9) 永成鄕 : 江寧府 溧水縣에 속한 고을이다.

켜 적에 대항하여 慷慨하게 國難에 달려감에 忠義가 특히 우뚝하였다. 江表[10] 지방 인재들의 文科 급제가 천하에 으뜸이지만 풍속은 혹 너무 浮薄하고 교활하기도 한데 고순 한 고을은 홀로 淳厚하기가 이와 같으니, 또한 특이하다.

高淳은 北距江寧省治가 僅百[11]餘里요 東密邇蘇常諸郡이라 然其風氣는 乃樸質純懿가 爲他郡縣之所不及이라 始余至高淳에 自江寧買舟하여 道太平入縣境하니 重湖相襲하고 平疇廣野彌望이라 周歷井里하여 訪問謠俗하니 野無奇民하며 市無瓌貨하고 士大夫雖鼎貴나 出不以肩輿하고 貧民亦無執輿轎之役者라 其民皆力農田하고 奉法하고 畏長官이요 其士皆崇禮讓하고 勵廉隅하여 以儒素相尙하고 任事於公이어든 必單心畢慮하여 不避艱劬하고 不爲己毛髮私利라 而粵逆之亂에 永成鄕士民이 倡義抗賊하여 慷慨赴難에 忠義尤爲卓然이라 江表人文科第冠天下나 然俗或傷浮薄抏巧어늘 高淳一邑이 獨純龐若是하니 亦異矣로다

옛날에 천자가 사방을 살펴 巡守할 때 太史에게 명하여 민간의 시를 진달하게 하여 풍속을 살펴보고 저자를 관리하는 관리에 명하여 민간의 물가를 보고하게 하여 백성들이 좋아하고 싫어하는 바를 살펴보았다.[12] ≪周禮≫에 "誦訓은 사방의 기록을 말하여 살펴본 일을 아뢰며, 사방에서 숨기는 일을 말하여 기피하는 것을 아뢰어 지역의 풍속을 알게 하는 것을 담당한다."라 하고,[13] "訓方氏는 사방의 정사와 상하의 뜻을 말하여 사방의 전하는 말을 아뢰는 것을 관장한다."라 하였다.[14] 漢나라 승상 張禹의 使屬(節度使의 僚屬)인 潁川 朱贛이 천하의 풍속을 조목대로 서술하였는데, 班固 씨가 이로 인하여 〈地理志〉를 지으면서 백성들의 자질이 선량한지 사나운지, 민간의 숭상하는 바가 바른지 음란한지에 대해 특히 더 유념하였다.

古者에 天子省方巡守할새 命太史陳詩하여 以觀民風하고 命市納賈하여 以觀民之所好惡(오)라 周官에 誦訓掌方志以詔觀事하고 道方慝以詔辟(피)忌하여 以知地俗하고 訓方氏掌道四方之

10) 江表 : 양자강 이남의 江蘇省을 말한다.
11) 百 : 저본에는 '百'으로 되어 있으나, ≪高淳縣志≫에는 '二百'으로 되어 있다.
12) 옛날에……살펴보았다 : ≪禮記≫ 〈王制〉에 보인다.
13) 周禮에……하고 : ≪周禮≫ 〈地官 司徒〉에 "송훈은 사방의 기록을 말하는 것을 관장하여 살펴본 일을 아뢰고, 사방에서 숨기는 것을 말하는 것을 관장하여 기피하는 것을 아뢰어 지방의 풍속을 알게 한다.〔誦訓掌道方志 以詔觀事 掌道方慝 以詔辟忌 以知地俗〕"라 하였다.
14) 訓方氏는……하였다 : ≪周禮≫ 〈夏官 司馬〉에 "훈방씨는 사방의 정사를 말하여 상하의 뜻과 더불어 사방의 전하는 말을 아뢰는 것을 관장한다.〔訓方氏掌道四方之政事與其上下之志 誦四方之傳道〕"라 하였다.

政事와 **與其上下之志**하여 **誦四方之傳道**요 **漢丞相張禹使屬潁(州)〔川〕**[15] **朱贛**이 **條天下風俗**이러니 **班固氏因之作地理志**하여 **於民質良楛俗尙貞淫**에 **尤三致意焉**이라

풍속이란 것은 천하의 治亂과 安危가 결정되는 소이이니, 천하를 소유한 군주들이 이를 매우 중시하였다. 풍속이 참으로 아름답고 백성의 기운이 참으로 굳세다면 도적의 난리를 어찌 근심하겠으며, 먼 지방의 사람을 어찌 두려워하겠으며, 사특한 언설을 어찌 꺼리겠으며, 기이한 기능과 과도한 기교[16]를 어찌 걱정하겠는가.

세상이 쇠퇴한 뒤로 백성의 풍속이 날로 무너졌는데, 海內가 道光[17]·咸豐[18] 연간 이래로 기근이 자주 들고 전란이 이어 일어나 국력이 소모되고 생계가 곤궁해지면서 백성들은 비뚤어지고 풍속은 더욱 피폐해졌다. 내가 사방을 다닐 때 가는 곳마다 이른바 기이한 기능과 과도한 기교가 분분히 쏟아져 이루 다할 수 없었으며, 外憂와 內患의 위험이 잠복해 있었으니, 식견 있는 인사들은 이를 크게 우려하였다. 아, 어떻게 하면 온 천하 백성의 풍속이 아름답기가 모두 다 이 고을과 같아질 수 있겠는가.

風俗者는 **天下所以治亂安危者也**니 **有天下者甚重之**라 **風俗誠美**하고 **民氣誠固**면 **何憂乎寇亂**이며 **何畏乎遠人**이며 **何憚乎邪說**이며 **何恤乎奇技淫巧**리오 **自世旣衰**로 **民俗日壞**러니 **而海內自道咸以來**로 **饑饉薦臻**하고 **兵革繼起**에 **區寓凋耗**하고 **生計迫蹙**에 **民窳而俗益敝**라 **余走四方**할새 **所至**에 **奇衺(사)巧詐**가 **鋒出不可究殫**이요 **外侮內憂**가 **機牙潛伏**하니 **有識之士**가 **以爲隱憂**라 **烏乎**라 **安得率土之內**에 **民風之懿**가 **皆如斯邑者哉**아

내가 이미 시일이 촉박했으므로 고을 사람들의 舊聞과 逸事들에 대해서 물어보아 자세히 확인할 겨를이 없었고, 게다가 〈내가 받아본〉 책에 모두 이미 주밀하고

---

15) (州)〔川〕: 저본에는 '州'로 되어 있으나, ≪濂亭文集≫과 ≪漢書≫에 의거하여 '川'으로 바로잡았다.
16) 기이한……기교 : ≪書經≫ 〈周書 泰誓 下〉에 "기이한 기능과 과도한 기교를 부려 여자를 즐겁게 하였다.〔作奇技淫巧 以悅婦人〕"라 한 데서 온 말로, 여기서는 서양에서 들어온 기술과 물품을 말한다.
17) 道光 : 淸 宣宗의 연호로 1821~1850년이다.
18) 咸豐 : 淸 文宗의 연호로 1851~1861년이다.

상세하게 기록해놓은지라 참으로 감히 한 글자도 더 넣거나 빼지 못하고 단지 이 고을 풍속의 아름다움을 말함으로써 나의 사모하는 생각을 적어둔다.

그리고 윗자리에 있는 자가 이를 듣고서 고순현에서 어떻게 고을을 잘 다스리는지 알고 장차 더욱 表彰하게 함으로써 경박스럽고 浮靡한 풍속을 가진 다른 고을로 하여금 보고 본받을 바가 있도록 한다. 뜻을 밝히고 바름으로 가르쳐서[19] 인재들을 더욱 흥기시켜 上古시대와 같이 풍속을 높이는 것으로 말하면 훌륭한 有司와 고을의 士君子들에게 달려있을 따름이다.

余旣以時日迫遽로 **於邑子舊聞軼事**에 **未暇考問翔實**하고 **又其書皆已周愼詳覈**이라 **誠不敢增損一字**요 **獨爲道其風俗之美**하여 **以志余慕望之思**라 **又使在上者聞之**하여 **知所以施治於高淳者**하고 **且益旌異之**하여 **使夫澆漓浮靡之俗**으로 **有所觀示焉**하노니 **若夫章志貞教**하여 **益興起人才**하여 **躋風隆古**는 **則在良有司與邑之士君子而已**라

19) 뜻을……가르쳐서 : 孔子가 말하기를, "윗사람이 仁을 좋아하면 아랫사람들이 인을 행할 때에 남보다 먼저 하고자 다툰다. 따라서 백성의 官長이 된 자가 자신의 뜻을 밝히고 바름으로 가르쳐서 인을 높여 백성들을 자식처럼 사랑하면, 백성들이 자기의 선을 행하는 것에 힘을 다하여 윗사람을 기쁘게 한다. ≪詩經≫에 '덕행으로 깨우쳐주는 자가 있으면 사방의 나라가 순종한다.' 하였다.〔上好仁 則下之爲仁 爭先人 故長民者章志貞教 尊仁 以子愛百姓 民致行己 以說其上矣 詩云 有梏德行 四國順之〕"라 하였다. '뜻을 밝힌다'는 것은 자신이 무엇을 좋아하고 무엇을 싫어하는지를 분명히 보여주는 것이고, '바름으로 가르친다'는 것은 바름으로써 솔선수범하는 것이다.(≪禮記大全≫ 〈緇衣〉) ≪시경≫ 〈大雅 抑〉에는 '梏'이 '覺'으로 되어 있다.

09. ≪翊翊齋遺書≫의 序　翊翊齋遺書序*

* 馬翮飛(?~1756)의 ≪翊翊齋遺書≫에 대한 서문이다. '翊翊'은 ≪漢書≫ 〈禮樂志〉의 '正心翊翊'에서 온 말로 성리학에서 말하는 敬을 뜻한다. 翊翊齋란 堂號가 보여주듯이 마핵비는 평생 程朱學을 독실히 공부한 학자로 孝廉方正科로 천거되었으나 벼슬에 나아가지 않고 講學으로 일생을 보냈다. 이 글에서 장유소는 躬行에 힘쓰지 않고 저술에만 힘쓰는 당시 학자들의 풍조와 대조하여 마핵비의 독실한 학문을 칭찬하였다.

宋나라의 程朱 諸儒가 道學을 창도해 밝힘으로부터 옛 성인이 세상을 깨우치고 사람들을 일깨운 뜻이 세상에 환히 크게 밝혀졌다. 사람들이 이에 비로소 모두 학문이란 仁義를 실천하는 하는 것을 배우는 것[1]임을 알게 되었으니, 성인에게 공로가 되고 천하 후세에 도움이 있는 것이 어찌 크지 않겠는가.

自有宋程朱諸儒가 **倡明道學**으로 **古昔聖人所以覺世牖民之意**가 **昭然大明於世**라 **人乃始皆曉然於學者所以學爲仁義也**하니 **爲功於聖人**하고 **有裨於天下後世**가 **豈不大哉**아

그 후에 근원이 멀어지고 支末이 나뉨에 이르러서는 학자들이 혹 협소하고 비루한 데 안주하여 서로 勉勵하여 한 선생의 말만을 자세히 따르고 博文約禮하여 본말과 시종, 廣大 精微[2]한 이치를 궁구하지 않으니, 진실로 이미 通儒의 기롱을 면치 못한다.

逮其後原遠而末分하여는 **學者或安於狹陋**하여 **偲偲奉一先生之言**하여 **而不能博文約禮**하여 **究極乎本末始終廣大精微之致**하니 **固已不免於通儒之譏已**라

1) 학문이란……것 : 송나라 歐陽脩의 〈徂徠石先生墓誌銘竝序〉에 "학문이란 仁義를 실천하는 것을 배우는 것이니, 충심을 지녀야 자신을 잊을 수 있고, 自信에 篤信한 자라야 이에 힘써 실천할 수 있다.〔學者學爲仁義也 惟忠 能忘其身 信篤於自信者 乃可以力行也〕"라 하였다.(≪文忠集≫ 권34)

2) 廣大 精微 : ≪中庸章句≫ 제27장에 "군자는 덕성을 높이고 문학을 말미암으니, 광대함을 이루고 정미함을 다하며, 고명함을 다하고 중용을 말미암는다.〔君子尊德性而道問學 致廣大而盡精微 極高明而道中庸〕"라 하였다.

더욱 심한 경우는 학식이 천박한 서생이 서책을 묶어둔 채 보지도 않아 六經의 넓고 깊은 세계와 天人의 이치[3)]과 고금의 사적에 대해서는 애석하게도 알지 못하면서도 진부하고 익숙한 말을 주워 모아 길게 늘어놓아서 책을 만들어 아침에 붓을 잡으면 저녁에 이미 쓴 글이 상자에 가득하다. 그러고서 세상에 스스로 내세우기를 "내가 하는 것은 도학이다."라고 하고 자신이 쓴 책이 식견 있는 이들은 몹시 비루하게 여겨 팽개치고 보고자 하지 않는 줄도 알지 못한다.

又其甚者는 **膚學鯫生**이 **束書不觀**하여 **其於六經宏深之蘊**과 **天人之故**와 **古今之蹟**에 **惜乎未之有聞**이어늘 **乃攟拾諸朽腐熟爛之言**하여 **曼衍以爲書**하여 **旦握管而暮已盈篋**하여 **用自號於世曰 吾所爲學**은 **道學也**라하고 **不知其書**가 **乃爲有識者之所深鄙**하여 **棄絶而不欲觀**이라

더욱 더 심한 경우는 몸가짐과 處事가 성현의 가르침에 크게 어긋나면서도 언어를 주워 모아 길게 늘어놓아서 책을 만든다. 그러고서 더욱 방자하고 의연하게 세상에 스스로 내세우기를 "내가 배우는 것은 도학이다."라 하니, 쭉정이를 쌓아 곡식을 덮고 몸은 桀이요 입은 堯이다. 이에 이른바 도학이란 것이 비로소 세상에서 크게 질시를 받아 仁義·道德의 설은 사람들이 감히 말하지도 못하는 지경에 이르렀으니, 그 근원이 모두 이러한 자들에서 일어났다. 이들은 程朱의 죄인일 따름이니, 이들이 지은 책을 불태워버려야 한다.

又其益甚者는 **立身行事**가 **大盭于聖賢之敎**어늘 **乃亦攟拾語言**하여 **曼衍以爲書**하여 **益侈然義然號於世曰 吾所爲學**은 **道學也**라하니 **廥秕以冒粟**하고 **身桀而口堯**라 **於是**에 **所謂道學者**가 **始大爲世所詬病**하여 **而仁義道德之說**이 **至爲人之所不敢道**하니 **其原**이 **胥起於此**라 **是**는 **程朱之罪人而已矣**니 **其所爲書**를 **可焚也**니라

桐城 馬一齋[4)] 선생은 躬行 실천하고 겉치레를 일삼지 않았다. 그가 지은 ≪翊翊齋遺書≫는 모두 마음에 터득한 말이니, 주워 모아 길게 늘어놓아 만든 것과는 현

---

3) 天人의 이치 : 天道와 人事의 이치 또는 天人性命의 이치를 말한다. ≪中庸章句≫ 1장에 "하늘이 명한 것을 성이라 이른다.〔天命之謂性〕"라 하였는데, 命은 하늘이 사람에게 理를 주는 것을 말하고, 性은 사람이 그것을 받아서 仁·義·禮·智를 갖추는 것을 말한다.

4) 桐城 馬一齋 : 馬翮飛의 자는 震卿이고 호가 一齋로 安徽省 桐城 사람이다. 저서로 ≪讀易錄≫·≪禹貢初輯≫·≪筆記≫·≪詩文鈔≫ 등이 있다.

저히 다르다. 애석하도다! 세상에서 아는 이가 적음이여.

그의 증손 아무개가 이 책을 重刊하여 세상에 널리 유포하면서 나에게 서문을 부탁하였다. 나는 마음속으로 세상에서 도학을 한 지가 오래되었으나 선생과 같은 이를 찾아보려야 볼 수 없음을 슬퍼하던 터라, 그래서 기꺼이 이 책에 서문을 써서 나의 뜻을 전한다.

桐城馬一齋先生은 躬行實踐하여 不事表襮라 所爲翊翊齋遺書는 皆心得之言이니 絶遠乎攟拾曼衍之爲者라 惜乎라 世之知之者少여 其曾孫某爲重梓하여 以廣其傳하여 而問序於裕釗라 裕釗心悼夫世之爲道學者久矣나 欲求如先生者見之而不可得也라 故樂爲序其書하여 以致余之意焉하노라

10. ≪退學軒同懷遺藁≫의 序　退學軒同懷遺藁序*

* 韓弼元(1822~1905)의 일찍 죽은 두 아들의 유고에 대한 서문이다. 유고에 실린 작품들에 대한 말은 없고 한필원이 아들의 죽음을 애통해하는 마음을 달래기 위해 서문을 써준다고만 하였다.

丹徒[1] 사람 韓叔起 比部[2]는 두 아들이 있었으니, 첫째는 省齋 景修이고 둘째는 任之 景伊이다. 두 사람 다 좋은 재능이 있어서 家學을 능히 이어받았고 게다가 몸가짐을 謹飭하고 행실을 砥礪하여 공경한 자세로 근신하였으며, 더욱이 발분하여 옛 책을 읽어 詩歌를 지음에 퍽 좋은 작품들이 있었는데, 두 사람 다 일찍 죽었다. 숙기가 이미 몹시 애통해한 나머지 한가한 날에 두 아들이 남긴 시 각각 약간 편을 꺼내어 내게 보여주고 또 서문을 지어줄 것을 부탁하였다.

丹徒韓叔起比部有二子하니 **長曰省齋景修**요 **季曰任之景伊**니 **竝有懿才**하여 **能紹其家學**하고 **又飭身砥行**하여 **翶翶自祗慎**하고 **益發憤讀古書**하여 **爲詩歌**에 **頗有可喜者**러니 **而皆以早死**라 **叔起旣重悼慟**에 **暇日出其遺詩各若干篇視予**하고 **且屬**(촉)**爲之序**라

내가 왕년에 숙기와 교유할 적부터 숙기의 두 아들이 훌륭하다는 것을 듣기만 하고 보지는 못했는데, 지금 두 아들이 죽고서야 내가 비로소 숙기를 통해 그 시를 읽어보니, 슬프도다! 만약 詩書의 집안에서 품행을 갈고 닦아 올바른 법도로 자신을 검속하고 조석으로 학업을 닦아 가문의 遺業을 실추하지 않는 자제가 있다면, 이는 가상한 이들이라 할 만할 것이다. 게다가 옛날의 훌륭한 作者들을 흠모하여 굳은 각오로 노력해 문장을 지어 古人과 追逐하고자 하고 세상 사람들에 자신을 비기는 것을 달가워하지 않는다면, 사랑하고 아낄 만하기가 의당 어떠하겠는가! 그러나 혹 불행히도 수명이 짧고 게다가 형제가 차례로 요절하기에 이르러 겨

1) 丹徒 : 江蘇省에 속하는 縣이다.
2) 韓叔起 比部 : 한필원의 자가 숙기이고 호는 艮叟로, 江蘇省 丹徒 사람이며, 咸豐 2년(1852)에 진사시에 급제하고 刑部主事에 제수되었다. 비부는 刑部의 청나라 때 이칭이다.

우 한두 편 남은 글과 遺墨을 그들의 사후에 수습해내었다면, 의당 보는 이는 더욱 사랑하고 아끼는 마음이 한층 더 심할 것이다.

自予往歲交叔起로 則聞叔起二子之賢未見也러니 今二子死矣라 而予乃從叔起讀其詩하니 悲夫라 且詩書之族에 有子弟能勵名行하여 用鉤繩矩矱自約敕하고 蚤夜治術業하여 以不墜遺緖면 此可爲嘉尙者已요 又能慕古作者하여 刻意爲文辭하여 思與之追逐하여 而不屑自儕於世俗이면 是其可愛惜이 宜何如哉리오 而或不幸促其年壽하고 至且兄若弟相繼夭折하여 僅一二殘編遺墨을 掇出於死喪之餘면 則宜見之者瘉益以爲可愛而惜之每加甚焉이라

천하의 사람으로 알던 사람이건 모르던 사람이건 또한 슬퍼하여 크게 탄식하기를 그칠 수 없거늘, 하물며 父子의 사이인 이야 오히려 말할 수 있겠는가! 오히려 말할 수 있겠는가! 숙기가 실로 애통한 나머지 어찌할 바를 모르다가 나의 한마디 말을 얻어서 아들들을 후세에 전하고자 하였다. 이에 서문을 써서 보내주어 그 슬픔을 달랜다.

自天下之人識與不識으로 亦莫不於(오)邑太息而不能已이온 矧其爲父子之親者가 尙可言邪(야)리오 尙可言邪리오 夫叔起誠傷悼에 無所爲計하여 而欲得予之一言하여 以不死其子也라 於是에 爲序而歸之하여 以塞其悲하노라

11. 明나라 三原 焦公의 家書에 대한 跋
跋明三原焦公家書*

*명나라 충신 焦源溥(?~1643)가 아들에게 준 10통의 편지에 대해 쓴 발문이다. 초원보는 자는 涵一이고 陝西省 西安府 三原縣 사람으로 萬曆 41년(1613)에 進士試에 급제하여 山西按察使, 右僉都御史, 大同巡撫 등을 역임하였고, 李自成이 關中을 함락했을 때 적을 꾸짖다가 죽임을 당하였다. 저서로 ≪逆旅集≫이 있다.

平江[1] 사람 鍾君이 자기가 소장한 明나라 三原 사람 焦公의 家書를 나에게 보여주었다. 내가 받아서 보니, 대개 공이 河東 지방의 巡撫[2]로 있을 때 아들에게 보여준 兵事였다. 공은 大節이 늠름하니, 그 글은 이미 귀중하게 여길 만하고, 게다가 기술한 戰事는 공의 本傳(≪明史≫ 〈焦源溥傳〉)에 기재되지 못한 것들이 많은지라 더욱이 史官이 빠뜨린 것을 보완할 만하니, 매우 보배로 여길 만하다.

平江鍾君이 **以所藏明三原焦公家書**로 **視裕釗**어늘 **裕釗受而觀之**하니 **蓋公分巡河東時**에 **所示其子兵事也**라 **公大節廩然**하니 **其書旣可貴重**이요 **又所述戰事**가 **多本傳所未及載**라 **尤足以補史氏之遺**하니 **是重可寶也**라

당초에 공이 직언하는 상소를 올린 것으로 소인들의 비위를 거슬러[3] 불측한 큰 화를 당할 뻔했는데, 후일 僉都御史로서 大同巡撫에 재임할 때 용납되지 못하여 끝내 사직하고 향리로 돌아왔다. 공이 家居할 때에 적에게 대항하여 굴복하지 않다가 죽었고 명나라도 얼마 못 가서 망했다. 명나라 말엽에 流寇[4]가 京師(北京)를

1) 平江 : 湖南省에 속하는 縣이다.
2) 河東……巡撫 : 大同巡撫를 말한다. 大同은 명나라 九邊의 하나이고 山西省에 속하는 府이다. 하동은 산서성의 황하 동쪽 지역을 일컫는 말이다. 대동이 하동 지역에 속한다.
3) 공이……거슬러 : 초원보가 상소하여 내시 崔文昇이 光宗에게 약을 올린 일을 탄핵했다가 최문승의 미움을 받아 배척당하였다.
4) 流寇 : 李自成이 이끌던 농민 반란군을 말한다.

함락한 것이 실로 山西 지방으로부터 들어왔다. 지금 공의 이 편지를 보건대, 戰績이 빛나고 계획을 세운 것이 더할 나위 없이 周密하니, 만약 공으로 하여금 끝까지 산서 지방의 순무를 맡아 그 역할을 다하게 했다면, 명나라 강역의 일이 혹 이토록 빨리 급박한 지경에 이르지는 않았을 것이다. 남을 시기하는 소인이 나라를 병들게 한 것[5]이 슬프도다!

始에 **公以抗疏**로 **忤群小**하여 **媾禍**(화)**幾不測**이러니 **後以僉都御史**로 **巡撫大同**할새 **不見容**하여 **卒罷歸**라 **及公家居**하여 **亢賊不屈死**하고 **而明亦未幾亡矣**라 **明季流寇之陷京師**가 **實自山西入**하니 **今觀公是書**컨대 **戰績炳著**하고 **處**[6]**計畫**(획)**尤周盡**이라 **使終官山西**하여 **竟其用**이면 **明疆事**가 **或未遽至是亟也**니 **媢嫉之病人國**이 **傷哉**로다

내가 보건대 예로부터 忠臣・拂士[7]는, 후세에 그의 遺文・手澤을 얻으면 소중히 보관하여 비록 한 글자라도 열 개의 璧玉처럼 여겨 마치 보지 못할 보배인 양 아끼는 법이다. 그런데 한 시대를 함께 사는 사람들은 심지어 그들을 해치면서도 거리낌이 없고 그들을 배척하고 모함하기에 여력을 남기지 않으니, 당세에 사는 사람들은 이러한 사람을 만나고도 아껴주지 않으며 후세 사람들은 아끼되 또 만나지 못한다. 옛날과 지금이 이렇게 이어져 서로 똑같으니, 내가 그 연유를 알지 못하겠다. 슬프도다!

余觀自古忠臣拂(필)**士**는 **後世得其遺文手澤**에 **臧弆葆貴**하여 **雖一字若什璧**하여 **愛之如不克見**이어늘 **而竝時之人**은 **乃至戕其身而不忌**하여 **排陷之不遺餘力**하니 **當其世者**는 **遇之而不見惜**하고 **後人**은 **惜之而又莫能相遇**라 **古與今相續**하여 **而胥若一也**하니 **余莫之能知也**라 **悲夫**로다

이 편지는 모두 열 장인데, 둘째 편지와 셋째 편지에는 모두 공의 이름과 印記가

---

5) 남을……것 : ≪書經≫ 〈周書 秦誓〉에 "남이 가진 기예를 시기하고 미워하며, 훌륭하고 현능한 사람을 어겨서 통하지 못하게 막는다면 이는 포용하지 못하는 것이라 나의 자손과 백성을 보전하지 못할 것이니, 또한 위태로울 것이다.〔人之有技 媢嫉以惡之 人之彦聖而違之 俾不通 寔不能容 以不能保我子孫黎民 亦曰殆哉〕"라 하였다.

6) 處 : 上海古籍出版社에서 2008년에 출간한 ≪明淸八大家文鈔≫와 ≪晉注張濂亭文≫에는 모두 이 글자가 없다.

7) 拂士 : 임금을 잘 보필하는 현능한 선비를 말한다. ≪孟子≫ 〈告子 下〉에 "들어가서는 法家와 필사가 없고 나와서는 적국과 외환이 없는 경우는 나라가 늘 망한다〔入則無法家拂士 出則無敵國外患者 國恒亡〕"라 한 데서 온 말이다.

있고, 아홉째 편지에 '王家允'을 '王家印'으로[8] 쓴 것이 史書와는 조금 다르다.

書凡十紙이니 **其第二紙第三紙**는 **皆有公名印記**하고 **第九紙書王家允爲王家印**이 **與史亦少異**라

同治 7년(1868) 여름 윤월(윤4월) 25일에 武昌 사람 張裕釗는 삼가 발문을 쓰노라.

同治七年夏閏月二十五日에 **武昌張裕釗**는 **敬跋**하노라

---

8) 王家允을 王家印으로 : '王家允'과 '王家印'은 王嘉胤(?~1631)의 誤記 또는 避諱로 보인다. 왕가윤은 淸 世宗 雍正帝의 이름이 胤禛이므로 '胤'자를 피휘하여 '王嘉允' 또는 '王嘉印'으로도 쓰며, 明나라 말기에 일어난 농민 반란의 초기 지도자이다.

12. 明나라 周忠毅公의 手蹟에 대한 跋
跋明周忠毅公手蹟*

*명나라 말엽의 충신 周朝瑞(?~1625)의 친필 유고에 대한 발문이다. 주조서는 자는 思永이고 호는 衡台이며 시호가 忠毅로, 山東省 東昌府 臨淸州 사람이다. 萬曆 35년(1607)에 진사시에 급제하여 中書舍에 제수되었고 벼슬이 禮科左給事中에 이르렀다. 惠世揚·左光斗 등과 함께 '太學士 沈紘이 환관과 결탁하여 군사를 조련하여 황제 신변의 우환이 되고 있다.'고 極論했다는 이유로 당시 권력을 잡고 있던 내시 魏忠賢의 미움을 받아 투옥되어 혹독한 고문을 받아 죽었다. 楊漣·左光斗·魏大中·袁化中·顧大章과 함께 東林六君子로 일컬어진다.

장유소는 충신인 주조서와 楊繼盛은 간신인 嚴嵩과 馮銓에 의해 죽임을 당했는데, 명필로 이름난 엄숭과 풍전의 글씨는 지금 사람들이 침을 뱉으며 거들떠보지도 않고 주조서와 양계성의 글씨는 사람들이 더없이 귀중한 보배로 여긴다고 하면서 지식인은 節義를 지켜야 한다는 것을 일깨움으로써 이 글을 끝맺는다.

丹徒 사람 趙季梅 舍人[1]이 자기가 소장하고 있던 명나라 주충의공이 친필로 쓴 상소 원고 5편과 잡문 원고 13편을 表裝하여 두 권으로 만들어서 단도의 焦山[2]에 가지고 와서 山寺에 예전부터 소장하던 楊忠愍公[3]의 遺蹟과 함께 간행하여 후세에 전하고자 하면서 나에게 後尾에 발문을 써달라고 부탁하였다.

丹徒趙季梅舍人이 **所藏明周忠毅公手書疏藁五篇雜文藁十有三篇**을 **裝池爲二卷**하여 **將致**

---

1) 趙季梅 舍人 : 趙彦修(1812~1882)로, 자가 계매이고 호는 今悔道人이며, 丹徒 사람이다. 曾國藩·薛時雨와 교유하였다. 詩文을 잘 지었고 書法과 학문으로 명성이 높았다. 청나라 때 中書科 中書를 사인이라 한다.

2) 焦山 : 江蘇省 丹徒縣 동쪽 양자강 안에 있는 산으로, 後漢 때 처사 焦先이 이곳에 은거했다고 하여 붙여진 이름이다.

3) 楊忠愍公 : 明나라 때 容城 사람 楊繼盛(1516~1555)으로, 자는 仲芳이고 호는 椒山이며 시호가 忠愍이다. 嘉靖 연간에 진사시에 급제하였고 벼슬이 兵部員外郎에 이르렀다. 상소하여 당시의 權臣인 嚴嵩의 열 가지 큰 죄와 다섯 가지 간사한 짓을 탄핵했다가 처형을 받아 棄市되었다.

諸丹徒之焦山하여 **與山寺舊所藏楊忠愍公遺蹟**으로 **竝垂於不朽**할새 **而屬裕釗跋其後**라

≪詩經≫ 〈小雅 車舝〉에 "높은 산처럼 우러르고 큰 길처럼 따라간다."라고 하였으니, 예로부터 碩人·名賢은 그 流風과 유적이 모두 후세 사람들을 흥기시킬 만하였다. 그러나 혹 세상 사람들이 알 수 있는 경우도 있고 알지 못하는 경우도 있지만, 忠貞과 義烈로 말하자면 어리석은 이와 지혜로운 이, 어진 사람과 못난 사람을 막론하고 그 좋아하고 尊仰하는 것이 다 같을 따름이다. 비록 용렬한 아낙이나 아이, 탐욕스러운 자나 悖惡한 자라 할지라도 毅烈의 일을 들으면 悚然히 놀라 탄식하지 않는 이가 없다.

車舝之詩曰 高山仰止하며 **景行行止**라하니 **自古**로 **碩人名賢**은 **其流風遺躅**이 **皆足以興起後世**라 **然或有能知**하고 **有不能知**어니와 **至於忠貞義烈**하여는 **則無愚智賢不肖**히 **其慕愛望悅**이 **一而已矣**라 **雖庸愚婦孺**와 **貪夫盭人**이라도 **聞義烈之事**면 **未有不慞動而歎息者也**라

史傳에 기재된 실무를 잘하는 신하와 문장에 뛰어난 선비, 經學이나 理學에 밝은 학자, 일반 사람과 다른 특출한 異人들에 대해서는 후세 의논의 평가가 다르기도 하지만, 危難을 만나서 죽음으로 충절을 지킨 현인들에 말이 미칠 경우에는 사람들이 다들 승복하여 입에 말을 다 담을 수 없을 것처럼 칭송하니, 이는 아마도 사람 마음속의 정직한 본성[4]은 아무리 오랜 세월이 지나도 없어질 수 없기 때문이 아니겠는가. 아니면 이른바 賢哲한 이들의 행실 중에서 특출한 부분에서 성취한 것이 더욱이 사람들 마음을 감동시킬 수 있었던 것인가.

史傳所記幹濟之臣과 **文儒之彦**과 **經師理學**과 **畸士高流**는 **後世議論**이 **時有軒輊異同**이나 **亶語及犯危難厲死節之賢**하여는 **未有不翕然帖服**하여 **稱頌之如不容口者也**니 **豈非人心直道之公**이 **窮古今而不可泯沒者歟**아 **抑所謂賢哲之行**이 **其成於偏至者**가 **尤足以感人歟**아

백세 뒤에 그 풍도를 듣고 그 충의를 흠모하여 완악한 지아비가 청렴해지고 나약한 지아비가 立志하여[5] 頌歌하고 그리워하기를 마치 만나 보지 못할 것처럼 여

---

4) 사람……본성 : 사람의 본성이 정직함을 좋아한다는 말이다. ≪論語≫ 〈衛靈公〉의 "이 백성들은 삼대의 도를 곧게 행하던 그 사람들이다.〔斯民也 三代之所以直道而行也〕"라 하였다.

기는데,[6] 더구나 그 충언과 직언이 손수 쓴 친필에서 나와 신령한 기운이 은연중 종이와 먹에 넘쳐 나와 그 글을 보면 마치 그 사람을 만난 것과 같으니, 귀중히 여길 만함이 마땅히 어떠하겠는가! 舍人이 보배로 여겨 아끼고 또 명산에 감춰두어 무궁한 후대에 전하길 꾀하고, 사람들이 이를 보면 또한 한숨을 쉬고 눈물을 흘리면서 感慨해 마지않는 것이 당연하다.

自百世之下로 **聞其風**하고 **慕其義**에 **頑廉懦立**하여 **歌思之**를 **如不克見**이어든 **況其忠言讜議**가 **出自手寫**에 **光氣隱然溢出楮墨**하여 **睹其書**에 **如遇其人**하니 **其可爲葆貴**가 **當何如哉**오 **宜舍人之珍而惜之**하고 **且謀以藏之名山**하여 **傳之無窮**이요 **而人之見之**면 **亦莫〔不〕**[7]**歔欷流悌**하여 **感喟而不能已也**로다

그리고 보건대 충민공의 죽음은 嚴嵩[8] 때문이고, 공의 죽음은 馮銓[9]이 어진 충신을 미워했기 때문이다. 엄숭과 풍전은 본디 모두 글씨로 이름난 자들이지만 지금 〈그들의 글씨는〉 혹 唾棄하여 더 이상 거두어 소장하지 않고, 공과 충민공은 글씨를 잘 쓴다고 알려지진 않았으나 한두 遺墨을 사람들이 마치 더없이 진귀한 보물처럼 높이고 소중히 여기니, 그 글씨의 귀천이 현격하기도 이와 같은데, 하물며 그 사람이야 말할 나위 있겠는가.

抑又觀忠愍之死는 **以嚴嵩**이요 **而公之死也**는 **由馮銓之基忠賢**하니 **嵩與銓**은 **故皆以書名**

5) 백세……立志하여 : ≪孟子≫ 〈盡心 下〉에 "伯夷의 풍도를 들은 자는 완악한 지아비가 청렴해지고 나약한 지아비가 立志하게 되며, 柳下惠의 풍도를 들은 자는 경박한 지아비가 敦厚해지고 비루한 지아비가 너그러워진다. 백세 앞에서 분발하거든 백세 뒤에서 풍도를 들은 자가 興起하지 않는 이가 없다.〔聞伯夷之風者 頑夫廉 懦夫有立志 聞柳下惠之風者 薄夫敦 鄙夫寬 奮乎百世之上 百世之下 聞者 莫不興起也 非聖人而能若是乎 而況於親炙之者乎〕" 하였다.

6) 마치……여기는데 : ≪書經≫ 〈周書 君陳〉에 "무릇 사람들이 성인을 만나 보기 전에는 만나 보지 못할 듯이 여기다가 성인을 만나 보고 나서는 또한 성인을 따르지 않는다.〔凡人未見聖 若不克見 旣見聖 亦不克由聖〕"라 하였다.

7) 〔不〕 : 저본에는 '不'이 없으나, ≪濂亭文集≫에 의거하여 보충하였다.

8) 嚴嵩 : 1480~1565. 명나라 때 권신으로, 자는 惟中이고 호는 勉庵·介溪·分宜이다. 江西省 分宜 사람으로 弘治 연간에 진사시에 급제하였고 世宗 때 벼슬이 太子太師에 이르러 황제의 총애를 믿고 권력을 휘둘러 時政을 지적하여 直言하는 사람이 있으면 모두 배척하여 처형하였다. 후에 탄핵을 받고 벼슬을 그만두고 친구에게 寄食하다가 죽었다.

9) 馮銓 : 1595~1672. 明末 淸初 때 涿州 사람으로, 자는 伯衡·振鷺이고 호는 鹿庵이며 시호는 文敏이다. 젊은 나이에 벼슬이 侍從에 이르렀고 魏忠賢에게 아첨하여 재상의 자리에 올랐다. 저서로는 ≪瀛州賦≫·≪獨鹿山房詩集≫ 등이 있다.

者로되 今或唾棄不復(부)收하고 公及忠愍은 不聞善書어늘 一二遺墨을 乃崇重球璧하니 其貴賤懸絶也若是어든 而況其人乎아

선비가 혹 권세와 이익에 두렵고 현혹되어 구차히 자신을 용납 받아 부귀를 얻고자 하여 節義를 두려워해서 해서는 안 될 짓을 하기도 하니, 저들은 다만 무궁한 후세에 대해 한 번 생각해보지 않았기 때문이다. 이 두 공의 手蹟을 보면 돌이켜 볼 바를 알 것이다. 奏疏・雜文들과 충의공의 逸事에 이르러서는 사인이 이미 이 책에 갖추어 정리해놓았기 때문에 더 이상 서술하지 않는다.

士或震炫於勢物하여 苟容身以求富貴하여 而悼節義爲不可爲하니 彼獨未一遊心於無窮之世耳니 覩二公之蹟컨댄 其可以知所返已로다 至諸奏疏雜文과 與忠毅軼事하여는 舍人旣具次之矣라 故不復述이라

光緖 무인년(1878) 겨울 10월에 武昌 사람 장유소는 삼가 발문을 쓰노라.

光緖戊寅冬十月에 武昌張裕釗는 敬跋하노라

13. 梅中丞을 보내는 序　送梅中丞序*

*梅中丞은 梅啓照(1826~1894)로, 자는 筱巖 또는 小巖이고 南昌 사람이다. 中丞은 청나라 때 巡撫의 이칭이다. 그는 중국 근대 洋務派의 저명한 인사로 曾國藩·左宗棠·李鴻章 등과 함께 청나라 말엽 同光十八名臣으로 꼽힌다.

이 글은 浙江巡撫로 임명된 매계조가 부임하러 가는 길에 장유소가 사는 金陵을 지날 때 준 送序이다. 장유소는 매계조와 국자감에서 젊을 때 함께 지낸 적이 있는데, 지금에 이르러 현달하여 높은 벼슬에 오른 친구와 불우하고 낙척한 자신을 비교하면서 좌절과 실의에 빠진 심정을 솔직하게 드러내었다.

사물이 생겨나는 것이 처음에는 다 비슷하다가 장성해서는 성패·美醜·선악이 현저히 갈라진다. 땅에서 나는 흙·돌과 산에서 광석으로 나는 금속과 들판에 분포해 나는 온갖 초목들이 다 같이 해와 별의 빛을 받고 이슬과 서리에 적셔져 길러지니, 당초에는 구별할 수 있는 것이 없다.

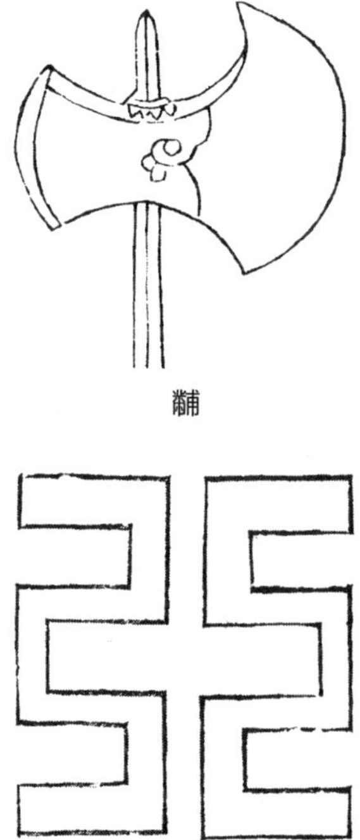
黼

黻

그러나 더위와 추위가 번갈아 바뀌고 세월이 옮겨가면서 좋은 것은 크게 잘 성장하여 동류들보다 현저히 뛰어나고 좋지 못한 것은 움츠러들어 쇠락하고 심지어는 일찍 죽어 자라지 못하고 말기도 하니, 그 성공과 실패가 왕왕 현격하다.

그렇지만 세상에 쓰이는 것으로 말하면 棟梁이 되거나 柱石이 되거나 黼黻[1]이 되거나 弓劍이 되거나 寶圭[2]가 되거나 彝·鼎·尊·罍[3]가 되거나 琴·瑟·鐘·

1) 黼黻 : 고대에 제왕의 예복에 수놓는 문양이다.
2) 寶圭 : 고대의 제왕이나 제후가 典禮를 거행할 때 사용하는 옥으로 만든 笏이다.
3) 彝·鼎·尊·罍 : 고대 종묘에 쓰던 祭器들로 彝는 술항아리이고 鼎은 세 발 달린 솥이며, 尊

磬 · 竽 · 笙 · 塤[4] · 籥 · 簫 · 篪 · 篴 · 管 · 舂牘 · 應 · 雅[5]가 되는 것들도 있으며, 지도리가 되거나 문지방이 되거나 문에 세운 말뚝이 되거나 문설주가 되거나 모탕이 되거나 말뚝이 되거나 벽돌이 되거나 기와가 되거나 작은 독이 되거나 단지가 되거나 솥이 되거나 광주리가 되거나 말통이 되거나 둥구미가 되거나 낫이 되거나 끌이 되거나 새는 술잔이 되거나 낡은 솜이 되거나 식은 재가 되거나 자갈이 되거나 도랑에 버려진 나무토막[6]이 되는 것들도 있다.

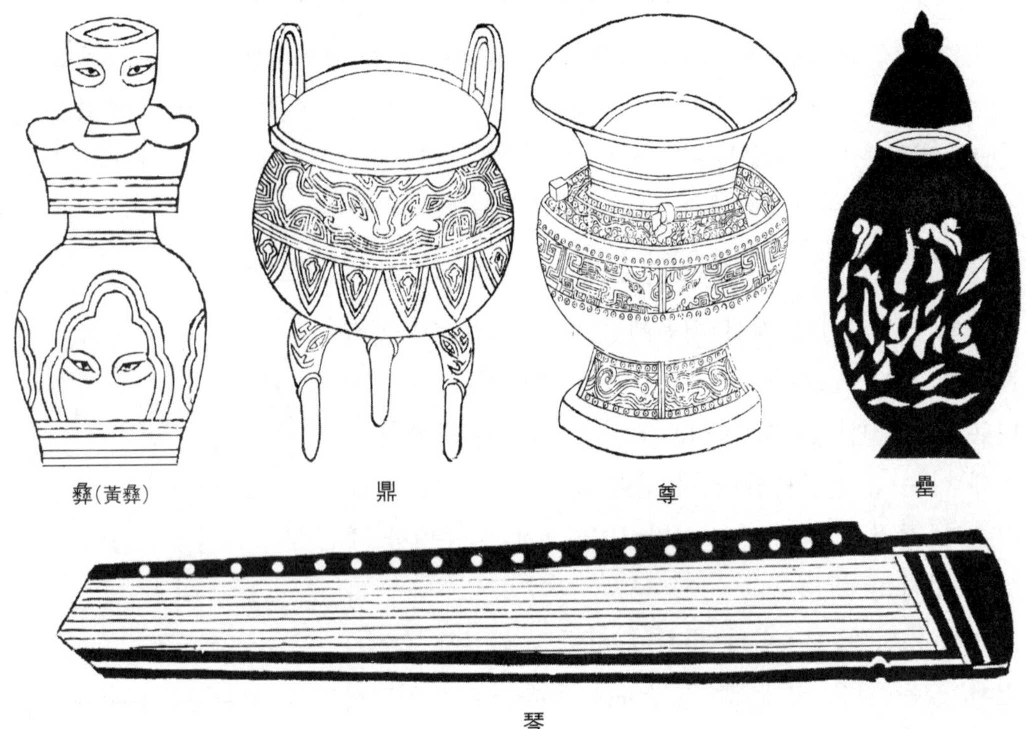

彝(黃彝) 鼎 尊 罍

琴

(준)은 술그릇이고 罍는 술잔이다.

4) 竽 · 笙 · 塤 : 고대의 악기들이다. 竽는 대나무로 만든 피리의 일종이고, 笙은 생황이고, 塤은 질나팔이다.

5) 篪 · 篴 · 管 · 舂牘 · 應 · 雅 : 고대의 악기들이다. 篪는 대나무로 만든 악기로 笛과 비슷하며 구멍이 여덟 개다. 篴는 笛의 古字로 피리이다. 管은 대나무로 만든 피리이다. 舂牘은 여러 쪽의 대나무를 가죽으로 묶은 악기로, 두 손에 잡고 땅에 찧어서 소리를 낸다. 應은 길이는 여섯 자 다섯 치이며 속에 방망이가 달려 있는 악기이다. 雅는 桶으로 된 악기로 굵기는 두 아름이고 길이는 5尺 또는 6척이며 밑바닥에는 염소 가죽으로 신발처럼 감싸고 윗 뚜껑에는 두 끈을 달아놓는다.

6) 도랑에……나무토막 : ≪莊子≫ 〈天地〉에 "백 년 자란 나무를 잘라 犧尊과 같은 제기를 청색 · 황색으로 칠하여 문양을 만들고 잘라낸 나무토막은 도랑에 내버린다. 그렇지만 사준을 도랑에 버려진 나무토막과 비교한다면 美醜의 차이는 있지만 나무의 본성을 잃은 것은 똑같다.〔百年之木 破爲犧樽 靑黃而文之 其斷在溝中 比犧樽於溝中之斷 則美惡有間矣 其於失性一也〕"라 하였다.

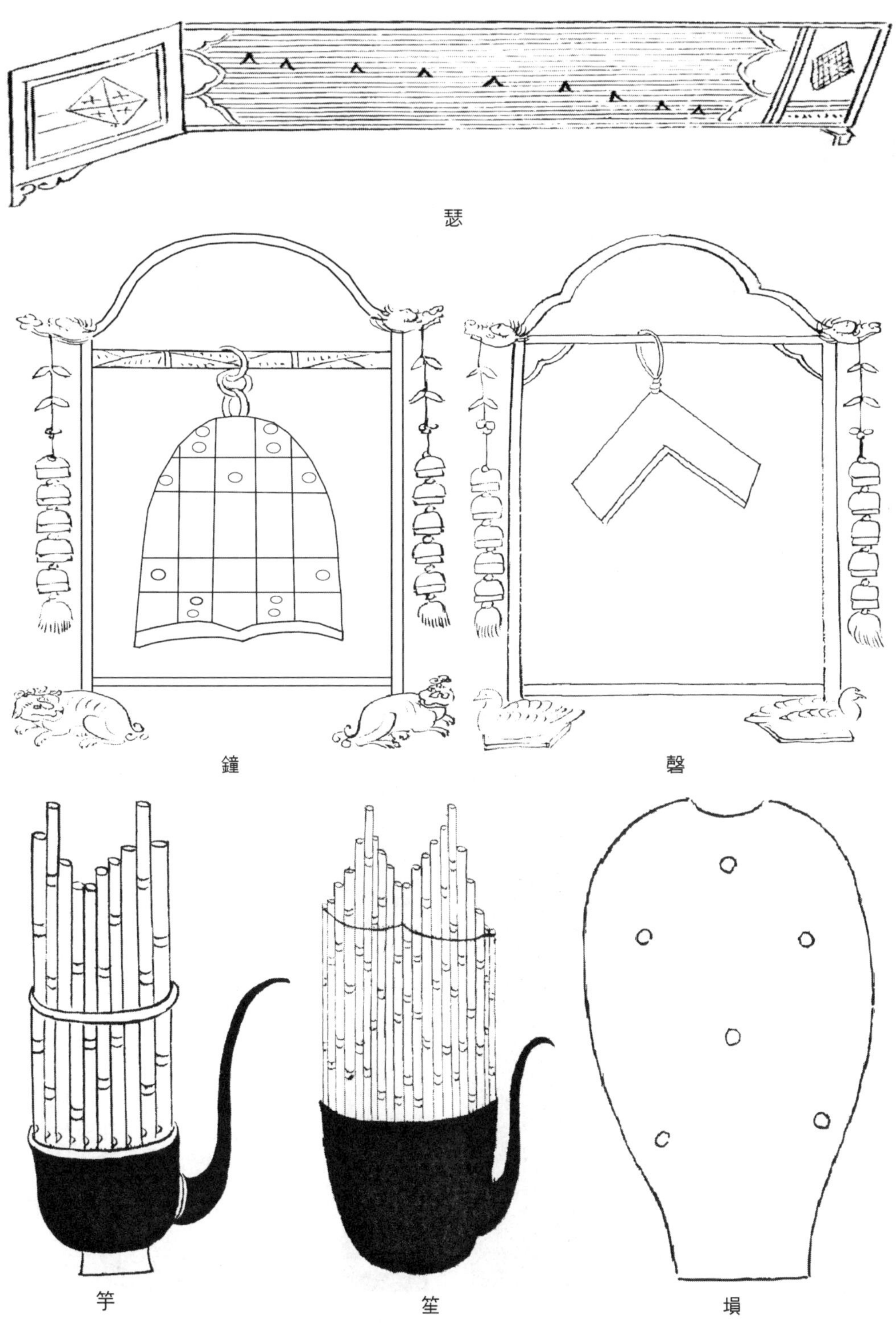

瑟

鐘　磬

竽　笙　塤

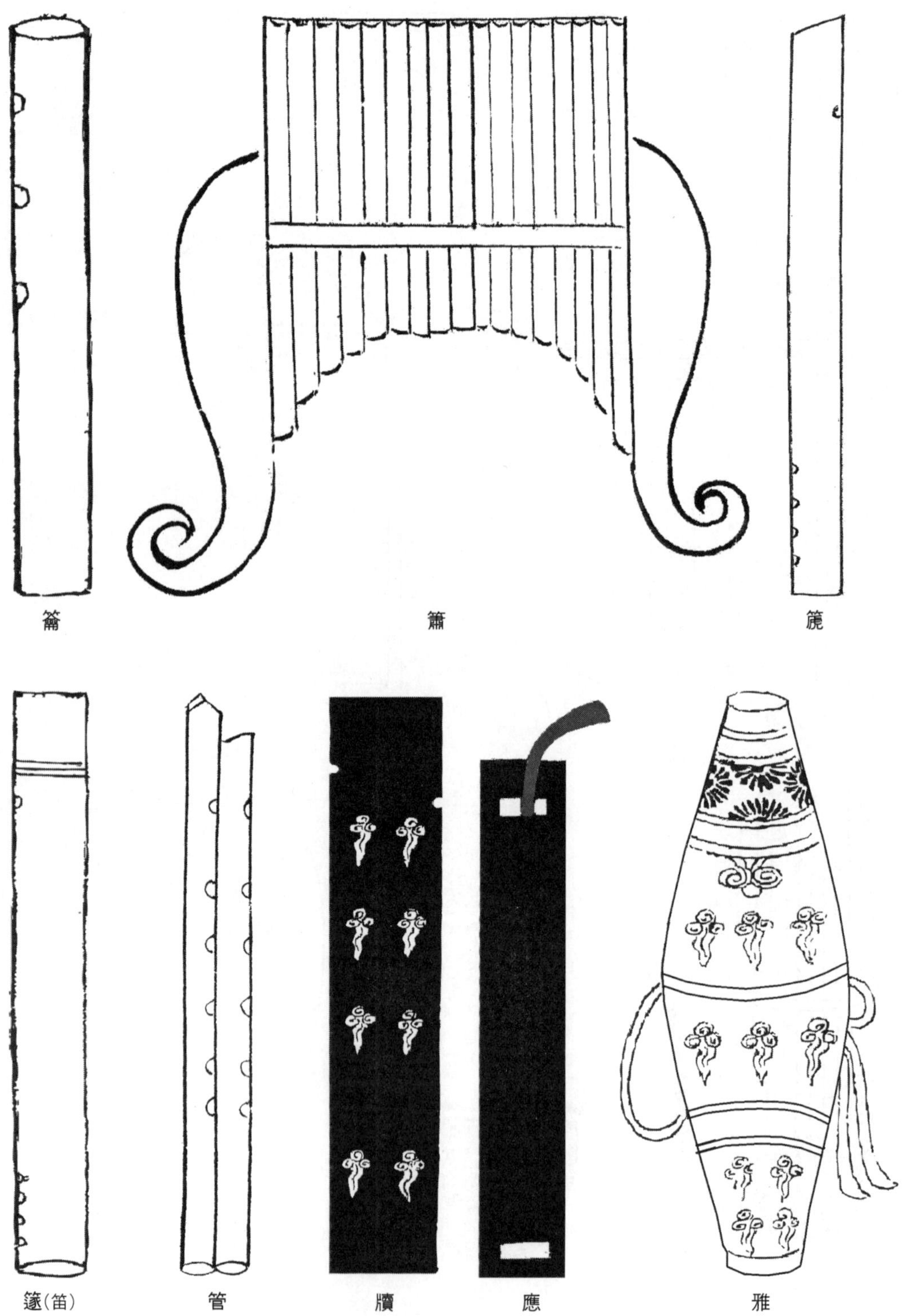
龠
簫
篪
篴(笛)
管
牘
應
雅

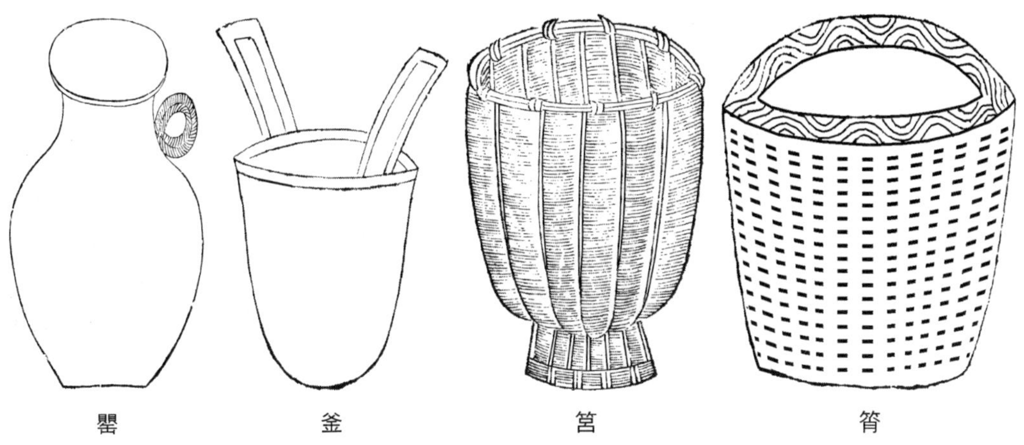

罌　釜　筥　筲

비록 한 구역에서 난 물건과 한 뿌리에서 자란 가지일지라도 높고 낮음, 凡庸함과 특출함, 존귀함과 미천함이 서로 현격히 다르니, 어쩌면 사물이 저절로 하는 것이 진실로 잘하거나 못하는 차이가 있는 것인가. 아니면 하늘로부터 받은 운명이 한번 이루어지면 바뀔 수 없는 것인가.

物之生이 其始則皆類也라가 及其長하여 而成虧美惡善否가 遼以判焉이라 土石之出乎地와 金錫之礦於山과 百植草木之布濩乎原野가 同日星之所章耀와 霜露之所煦育하니 當其初하여는 未有能區而別之者也라 燠寒遞嬗하고 歲年遷貿에 善者旁魄(박)碩偉하여 殊絶等夷하고 不善者卷局剝落하고 甚乃夭閼不遂하니 則其成毀往往懸焉이어니와 及其爲世用也하여는 則有爲棟桴하며 爲柱石하며 爲黼黻하며 爲弓劍하며 爲寶圭하며 爲彝鼎尊(준)罍하며 爲琴瑟鐘磬竽笙塤篇簫箎篴管春牘應雅하며 有爲椳爲杙하며 爲闑爲棖하며 爲椹爲杙하며 爲甓爲瓦하며 爲瓴爲罌하며 爲釜爲筥하며 爲斗爲筲하며 爲鉗爲鑿하며 爲漏巵하며 爲敗絮하며 爲死灰하며 爲礫石하며 爲溝中之斷이라 雖一區之産과 一本之支라도 而其高下庸奇貴賤이 相萬也니 豈物之所自爲者가 固有善有不善耶아 抑其命於天者가 一成而不可易耶아

中丞인 南昌[7] 사람 梅公은 당대의 鉅公 명사이다. 과거 공이 道光 병오년(1846)에 江西에서 擧子가 되고 나도 이해에 湖北에서 거자가 되었다. 경술년(1850) 도성에 와서 살 때에 국자감의 學正·學錄[8]으로 채용되어 曾文正公[9] 문하에서 같이

7) 南昌 : 江西省에 속하는 縣이다.
8) 學正·學錄 : 송나라 때 국자감에 학정과 학록 각각 5인씩을 두었는데, 明·淸 때에도 그대로

인정을 받았다. 이때 두 사람 다 도성에서 객지생활을 하면서 분주히 바쁠 뿐 남달리 뛰어난 점은 있지 않았다. 두 해가 지나 粤賊[10]이 楚[11] 땅에 들어갔을 때 나는 京師에서 향리로 돌아왔고 공은 마침내 진사가 되어 한림원에 들어갔고, 후에 외직으로 나가서 大郡의 知府가 되었고 천거 발탁되어 監司가 되었다.

中丞南昌梅公은 **當世鉅公名人也**라 **始公以道光丙午**로 **舉於江西**하고 **而裕釗亦以是年舉於湖北**이러니 **洎庚戌居都中**하여 **試國子監學正學錄**하여 **同受知於曾文正公之門**이라 **於是**에 **俱旅食京師**할새 **逐逐未有奇也**러니 **逾二年**하여 **粤賊入楚**에 **裕釗自京師歸**하고 **公遂成進士**하여 **入詞垣**하고 **後**에 **出典大郡**하고 **荐**[12]**擢監司**라

同治 10년(1871)에 증문정공이 直隷[13]로부터 다시 兩江[14]의 총독으로 왔을 때 나를 불러 江寧(남경)에서 主講을 맡게 하였는데, 공은 이미 白下[15]의 知府로 있으면서 우뚝이 名卿으로 일컬어졌다. 올해에 이르러서는 조정에 들어와 朝覲한 다음 돌아가는 길에 浙江巡撫에 임명되었으니, 덕업의 광휘가 장차 세상에 더욱 크게 드러날 것이다. 그런데 나는 한적하고 적막한 초야에서 스스로 낙후한 삶을 감수하면서 생기 없이 침체하여 우둔하기가 예전과 같으니, 사람의 유능과 무능을 어찌 같은 수준에 놓고 말할 수 있겠는가.

同治十年에 **曾文正公自直隷**로 **復**(부)**督兩江**할새 **招裕釗主講席江寧**이어늘 **而公已開藩白下**에 **巍然稱名卿矣**라 **逮今歲**하여 **既入覲**하고 **還道**에 **拜浙江巡撫之命**하니 **德業輝光**이 **蓋益將大顯於世**어늘 **而裕釗甘自棄於閒**(한)**闃寂寞之地**하여 **沈淪枯槁**하여 **頑然猶昔時**하니 **人之能不能**이 **豈可**

이어졌다.

9) 曾文正公 : 명청팔대가의 한 사람인 曾國藩(1811~1872)을 말한다. 증국번은 湖南 湘鄉 사람으로, 본명은 子城, 자는 伯函, 호는 滌生이며, 文正은 그의 시호이다. 道光 18년(1838)에 進士가 되었으며, 翰林院庶吉士·文淵閣校理·禮部侍郎·兩江總督·直隷總督·武英殿大學士 등을 역임하였다. 湘軍을 창립하여 태평군을 평정하였다.

10) 粤賊 : 洪秀全이 粤(廣東) 사람이기 때문에 그가 일으킨 太平天國의 군대를 청나라 조정에서 '粤賊', '粤匪', '粤逆', '粤寇'로 폄하하여 불렀다.

11) 楚 : 湖南省과 湖北省 지역을 일컫는 말이다.

12) 荐 : 저본에는 '薦'으로 되어 있는데, '荐' 또는 '洊'의 異體字로 보인다.

13) 直隷 : 지금의 河北省 일대에 해당하는 지역의 옛 지명이다. 증국번이 이때 直隷總督으로 있었다.

14) 兩江 : 江南省과 江西省의 병칭이다.

15) 白下 : 江蘇省 江寧의 옛 지명으로 唐나라 때 金陵縣을 이곳으로 옮기고 白下縣으로 이름을 고쳤다. 지금의 南京이다.

同日道哉리오

우리 양자 사이의 차이가 이토록 현격히 벌어진 것은 어찌 하늘이 실로 준 운명이겠는가. 우리 사람이 스스로 한 바가 곧 그렇게 한 것일 뿐이다. 비록 그렇지만 사물이 생겨난 것이 마지막에는 비록 다르지만 처음에는 같았다는 것을 잊을 수 없으니, 사람들이 저마다 옛 시절을 생각하면서 분수가 서로 다른 줄을 스스로 알지 못하고 피차 연연하는 것은 인정상 그만두지 못하는 바이다.

시냇가 언덕의 조그만 나무가 구름을 뚫고 倒影[16] 위로 솟아 끝없는 대지에 그림자를 드리우는 松柏을 보고서 그 아래에 하찮은 모습으로 숨어 살면서 재목이 못 되는 상태로 스스로 일생을 마친다면 그만이겠지만, 높이 우러러보는 〈저 송백이〉 일찍이 자신과 같았다는 사실에 대해 조금도 생각하지 않을 수 있겠는가. 그러므로 공이 부임하러 가는 길에 金陵을 지나는 곳에서 문득 글을 지어 전송하는 한편 공이 浙江에서 의당 공적을 이룸이 있기를 축원한다. 그러나 나와 공은 이로부터 더욱 멀어질 것이다.

夫其遼闊夐絶이 **至是極者**가 **豈惟天實命之**리오 **彼其所自爲則然耳**라 **雖然**이나 **物之生**이 **其終雖異**나 **而其始之同者**를 **不能忘也**니 **人各念其故**에 **不自知其分之殊而彼此相戀嫪者**는 **情之所不能已也**라 **澗阿薄植**이 **覩松柏之上雲霄而凌倒影**하여 **垂蔭乎無垠**하고 **而眇焉隱處其下**에 **其自終於不材則已矣**어니와 **抑豈能無少意於高仰者之嘗我同乎**아 **故**로 **於公之道出金陵**에 **輒爲文祖之**하고 **且祝公之宜有造於浙也**라 **然**이나 **裕釗與公**은 **自此**로 **其益遠矣**리라

16) 倒影 : 倒景과 같은 말로 하늘 위에서 가장 높은 곳이다. 이곳에서는 해와 달도 아래에 있기 때문에 이곳에서 아래로 해와 달을 보면 그 그림자가 다 거꾸로 뒤집혀 보이기 때문에 이렇게 부르는 것이다.(≪史記≫ 권107 〈司馬相如列傳〉)

14. 영국으로 사신 가는 黎蒓齋를 보내는 序
送黎蒓齋使英吉利序*

*黎蒓齋는 黎庶昌(1837~1898)으로 순재는 그의 자이다. 그는 청나라 말엽의 외교관으로 張裕釗, 吳汝綸, 薛福成(1838~1894)과 함께 曾國藩의 4대 제자로 일컬어진다. 光緖 2년(1876)에 欽差大臣 郭嵩燾(1818~1891)를 따라 영국에 가서 외교관으로 근무하였다. 이 글에서 장유소는 시대의 변화에 적응하여 서양과 적극적으로 소통해야 한다고 말하였다.

泰西(서양)는 예로부터 중국과 왕래가 없었는데, 명나라 중엽에 이르러 利瑪竇[1]와 艾儒略[2] 같은 이들이 처음으로 기술을 가지고 중국 땅에 왔다. 本朝(淸朝)가 열리고 우리 聖祖 仁皇帝[3]께서 서양 曆算의 정밀한 점을 좋다고 여겨 특별히 장려하셨다. 이에 오는 서양 사람들이 더욱 많아져 閩·粤[4]의 바닷가 지역에 상선들이 점점 모여들었는데, 백여 년이 지나 道光[5] 연간에 이르러 해안 국경에서 처음으로 전쟁이 일어났다.[6]

마테오 리치

1) 利瑪竇 : 마테오 리치(Matteo Ricci, 1552~1610)의 중국 이름이다. 이탈리아의 예수회 修士로서 명나라 말엽에 중국에 들어와 서양의 학술과 종교 서적을 한문으로 번역 출판하여 서구 문명을 수입하는 데 큰 역할을 하였다. 저서로 ≪天主實義≫, ≪交友論≫, ≪辨學遺牘≫, ≪幾何原本≫, ≪萬國輿圖≫ 등 20여 종이 있다.

2) 艾儒略 : 줄리오 알레니(Giulio Aleni, 1582~1649)의 중국 이름으로, 자는 思及이다. 이탈리아 선교사로 명나라 말엽에 중국에 들어왔다. 세계지도인 萬國全圖를 작성하였고, 저서로 ≪西學凡≫, ≪職方外紀≫ 등이 있다.

3) 聖祖 仁皇帝 : 1654~1722. 청나라의 4대 황제로의 廟號가 성조이고 시호가 인황제이며, 연호는 康熙이다. 중국을 점령하고 북경에서 즉위한 청나라 3대 황제 順治帝의 아들이다.

4) 閩·粤 : 지금의 福建省·廣東省 지방으로, 중국의 남동부 바다에 인접한 지역이다.

5) 道光 : 淸나라 8대 황제인 宣宗의 연호로, 1821~1850년이다.

그 후 국가가 綏服[7]을 회유하여 아울러 포용하는 데 오로지 힘써 먼 지역까지 慰撫함에 威德이 먼 이역까지 미쳤다. 이런 까닭에 외국에서 몰려와서 通商 교역하고 맹약을 맺은 것이 50여 나라에 이르렀다.

泰西自前古不通中國이러니 洎明中葉하여 利瑪竇艾儒略之徒가 始以其術游內地라 國朝開統에 聖祖仁皇帝嘉西洋歷算之精하여 特旌異之라 於是에 來者益衆하여 閩粵瀕海之區에 市舶稍稍集矣러니 百有餘年에 至於道光之際하여 而海疆始有兵革之事라 其後國家懷柔綏服하여 一務兼容竝包하여 遠撫長駕에 威德覃於遐裔라 是以로 殊域輻湊하여 通互市하며 結盟約者가 至五十有餘國이라

태서인들은 본디 사고가 정교하고 집념이 끈질긴데, 맹약을 맺은 이래 수십 년 사이에 더욱 깊은 이치를 파고들어 다방면으로 특출한 智力이 날로 새로워 무궁무진하다. 그들이 수레와 배, 병기, 火器 및 갖가지 기계를 만들어낸 정교한 기술과 해, 별, 緯曜[8], 물, 불, 나무, 금속, 흙, 돌 등을 연구한 자연과학과 기술은 위로 九天[9]에 닿고 아래로 九幽[10]에 이르며 造化의 이치를 발라내고 귀신을 놀라게 할 정도요, 법령을 펴고 警備하는 것은 金石과도 같이 확고하며 명령을 내어 시행하는 것은 神明과도 같이 신속하다. 게다가 배와 수레의 힘으로 천지 사방의 먼 五大洲의 땅에 끝까지 다 막힌 데 없이 길을 틔워서 사방을 다니면서 다투어 서로 배우고 본받았다. 그래서 정교하고 숙련된 기이한 기술이 더욱 왕성하게 나오니, 하늘과 땅이 나뉜 태초 이래 일찍이 없던 바이다.

泰西人故擅巧思하고 執堅刃이러니 自結約以來로 數十年之間에 益鑴鑿幽渺하여 智力鋒起

6) 해안……일어났다 : 1840~42년에 걸쳐 영국의 중국 침입으로 시작된 제1차 아편전쟁을 말한다.

7) 綏服 : 周나라의 제도에 王城으로부터 500리 거리를 기준으로 구획하여 천하를 五服으로 나누어 甸服, 侯服, 綏服, 要服, 荒服이라 한 데서 온 말로, 여기서는 외국을 말한다.(≪周禮≫ 〈夏官 職方氏〉)

8) 緯曜 : 五緯와 兩曜의 합칭이다. 오위는 金·木·水·火·土 五星이고, 양요는 해와 달이다.

9) 九天 : 하늘의 중앙과 八方이다. 漢나라 揚雄의 ≪太玄經≫ 〈玄數〉에는 "九天은 첫째는 中天이고, 둘째는 羨天이고, 셋째는 從天이고, 넷째는 更天이고, 다섯째는 睟天이고, 여섯째는 廓天이고, 일곱째는 減天이고, 여덟째는 沈天이고, 아홉째는 成天이다."라 하였고, ≪呂氏春秋≫ 〈有始〉에는 "하늘에는 아홉 분야가 있으니, 중앙은 鈞天이고, 동쪽은 蒼天이고, 동북쪽은 變天이고, 북쪽은 玄天이고, 서북쪽은 幽天이고, 서쪽은 顥天이고, 서남쪽은 朱天이고, 남쪽은 炎天이고, 동남쪽은 陽天이다."라 하였다.

10) 九幽 : 九泉과 같은 말로 깊은 땅속을 말한다.

角出이 日新無窮이라 其創造輿舟兵械火器暨諸機器之工과 硏極日星緯曜水火木金土石聲光氣化之學이 上薄九天하며 下縋九幽하고 剞劂造化하며 震駴神鬼요 申法警備는 碻若金石이며 發號施令은 疾馳若神이요 又以其舟車之力으로 窮極六合四遠五大洲之地하여 無所不洞豁하여 徬徉四達에 競相師放이라 精能之詭가 甚盛益興하니 天地剖泮以來所未嘗有也로다

일찍이 논해보건대, 천지의 변화와 고금의 紀綱은 하늘과 사람이 서로 얽혀 만나면 陰과 陽이 이로써 動蕩하고 마찰하여[11], 궁하면 변하고 변하면 통함에 世道가 그와 함께 推移해간다. 상고시대의 백성들은 鳥獸와 함께 섞여서 둥지와 굴에 살고 날고기를 먹고 깃털과 가죽으로 만든 옷을 입었는데, 성인이 출현하여 君臣과 상하의 질서를 세워서 禮樂·제도를 일으켜 정비하는 한편 기물을 갖추고 용구를 만들어 사물의 변화하는 이치에 통달하여 백성의 생활에 알맞게 하면서 시대의 변천에 따라 적절히 損益함에 천하가 文明하게 되었다.

蓋嘗論天地之化와 古今之紀는 天人相與構會어든 陰陽以之盪摩하여 窮則變하고 變則通에 而世道乃與爲推移라 上古人民은 鳥獸錯處하여 巢窟之居하며 毛血之食하며 羽革之衣러니 聖人者作하여 立君臣上下하여 興修禮樂制度하고 備物制用하여 通變宜民하여 遞相損益에 天下文明이라

虞[12]·夏·殷·周의 시대는 지극히 성대했다고 일컬어졌는데, 周나라의 治道가 쇠퇴하고 秦나라에 이르러 先王의 제도를 죄다 고치고 제거해 封建·井田·학교·典禮·문물들이 말끔히 다 없어지자 새로운 제도를 다시 세웠으니, 漢·唐의 시대를 마치도록 바꿀 수 없었다. 당나라 말엽의 亂世로부터 五季[13]에 이르기까지 輾轉하며 변천하여 종전의 제도를 바꾸니 田賦·兵制·인재 선발·학술·풍속 교화가 해체되어 兩漢 이래와 동떨어지게 달라졌다.

虞夏殷周之世는 稱極盛焉이러니 周道衰而至於秦하여 一革除先王之法하여 封建井田學校典禮文物이 掃地俱盡에 更(갱)立新制하니 卒漢唐之世토록 不能易也라 唐末之亂으로 以訖五季히 輾轉遷貿하여 盡迻其故하니 田賦兵制選擧學術俗化가 與兩漢以來로 泮渙殊絶이라

---

11) 陰과……마찰하여 : ≪禮記≫ 〈樂記〉에 "음과 양이 서로 마찰하고 하늘과 땅이 서로 動蕩한다.〔陰陽相摩天地相蕩〕"라 하였고, ≪周易≫ 〈繫辭傳 上〉에 "강유가 서로 마찰하고 팔괘가 서로 동탕한다.〔剛柔相摩八卦相盪〕"라 하였다.

12) 虞 : 舜이 세운 나라를 일컫는 말로, 堯舜시대를 말한다.

13) 五季 : 後梁·後唐·後晉·後漢·後周를 말한다. 五代라고도 한다.

宋나라・明나라 이후로 이를 이어받아 썼다. 몽고와 우리 청나라가 천하를 소유함에 華夷를 통일하여 바야흐로 수만 리 땅을 다스려 영토의 판도가 과거 百代를 능가하였지만, 오늘날 같은 경우는 특히 世變이 크고 심하도다.

하늘이 실로 이를 열었으니 사람이 어길 수 없는 것이거늘 당세의 학사・대부들은 혹 그런데도 옛것을 고수하여 오히려 비루하게 여겨 배척하고 그 일을 말하기 부끄러워함으로써 正道를 지켜 흔들리지 않는 것으로 여긴다.

오호라! 司馬長卿이 말하기를 "鷦鵬은 이미 넓은 하늘에 날고 있는데, 잡으려는 사람은 여전히 늪을 보고 있다."[14]라고 하였으니, 어찌 어리석은 것이 아니겠는가.

宋明以還으로 **承而用之**러니 **而蒙古及聖淸之有天下**에 **混一華裔**하여 **方制數萬里**에 **土宇版章**이 **跨越百代**어니와 **若今日**은 **其尤世變之大且劇乎**인저 **天實開之**하니 **人之所不能違也**어늘 **而當世學士大夫**는 **或乃拘守舊故**하여 **猶尙鄙夷詆斥**하고 **羞稱其事**하여 **以爲守正不撓**라 **烏乎**라 **司馬長卿**이 **有言鷦鵬已翔於寥廓**이어늘 **而羅者猶視夫藪澤**이라하니 **豈非其惑歟**아

대저 學士 正人들은 이 〈서양 문물에〉 대해 잘 알지 못한다. 이에 일을 만나서는 일체 이 〈서양 문물을〉 익히 아는 사람을 구하여 일을 맡기니, 이들이 구하여 얻은 사람들이 다 용렬하고 비루한 장사치, 賤人과 같은 부류로서 서양 언어를 조금 할 줄 알고 한두 가지 자잘한 일에 참여한 자들이니, 저 같은 자들이 어찌 이런 일을 맡을 수 있겠는가. 서양 사람들의 비웃음거리가 되기에 알맞을 따름이다.

근자에 식견이 높은 한두 인사가 이 두 가지 폐단[15]을 차츰 알고서 출중하고 志節이 있는 인물을 얻어서 서양 외국과의 중요한 업무를 정밀히 강구하여 외교에 대한 대책을 籌劃하고자 논의하였으니, 대개 國本을 튼튼하게 만들고 외적을 무찌르며 임금을 높이고 백성을 보호하는 계책이 진실로 이보다 앞서는 것이 없다. 그래서 조정이 바야흐로 重臣을 선발하여 외국에 사신으로 보내 遠近과 中外의 지역들을 두루 막힘없이 소통할 수 있게 하고 있다.

---

14) 司馬長卿이……있다 : 司馬長卿은 前漢 때 辭賦의 대표적인 작가의 한 사람인 司馬相如이다. 그의 자가 長卿이다. 이 대목은 ≪前漢紀≫ 권11 〈孝武2〉에 보인다. ≪史記≫ 권117 〈司馬相如列傳〉과 ≪漢書≫ 권57 하 〈司馬相如傳〉에는 원문의 鷦鵬이 '鷦明'으로 되어 있다. 초붕과 초명은 같은 말로 봉황의 일종이다.

15) 이……폐단 : 옛것만 고수하는 것과 외교에 사람을 잘못 임용하는 것을 말한다.

이에 黎蒓齋 군이 州牧을 맡고 있다가[16] 3등 參贊大臣을 제수 받아 영국으로 가는 사행을 따라가게 되었기에 장차 떠날 즈음 나에게 贈別의 말을 해달라고 청했다.

夫以學士正人之不智[17]乎此라 **於是當事**하여 **乃一切以求能習知此者而任之**하니 **則其所得**이 **乃皆庸猥汙下賈豎輿隸之流**라 **稍能通彼語言**하여 **與一二瑣事者也**니 **如彼等者**가 **烏足以任此**리오 **適足爲遠人之所嗤而已矣**라 **邇者**에 **一二遠識之士**가 **稍知二者之弊**하여 **議欲得儁異志節之彥**하여 **相與精求海國之要務**하여 **以籌備邊事**하니 **蓋彊本折衝尊主庇民之計**가 **誠莫先乎此**라 **而朝廷方簡重臣**하여 **通使諸外國**하여 **使遐邇中外**로 **益通達無阻**라 **於是**에 **黎君蒓齋**가 **自州牧授三等參贊大臣**하여 **從使英吉利**일새 **將行**에 **問贈言於裕釗**라

무릇 國情을 관찰하는 방도와 외국을 회유하는 방도는 반드시 그 要領을 알아야 하고 반드시 그 실정을 알아야 하니, 그 요령을 알고 그 실정을 알면 이에 우리가 대응하는 것을 어떻게 시행해야 할지 알게 될 것이다. 또 가령 우리가 하는 바가 時勢를 타고 天意를 따르며 前代의 폐단을 변역하여 백성들로 하여금 게으르지 않게 하는 것에 대해 신묘하게 알고 유리하게 쓰면[18] 또한 그 방법을 얻을 수 있을 것이다. 순재와 같이 현명한 이는 반드시 이러한 이치를 마음으로 알아서 훗날 국가의 중책을 맡아서 나라의 바람에 부응할 때를 기다릴 터이니, 훗날 순재가 돌아오면 내가 이어서 물어볼 것이다.

夫覘國之道와 **柔遠之方**은 **必得其要**며 **必得其情**이니 **得其要**하며 **得其情**이면 **而吾之所以應之者**를 **乃知所設施**라 **且卽吾所爲乘時順天**하고 **承敝易變**하여 **使民不勌者**를 **神而明之**하며 **利而用之**하면 **亦可以得其道矣**라 **蒓齋之賢**이 **其必能心喻乎此**하여 **以俟異時受任國家之重**하여 **而副海內之望也**리니 **它日歸**에 **吾將從而訊之**호리라

---

16) 州牧을……있다가 : 여서창은 외교관으로 가기 전에 吳江知縣, 青浦知縣를 역임하였다.

17) 智 : ≪音注張濂亭文≫과 ≪張劉釗詩文集≫(≪中國近代文學叢書≫, 上海古籍出版社, 2007)에는 '習'자로 되어 있다.

18) 우리가……쓰면 : 전통을 고수해온 기존 정책의 폐단을 고치고 시대의 변화에 순응하여 서양의 문물을 받아들여 중국에 유리한 쪽으로 쓴다는 말이다. ≪周易≫ 〈繫辭傳 上〉에 "신농씨가 세상을 떠나자 황제·요·순이 나와서 그 변화를 통하게 하여 백성으로 하여금 게으르지 않게 하고 신묘하게 변화하여 백성들의 삶으로 하여금 마땅하게 하였으니, 역은 궁하면 변하고 변하면 통하고 통하면 오래간다.〔神農氏沒 黃帝堯舜氏作 通其變 使民不倦 神而化之 使民宜之 易 窮則變 變則通 通則久〕"라 하였고, ≪春秋左氏傳≫ 僖公 22년에 "유리한 때를 만나 군대를 사용하면, 적이 험한 곳이 있을 때에 〈공격하는 것이〉 옳다.〔利而用之 阻隘可也〕"라고 하였다.

15. 査生 燕緖에게 주는 序　贈査生燕緖序*

* 장유소가 42세 때 제자인 유생 査燕緖를 보내면서 贈別의 뜻으로 써준 글이다. 사연서가 멀리 浙江에 있는 고향 집으로 돌아가는지라 앞으로 만나기 어렵게 되자, 장유소는 석별의 정을 말하고 학문을 하는 사람은 뜻이 같으면 함께 있는 것과 같다는 말로 위로한다.

査生 燕緖가 나와 종유하였는데 자질이 매우 敦厚하여 가상하였다. 내가 일찍이 그에게 고인의 도를 배울 것을 말해두었더니, 마음이 간절하여 마치 거기에 뜻을 두는 것 같았다. 이제 사생이 장차 돌아갈 터인데 마음은 내게 매우 연연하고 나 또한 사생이 멀리 가는 것을 몹시 애석하게 생각한다. 비록 그렇지만 사생이 사는 집은 粤東[1] 바닷가 지역에 있어 이곳 楚 땅과는 수천 리나 떨어져 있거늘 지금 여기에서 나와 종유하였으니, 당초에는 나와 사생의 생각이 모두 이렇게 〈이별할 것이라는〉 데 미치지 못하였다.

査生燕緖從余遊하니 **質甚篤厚可嘉尙**이라 **余嘗語以學古人之道**하니 **而懇乎若有意乎其間也**라 **今生且歸矣**나 **而意甚戀戀於余**하고 **雖余亦重惜生之遠也**라 **雖然生所居**는 **乃在粤東海濱之地**하여 **去楚數千里**어늘 **而今茲從余於此**하니 **始余與生意**가 **皆不及是也**라

솔개가 울면 바람이 불고,[2] 달이 하늘에 걸려 있으면 못물 속에서 조개의 속살이 찼다 줄었다 하나니,[3] 詩書를 읽는 학문의 공부는 道와 뜻이 서로 통하면 기운의 기미가 그 사이에서 은밀히 감응하여 왜 그렇게 되는지 아무도 알지 못한다.

---

1) 粤東 : 越東과 같은 말로 浙江省 지역을 가리킨다.
2) 솔개가……불고 : ≪禮記≫ 〈曲禮 上〉에 "앞에 흙먼지바람이 일면, 우는 솔개를 그린 깃발을 내건다.〔前有塵埃 則載鳴鳶〕"라 하였는데, 陳澔의 集說에 "솔개가 울면 바람이 일고 바람이 일면 흙먼지가 일어난다.〔鴟鳴則風生 風生則塵埃起〕"라 하였다.
3) 달이……하나니 : ≪呂氏春秋≫ 〈季秋紀 精通〉에 "달이 보름이면 조개의 속살이 차고 뭇 陰物들이 왕성하며, 달이 그믐이면 조개의 속살이 비고 뭇 음물들이 쇠퇴한다.〔月望則蚌蛤實 群陰盈 月晦則蚌蛤虛 群陰虧〕"라 하였다.

따라서 비록 만 리 밖 서로 만날 수 없는 머나먼 絶域일지라도 늘 하루아침에 갑자기 마음이 합치할 수 있다. 그러므로 군자가 사람을 사귐은 마음속에서 묵묵히 계합하면 또한 그 도가 합치하는 것이니, 형체와 자취가 헤어지고 만나는 것은 더욱이 말할 것이 없다.

鴟鳴而風旋하고 月麗於天而蜃蛤盈虛於淵하나니 詩書問學之業은 道與志通而氣機密應於其間하여 莫或知其所以然이라 雖萬里之外의 殊隣絶域邈不相接之區라도 而常一旦猝然其忽合이라 故夫君子之相與가 冥契於其心也면 亦惟其道之合焉이니 形迹之離合은 又無所論已라

지금 사생이 진실로 고인의 도에 뜻을 두어서 내 말에 부응하기를 바라지 않는다면 비록 이곳에서 〈나와 만나〉 종유할지라도 서로 멀리 떨어져 있는 것과 다르지 않고, 사생이 진실로 고인의 도에 뜻을 두어서 내 말에 부응하기를 바란다면 비록 나를 버리고 떠날지라도 서로 가까이 있는 것과 다르지 않을 것이다. 내가 훗날 혹 사방을 멀리 다님으로써 평소에 가보고 싶었던 곳에 간다면, 사생은 한창 나이라 필시 오랫동안 향리에 드러나지 않은 채 살고 있지는 않을 터이니, 사생을 만날 수 있다면 아마도 이미 우뚝이 고인의 경지에 나아갔을 것이다. 그렇게 되면 내가 장차 깜짝 놀라 기뻐하는 한편 다행으로 여겨 사생은 애초에 나를 떠나지 않은 자라 할 것이다.

갑자년(1864) 정월 모일에 쓰다.

今生苟未能志乎古人之道하여 以蘄赴于余言이면 雖相從於此나 不啻遠也요 生誠志乎古人之道하여 以蘄赴乎余言이면 雖舍余而去나 不啻邇也라 余他日或將遠游四方하여 以遂其生平之所欲至어든 而生年方盛이라 必非久汶汶處閭里者리니 其能遌生이면 而生已卓然進於古之人乎인저 余且灑然喜요 且幸謂生未始余違者也라 甲子正月某日이라

16. 黃蒙九를 보내는 序　送黃蒙九序*

*지방관 벼슬을 그만두고 떠나는 黃克家에게 준 送序이다. 황극가의 자가 蒙九이고 湖北 隨州 사람이다. 道光 연간에 擧人이 되었고 江蘇省의 候補[1]知縣이 되었다.

≪周易≫에는 "군자의 도는 혹 세상에 나가기도 하고 혹 물러나 있기도 하며 혹 침묵하기도 하고 혹 말하기도 한다."[2]라 하였고, 孟子는 孔子를 일컬어서 "그만둘 만하면 그만두고 出仕할 만하면 출사한다.[3]"라 하였으니, 군자가 출사하느냐 하지 않느냐는 오직 할 만한지를 볼 뿐이니, 그 가운데 뜻하는 바를 두어서 "나는 반드시 이것을 하고 반드시 저것을 할 것이다."라고 한 적이 없다.

그러나 내가 伊尹이 太甲을 가르치고 보좌한 것과 周公이 成王을 보좌한 것을 보니 임금과 신하의 만남이 지극하였다. 그런데도 이윤은 태갑을 桐宮에서 돌려보내고 나서는 정사를 반납하고 자신은 향리로 돌아갔으며,[4] 주공이 洛邑을 경영하여 읍을 이루고 誥를 지은 것에도 "부지런히 농사에 힘쓸 것이다."라고 말하였다.[5] 가령 후세에 명신이라 일컬어지는 이들에 이르러서도 몸은 현달한 관직에 있으나 누차 상소를 올려 사퇴하고자 하였으니, 史冊에 보이는 것은 왕왕 이러하다.

易曰 君子之道는 **或出或處**하며 **或默或語**라하고 **孟子之稱孔子**는 **則曰 可以止則止**하고 **可以仕則仕**라하니 **君子之仕不仕**는 **惟其可焉耳**니 **未嘗有所意於其間**하여 **曰 吾必爲此與必爲彼也**라 **然吾觀伊尹師保太甲**과 **周公相成王**컨댄 **其君臣之遇至矣**어늘 **伊尹旣反太甲於桐**하얀

1) 候補 : 淸나라의 官制에, 정원이 정해진 관직에 정식으로 임명되지 않은 관원은 吏部에서 법에 따라 선발하여 특정 部나 省의 결원 보충을 기다리거나 임시로 임용하였는데, 이를 候補라 한다.
2) 군자의……한다 : ≪周易≫ 〈繫辭傳 上〉에 보인다.
3) 그만둘……출사한다 : ≪孟子≫ 〈公孫丑 上〉에 보인다.
4) 이윤은……돌아갔으며 : 殷나라 湯이 죽은 뒤에 그의 손자 太甲이 즉위하여 탕의 제도를 파괴하자, 이윤이 태갑을 桐宮으로 축출하였다가 3년이 지나 개과천선하자 맞아들여 복위시키고 자신은 고향으로 물러갔다.(≪書經≫ 〈商書 太甲〉)
5) 주공이……말하였다. : 주공이 만년에 成王에게 "당신은 낙읍에 가서 공경하소서. 나는 농사에 힘쓰겠습니다.〔汝往敬哉 玆予其明農哉〕"라 한 대목이 ≪書經≫ 〈周書 洛誥〉에 보인다.

則復政而告歸하고 周公營洛邑成作誥에 亦孳孳以明農爲言이요 卽至後世所號稱名臣하여도 身居顯列이나 而累疏求退하니 見(현)於史牒者가 往往而是라

대개 賢者는 세상에 대해 비록 마음으로는 하루도 잊지 못하지만 그 부귀와 榮利에 대해서는 淡泊하여 하나도 자신에 간여하는 바가 없어 터럭만큼도 자신의 輕重으로 여기지 않는다. 이런 까닭에 출사했을 때에는 능히 권세와 영화를 멀리하고 득실을 분명히 가려 오로지 자기 직분과 뜻에 반드시 해야 하는 바를 따라서 하나라도 맞지 않는 것이 있으면 관직을 버리고 물러나기를 마치 헌 신짝을 버리듯이 하였다. 후세의 군자는 출사해서는 자기 뜻을 행하고자 하지 않고 대체로 영달과 이익을 추구할 뿐이다. 그러므로 뜻한 바를 얻으면 교만한 태도로 방자하게 굴면서 작록을 잃을까 두려운 듯이 걱정하고, 뜻한 바를 얻지 못하면 몸을 뒤척이면서 마음이 불안하여 하루를 그냥 보낼 수 없는 것처럼 실의에 잠겨서 오로지 당시에 영화를 누리느냐 몰락하느냐에 따라 처신이 옮겨가서 진퇴에 하나도 옳은 것이 없는 것은 그 뜻은 먼저 어지러워져서 외면을 제어할 수 있는 마음속에 自得하는 바가 없기 때문이니, 마침내 沈溺하는 것이 또한 마땅하지 않겠는가.

蓋賢者之於世에 雖是心不能一日以忘이나 至其於富貴寵利하여는 則泊乎一無與於其身하여 而不以毫髮爲吾重輕이라 故其仕也에 則能外勢榮하며 明得喪하여 壹惟其職與其志之所必爲하여 一有不合이어든 則奉身而去가 若脫屣耳러니 後之君子는 其仕也에 非盡欲行其志也요 大都以其榮與利者也라 故得志則泰然其自恣하여 衄乎若恐失之하며 不得志則輾轉怫憒하여 侘傺若不可以終日하여 一惟時之榮若悴爲遷貿하여 而進退乃無一可者는 其志先亂하여 中無所爲自得者以御其外也니 其遂沈溺이 不亦宜乎아

同年[6]의 벗 黃君 蒙九가 知府로 강남에서 벼슬하여 일찍이 通州의 征榷[7]을 관장하고 海州知事를 攝行하면서 다 유능하다는 평판이 있었다. 그래서 사람들이 몽구는 장차 현달할 것이라 하였는데 하루아침에 결연히 휴가를 얻어 향리로 돌아감에 상관이 만류해도 안 되었다. 이에 강남의 관리들은 모두 어려운 처사라 일컬었거

6) 同年 : 같은 해의 과거에 급제한 사람을 이르는 말이다.
7) 征榷 : 국가가 상품의 세금을 징수하는 것과 官府의 專賣를 말한다. 중국에서는 소금과 茶 같은 물품들을 국가가 관리하여 전매하였다.

니와, 나 또한 이 일로써 몽구를 훌륭하다고 여긴다. 비록 그렇지만 군자의 出處는 오직 그 뜻이 얽매이는 바가 없어야 하는 것이니, 어찌 한갓 행적의 顯晦를 가지고서 고하를 평가하겠는가.

지금 몽구가 떠나는 것은 나는 알지 못하겠다만, 그 뜻에 과연 행하지 못한 바가 있어 浩然히 결단하여 떠남으로써 자기 마음에 만족하는 바를 얻고자 하는 것인가, 아니면 오히려 부득이하여 마음속에 진실로 스스로 풀어놓지 못하는 것이 있어서인가? 몽구가 장차 떠날 즈음 나에게 한마디 贈別의 말을 해주기를 청하기에 내가 이 글을 써서 도로 묻노라.

同年友黃君蒙九가 **以知府官江南**하여 **嘗筦征榷通州**하고 **攝海州**에 **皆有能名**이라 **衆謂蒙九且顯矣**러니 **一旦決然假歸**에 **上官留之不可得**하니 **江南之官吏**가 **皆稱以爲難**이어니와 **唯裕釗亦以是偉蒙九也**라 **雖然君子之出處**는 **要惟其志之無累**니 **豈徒以迹之顯晦爲隆汙哉**아 **今蒙九之去**는 **吾未知其於志果有所不得行**하여 **浩然決去**하여 **以求得其所自慊者耶**아 **抑尙有所不獲已而於心固未能以自釋者耶**아 **蒙九且行**에 **索裕釗一言爲贈**일새 **裕釗爲書此**하여 **還以敂之**라

17. 直隸總督으로 부임하는 湘鄕 相國 曾公을 보내는 序
送湘鄕相國曾公之任直隸總督序*

* 증공은 曾國藩을 가리킨다. 이 글은 兩江總督으로 있다가 直隸總督으로 부임하는 증국번을 보내는 送序로, 증국번이 태평천국의 난을 진압한 공로와 그로 말미암아 양강 지역의 백성들로부터 신망이 두텁다는 것을 부각하였다.

今上[1]께서 즉위하신 지 7년이 되는 해에 王師(정부군)가 이미 河北 지역을 평정함에 나라 안이 잠시 평안해졌다. 천자께서 深遠한 모습으로 세상을 보전할 영구한 계책을 깊이 생각하여, "直隸는 京師를 보위하여 九州의 첫머리에 있으니,[2] 의당 文武를 겸비한 重臣을 얻어 이곳으로부터 다스림을 펴기 시작해야 한다."라 하시고서 이에 太學士 一等毅勇侯 曾公에게 명하여 兩江으로부터 옮겨 그 지역을 鎭守하게 하셨다.

今上御極之七年에 **王師旣清河北**에 **方內覊寧**이라 **天子穆然**에 **深惟保世之永圖**하여 **謂直隸**는 **蕃輔京師**하여 **居九州維首**하니 **宜得文武重臣**하여 **肇治於玆**라하고 **於是**에 **命大**(태)**學士一等毅勇侯曾公**하여 **自兩江移鎭其地**라

조서가 내려지자 동남 지방의 백성들은 증공이 자신들을 다시 살려준 은덕을 잊지 못하여 소식을 듣고서 장차 우리 공이 떠난다고 하여 어떤 이들은 집에서 탄식하고 어떤 이들은 길에서 눈물을 흘리면서 낮에는 이리저리 서성이고 〈밤에는〉 잠을 못 이루고 가슴을 쳤다. 지역 사대부 인사와 연로한 어른, 준수한 젊은이들이 사모하고 애석한 마음을 노래하면서 화들짝 놀라 서로 바라보며 모두 말하였다. "공은 성대한 덕과 크나큰 功烈에다 큰 도량으로 포용하여 원근을 가리지 않고

---

1) 今上 : 淸 穆宗을 말한다.
2) 直隸는……있으니 : 《書經》 〈夏書 禹貢〉에서 冀州·兗州·靑州·徐州·揚州·荊州·豫州·梁州·雍州를 九州라 하였다. 이 중에 河北省 중남부 지역에 해당하는 冀州가 청나라 수도인 북경이 있는 곳이고, 직례가 하북성에 있으므로 구주의 첫머리에 있다고 한 것이다.

몸소 물과 불 속처럼 위험한 곳에 드나들면서 불에 타 죽고 물에 빠져 죽을 상황에서 우리 백성들을 꺼내어 반석 위에 앉혀놓으셨으니, 우리 동남의 사람들은 정수리부터 발꿈치까지 전신이 다 공의 은덕으로 살고 있는 것이다. 공이 오셨을 때부터 지금에 이르기까지 우리 처자식들은 공에게 의지하여 죽음을 걱정하지 않았다. 백성들은 공을 아버지로 여기고 선비들은 공을 스승으로 여기고 있으니, 공이 하루아침에 우리를 떠나시면 우리들은 이제부터 누구를 의지한단 말인가!"

詔下에 **東南之民**이 **含公再造之德**하여 **聞將以我公行**으로 **歎者於室**이요 **涕者於塗**에 **當晝旁皇**하고 **入莫寤辟**이라 **薦紳先生**과 **耆艾俊髦**가 **謳思慕惜**하여 **相視矍然**하며 **皆曰 公盛德閎烈**에 **弁包運量**하여 **無遠邇**하고 **躬出入水火**하여 **奪我民焚溺之餘**하여 **磐石坐之**하니 **我東南之人**은 **自頂至踵**히 **皆公賜**라 **自公來至於今**히 **我婦子倚公**하여 **不憂死亡**이라 **民以公爲父**하며 **士以公爲師**하니 **公一朝去我**면 **我自今其疇依乎**아

또 말하였다.

"공이 이미 큰 난리를 평정하고 나서 스스로 공훈이 높고 지위가 높다고 하여 늘 두려운 마음으로 복록이 가득 차 넘칠까 걱정하는 마음을 품으셨다. 우리는 사사로이 생각건대 공은 이미 큰 공을 이루셨으니, 혹여 장차 〈은퇴하려는〉 공의 뜻을 이루고자 하여 우리 백성들을 버려두고 돌아보지 않으신다면 우리들은 더욱 희망이 없게 될 것이다."

又曰 公旣龕大難에 **自以勳之高位之崇也**라하여 **常廩廩焉懷盛滿之懼**라 **私獨意公旣已成大功**하니 **其或者將遂公之志**하여 **舍我民而不之顧也**인댄 **我則益無冀矣**리라

내가 말하였다.

"그렇지 않습니다. 천자께서 社稷을 안정시키는 일과 천하를 다스리는 일을 다 들어서 공에게 맡기신 것은 진실로 장차 공을 먼저 邦畿의 일에 종사하게 하고, 그런 뒤에 곧 천하에 두루 미치게 한 것입니다. 공의 다스림이 천하에 있는 것은 그 다스림이 우리 남쪽 사람들에게 있는 것보다 나으니, 우리 남쪽 사람들은 더욱 의지할 바가 있을 것입니다.

裕釗曰 不然이라 **惟天子擧社稷之安**과 **天下之治**하여 **屬之公**은 **固將以公先事於邦畿**하고

而後迺徧及乎天下라 公之治在天下는 賢其在我南人也니 我南人則益有賴矣라

또 咸豐 초에 난리가 일어나 海內가 소란할 때 인재가 부족한 것을 근심하여 도적떼를 장차 제압할 수 없을 것이라 여겼습니다. 그런데 공이 일어나 군대를 통솔하고부터 그동안에 또한 험난한 상황을 겪고 위태한 처지에 놓여 그 형세가 위태로워 자신을 지킬 수 없기도 하였습니다. 그러나 공은 충신의 의리는 오직 내 직분에 따라 자신을 다 바치는 것이라 하여 禍福과 성패를 하나도 마음속에 두지 않고서 의연히 홀로 천하의 크나큰 일을 떠맡아 두려워하지 않으면서 충성이 격발함에 한번 결단하여 돌아보지 않으니, 마침내 천하 사람들이 기약하지 않았는데도 호응하여 뭇사람들의 계책과 힘이 하천이 바다로 달려오듯이 모여들어 드디어 공을 이루었습니다.

且方咸豐初亂起하여 海內蕭然에 以乏才爲憂하여 謂群盜且不可制러니 自公起視師로 其間蓋亦嘗蹈險難處危疑하여 勢岌岌不自保라 然公以忠臣之義는 惟吾分宜所自效라하여 禍福成敗를 一不以槪其心하여 毅然獨肩天下之至鉅而不慴하여 忠誠激發에 一決罔[3]顧하니 卒天下之人이 不期而應之에 群策群力이 川赴海會하여 遂以有成功이라

무릇 應龍이 일어나면 구름이 이를 따라 모여서[4] 아침나절이 다 가기도 전에 온갖 곡식들이 두루 그 은택에 젖으면서도 그 연유를 아무도 알지 못하는 것은 精氣가 통하여 그렇게 되도록 한 것입니다. ≪周易≫에 이런 말이 있습니다. 豫之坤 九四의 爻辭에 이르기를, '〈윗사람으로〉 말미암아 기뻐하는지라 크게 얻음이 있으니 의심하지 않으면 벗들이 모여들리라.'라고 하였으니,[5] 아마 공을 두고 한 말일 것입니다.

---

3) 罔 : 罔과 같다.

4) 應龍이……모여서 : 응룡은 날개 달린 용이다. 禹임금이 홍수를 다스릴 때 응룡이 꼬리로 땅을 그어 江河를 만들어 물이 바다로 흘러 들게 하였다고 한다. ≪周易≫ 乾卦 〈文言傳〉에 "구름은 용을 따르고 바람은 범을 좇는다.〔雲從龍 風從虎〕"라 하였다.

5) 豫之坤……하였으니 : 점을 쳐서 豫卦䷏가 나왔고 九四爻가 變爻일 경우 구사의 陽爻가 陰爻로 변하여 坤卦䷁가 된다. 이렇게 爻가 변하여 다른 卦가 되는 것을 之卦라 한다. 이 경우에는 곤괘가 지괘가 되고 占辭는 本卦인 예괘의 구사 爻辭로 판단한다. 예괘에서 구사는 大臣에 해당한다. 여기서 대신은 임금의 신임을 받아 기쁘게 일하는 상황이니, 오직 지성을 다하고 의심하는 마음을 가지지 않으면, 뭇사람들이 모여들어 따른다는 말이다.(≪周易傳義≫ 豫卦)

비록 공이 금일에 앞에서 말한 뜻[6]을 따른다 할지라도 위로 천자로부터 아래로 백성들에게 이르기까지 한결같이 마음을 맡기고 목숨을 맡겨 공에게 간절히 바라는 것으로 보아서 공이 어찌 무심하고 말 수 있겠습니까. 공의 은택이 장차 우리들에게 크게 끼쳐질 터이니, 우리들은 걱정하지 않아도 좋을 것입니다."

이에 사람들이 모두 말하였다.

"그대의 말씀이 옳습니다. 사람들이 시를 써서 공을 전별하니, 청컨대 그대의 이 말로써 서문을 삼고자 합니다."

夫應龍興而雲屬焉하여 不崇鼂而百穀徧渥其膏하되 莫或知其所由는 精之所通使然也라 周易有之하니 在豫之坤曰 由豫라 大有得이니 勿疑면 朋盍簪이라하니 其公之謂與인저 雖公之今日由前志也라도 且以上自天子로 下及元元之民히 壹委心託命하여 貇貇於公若此로 而公安能恝然而已乎아 公之澤이 將益大被於我하리니 我其可無恤이라 衆皆曰 子之言이 然하다 衆以詩祖公하니 請卽以子言爲之序하라

6) 앞에서……뜻 : 이 글 앞에서 말한 큰 난리를 평정한 뒤 스스로 공훈이 높고 지위가 높아 복록이 이미 가득 찼다고 여겨 은퇴하고자 하는 뜻을 말한다.

18. 吳筱軒 軍門을 보내는 序　送吳筱軒軍門序*

* 오소헌은 청나라 말엽의 장군인 吳長慶(1829~1884)이다. 그의 자가 筱軒이다. 군문은 提督 또는 總兵으로서 제독 직함을 받은 사람에 대한 존칭이다. 이 글은 山東巡撫 周恒祺(1824~1894)의 부장으로 부임하는 오장경에게 준 送序이다. 이 글에서 청나라가 서양 기술을 받아들여 화포, 전함 등을 만드느라 막대한 국고를 탕진했으나 실효가 없었다고 개탄하고, 외교에서는 굴욕을 참고 자신을 낮추어 실익을 추구해야 한다고 지적한 것은 당시로서는 매우 진보적인 견해라 할 수 있다.

光緖 6년(1880)에 우리 국가가 伊犁[1] 지역을 요구하는 일로 재차 사신을 파견하여 러시아에 보냈으나 협의가 결정되지 않았다. 이에 정예 군대를 징집하여 여러 변경에 나누어 배치하여 수비하게 하고 노련한 장군에게 명하여 통솔하게 하되, 山東의 登州, 萊州, 靑州 등 郡은 삼면이 바다로 막혀 있고 燕臺[2]는 더욱이 番舶[3]이 왕래하는 요충지라 조서를 내려 山東巡撫 周公[4]에게 명하여 산동의 軍務를 감독하게 하고 浙江提督 吳公을 副將으로 삼았다.

오공이 이때 바야흐로 강남에 머물며 방어하고 있었는데, 부임하러 갈 때 나에게 말하기를, "나는 실로 노둔하여 이 일을 맡을 수 없다. 또 처음 가는 곳이라 사람과 지역을 익히 알지 못하니, 나의 마음이 실로 두렵다. 내가 밤낮으로 생각해보건대 내 힘이 할 수 있는 바를 다할 뿐 일을 해낼 수 있는지 여부는 내맡겨둘 뿐이다. 나 자신은 성심을 가지고 남은 겸손으로 대하며, 수고로운 일은 앞장서고 功은 뒷전으로 할 것이다. 이와 같이 한다면 아마도 과오를 면할 것이다."라 하였다.

---

1) 伊犁 : 신장〔新疆〕 위구르 자치구 서북부의 지명이다.
2) 燕臺 : 속칭 煙臺라고도 한다. 山東 福山縣 罘港에 있다.
3) 番舶 : 청나라 때 무역하는 서양 선박을 일컫는 말이다. 番은 西番의 약칭으로 서양을 뜻한다.
4) 山東巡撫 周公 : 周恒祺(1824~1894)로, 자는 子維, 福陔이고 호는 福皆이며, 湖北省 黃陂縣 사람이다. 咸豐 2년(1852)에 진사시에 급제하였고, 여러 관직을 거쳐 光緖 5년부터 7년까지 山東巡撫를 역임하였고, 광서 7년부터 8년까지 漕運總督을 역임하였다. 저서로 ≪文宗顯皇帝實錄≫ 등이 있다.

光緒六年에 **國家以索取伊犁地**로 **再遣使至俄羅斯**하여 **議未決**이라 **於是**에 **徵調勁旅**하여 **分布諸邊爲備**하고 **命宿將統之**러니 **而山東登萊青諸郡三面阻海**요 **其燕臺尤當番舶往來要隘**라 **有詔命山東巡撫周公**하여 **督辦山東軍務**하고 **而以浙江提督吳公副焉**이라 **吳公於時**에 **方留防江南**이러니 **且行**에 **謂裕釗吾實駑下不任是**요 **又始至**라 **人與地不相習**하니 **吾之心實惴惴焉**이라 **吾蚤夜以思**컨대 **盡吾力之所能爲**요 **其濟若否則聽之**라 **吾以誠自處**하고 **而以謙處人**하며 **勞則居先**하고 **而功則居後**하리니 **若是**면 **其免乎**인저

내가 말하였다.

"훌륭한 말씀입니다. ≪周易≫ 中孚[5]와 謙之明夷[6]에 그 卦辭와 爻辭는 다 '큰 시내를 건너는 것이 이롭다.'라 하였으니, 성실한 마음으로 일을 맡으면 아무리 큰일일지라도 반드시 해낼 수 있고, 남에게 능히 몸을 낮추는 자는 많은 사람들이 추종하여 功이 이루어지는 법입니다. 공이 진실로 이 말을 따라서 진실로 실천하여 시종 그대로 한다면 어찌 山東뿐이겠습니까. 비록 천하를 구제하는 일이라도 해낼 수 있을 것입니다. 천하의 근심은 일을 맡은 자가 거짓으로 하는 것을 좋아하고 사대부들이 지혜와 능력, 명성과 지위를 자랑하기를 좋아하는 것보다 더 큰 게 없습니다.

夷務[7]가 일어난 뒤로 안으로 京師로부터 밖으로 沿海 지역에 이르기까지 사람들이 왁자지껄하게 서양 언어와 문자를 번역하고 火器・輪船・砲壘를 만들어 십여 년이 지나는 동안 내탕고의 수천만 금을 허비하였습니다. 그러나 하루아침에 전란이 일어났을 때 그 효과를 따져보면 아득히 실효가 없는 것이 마치 하늘의 별을 손으로 붙잡으려는 것과 같으니, 성실하지 못한 일의 병폐가 이와 같은 지경에 이르렀습니다.

裕釗曰 大哉라 **言乎**여 **易中孚謙之明夷**에 **其辭皆曰 利涉大川**이라하니 **以實心任事**면 **事無大必濟**요 **能下人者**는 **衆附而功集焉**하나니 **公誠率是言而允蹈之**하여 **奉以終始**면 **寧惟山東**이리오 **雖以**

5) 中孚 : ≪周易≫ 中孚卦䷼의 卦辭에 "믿음이 돼지와 물고기에 미치면 길하니, 큰 시내를 건너는 것이 이롭고 정함이 이롭다.〔中孚 豚魚 吉 利涉大川 利貞〕"라 하였다.

6) 謙之明夷 : 점을 쳐서 謙卦䷎가 나왔고 初六이 變爻일 경우 초육의 陰爻가 陽爻로 변하여 之卦인 明夷卦䷣가 되고, 占辭는 本卦인 겸괘 초육의 효사로 판단한다. 겸괘의 초육 효사는 "겸손하고 겸손한 군자이니, 큰 시내를 건너더라도 길하다.〔初六 謙謙君子 用涉大川 吉〕"이다.

7) 夷務 : 청나라 말기에 주로 서양과 관련된 업무들을 일컫는 말이다.

濟天下라도 可也라 天下之患은 莫大乎任事者好爲虛僞하고 而士大夫喜以智能名位相矜이라 自夷務興으로 內自京師로 外至沿海之地히 紛紛藉藉하여 譯語言文字하고 製火器修輪舟築礮壘하여 歷十有餘年에 糜帑金數千萬이어늘 一旦有事에 責其效而茫如捕辰하니 不實之禍(화)가 至於如此라

해외의 나라들이 우리와 동맹을 체결하고 서로 通商하여 선박들이 와서 강과 바다에 교차하여 京鄕 각지가 사람들로 어지러이 뒤섞이고 꽉 차서 뒤얽혀 있습니다. 조정은 평소 이들을 회유하고 너그러이 포용하여 하늘처럼 광대한 도량을 보여서 비록 元老 上公이라 할지라도 굴욕을 참으면서 오로지 힘써 자신을 굽힙니다. 그런데 公卿·將相 대신들은 피차의 사이와 상하의 만남에 한마디 말이 서로 어긋나는 것과 한 번 酬酢에 누가 먼저 하느냐는 것을 놓고 각박하게 따져 서로 다투고 분노하고 상대를 미워하여 먼저 자신을 낮추려 들지 않습니다. 그리하여 나라 걱정은 제쳐둔 채 이기는 것을 能事로 여겨 저자에서 매를 맞고 집에 돌아와 화풀이를 하는 격으로 큰 치욕을 잊고 작은 분풀이를 하고 있으니, 어쩌면 그리도 마음으로 충성을 경쟁하지 않는단 말입니까.[8] 나라가 강하지 못하게 되는 까닭과 외부의 모욕이 날로 이르는 까닭이 어찌 이 때문이 아니겠습니까. 지금 공이 말한 것은 진실로 이와 완전히 상반되니, 오늘날의 군자(벼슬아치)들과는 다르구려."

海外諸國이 結盟約하며 通互市하여 帆檣錯於江海에 中外交際가 糾紛錯雜하고 闐咽膠轕이라 國家宿爲柔懷包荒하여 以示廣大하여 雖元臣上公이라도 忍辱含詬하여 一務屈己어늘 而公卿將相大臣은 彼此之間과 上下之際에 一語言之違와 一醻酢之先에 刻繩互競하며 忿恨懟忮하여 莫肯先下라 置國之恤하고 而以勝爲賢하여 撻於市而誶於室하여 忘其大恥而修其小忿하니 何其不心競者歟오 國之所以無彊과 外侮之所以日至가 其不以此歟아 今公之所稱은 故乃一反是하니 異乎今之君子者矣라

中丞[9] 周公은 본디 나와 오랜 친구라 내가 일찍부터 그를 아니, 그 성실하고 겸

---

8) 어쩌면……말입니까 : 《春秋左氏傳》 襄公 26년 조에 "신하들이 마음속으로 충성하기를 競爭하지 않고 무력으로 다투며, 德行을 힘쓰지 않고 자기가 옳다고 다투는 것은 사욕이 이미 커졌기 때문이니, 어찌 公室이 낮아지지 않을 수 있겠는가?〔臣不心競而力爭 不務德而爭善 私欲已侈 能無卑乎〕"라 하였다.

9) 中丞 : 청나라 때 巡撫의 이칭이다.

손한 자세는 의당 또한 공과 같을 것입니다. 두 분 공이 한마음으로 협력하여 뜻을 모아 山東 지방을 안정시키니, 나는 머리를 들어 머지않아 공을 이루기를 고대합니다.

공은 길을 떠나십시오. 공이 가면 반드시 登州에 군대를 주둔하게 될 것입니다. 내가 듣기로 등주성 위에 蓬萊閣이 있으니 예로부터 海右[10]의 웅장하고 경관이 빼어난 곳이라 합니다. 훗날 공과 주공께서 큰 공을 이루어 바닷가 지역이 평안해지면, 나는 비록 늙었지만 그래도 옷자락을 걷어잡고 가서 두 공을 따라 이 누각에 편안히 모여서 오늘의 이 말을 들어 얘기함으로써 이 말이 실현되었음을 증명하고 멀리 동해 위를 바라보면서 난간에 기대어 한 잔 술을 들 터이니, 비록 두 공일지라도 아마 나를 옳다고 여겨 내 말이 先見之明이 있었다고 할 것입니다. 그 기쁨이 어찌 한량 있겠습니까!"

中丞周公은 故與裕釗舊也라 裕釗夙知之하니 其執誠與謙이 宜亦與公同이라 二公協恭同德하여 揖志以輯東土하니 裕釗撟首而眄成功之有日也라 公行矣어다 公之往에 其駐師必於登州니 吾聞登州城闉之上에 有蓬萊閣焉하니 自昔海右雄特勝處也라 異日者에 公與周公이 大功告成하여 海寓清晏이어든 裕釗雖髦矣나 猶思褰裳往從二公晏集於斯閣하여 稱述今日之言而券其信하고 俾倪東海之上하여 憑檻而舉一觴하리니 雖二公도 其亦韙裕釗爲知言乎인저 其爲樂豈有極乎아

蓬萊閣

10) 海右 : 渤海 서쪽을 말한다.(≪音注張濂亭文≫ 注)

19. 吳淸卿 庶常[1]에게 주는 序　贈吳淸卿庶常序*

* 吳淸卿은 吳大澂(1835~1902)으로 청경은 자이고 호는 恒軒이다. 同治 7년(1868)에 진사시에 급제하였고, 庶吉士가 되었다. 文學, 金石文, 書畫에 두루 조예가 깊었다. 저서로 ≪說文古籒補≫, ≪古玉圖考≫, ≪十六金符齋印存≫, ≪恒軒所見所藏吉金錄≫, ≪惠齋集古錄≫ 등이 있다.

이 글은 李鴻章을 수행하여 山西로 가는 오대징에게 준 贈別의 글로, 지금은 좋은 인재가 절실히 필요한 시기이고 훌륭한 인재가 되려면 학문뿐만이 아니라 時務도 알아야 한다고 하였다.

인재가 천하에 귀중한 것은 고금에 관계없이 동일하다. 비록 그렇지만 인재는 세상에 부응하고 세상은 그를 필요로 하여 그 가운데 또한 구별이 있다.

吳大澂

世運이 달려가는 바와 천지의 기운이 열리는 바에, 탁월하고 걸출한 선비들이 구름처럼 일어나고 질풍처럼 모여들어 어깨는 앞에서 서로 스치고 발꿈치는 뒤에서 서로 밟을 정도라 아무리 어렵고 큰 일이 있을지라도 인재들이 다 각각의 쓰임에 충족할 수 있으니, 이와 같은 경우

1) 庶常 : 淸代에 翰林院 안에 庶常館을 설치하고 새로 선발된 進士 중에서 문학과 書法에 뛰어난 자를 庶常으로 선발해서 3년 동안 교육한 후 시험을 보여 임용하였다. 성적이 우수한 자는 翰林院 編修官이나 檢討官으로 삼고, 나머지는 給事나 御事 등의 외직을 주었다. 庶吉士라고도 한다.

는 늘 인재가 많음을 즐거워하여 어려움을 잊으며 朝野가 행복하고 태평하여 四海 안팎이 두루 다 평안하고 무사하다. 그리고 중간 수준의 선비들이 資級에 따라 부귀에 나아가 기존의 成法을 지키며 지난 자취를 그대로 따라 다들 세상에 능력을 펼 수 있으니, 이와 같은 경우는 인재는 부족할지라도 아직 근심할 것은 못 된다.

그러나 만약 時運이 꽉 막히고 국가가 어려울 경우에는 도적은 안에서 소란을 피우고 외적은 밖에서 기회를 엿보아 백성은 곤궁하고 풍속은 피폐하며 병사들은 피로하고 재물은 고갈되며, 용렬하고 하찮은 자들이 어지러이 세상에 나와 자리를 차지하여 마치 들판에 쑥이 뒤덮여 있듯 넓게 퍼져 있고, 그 사이에서 조금 두각을 드러내는 이들은 또 窘塞하고 跼躅한 데다가 유약하여 당시 세상에 쓰이기에 맞지 않다. 그리하여 中外의 안위와 생민이 서느냐 쓰러지느냐가 마치 나무들이 강물 가운데 둥둥 떠다녀 사방을 돌아봐도 다다를 곳을 알지 못하는 것과 같다. 이와 같은 경우는 인재의 귀하기가 곧 앞서 말한 두 가지 경우 때보다 몇 곱절, 몇십 곱절, 몇 백 곱절이나 더하니, 비록 걸어 다니기에 지친 자가 수레의 힘을 빌리는 것과 물을 건너기 힘든 자가 배의 힘을 빌리는 것과 추위에 떠는 자가 갖옷과 털옷을 필요로 하는 것과 배고픈 자가 미음과 죽을 필요로 하는 것으로도 비유하기에 부족하다.

人才之貴於天下는 無古今一也라 雖然이나 才應世而世需之하여 其間則亦有辨焉하니 運會之所趨와 氣機之所啓에 魁桀儁異之士가 雲興猋合하여 肩臂相摩於前하고 而趾相躡於後하여 雖有盤錯鉅艱이라도 而才皆足以周其用하니 若是者는 常樂才之盛而忘其難하며 朝野祉福而康樂하여 薄海內外가 晏然而無事요 中庸之士가 平進富貴하여 守成法하며 襲故迹하여 皆足以施於世하니 若是者는 雖乏才라도 而猶未以爲憂어니와 若夫時數之阸과 屯艱之會에 寇訌於內하고 敵伺於外하여 民窮而俗敝하며 兵疲而財匱하고 闒冗嵬瑣之徒가 紛綸雜臿하여 浩若蕭艾之被乎野하고 間稍能自異는 又窘跼儒緩하여 不適於時用이라 中外之安危와 生民之植若僵이 汎汎乎若群木之漂於中流하여 四顧而不知所屆하니 其如是면 人才之足貴가 乃倍蓰什伯於向所稱二者之時하니 雖疲行者之資車와 病涉者之資舟와 寒者之於裘褐과 餓者之於饘粥이라도 不足以喩之矣라

예로부터 화란이 일어났을 때에는 인재를 필요로 하는 것이 더욱 지극하다. 그런데도 인재가 부족한 것은 늘 이러한 때에 유독 더 심하고, 행여 그만한 인재가

있더라도 또 혹 저해하고 견제하는 자가 있어 성공하는 데 이르지 못하며, 능히 성공한다 할지라도 세상에서 혹 능력을 다 쓰지 못하니, 인재를 필요로 하는 것은 저토록 급하고 성공하여 세상에 쓰이는 것은 또 이토록 어려우니, 인재를 얻기를 바라고 아껴야 하는 것이 어떠하겠는가!

夫自古로 **禍難之興**에 **其需才也尤至**어늘 **而人才之寡乏**은 **每獨甚於此時**하고 **幸有其人**이라도 **又或有所抑沮牽繫**하여 **而不獲底於成**하고 **能成矣**라도 **而世或不能盡其用**하니 **需之如彼其亟也**요 **其成而爲世用也**가 **又如此其難**하니 **則其可爲慕望而愛惜**이 **何如哉**오

吳中[2] 사람 庶常 吳淸卿은 훌륭한 재주에 원대한 뜻을 가졌고 儒者의 학문에 종사하면서 당세의 일을 잊지 않아 무릇 오늘날의 利病과 민생의 질고에 대해 마음을 다하지 않은 바가 없었다.

내가 同治[3] 무진년(1868) 겨울에 그를 江寧에서 알았고, 이듬해 봄에 다시 吳門[4]에서 종유하며 지낸 것이 10여 일이었는데, 지금 武昌에 와서 장차 合肥 李相國[5]을 수행하여 서쪽으로 秦(山西) 땅으로 들어갈 예정이니, 아마도 장차 時務에 대해 더욱 익혀서 재능을 쌓을 것이요 時俗 사람의 소견을 가지지는 않을 것이다.

吳中吳庶常淸卿은 **懿才而遠志**요 **服儒者之學而不忘當世之務**하여 **凡今日之利病**과 **民甿之疾苦**를 **無所不究其意**라 **裕釗以同治戊辰冬**으로 **識之於江寧**하고 **明年春**에 **復**(부)**相從游處於吳門者十有餘日**이러니 **及今茲來武昌**하여 **行從合肥李相國西入秦**하니 **蓋將益練習於時務以畜其才**요 **而非有時俗人之見也**라

장차 길을 떠날 즈음 나에게 증별의 말을 한마디 해달라고 하였다. 나는 세상에 쓰이지 못한 지 오래라 스스로 내 재주를 헤아려보건대 당세의 어려운 상황을 구제하기에 부족하기에 물러나 山澤 안에서 스스로 칩거하고 지낸다.

---

2) 吳中 : 지금의 江蘇省 蘇州 및 上海와 인접한 지역을 일컫는 지명이다.
3) 同治 : 淸 穆宗의 연호로, 1862~1874년이다.
4) 吳門 : 蘇州 지역을 일컫는 말이다. 이 일대가 춘추시대 吳나라 땅이기 때문에 이런 이름이 붙은 것이다.
5) 李相國 : 李鴻章(1823~1901)을 말한다. 자는 少筌이고 호는 漸甫이고 시호는 文忠이며, 安徽省 合肥 사람이다. 태평천국의 난을 진압하는 데 공을 세웠고, 각지의 난을 평정하였으며, 중국을 근대화하는 데 힘썼다.

그러나 구구한 나의 생각은 하루도 이 세상을 잊어본 적이 없어 귀로 듣는 바와 눈으로 접하는 바에 슬픈 감회가 마음에 일어났는데, 이제 서상을 보고는 너무도 기쁘고 좋아하여 그 마음을 놓을 줄을 모르니, 기꺼이 그의 청을 따라 말을 해줌에 어찌 아까울 것이 있으리오. 이에 내 할 말을 다하여 이를 써서 주노라. 비록 그러하나 서상이 마침내 성공에 이르러 세상에 쓰여서 그대에게 기대하는 나의 뜻에 부응하기를 더욱 바라노라.

且行에 索裕釗一言爲贈이라 裕釗廢於時久矣라 自度(탁)其才에 不足拯當今之難일새 退自伏於山澤之間이라 然區區之隱은 則未能一日以忘斯世하여 其耳之所聞과 目之所接에 愴焉感於其心이러니 今見庶常則欣忭愛慕하여 而不知所以置其情하니 其樂徇其請而爲之言也에 豈有愛乎리오 於是에 極道其言하여 而書以詒之하노라 雖然이나 尤望庶常之終底於成하여 而爲世用하여 以副望君者之志也하노라

20. 李佛笙을 보내는 序　送李佛(生)〔笙〕[1]序*

*이불생에게 준 送序이다. 이불생은 知府를 역임했다는 사실 외에는 상고할 수 없다. 이 글은 ≪莊子≫를 몹시 좋아하는 이불생에게 老莊과 佛敎의 폐단을 말해주어 이단에 빠져들지 말라고 충고한 것이다.

불생이 관직을 그만두고 강남에 살면서 날마다 독서를 그치지 않고 특히 ≪莊子≫를 몹시 좋아하여 書後[2] 수백 자를 지어 장자가 儒家 성인의 도에 합치한다고 일컬었다.

나는 다음과 같이 생각한다. 莊子는 매우 출중한 자품을 지니고서 당시 세상과 어긋나 일체 자기 마음에 즐겁게 할 수 있는 것만을 취한 자[3]이니, 성인의 도에 있어서 근본의 어긋남은 한 터럭도 못 되지만 支末에 가서는 크게 치달려 동떨어지게 멀어져서 末流의 끝에 이르러서는 그 폐단이 더욱 감당할 수 없게 되었다. 그런데 釋氏는 그 精微한 것을 얻어서 空寂을 삼았으며, 王弼[4]・何晏[5]은 그 투박한 것을 얻어 誕縱을 삼았으니, 탄종의 폐단은 예법을 멸시하고 時務를 폐기하니 천하가 이에 크게 어지러워졌고, 공적의 폐단은 인륜을 버려 군신・부자・상하의 질

1) (生)〔笙〕: 저본에는 '生'으로 되어 있으나, ≪張濂亭文集≫에 의거하여 '笙'으로 바로잡았다. 아래도 같다.
2) 書後 : 문체의 일종으로 다른 사람의 저작을 읽고 설명이나 논평을 하는 글이다. 여기서는 〈書莊子後〉와 같은 제목으로 쓴 글을 말한다.
3) 자기……자 : 벼슬을 하지 않고 자기 뜻대로 산 사람이라는 말이다. ≪史記≫ 〈老子韓非列傳〉에 "나는 차라리 더러운 도랑 속에서 헤엄치며 스스로 즐겁게 살면서 나라를 소유한 임금에게 속박을 받지 않고 종신토록 벼슬하지 않음으로써 내 마음에 즐겁게 할 것이다.〔我寧游戲汚瀆之中自快 無爲有國者所羈 終身不仕 以快吾志焉〕"라 하였다.
4) 王弼 : 226~249. 삼국시대 魏나라의 문신이자 학자로 자는 輔嗣이다. 어릴 때부터 출중한 재능을 보여 당대의 대학자 何晏에게 인정받았고 尙書郎이 되었다. 후대에 하안과 함께 魏晉玄學의 시조로 일컬어진다. ≪老子≫와 ≪周易≫에 注를 달았다.
5) 何晏 : 193?~249. 후한 말엽 何進의 손자로 公主와 혼인하고 관직은 尙書를 역임했으며, 나중에 司馬懿에게 죽임을 당하였다. ≪老子≫와 ≪莊子≫를 좋아하고 老子學을 원용하여 儒學으로 들어갔는데 그 학설은 無爲를 기본으로 하였다. 淸談을 좋아하여 일시의 기풍을 형성하였다. 저서로 ≪論語集解≫가 있다.

서를 무시하여 마침내 이 백성들을 다 夷狄으로 만든다.

장자는 혼탁한 時俗을 싫어한 나머지 虛誕하고 괴이한 글을 힘써 지어 당세의 권세와 이익을 좇아 달려가는 자들을 풍자하여 비판하였을 뿐 자기 글의 폐단이 이러한 지경에 이를 줄을 알지 못하였다. 도를 밝게 알지 못함에 어리석고 불초한 이들은 正道에 미치지 못하고 賢能하고 지혜로운 이들은 정도를 지나치니, 장자 이후로 높은 재주를 가진 걸출한 선비들 가운데 자신이 처할 곳을 얻지 못하여 잘못된 길로 간 이들[6]을 어찌 이루 다 말할 수 있겠는가.

佛(生)〔笙〕旣罷官에 **居於江南**할새 **日讀書不輟**하고 **尤瘉篤好莊子**하여 **爲書後數百言**하여 **稱其有合於聖人之道**라 **余謂莊子者**는 **負絶異之資**하여 **乖於時而一切以取自快者也**니 **其於聖人之道**에 **本之差不能一髮**이나 **末乃大馳而絶遠**하고 **至於流極而弊益不勝**이어늘 **釋氏得其精以爲空寂**하고 **王何得其粗以爲誕縱**하니 **誕縱之弊**는 **蔑棄禮法**하고 **蕩廢時務**라 **天下於是大亂**이요 **空寂之弊**는 **去人倫**하여 **無君臣父子上下**하여 **乃胥斯民而爲夷**이라 **莊子疾時垢濁**하여 **務洸洋激詭**하여 **以譏切當世奔趨勢物之徒**하고 **不知其弊乃至於此**라 **道之不明也**에 **愚不肖不及**하고 **賢智過之**하니 **由莊子而後**로 **高才偉異之士**가 **身不得其處而誤於所之者**를 **豈可勝道哉**아

일찍이 논해보건대, 벼슬하여 功業을 세우는 길과 詩書·문장의 일과 세상에서 말하는 勢位와 財富를 군자는 굳이 버리고서 일삼지 않은 적이 없었고 正道로써 제어하였기 때문에 가는 곳마다 곤궁하지 않았다. 그런데 후세의 군자는 뜻이 부귀에 빠진 자들은 말할 것도 없거니와 조금이나마 뜻이 있는 자들도 명성을 樹立하고 싶으면 천하의 일 중에서 명성을 삼을 만한 것을 힘써 취하고서 여기에 의탁하여 스스로 세상의 일반 사람들 중에서 자신을 유달리 드러내고자 할 뿐 결코 근본을 따르지 않는다.

蓋嘗試論컨대 **事功之途**와 **詩書文章之業**과 **與人世所謂勢位富厚**를 **君子未嘗必舍而不事也**요 **有道以御之**라 **故所之而不窮**이러니 **後之君子**는 **溺志富貴**는 **無論已**어니와 **其少有志者**가 **欲有所樹**면 **則務取天下之業之可以爲名者託焉**하여 **期自章異於流俗**하여 **而未嘗循於其本**이라

그러므로 바야흐로 〈높은 벼슬에 올라〉 뜻을 펼 수 있고 기운이 왕성할 때에는

6) 자신이……이들 : 승려나 道士가 되어 산속에 들어간 사람들을 말한다.

힘이 온 세상 貴賤·賢否의 사람들에게 과시하여 놀라게 할 정도라, 거침없이 권세를 누려 비길 자가 없다가 오래 지나 지쳐서 그만 돌아가고 싶을 때에 미쳐서는, 身世을 돌아봄에 막연하여 스스로 즐거워할 것이 없으며, 자기 내면을 돌아봄에 요동쳐서 의거할 만한 것이 없고 게다가 愛惡의 감정이 공격하여 이어서 흔들어댄다. 그래서 老莊·佛家의 서책을 보아 하루아침에 그들이 주장하는 死生을 하나라 하고 得失을 똑같다고 하여 만물을 하찮게 여기는 것을 얻고는 크게 기뻐한다.

이에 사람이 할 모든 일들을 내버려 해이하고 怠惰해진 채 망가지고 무너져 힘을 내어 일으켜 세울 수 없게 되니, 살아있는 것은 여전히 이 사람이지만 본질은 이미 없어진 셈이다.

故方其志得氣盛하여는 **力足以觀駭一世貴賤賢否之倫**하여 **橫厲乎無雙**이라가 **及其久之**에 **倦而思返**하여는 **顧視身世**에 **邈不足以自樂**이요 **反之內而碭無可據**하고 **愛惡**(오)**攻取**하여 **又從撓之**라 **覩老莊浮屠之書**에 **一旦得其所爲一死生齊得喪而眇萬物者**하면 **則大熹之**라 **於是**에 **蠲棄百爲**하여 **解弛墮壞**하여 **頹敗不可振救**하니 **生猶是人也**로되 **而質則已亡矣**라

게다가 儒者의 학문을 배우고 성인의 말을 실천하면서 종국에서는 異端의 길로 들어가고 마니, 어쩌면 그리도 도리에 어긋난단 말인가! 무릇 저들은 다음과 같은 사실을 모른 것이다.

성인의 도에 自得하는 것이 있으니, 공포로 떨 경우는 위태롭다 여기고 평탄한 상태에는 편안하다 여긴다. 榮華롭다 하여 기뻐하지 않는 것은 이를 싫어하여 도망가기를 기필하는 것이 아니요 곤궁하다 하여 슬퍼하지 않는 것은 또한 속세를 떠나가서 돌아오지 못하는 것이 아니다. 〈높은 관직에 올라〉 뜻을 펼 수 있으면 일에 시행하여 일이 제대로 되어 세상이 바로잡아지면 그뿐이요 나는 관여하는 바 없으며, 뜻을 펴지 못하면 저술에 실어서 百世 뒤에 이를 遵行하는 이가 있다면 나 자신에게 있는 일과 마찬가지로 여긴다. 道에 저울질해봄에 지나치지 않고 오랜 후세에 전해져도 폐단이 없는지라 지극히 평안한 이치에 순응하고 확고하게 돌아갈 곳을 얻으니, 노장과 불가에서 말하는 바와 비교하여 어느 쪽이 大順[7]에 같이

7) 大順 : 天道와 인륜에 순응하는 것을 말한다. ≪禮記≫ 〈禮運〉에 "천자가 덕으로써 수레를 삼고 음악으로써 마부를 삼으며 제후가 예로써 서로 교제하고 대부가 법으로써 서로 질서를 지키며 士가 신의로써 서로 이루어주고 백성이 화목함으로써 서로 지키는 것은 천하가 살진 것

하고 인심에 나아간 것인가? 도를 아는 이는 어느 쪽을 현명하다고 하겠는가?

且學儒者之學하고 服聖人之言하여 於卒也에 乃以異端爲歸하니 何其悖歟아 夫彼未知聖人之道之有其自得者也니 惴慄以爲危하며 蕩夷以爲安이라 不以榮喜는 非必於惡(오)而逃之也요 不以悴悲도 亦非其往而不能返也라 得志則措諸事하여 事立而世正焉이면 斯已耳라 我無與也요 不得志則寓諸言하여 百世之下에 有能遵而行之者가 猶其在吾身也라 其衡諸道也不過요 而傳之久也無弊라 隤乎其至適하고 確乎得其所歸하니 以與夫老莊浮屠之所稱으로 孰爲同乎大順而即乎人之心者乎아 知道者以謂孰賢乎아

불생이 장차 북쪽으로 갈 즈음에 한마디 말로 贈別해주기를 청하였다. 나는 불생이 재주는 뛰어나나 뜻을 펴지 못하기 때문에 그가 〈道에서〉 지나쳐 이 〈이단으로〉 빠져들까 염려하여 이 글을 써서 주노라.

佛(生)〔笙〕將北遊에 索一言以爲贈이라 余以佛(生)〔笙〕才高而不得志로 懼其過而流於是也라 爲書此以貽之하노라

이니, 이것을 大順이라 하니, 대순이란 것은 산 사람을 보양하고 죽은 이를 보내며 귀신을 섬기는 常道이다. 따라서 일이 크게 쌓여 있어도 적체되지 않고, 나란히 행하여도 잘못되지 않는다.〔天子以德爲車 以樂爲御 諸侯以禮相與 大夫以法相序 士以信相考 百姓以睦相守 天下之肥也 是謂大順 大順者 所以養生送死事鬼神之常也 事大積焉而不苑 竝行而不繆〕"라 한 데서 온 말이다.

21. 湘鄕縣 相國 曾公의 58세에 祝壽하는 序

湘鄕相國曾公五十有八壽序*

* 증공은 曾國藩을 가리킨다. 증국번이 兩江總督으로 있다가 直隷總督으로 부임하러 갈 때 양강 지방 인사들이 祝壽하는 시를 짓고 장유소에게 청하여 축수하는 글을 쓰게 한 것이다. 태평천국의 난을 진압하여 양강 지방 백성들을 구원해준 공덕을 찬양하고 장수를 축원하는 것이 주된 내용이다.

과거 湘鄕 사람인 相國 曾公이 50세가 되었으니, 咸豐 10년(1860)이었다. 내가 祝壽하는 글을 우편으로 보내면서 〈南山有臺〉[1] 시를 인용하여 장수를 축원하고 또 공이 응당 적을 평정하여 태평을 이룰 것이라 기필하였는데, 5년 뒤에 대군이 金陵을 공격해 수복하자 粤賊이 평정되었고 올해에는 撚賊[2]도 평정되었다. 나는 홀로 웃으며 생각하기를 과거 공에게 축수했던 말이 진실로 마침내 효과를 보았나보다 하였다.

이때에 미쳐 천자가 조서를 내려 공이 兩江으로부터 直隷總督으로 자리를 옮겨가니, 이때 공의 나이가 58세였다. 南中의 인사로 금릉에 있는 이들이 공이 떠나는 것을 애석하게 여겼으나 만류할 수 없었다. 그래서 공의 생신에 사람들이 술잔을 잡고 축수하고는 다시 축수하는 글을 나에게 부탁하였다.

往者에 湘鄕相國曾公閱壽五十하니 爲咸豐十年이라 裕釗郵觴詞에 稱引南山有臺之詩하여 以爲祝하고 且必公當平賊하여 致太平이러니 越五年에 大軍克金陵에 粤賊平하고 及今歲하여 撚賊亦平이라 裕釗私獨輾然하여 謂往者壽公語固終效耶러니 及是하여 天子詔公自兩江移督直隷하니 於是에 公年五十有八矣라 南中人士之在金陵者가 惜公之去而不可留也라 謀以公誕日로 衆執爵爲壽하고 乃復(부)以壽言屬之裕釗라

---

1) 南山有臺 : ≪詩經≫ 〈小雅〉의 편명으로, 내용은 장수를 축원하는 것이다.

2) 撚賊 : 捻子 또는 捻賊이라고도 한다. 청나라 嘉慶 연간(1852~1868)에 山東·安徽·江蘇의 경계가 교차하는 지역에서 반란을 일으킨 종교 단체로 태평천국의 군대와 합세하였다. '捻'은 淮北의 방언으로 조직이나 결사를 의미한다.

나는 생각건대, 공이 1旅[3]의 군대를 거느리고 湘鄉에서 일어나 의롭다는 명성이 천하를 감동시키자 걸출한 인물들과 재주와 志節을 갖춘 위인들이 구름처럼 일어나 따라서 깊은 모의와 많은 계책들이 우레가 일어나고 귀신이 호응하는 듯 모여들어 만 명의 무리들이 한 목소리로 소리치며 바람에 순종하듯이 나아가 드디어 남쪽으로 江南을 평정하고 북쪽으로 河北에 이르러 흉악한 賊徒들을 소탕함에 천지가 맑게 개듯 태평해졌다. 이에 갓난아기 같은 백성들을 손으로 당겨서 水火와 같은 위험 속에서 구출하여 보듬고 보살펴주어 백성들이 거의 죽어가다가 소생하였다.

15년 사이에 海內가 크게 안정되어 은택이 천 리에 두루 미치고 文武의 위엄과 덕망, 진실하고 간절한 충성이 中外에 두루 인정을 받은지라 名公·巨卿과 學士·大夫, 초야와 산택의 백성 및 밖으로 사해의 북상투를 하거나 변발을 한 먼 지역 사람들에 이르기까지 공을 좋아하고 칭송하여 아, 천만년토록 길이 끝없이 이어질 것이다. 그렇지만 공은 담담하여 자신의 공로라 생각하지 않는 것이 마치 봄바람이 만물에 은택을 끼칠 때 초연하게 뜬구름을 불어서 드넓은 창공 저편을 지나감에 온갖 과일과 초목들이 다 싹을 틔우는[4] 것과 같으니, 내가 어찌 공이 하신 바를 알 수 있겠는가.

裕釗惟公提一旅起湘中하여 **義聲感動天下**에 **豪儁魁桀**과 **才節偉人**이 **雲興而從之**하여 **淵謀群策**이 **雷動神應**하여 **萬衆一譁**하며 **順風而邁**하여 **遂南清江表**하고 **北至於河朔**하여 **匈妖蕩息**에 **天地清曙**라 **手援赤子**하여 **出之水火之中**하여 **燾冒煦育**하여 **瀕萎而蘇**러라 **十五年之間**에 **而海內大定**하여 **澤流於千里**하고 **文武威德**과 **忠誠愷惻**이 **徧孚於中外**라 **鴻卿鉅人**과 **學士大夫**와 **隴畝山澤之甿**과 **外薄四海髽首魋結之遠人**이 **愛悅而歌頌之**하여 **於千萬年**에 **永世無極**이로되 **顧公則澹乎不以自有**가 **若春風之被物**이 **翛然飄浮雲而過乎寥廓之表**에 **而百菓草木**이 **皆甲坼也**하니 **則裕釗烏足以知公之所爲哉**아

3) 旅 : 군사의 편제 단위로, ≪周禮≫ 〈地官 小司徒〉에 의하면 500명이 1旅이고, ≪國語≫ 〈齊語〉에 의하면 2,000명이 1려이다. ≪詩經≫ 〈大雅 皇矣〉에서는 군대를 泛稱하는 말로 썼다.

4) 온갖……틔우는 : ≪周易≫ 解卦 〈彖傳〉에 "우레와 비가 일어남에 온갖 과일과 초목들이 다 싹을 틔운다.〔雷雨作而百果草木皆甲坼〕" 하였다.

또 듣건대 만물을 이루되 그 공로를 소유하지 않는 것이 하늘의 도라 했다. 이런 까닭에 하늘은 고금을 두루 지나도록 毁滅하지 않는 것이니, 군자가 이를 본받아 늘 마음속을 비워 사물과 서로 어우러져서 비록 큰 일로 동요하고 근심하느라 육체를 수고롭게 할지라도 마음은 동요하지 않고 利澤이 사람들에게 끼쳐져서 그 공로가 백세에 높지만 자기가 한 일이라 생각하지 않는다.

이런 까닭에 그 정신이 온전하니, 정신이 온전하기 때문에 사물이 傷害할 수 없어서 福祿과 長壽가 따라서 오게 된다. 莊周가 말하기를, "그대가 마음을 담담한 데에서 노닐고, 기운을 적막한 데에 합치시켜서, 사물의 자연스러운 상태를 따라서 사사로움을 용납하지 않으면 천하가 다스려질 것이다."[5]라고 하였고, 또 말하기를 "中의 경지를 따라서 이를 떳떳한 법도로 삼으면 보신할 수 있고 長生할 수 있다."[6]라 하였으니, 장주의 말이 성현의 뜻과는 진실로 차이가 있는 듯하지만, 通人의 관점에서 보면 그 이치는 상통할 수 없는 것이 결코 아니다.

그렇다면 하늘이 우리 聖淸에 좋은 운세를 내려 장차 우리 공을 더욱 보우하여 오래오래 장수하여 만세토록 무궁히 복록을 누리도록 보필할 수 있게 할 것이다. 내가 과거에 한 말이 이미 현실로 증명되었으니, 지금의 이 말도 반드시 맞는 말이 될 날이 있을 것이다.

抑又聞之호니 **成萬物而不有其功者**가 **天之道也**라 **是故**로 **歷古今而不毁**하나니 **君子法之**하여 **常虛其中**하여 **以與物相衙**하여 **雖震動憂勤**하여 **苦身勞形**하되 **而內不撓**하고 **利澤被於人**하여 **功高乎百世**로되 **而不以己與**라 **是故**로 **其神全**하니 **其神全**이라 **故物莫之能傷**하여 **而祉福稟壽應焉**이라 **莊周有言**하되 **汝游心於澹**하고 **合氣於漠**하여 **順物自然**하여 **而不爲私焉**이면 **則天下治矣**라하고 **又曰 緣督以爲經**하면 **可以保身**하고 **可以長生**이라하니 **周之言**이 **與夫聖賢之旨**로 **固若有間**이나 **而自通人者觀之**면 **則其理未嘗不可以相發**이라 **然則天祚聖淸**하여 **其將益佑我公**하여 **黃髮壽耇**하여 **輔成萬世無疆之庥乎**인저 **裕釗往者之言**이 **旣驗矣**니 **今之言此**가 **其必有合也**라

---

5) 그대가……것이다 : ≪莊子≫ 〈應帝王〉에 보인다.

6) 中의……있다 : ≪莊子≫ 〈養生主〉에 보인다. 외부의 是非·善惡의 영향을 받지 않고 중심이 되는 본심에 따라서 살면 몸을 보전할 수 있다는 뜻이다.

22. 吳育泉 先生과 馬太宜人[1)]의 60세에 祝壽하는 序
吳育泉先生暨馬太宜人六十壽序*

*명청팔대가의 한 사람인 吳汝綸의 부모의 회갑에 祝壽한 글이다. 오육천은 이름은 方甲이고 자가 育泉으로, 孝悌의 행실이 있었고 남에게 베풀기를 좋아했다는 것 말고는 특기할 만한 것이 없는 인물이다. 그래서 이 글의 내용은 오여륜의 부모보다 오히려 오여륜의 출중한 문장 내지 方苞·姚鼐와 같은 문호들을 배출한 오여륜의 고향 桐城 지역을 칭찬한다.

내가 과거에는 桐城 吳侍讀 至甫(吳汝綸)가 글을 잘 짓는다는 것을 듣고 늘 한 번 만나고 싶었으나 만나지 못했는데, 同治 7년(1868) 가을에 江寧에 와서 비로소 상국 曾公(曾國藩)의 使館[2)]에서 지보를 만나 지은 글을 보여달라고 청하여 읽어보았더니, 참으로 학식이 廣博하고 英偉하며 기운이 超逸하여 제어할 수 없을 정도라 나는 깊이 退避하여 미칠 수 없다고 여겼다. 그런데 지보는 도리어 나의 글을 매우 칭찬하고, 또 그의 부친 육천선생과 모친 마태의인 두 분 다 내년이면 연세 예순이 된다고 하면서 나의 글을 받아서 祝壽로 삼고자 한다고 하였다. 내가 글을 잘 짓지 못한다고 사양하였지만, 지보는 굳이 청하고 이어 다음과 같은 얘기를 해주었다.

선생(육천선생)은 가난하게 살면서도 남에게 베풀기를 잘하고 선행을 쌓고도 사람들에게 알려지기를 바라지 않았으며, 젊을 때는 늘 객지 생활을 했으나 효성스럽고 우애로웠으며 집안 형편이 넉넉하였다. 태의인은 또 선생의 뜻을 잘 알고서 실행하여 맛있는 음식을 정갈하게 장만해 〈손님을 접대하고〉 궁핍한 사람을 구제하였으며, 집안의 재물이 혹 부족하면 패물과 옷을 벗어 저당 잡혀서 비용을 도왔다. 이에 桐城 사람들이 훌륭한 家法을 일컬어 吳氏를 말했다고 한다.

方存之[3)]란 이는 나의 오랜 친구인데, 그 역시 선생은 행실이 지극하고 명성을

---

1) 太宜人 : 明·淸시대에 5품 관원의 어머니나 조모에게 주어지던 封號이다.
2) 使館 : 외교 사절이 와서 묵는 공관이다.
3) 方存之 : 方宗誠(1818~1888)의 자가 존지이고, 호는 柏堂이며, 安徽省 桐城 사람이다. 棗强

얻으려 하지 않았다고 말했는데 사람들이 다들 그 한마디 말을 믿는다. 따라서 지보가 자기 부모를 일컬은 말이 다 신빙할 만하니, 〈지보와 같이〉 훌륭한 아들이 두는 것이 당연하다. 존지도 본디 동성 사람이다.

裕釗往者則聞桐城吳侍讀至甫가 **善爲文**하고 **常欲一識之**나 **不可得**이러니 **同治七年秋**에 **來江寧**하여 **迺晤至甫相國曾公使署**하여 **索其文讀之**에 **誠辨博英偉**하고 **氣逸發不可銜控**이라 **裕釗深退避**하여 **以爲不能及也**러니 **而至甫顧盛推余文**하고 **且稱其尊人育泉先生**과 **母氏馬太宜人**이 **竝以明歲登壽六十**이라하여 **欲得裕釗一言以爲壽**라 **裕釗謝不能**호되 **至甫則固以請**하고 **因益爲言先生居約而能施**하며 **積行而不求聞**요 **少常客遊而孝弟充裕**라 **太宜人又能曲喩先生之志而推行之**하여 **潔治甘旨**하며 **振救貧乏**하고 **資用或不繼**어든 **則脫佩服出質相佐助**하니 **桐城人稱家法之善曰吳氏**러라 **方存之者**는 **裕釗舊遊也**니 **亦道先生躬至行**하고 **不釣取聲譽**하니 **而人人信其一言**이라 **至甫稱其父母皆信**하니 **宜其有賢子者**로다 **存之故亦桐城人也**라

나는 소싯적부터 문장을 공부하였은즉 桐城 사람 方氏(方苞)·姚氏(姚鼐)의 설을 몹시 좋아하여 늘 그 글들을 誦習하였다. 그래서 일찍이 雍正·乾隆 연간 이래 백여 년 동안 천하의 문장 중에 동성과 필적할 것이 드문 것을 이상하게 여겼는데, 한가히 홀로 지낼 때 龍眠山[4]과 浮渡山[5]의 山水들은 옛날부터 일컬어진 絶勝이란 것을 들었다. 요씨의 말에 "黃州·舒州 사이에 산천의 奇傑한 기운이 온축된 지 거의 천년이니, 의당 儒士가 지금 나올 것이다."라 하였으니, 이치가 진실로 응당 이와 같은 것인가.

裕釗自少時治文事하여 **則篤耆桐城方氏姚氏之說**하여 **常誦習其文**이라 **私嘗怪雍乾以來百有餘年**에 **天下文章**이 **迺罕與桐城儷者**러니 **閒獨聞龍眠浮渡諸山水**는 **古所稱絶勝也**라 **姚氏之言以謂黃舒之間**에 **山川奇傑之氣**가 **蘊蓄且千年**이니 **宜有儒士興於今**이라하니 **理固當如是耶**아

예전에 楚·皖[6] 사이를 왕래할 때 大江의 강물 가운데 배를 띄우고서 바라보면

縣知縣을 역임하였다. 저서로 ≪柏堂全集≫, ≪志學錄≫ 등이 있다.

4) 龍眠山 : 桐城縣 서북쪽에 있다. 宋나라 때 詩畫로 저명한 李公麟이 致仕하고 이 산에서 여생을 보내면서 자호를 龍眠居士라 했기에 이 이름이 붙여졌다.

5) 浮渡山 : 동성현 동쪽에 있다. 산에 32개의 바위와 72개의 봉우리가 있고 양자강이 주위를 에워싸고 있고 멀리서 바라보면 마치 물 위에 떠 있는 것과 같기 때문에 浮山이라고도 한다.

6) 楚·皖 : 楚는 湖南省과 湖北省 지역을, 皖은 安徽省 지역을 일컫는 말이다. 안휘성에는 서쪽

皖 서북쪽의 산들이 은은히 구름 너머로 솟아나와 그 높고 빼어난 자태가 매우 우람하였다. 이에 마음속으로 생각하기를, '방씨와 요씨가 왕왕 자기 고장에 才德이 알려지지 않은 군자들이 산골짜기 속에 숨어 있다고 하였으니, 지금도 의당 그러한 사람이 저 산 속에 있을 것이다.'라 하고서 때때로 한번 가서 유람하고 싶어 하였다. 그 후에 존지와 사귀었고 지금 다시 지보와 사귀었고, 또 지보와 존지를 통하여 선생에 대해 들었으니, 나는 동성에서 나의 주인을 삼을 분이 있도다.[7)]

曏時往來楚皖之交에 **泛舟浮大江中流**하여 **望皖西北諸山**이 **隱然出雲表**하여 **其隆崒秀異**가 **絶可偉也**라 **乃心念方氏姚氏**가 **往往稱其鄕多隱德君子伏匿澗谷之中**하니 **今宜尙有其人處於彼者乎**인저하여 **時時欲一往遊焉**이러니 **其後得交存之**하고 **今復**(부)**交至甫**하고 **又因至甫及存之**하여 **聞先生**하니 **裕釗於桐城**에 **有爲我主者矣**로다

후일에 내가 혹 동성에 가서 노닐고자 하는 뜻을 이루어 행여 百壽를 누리는 선생과 태의인을 뵐 수 있어 옷자락을 걷어잡고 섬돌을 올라 공경히 술 한 잔을 올리고, 이어 几杖을 받들고[8)] 선생의 뒤를 따라 용면산과 부도산의 빼어난 경치를 두루 구경하고, 동성의 어른들의 옛날에 들은 얘기들을 묻고, 더욱이 존지·지보와 함께 손뼉을 치며 글을 토론하여 깊고 미묘한 이치를 파고들고 이들과 함께 산수 사이를 배회하며 마음껏 노닐게 된다면, 그 즐겁고 다행스럽기가 의당 어떠하겠는가!

이를 공경히 받들어 축수의 글로 삼아 선생께 바치고 훗날을 기다려 현실로 되었음을 증명할 것이다.

異日에 **余儻得遂其往遊之志**하여 **幸見先生暨太宜人期頤壽耇**하여 **摳衣歷階**하여 **敬擧一觴**하고 **因得奉几杖從先生後**하여 **徧攬龍眠浮渡之勝**하고 **訪桐城諸老之舊聞**하고 **益偕存之至甫**하여 **抵掌論文**하여 **究極幽眇**하고 **而相與徜徉肆乎山水之間**이면 **其爲快且幸**이 **宜何如也**아 **敬奉此爲壽言**하여 **獻諸**(저)**先生**하고 **俟他日爲之徵**하노라

에 皖山이 있어서 이렇게 부르는 것이다.

7) 나는……있도다 : 동성현에 객으로 찾아가 뵙고 그 집에 묵을 사람이 있다는 뜻이다. 주인은 육천선생을 말한다.

8) 几杖을 받들고 : 어른을 공경히 모신다는 말이다. 《禮記》 〈曲禮 上〉에 "어른께 일을 문의할 경우에는 반드시 궤장을 쥐고 따른다.〔謀於長者 必操几杖以從之〕"라 하였다.

23. 范鶴生의 60세에 祝壽하는 序　范鶴生六十壽序*

*옛 친구인 范鳴和(자는 鶴生)의 回甲에 축수하는 글이다. 장유소는 江西觀察使로 부임하러 가는 범명화를 만나 회갑을 축하는 글을 지어달라는 말을 듣고 이 글을 쓴다. 젊은 시절 범명화와 함께 어울려 즐겁게 지냈던 시절을 회상하고 노년의 감회에 젖는 것이 주된 내용이다.

내가 光緖 6년(1880) 여름에 山東에 가서 지냈는데, 마침 范鶴生이 郎中[1]으로 있다가 江西觀察使로 관직을 옮겨 부임하는 길에 濟南[2]을 지나가게 되었다. 그래서 뜻밖에 산동의 使院[3]에서 만나 나와 범학생이 서로 매우 반가워하였다. 범학생이 한가할 때 나에게 말하였다.

"내가 자네와 총각 때부터 사이좋게 지냈는데, 그 후 나가서 세상사를 접하면서 알게 된 海內의 비범하고 걸출한 인사가 비록 많지만 가장 일찍 사귀었고 지금 늙어서도 생존하고 오래 지나도 싫지 않는 이는 나와 자네만 한 경우가 없다. 내가 내년에 예순 살이니, 자네가 한마디 말을 해주지 않을 수 있겠는가. 게다가 자네는 문장으로 일세에 이름났으니, 내 이름이 자네의 글에 보이지 않도록 해서야 되겠는가."

내가 웃으며 응답하였다.

"그렇다. 당초 내가 어릴 때 자네와 동시에 學官弟子[4]가 되었으니, 내 나이 겨우 열여섯 살이었고 자네도 겨우 열일곱 살이었다. 이듬해 鄕試에서 錄遺[5] 시험을 보았는데, 學使[6] 方公이 나와 자네 및 嘉魚[7] 사람 李爽階 士塏 세 사람이 나이 가장

1) 郎中 : 淸나라 때 중앙의 六部에 있는 관직으로 각 司의 長이다.
2) 濟南 : 山東省의 府로, 지금의 歷城縣 지역이다.
3) 使院 : 節度使가 出征하거나 入朝하거나 죽었는데 후임이 없을 경우에는 모두 留後가 그 직무를 대행하였는데, 유후의 관사를 일컫는 말이다. 절도사가 使院에 가서 업무를 보기도 하였다. 여기서는 관찰사의 관사를 말한다.
4) 學官弟子 : 지방 郡縣 학교의 諸生을 일컫는 말이다.
5) 錄遺 : 淸나라 때 과거제도에서 생원이 과거나 錄科에서 뽑히지 못하거나 과거나 녹과에 참가하지 못한 사람들을 위하여 鄕試를 거행하기 이전에 따로 특별 시험인 補考를 한 차례 거행하는 것을 말한다. 녹유를 거치면 향시에 참가할 수 있다.

어리다 하여 從者를 돌아보고 탁상 하나를 들어서 堂皇[8] 가운데 놓게 하고 우리 세 사람을 둘러 앉게 함으로써 특별히 대우해주었다. 우리 세 사람은 서로 보면서 웃고 좌우에서 구경하는 이들도 빙그레 웃었었지. 진실로 지금도 이 일을 기억하는가?"

그러자 군(범학생)이 듣고 활짝 웃었다.

余以光緖六年夏로 游山左러니 適范鶴生이 以郎中改官觀察江右하여 道過濟南할새 不期而遇於山左使院하여 余與鶴生樂甚이라 鶴生間(한)語余하되 吾與子總角相好러니 其後出接世事에 所識海內雋偉魁桀之士雖衆이나 然其交最夙而今尙老而存久而不厭者는 莫吾與子若이라 吾明年六十矣니 子可無一言가 且子以文章名一世하니 可使余名氏不見於子文耶아하여늘 余笑應曰 然하다 始余蚤歲에 與君同時補學官弟子하니 余年甫十六이요 君亦裁十七耳라 明年鄕試에 試錄遺러니 學使方公이 以余與君及嘉魚李爽階士墱三人齒最穉라하여 顧從者舁一卓床하여 居堂皇中하고 令環坐余三人하여 用以異之라 余三人相視而笑하고 左右觀者逌然하니 固尙能記此邪아하니 君聞爲解顔이라

〈내가 계속 말하였다.〉

"그 후에 나와 자네 및 자네 伯兄 子瑊이 함께 道光 병오년(1846)에 향시에서 뽑혔고 이때에 또한 겨우 弱冠을 넘은 나이라 의기가 바야흐로 왕성하여 우리 서로 허물없이 친밀하였으니, 지난날 해마다 考試를 보느라 省垣[9]에 갈 때로부터 후일에 京師로 가서 과거에 응시할 때에 이르기까지 함께 다니지 않은 적이 없었지. 그리고 우리 고장의 당시 영준한 이들인 同邑 사람 金小畹 伯華, 柯根臣 茂枝, 黃岡 사람 吳又桓 棨, 錢香畹 崇蘭, 羅田 사람 熊臥雲 五緯, 江夏 사람 張星階 棨, 洪蘭陔 調笙 형제 등이 다 젊은 나이에 아름다운 뜻을 가지고서 질풍처럼 일어나고 비늘처럼 모여들어서 서로 어울려 술을 마시고 시를 읊으면서 농담과 해학을 주고받으며 한때의 즐거움을 한껏 누렸었지.

그런데 이윽고 자네 형제는 서로 이어 進士試에 급제하여 〈宦路로 갔고,〉 海內에 兵難이 발발하여 급박하고 혼란한 상황에 온갖 騷擾로 세상이 시끄러운지라, 나는 행적을 감추고서 江海 지역을 방랑하느라 자네와 멀리 헤어져 서로 10여 년 동안

6) 學使 : 學政과 같은 말이다. 提督學政이라고 하는데 淸나라 때 지방 교육을 관장하게 하기 위하여 각 省에 파견한 관직이다. 각 省의 과거와 학교에 관한 일을 담당하였다.

7) 嘉魚 : 湖北省에 속하는 縣이다.

8) 堂皇 : 관리가 업무를 보는 청사이다.

9) 省垣 : 지방 省의 행정 기관이 있는 곳이다. 지금의 도청과 같다.

못 만났지. 자네가 親喪을 당해 고향에 돌아왔을 때에 이르러 겨우 2년 동안 함께 만날 수 있었고, 얼마 지나지 않아 다시 자네가 떠나간 지 또 10년이었지.

그런데 이제야 비로소 여기서 한 번 만나 악수하고 서로 보니, 자네는 치아와 머리털이 빠졌고 나도 수염과 머리털이 하얗게 세서 노쇠한 늙은이가 되었네. 지난날 함께 어울려 옷소매를 당기며 친밀하게 지내던 친구들을 되돌아 생각해보면 아득히 멀어져 아무도 남아 있는 이가 없네. 그런데 나와 자네는 백발의 몸으로 뜻밖에도 이렇게 서로 만나 술잔을 들고 게다가 자네는 장차 회갑을 맞게 되니, 지나온 시절을 뒤돌아보고 변천하는 인간사를 생각해봄에 이는 기쁘고 다행스러운 일이요 더욱 감개무량한 일일세."

이에 우리 두 사람이 서로 한참 동안 망연자실하였다.

其後余與君及君伯兄子瑊이 竝以道光丙午擧於鄕하고 時亦甫踰弱冠이라 意氣方盛하여 爾我投分無間하니 蓋自往者歲以試事至省垣으로 洎後走京師應禮部試에 未嘗不偕요 而吾鄕一時英俊若同邑金小曨伯華, 柯根臣茂枝, 黃岡吳又桓榮, 錢香畹崇蘭, 羅田熊臥雲五緯, 江夏張星階棨, 洪蘭陔調笙昆季가 皆年少志美에 猋起鱗萃하여 相與飮酒賦詩하여 詠嘲謔浪하여 窮極一時之樂이러니 已而君兄弟相繼成進士하고 而海內兵革俶擾하여 蒼黃沸亂에 紛糾萬端이라 余息影斂迹하여 放浪江海之間하여 與君睽違乖隔하여 離十餘年不相見이라가 逮君奉諱歸하여 甫得聚處兩載하고 尋復(부)別去又十年이라가 而今乃一遇於此하여 握手相視하니 君齒落頭童이요 余亦鬚髩皓白하여 頹然衰且老矣라 追念往時朋好相從掎裳聯襼之人에 乃邈焉無一存者로되 顧余與君이 猶得白首相逢하여 邂逅巵酒하고 而君且登壽六十하니 俯仰今昔之際하고 撫人事之變遷에 是其可爲慶幸而益重以感喟者也라하고 於是에 相與惘然者已久러라

올해 9월에 이르러 군의 생일이 다가왔다. 지난해 내가 한 말을 돌이켜봄에 감회가 마음속에 일어났다. 그래서 군의 평소 아름다운 행실로서 當世 사람들이 다들 들어서 알고 있는 바에 대해서는 상세히 기술할 겨를은 없고 단지 예전에 한 얘기를 서술함으로써 군을 위해 축수하고, 또한 이로써 우리 두 사람이 서로 사귀어온 우정을 밝히노라.

及今茲九月하여 君覽揆之辰屆矣라 溯洄昔歲之言에 怦焉動於其心이라 故於君生平之懿當世所共聞知者에 皆不暇以詳이요 獨追述前語하여 用爲君壽하고 亦以明余兩人相與之摯也하노라

24. 黎蒓齋에게 보낸 편지 與黎蒓齋書*

*여순재는 黎庶昌(1837~1898)으로, 자가 蒓齋이다. 청나라 말엽의 문장가요 학자로, 同治 원년(1862)에 萬言疏를 올려 時弊를 극언하였다. 두 차례 일본에 사절로 가서 중국에는 없는 자료를 모아 唐宋의 문집을 영인하여 ≪古逸叢書≫를 集成하였고, 저서로 ≪拙尊園叢稿≫가 있다.

이 글에서 장유소는 문장을 잘하는 사람은 대개 부귀영화를 얻지 못한다고 하여 자신의 신세를 한탄하면서도 문장의 즐거움과 권위는 천하에 으뜸이라 그 무엇과도 바꿀 수 없다고 하였다.

앞서 金陵에 있을 때 서로 어울려 문장을 담론하여 고금의 인물을 비평함에 내 마음이 매우 기뻤습니다. 이별한 뒤로 세월이 빨라 한 달 남짓 지났습니다. 추운 창가 짧은 등잔대 곁에서 때때로 궤안에 기대 족하를 그리워하는 마음을 잊을 수 없습니다.

前在金陵에 相從譚藝하여 譏評古今人에 私心甚快러니 別後倏忽月餘日矣라 寒窗短檠에 時時隱几하여 思足下不可弭忘이라

나는 스스로 생각건대 평소 인간세상에서 좋아하는 것이라곤 전혀 없고 오직 어릴 적부터 문장을 몹시 좋아하였습니다. 그렇지만 일찍이 학문의 道는 義理·考證·辭章과 같은 분야들이 그 길은 지극히 넓으며, 전문가라고 일컬어지는 이들도 왕왕 있지만, 유독 古文에 이르러서는 능한 이가 드문 것을 이상하게 여겼습니다. 曾文正公(曾國藩)이 세상을 떠나신 뒤로 족하와 至甫(吳汝綸)마저도 늘 만나서 〈얘기를 나누지〉 못하는 터라 우두커니 앉아 홀로 지내면서 사방을 돌아봐도 고독하여 더불어 얘기할 사람이 없습니다. 그런데 근자에 李佛笙이 문장에 퍽 뜻을 두었기에 때로 만나서 글 짓는 법을 물어보면 그 조예는 비록 깊지 못하지만 이불생은 본디 천품이 보통 사람보다 뛰어난지라 때로 알아듣는 곳이 있으니, 이 사람이 그

나마 얘기를 나눌 만합니다.

裕釗는 **自惟生平於人世**에 **都無所耆好**요 **獨自幼酷喜文事**로되 **顧嘗竊怪學問之道 若義理考据辭章之屬**이 **其涂徑至博**하고 **其號稱爲耑**(전)**家**는 **亦往往而有**로되 **獨至於古文**하여는 **而能者蓋寡**라 **自曾文正公沒**로 **足下及至甫**를 **又不得常聚晤**라 **塊坐獨處**에 **四顧**(犖)〔煢〕[1]**然**하여 **無可與語**러니 **近者李佛笙**이 **乃頗有意於此**라 **時相從問爲文法**에 **所入雖未深**이나 **然佛笙故天亮出於人人**이라 **乃時有解悟處**하니 **此差足語耳**라

대저 문장의 일은 자품과 재주가 월등히 뛰어나고 공부에 힘을 쓴 것이 깊고 오랜 이가 아니면 반드시 경지에 이르지 못하며, 재주가 넉넉하고 공부에 힘쓴 것이 깊을지라도 경지에 이르러 성공에 도달하느냐 성공하지 못하느냐 하는 것은 또한 하늘에 달린 것입니다.

이미 경지에 이르러 성공에 도달했다 할지라도 그 문장이 후세에 전해지느냐 후세에 전해지지 못하느냐, 후세에 전해지는 것이 드러나느냐 감추어지느냐, 짧은 세월에 그치느냐 먼 훗날까지 가느냐 하는 것은 또 하늘에 달린 것입니다.

또 가령 경지에 이르러 성공에 도달하고 성공하여 후세에 전해지고 후세에 전해져 드러나고 먼 훗날까지 가서 나의 문장이 진실로 백세토록 길이 없어지지 않는다 할지라도 나의 육신은 이미 죽어 없어질 터라 나의 문장을 취하여 찬탄하고 사모하며 귀중하게 여기는 이들을 나는 모두 보지 못할 것입니다.

한세상 영화와 쾌락의 즐거움을 버리고 필생의 힘을 다하여 몸과 마음을 수고롭게 하여 혹 성공하기도 하고 혹 성공하지 못하기도 하며 혹 후세에 전해지기도 하고 혹 후세에 전해지지 못하기도 하는 운수에 요행을 바라서 천백 년 뒤의 아득히 멀어 보지 못할 헛된 명예를 사모하여 스스로 그치지 못하니, 이 어찌 이른바 지극히 오활하고 지극히 미혹한 것이 아니겠습니까! 저들 세상의 이른바 俊傑로서 일체 부귀와 영달을 취하는 이들이 비웃고 등을 돌려 떠나가는 것이 당연합니다.

夫文章之事는 **非資才敻絶而程功致力之深且久者**면 **則必不能以至**요 **才優而力深矣**라도 **其能至以幾於成與不能成**은 **則亦有天焉**이요 **旣至而幾於成矣**라도 **其傳不傳與傳之顯若晦若近與遠**은 **則又有天焉**이요 **且誠令其至而幾於成**하고 **成焉而傳**하고 **傳焉而顯且遠**하고 **而吾文**

1) (犖)〔煢〕: 저본에는 '犖'으로 되어 있으나, ≪音注張濂亭文≫에 의거하여 '煢'으로 바로잡았다.

信不敝於百世라도 吾身則旣泯然死矣라 其取吾文而歎慕貴惜之者를 吾皆不得而見之矣니 捐棄一世華靡榮樂之娛하고 窮畢生之力하여 苦形瘁神하여 以儌幸於或成或不成或傳或不傳之數하여 而慕想乎千百歲後冥漠杳渺邈不及見之虛譽하여 而不以自止하니 豈非所謂至迂而大惑者哉아 宜彼世之所謂賢儁能一切以取富貴顯榮者가 訕笑而背馳之也라

비록 그렇지만 莊周가 말하기를 "사람은 가축을 먹고 고라니와 사슴은 풀을 먹고 지네는 뱀을 맛있다고 여기고 올빼미와 까마귀는 쥐를 좋아하니, 이 넷 중에 누가 바른 맛을 아는가?"[2]라 하였으니, 사람의 기호는 저마다 태어날 당초에 받은 것이라 다 같이 경지에 이르지 못하는 것은 아무리 曆法과 산술을 잘하는 사람일지라도 헤아려 알 수 없습니다. 그렇다면 문장을 짓는 일에 일생토록 부지런히 힘쓰는 이들 또한 좋아하는 바가 그 천성에서 나와서 자신도 알 수 없는 것이 아니겠습니까.

또 내가 보건대, 옛날에 문장에 능했던 司馬遷·韓愈·歐陽脩 같은 이들도 시초에 생각한 것은 역시 문장으로써 자신을 드러내는 일에 마음을 둔 데 불과하지만, 마침내 그들이 도달한 경지로 말하면 세상 사람들이 한갓 文人으로만 지목할 수 없었습니다.

雖然이나 莊周有言하되 民食芻豢하며 麋鹿食薦하며 蝍蛆甘帶하며 鴟鴉耆鼠하니 四者孰知正味리오하니 生人之耆好가 各賦受於其生初라 其不齊至는 不可以巧歷算하니 則夫孶孶焉勤一世於文字之業者는 無亦所耆出於其性而不能以自解者歟아 且吾觀古之能文者 若司馬遷韓愈歐陽脩之徒는 其始設心措意가 亦無過存乎以文自見(현)이나 卒其所至는 世不得徒文人目之라

이런 까닭에 문장에 조예가 깊은 사람은 그의 能事인 문장으로써 이미 스스로 즐길 수 있고 그 조예가 더욱 깊고 넓어지게 되면 이에 성인의 도를 알고 천지 만물의 근원에 통달하여 홀로 一室 안에서 〈지은 글을〉 읊조리되 傲然히 俗塵 밖에서 세상을 깔보니, 비록 온 천하라 할지라도 이 즐거움과 바꿀 것이 무엇이 있겠습니까. 또 어느 겨를에 나의 生前과 死後의 득실을 따져보고 헤아려서 진퇴를 결정하겠습니까.

---

2) 사람은……아는가 : ≪莊子≫ 〈齊物論〉에 보인다.

是故로 深於文者는 其能事旣足以自娛嬰요 及其所詣益邃以博하여는 乃與知乎聖人之道而達乎天地萬物之原하여 獨居謳吟一室之中하되 而傲然俾[3)]睨乎塵壒外하니 雖天下라도 又孰有能易之者哉아 又遑暇校量於我生以前與身後之贏失而爲之進退哉아

족하를 그리워해도 만날 수 없는지라 홀로 지내며 무료하여 애오라지 가슴속에 쌓인 생각을 한번 토로함으로써 스스로 즐거워하여 마음을 후련히 풀어볼 따름이니, 족하가 아니면 나도 이런 말을 하지 않을 것입니다.

날씨가 갑자기 추워진 이때 부디 보중하여 自愛하기 바랍니다. 不宣.

思足下不得見이라 索居無聊하여 輒一吐其匈臆之所積하여 自怡取快意而已니 非足下면 僕亦不發此也라 天氣驟寒에 惟萬萬保練自愛하라 不宣하노라

3) 俾 : 睥와 통용한다.

25. 吳至甫에게 답한 편지　答吳至甫書*

* 吳汝綸이 문장 공부에 대해 묻고 장유소가 이에 답한 것이다. 장유소는 오여륜보다 나이가 17세 더 많다. 장유소는 이 글에서 문장을 짓는 데 있어서 意·辭·氣의 개념을 설명하면서 意는 수레를 모는 것, 辭는 짐을 싣는 것, 氣는 수레를 가도록 하는 것에 비유하였다. 그리고 문장을 공부하는 방법으로는 글을 소리 내어 읽는 聲讀이 중요함을 강조하여, 글을 읽을 때에 성독을 통해서 그 글의 氣을 얻으면 意와 辭는 저절로 드러나게 된다고 하였다.

봄 사이에 지난해 섣달그믐에 보내신 편지를 받아보고서 이미 畿甸 지역으로 관직을 옮겨와서 장차 儒者의 학문으로 우리 백성들에게 혜택을 줄 수 있게 되었음을 알았으니, 敬賀하고 경하합니다.

6월 초순에 李佛笙 太守가 다시 3월 그믐에 보내신 편지 한 통을 전달해주었는데, 마침 내가 喪妻의 우환이 있어 期日에 앞서 향리로 돌아갔다가 어제야 비로소 鄂城[1]에 왔기에 바빠서 미처 답장하지 못했습니다. 보내달라고 하신 ≪姚氏評點漢書≫[2]는 일시에 베껴 부쳐줄 겨를이 없으니, 후일에 보내고자 합니다.

春間에 **奉到往歲除夕惠書**하여 **承已改官畿甸**하여 **將以儒者之學**으로 **澤我民萌**하니 **敬賀敬賀**라 **六月初旬**에 **李佛笙太守復**(부)**遞到三月晦一函**러니 **適裕釗有悼亡之戚**하여 **先期歸里**라가 **一昔始來鄂城**하여 **悤悤未及報**라 **所需姚氏評點漢書**는 **一時未遑鈔寄**하니 **請以異日可耳**라

보내온 편지에서 지나치게 저의 문장을 칭찬해주시고 게다가 허심탄회하게 질문하여 말씀이 자상하기 그지없으니, 내가 어찌 이를 알겠습니까. 비록 그렇지만 이미 下問을 받은 바에 감히 나의 어리석은 소견을 다 말씀드리지 않을 수 없습니다.

옛날에 문장을 논한 이는 이르기를, “文은 意를 主로 삼아 辭는 그 意에 능히 부

---

1) 鄂城 : 지금의 湖北省 武昌縣이다.
2) 姚氏評點漢書 : 姚鼐가 ≪漢書≫에 評點한 책으로 원제목은 ≪姚惜抱先生前漢書評點≫이다.

응할 수 있고자 하고 氣는 그 辭를 능히 들 수 있고자 해야 한다. 비유하자면 수레가 그러하니, 意는 수레를 몰고 辭는 짐을 싣고 氣는 가도록 하는 것이다."라 하였으니, 古人의 文을 배우고자 한다면 처음에는 소리를 인하여 氣를 찾아야 합니다.[3] 氣를 얻으면 意와 辭가 왕왕 이를 인하여 아울러 드러납니다. 따라서 〈문장을 짓는〉 法은 이를 벗어나지 않습니다. 이런 까닭에 그중 하나에 契合하면 나머지는 그 실마리를 끌어당겨 알 수 있는 것입니다.

來書過以文事見推하고 **且虛懷諮度**하여 **諄諄無已**하니 **裕釗則何足以知此**리오 **雖然**이나 **旣承下問**에 **不敢不竭其愚**하노라 **古之論文者曰 文**은 **以意爲主**하여 **而辭欲能副其意**하고 **氣欲能擧其辭**라 **譬之車然**하니 **意爲之御**며 **辭爲之載**요 **而氣則所以行也**라하니 **欲學古人之文**인댄 **其始在因聲以求氣**하고 **得其氣則意與辭往往因之而竝顯**하니 **而法不外是矣**라 **是故**로 **契其一**에 **而其餘可以緖引也**라

대개 意니 辭니 氣니 法이니 하는 이 몇 가지는 분명하게 나뉘어 각각 하나가 되는 것이 아니라 늘 機(자연스러운 작용)를 타고서 혼합되어 하나로 모이지만 그 오묘한 하나가 自然에서 나올 따름입니다. 자연이란 것은 어디에 뜻을 두지 않아도 지극히 잘 이루어지지 않음이 없어서 움직이면 절도에 맞되 왜 그러한지 아무도 까닭을 알 수 없는 것이니, 해와 별이 펼쳐지고 나열되는 것과 산과 시내가 솟고 흐르는 것이 이것입니다. 어찌 해와 별, 산과 시내뿐이리오.

무릇 천지 중에 物이 생겨나 文을 이룬 것들이 다 일찍이 헤아려 계획하여 배치하는 자를 본 적이 없지만 모두 번성하여 빛나고 질서정연하게 따르지 않음이 없으니, 대저 文이 지극한 것도 이와 같을 따름입니다. 보는 이가 이미 이루어진 것을 인하여 찾은 뒤에야 어느 것, 어느 것이라 말할 수 있는 것이 있게 되는 것입니다.[4]

蓋曰意曰辭曰氣曰法之數者는 **非判然自爲一事**라 **常乘乎其機**하여 **而緄同以凝於一**이로되 **惟其妙之一**이 **出於自然而已**라 **自然者**는 **無意於是而莫不備至**하여 **動皆中乎其節**하되 **而莫**

3) 소리를……합니다 : 글을 소리 내어 聲讀함으로써 그 글의 氣를 알아야 한다는 말이다.
4) 보는……것입니다 : 글을 다 지어놓은 다음 그 글을 보는 사람이 어느 것은 意이고 어느 것은 辭이고 어느 것은 氣이고 어느 것은 法이라고 구분하여 말할 수 있지, 글을 지을 때는 이 네 가지가 자연스럽게 하나로 어우러져 글이 이루어진다는 것이다.

或知其然하니 **日星之布列**과 **山川之流峙**가 **是也**라 **寧惟日星山川**이리오 **凡天地之間之物之生而成文者**가 **皆未嘗有見其營度而位置之者也**로되 **而莫不蔚然以炳**하고 **而秩然以從**하나니 **夫文之至者**도 **亦若是焉而已**라 **觀者因其既成而求之而後**에 **有某者某者之可言耳**라

대저 문장의 대가가 없은 지 오래라 우리가 그 境域에 이르고자 한다면 힘써 그 은미한 이치에 통달하여 無意(無心)로 하면 도달하지 못함이 없을 것입니다. 그러므로 반드시 글을 讀誦하기를 깊고 오래하여 자신이 고인과 간격이 없이 합치하여야 하니, 그런 뒤에야 자연의 오묘한 이치에 계합하여 그 능사인 문장의 궁극에 도달할 수 있을 것입니다.

오로지 깊이 생각하고 힘써 찾는 것을 일삼는 이는 진실로 때로 혹 그 意를 얻을 수도 있으나, 마음을 모으고 몸을 내려놓아 은연중 言議의 밖에서 계합하는 이와는 혹 격차가 있을 것입니다. 그러므로 姚氏(姚鼐) 및 諸家들의 소리를 인하여 氣를 찾는다는 설이 바꿀 수 없는 定論입니다.

자신이 古人에게서 찾는 바는 氣를 말미암아 그 意에 통달하여 그 辭와 法에 미쳐서 그 심오한 이치를 알고 자신이 스스로 文을 지음에 미쳐서는 어디까지나 意를 주로 삼음에 辭·氣와 法이 서로 따를 것입니다. 각하는 그렇다고 생각하십니까.

夫作者之亡也久矣라 **而吾欲求至乎其域**인댄 **則務通乎其微**하여 **以其無意爲之而莫不至也**라 **故必諷誦之深且久**하여 **使吾之與古人(訴)〔訢〕**[5]**合於無間**이니 **然後能深契自然之妙**하여 **而究極其能事**라 **若夫專以沈思力索爲事者**는 **固時亦可以得其意**나 **然與夫心凝形釋**하여 **冥合於言議之表者**론 **則或有間矣**라 **故姚氏暨諸家因聲求氣之說**이 **爲不可易也**라 **吾所求於古人者**는 **由氣而通其意**하여 **以及其辭與法**하여 **而喩乎其深**하고 **及吾所自爲文**하여는 **則一以意爲主**에 **而辭氣與法**이 **胥從之矣**라 **閣下以爲然乎**아

각하는 고생하는 중에 기운이 약하여 글을 오래 독송하면 氣가 그 辭를 싣지 못한다고 하니, 나도 근래에 그야말로 이런 고충이 있었습니다. 과거 江寧에 있을 때 方存之(方宗誠)가 "어른이 전하는 바에 의하면 劉海峯(劉大櫆)은 풍채가 몹시 크고 좋아서 날마다 古人을 글을 취하여 맘껏 소리 높여 읽었고, 姚惜抱(姚鼐)는 기운이

5) (訴)〔訢〕: 저본에는 '訴'로 되어 있으나, ≪濂亭文集≫에 의거하여 '訢'로 바로잡았다.

약한 게 문제였으나 그래도 읊조리며 독송하기를 그만두지 않되 단지 소리를 억눌러 낮추었을 따름이다."라고 하는 말을 들었으니, 이것도 혹 한 가지 방도일 것입니다.

나는 근래 만나는 일마다 어긋나는 게 많고 게다가 우환에 핍박을 받아 이 문장을 짓는 일에 끝내 성취하는 바가 없을까 두렵습니다. 각하는 재주가 높고 뜻이 원대하며 나이는 젊고 기운은 왕성하니, 후일에 필시 邑中 諸老[6]의 성대한 업적을 이을 수 있을 터라 감히 문장의 일에 대해 조금 아는 것을 말씀드림으로써 조금의 도움이나마 되게 할까 합니다. 亮察하시기 바랍니다. 不宣.

閣下謂苦中氣弱하여 **諷誦久則氣不足載其辭**라하니 **裕釗邇歲亦正病此**라 **往在江寧**에 **聞方存之云 長老所傳劉海峯絶豐偉**하여 **日取古人之文**하여 **縱聲讀之**하고 **姚惜抱則患氣羸**나 **然亦不廢哦誦**하되 **但抑其聲**하여 **使之下耳**라하니 **是或亦一道乎**인저 **裕釗比所遇多乖舛**하고 **又迫憂患**하여 **於此事**에 **恐終無所就**라 **閣下才高而志遠**하고 **年盛而氣銳**하니 **它日必能紹邑中諸老盛業**이라 **用敢進其粗有解於文事者**하여 **以爲涓埃之裨**하노니 **惟亮詧**(찰)이라 **不宣**하노라

6) 邑中 諸老 : 오여륜의 고향인 桐城縣 출생의 문장 대가들인 方苞・劉大櫆・姚鼐・梅曾亮・曾國藩 등을 말한다.

26. 劉生에게 답한 편지　答劉生書*

* 유생이 자기가 지은 글을 보내주면서 문장에 대해 질문한 데 답한 편지이다. 유생은 劉氏 성의 젊은이로 평소 장유소에게 문장을 배우던 제자일 것으로 추정된다. 이 글에서 장유소는 문장을 짓는 데 雅·健과 意·機의 적절한 조화가 필요함을 설명하고, 유생에게 지금은 문장이 미흡하지만 앞으로 노력하면 성취할 수 있을 것이라고 권면해주었다.

曉堂 足下여. 이른 봄에 부쳐 보여준 글 몇 편을 받았고, 가을 들어서 또 手書를 받음에 정성스러운 마음이 간절하였으니, 족하의 마음씀이 어쩌면 그리도 古人에 가까운지요. 족하가 지은 글 중에는 〈尊君事略〉[1]이 가장 지성스럽고 간절하여 좋았고, 〈讀老子〉 중 한 단락은 글이 매우 좋아 곧장 고인의 경지에 들어갑니다. 앞장의 글은 힘을 쓴 것이 너무 과중하여 자연스러운 맛이 부족하다는 느낌이 조금 들었고, 기타 識와 議들은 다 평범한 수준을 훌쩍 벗어났으나 역시 왕왕 이런 병통을 면치 못하였습니다.

曉堂足下여 **蚤春承寄示文數首**하고 **入秋又得手書**에 **勤拳𢤱至**하니 **足下之用心**이 **何其近古人也**아 **足下諸文**은 **所爲尊君事略**이 **最肫摯可愛**요 **讀老子中一段詞甚高**하여 **闖然入古人之室矣**라 **前幅**은 **微覺用力太重**하여 **少自然之趣**요 **他文識**(지)**議**는 **竝超出凡近**이나 **而亦時不免病此**라

대저 문장의 道는 雅·健[2]보다 중요한 것이 없거니와 健하게 하고자 하여 너무 힘차게 하면 혹 속된 데 가까워지고, 속됨을 면하고자 하여 힘써 자연스럽게 하면 또 혹 약하여 기세를 떨치지 못할 수도 있습니다. 옛날의 문장을 짓는 이들로 左邱明·莊周·荀卿·司馬遷·韓愈 같은 분들은 막힘없이 글을 내어 말은 힘차고 氣는

1) 尊君事略 : 효당이 자기 부친의 행적을 기술한 글을 말한다. 존군은 효당의 부친을 일컫은 말이다. 원제목은 이를테면 〈先府君事略〉과 같이 되어 있었을 것이다.
2) 雅健 : 雅는 典雅이고 健은 剛健이다. 전아는 글이 典據가 있고 高雅하여 속되지 않은 것을 말하고, 강건은 강하고 힘찬 것을 말한다.

웅건하지만 한 마디, 한 글자도 억지로 덧붙여 지은 것이 없고 글자를 놓아 배치하면 모두 온당하게 되니, 문장은 오직 이렇게 되는 것이 가장 어렵습니다.

이것이 어려운 줄 알아서 意로써 이 둘(雅·健)이 사귀는 사이에 끼어들어 機(자연스러운 작용)를 두어서 사이에 깃들이는 것, 이것은 진실로 일조일석 간에 企望할 수 없는 바이고 또한 입으로 말할 수 있는 것이 아니니, 공부를 오래하여 하루아침에 유연히 마음속에 스스로 터득하면, 비로소 그 경지에 도달하게 될 것입니다. 그 경지에 도달하는 도는 다른 것이 없습니다. 널리 거둬들이고 정밀히 가려내며 익숙히 읽고 깊이 사색하는 것이니, 이것 말고는 速效를 얻고 밖에서 남의 것을 훔쳐서 가져올 수 있는 것은 없습니다. 내가 그대에게 말해줄 것은 이 정도에 그칩니다.

夫文章之道는 莫要於雅健이어니와 欲爲健而厲之已甚이면 則或近俗이요 求免於俗而務爲自然이면 又或弱而不能振이라 古之爲文者 若左邱明莊周荀卿司馬遷韓愈之徒는 沛然出之하여 言厲而氣雄이나 然無有一言一字之强附而致之者也요 措焉而皆得其所安하니 文惟此最爲難이라 知其難也하여 而以意默參於二者之交하여 有機焉以寓其閒(간)은 此固非朞莫(모)所能企요 而亦非口所能道니 治之久而一旦悠然自得於其心이면 是則其至焉耳라 至之之道는 無他라 廣穫而精渫하고 熟諷而湛(담)思니 舍此則未有可以速化而襲取之者也라 吾告子가 止於是矣라

대저 문장이란 것은 지극히 깊고 넓으나 내가 알고 있는 것은 이 정도에 그치니, 내가 알지 못하는 것은 감히 말해줄 수 없습니다. 족하의 재주로 이 말을 따라 공력을 들여 게을리하지 않으면 훗날 반드시 우뚝이 성취하는 바가 있을 것입니다. 이는 곧 마음이 맞는 벗이라 하는 말이요 듣기 좋게 하는 말이 아니니, 족하는 의심하여 스스로 沮喪하지 않아야 합니다.

夫文之爲事가 至深博이나 而裕釗所及知者는 止於是하니 其所不及知者는 不敢以相告也라 以足下之才로 循而致之以不倦이면 他日必卓有所就라 此乃稱心而言이요 非相譽之辭也니 足下勿以疑而自沮焉이 可也라

족하의 문장은 知友들 중에서 보고 싶어 하는 이들이 많기 때문에 우선 여기 두었다가 훗날을 기다려 다시 돌려드리고자 합니다. 亮察하시기 바랍니다. 不宣.

足下文은 知友中多求觀者라 故且欲留此라가 俟他日再奉還耳라 惟亮詧하라 不宣하노라

27. 李佛笙 太守에게 답한 편지　答李佛笙太守書*

*이불생은 문장에 뜻을 두고 공부하며 장유소에게 평소 質正하던 사람으로 앞의 〈여순재에게 보낸 편지〉와 〈오지보에게 답한 편지〉에 다 보인다. 知府를 역임했다는 사실 말고는 상고할 수 없다.

태수로 온 이불생이 지어 보내온 글을 칭찬하는 한편 자신의 불우한 신세를 운명으로 돌려 한탄하고 자신의 得意作인 〈書元后傳後〉를 보내 품평해달라고 한다. 사실은 자기 글을 은근히 자랑하는 뜻이 담겨 있다.

심부름꾼이 옴에 手書를 읽어보고서 감탄하여 마지 않았고, 보여주신 저작을 읽어봄에 미쳐서는 또 크게 기뻐하고 깜짝 놀랐으니, 족하의 문장이 이토록 빨리 진보할 줄은 생각지도 못했습니다.

보내온 편지에서 이번에 부임한 것은 참으로 잘못 생각한 것이지만 不肖와 사귀어 때로 상종하면서 질문하여 학문과 문장의 要旨를 알았으니, 득실을 따져보면 진실로 또한 잘못한 일은 아니라고 하였으니, 내가 어찌 감히 이런 말을 감당할 수 있겠습니까.

그렇지만 족하의 문장이 이와 같이 빨리 진보하니, 참으로 소득이 많다 하겠습니다. 족하의 문장은 진실로 일반 사람들보다 뛰어나 오늘날에 신뢰를 받고 후세에 전해져서 백세가 다하여도 없어지지 않으리라 장담할 수 있을 터이니, 비록 백 개의 군수 자리라 할지라도 이와 바꿀 수 없을 것입니다.

또 이른바 窮通·得失·苦樂·飢寒·溫飽(따뜻한 옷을 입고 배불리 먹음) 따위는 어지럽게 일어나는 하루 조석의 일일 뿐이니, 어찌 말할 게 있겠습니까. 어찌 말할 게 있겠습니까. 족하는 진실로 필시 일개 관직을 의중에 두지는 않을 것입니다. 그러나 이는 곧 衣食을 위한 계책이니 또한 운명에 달린 문제라 자기 역량에 도모할 수 있는 바를 도모하고 도모할 수 없는 바는 운명에 맡겨둘 따름이니, 진실로 또한 걱정할 게 없습니다.

价至에 奉讀手書하여 爲之感歎無已하고 及讀所示大箸하여는 則又大喜且詫하니 不謂足下銳進一至此也라 來書에 謂此行誠失計나 然獲交不肖하여 時相從問하여 得學問文章之要指하니 挈長度(탁)短에 固亦未爲失이라하니 裕釗豈敢任此리오 顧足下之文이 乃精進若是하니 則信所得多矣라 文誠出於人人하여 足以信乎今而傳乎後하여 窮之百世而自必其不磨리니 雖百郡守라도 不以易也라 且所謂窮通得喪愉戚寒饑(者)[1]溫飽者는 擾擾一旦暮之事耳니 何足道哉아 何足道哉아 知足下故必不以一官置意中이나 然卽爲衣食計니 則亦有命焉이라 力所能謀를 謀之요 所不能謀는 則聽之而已니 固亦不足恤也라

내가 예전에 ≪論語≫를 읽다가 孔子가 "命을 알지 못하면 군자가 될 수 없다."[2]라고 하신 한마디 말에서 홀로 깊이 깨달은 바가 있었고, 또 일찍이 사람이 생겨난 시초부터 지금에 이르기까지를 죽 훑어보건대 盛衰·禍福과 사람들 중 어진 이·不肖한 이가 많고 분분하여 아득히 끝이 없지만, 결국 그 興亡이 하나도 그의 명이 아닌 경우가 있겠습니까.

그런데 혹 자신이 스스로 할 수 있는 행실을 닦고 명성을 세우는 일을 버리고서 嗜慾을 부려서 일체 자신이 넘볼 수 없는 것에 대해 요행을 바라다가 마침내 자취도 없이 죽어 없어지고 심지어는 천하 후세 사람들에게 치욕을 당하는 자들은 매우 슬퍼할 만합니다.

이미 이러한 이치를 알았고 게다가 젊은 시절부터 학문과 문장을 몹시 좋아한 터라 이런 까닭에 일심으로 이에만 정신을 쏟고 다른 일은 돌아볼 겨를이 없었습니다. 다만 나이가 날로 많아지면서 정신력이 날로 쇠퇴하는지라 마침내 성취하는 바가 없고 말게 될까 걱정하여 때로 홀로 두려워하고 있습니다.

裕釗曩時에 讀論語라가 獨深有契於孔子不知命無以爲君子之一言하고 且嘗試縱觀生民之初以至今日에 盛衰倚伏과 與夫人之賢不肖가 芒乎紛乎하여 眇不可紀極이로되 終其興若廢가 有一之非其命者邪(야)아 或乃棄其修行立名所得自爲之事하여 奔耆騁欲하여 一切以徼非望이라가 卒泯泯以沒身하고 甚且爲詬於天下後世者는 甚可悲也라 旣亮識其然이요 又自少酷嗜學問文章이라 是以一意搏精於此요 而不遑恤其它로되 惟是年齒日長에 神智日耗라 恐遂終無所就하여

1) (者) : 저본에는 '者'가 있으나, ≪晉注張濂亭文≫에 의거하여 衍文으로 처리하였다.
2) 命을……없다 : ≪論語≫ 〈堯曰〉에 보인다. ≪論語集註≫ 小註의 朱子의 설에 의하면, 여기서의 命은 天命이 아니라 삶과 죽음, 장수와 단명, 貧富, 貴賤과 같은 것들의 정해진 운명을 말한다.

時獨以爲懼로라

근자에 〈書元后傳後〉 한 편을 짓고서 문득 망령되게 득의만만하여 스스로 西漢 사람[3]의 문장에 매우 가깝다고 여기고, 또 스스로 생각하기를 國朝에 古文을 짓는 이들 중에 文正 선생님[4]은 내가 감히 넘볼 수도 없지만 만약 이 글을 가지고 方·姚·梅[5] 諸公의 글과 비교해본다면 어느 것이 낫고 어느 것이 못한지 알 수 없을 것이라 여겼습니다.

비록 그렇지만 주제넘은 생각이 이에 이름에 다시 스스로 미심쩍어서 문득 이 글을 베껴서 족하에게 부쳐 보내니, 나를 위해 내 생각이 맞는지 한번 판결해주기 바랍니다. 내 생각이 맞다면 이는 내가 진보한 것이라 스스로 기뻐할 것이요, 맞지 않다면 퇴보한 것이라 내가 더욱 걱정해 두려워할 것입니다. 청컨대 꼭 분명히 나에게 말하여 한번 스스로 의심을 풀 수 있도록 해주기 바랍니다.

近者撰得書元后傳後一篇하여 **乃忽妄得意**하여 **自以甚近似西漢人**하고 **且私計國朝爲古文者**에 **惟文正師**는 **吾不敢望**이어니와 **若以此文**으로 **校之方姚梅諸公**인댄 **未知其孰先孰後也**라 **雖則狂謬至是**에 **乃復**(부)**私自疑**하여 **輒錄寄足下**하노니 **爲我一決其然否**아 **其然耶**인댄 **是吾益也**라 **用竊自喜也**요 **不然耶**인댄 **卻退矣**라 **吾滋懼焉**이니 **請必明語我**하여 **俾得一自釋焉**하라

족하의 과감한 기세와 빠른 진보가 이와 같으니, 가사 이로부터 만사를 제쳐두고 이 일에만 종사한다면 나로 하여금 놀라고 두려워 양보하고 감히 경쟁하지 못하게 할 것입니다.

한번 찾아와 만나 환담을 나누고자 한다고 하니, 이 말을 들음에 기쁘기 그지없습니다. 편지로는 생각을 다 말할 수 없으니 그때를 기대려 마음속의 회포를 한번 다 토로할 것입니다.

抑以足下之果勢勇銳若是하니 **使由是屛棄百爲**하여 **以從事於斯**인댄 **且使裕釗駭憚畏避而不敢與競也**라 **承欲來爲一握手之歡**하니 **聞之**에 **喜忭無已**라 **書不能盡意**하니 **俟爾時當極意一傾吐耳**라

---

3) 西漢 사람 : 前漢 사람으로 ≪史記≫를 저술한 대문호 司馬遷을 가리킨다.
4) 文正 선생님 : 시호가 文正인 曾國藩을 말한다.
5) 方·姚·梅 : 桐城派의 方苞·姚鼐·梅曾亮을 말한다.

28. 蔾蒓齋에게 답한 편지　答蔾蒓齋書*

*여순재는 黎庶昌이다. 이 글에서는 명청팔대가의 한 사람인 梅曾亮의 문장을 품평한 부분이 눈에 띈다. 장유소는 매증량이 修辭는 명청팔대가 중에서도 으뜸으로 평가받는 方苞와 姚鼐보다 낫지만, 그 나머지 문장의 氣勢·風格, 문장에 담긴 이치와 내용은 부족한 바가 있다고 평가한다. 그리고 문장을 짓는 사람은 대체로 타고난 천품이 부족하거나 환경이 불우한 탓에 재능을 제대로 발휘하지 못하는 경우가 많다고 하면서 자신이 불우하여 곤궁한 삶에 시달린 나머지 문장이 크게 성취하지 못하게 되었다고 탄식한다.

두 차례 보내주신 편지와 부쳐주신 拙藁를 다 잘 받았습니다. 나의 이 글은 司馬氏(司馬遷)의 글을 본받았으나 자취를 잊지는 못하였습니다.[1] 그런데 족하는 대뜸 "姚·梅[2] 두 분을 능가한다."라 하니, 내 마음에 진실로 감히 자신하지는 못하겠습니다. 梅氏의 글은 이미 보내온 편지에서 말한 바를 따라 20여 편을 골라서 별지에 목록을 써서 함께 보내드립니다.

承兩惠手書하고 **竝賜寄拙稾**를 **均奉到**호라 **裕釗此文**이 **頗規撫司馬氏**나 **而迹未能忘**이어늘 **足下遽謂能突過姚梅二家**라하니 **私心固未敢以自信耳**로라 **梅氏文**은 **已遵來示**하여 **簡得二十餘首**하여 **另紙寫目**하여 **竝呈上**하노라

사람들은 저마다 좋아하는 바가 있으니, 필시 억지로 같도록 할 수는 없으며, 게다가 한 사람의 몸에도 선후로 싫어하고 좋아하는 바가 진실로 왕왕 다르니, 이는 진실로 확정할 수 없는 것입니다. ≪柏梘山房集≫[3]은 그 글이 잘된 곳과 그렇지

1) 나의……못하였습니다 : 司馬遷의 ≪史記≫의 문체를 익혀서 그와 흡사하게 썼지만, 그 문체를 완전히 체득하여 자취를 완전히 잊고서 자기 것으로 만들지 못하여 본뜬 흔적이 남아 있다는 뜻이다. 겸사로 이렇게 말했을 뿐, 자기 글이 ≪사기≫의 문체를 능히 체득한 것이라는 자부심을 드러내 보였다. 이 글은 앞의 글에서 말한 〈書元后傳後〉일 것으로 추측된다.

2) 姚·梅 : 姚鼐와 梅曾亮을 지칭한다.

3) 柏梘山房集 : 매증량의 문집이다.

못한 곳이 족하의 말씀과 자못 같습니다. 그러나 매씨의 장점은 무엇보다도 筆勢의 妙를 능히 남김없이 다하는 데 있으니, 그 修辭는 진실로 方・姚[4] 諸公보다 낫습니다. 그러나 오로지 여기에만 정신을 쏟은 나머지 氣・體・理・實[5]은 마침내 廣大・精微한 이치를 끝까지 다하지 못했으니, 이것이 단점이 되는 바입니다.

人各有所耆好하니 **必不可强同**이요 **且卽一人之身而先若後所厭喜**가 **固往往異矣**니 **此固不可以爲定也**라 **柏梘山房集**은 **其得失**이 **頗如尊論**이라 **然梅氏勝處**가 **最在能窮盡筆勢之妙**하니 **其修詞誠愈於方姚諸公**이라 **然一意專精於是**하여 **而氣體理實**은 **遂不能窮極廣大精微之致**하니 **此其所以病也**라

唐나라 이래 문장으로 일컬어지는 이들 중에는 오직 韓退之(韓愈)만이 本末・精麤・表裏 등에 두루 다 능하지 못한 바가 없기 때문에 찬연히 百代의 宗師가 되었고, 그 밖에는 혹 여기에 마음을 쏟고 때로 저기에는 허술한 부분이 없지 못하니, 진실로 천부적인 재능이 한정되었기 때문이거나 아니면 그 사람이 힘을 들인 것이 저마다 한쪽으로 편중되었기 때문일 것입니다. 문장을 잘 짓기 어려움이 진실로 이와 같습니다.

自唐以來稱文者는 **惟韓退之**가 **於本末精粗表裏之數**에 **無所不盡**이라 **故焯爲百代之宗**이요 **其他或注意於此**하고 **而時不能無脫漏於彼**하니 **固賦於天**이 **有以限之**어나 **抑其人之致力**이 **各有所偏至也**라 **文之難爲工**이 **故若是哉**인저

曹子桓이 말하기를 "문장은 經國의 大業이요 不朽의 盛事이다."라 하였는데,[6] 내가 이에 종사한 지 30여 년입니다. 예전에는 이미 재주가 몹시 부족하였고 게다가 젊을 때부터 노년에 이르기까지 우환과 飢寒에 시달리느라 고뇌하는 생각이 시간을 빼앗아 尺寸을 진보하기가 천리를 달려가는 것과 같았으니, 지금 비록 고인의 최상의 경지를 좇아서 따르고 싶지만 치아와 머리털이 날로 쇠퇴함에 정력이 예전보다 부쩍 감소했습니다. 전후를 돌아봄에 마음속이 두렵고 떨려 마치 갑자기 쌀

---

4) 方・姚 : 方苞와 姚鼐를 지칭한다.
5) 氣・體・理・實 : 문장에서 氣勢와 風格, 이치와 내용을 말한다.
6) 曹子桓이……하였는데 : 조자환은 삼국시대 魏 文帝 曹丕(187~226)로, 자가 자환이다. 이 대목은 조비의 ≪典論≫ 〈論文〉에 보인다.

쌀한 추위가 닥쳐와 몸에 소름이 돋는 것과 같습니다.

曹子桓有言하되 文章은 經國之大業이요 不朽之盛事라하니 裕釗從事於此가 三十有餘年矣라 曩旣苦才薄하고 又自少至老히 憂患寒飢之擾에 其慮奪其日力하여 進尺寸如走千里하니 今雖欲追古人最上之境而從之나 而齒髮日衰에 精力益減於前時라 顧視前後에 中心恂慄惴懼하여 灑焉若新寒之栗體로라

일찍이 생각건대 千百世 중 四海의 안에 뜻을 두어 분발하여 문장을 지은 이들이 적지 않건만, 낮은 자는 재주와 역량이 부족하고, 조금 나은 자는 문장 공부의 방법을 제대로 알지 못하였거나 만난 상황이 그 사람을 괴롭혀서 사람에 의해 능력을 펴지 못하게 되는 것이 그중 반을 차지하고 하늘에 의해 능력을 펴지 못하게 되는 것이 그중 반을 차지하여 문장을 배워도 성취하지 못하고 성취해도 지극한 경지에 도달하지 못하니, 아득한 옛날부터 지금에 이르기까지 英才와 志士들이 한 목소리로 슬피 탄식하는 것이 대체로 다 이 때문입니다.

매씨의 문장을 논하다가 마음속에 感觸한 바가 있기에 나도 모르게 이렇게 길게 말을 늘어놓았습니다. 諒察하시기 바랍니다. 不宣.

嘗以謂千百世之中四海之內에 有志奮厲爲文辭者不少언마는 下者는 才力之不逮하고 其稍進者는 或學不得其術이어나 或所遇足以苦之하여 羸詘於人者가 居其半焉이며 羸絀於天者가 居其半焉이라 學焉而不能成하고 成矣而不能極其至하니 振古以至於今에 英才志士同聲而悲咤者가 亡(무)慮皆以此也라 因論梅氏文이라가 意有所觸일새 不覺覼(라)縷至此하니 惟諒詧하라 不宣하노라

29. 張煦堂 大令에게 보낸 편지　與張煦堂大令書*

*大令은 縣官의 이칭이다. 장후당이 누군지는 상고할 수 없다. 편지 내용으로 보아 내직에 있다가 縣令으로 좌천된 사람임을 알 수 있다. 장유소는 장후당을 위로하면서 사람의 貴賤·窮達이 모두 하늘에 달린 것이라 한다. 자신의 곤궁한 신세에서 오는 울울한 심회를 토로한 것이기도 하다.

며칠 전에 邸鈔[1]를 보고서 탄핵을 받아 좌천되었다는 것을 알았으니, 개탄하고 경악하여 마지않았습니다. 족하의 일이 결국 이토록 어긋나고 잘못될 줄은 생각지도 못했습니다.

前數日에 **閱邸鈔**하여 **知以被議左遷**하니 **爲之惋愕無已**라 **不謂足下事遂乖舛至此也**라

사람이 세상을 살면서 만나는 通塞의 상황은 진실로 常理로 논할 수 없습니다. 혹 才行과 志節이 일반 사람들보다 뛰어나지만 困厄을 만나 침체하여 제 뜻을 펴지 못하기도 하고 혹 녹록하여 아무런 장점이 없으면서도 높고 현달한 官爵에 어깨를 나란히 해 오르기도 합니다. 賢人君子는 머리를 숙이고 숨이 막힌 채 실의에 빠져서 감히 한마디 말도 꺼내지 못하거늘, 不肖한 사람들로 용렬하고 하찮은 자들은 기회를 타고서 무턱대고 나아가 다들 요행을 바라는 마음을 내면, 사람들이 저마다 方面·公輔[2]의 자리에 오를 것으로 기대하여, 內職과 外職의 제한조차 모호해져 없어지고 맙니다. 이에 염치를 팽개치고 바르지 못한 길로 서로 달려가 한 사코 함께 들어가서 벼슬을 구하여 얻습니다.

비록 그렇지만 마침내 이 때문에 자빠지고 거꾸러져서 패가망신하고 명예를 잃

---

1) 邸鈔 : 京報를 말한다. 경보는 청나라 때 북경에서 報房商人이 발행하여 팔던 출판물로, 활자로 인쇄하였고 황제의 諭旨, 대신의 奏議 등 官方 문서와 정치 소식을 담았다. 분량은 많게는 10여 쪽이고 적게는 5, 6쪽이었으며, 한 달에 한 번 간행하였다.

2) 方面·公輔 : 방면은 方伯을 말하고, 공보는 천자를 보좌하는 三公·四輔의 병칭으로 재상을 말한다.

는 자들도 이루 헤아릴 수 없습니다. 그래도 이른바 일심으로 자신을 지켜서 조금이라도 자신을 폄하하여 세상에 아부하지 않지만 마침내 현달한 지위에 오르는 이도 어찌 유독 그러한 사람이 없겠습니까.

人生所遇通塞이 固不可以常理論이니 或材行志節이 出於人人이나 而困阸沈淪하여 不得行其志하며 或錄錄無所短長하되 比肩尊官顯秩하고 賢人君子는 俯首噎氣하여 傺侘不敢出一語어늘 其不肖之徒庸虛嵬瑣之醜類는 乘機冒進하여 攀生倖心이어든 人自期以方面公輔하여 芒不復有閫域制限이라 於是에 乃蠲棄廉恥하여 相奔於邪徑幽竇하여 抵死竝入以求得之라 雖然이나 其遂以是顚躓身敗而名裂者가 亦不可勝數也라 且所謂一意自守하여 不肯少貶以阿世俗이나 而卒躋通顯者는 抑豈獨無其人耶아

屈伸·存亡의 즈음에 하늘의 명이 있으니, 사람이 어찌할 수 있는 바가 아닙니다. 그러므로 "하는 바 없이 하는 것이 하늘이다."[3]라 하였으니, 하늘은 본디 알 수 없는 것입니다.

또 일찍이 獨居하면서 망령되이 생각해보건대, 하늘과 땅이 나뉜 태초부터 지금에 이르기까지가 또 천만 년이니, 하늘도 조금 쇠하고 늙었을 터라 진실로 때로 몽롱하고 혼란할 수밖에 없어 그 是非와 善惡을 판단하여 愛憎과 賞罰을 주는 것이 또한 어찌 진실로 도리에 능히 다 맞을 수 있겠습니까!

하늘은 높은 곳에 있거늘 사람은 그 아래에 섞여 살면서 權柄과 운명을 오로지 하늘에 맡겨놓았거늘 하늘이 또 때로 혼란과 착오를 면치 못하니, 사람의 이른바 窮通·得失·興廢라는 것은 비유하자면 깊은 밤에 눈을 감고 손을 묶인 채 광막한 들판을 달리면서 평안과 위험을 오로지 만나는 상황에 맡겨두고 말 뿐인 것과 같습니다. 또 누가 이 상황에서 의도하는 바가 있겠습니까.

屈信存亡之際에 是有天焉하니 非人之所能爲也라 故曰 莫之爲而爲者天也라하니 天故不可得而知也라 且嘗試獨居妄度(탁)하되 自天地剖判至今이 且千萬歲니 天亦稍衰且老矣라 固時不免朦瞶瞀亂하여 其所處是非臧否하여 以施愛憎賞罰이 亦豈信能盡其理耶아 夫天處高而人錯居其下하여 而權命一懸寄焉이어늘 又時不免昏亂錯迕하니 則夫人之所謂窮通得失廢興者는 譬猶深夜瞑目縶手하여 以走曠閬之虛에 夷險一惟所値焉斯已耳니 其又孰從而意之耶아

3) 하는……하늘이다 : ≪孟子≫ 〈萬章 上〉에 보인다.

족하는 質直하고 剛正함이 천성에서 나왔고, 게다가 오늘날의 世務에 통달하였으니, 의당 현달한 지위에 있으면서 오늘날 세상에 혜택을 베풀어야 할 분이니, 지금 〈좌천되어〉 이 지경에 이른 것은 운명입니다. 그러나 가사 운명이 끝내 否塞하지만은 않아 다시 나아가 높은 자리에 오르는 것이 한번 손바닥을 뒤집는 것처럼 쉽다 할지라도 그렇게 되도록 하는 이가 누군지는 알 수 없으니, 자기를 바르게 하여 처분을 기다려야 할 따름입니다.

足下質直勁正이 **出於天亮**하고 **又達於當世之務**하니 **宜在顯位**하여 **施澤於當世者也**니 **其至是**는 **命也**라 **然使命不終否**(비)하여 **復**(부)**進而上**이 **一反手間耳**라도 **亦莫知其爲之者也**니 **正己以俟之而已矣**라

羅少村(羅忠祜) 都轉[4]은 늘 만나보십니까. 바빠서 미처 편지를 쓰지 못하니, 청컨대 이 편지를 보여주어 나의 狂言을 듣고 한번 웃으며 즐거워하도록 하면 될 뿐이고 다른 사람에게 보여줄 것은 못 됩니다.

羅少村都轉은 **常晤見否**아 **悤悤未及作書**하니 **請以此示之**하여 **使聞狂言取一笑爲快**요 **不足令他人見也**라

4) 都轉 : 都轉運使의 약칭이고 監運使의 이칭이다.

30. 贈道銜 湖北升用知府 荊門直隸州知州 李剛介公 殉難碑의 記
贈道銜湖北升用知府荊門直隸州知州李剛介公殉難碑記*

* 太平天國의 난에 湖北省 일대에서 누차 전공을 세우고 장렬하게 순국한 李槱(시호는 剛介)의 사적을 기리는 비석의 기문이다.

洪楊의 난[1)]이 일어남으로부터 적이 선후로 湖北을 유린하여 들어간 것이 다섯 번이라 省城이 모두 세 차례 함락되었으니, 文·武 관리 중에 죽은 사람은 이루 기록할 수 없거니와 宣城 李剛介公 같은 이는 특히 슬퍼하고 애석하게 여길 만한 경우일 것이다!

自洪楊之亂起로 **賊先後輒入湖北者五**라 **而省城凡三陷**하니 **文武官吏死者不可勝紀**어니와 **若宣城李剛介公**은 **則其尤可爲悼惜者歟**인저

공은 諱는 槱이고 자는 紫藩이니, 어릴 때 그 부친 松江府君[2)]을 관사에서 모셔서 오래 지남에 마침내 吏務를 환히 익혔고, 게다가 옛날 역사의 성패·득실과 오늘날의 世務를 더욱 고찰하여 궁구하지 않은 바가 없었으며, 國子生으로서 順天에서 鄕試를 보아 누차 낙방하여 入貲[3)]하여 縣令이 되었다.

公諱槱요 **字紫藩**이니 **幼從侍厥考松江府君(宣)〔官〕**[4)]**舍**하여 **久之**에 **遂明習吏事**하고 **又益考求往古成敗得失與當世之務**하여 **無所不究**하고 **以國子生**으로 **試順天屢躓**하여 **入貲爲縣令**이러라

道光 26년(1846)에 선발되어 湖北 公安縣知縣에 제수되었고, 咸豐 원년(1851)에 孝感縣令에 調用되었다. 그 이듬해 鍾祥縣令에 조용되었는데, 그해 겨울에 粵賊

---

1) 洪楊의 난 : 태평천국의 난을 말한다. 홍양은 洪秀全(1814~1864)과 楊秀淸(1821~1856)을 병칭한 것이다. 양수청은 홍수전에 의해 태평천국의 東王에 봉해졌다.
2) 松江府君 : 李槱의 부친이 松江府知府를 역임했기에 이렇게 부른 것이다.
3) 入貲 : 금전이나 재무를 헌납하여 죄를 代贖하거나 官爵 또는 功名을 얻는 제도이다.
4) (宣)〔官〕: 저본에는 '宣'으로 되어 있으나, ≪濂亭文集≫에 의거하여 '官'으로 바로잡았다.

이 長沙로부터 岳州를 유린하고 武昌을 침범하자 곳곳마다 간특한 백성들이 서로 호응하여 다투어 일어났다. 鍾祥縣의 馬騾子 등 匪賊들 및 襄陽縣의 郭大安, 天門縣의 蓋天王이 다 큰 도적 괴수들이니, 적당의 무리는 큰 것은 만여 명이고 작은 것은 수천 명이었다.

道光二十六年에 **選授湖北公安縣知縣**하고 **咸豐元年調孝感**하고 **明年調鍾祥**이러니 **其冬**에 **粤賊**이 **自長沙**로 **轥岳州**하고 **犯武昌**할새 **所在**에 **奸民相嘯競起**하니 **鍾祥馬騾子諸匪黨**과 **及襄陽之郭大安**과 **天門之蓋**(갑)**天王**이 **皆巨盜劇魁**니 **黨衆**이 **大者萬餘**요 **小乃數千**이라

공은 친히 壯士 천여 명을 教鍊하여 馬騾子 등 수십 명을 붙잡아 참수하였고, 郭大安이 무리 수천 명을 거느리고 粤賊에게로 간다는 것을 정탐하여 알아내고 사잇길에 매복을 두어 곽대안을 사로잡아 돌아왔고, 짙은 안개가 낀 틈을 타서 蓋天王을 엄습하여 그 무리들을 다 사로잡았다. 이때에 武昌과 漢陽[5])이 이어서 함락되자 楚中[6])이 크게 놀랐다가 마침내 上游[7])의 郡들이 잠잠해져 두려워하지 않게 된 것은 다 공이 적도들을 토벌하여 평정한 덕분이었다.

公親教練壯士千餘人하여 **捕馬騾子等數十人斬之**하고 **偵知郭大安**이 **謀以衆數千**으로 **奔粤賊**하여 **設伏間道**하여 **擒之以歸**하고 **乘大霧**하여 **掩擊蓋**(갑)**天王**하여 **悉俘其衆**하다 **當是時**하여 **武昌漢陽相繼陷**에 **楚中大震**이라가 **卒上游諸郡帖然無恐者**는 **皆公討平諸盜之力也**라

이듬해 적이 대대적으로 약탈하고 동쪽으로 달아나 省城[8])을 수복하였다. 이에 大府[9])가 공의 일을 가지고 조정에 들어가 上奏함에 공은 荊門直隸州[10])로 발탁되어 江夏縣令 署理에 조용되니, 鍾祥縣의 수만 명 사람들이 安陸府 官署 및 공의 관서에 모여들어 가지 않고서 공을 유임해줄 것을 청하였다. 공이 나가서 사람들을 설득하니, 사람들이 눈물을 흘렸고 공도 눈물을 흘렸다.

---

5) 武昌과 漢陽 : 모두 湖北省에 속하는 府들이다.
6) 楚中 : 湖北省 지방을 가리킨다.
7) 上游 : 양자강 상류 일대를 말한다.
8) 省城 : 省의 官府가 있는 곳으로 오늘날의 도청과 같다.
9) 大府 : 상급 官府의 長을 말한다. 觀察使, 道伯을 일컫는 말이다.
10) 荊門直隸州 : 荊門이 청나라 때 直隸州가 되었고 湖北省에 속한다.

이해에 나는 新寧 江忠烈公[11]의 초빙을 받아 鄂城(武昌縣)에 갔었는데, 충렬공과 악성의 大吏가 입을 모아 한 목소리로 湖北 8州 60縣에 李令[12]에 비길 자가 없다고 칭찬하였다.

明年賊大掠東走에 **省城復**이라 **大府以公事入奏**에 **擢荊門直隸州**하여 **調署江夏縣**하니 **鍾祥數萬人**이 **守安陸府署及公署**하여 **請留**라 **公出諭衆**하니 **衆泣**하고 **公亦泣**이러라 **是歲**에 **裕釗以新寧江忠烈公聘**으로 **至鄂城**이러니 **忠烈及鄂中大吏**가 **交口一聲**하여 **稱湖北八州六十縣**에 **無李令比者**러라

때마침 粵賊 林鳳祥 등이 豫州로부터 楚中에 들어와 黃安縣을 함락하고 麻城縣으로 가고 있거늘 공이 병력을 이끌고 달려가서 黃岡縣의 鵝公頸 江口 땅에서 적을 쳐서 크게 무찌르고 끝까지 추격하여 安慶府에 이르러서 안경부의 병력과 더불어 협공하여 적도들을 다 죽이고 돌아오는 길에 宿松縣의 위급한 상황을 만나 下倉埠에서 다시 적을 무찌르니, 詔命을 내려 知府로 승진 임용하고 藍翎[13]을 쓰는 포상을 내렸다.

會粵賊林鳳祥等이 **自豫入楚**하여 **陷黃安**하고 **趨麻城**이어늘 **公以兵馳往**하여 **擊賊黃岡之鵝公頸江口地**하여 **大破之**하고 **窮追至安慶**하여 **與安慶兵夾擊**하여 **盡殪諸賊**하고 **還値宿松警**하여 **復**(부)**破賊下倉埠**하니 **詔以知府升用**하고 **賞戴藍翎**하다

한 달이 넘자 적이 다시 江西로부터 대대적으로 쳐들어와서 廣濟縣의 田家鎭을 노략질하였다. 湖北糧道 徐君 豐玉[14]과 漢黃德道 張君 汝瀛[15]이 檄文을 보냄에 공

11) 新寧 江忠烈公 : 江忠源(181~1854)으로, 자는 常孺, 호는 岷樵이고 新寧 사람이며, 시호가 충렬이다. 명나라 말엽의 명장으로 태평천국의 난을 진압하면서 湖南, 湖北, 江西 등지에서 누차 전공을 세워 벼슬이 安徽巡撫에 이르렀다. 咸豐 3년(1853)에 廬州에서 태평천국의 군사들에게 포위되어 있다가 廬州城이 함락되자 강물에 투신하여 자살하였다.

12) 李令 : 이원을 지칭한다. 令은 縣官을 일컫는 말이다.

13) 藍翎 : 淸나라 때 공을 세운 관리의 冠에 달았던 공작새의 남색 깃이다. 6품 이하의 有功者에게 하사하였다.

14) 湖北糧道……豐玉 : 徐豐玉(?~1853)으로, 자는 子逢이고 桐城 사람이다. 咸豐 연간에 벼슬이 湖北糧備道에 이르렀다. 태평천국의 난에 군사를 거느리고 田家鎭에서 적군을 막다가 패전하자 자살하였다. 시호는 勇烈이다.

15) 漢黃德道……汝瀛 : 張汝瀛으로, 자는 仙洲이고 廣陵 사람이다. 함풍 연간에 벼슬이 漢黃德道에 이르렀다. 태평천국의 난에 군사를 거느리고 전가진에서 적군을 막다가 전사하였다.

이 가서 연이은 전투에 다 승리하였다.

최후의 전투에서 다른 장수들은 두렵고 겁나서 나아가지 않거늘 공이 곧 부하들을 거느리고 揚子江을 건너 적을 공격하니, 적들이 敗走하였다. 공이 외로운 군대로 추격하니, 적들이 돌아와 싸우다가 또 패하였다. 공이 다시 추격하여 富池口에 이르렀는데, 적들이 공의 군대는 뒤를 이어주는 병력이 없다는 것을 알고서 배 안에 있던 병력을 나누어 기슭에 올라 공의 군대 배후를 습격하였다. 공이 군대를 이끌고 水軍에게로 갔는데, 수군이 달아나다가 길을 잘못 들어 진흙탕에 빠지거늘 적들이 이 틈을 타서 공격해 왔다. 공은 부하 800명과 더불어 모두 싸우다 죽고 말았으니, 咸豐 3년 9월 10일이다. 그 하루 뒤에 田家鎭이 함락되었다. 적들이 드디어 깊이 쳐들어와 서쪽으로 올라가서 다시 武昌을 함락하자 鄂州가 곳곳마다 죽 끓듯이 소란하였다.

踰月에 **賊復**(부)**自江西大至**하여 **寇廣濟之田家鎭**이라 **湖北糧道徐君豐玉**과 **漢黃德道張君汝瀛**이 **檄**에 **公往**하여 **連戰皆捷**이러라 **最後戰**에 **他將畏懦不進**이어늘 **公卽率所部**하여 **渡江擊賊**하니 **賊敗走**어늘 **孤軍追之**하니 **賊還戰又敗**라 **益追至富池口**한대 **賊知公軍無繼者**하여 **分舟中賊**하여 **登岸襲其後**라 **公引就水軍**한대 **水軍走左**하여 **陷淖中**이어늘 **賊乘之**라 **與所部八百人**으로 **皆鬬死**하니 **咸豐三年九月十日也**라 **越日而田家鎭不守**라 **賊遂長驅西上**하여 **復陷武昌**에 **鄂中**이 **所在(糜)〔麋〕**[16]**沸矣**라

이 사실이 조정에 보고되자 詔命을 내려 道銜[17]에 추증하고 褒卹[18]을 더하였으며, 公安·孝感·鍾祥의 백성들은 집집마다 제사 지내고 골목마다 곡하기를 마치 자기 부모를 잃은 것처럼 하였으며, 금전을 갹출하여 공을 위해 佛事를 하고 사당 안에 위패를 모셨다.

事聞에 **詔贈道銜**하여 **褒卹有加**하고 **公安孝感鍾祥之民**이 **家祭巷哭**을 **如喪其親**하고 **醵金錢**하여 **爲營佛事**하고 **奉木主祠廟中**이러라

16) (糜)〔麋〕: 저본에는 '糜'로 되어 있으나, ≪音注張濂亭文≫에 의거하여 '麋'로 바로잡았다.
17) 道銜 : 道의 1급 官銜이다.
18) 褒卹 : 褒奬하고 撫恤하는 은전으로 국가가 공로를 세운 사람의 사후에 내리는 것이다.

당초 공이 縣을 다스릴 때 가는 곳마다 그 지방 원근의 지형이 어떠한지, 작황이 어떠한지, 백성들의 습속이 순박한지 경박한지, 간특한 작폐의 根株, 백성들의 질고에 대해 남김없이 다 알았고 정치를 하는 것이 至誠에서 우러나왔다. 이에 백성들이 즐거이 공의 명을 따라서 비록 지극히 완악한 자들일지라도 모두 感泣하여 스스로 死力을 바치기를 원하였다. 그러므로 공이 국난에 殉節하여 죽은 데 대해 슬퍼하고 사모하여 조문하러 오지 않는 사람이 없었다.

始公爲縣할새 **所至**에 **於其地遠近夷險豐耗民俗醇訛奸蠹根株人所疾苦**에 **盡知之**하고 **所爲治行之出於至誠**이라 **人樂爲用**하여 **雖至頑族**이라도 **皆感涕**하여 **願效死力**이라 **故於公之殉難以死**에 **哀思之**하여 **無不至者**러라

내가 지난해 鍾祥에 갔으니, 공이 국난에 죽은 해로부터 14년이 지났다. 종상의 사람들마다 공이 종상을 다스릴 때의 일을 말하면서 다들 "우리 종상이 本朝에 들어온 지 200년 동안에 縣官을 헤아려봄에 李公이 가장 으뜸이다. 그런데 애석하게도 국난에 순절하여 죽은 것이 우리 종상을 떠난 지 몇 달 만이었다."라 하고 말하는 중에 눈자위에 눈물이 비쳤다. 나는 이로 인하여 공의 덕이 사람들의 마음에 들어가 오래 지나도 잊히지 않는 것이 이와 같은 데 이르렀음에 더욱 탄복하였다.

裕釗以往歲至鍾祥하니 **距公死難之歲**가 **十有四年矣**라 **鍾祥人人**이 **爲言公治鍾祥事**에 **皆曰 吾鍾祥入本朝踰二百年**에 **縣官數**에 **李公獨第一**이라 **惜也殉難死**가 **去吾鍾祥數月耳**라하고 **語次**에 **淚熒於眦**라 **裕釗因益嘆公德入於人之心**하여 **久而不忘**이 **至於如此**러라

同治 2년(1863)에 湖北의 大吏가 다시 공이 殉死한 일이 매우 장렬하였고 관직에 재임할 때 政績이 특히 탁월하다는 것을 상주하여 宣城과 공이 순사한 곳에 專祠[19]를 세워 제사할 것을 청하니, 조명으로 윤허하고 剛介라는 시호를 내렸다.

同治二年에 **湖北大吏復**(부)**奏公死事甚烈**하고 **在官政績尤卓著**하여 **請令宣城及死事所**에 **建專祠祀之**한대 **詔可**하고 **予諡剛介**러라

19) 專祠 : 특정한 사람이나 神을 위해 세운 사당이다.

동치 5년에 공의 아들 鹽提擧 銜湖北 候補通判 襲雲騎尉 雯이 나에게 편지를 보내 공의 殉難碑를 지어주길 청하여 장차 富池口에 비석을 세우고자 하였는데, 부지구는 興國州 동북쪽 60리 지점에 있으니, ≪水經注≫[20]에서 말한 "양자강 우측 기슭에는 富水가 흘러들어간다."는 것이다. 이에 서문을 쓰고 銘을 붙이노라.

五年에 其孤鹽提擧銜湖北候補通判襲雲騎尉雯이 走書裕釗하여 請爲公殉難之碑하여 將勒之於富池口러니 富池口는 在興國州東北六十里하니 水經注所謂江之右岸富水注之者也라 爲序而銘之曰

완악하고 쓸모없는 자들은
수도 없이 많이 있건만
모두들 오래 살고 건강하며
수레를 타고 官印을 찬다.
걸출한 우리 공은
만인의 눈이 쳐다보는 분
간특한 자 제거하고 백성을 인도하니
바로 백성의 아버지요 스승일세.
하늘이여 무엇을 하는가.
우리 백성들 복이 없도다.
우리 어진 분을 죽게 하니
이제부터는 누구를 의지하랴.
사람들은 공이 어질다 하여
관리로서 잘 다스렸다지만
아, 공이 지닌 재능은
백에 하나만 겨우 써보았네.
그 재능을 다 썼다면
나라 보호하는 큰 인물 되었으리.
富水의 물가요

---

20) ≪水經注≫ : 北魏 酈道元(470~527)이 저술하였다.

潯陽[21]의 물가에
빛나는 비석이 서 있으니
大江이 도도히 흐르도다.
공의 이름도 흘러서
천추에 길이 전해지리라.

皐皐訿訿는 有百其侶언만 皆壽而康하고 乘車曳組로다 傑出有公은 萬目環之라 翦奸迪蒙하니 迺父迺師로다 天乎何爲오 民之無賜로다 殲我賢良하니 自今疇恃오 人之賢公은 曰善爲吏라 吁公之有는 百始一試라 克究厥施인댄 維國之芘라 富水之濱이요 潯陽之瀆에 豐碑玢璘하니 大江沄沄이라 流公之名하여 千祀有聲이리라

21) 潯陽 : 江水의 이름으로 江西省 九江縣 북쪽에 있다.

31. 誥贈奉政大夫 山東 長山縣知縣 黎府君의 墓表

誥贈奉政大夫山東長山縣知縣黎府君墓表*

* 黎安理(1751~1819)의 墓表이다. 여안리가 어릴 때 繼祖母의 모진 학대와 심한 가난 속에서도 꿋꿋하게 살면서 지극한 효행을 보이는 한편 밖으로 行義도 남달랐다는 사실을 곡진하게 서술하였다. 誥贈은 明淸시대에 5품 이상 관원의 증조부모, 조부모, 부모, 아내가 죽으면 황제가 誥命으로 봉호를 추증하던 일이다.

군은 휘는 安理이고 자는 履泰이며 호는 靜圃이고 성은 黎氏이다. 先世에 蜀[1] 땅의 廣安[2]으로부터 貴州 遵義縣으로 옮겨가 遵義 사람이 되었다. 부친은 휘 正訓이니 廩貢生이고, 군의 아들이 높은 官爵에 오름으로 해서 奉直大夫에 추증되었으며, 모친 鄒氏는 宜人에 추증되었다.

君諱安理요 **字履泰**요 **號靜圃**요 **姓黎氏**라 **先世自蜀之廣安**으로 **遷貴州遵義**하여 **爲遵義人**이라 **考**는 **諱正訓**이니 **廩貢生**이요 **以君子貴**로 **贈奉直大夫**하고 **妣鄒氏**는 **贈宜人**하다

군은 태어나면서부터 집이 가난하였고 繼祖母가 사납고 悖戾하여 사람의 도리라곤 없었다. 한번은 毒蟲을 군의 입에 집어넣었고, 또 군을 꼬드겨 시냇가로 가서 물속에 떠밀어 넣었다. 〈군은 두 번〉 다 거의 죽을 뻔하다가 구해주는 사람 덕분에 살아날 수 있었다. 贈君[3]은 이미 繼母의 눈 밖에 나서 늘 밖에 나가 있다가 후일에는 마침내 멀리 泗川省의 灌縣과 射洪縣에 가서 寓居하였고, 鄒宜人도 쫓겨나 친정에 가 지냈다.

군은 나이 겨우 10세에 홀로 계조모가 있는 집에 남았는데, 일을 시키는 것이 성인들보다 더 많았다. 그래서 낮에는 땔감과 꼴을 베다가 낫에 베어 손가락이 거

1) 蜀 : 四川省 지방을 일컫는 말이다.
2) 廣安 : 州 이름인데 지금은 縣으로 바뀌었고 사천성에 속한다.
3) 贈君 : 관원의 부친에 대한 敬稱이다.

의 끊어질 뻔했고, 밤에는 방아 찧는 일을 시켰는데 방앗공이를 들지 못하여 방앗공이 머리를 줄로 묶어 손으로 당기고 발로 밟아서 하룻밤에 쌀 세 확을 찧어내고야 마쳤다. 날마다 늘 배불리 먹지 못하여 이웃집에 가서 눈물을 흘리니, 이웃사람이 측은하게 여겨 밥을 먹여주었다.

君生而家寠貧하고 **繼祖母悍戾**하여 **無人理**라 **嘗取毒蓺內**(납)**君口**하고 **又誘之溪旁**하여 **推置水中**하여 **皆瀕死**라가 **獲救蘇**러라 **蹭君旣以不容常外出**이라가 **後遂遠館四川灌射洪**하고 **鄒宜人亦逐居母家**라 **君齒甫十歲**에 **獨留繼祖母所**한대 **督課之**가 **過於成人**이라 **晝則刈薪芻**라가 **刃傷指幾斷**하고 **夜使舂**한대 **舂不擧**라 **繩碓首挽踏之**하여 **刻宵盡米三舀乃罷**하다 **日食恒不飽**하여 **泣諸隣**하니 **隣惻然飯之**러라

조금 성장한 뒤에 모친 鄒宜人이 비로소 다시 돌아온 뒤로는 날마다 宜人을 따라 조부와 계조모를 공경히 섬겼는데, 조부는 고지식하고 완고한 노인이었다. 계조모는 또 더욱 군에게 온갖 일을 다 잘할 것을 요구하여 조금이라도 마음에 맞지 않으면 곧바로 욕을 하고 회초리로 때렸다. 군은 숨을 죽인 채 두려운 마음으로 모셔서 더욱 신중하고 신속하게 일하고 편안히 받아들여 원망하는 말을 하지 않았다.

已少長에 **鄒宜人乃復**(부)**歸**하니 **則日從宜人齋栗事祖考及繼祖母**하니 **祖考**는 **古質木彊老人也**라 **繼祖母又益責君備**하여 **稍不合**이면 **詈楚隨下**라 **君屛息竦待**하여 **益謹以遫**하여 **恬無怨言**이러라

추의인은 시댁으로 돌아온 뒤로 피곤함이 더욱 심해졌는데 거처하는 방이 좁아 침상이 부엌에 이어져 있어 몸을 뒤척일 때 발을 둘 데가 없었다. 그래서 피로가 누적된 나머지 고질에 걸렸고 더욱이 일을 하느라 고생하였다. 군은 늘 모친 추의인의 노고와 욕을 자신이 나눠 떠맡았다.

집이 가난했기 때문에 게다가 등짐을 지고 장사하여 음식을 供奉하는 한편 한가한 틈을 이용해 과거 공부를 익혀 학도들을 많이 가르쳐 그 수가 수십 명에 이르렀다. 조금 한가한 틈이 있으면 곧바로 집에 돌아와 집안일을 돕되 어느 때 어느 곳이든 늘 책 한 권을 가지고 다니면서 땔나무 불빛 가로 가거나 무릎에 두고서 읽으니, 가정에서는 어른을 供奉하는 일에 부족한 게 없고 서당에서는 수업을 하지 않은 적이 없었다.

鄒宜人旣歸에 而憊益甚이어늘 所居室이 榻連於爨하여 轉側不容足이라 重積勞에 嬰錮疾하고 尤苦操作이어늘 君常分任勞辱하다 以貧故復躬負販供羞膳하고 又以其閒習擧子業하여 多授徒至數十人이라 稍閒에 輒歸하여 佐治家事하되 左右往來周章에 恒挾一冊就薪火어나 或置膝閒(간)誦之하니 庭無缺供하며 館無廢業이라

한가할 때에 좋은 모임에서 친척·빈객과 잔치를 벌일 때를 만나면 혼자서 추의인을 도와서 대신 과일, 脯, 음식들을 장만하면서 잡다한 일들이 많아도 차근차근 처리하여 빠뜨리는 일이 없었다.

이와 같이 한 지 34년을 지나자 조부의 환심을 받을 수 있었다. 마침내 조부가 세상을 떠나자 힘을 다해 장사를 지내느라 수염과 머리털이 하얗게 세었고, 계조모가 세상을 떠날 때에 이르러서는 곁에서 밤낮을 연이어 병구완을 하면서도 싫증을 내지 않았고 喪事를 치름에 하나도 빠뜨리거나 禮制에 어긋난 일이 없었으니, 사람들이 다들 탄식하고 칭찬하면서 지극히 어려운 일이라 하였다.

閒値嘉會燕御親賓이어든 獨身佐鄒宜人하여 代治菓脯飮饌之屬하여 米鹽淩雜에 條次無遺하니 如是者歷三十四年에 用能得祖考歡이라 訖祖考卒에 殫力營葬하여 鬚髮爲白이요 至乃繼祖母之歿에 侍疾連晝夜不倦하고 治喪事에 一無闕違하니 人人歎息稱願하여 以謂至難能者也러라

贈君이 灌縣에서 우거하다가 마침내 객지에서 죽어 그곳에서 장사 지냈다. 군은 조부모에 대해 이미 尊親[4]인 까닭에 감히 미워하고 원망하지 못했고, 또 부모님이 고난을 만난 것을 몹시 슬퍼하였으나 차마 말하지 못할 바라 혼자서 근심과 한을 품고 있었는데, 증군이 세상을 떠난 뒤에 歲時로 관현에 가서 종일토록 묘소를 돌며 서성이고 밤이면 묘소 곁에 누워서 때때로 슬피 울부짖으며 눈물을 흘려 길 가는 사람의 마음도 처연하게 하였다.

또 두 아우가 집을 나가 떠돌아다니고 돌아오지 않아 어디로 갔는지 알지 못하기 때문에 추의인이 크게 슬퍼하거늘 군은 도보로 수백 리, 수천 리 먼 길을 가서 黔·蜀[5] 일대를 드나들어 20여 郡縣을 두루 다닌 끝에 마침내 둘째 아우의 자취

4) 尊親 : 높은 親屬이란 말이다.
5) 黔·蜀 : 黔은 貴州省을 말하고, 蜀은 四川省을 말한다.

를 밟아 찾아내었다. 그러나 막내 아우는 끝내 돌아오지 않았고 아들 하나를 남겼는데, 그 아들이 몹시 우둔하여 3년 동안 글자 하나 알지 못하였는데 군은 자기 아들처럼 보살펴주었다.

贈君之館於灌也라가 **竟客死葬焉**이라 **君於祖父母**에 **旣以尊親之故**로 **無敢疾怨**하고 **又絶痛父母遭値屯艱**하되 **所不忍言**이라 **私獨銜恤飮恨**하여 **贈君旣卒**에 **歲時走灌縣**하여 **終日繞墓彷徨**하고 **夜則臥墓側**하여 **時時悲號泣下**하여 **惻感行路**라 **又以兩弟遨放不返**하여 **亡不知所如**로 **鄒宜人以爲大戚**이어늘 **君則徒步走數百千里**하여 **出入黔蜀**하여 **歷二十餘郡縣**하여 **卒迹仲弟得之**나 **而其季竟不歸**하고 **遺一子愚甚**하여 **三年不能識一字**어늘 **而君撫之如己子**러라

그 후에 추의인이 더욱 병들고 피곤하여 밤에 잠을 이루지 못하여 늘상 화롯불을 피워놓고 아침까지 앉아 있곤 하였으며, 음식과 의복이며 기거를 다 군이 보살폈다. 군은 모친이 필요로 하는 것은 묵묵히 알고 미리 짐작하여 모친이 말하지 않아도 곧바로 알아차려 더욱 술과 음식을 갖추고 종족과 친지들을 불러 집에 들러서 환담을 나누게 함으로써 모친의 뜻을 순종하였다. 자주 지난 일들을 얘기하다가 슬퍼할 만한 일에 이르러 추의인이 눈물을 흘리면 군도 눈물을 흘리니 侍坐한 사람들이 다 서로 돌아보며 눈물을 흘렸다. 이와 같이 한 지 또 몇 해 만에 추의인이 세상을 떠났다. 군이 이에 정력이 쇠퇴하였고 마음도 더욱 비통하였다.

其後鄒宜人瘉病困하여 **夜不能寐**하여 **爐火坐達旦以爲常**이요 **服食臥起**를 **一自君調護**하여 **親意所需**를 **冥會逆合**하여 **未發輒喩**하여 **乃益具酒食**하여 **召宗親相過從晤語**하여 **以順適親指**러라 **婁婁道往事**라가 **至有可傷者**하여 **鄒宜人泣**이어든 **君亦泣**하니 **侍坐皆相顧泫然**이라 **如是者又數年**에 **而鄒宜人卒**이라 **君於是**에 **精力瘁敝**하고 **志亦益恫矣**러라

군은 평생 불행을 만나 인륜의 변고로 혹독하고 참담한 상황들이 한 몸에 다 모였는데도 이에 대처하는 것이 하나도 극진하지 않음이 없었다. 史傳에 기록된 孤臣·孼子[6]로서 남다른 절조와 지극한 성품이 당세에 일컬어지고 백세에 길이 傳誦되는 경우도 그 困苦와 危難이 혹 이와 같은 지경에 이르지는 않았을 터이니, 이

6) 孤臣·孼子 : 고신은 임금의 총애를 받지 못하는 신하이고, 얼자는 서얼의 자식이다. ≪孟子≫ 〈盡心 上〉에 "오직 고신·얼자는 마음가짐을 조심하고 환란을 깊이 걱정하기 때문에 사리에 통달한다.〔獨孤臣孼子 其操心也危 其慮患也深 故達〕"라 하였다.

는 천하의 지극한 행실이다.

君生平遘遇不幸하여 人倫之變의 毒酷慘絶之境이 萃於一身이어늘 而處之壹無不盡하니 如史傳所記孤臣孼子奇節至性稱於當時而傳誦於百世도 其困躓危苦가 或未至若是니 此天下之至行也라

군은 乾隆 기해년(1779)에 鄕試에서 擧人으로 뽑혔고, 嘉慶 무진년(1808)에 大挑[7]로 永從縣敎諭가 되었고, 다시 선발되어 山東 長山縣知縣에 제수되었고, 4년 뒤에 향리로 돌아와서 기묘년(1819) 11월 辛未日에 69세로 세상을 떠났고, 道光 원년(1821) 12월 甲申日에 下沙灘 大林山에 안장하였다.

君以乾隆己亥擧於鄕하고 嘉慶戊辰大挑敎諭永從하고 復(부)選授山東長山縣知縣하고 越四年告歸하여 己卯十一月辛未에 年六十有九卒하고 道光元年十二月甲申에 葬下沙灘大林山하다

군은 신장이 크고 목소리가 우렁찼으며, 글을 읽을 때는 한 눈에 몇 줄씩 읽어 내렸다. 가난하여 책을 살 수 없었으니, 책들은 다 손으로 베꼈다. 경서로는 ≪周易≫, 史書로는 ≪通鑑≫에 특히 정력을 쏟아 읽어 공이 지은 科文은 위로 국초의 대가들[8] 수준에 근접하였다.

사람됨이 方直하고 剛毅하여 고을 사람들이 모범으로 삼았다. 향리로 돌아온 뒤로 마을의 어른 젊은이 할 것 없이 다들 長山公이라 일컬었다.

長山縣知縣으로 있을 때는 청렴 明察하다는 평판을 받았고, 〈관직을 그만두고〉 家居할 때는 혜택이 향리에 두루 미쳤다. 특히 남의 어려운 사정을 도와주기를 좋아하여 종형 아무개가 모종의 일로 법에 걸렸는데 군이 구출하러 갔다가 도중에 벼랑에서 떨어져 죽을 뻔했고, 친구가 먼 곳에서 厄難을 당해 도와달라고 하자 군은 즉시 달려가다가 밤중이 되어 몹시 피곤한 나머지 무덤들 사이에서 자기도 하였지만 후회하지도 않았고 은덕을 베풀었다고 생각하지도 않았다. 이러한 일들은, 세상 사람들은 혹 이것으로 공을 칭찬하기도 하였지만 군에게는 대수롭지 않은 일

7) 大挑 : 淸代에 會試에 응하여 합격하지 못한 擧人 중에서 성적이 좋은 자를 선발하여 知縣이나 敎職 등에 임용한 제도이다.

8) 국초의 대가들 : 淸나라 초엽에 八股文 4大家로 일컬어지는 熊伯龍, 劉子莊, 李光地, 韓菼 같은 이들을 말한다.(≪音注張濂亭文≫ 注)

일 따름이었다.

군이 저술한 책은 ≪四書蒙講≫, ≪夢餘筆談≫, ≪鋤經堂詩文集≫ 도합 약간 권이 집에 소장되어 있다.

君長身鐘音이요 讀書에 目數行下라 貧無所得書하니 書皆出手寫라 於經易史通鑑에 尤(攻)〔致〕[9)]精하여 制擧之文은 上逼國初諸老라 爲人이 方直剛毅하여 鄕邑以爲模楷라 歸田後에 里中無少長히 咸稱之曰長山公이러라 其令長山에 著稱廉明하고 家居에 惠澤周於閭里요 尤憙急難하여 從兄某以事罹法이어늘 君行救出之라가 道墜崖幾死하고 友人厄遠所求援이어늘 君立馳赴라가 迫夜困極하여 遂宿亂冢間하되 不悔亦不德也라 諸所爲를 世或以此稱君이나 然於君에 抑末已라 君所爲書曰四書蒙講, 夢餘筆談, 鋤經堂詩文集合若干卷이 藏於家라

配는 楊宜人이다. 아들은 둘이니, 恂은 嘉慶 갑술년 進士이고 雲南 巧家廳同知이며, 愷는 道光 기유년(1849) 擧人이고 貴陽府 開州訓導로, 모두 알려지지 않은 덕과 깊은 학문이 있다.

딸은 여섯이니, 맏이는 周善萃에게 출가하였고, 다음은 縣學生 張顯謨에게 출가하였고, 다음은 鄭文淸에게 출가하였고, 다음은 國子監生 詹祖棨에게 출가하였고, 다음은 거인 吳朝東에게 출가하였고, 다음은 張欽昊에게 출가하였다.

손자는 9인이니, 兆勳은 湖北 隨州州判이고, 兆熙는 國子監生이고, 兆祺는 軍功으로 保擧[10)]되어 候選[11)]知州가 되었고 知府銜이 더해졌으며 상으로 花翎[12)]를 달았고, 兆銓은 雲南 姚州知州이며 상으로 화령을 달았고, 兆普는 翰林院待詔銜이고, 庶燾는 咸豐 신해년 거인이고, 庶蕃은 임자년 거인으로 兩淮候補鹽大使이고, 庶昌은 諸生으로서 조정에 서적을 헌납하여 知縣에 특별히 제수되고 江蘇省에 分發[13)]되고 保擧로 直隷州知州에 발탁되었고, 庶諴은 從九職銜이니, 대부분 문장과 行誼

9) (攻)〔致〕: 저본에는 '攻'으로 되어 있으나, ≪濂亭文集≫에 의거하여 '致'로 바로잡았다.

10) 保擧 : 大臣 등 고위 관원이 신원을 보증하여 기예나 학식, 공적이 있는 사람을 황제에게 奏請하여 관직에 임용하도록 한 제도로, 천거의 일종이다.

11) 候選 : 郎中이나 道員 이하의 관원이 考試나 捐納을 통해 보결로 출사했다가 원임 관원이 起復하게 되면, 吏部에 보고한 뒤 법규에 따라 選用되기를 기다리는 것이다.

12) 花翎 : 淸代에 관원의 모자 뒤에 드리우는 공작 깃털로, 황제가 5품 이상의 고위직 유공자에게 하사하였다.

13) 分發 : 淸나라 제도에 道府 이하에 실제로 결원이 있지 않은데 分省이 보내서 補用하는 것을 말한다. 분성은 元나라 때 지방에 나누어 설치한 中書省의 기관이다.

로 이름이 알려졌다.

증손은 17인이니, 그중 뛰어난 사람은 汝謙으로 古學을 좋아하고 光緒 을해년(1875)에 거인이 되었다.

配는 **楊宜人**이요 **子二**니 **恂**은 **嘉慶甲戌進士**요 **雲南巧家廳同知**며 **愷**는 **道光己酉擧人**이요 **貴陽府開州訓導**니 **皆有潛德邃學**이라 **女子六**이니 **長適周善萃**하고 **次適縣學生張顯謨**하고 **次適鄭文清**하고 **次適國子監生詹祖榮**하고 **次適擧人吳朝東**하고 **次適張欽旲**라 **孫九人**이니 **兆勳**은 **湖北隨州州判**이요 **兆熙**는 **國子監生**이요 **兆祺**는 **軍功保擧候選知州加知府銜賞戴花翎**하고 **兆銓**은 **雲南姚州知(府)**[14]**州賞戴花翎**하고 **兆普**는 **翰林院待詔銜**이요 **庶燾**는 **咸豐辛亥擧人**이요 **庶蕃**은 **壬子擧人兩淮候補鹽大使**요 **庶昌**은 **以諸生**으로 **獻書於朝**하여 **特予知縣**하고 **分發江蘇**하고 **保擢直隸州知州**요 **庶諴**은 **從九職銜**이니 **多以文行知名**이라 **曾孫十七人**이니 **其賢者曰汝謙**이니 **好古學**하고 **光緖乙亥擧人**이라

아아! 군이 한 일로 보건대 은덕을 베풀면 보답이 있다는 설이 참으로 거짓이 아니니, 黎氏의 문호가 커지는 것은 누가 그 끝 가는 데를 알겠는가.

군이 세상을 떠난 지 거의 60년이 되어가는데 묘소의 碑刻은 아직도 때를 기다리고 있다. 庶昌은 본디 나와 친한 사이이고 게다가 新特[15]의 戚誼가 있는 터라 군의 行誼를 家狀으로 기록하여 가지고 와서 말하기를, "우리 조부와 같은 덕행이 있는데 泯沒하여 기록으로 밝게 드러나지 못하면, 세상에 이토록 醇厚하고 아름다우며 탁월한 행실이 있는 줄 누가 알겠는가."라 하였다. 이에 군의 지극한 효성, 큰 節行으로서 고금에 특출한 것만을 서술하여 墓道에 게시하도록 하여 영구하여 끝없는 장래 세상에 알리노라.

武昌 사람 장유소는 墓表를 쓰노라.

烏乎라 **由君之爲**컨대 **報施之說**이 **信有不誣者**하니 **黎氏之大**는 **孰知其所極至哉**아 **君歿且六十年**이로되 **而墓刻有待**라 **庶昌故與裕釗友善**이요 **又有新特之好**라 **狀君行義來告曰 有若吾祖之德**이어늘 **泯不昭於紀載**면 **誰謂世有醇懿卓絶若是者乎**아 **於是**에 **獨論君之至孝大節殊特古今者**하여 **使揭於阡**하여 **詔於永永無極之世**하노라 **武昌張裕釗表**하노라

---

14) (府) : 저본에는 '府'가 있으나, ≪濂亭文集≫에 의거하여 衍文으로 처리하였다.
15) 新特 : ≪詩經≫ 〈小雅 我行其野〉에, "옛날 혼인한 사람을 생각하지 않고 그대를 새 짝으로 구한다.〔不思舊姻 求爾新特〕"라 한 데서 온 말로 새로 아내를 얻는 것을 말한다.

32. 唐端甫의 墓誌銘　唐端甫墓誌銘*

* 당단보는 唐仁壽(1829~1876)로 자가 단보이다. 장유소는 이 글에서 당인수가 48세의 나이로 金陵書局에서 병으로 죽은 것을 안타까워하는 한편 금릉서국을 거점으로 삼아 曾國藩이 문사들을 모아 일으켰던 인문 부흥이 사라지게 된 것을 슬퍼하였다.

올해 여름에 友人 唐端甫가 질병으로 金陵書局에서 세상을 떠났기에 내가 가서 곡하였는데, 석 달 뒤에 그의 아들 嘉登이 장차 그 상여를 모시고 아무 곳으로 歸葬하려고 한다. 이에 銘을 써서 보내주노라.

今年夏에 **友人唐端甫**가 **以疾卒於金陵書局**일새 **裕釗既往哭**이러니 **越三月**에 **孤子嘉登**이 **將以其喪歸葬於某所**라 **於是**에 **爲之銘以歸之**하노라

端甫는 성은 唐氏이고 휘는 仁壽로, 浙江 海寧州 사람이다. 부친은 휘 鳳林으로, 國子監生이다. 生家가 본디 재산이 많은 富商이요 단보는 태어나면서부터 매우 영특하여 14세에 學官弟子가 되어 신동이라는 평판을 받았다.

이때에 嘉興 사람 錢警石[1] 선생이 宿學으로서 海寧의 州學訓導가 되어서 후진을 장려하고 인도하기를 좋아하다가 만년에 단보와 濮陽彝齋 春泉[2]을 얻고는 뛰어난 인재로 크게 인정하였다. 이 두 사람은 다 錢先生의 문하에서 공부하였다.

단보는 이미 남다른 자품을 지닌 데다 자기 집이 본래 재산이 넉넉했던 터라 서적을 많이 사들여 수만 권이 되었고 가끔 秘籍·珍本도 많았다. 이에 단보는 더욱 발분해 硏鑽하되 특히 文字學·音訓學 쪽에 전심하여 經史의 글의 疏漏하고 잘못된 곳들을 교감하여 터럭만한 오류도 다 변별해내었다. 이로 말미암아 명성이 더욱 알려졌다.

---

1) 錢警石 : 錢泰吉(1791~1863)로, 자 錪宜이고 호가 警石이다. 浙江省 嘉興 甘泉鄉 사람으로 저명한 문학가요 장서가이다.

2) 濮陽彝齋 春泉 : 濮陽春泉으로, 호가 彝齋이고 海寧州 사람이다.

曰 端甫는 姓唐氏요 諱仁壽니 浙江海寧州人이라 考는 諱鳳林이니 國子監生이라 家故高貲富商이요 及端甫生而穎異絶人하여 年十四補學官弟子하여 有神童之譽라 是時에 嘉興錢警石先生이 以宿學官海寧州學訓導하여 憙獎掖後進이라가 晩年得端甫及濮陽彝齋春泉하여 則大異之라 兩人皆從錢先生遊라 端甫旣負異稟하고 又其家故饒於財라 大購書하여 累數萬卷이요 往往多秘笈珍本이라 乃益發憤鑽硏하되 尤究心於六書音訓之學하여 讐校經史文字疏譌舛漏하여 毛髮差失을 皆辨之라 由是로 名譽益聞이라

그 후에 누차 鄕試를 보았으나 뜻을 이루지 못했다. 咸豐 8년(1858)에 이르러 粵賊이 浙中 지역을 유린하여 소란하자 단보는 달아나 떠돌아다니는 통에 전답과 집, 재산을 깡그리 다 잃었고, 구입한 책들도 다 없어지고 말았다. 게다가 단보는 병치레를 잘하여 喪亂을 겪은 뒤로는 의지가 사라져 젊은 시절과 현저히 달라졌다.

그러나 단보는 진실로 태연하게 지냈고 글 읽기를 좋아하는 것은 예전과 같아서 조예가 날로 깊어졌다. 성품은 조용하고 단정하여 남에게 喜怒의 감정을 보이지 않았고 남과 마주하고 있으면서 한참 동안 한마디도 말하지 않을 때도 있었다. 오직 술을 잘 마셔서 가득 부어 수십 잔을 마셔도 정신이 어지러워지지 않았고 술을 마시면 번번이 얼굴이 불콰해져서는 큰 소리로 얘기하고 껄껄 웃었으며 때로는 感慨하여 불평을 말하기도 하였다. 그 고고한 성품이 본디 안으로 감추어져 그를 알아주는 이가 드물었고, 古人의 行誼에 독실하여 지금 사람들은 미치지 못하는 점이 있었다.

其後屢應鄕擧호되 不得志러니 及咸豐八年하여 粵賊躪擾浙中이라 端甫奔走流離하여 田宅財物이 埽地剗絶하고 所購書亦蕩盡이라 端甫又善病하여 旣經喪亂에 志意蕭然하여 與少年時夐絶矣라 然端甫故處之恬如하고 好讀書如其故하여 所詣日以邃러라 性靜正하여 不以喜怒隨人하고 與人相對에 或移晷無一語라 獨善食酒하여 引滿傳數十不亂하고 酒後輒面赭하여 乃頗振厲談噱하고 亦時爲感慨不平之鳴하니 其介特故內函하여 罕有知者요 篤於古誼하여 今之人有不能及也라

군과 함께 金陵書局에 있던 德淸[3] 戴子高 望[4]이란 이가 죽었는데 자식이 없는지

3) 德淸 : 浙江省에 속하는 縣이다.

라 사후의 일을 처리함에 하나도 단보의 도움을 받지 않은 것이 없었다. 단보와 戴君 두 사람 다 曾文正公(曾國藩)의 초청을 받고 갔었는데, 단보가 금릉에 온 것은 同治 4년(1865)이었고, 그리고 8년 뒤에 文正公이 세상을 떠났고, 그 이듬해에 대군이 죽었고, 그리고 또 4년이 지나 단보가 운명했으니, 실로 光緖 2년(1876) 6월 14일이다.

與君同處金陵書局德淸戴子高望者가 **死而無子**라 **死後無一不賴端甫力者**러라 **端甫及戴君**이 **皆曾文正公所招致也**라 **端甫來金陵**은 **以同治四年**이요 **越八年而文正公薨**하고 **其明年**에 **戴君死**하고 **又四年而端甫卒**하니 **實光緖二年六月十四日**이라

同治 3년(1864)에 대군이 金陵을 공격하여 수복하자 曾文正公과 지금의 合肥 사람 相國 李公[5]이 이어서 兩江總督으로 부임하여 처음으로 冶城山에 書局을 열어 서적들을 교감하여 출판하면서 인사들을 초빙하여 그 일을 맡게 하였다.

문정공은 특히 선비를 좋아하고, 게다가 미려한 문장과 해박한 학문으로 많은 사람들의 존경을 한 몸에 받고 있었다. 이에 江寧府 사람 汪士鐸,[6] 儀徵縣 사람 劉毓崧,[7] 獨山州 사람 莫友芝,[8] 南匯縣 사람 張文虎,[9] 海寧 사람 李善蘭[10] 및 端甫, 德淸縣 사람 戴望, 寶應縣 사람 劉恭冕[11]・成蓉鏡[12]이 사방에서 왔으니, 문정공의

4) 戴子高 望 : 戴望(1837~1873)으로, 자가 子高이고 德淸 사람이다. 同治 4년(1865)에 兩江總督 曾國藩의 초빙을 받아 금릉서국 編校가 되었다. 경학에 조예가 깊었고, 권세를 두려워하지 않았다. 금릉서국에 있을 때 증국번과 경학을 토론하다가 의견이 맞지 않자 책상을 치면서 큰 소리로 꾸짖기를 "曾滌生이 이처럼 통달하지 못했으면서 함께 經을 얘기하는가?"라 하니, 증국번이 웃으면서 "자고가 또 瘋症이 발작했구나."라 하고는 그 후에도 여전히 이처럼 논쟁했다고 한다. 同治 12년(1873) 2월에 세상을 떠났고 湖州 仁王山 동쪽 산기슭에 안장되었다.

5) 合肥……李公 : 李鴻章(1823~1901)으로, 安徽省 合肥 사람이다.

6) 汪士鐸 : 1814~1889. 자는 梅村이고 호는 悔翁이다. 道光 연간에 擧人이 되었고, 輿地學에 조예가 깊었다.

7) 劉毓崧 : 1818~1867. 자는 伯山이다. 박학하고 특히 경학에 조예가 깊었다

8) 莫友芝 : 1811~1871. 자는 子偲이고 호는 郘亭, 紫泉, 眲叟이다. 금석학과 書法에 조예가 깊었다.

9) 張文虎 : 1808~1885. 자는 孟彪 또는 嘯山이고 호는 天目山樵이다. 문자학에 조예가 깊었고 문장에 뛰어났다.

10) 李善蘭 : 1811~1882. 자는 竟芳이고 호는 秋紉이다. 수학, 천문학, 力學, 植物學에 두루 조예가 깊었다.

11) 劉恭冕 : 1791~1855. 叔俛이고 호는 勉齋이다. 경학에 조예가 깊었다. 金陵書局 校書로 있었다.

12) 成蓉鏡 : 이름을 孺라고도 하고 자는 芙卿이며, 호는 心巢이다. 경학 및 象緯, 輿地, 聲韻,

幕府에 불러들인 사람들이 모두 당시의 걸출한 인물들이었다. 이들이 다들 학술과 風采로 서로 존숭하고 한가한 날이면 문정공을 따라 늘상 유람하고 연회하면서 화락하게 시를 읊곤 한 것이 10여 년 동안이었다.

문정공이 세상을 떠난 뒤로 유육숭·막우지·대망 등 인사들이 다 선후로 세상을 떠났고, 왕사탁은 이미 매우 연로하여 스스로 은퇴하여 집에 칩거하면서 다시 세상에 나오지 않았고, 장문호도 사퇴하여 떠났으며, 다른 사람들은 흩어져 사방으로 가기도 하였다. 이때에 미처 단보마저도 죽었으니, 금릉의 文采 風流가 다하였도다.[13)]

自同治三年大軍克金陵으로 曾文正公及今合肥相國李公이 相繼總督兩江하여 始開書局於冶城山하여 校梓群籍할새 延人士司其事라 文正公尤好士하고 又益以懿文碩學爲衆流所歸라 於是에 江寧汪士鐸, 儀徵劉毓崧, 獨山莫友芝, 南匯張文虎, 海寧李善蘭及端甫, 德淸戴望, 寶應劉恭冕, 成蓉鏡이 四面而至하니 而文正公幕府辟召가 皆一時英俊이라 竝以學術風采相尙하고 暇則從文正公游覽燕集邕容賦詠以爲常이 十餘年之間이라 文正公旣薨逝에 劉毓崧莫友芝戴望諸人이 皆先後凋喪하고 汪士鐸已篤老하여 自引杜門不復(부)出하고 張文虎亦謝去요 其他或散走四方이러니 及是而端甫又以死하니 金陵文采風流盡矣라

국가가 하늘이 낸 睿智를 지닌 聖祖로부터 右文 정책을 펴고 稽古의 학문을 장려하심에 列聖이 그 뒤를 이어 더욱 相繼하여 문물제도를 정비하고 널리 학교를 장려함에 鴻儒·석학들이 때맞추어 일제히 나오는 것은 百代를 능가하였는데 吳越 지방이 가장 으뜸이었다. 그래서 이 시기에 際會한 이들은 혹 각별한 성은을 입고 우악한 포상을 받아 그 후대에 얘기로 전해지는 盛事가 藝林의 전설이 되었다.

乾隆 중엽 이후에 미처 海內가 두루 번창하고 풍족하기에 천자가 어명을 내려 杭州·鎭江·揚州 세 郡에 三閣[14)]을 세우고 四庫全書를 하사하여 그 안에 소장하게 하니, 江蘇·浙江 지역은 가는 곳마다 가정에도 서적을 소장하였고 진귀한 서책들을 간행하여 海內에 유포하여 글 읽는 소리가 사방에서 들렸다.

訓詁에 두루 조예가 깊었다.

13) 文采……다하였도다 : 문장을 잘하는 뛰어난 인물이 다 세상을 떠나고 없다는 말이다. 杜甫의 〈哭李常侍嶧〉에 "일대의 풍류가 다하였다.〔一代風流盡〕"라 하였다.

14) 三閣 : 杭州에 文瀾閣을 세우고, 鎭江에 文宗閣을 세우고, 揚州에 文匯閣을 세웠다.

國家가 自聖祖天縱睿智로 右文稽古에 列聖相繼하여 益昭明制作하고 廣厲學官에 鴻生鉅儒가 應期竝出이 度越百代로되 而吳越爲尤最라 際會者或被殊恩蒙渥賚하여 遺聞盛事가 爲藝林傳說이라 及乾隆中葉以還에 薄海熾豐일새 天子命建三閣於杭鎭揚諸郡하고 頒四庫書하여 庋其中하니 而江浙所至에 家尙藏書하고 刊布珍冊하여 流衍海內하여 絃誦相聞이러라

封圻大吏[15] 阮文達,[16] 畢尙書[17] 같은 이들이 학식을 갖춘 문사들을 招致하기를 특히 좋아하여 당시에 지극히 성대했다고 일컬어졌는데, 咸豐 초에 이르러 병란이 일어나 이 지방이 죽 끓듯이 소란했는데 동남쪽 지역이 특히 그 해독을 입었다. 인사들이 사망하거나 옮겨가자 전적들은 불타서 애통하게도 남김없이 사라지고 학자들은 더욱이 할 일을 잃고 흩어졌으니, 사물이 번성했다가 쇠퇴하는 것이 이 지경에 이른단 말인가!

그 후 비록 증문정공이 난리를 평정하고 유학을 흥기했음에도 증문정공이 세상을 떠나신 지 몇 해도 못 되어 인물이 다 없어지고 말았으니, 어쩌면 人文은 시대와 더불어 흥성하고 쇠퇴하여 본디 이를 하늘이 실로 주관하므로 억지로 어떻게 할 수 없는 것인가!

其封圻大吏若阮文達畢尙書等이 尤憙招延文儒之士하여 一時號稱極盛이러니 逮咸豐初兵起에 區寓(糜)〔糜〕[18]沸하되 東南尤被其毒이라 諸人士死亡轉徙에 典籍焚燬하여 蕩焉無遺하고 學者亦益廢壞하니 物盛而衰가 乃至於此아 其後雖以曾文正公削平寇亂하여 興起儒學으로도 然薨逝曾不數年에 而人物蕩然하니 豈人文與時興廢하여 固天實主之而不可强者耶아

내가 이미 단보의 죽음을 슬퍼하고 이로 인해 今昔의 일에 감회가 일었다. 이에

15) 封圻大吏 : 封疆大吏 또는 封疆大臣, 封疆大員이라고도 한다. 明代에 都指揮使, 布政使, 按察使를 일컫는 말이고, 淸代에는 總督, 巡撫를 일컫는 말이다. 이러한 직책들은 한 省 또는 몇 개의 省의 軍政을 총람하는 것이 고대의 제후와 유사하기 때문에 이렇게 일컫는 것이다.

16) 阮文達 : 阮元(1764~1849)으로 자는 伯元, 호는 芸臺이고 시호가 文達이다. 학자요 정치가로 문학과 서예에도 조예가 있었으며, 學政・巡撫・총독・會試總裁 등을 역임하였다. 詁經精舍를 설립하고 ≪國史儒林傳≫ 등을 편찬하였다.

17) 畢尙書 : 畢沅(1730~1797)으로, 자는 纕蘅・秋帆이고 호는 靈巖山人이다. 학자요 정치가로 陝西巡撫, 湖廣總督 등을 역임하였고, 경학은 漢代의 학자들을 따르고 문자학은 許愼의 ≪說文解字≫를 따랐다. 저서로 ≪經典文字書≫, ≪音同義異辨≫, ≪說文解字舊音≫ 등이 있다.

18) (糜)〔糜〕 : 저본에는 '糜'로 되어 있으나, ≪音注張濂亭文≫에 의거하여 '糜'로 바로잡았다.

마침내 그 사실을 갖추어 말하고, 이로써 단보가 이에 이른 것은 진실로 時勢와 운명인즉 그렇다손 치더라도 문사들의 聚散·存亡의 운수는 또한 한 사람의 일로만 애통해할 수 있는 것은 아님을 밝히노라.

余旣以悲端甫之故하고 **因竝有感於今昔之事**라 **於是**에 **遂備論之**하고 **抑以明端甫所以至是**가 **固時與命則然**이나 **其聚散存亡之數**는 **亦非獨一人之可爲悼慟也**라

단보는 莊氏를 아내로 맞았는데 일찍 죽었다. 아들은 하나이니 바로 嘉登이다. 딸은 하나인데 아직 출가하지 않았다. 단보가 죽었을 때 나이 48세였다. 평소 저술하던 책들은 모두 완성하지 못했고, 오직 시 약간 권만이 집에 보관되어 있다.

端甫娶莊氏早卒이라 **子一卽嘉登**이요 **女一未嫁**라 **端甫之卒**에 **年四十八矣**라 **其生平所爲書皆未就**하고 **獨有詩若干卷**이 **藏於家**라

銘은 다음과 같다.
슬프다! 단보여
그대의 무덤에 내가 명을 쓰니
나 홀로 남아 그대를 슬퍼하네
그대가 앎이 있거든
나의 말에 응답하시게

銘曰 嗚呼端甫여 **子墓吾銘**하니 **吾獨子悕**로다 **子而有知**어든 **其唯吾詞**하라

33. 莫子偲의 墓誌銘　莫子偲墓誌銘*

*친구 莫友芝(1811~1871)의 묘지명이다. 막우지는 貴州 獨山縣 사람으로 자가 子偲이고, 호는 郘亭·紫泉·眲叟이다. 金石學과 目錄版本學에 조예가 깊었고, 書法도 뛰어났으며, 文字訓詁學에도 정통했다. 遵義 사람 鄭珍과 더불어 '西南巨儒'로 일컬어진다.

子偲는 성은 莫氏이고 휘는 友芝이며 자호는 郘亭이고 만년의 호는 眲叜(眲叟)로, 江南의 上元[1]에 世居하였다. 明나라 弘治 연간에 그의 먼 선조인 先이란 이가 從軍하여 貴州 都匀의 苗族을 정벌하러 갔다가 마침내 도균에 머물러 살았고, 고조 雲衢에 이르러 다시 獨山州로 옮겨 가 살았으니, 이로부터 독산주 사람이 되었다. 증조 嘉能과 조부 强은 州學生으로, 모두 군의 부친이 官爵에 오름으로 해서 그 관작과 같이 증직을 받았다.

莫友芝

부친 與儔는 嘉慶 기미년에 진사시에 급제하였고 翰林院庶吉士가 되었다가 四川 鹽源縣知縣으로 자리를 옮겼고, 재차 옮겨 貴州 遵義府學 教授가 되었으니, 曾文正公(曾國藩)이 그의 墓表에서 "教授 莫君"이라 한 이다.

1) 上元 : 청나라 때 江寧縣과 함께 江蘇省 康寧府에 속하였고, 지금은 江寧縣에 들어갔다.

子偲는 姓莫氏요 諱友芝요 自號郘亭이요 晩號眲叟니 世居江南之上元이라 明宏治中에 其遠祖曰先者가 從征貴州都匀苗라가 遂留居都匀하고 至高祖雲衢하여 又遷獨山州하니 自是爲獨山州人이러라 曾祖嘉能과 祖强은 州學生이니 皆以君考貴로 贈如其官이라 考與儔는 嘉慶己未進士요 翰林院庶吉士라가 改官爲四川鹽源縣知縣하고 再改官爲貴州遵義府學敎授하니 曾文正公表其墓曰 敎授莫君者也라

교수는 본디 이름난 進士이니, 날로 樸學[2]으로 문도들을 창도하고 자제들을 가르쳤는데, 자시가 홀로 전심하여 스스로 刻苦勉勵하여 그 뜻을 추종하였다. 이때에 遵義 사람 鄭子尹 珍[3]도 교수군의 문하에 들어와서 자시와 서로 절차탁마하면서 許鄭[4]의 학문으로 5, 6년 동안 積功하여 조예가 더욱 깊어졌다. 黔中(貴州省)의 官師와 학우들이 다투어 입을 모아 막자시와 정자윤을 推重하니, 이 두 사람의 이름이 드디어 서남 지방에서 으뜸이 되었다.

敎授는 故名進士니 日以樸學倡其徒하고 敎其子弟어늘 子偲獨一意自刻厲하여 追其志而從之러라 當是時하여 遵義鄭子尹珍이 亦從敎授君游하여 與子偲相劘하여 以許鄭之學으로 積五六年에 所詣益邃라 黔中官師徒友가 交口推轂莫子偲鄭子尹하니 而兩人名이 遂冠西南이러라

자시의 학문은 倉雅의 古訓[5]과 六經의 名物·制度에 대해 탐구하지 않은 바가 없었고, 金石家와 目錄家[6]에 관한 학설까지 두루 미처 특히 그 심오한 이치를 궁구하여 源流를 규명하고 正僞를 辨析하여 한 치의 착오도 없었다. 지은 시와 잡문은 모두 여느 사람들보다 뛰어난데 시에는 공부한 것이 더욱 깊고 오래되었으며, 게다가 楷書·行書·篆書·隸書를 잘 써서 글씨를 얻으려는 사람의 어깨가 군의

2) 樸學 : 上古의 질박한 학문을 일컫는 말인데, 일반적으로 儒家의 經學을 뜻하는 말로 쓰인다.
3) 鄭子尹 珍 : 鄭珍(1806~1864)으로, 자가 子尹이고, 호는 柴翁·子午山孩 등이다. 관리이자 학자로 荔波縣訓導를 역임하였고, 詩·書·畫에 두루 능했다. 저서로 ≪儀禮私箋≫, ≪說文逸字≫, ≪說文新附考≫ 등이 있다.
4) 許鄭 : ≪說文解字≫를 저술한 許愼과 漢代의 대표적인 경학자 鄭玄을 병칭한 것이다.
5) 倉雅의 古訓 : 창아는 ≪三倉≫과 ≪爾雅≫이다. ≪삼창≫은 漢代 초엽의 字典으로, ≪倉頡篇≫·≪爰歷篇≫·≪博學篇≫을 통틀어 일컫는 말이다.
6) 目錄家 : 目錄學을 연구하는 학자이다. 목록학은 각종 도서들을 정리 연구하여 그 내용과 학술 원류를 개괄하여 분류하는 학문이다. 중국 목록학은 한나라 때 劉向과 劉歆이 찬술한 ≪別錄≫, ≪七略≫에서 비롯하였다.

집 문에서 서로 부딪칠 지경이었다.

子偲之學이 於(蒼)〔倉〕[7]雅故訓과 六經名物制度에 靡所不探討하고 旁及金石目錄家之說하여 尤究極其奧賾하여 疏導源流하고 辨析正僞하여 無銖寸差失이라 所爲詩及雜文은 皆出於人人이로되 而於詩에 治之益深且久요 又工眞行篆隸書하여 求者肩相摩於門이러라

자시는 玉樹처럼 여윈 몸으로 평소 늘 유람하기를 좋아하고 담론을 잘하였으며, 사람을 만나면 貴賤·智愚를 막론하고 한결같이 온화한 모습으로 접하였다. 한가한 날이면 사람들과 고금의 역사를 토론하고 학술의 高下를 평가함에 正論과 諧謔이 섞여 나오면서 朝夕이 지나도록 지칠 줄을 몰랐다.

번화하고 큰 고을로부터 산간, 嶺海에 이르기까지 公卿·大人·學士·大夫들이 다 함께 자시를 추중하여 자신들은 미칠 수 없다 하였고, 아래로 武夫·小吏와 閭巷의 학도들에 이르러서도 군의 이름을 말하면 알지 못하는 이가 없었으며, 그 밖의 사람도 일찍이 군과 만나 얘기해보고는 마음에 들어 만족하고 가지 않은 이가 없었다. 그러나 군은 비록 성품이 온화했으나 마음속은 본디 耿介하여 지조가 있었다.

道光 신묘년(1831) 鄕試에 합격하고부터 그 후로 해마다 京師에 갔을 때 조정 관료와 顯貴한 인사들이 다투어 군과 교제하고 싶어 하였으나 군은 반드시 사귈 만한 사람을 신중히 선택하였다. 한 權貴가 군의 친구를 통해 글씨를 얻고자 했는데 군은 사양

莫友芝의 글씨

7) (蒼)〔倉〕: 저본에는 '蒼'으로 되어 있으나, ≪音注張濂亭文≫에 의거하여 '倉'으로 바로잡았다.

하고 불응하였으며, 아무개 相國이 군을 招致하여 자기 자제들에게 글을 가르치게 하고자 했는데, 군은 완곡한 말로 사양하였다.

子偲癯貌玉立하여 **居常好游覽**하며 **善談論**하고 **遇人**에 **無貴賤愚智**하여 **一接以和**라 **暇日**에 **相與商較古今**하고 **評騭術業高下**에 **正論詼嘲閒**(간)**作**하여 **窮朝昏不勌**이라 **自通州大邑**으로 **至於山陬嶺海**히 **公卿鉅人學士大夫**가 **咸推子偲**하여 **以爲不可及**하고 **下逮武夫小吏閭巷學徒**하여도 **語君名字**에 **無不知**하고 **及其他嘗與君晤**에 **無不得其意以去者**러라 **然君雖樂易**(이)나 **而中故介然有以自守**라 **自道光辛卯擧於鄕**하고 **其後連歲走京師**에 **朝士貴人爭欲與之交**나 **然君必愼擇其可**라 **有權貴介君友求書**어늘 **辭不應**하고 **某相國欲招致授子弟讀**이어늘 **婉謝之**러라

군은 이미 누차 禮部試(進士試)를 보았으나 뜻을 이루지 못하자 咸豐 8년(1858)에 知縣을 截取[8]하였는데, 장차 選官[9]하려고 할 때 도리어 군의 마음이 내키지 않기에 버리고 떠나 다시 뒤돌아보지 않았다. 그리고 그해 6월에 도성문을 나와서 太湖에서 胡文忠公[10]을 따랐고, 이듬해에는 다시 曾文正公을 따라 安慶에 갔고, 4년 뒤에 또 〈증문정공을〉 따라 金陵에 갔으니, 호문충공과 증문정공은 모두 군이 일찍이 종유하여 예전부터 군을 알던 이들이다. 그리고 지금 合肥 사람 相國 李公(李鴻章)이 江蘇巡撫로 있을 때 州縣의 관리를 보내달라고 조정에 요청했는데, 이때 中外의 大臣들이 은밀히 학문이 뛰어난 선비 14인을 추천했다. 이에 詔命을 내려 그 14인을 뽑아 보냈는데, 군이 그중 한 사람이다.

이에 증문정공과 이상국 및 붕우들이 다투어 군에게 出仕하라고 요청하여 매우 간곡히 권하였지만 군은 하나같이 사절하고 나아가지 않았다. 그리고 처자식을 데리고 금릉에 살면서 때때로 혼자서 집을 나가 江·淮와 吳·越이 교차하는 지역[11]

8) 截取 : 淸나라 제도에 관원의 녹봉을 받는 연한 및 과거에 합격한 이후 경과한 햇수, 과거에서의 等次 등을 근거로 삼아서 그 재직 기한을 한정하고 吏部로부터 관직을 주어서 選用하는 것을 말한다. 擧人의 경우는 향시에 합격한 뒤 세 번의 과거를 치르면 소속한 省의 督撫가 공문을 지급하여 가서 吏部의 候選에 들어가게 하는 것을 역시 截取라 한다.

9) 選官 : 吏部에서 관직을 選任하는 것을 말한다.

10) 胡文忠公 : 胡林翼(1812~1861)으로, 자는 貺生이고, 호는 潤芝·潤之·詠之이고, 시호가 文忠이다. 정치가요 武將으로 貴州知府, 四川按察使, 湖北巡撫 등을 역임하였고, 太平天國軍을 격파하여 武昌과 安慶 등지를 수복하였다. 曾國藩과 함께 '曾胡'로 일컬어졌다.

11) 江·淮와……지역 : 揚子江과 淮水가 만나고 吳 땅과 越 땅이 만나는 지역으로 산수가 좋기로 이름난 곳이 많다.

을 왕래하였다. 자시는 이미 유람을 좋아하는 데다 동남방 지역은 본디 아름다운 산수가 많고 게다가 이름난 선비·문사들이 왕왕 모이는 터라 군은 날마다 인사들과 종유하면서 술을 마시고 담론하고 시를 읊느라 가는 곳마다 돌아올 줄 몰랐다.

既屢試禮部하여 **不得志**에 **以咸豐八年截取知縣**이러니 **且選官**에 **顧君意所不樂**이라 **棄去不復**(부)**顧**하고 **以其年六月出都門**하여 **從胡文忠公於太湖**하고 **明年復從曾文正公至安慶**하고 **越四年又〔從〕**[12]**至金陵**하니 **胡文忠曾文正公**은 **皆君嘗所與游舊知君者也**라 **及今合肥相國李公巡撫江蘇**할새 **請州縣吏於朝**한대 **而是時**에 **中外大臣**이 **嘗密薦學問之士十有四人**이어늘 **詔徵十四人往**하니 **君其一也**라 **於是**에 **文正公暨李相國及諸朋好**가 **爭要君出仕**하여 **敦勸甚至**로되 **君一辭謝不就**하고 **携妻子居金陵**하여 **時獨出往來於江淮吳越之交**라 **子偲既好游**요 **而東南故多佳山水**하고 **又儒彦勝流**가 **往往而聚**라 **迺日從諸人士**하여 **飮酒談詠**하여 **所至忘歸**러라

同治 7년(1868) 겨울에 내가 자시와 더불어 금릉으로부터 함께 가서 邗上[13]에서 문정공을 전송하고 돌아오는 길에 維揚(揚州)를 지날 때 焦山에 오르고 丹徒를 경유하여 吳門에 이르는 동안 함께 배를 타고 간 것이 여러 달이었다. 날마다 무릎을 맞대고 얘기를 나눔에 의견이 맞는 것이 열 가지 중 7, 8가지였다. 나는 이윽고 자시와 이별하여 杭州로 갔다.

이듬해 다시 吳 땅에 와서 자시와 더불어 다시 배를 사서 靈巖山[14]의 石樓와 石壁의 빼어난 경치를 유람하고 鄧尉山[15]에서 매화를 구경하고, 이튿날 天平山[16]에 이르러서 산 정상에 오르기로 계획했는데, 자시는 다리에 힘이 몹시 없어서 절에 앉아서 나를 기다렸다. 나는 혼자서 한 아이 종을 딸려서 칡넝쿨을 부여잡고 기암괴석을 타고 넘어 산 정상에 올라 멀리 太湖를 바라보았다. 산을 내려오자 자시가 나를 맞이하며 웃었다. 서로 한때의 즐거움을 한껏 누렸다고 자랑하였다. 이 일이 어언 4, 5년이 훌쩍 지났다. 날마다 달마다 꿈속에서 생각나 누차 예전에 노닐던 곳을 다시 찾아가고 싶었으나 결국 가지 못하고 말았는데, 자시는 이제 죽고 말았다.

---

12) 〔從〕: 저본에는 '從'이 없으나, ≪濂亭文集≫에 의거하여 보충하였다.
13) 邗上 : 邗溝로, 揚州에 있는 운하이다.
14) 靈巖山 : 江蘇省 吳縣 서쪽에 있다.
15) 鄧尉山 : 강소성 오현 서남쪽에 있다. 이 산에는 매화가 많기로 이름났다.
16) 天平山 : 강소성 오현 서쪽에 있다. 많은 산봉우리들이 둘러서 높이 솟아 있고, 산의 정상이 반듯하고 넓은데 이를 '望湖臺'라 한다. 산 아래에는 北宋의 명신 范仲淹의 묘소가 있다.

同治七年冬에 余與子偲로 自金陵偕送文正公於邗上하고 返過維揚에 登焦山하고 道丹徒하여 至吳門할새 竝舟行者累月日이라 日接膝談語에 十事而合者七八이라 余尋別子偲하여 赴杭州라 明年復(부)來吳하여 與子偲益買舟하여 徧覽靈巖石(樓)〔樓〕[17]石壁之勝하고 觀梅於鄧尉하고 越日至天平山하여 謀且上其巓이러니 子偲苦足力乏하여 坐寺中待余라 余乃獨從一小童하여 攀籐葛하고 淩怪石하여 陟絕頂하여 以望太湖러라 旣下에 子偲迎余而笑라 相詫以爲極一時之樂하니 距今忽忽四五年이라 日月夢想에 屢欲尋舊游不復果러니 而子偲則且卒矣라

자시가 세상을 떠난 것은 同治 10년(1871) 9월 신축일이니, 춘추 61세였다. 평소 저술한 책은 ≪黔詩紀略≫ 33권, ≪遵義府志≫ 48권, ≪聲韻考略≫ 4권, ≪過庭碎錄≫ 12권, ≪郘亭詩鈔≫ 6권, ≪樗繭譜注≫ 2권, ≪唐本說文木部箋異≫ 1권이고, 編訂을 마치지 못한 것도 시 8권, ≪郘亭文影山詞≫, ≪郘亭經說≫, ≪古刻鈔≫, ≪書畫經眼錄≫, ≪宋元舊本書經眼錄≫, ≪舊本未見書經眼錄≫, ≪資治通鑑索隱≫, ≪梁石記≫ 각 약간 권이 집에 보관되어 있다.

子偲之卒이 以同治十年九月辛丑이니 春秋六十有一이라 生平所爲書曰 黔詩紀略三十三卷, 遵義府志四十八卷, 聲韻考略四卷, 過庭碎錄十二卷, 郘亭詩鈔六卷, 樗繭譜注二卷, 唐本說文木部箋異一卷이요 其編訂未竟者는 尙有詩八卷, 郘亭文影山詞, 郘亭經說, 古刻鈔, 書畫經眼錄, 宋元舊本書經眼錄, 舊本未見書經眼錄, 資治通鑑索隱, 梁石記各若干卷하여 藏於家하다

配는 夏孺人이다. 아들은, 彝孫은 附貢生인데 부친보다 1년 먼저 죽었고, 繩孫은 兩淮候補鹽大使이다. 딸은 2인이고, 손자는 1인인데 아직 어리다.

자시는 형제 9인이 대다수 당시에 명망이 있다. 자시가 죽은 뒤 江寧知縣으로 재임하고 있는 막내아우 祥芝가 大府에게 휴가를 청하여 동치 11년 2월에 승손과 더불어 자시의 널을 상여에 싣고서 貴州로 돌아왔고 6월 壬申日로 날을 잡아 遵義縣 동쪽 80리 青田山 선영의 묘소에 안장하였다. 장차 길을 떠나려 할 때 나에게 銘을 부탁하였으니, 내가 자시와 본디 서로 친한 벗이었기 때문이다. 달을 넘겨서 명을 지어 보내주노라.

---

17) (樓)〔樓〕: 저본에는 '樓'로 되어 있으나, ≪濂亭文集≫에 의거하여 '樓'로 바로잡았다.

配는 夏孺人이요 子는 彝孫은 附貢生이니 先一歲卒하고 繩孫은 兩淮候補鹽大使요 女二人이요 孫一人尙幼라 子偲兄弟九人이 多有名於時라 子偲旣卒에 其季弟祥芝官江寧知縣者가 請假於大府하여 以十一年二月로 與繩孫載其柩하여 歸於貴州하고 卜六月壬申하여 葬於遵義縣東八十里靑田山先塋之次라 且行에 徵銘於余하니 余與子偲故相得也라 旣踰月에 爲之銘而歸之하노라

명은 다음과 같다.
아아! 자시여
발길이 천하의 반을 다녔고
명성이 이에 따라 달렸도다.
마침내 고향 산에 돌아와 묻힘에
마음에 부족한 바가 없거니
또 무엇을 슬퍼하리오.

其辭曰 烏乎子偲여 迹半天下에 名從之馳로다 卒歸藏於故邱에 無所不慊矣니 其又何悲리오

34. 吳氏의 모친 馬太淑人의 祔葬誌　吳母馬太淑人祔葬誌*

* 吳汝綸의 어머니 馬氏의 묘지명이다. 글의 대부분을 오여륜의 말을 그대로 옮기는 것으로 대체한 것이 특징이다.

과거에 桐城 사람 吳育泉[1] 徵君[2]이 세상을 떠났을 때 내가 이미 그의 墓誌銘을 지어서 비석에 새겼는데, 光緖 원년(1875)에 징군의 부인 馬太淑人이 이어서 7월 모일 약간의 연세에 세상을 떠났다. 그 次子 汝綸이 다시 편지를 보내와서 말하였다. "선친의 묘지명의 글은 이미 고맙게도 그대의 글을 받았는데, 우리 어머님께서 이제 또 세상을 떠나셨습니다. 우리 형제는 거듭 凶事를 당함에 너무도 애통한 나머지 어찌할 바를 모르고 있습니다. 다만 우리 어머님의 지극한 행실로서 의당 泯沒되어서는 안 될 것들은 후세에 알려지기를 바라고, 장차 擇日하여 선친의 묘소 곁에 祔葬할 예정입니다. 감히 다시 청하건대 묘지를 써주어 우리 부모님에게 시종 은혜를 내려주면, 감사하고 또 〈어머님의 행적이〉 후세에 길이 전해질 것입니다." 그래서 내가 곧 공경히 승낙하였다.

往者에 **桐城吳育泉徵君之卒**에 **裕釗旣爲之銘**하여 **以鑱諸貞石**이러니 **越光緖元年而徵君之配馬太淑人**이 **繼以七月某日**로 **年若干卒**이라 **其次子汝綸**이 **復**(부)**以書來曰 先子銘幽之辭**는 **旣幸得子文**이러니 **而吾母今又沒**이라 **吾兄弟荐罹閔凶**에 **慘怛哀慕**하여 **不知所出**이라 **惟吾母之摯行宜不得沒者**는 **庶其有聞於後**요 **而且諏日祔於先子之墓次**라 **敢復請志其藏**하여 **以卒吾父母終始之賜**면 **其感且不朽**라하여늘 **裕釗則敬諾**하다

여륜이 또 말하였다.

"우리 어머니께서 시집오실 때 혼수로 천금을 보내주었으니, 우리 아버지께서 숙부들에게 전답과 집을 넘겨주신 것들이 다 우리 어머님의 돈으로 구매하신 것이

1) 吳育泉 : 이름은 方甲이고 자가 育泉으로, 오여륜의 부친이다.
2) 徵君 : 조정의 부름에 응하지 않은 隱士를 일컫는 존칭이다.

었습니다. 그런데도 우리 어머니는 마음에 서운한 기미가 조금도 없었습니다. 이미 우리 아버지께서 숙부들을 불러 함께 밥을 먹고 게다가 조카들과 부친을 잃은 생질을 길러주시고 게다가 돈과 곡식으로 내외 종친들 중 궁핍한 사람, 질병이 든 사람, 혼인과 喪事를 거행하지 못하는 사람들을 구제해주셨는데 우리 어머니께서 한결같이 동조하셨으니, 우리 일족과 향리 사람들이 지금 다들 그 일을 능히 얘기합니다.

그런데 우리 조부모를 섬김에는 특히 지극한 효성이 있었습니다. 우리 아버지께서는 늘 한 해가 다 가도록 밖에 나가 지냈고, 더욱이 그 덕분에 집안일은 걱정하지 않았습니다. 아버지께서 젊은 시절 京師에 가 계실 때부터 할아버지께서는 매양 편지를 써서 며느리가 賢淑하다고 칭찬하여 아들의 마음을 풀어주셨습니다.

汝綸又曰 吾母之來歸也에 **資送千金**하니 **自吾父推田宅與諸父**가 **皆吾母錢所購買也**로되 **而吾母無幾微慊於其心者**라 **旣吾父召諸父同爨**하고 **又長育諸從子及孤甥**하고 **又以錢穀振內外宗黨之貧乏者疾病者婚喪不能擧者**어늘 **而吾母壹與之同**하니 **吾族及里之人**이 **今皆能道之**라 **然其事吾大父母**에 **尤有至性**이라 **吾父常終歲外出**하고 **尤以是不憂其家**라 **自吾父少游京師**로 **大父每爲書稱婦之賢**하여 **以釋其子也**러라

할아버지 때로부터 우리 집은 식구가 많아 資用이 늘 부족하였는데, 간간이 곤궁한 상황을 만나 할아버지께서 걱정하느라 홀로 서성이시면 우리 어머니께서 그때마다 미리 아시고 즉시 자신의 의복과 기물을 꺼내고 비녀와 귀고리를 벗어서 주시곤 하셨습니다. 그 후 우리 어머님이 갖고 계시던 물건들이 바닥나고 집도 더욱 가난해지자 밤낮으로 고된 일을 하셨는데도 우리 어머니는 본디 태연하여 조금도 원망하신 적이 없었습니다.

만년에 일찍이 우리 형제에게 조용히 말씀하시기를, '내가 젊을 때 밀가루로 미음을 쑤기 위하여 밀에 물을 섞어 맷돌에 가느라 매일 새벽에 일어나 대여섯 되의 밀을 다 갈곤 했는데, 네 큰어머니는 본디 몸이 약하고 병치레를 잘하는지라 내가 자주 대신 일하여 쉬게 해드렸다. 그래서 내 정강이에 종기가 나고 헐어서 피가 흥건해 옷을 적셔 옷에 붉은 수를 놓은 것 같았다. 아주버님들은 밭을 일구어 밀을 먹고 나와 네 큰어머니는 물만 마셨다. 목화가 많이 피면 우리 동서들은 밭에

가서 목화를 땄다. 나는 임신하여 산달이 되도록 조금도 쉬지 못하여 아기를 낳을 때 낳자마자 죽고 말았다. 그러나 시부모께서 나를 사랑해주시기에 나는 참으로 고생해도 다시 즐거웠다. 이제 시부모님도 안 계시니, 이와 같이 하고자 한들 어찌 할 수 있겠는가.'라 하시고는 이어 슬픔에 목메어 울음을 스스로 그치지 못하셨습니다.

할아버지께서는 병들고부터 드렁허리[3]를 먹기를 좋아하셨습니다. 할아버지께서 돌아가신 뒤로 우리 어머니는 드렁허리를 파는 소리를 들으면 눈물을 흘리며 우시니, 물고기 장수가 우리 집을 멀리 피해 갔습니다. 그 지극한 효성이 이와 같습니다."

自大父之世로 吾家食指衆하여 貲用恒不給이러니 間(간)値艱窘하여 大父悄焉獨傍徨이어든 吾母輒先喩之하고 立出服器脫簪珥以應이라 其後吾母筐篋罄竭하고 家亦瘉貧에 益蚤夜作苦로되 而(我)〔吾〕[4]母故怡然하여 不少怨悔러라 晩歲嘗從容語余兄弟曰 吾少時에 治麥屑爲饘하여 雜水磨之하여 日晨起하여 盡五六升이어늘 汝伯母故羸善病이라 吾數(삭)代而休之하여 吾脛瘡潰하여 血淋漓하여 霑漬衣가 若朱繡也라 諸叔治田食麥하고 吾與汝伯母飮水耳라 木棉花繁이면 則吾娣姒之田擷之라 吾妊及月不少息하여 及生兒에 墮地死矣라 然舅姑愛我일새 我誠苦乃復(부)樂之러라 今舅姑亡矣니 思若此인들 豈可得耶아하고 因悲哽不自止러라 自大父之病而嗜食鱓이라 旣沒에 (我)〔吾〕母聞賣鱓聲則泣하니 而漁者爲之遠迹이라 其至性如此라하다

내가 말하였다.

"아아! 이는 銘을 쓸 만하도다. 대저 마음이 仁에 한결같이 독실하고 이익을 조금도 사사롭게 갖지 않아서 곤궁한 형편에 이르러도 원망하지 않는 것은 학문을 하는 군자도 어려워하거늘 태숙인이 도리어 이와 같단 말인가! 혹 儒者의 옷을 입고서 士大夫라 불리는 이로서 도리어 재물을 다투느라 자기 부모 형제도 잊는 자들은 어찌 또한 이를 보고 〈배워야〉 하지 않으리오."

이에 그 사적을 서술하고 말미에 시를 단다. 태숙인의 세대와 자손에 대해서는 내가 징군의 묘지명에 이미 상세히 서술했기 때문에 다시 드러내지 않는다.

---

3) 드렁허리 : 장어와 비슷하게 생긴 민물고기로, 중국에서 고급 식재료로 여겨졌다.
4) (我)〔吾〕: 저본에는 '我'로 되어 있으나, ≪濂亭文集≫에 의거하여 '吾'로 바로잡았다. 아래도 같다.

裕釗曰 烏乎라 此可銘也已로다 夫其心一篤於仁而不少私其利하여 至於困阸而不怨은 自學道之君子難之어늘 而太淑人故若是哉아 或服儒服하여 稱號士大夫가 顧乃競於財而忘其親者는 盍亦觀於此乎아하고 於是에 爲論其事而系之以詩하노라 至於太淑人族世子姓하여는 則裕釗銘徵君墓에 旣具詳之已라 故不復(부)著云이라

시는 다음과 같다.
지아비를 보필하고
媤父를 공경함에
몸가짐은 정숙하고
온순하고 공경스러웠네.
살아서는 덕이 같고 죽어서는 같은 묘역에 묻혔으니
우뚝한 새 무덤 속 높은 언덕에 깊고 그윽하도다.
산천의 정기 망라하여 준걸을 잉태하리니
천추만세토록 이 무덤을 훼손하지 말라.

其詩曰 相夫子하고 嚴尊章에 躬窈窕하고 婉以莊이로다 生同其德沒同藏하니 有崒新阡鬱高岡이로다 罣(고)[5)]牢山川孕俊良하리니 千齡萬代無毁傷하라

5) 罣(고) : 皋와 통용하는 글자이다.

35. 丈人 黃君의 墓表 外舅黃君墓表*

*장유소의 장인인 黃宣의 묘표이다. 失名하여 울울하게 살다가 세상을 떠난 장인과 만년에 고된 일을 하느라 고생하다 뒤이어 세상을 떠난 장모에 대한 애틋한 마음을 잘 표현한 글이다.

장인이신 黃君이 세상을 떠나신 지 20년 만에 맏사위 張裕釗가 비로소 그 묘표를 쓴다.

군은 휘는 宣이고 자는 仲卿으로, 湖北 大冶[1] 사람이다. 조부 某는 國子監生이고, 부친 顯訓은 廩貢生으로 署棗陽縣學訓導와 荊州府學訓導를 역임하였고 아들 3인을 두었는데 君이 장남이다. 道光 정유년(1837)에 鄕試에 합격하여 擧人이 되었고, 이윽고 질환이 있어 오래 앓다가 마침내 실명하고 말았다. 同治 원년(1862) 55세에 집에서 세상을 떠났다.

初娶는 朱孺人이고, 繼娶는 王孺人이다. 아들은 둘인데 장남은 鶴立으로 安徽候補巡檢이고, 차남은 群陞이다. 모년 모월 모일에 大冶縣 某里의 分水坳에 안장하였다.

外舅黃君旣歿之二十年에 其長子壻張裕釗가 始表於其墓曰 君諱宣이요 字仲卿이니 湖北大冶人이라 祖某는 國子監生이요 考顯訓은 廩貢生이요 歷署棗陽縣學荊州府學訓導니 有子三人而君爲長이라 道光丁酉擧於鄕하고 已而有疾하여 久之에 遂喪明이라 同治元年에 年五十有五로 卒於家라 初娶는 朱孺人이요 繼娶는 王孺人이라 子二니 長은 鶴立이니 安徽候補巡檢이요 次는 群陞라 以某年月日로 葬於大冶縣某里之分水坳(요)러라

군은 젊을 때 英達하는 자품을 지니고서 民情을 익히 알고 학문에 통달하였다. 이미 향시에 뽑혀 擧人이 된 뒤로 춘추가 바야흐로 한창 젊을 때였고 집도 본디 재산이 많고 부유하여 가문이 날로 隆起하던 터라 마음을 가다듬어 〈과거에 급제해〉 功名을 얻는 데 스스로 분발하였는데, 이윽고 두 차례 京師에 가서 禮部試를 보았

---

1) 大冶 : 湖南省에 속한다.

으나 뜻을 이루지 못하였고 게다가 질환으로 실명하자 더욱 울분에 차서 좋은 의원을 두루 찾아다니면서 백방으로 치료하였으나 끝내 효험을 보지 못하였다. 그 후로 게다가 우환이 모여들어 집안 운세가 막혀 어려워졌고 거듭 난리가 일어나 困苦하고 낭패하여 집안이 날로 더욱 衰落하였고 군도 이때에 세상을 떠났다.

군이 세상을 떠난 지 몇 해가 못 되어 王孺人도 세상을 떠났으며, 군폐는 이미 일찍 죽었고 학립은 全椒縣[2]의 權典史[3]로 있다가 또 관사에서 세상을 떠나니, 여러 자손들이 더욱 곤궁해져 고생하였다. 내가 겨우 옷을 이길 나이[4] 때부터 군의 집에 들렀는데 올해에 나이가 60세이다. 전후로 본 수십 년 사이의 성쇠가 현격하기가 이와 같은 지경에 이르렀으니, 아아 슬프도다.

君少負英達之資하여 **習知人情**하고 **術業通敏**이라 **旣擧於鄕**에 **春秋鼎盛**하고 **家又故高貲富室**하여 **門第日益隆起**라 **銳意自奮於功名**이러니 **已而再走京師**하여 **試禮部**호되 **不得志**하고 **又以疾喪明**하여 **益憤懣**하여 **徧求良醫**하여 **治療百方**하되 **卒不效**라 **其後益叢集憂患**하여 **迍邅抑塞**하고 **重寇亂起**하여 **顚連頓仆**하여 **家日益落**하고 **而君亦自此歿矣**라 **君旣歿不數載**에 **王孺人亦卒**하고 **群陛已早殤**하고 **鶴立權全椒典史**라가 **復卒於官舍**하니 **諸孫益厄困孤苦**러라 **自裕釗甫勝衣**로 **過君家**러니 **今年且六十**이라 **先後所見數十年之間盛衰縣絶**이 **至於如此**하니 **烏乎可傷也已**로다

군은 사람됨이 화락하고 활달하여 재물에는 관심이 없었고 사람을 대함에는 특히 돈후하고 정성스러워 급한 사정으로 호소하는 사람이 있으면 즉시 응낙하지 않은 적이 없었고 혹 수백 금을 내주고도 아까워하지 않았으며, 또 친구에게 더욱이 정이 도탑고 손님 대접을 좋아하였다.

젊을 때부터 술을 잘 마셨는데, 질환에 걸리고 곤경을 겪은 뒤로는 오로지 술로 마음을 달랬다. 붕우나 친인척이 들르면 술과 음식을 성대히 차려 마음껏 마시고 떠들썩하게 환담을 나누면서 안주와 술이 다 떨어져야 자리를 파함으로써 즐거움을 삼았다. 한 손님이 취해 술을 마실 수 없어 군이 실명한 것을 다행으로 여겨 틈

---

2) 全椒縣 : 安徽省에 속한다.
3) 權典史 : 典史는 청나라 때 知縣의 屬官으로, 縣獄과 捕盜를 맡았다. 權은 대리로 직책을 맡는 것이다.
4) 옷을……나이 : 아동이 조금 자라 의복을 걸칠 수 있을 때를 말한다. ≪史記≫ 권60 〈三王世家〉에 "능히 옷을 이기고 종종걸음으로 달려가 절한다.〔能勝衣趨拜〕"라 한 데서 온 말이다.

을 타 속임수를 부려서 거의 조금 〈술잔을〉 피하려 했는데 군이 알아차리고서 곧 불쾌한 기색을 얼굴에 보이면서 마음속으로 손님이 나를 장님이라고 속인다고 원망하였다. 이로부터 사람들이 다들 서로 조심하여 감히 속이는 사람이 없었다

나도 장성할 뒤로는 때때로 군을 모시고 술을 마셨는데, 군은 술을 마시고 나면 문득 길게 한숨을 내쉬고는 이윽고 말 한마디 없이 침묵하였다.

君爲人이 夷愉開豁하여 於財物에 無所顧籍하고 遇人에 尤篤厚肫摯하여 有以緩急告者어든 未嘗不立應하고 或乃捐數百金不惜이요 又益篤故舊喜賓客이러라 自蚤歲로 則善飮酒러니 旣嬰疾疢歷屯難에 乃一以酒自遣이라 朋舊昏姬過從에 盛治酒饌하여 劇飮讙呼하여 肴核杯斝을 必罄竭乃罷하여 以爲快라 客或醉不能飮하여 幸君失明하여 私乘間爲隱欺하여 幾少逭이어늘 君廉得하여 輒不懌見(현)於其面하여 心望客乃欺我瞽也라 由是로 皆相戒하여 莫敢爲欺者러라 裕釗旣長에 亦時時侍君飮이러니 君飮罷에 輒長吁하고 已乃默無一語러라

나는 본디 군이 특히 아끼고 사랑하는 사위였고 王孺人도 亡妻를 매우 사랑하였다. 망처의 친모는 朱孺人이고, 나머지 자녀들은 다 왕유인 소생이지만 왕유인은 본디 다른 사위들보다 나를 더 사랑해주고 학립과 며느리도 그러하였다. 그러므로 나는 黃氏의 일을 서술함에 처연하여 슬픔을 스스로 그치지 못한다.

주유인은 총명하여 도리를 알았으니, 군이 누차 나에게 주유인에 대해 말하면서 슬퍼하였다. 왕유인은 특히 인품이 돈후하고 자애로웠는데, 만년에 고된 일로 더욱 지치기에 내가 늘 안타깝게 생각했었다. 군과 두 유인과 같이 어진 분들로서 그 마침이 이와 같으니, 아아! 누구에게 물어야 할 것인가.

裕釗故君尤所愛憐也요 乃至王孺人하여도 亦絶愛亡妻하니 其母는 朱孺人也요 餘子女는 皆出王孺人이로되 而王孺人之畜(휵)裕釗가 故逾於其群婿者요 雖鶴立及其婦亦然이라 故裕釗述黃氏事에 則愴然以悲不自止로라 朱孺人은 聰明識道理하니 君屢爲裕釗言而悼之요 王孺人은 尤樸厚慈良이어늘 晩歲乃益憊於作苦일새 裕釗常愍焉이러라 以君及兩孺人之賢으로 而其終若此하니 嗟乎라 孰從而訊之哉아

36. 黃孺人의 墓誌銘　黃孺人墓誌銘*

*장유소의 아내 黃氏의 묘지명이다. 가난한 집에 시집와서 약한 몸으로 고된 일을 하느라 고생하다 44세의 나이로 일찍 죽은 아내에 대한 애틋하고 슬픈 심정을 잘 표현한 글이다.

孺人 大冶 黃氏는 廩貢生으로 荊州 棗陽縣·松滋縣의 學官 署理를 역임한 휘 顯訓의 손녀이고 擧人 휘 宣의 장녀이다. 생후 5세에 모친을 잃어 조모에게 양육되었는데, 4년 후에 조모마저도 세상을 떠났다. 조부와 부친은 어머니가 없는 것을 불쌍히 여기는 데다 몸도 약하고 게다가 매우 총명하고 유순하기에 이 때문에 한층 더 사랑해주었다.

孺人大冶黃氏는 **廩貢生歷署荊州棗陽松滋學官諱顯訓之孫女**요 **而擧人諱宣之長女也**라 **生五歲而喪其母**하여 **育於大母**러니 **越四年大母亦卒**이라 **祖若父**가 **傷其無母也**요 **體又羸**하고 **而又益甚惠以婉**일새 **以是尤加憐焉**이러라

19세에 나에게 시집와서 우리 부모를 섬김에 감히 효성을 다했다고는 말할 수 없으나 세상의 며느리 된 이들이 시부모를 보는 것이 늘 자기 친부모만 못하거늘 유인은 우리 부모에 대해 자신을 보기를 마치 친자식처럼 여겨서 밤낮으로 늘 곁에서 봉양하면서 진실로 우리 부모의 마음을 즐겁게 해드릴 수 있고 자기 힘으로 할 수 있는 것은 힘써 하지 않은 적이 없었다. 내외 친척을 대함에 감히 도리를 다했다고 말할 수 없으나 도타운 恩意가 있었고 감히 예법에 어긋나지 않았다. 그래서 유인이 세상을 떠나자 長幼·尊卑 모두 애통해하지 않은 이가 없었고, 우리 종족 중에 촌수가 먼 사람들조차도 눈물을 흘리는 이가 많았다.

친정집에 살 때부터 본디 부귀한 집에서 자라다가 가난한 집의 나에게 시집와서 집안일로 몹시 고생하면서 물을 긷고 절구질을 하여 자녀를 양육하느라 한 해 내내 편히 쉴 수가 없었다. 게다가 태어나면서부터 병치레가 많았는데 병든 몸으로

애써 고된 일을 하느라 또한 피로했었다. 그런데 갑자기 죽었으니, 슬프도다!

年十九에 **歸裕釗**하여 **事吾父母**에 **不敢以云盡孝**나 **然世之爲婦者**가 **視舅姑恒不若其父母**어늘 **而孺人之於吾父母**에 **其自視乃若人子然**하여 **蚤夜依依致養**하여 **苟可以適(我)〔吾〕**[1]**父母而力能爲之者**어든 **未嘗不勸爲之也**요 **處內外族姻**에 **不敢以云盡道**나 **然篤有恩意**하고 **而無敢愆於禮**라 **旣其沒**에 **而長幼卑尊**이 **莫不慟惜之也**요 **迺至吾族疏屬之人**하여도 **多有流涕者**러라 **自其居父母家**로 **故生長富貴**라가 **而從裕釗於貧約**하여 **甚苦家事**하여 **操井臼**하여 **長育子女**하여 **終歲不獲自暇逸**이요 **生又多疾**이어늘 **力疾而躬作勞亦憊矣**라 **而遽以死**하니 **傷哉**라

대개 유인은 소싯적부터 집안사람들이 늘 오래 살지 못할까 걱정했었고, 나에게 시집와서도 때때로 혼자서 죽음을 두려워하곤 하였다. 근간에 병이 위독해졌을 때를 만나서는 나에게 말하기를, "제가 당신과 함께 늙어 죽을 때까지 함께 살 수 있다면 아무리 고생할지라도 오히려 행복할 것입니다. 그러나 이는 감히 바랄 수 없으니, 행여 沆兒가 장가들어 우리로 하여금 신부를 볼 수 있게 하고 다시 몇 해만 조금 더 살아 천천히 죽게 된다면 죽어도 여한이 없을 것입니다."라 하였는데, 수명이 강하지 못해 끝내 조금 더 연장하여 이루고 싶어 했던 작은 바람마저도 이루지 못하고 말았으니, 슬프도다!

蓋孺人은 **自其少時**로 **其家人常竊憂其不壽**하고 **及歸裕釗**하여 **時時亦獨自以死爲畏**라 **間値疾病**하여 **則謂裕釗曰 吾得與君相守至老死**면 **雖苦猶甘之**라 **然此卽不敢望**하니 **幸沆兒授室**하여 **使吾得見新婦**하고 **更**(갱)**少寬數年**하여 **徐乃死**면 **死不恨矣**라하더니 **命之不競**에 **終已不獲少延**하여 **以慊其所僅欲遂也**하니 **悲夫**라

게다가 유인이 세상을 떠날 때 나는 맏아들 後沆을 데리고 바야흐로 省城 안에 거주하고 있던 터라 집에 돌아오자 유인은 이틀 전에 이미 죽었다. 유인이 이제 죽었다는 말을 듣고 유인을 생각하면서 눈물을 흘렸으니, 이것이 더더욱 슬픈 일이다.

유인이 운명한 것은 同治 9년(1867) 6월 5일이니, 45세였다. 아들 2인을 두었으니, 둘째는 後澮이다. 딸은 5인이다. 손자는 2인이니, 孝沐・孝栘이다. 光緖 모

1) (我)〔吾〕: 저본에는 '我'로 되어 있으나, ≪濂亭文集≫에 의거하여 '吾'로 바로잡았다.

년 모월에 某縣 某向의 某山에 안장하였다.

且其卒也에 裕釗攜長子後沆하여 方居省城中이라 及歸而孺人已前卒二日矣러라 聞孺人且卒에 念之爲泣下하니 此尤可隱者也라 孺人之卒이 以同治九年六月五日이니 年四十有五라 有子(五)〔二〕[2]人하니 其次曰後澮라 女子(二)〔五〕[3]人이요 孫二人이니 孝沐孝栘라 以光緖某年某月로 葬於某縣某鄕之某山하다

銘은 다음과 같다.
예전에 당신이 죽기 전에
내가 장난삼아 당신에게 말하기를
내가 당신보다 뒤에 죽으면
반드시 글을 잘 지어서
당신을 후세에 길이 전하겠다고 했더니
당신은 현숙한 부인이 되려 노력했었는데
누가 알았으랴 오늘
이 말을 그대로 실천하게 될 줄.
붓을 잡음에 슬픔이 밀려와서
샘물처럼 줄줄 눈물이 흐른다오.
아 나와 당신은 이제 그만이라
만고에 길이 영결하고 말았으니
이 글이 비록 후세 길이 남은들
또 무슨 소용이 있으리오.

銘曰 昔君未沒에 我戱謂君하되 我後汝死면 必善爲文하여 以不死汝라하니 汝勉爲賢이어늘 孰謂今日에 迺踐斯言이리오 握管悲來하여 有賈如泉이로다 嗟我與汝已矣라 永萬古而訣離하니 文縱不磨나 又安用之리오

---

2) (五)〔二〕: 저본에는 '五'로 되어 있으나, ≪濂亭文集≫에 의거하여 '二'로 바로잡았다.
3) (二)〔五〕: 저본에는 '二'로 되어 있으나, ≪濂亭文集≫에 의거하여 '五'로 바로잡았다.

37. 先府君과 先妣의 事略　先府君暨先妣事略*

*장유소가 자기 부모의 행적을 기록한 글이다. 일반 행록에 비해 특기할 만한 것은 없는 편이다. 아버지는 벼슬하지 않았지만 忠義와 行誼가 있었고, 어머니는 어려운 집안 형편에 고생을 많이 하면서도 곤궁한 사람을 보살펴주기를 특히 좋아했다는 사실을 주로 기술하였다.

府君은 성은 張氏이고 휘는 善準이며 자는 樹程이고 또 다른 자는 平泉이며 자호는 愚公이니, 湖北 武昌 사람이다. 선대로부터 대대로 문학과 돈독한 행실, 孝義가 있어 향리에서 積善之家[1)]를 일컬어 張氏라 하였다.

府君은 **姓張氏**요 **諱善準**이요 **字樹程**이요 **一字平泉**이요 **自號曰愚公**이니 **湖北武昌人**이라 **自先世**로 **世有文學敦行孝義**하여 **鄕里稱積善之家曰張氏**러라

증조는 휘 維滄이니 國子監生 貤贈[2)]脩職郎이고, 祖는 휘 本用이니 歲貢生[3)]으로 廣濟縣學訓導에 補任되었다. 부친은 휘 以誥이니 국자감생으로, 지금 湘鄕 사람 相國 曾公(曾國藩)이 일찍이 墓表에서 '武昌 張府君'이라 한 분이다.

曾祖는 **諱維滄**이니 **國子監生貤贈脩職郎**이요 **祖**는 **諱本用**이니 **歲貢生任廣濟縣學訓導**요 **考**는 **諱以誥**이니 **國子監生**이니 **今湘鄕相國曾公**이 **嘗表其墓曰 武昌張府君者也**라

부군은 어릴 때 선친의 훈육을 받았고 성장해서는 縣學에서 각고의 노력으로 스스로 힘써서 이른 나이에 諸生이 되어 科文으로 당시에 이름이 있었으니, 善化[4)]

1) 積善之家 : 선대에 선행을 많이 하여 훌륭한 후손이 많아 나오는 집이란 말로, ≪周易≫ 坤卦 〈文言傳〉에 "적선한 집안에는 반드시 남은 경사가 있다.〔積善之家 必有餘慶〕" 한 데서 유래하였다.
2) 貤贈 : 자신과 妻室의 封誥를 가지고 조정에 신청하여 선친에게 옮겨 贈職하는 것을 말한다.
3) 歲貢生 : 청나라 때 府·州·縣 등 지방 학교의 生員 중에서 학문과 행실이 뛰어난 사람을 뽑아 京師로 올려 보내 太學에 입학시키는 제도가 있었다. 여기에 선발된 사람을 貢生이라 한다. 공생에는 副貢·拔貢·優貢·歲貢·恩貢 등의 구별이 있었다.(≪淸會典≫ 〈禮部〉)
4) 善化 : 縣 이름으로 옛날에는 長社縣과 함께 湖南省 長沙府가 되었는데, 지금은 장사현에 편입

사람 賀督學 熙齡[5)]이 특히 격려하고 칭찬하여 동학들 중에서 수석으로 뽑았다. 그러나 부군은 이로써 스스로 기뻐하지 않고 홀로 학문에 오로지 전심하였고, 古學에 있어서는 특히 浚儀 王氏[6)]의 ≪困學紀聞≫과 崐山 顧氏[7)]의 ≪日知錄≫ 두 책을 몹시 좋아하여 "考證家로는 오직 이 두 분의 책이 활용하기에 가장 周密하다."라 하고서 그중 요긴한 부분들을 발췌하여 모두 한 편의 책으로 만들고 손수 베껴쓰기를 몇 차례 하였다.

50세에는 마침내 과거 공부에 뜻을 접고 歲貢生으로서 일생을 마쳤는데, 비록 出仕하지는 않았으나 은연중 耿介한 절조를 지니고 있었다. 평소 일신의 貧富·得失에 대해서는 마음을 둔 적이 없었지만 국가의 득실·안위·성패에 대해 들으면 마치 자기 집의 일인 것처럼 근심하기도 하고 좋아하기도 하였다.

府君少服先人之訓하고 **長而刻苦自勵於學**하여 **蚤歲補諸生**하여 **以制擧文**으로 **有名於時**하니 **善化賀督學熙齡**이 **尤激賞之**하여 **拔冠其曹**나 **然府君顧不以此自憙**하고 **而獨壹志於學問**하고 **於古**에 **尤篤耆浚儀王氏困學紀聞崐山顧氏日知錄二書**하여 **以謂考證家**는 **惟二家之書**가 **最爲周於用**이라하여 **嘗刺取其要**하여 **都爲一編**하여 **手錄至數過**라 **年五十遂絶意進取**하여 **爲歲貢生以終身**하니 **雖不仕而隱然懷耿介之節**라 **居平於一身豐約得喪**에 **未嘗以措意**어니와 **至聞國家中失安危善敗**하여는 **乃憂樂之**를 **如其家事**러라

咸豐 연간, 南中에 兵亂이 일어났을 때 당세에 일을 맡았던 제공들이 많이 王事에 殉節하였다. 부군은 이 소식을 듣고 마치 親喪을 당한 것처럼 유달리 애통해하였고 얘기를 하다 말이 그 일에 미치면 눈물을 줄줄 흘리곤 하였다. 하루는 篝燈을

되었다.

5) 賀督學 熙齡 : 賀熙齡(1788~1846)으로, 자는 光甫이고 호는 庶龍이다. 提督湖北學政을 역임했으므로 독학이라 부른 것이다. 저서로 ≪寒香館詩文鈔≫가 있다.

6) 浚儀 王氏 : 南宋 때 학자 王應麟(1223~1296)으로, 자는 伯厚이고 호는 深寧居士 또는 厚齋이다. 程朱學派의 王埜와 眞德秀에게 영향을 받았고, 송나라가 망한 뒤 향리에 은거하면서 20년 동안 經史를 강술했다. 考證學 분야의 저서가 많아 청나라 때 높은 평가를 받았다. 저서로 ≪玉海≫, ≪困學紀聞≫, ≪漢制考≫, ≪通鑑地理通釋≫, ≪小學紺珠≫, ≪三字經≫, ≪百家姓≫ 등이 있다. 준의는 漢나라 때 縣 이름으로 송나라 때 祥符로 고쳤다. 지금의 河南省 開封府이다.

7) 崐山 顧氏 : 明末淸初의 학자 顧炎武(1613~1682)로, 본명은 絳이고 자는 忠淸이었는데 宋나라 충신 文天祥의 학생 王炎午를 사모하여 이름을 炎武로, 자를 寧人으로 고쳤다. 호는 亭林이다. 저서로 ≪日知錄≫, ≪左傳杜解補正≫, ≪石經考≫, ≪音學五書≫ 등이 있다. 곤산은 縣 이름으로 江蘇省에 속한다.

밝히고 밤에 글을 읽다가 갑자기 큰 소리로 슬피 울었다. 온 집안사람들이 놀라 가서 보니, 부군은 바야흐로 글 한 편을 손으로 펼쳐놓고 있다가 돌아보고 말하기를 "다름 아니라 胡巡撫가 쓴 李九帥 제문을 전해 온 게 있기에 내가 읽다가 나도 모르게 매우 비통해한 것일 뿐이다."라 하였다. 호순무는 益陽 사람 胡文忠公 林翼이고 李忠武公 續賓[8)]을 당시에 이구수라 일컬었다. 이로부터 집안사람들이 밖에서 兵事에 관한 소식이 온 것을 들으면 서로 조심하여 부군이 듣지 못하게 하였다.

咸豐中에 **南中亂起**할새 **當世任事諸公**이 **多抗節死王事**라 **府君聞尤悼慟**을 **若喪親戚**하고 **語及泣然淚賈下**러라 **一日篝燈夜讀書**라가 **忽甚悲失聲**이어늘 **擧家驚往視**하니 **府君方手一編**이라가 **顧曰 無它也**라 **有傳胡巡撫祭李九帥文至者**어늘 **余讀之悲甚**하여 **乃不自覺耳**라하다 **胡巡撫者**는 **益陽胡文忠公林翼**이요 **李忠武公續賓**을 **當時稱李九帥也**라 **自是**로 **家人聞外間兵事至**어든 **相戒不敢以聞**이러라

평소에는 천하의 忠賢・良臣들을 좋아하고 사모하여 마치 만나보지 못할 것처럼 여기되, 탐욕스러워 직분을 제대로 수행하지 못한 관리들과 집에 있으면서 오로지 財利만 좋아하는 당세의 선비 때문에 풍속이 날이 갈수록 무너져 난리가 그칠 때가 없게 되는 것을 몹시 미워하였다. 그래서 매양 평상시 얘기 중 언급하거나 붕우에게 보내는 편지에서 이를 말하면 매우 애통해하였다.

또 일찍이 나에게 당부하기를 "너는 吏才가 부족하니, 부디 벼슬하고자 하지 말거라. 그러나 어느 날 벼슬하게 되거든 반드시 자신과 집을 위해 도모하지 않아야 할 것이요, 또 이미 벼슬한다면 네 몸은 국가의 소유가 되는 것이니, 나도 내 자식이라고 마음대로 할 수 없다."라 하였다.

사람들을 待遇할 때는 본디 공손하고 근신하여 비록 신분이 낮거나 어린 사람일지라도 반드시 신실한 모습으로 공경과 禮를 다하였다. 일찍이 말하기를 "집에 있을 때는 오로지 한마음으로 힘써 자신을 낮추고 愼密하게 처신하여 남에게 죄책을 받지 않으면 되지만, 관직에 있을 경우에는 死生을 걸고 해야 한다."라 하였다.

그러나 부군은 집에서 지낼 때 친족들과 知友들을 대우함에 화목하고 친밀하여

---

8) 李忠武公 續賓 : 淸나라 말기의 장수인 李續賓(1818~1858)으로, 자는 迪庵・克惠이고 시호가 忠武이다. 湖南 湘鄕 사람이다. 아우 李續宜(1823~1863)와 함께 羅澤南의 막하에서 여러 차례 太平天國軍을 소탕하는 데 전공을 세웠다.

환난이나 질병이 있으면 밤낮으로 달려가 보살피며 그 노고를 혼자서 떠맡았으니, 그 사람과 그 집 사람들이 부군을 바라보면서 든든히 의지하던 터라 그 후에 부군이 세상을 떠났다는 소식을 듣자 흡사 지붕을 걷어내고 露地에 앉아 있는 것처럼 허전해하였다.

居平에 愛樂慕望天下忠賢良臣하여 如不克見하되 而深疾貪汙不職之吏와 與當世士居家專壹耆財利라 以故로 俗日益壞而亂無時已라 每獨居燕語及與知友書에 言之絶痛하고 又嘗誡裕釗하되 汝吏才短하니 尙無求仕하라 然苟一旦仕어든 則必無爲身家謀요 且旣仕면 則汝身爲國家之(身)〔有〕[9)]니 雖余亦不得子也라하다 遇物故恭愼하여 雖至卑幼라도 必恂恂致敬禮라 嘗曰 居家亶當一意務卑下愼密하여 毋獲罪於人이어니와 若居官則死生以之라하다 然府君家居에 遇族黨(당)知友婣好하여 有患禍(화)疾疢이어든 蚤夜奔走往視하여 偏任其勞苦하니 其人其家가 望府君以爲倚恃라 及其後聞府君之卒에 怳若徹屋而露處러라

세상을 떠난 것은 同治 3년(1864) 12월 10일이었으니, 향년 69세였다. 저술로는 ≪史學提要續編≫ 모두 6권이 집에 보관되어 있다. 학문하는 것은 노년에 이르기까지 조금도 나태하지 않아 세상을 떠나기 며칠 전에도 붓을 잡고 輿地圖를 그렸다.

부군이 세상을 떠난 이듬해 2월 19일에 先妣 金孺人이 세상을 떠났으니, 애통하도다! 부군이 세상을 떠난 날로부터 석 달 뒤일 뿐이다.

其卒以同治三年十二月十日하니 年六十有九라 所著有史學提要續編凡六卷이 藏於家라 其爲學이 至老不少懈하여 卒之前幾日에도 猶操筆治輿地圖라 府君旣卒明年二月十九日에 而先妣金孺人卒하니 慟乎라 距府君之卒三月耳라

유인은 同邑 貤贈脩職郎 諸生 휘 昭煥의 따님으로, 23세에 부군에게 시집와서 아들 裕錯·裕釗 2인과 딸 2인을 낳았다. 孺人은 친정이 본래 재산이 많아 부유한 집이었고 외숙들도 과거에 급제하여 세상에 명망이 있는 사람들이었다.

유인이 시집올 때 시댁과 친정이 다 한창 잘살고 있었지만 유인은 몸소 검약한 생활을 지켜 부귀한 티를 보이지 않았다. 그 후 해를 이어 홍수가 나서 전답과 집이 허물어져 비로소 집이 더욱 궁핍해졌다. 부군이 중간에 글을 가르치느라 외지

9) (身)〔有〕: 저본에는 '身'으로 되어 있으나, ≪濂亭文集≫에 의거하여 '有'로 바로잡았다.

에 나가 있었으니, 유인은 家事를 떠맡아 지키느라 더욱 고생하였다. 해마다 농사철이면 동이 틀 무렵에 일어나 날마다 수십 인분의 식사를 장만하느라 한여름 더위에는 이마에 땀이 흥건하였고 낮에는 쉬며 음식을 먹을 겨를도 없고 밤이 깊도록 잠자리에 들지 못했지만 고생스럽다고 말한 적이 없었다.

孺人同邑貤贈脩職郎諸生諱昭煥之女니 年二十三歸府君하여 生子裕錯及裕釗二人女子子二人이라 孺人은 外家故高貲富室이요 諸舅取科第하여 爲世聞人이라 孺人之歸也에 夫家父母家皆鼎盛이로되 孺人躬執儉約하여 未嘗有富貴之容이러라 其後連歲大水에 田廬毁敗하여 家始益窶라 府君間授徒外出하니 孺人持家事尤艱苦라 每歲農時辯色起하여 日具數十人食하여 盛暑汗泚於顙하고 日不遑暇食하며 夜深不得寢하되 初不言勞러라

내가 기억하기로 어린 시절 어느 해 섣달그믐의 일이다. 유인은 부뚜막 아래에서 서둘러 술과 음료를 장만하다가 식구들이 밥을 다 먹어갈 때에야 유인도 비로소 음식을 먹기 시작하여 막 젓가락을 잡다가 일어나 말하기를, "한 가지 일을 잊을 뻔했다. 族親 중에 아무개에게 밥을 갖다 줘야 하고 과부 아무개에게는 고깃국을 주어야 한다."라 하고는 즉시 일어나 부엌으로 가서 사람을 시켜 보내주게 하였다. 자식들이 어머니에게 "지금 몹시 피로하실 때이니, 밥을 다 들고 하시지 않으십니까?"라 하니, 유인이 "제때 밥을 좀 안 먹은들 무슨 해가 되리오. 내 마음에 이 일을 내려놓지 못한다."라 하였으니, 부지런히 일하기를 좋아하고 곤궁한 사람들을 빠뜨리지 않고 보살펴주는 것이 대개 이와 같았다.

裕釗記幼時某歲歲除에 孺人居爨下하여 促促治酒漿이라가 家人飯且畢에 孺人乃始飯하여 甫執箸에 諰曰 一事幾忘之로다 族中某當遺之食이요 某孤嫠當與羹肉이라하고 立起入廚하여 俾人遺之라 諸子請母屬勞甚하니 胡不俟飯畢耶아한대 孺人曰 少時飯이 何害리오 我心不此釋也라하니 其好勤勞而不遺阨窮이 多此類러라

병세가 위중할 때 한 할미가 와서 문병하였으니, 유인이 외로운 몸으로 고생한다 하여 평소 돌보아준 사람이었다. 〈병이 위중한〉 중임에도 유인은 손가락으로 〈그 할미를〉 가리키면서 며느리들에게 당부하기를, "훗날 너희들이 잘 대우해주어라."라 하였다.

유인은 어릴 때부터 책을 읽어 글의 大義를 알았다. 그래서 평소 재물에 대해서는 아까워하는 바가 없었고, 친인척들을 대할 때는 더욱이 부군의 뜻을 잘 알고서 情義를 곡진히 이루어주었으니, 그 사이에 말로 다할 수 없는, 드러나지 않은 困苦하고 난처한 일들이 많았을 것이다.

病革時에 **有媼來問疾**하니 **孺人以其孤苦素周之者也**라 **猶指以屬諸婦曰 它日**에 **汝等善遇之**하라하다 **孺人自少讀書**하여 **通大義**라 **故平生於財物**에 **無所顧藉**하고 **處族姻間**에 **尤能喩府君之志**하여 **而曲成其義**하니 **其間蓋多曲艱隱戹不可以言盡者**라

세상을 떠났을 때 향년 73세였다. 당시 백모 朱孺人은 이때 80세였다. 유인의 시신을 어루만지고 울면서 우리 자식들에게 말하기를, "나와 너희 어머니가 張氏네 며느리가 된 지 50년 동안 하루도 얼굴을 붉힌 적이 없었고, 대화하면 즐겁지 않은 적이 없었는데, 네 어머니가 죽어 이제 다시는 볼 수 없구나."라 하고는 이어 한껏 슬프게 곡하니, 자부들과 조카며느리들이 그 소리를 듣고 다들 통곡하여 울음을 그치지 못하였다.

卒年七十有三이라 **時世母朱孺人**이 **且八十矣**라 **撫孺人而泣謂裕釗等曰 自(我)〔吾〕**[10]**與汝母爲張氏婦五十年**에 **未嘗以一日至面赤也**요 **語未嘗不歡**이러니 **汝母亡**하여 **今不可復(부)得矣**로다하고 **因哭盡哀**하니 **諸子婦及群從子婦**가 **聞皆慟哭**하여 **不可止**러라

부군은 만년에 치질을 몹시 심하게 앓았고 유인도 咳嗽를 앓아 20여 년 동안 가을 겨울에는 늘 침상에 누워서 지내다가 봄이 깊어져서야 조금 기동할 수 있었다. 그런데도 집이 가난하였기 때문에 侍奉이 많이 허술했으니, 지금도 한밤중에 생각나면 눈물을 흘리면서 스스로 생각해도 나를 사람이라 할 수 없기에 온몸에 소름이 돋으니, 애통하도다! 장차 이 죄를 어떻게 갚을 것인가.

府君晩歲患痔漏甚劇하고 **孺人亦患咳**하여 **歷二十餘年**에 **秋冬常臥床蓐**이라가 **至春深乃稍能起**어늘 **以家貧故侍奉多缺**하니 **至今中夜思之泣**하여 **自以不可爲人**에 **擧體皆栗**하니 **慟乎**라 **將安贖此罪哉**아

---

10) (我)〔吾〕: 저본에는 '我'로 되어 있으나, ≪濂亭文集≫에 의거하여 '吾'로 바로잡았다.

38. 蟲單의 傳　蟲單傳*

* 매미를 의인화한 假傳體 소설이다. 蟲과 單(선)을 합하면 '蟬(매미)'자가 된다. 名利를 바라지 않고 혼탁한 세상을 떠나 초연히 사는 隱士의 삶을 매미에 비유하였다.

蟲單이란 이는 楚나라 사람이다. 그 선대에 鳴蜩[1]란 이가 있었는데, 夏后氏의 시대를 만나 시절을 잘 살핌으로써 농사를 제때 짓도록 권면하여 公劉를 도와 豳을 다스렸는데[2] 周나라가 천하를 소유하게 되자 뒤미처 그 공덕을 논하여 시로 노래하였다.[3]

蟲單(선)**者**는 **楚人也**라 **其先代有鳴蜩者**가 **當夏后氏之世**하여 **以能候時節**로 **勸課農事**로 **佐公劉治豳**이러니 **及周有天下**하여 **追論其功**에 **以詩歌之**러라

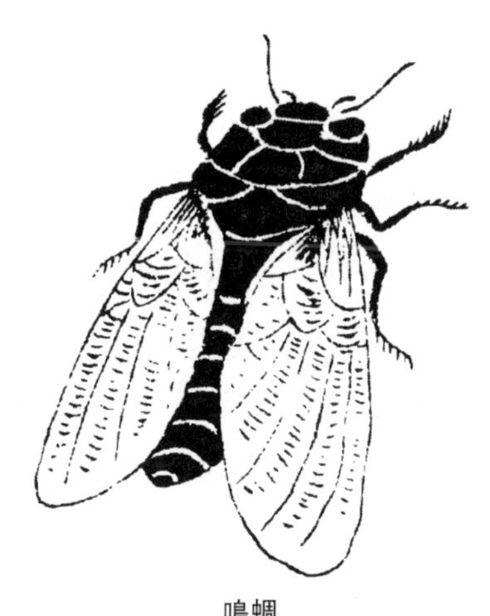

鳴蜩

그 후 蜩와 螗[4]이란 이들이 殷나라 紂의 조정에 벼슬했는데, 은나라가 망하자 사람들이 인하여 이 두 사람을 罪責하여 축출하여 庶民이 되게 하였다. 그 자손들이 여러 제후국으로 흩어져 山澤 중에 살았으니, 宋나라와 鄭나라에 있는 이는 蜋蜩라 하고,[5] 秦나라에 있는 이는 蛥蚗이라 한다.[6] 齊나라에 있는 이는 螇螰이라

---

1) 鳴蜩 : 漢나라 揚雄의 ≪方言≫에 "蟬을 楚나라에서는 蜩라 한다."라 하였다.

2) 公劉를……다스렸는데 : 周나라 왕실의 시조 后稷의 증손으로, 西戎의 땅에 살다가 豳으로 옮겨와 살면서 백성들에게 농업을 권장하여 衣食을 충족하게 하였다. ≪詩經≫ 〈大雅 公劉〉에 "篤厚하신 공류께서, 편안히 거처하지 않으시어 밭두둑을 다스리고 경계를 다스려서 곡식을 노적으로 쌓고 창고에 쌓았네.〔篤公劉 匪居匪康 迺埸迺疆 迺積迺倉〕"라 하였다.

3) 그 공덕을……노래하였다 : 朱熹의 ≪詩集傳≫에 "周公 旦이 冢宰로 攝政하면서 后稷과 公劉의 교화를 서술하여 詩 한 편을 지어 成王을 경계하였으니, 이를 豳風이라 한다."라 하였고, ≪詩經≫ 〈豳風 七月〉에 "5월에 말매미가 운다.〔五月鳴蜩〕"라 하였다.

4) 蜩와 螗 : 둘 다 매미의 일종이다. ≪詩經≫ 〈大雅 蕩〉에 "아! 너희 은상아. 蜩와 같고 螗과 같다.〔咨女殷商 如蜩如螗〕"라 하여 은나라 말엽에 나라가 시끄럽고 혼란한 상황을 비유하였다.

하니,[7] 그 딸이 齊나라 왕의 왕후가 되어 원망하다가 죽은 자이다.[8] 초나라에 있는 이는 蛉蛄라 하니,[9] 영고의 후손이 秦·漢의 즈음에 현달하여 다들 列侯·將軍·九卿으로 조정에 들어가서 천자를 모셨다.[10]

其後有蜩與螗者가 **仕於殷紂**러니 **殷亡**에 **人因竝罪之**하여 **黜爲民**이라 **其子孫散居諸國**하여 **處山澤之間**하니 **在宋鄭者曰蜋蜩**요 **在秦者曰蛥**(설)**蚗**이요 **在齊者曰螇螰**이니 **其女**는 **爲齊王后**하여 **以怨死者也**라 **其在楚者曰蛉蛄**니 **蛉蛄之後**가 **顯於秦漢之際**하여 **皆以列侯將軍九卿**으로 **入侍天子**라

이때에는 蟲氏가 가장 번성한 귀족으로 이름났는데 單이 특히 뛰어난 인물로 일컬어져 음악을 잘하고 문장이 있었다. 그러나 성품이 孤潔하여 사람들과 어울리기를 좋아하지 않았다. 그래서 자기 이름을 單이라 하였다. 高帝 때 행실이 淸高하다는 것으로 천거하여 諫大夫 侍中이 되었다. 고제가 그를 매우 총애하고 신임하여 일찍이 황금으로 장식한 冠을 씌우고 관끈을 드리우고서[11] 측근에 侍立하게 하니, 승상 何[12]와 曲逆侯 平[13]이 공훈이 최고 높았고 季布·陸賈 등 諸公도 당세의 명

---

5) 鄭나라에……하고 : ≪爾雅≫ 〈釋蟲〉에 "蜩는 蜋蜩이다."라 했는데, 郭璞 注에 "≪大戴禮記≫ 〈夏小正〉 注에 '蜋蜩는 五彩을 갖추었다.'라 한다."라 했고, 이에 대한 郝懿行의 義疏에 "蜋은 ≪方言≫에 '蟬은 楚나라 지역에서는 蜩라 하고, 陳나라·鄭나라 지역에서는 蜋蜩라 한다.'라 하였고, ≪初學記≫에 孫炎의 말을 인용하여 '蜋은 오색을 갖추었다.'라 한다."라 하였다.

6) 秦나라에……한다 : ≪方言≫에 "秦나라에서는 매미를 蛥蚗이라 한다."라 하였다.

7) 齊나라에……하니 : ≪爾雅≫ 〈釋蟲〉에 "蜓蚞(쓰르라기)은 螇螰이다."라 했는데 郭璞 注에 "곧 蝭蟧이다. 일명 蟪蛄라 하는데, 齊나라 사람들은 螇螰이라 부른다."라 하였다. ≪方言≫에도 보인다.

8) 그 딸이……자이다 : 齊나라 왕의 왕후가 왕을 원망하다가 죽었는데, 그 시신이 변하여 매미가 되었기 때문에 매미를 齊女라 한다는 전설이 있다.(≪古今事文類聚後集≫ 권48 〈蜩〉)

9) 초나라에……하니 : ≪方言≫에 "초나라에서는 매미를 蟪蛄라 하는데 혹 蛉蛄라 하기도 한다."라 하였다.

10) 영고의……모셨다 : 貂蟬으로 冠을 장식하는 제도가 秦·漢시대에 처음 생겼다. 貂는 담비의 꼬리이다. 蟬은 황금으로 만든 매미 모양의 장식으로 관의 앞에 붙였다. 이를 附蟬이라 한다.

11) 황금으로……드리우고서 : 漢나라의 제도에 侍中의 冠에는 황금으로 만든 관의 장식을 달게 되어 있었다. 陸士龍의 〈寒蟬賦〉에 "관면에 더하니, 이는 그 용모이다.〔加以冠冕 則其容也〕"라 하여 매미 모양의 장식을 高官의 관에 얹는 것을 말하였다. 그리고 ≪禮記≫ 〈檀弓〉에 "베 짜는 누에에게는 광주리가 없고 게에게 광주리가 있으며, 갓을 쓰고 있는 벌에게는 갓끈이 없고 필요 없는 매미에게 갓끈이 있다.〔蠶則績而蟹之筐 范則冠而蟬有緌〕"라 하였다.

12) 승상 何 : 漢 高祖의 신하로 승상이 된 蕭何를 말한다.

13) 曲逆侯 平 : 漢 高祖의 신하로 曲逆侯에 봉해진 陳平을 말한다. 진평도 승상이 되었다.

사였지만, 이들이 충선을 보면 다들 자진하여 머리를 숙여 받들고 자신을 낮추었다. 그러나 충선이 이들을 지나갈 때 늘 냉담하였다. 장군 曲成侯 蟲達[14]은 충선과 같은 譜系가 아니었던지라 충선의 사람됨을 사모하여 한 종족에 붙여주기를 청하였는데 충선이 안 된다고 하였다.

當是時하여 **蟲氏最號貴盛**이로되 **而單尤稱爲賢**하여 **善音樂**하며 **有文章**이러라 **然性孤潔**하여 **不樂與人偕**라 **故自名曰單**(선)이라 **高帝時**에 **以行能淸高**로 **薦爲諫大夫侍中**하여 **甚見親任**하여 **嘗以黃金塗飾冠冠之**하여 **使垂緌侍左右**하니 **丞相何曲逆侯平**이 **功最高**요 **及季布陸賈諸公**은 **當世名人也**어늘 **見單**에 **皆願俯首承下之**라 **然單過之**에 **常落然**이러라 **將軍曲成侯蟲達**은 **不與單同出**이라 **慕單爲人**하여 **請附爲宗族**이어늘 **單不可**라하다

高帝·惠帝가 이어서 붕어하고 呂后[15]가 섭정하자 宦官들이 비로소 자못 정권을 휘둘렀다. 충선은 때때로 조정에 들어감에 中黃門 貂[16] 등과 함께 들어갔으므로 마음속으로 수치로 생각하여 어느 날 관직을 버리고 떠나 商洛山[17] 속에 들어가 다시는 세상에 나오지 않고 좋은 산수 속 깊은 숲, 우거진 나무를 만나면 곧 한 해가 다 가도록 머물러 긴긴 날 홀로 나뭇가지 사이에 앉아서 목청껏 글을 읊조리면서 조석이 다 가도록 지치지 않으니, 사람들이 혹 엿들어도 다들 무슨 뜻인지 알지 못하였으니, 아마도 그가 읽은 글이 지금 세상에서는 볼 수 없는 상고시대의 鳥迹蟲篆[18]으로 써진 심오한 경서나 괴이한 책일 것으로 생각된다.

高帝惠帝相繼崩하고 **呂后稱制**에 **宦者始頗用事**라 **單時入**에 **常與中黃門貂等偕**라 **心恥之**하여

---

14) 曲成侯 蟲達 : 西城戶將으로서 漢 高祖 劉邦을 도와 秦·楚를 격파하는 데 전공을 세웠다.(≪山東通志≫ 권6)

15) 呂后 : 漢 高祖 劉邦의 황후로 유방이 죽은 뒤 어린 아들 惠帝를 즉위시키고 자신이 섭정하면서 呂氏 일족을 등용하고 폭정을 자행하였다.

16) 中黃門 貂 : 중황문은 궁중의 환관을 말한다. 漢나라 제도에 환관의 冠에 매미 모양의 장식을 붙이고 담비 꼬리를 꽂았다.

17) 商洛山 : 秦始皇 때 소위 商山四皓가 폭정을 피하여 은거하였던 곳인 商山을 말한다. 商顏山이라고도 한다. 상산사호는 東園公·綺里季·夏黃公·甪里先生 네 隱士로, 모두 눈썹과 수염이 흰 노인이었으므로 四皓라 일컬은 것이다.

18) 鳥迹蟲篆 : 새 발자국이나 벌레가 기어가는 모양처럼 서툴고 꼬불꼬불한 글씨로, 여기서는 상고시대의 蝌蚪文字나 篆書를 말한다. ≪東萊博議≫ 권9 〈衛懿公好鶴〉에 "鴻都門에 학교가 세워졌을 때에 새와 벌레 모양의 篆字를 잘 쓰는 것으로 스스로 자랑하는 자들이 날마다 대궐에 왔다.〔鴻都之興 鳥跡虫篆 自衒鬻者日至〕"라 하였다.

一(旦)〔日〕[19]棄官去하여 入商洛山中하여 不復(부)出하고 遇佳山水의 穹林茂樹하면 輒終歲留하여 長日獨坐樹間하여 縱聲哦誦하여 窮鼂夕不倦하니 人或竊聽之에 皆莫能辨識하니 意其所讀이 皆皇古上世의 鳥迹蟲篆幽經怪牒當世所未見也러라

만년에는 神仙家의 설을 좋아하여 辟穀하는 비방을 구하여 정신을 오로지 쏟아 배워서 날마다 吐納하고 호흡하여 아침 이슬을 마실 뿐 세속 사람에게는 하나도 求請하는 바가 없었다. 오래도록 그렇게 하자 퍽 神通變化를 할 줄 알아 日曆이 없어도 사철의 운행을 알았고, 또 몸 안을 변화시켜 五色을 만들 수 있었다.[20]

그 후로는 더럽고 혼탁한 인간세상이 더욱 싫어져서 늘 혼자 살면서 원대한 생각을 하였으니, 멀리서 바라보면 아득하여 무엇을 생각하는지 알 수 없었다. 그렇지 지낸 지 얼마 안 되어 어떤 사람이 가서 살펴보았더니 보이지 않았다. 충선은 마침내 끝내 어디로 사라졌는지 알 수 없었다. 元封 연간에 천자가 泰山에 행차할 때[21] 어떤 사람이 깊은 산속에서 충선을 보고 자취를 따라 찾고자 했는데 충선은 홀연 멀리 가서 다시는 보이지 않았으니, 아마도 羽化登仙하여 갔을 것이라 한다.

晩乃好神仙家言하여 求得辟穀方하여 專精學之하여 日惟吐納呼吸하여 餐朝露하고 於時俗人에 一無所求請이러니 久之에 頗通神化하여 無秝日而知四時之運하고 又能化身中爲五色이러라 其後益厭薄人世塵垢汚濁하여 常獨居遠想하니 望之에 儻乎若不可測이라 居無何에 客往候不見이라 單遂不知所終이러니 元封中에 上行幸泰山할새 人或見之深山中하여 欲迹之어늘 忽遠擧하여 不復(부)見하니 殆羽化仙去云이라

太史公은 이르노라.

"내가 莊生에게 듣건대, 충선은 呂后의 세상을 만났을 때 그의 族人 중 충선과 같이 시중이 된 이가 있었는데, 車府令 堂良이 마음속으로 그 족인이 총애를 받는 것을 시기하여 侍御史를 사주하여 탄핵하였다.[22] 그 족인이 이로 말미암아 落職하

19) (旦)〔日〕: 저본에는 '旦'으로 되어 있으나, ≪濂亭文集≫에 의거하여 '日'로 바로잡았다.
20) 몸……있었다 : ≪大戴禮記≫ 〈夏小正〉 注에 "蜋蜩는 五彩을 갖추었다."라 했고, ≪初學記≫에 孫炎의 말을 인용하여 "蜋은 오색을 갖추었다."라 하였다.
21) 元封……때 : 원봉은 漢 武帝의 연호로 B.C. 110~B.C. 105년이다. 원봉 원년인 B.C. 110년에 무제가 泰山에 올라 封禪하였다.
22) 莊生에게……탄핵하였다 : 장생은 莊子를 일컫는 말이다. 車府令 堂良은 사마귀를 의인화한

니, 충선이 이 일로 感慨하여 마침내 사직하고서 기미를 보고 곧바로 결단하여 떠나[23] 몸을 깨끗이 하여 바위와 숲 속에 자취를 멀리 숨기고서 浩然히 아무 구하는 바 없이 일생을 마쳤다.

아아! 사람은 무엇엔들 쉽게 만족하지 못하리오. 그런데도 세상에서 늘 욕심을 많이 부리다 속박을 받고 자기 능력을 믿고서 권세가 있는 자리에서 자신을 드러내면서 혼탁한 세상을 치달려 날마다 남에게 구하여 그칠 줄 모르는 자들은 무슨 까닭인가!"

太史公曰 余聞之莊生호니 **蟲單**은 **當呂后世**하여 **其族人有與單同侍中者**러니 **車府令堂良**이 **心害其寵**하여 **嗾侍御史彈之**라 **族人**이 **由是落職**하니 **單感此**하여 **遂告歸**하여 **見幾決去**하여 **潔身遠迹巖藪之間**하여 **浩乎無求**하여 **以終其世**라 **烏乎**라 **人何所不易**(이)**足**이리오 **顧世常受多欲之累**하고 **挾其能以自鳴於勢物之地**하여 **馳驅垢濁**하여 **日求人而不知止者**는 **何也**오

것이다. 堂良은 螳螂의 音借이다. ≪莊子≫ 〈人間世〉에 "너는 저 사마귀란 놈을 알지 못하느냐. 제 팔뚝을 뽐내어 수레바퀴를 막으려 하니, 제 힘으로 감당할 수 없음을 알지 못해서 그런 것이다.〔汝不知夫螳蜋乎 怒其臂以當車轍 不知其不勝任也〕"라 하였고, ≪莊子≫ 〈山木〉에 "한 마리 매미가 막 시원한 나무 그늘을 얻어 자기 몸을 잊고 있는데, 〈그 매미 뒤에는〉 사마귀가 앞발을 들어 매미를 잡으려 하고 있었다.〔一蟬方得美蔭而忘其身 螳蜋執翳而搏之〕"라 하였으므로 車府令 堂良이 족인을 탄핵했다고 한 것이다.

23) 기미를……떠나 : 위태로운 시국에서는 망설이지 않고 즉시 벼슬을 버리고 떠났다는 뜻이다. ≪周易≫ 〈繫辭傳 下〉에 "군자는 기미를 보고 일어나 하루가 다 가기를 기다리지 않는다.〔君子見幾而作 不俟終日〕"라고 하였다.

39. 狼山을 유람한 記　游狼山記*

*黎庶昌과 함께 낭산을 유람하고 쓴 기행문이다. 낭산은 江蘇省 南通縣 남쪽에 있는 산으로 常熟縣의 福山과 나란히 서서 해상 방어의 중요한 요새가 된다. 장유소는 낭산에 올라 懷古하는 한편 民亂이 일어나고 서양의 군대가 침공해 오다가 잠시 평온을 되찾은 현실과 아무런 능력도 발휘할 수 없는 자신을 되돌아본다.

光緒 2년(1876) 가을 8월에 蓴齋가 通州[1]에서 榷務[2]를 관장하고 있기에 내가 들렀다가 旣望에 순재와 고을의 남쪽에 있는 狼山을 유람하였다. 이 산에는 오래된 소나무, 계수나무, 회나무, 잣나무가 수백 그루이고 산을 의지하여 절을 지어놓았으니, 절이 숲속에 숨어 있었다. 가장 높은 곳은 支雲塔이니, 산꼭대기에 높이 걸터앉아 있어 모든 경치가 다 눈에 들어온다.

경사진 길을 따라 내려오면 萃景樓 및 准提庵, 福慧庵 같은 암자들도 매우 그윽하다. 이르는 곳마다 僧舍의 방과 회랑이 굴곡을 이루고 좌우로 푸른 산들이 둘러싸서 속세를 멀리 떠나 있다. 몸을 옆으로 젖혀 돌아보면 하늘에 닿은 강과 바다가 가까이 창문 앞에 있는 듯하고 강 너머 昭文과 常熟[3]의 산들이 숲 저편에 푸른 빛으로 울창하게 솟아 있다. 때는 가을이 한창인 仲秋라 바다 안개는 그야말로 희고 노한 파도가 서쪽으로 올라감에 그 모습이 마치 하얀 무지개가 나타났다 사라지는 것과도 같았다. 나와 순재가 돌아보면서 즐거워하였다.

光緖二年秋八月에 蓴齋筦榷務通州할새 余過焉하여 旣望에 與蓴齋游於州南之狼山하니 山多古松桂檜柏數百株요 倚山爲寺하니 寺錯樹間이라 最上爲支雲塔이니 危踞山巓에 萬景畢納이요 迤下에 若萃景樓及准提福慧諸庵도 亦絕幽敻이라 所至僧舍가 房廊屈曲하고 左右蒼翠環合하여 遠絕塵境이라 側身回矚에 江海蕩天하여 近在戶牖하고 隔江昭文常熟諸山이 青出林

---

1) 通州 : 지금의 江蘇省 南通縣이다.
2) 榷務 : 원래 宋나라의 태조 이후 생긴 것으로 漢族과 북방민족 사이에 개설된 공식 무역 시장을 榷場이라 하고, 각장을 관리하는 관청을 榷務라 하였다.
3) 昭文과 常熟 : 江蘇省에 속하는 두 縣이다. 소문현은 지금 상숙현에 병합되었다.

際蔚然이라 時秋殷中이라 海氣正白하고 怒濤西上에 皓若素蜺가 滅沒隱見(현)이라 余與蒓齋顧而樂之러라

낭산은 淮州·揚州 동쪽에서 유달리 웅장한 명산이다. 양자강이 岷山과 蜀 땅으로부터 吳·楚를 경유하여 만 리를 가다가 이 지점에 이르러 질펀하고 드넓어져서 바다와 만나고 주위의 산천들을 장악하여 중국과 戎狄의 경계를 나누니, 천지가 설치한 要害이다. 王公이 이곳을 신중하고 견고히 지켰고, 고금의 호걸·志士들이 이곳에 올라 사방을 내려다보면서 籌策을 생각했던 곳이다.

狼山은 淮揚以東雄特勝處也라 江水自岷蜀으로 徑吳楚하여 行萬里하여 至是에 灝溔渺莽하여 與海合會하고 山川控引하여 界絶華戎하니 天地之所設險이라 王公以是愼固요 古今豪桀志士之所俾睨而籌也라

옛날에 阮籍은 晉나라 왕실의 난리를 만나 詠懷詩를 지어서 자기 뜻을 드러내 보이고 廣武山에 올라 당시에 인재가 없었음을 탄식하였는데,[4] 지금 나와 순재는 다행히 이런 세상을 만나 난리가 평정되어 나라 안이 무사하고 변방의 오랑캐와 먼 외국이 맹약을 견고하고 분명하게 맺었다. 중외의 사람들은 그저 태평하다고 서로 경하하고 있으니, 深謀遠慮한 계책을 다시 어찌 생각하리오.

나는 게다가 마른 볏짚과 나무토막처럼 쓸모없고 노둔하여 지금 세상에 버려진 몸인지라 홀로 생각건대 身世를 도외시하고 만사를 다 버리고서 이 산 위에 소요하면서 무성한 나무 그늘 아래에서 쉬고 시냇가 방초를 따다가 멀리 山海를 바라보면서 慷慨한 마음으로 천고의 흥망을 조문하는 한편 왼손으로는 책을 끼고 오른손으로는 술잔을 잡고서 휘파람을 불다가 노래를 부르며 편안히 살다가 일생을 마치고 싶다. 이렇게 살면 인간세상의 是非·治亂과 천지의 四時 변화 따위는 바람에 흩날리는 낙엽처럼 하찮을 터이니, 선생[5]에게 무슨 상관이 있으리오.

돌아와 써서 記를 삼노라.

4) 阮籍은……탄식하였는데 : 廣武山은 河南省 河陰縣 북쪽에 있는 산이다. 晉나라 阮籍이 광무산에 올라 楚·漢이 전쟁하던 곳을 보고 탄식하며 말하기를, "당시 영웅이 없어서 더벅머리 아이로 하여금 명성을 이루게 했구나.〔時無英雄 使豎子成名〕"라 하였다.(≪晉書≫ 권49 〈阮籍傳〉)
5) 선생 : 장유소 자신을 가리키는 말이다.

昔阮籍이 遭晉室之亂하여 作詠懷詩以見(현)志하고 登廣武山하여 歎悼時之無人이러니 今余與蒓齋는 幸値玆世하여 寇亂殄息에 區內無事하고 蕃夷絶域이 約結堅明이라 中外以恬熙相慶하니 深憂長計를 復(부)奚以爲리오 余又益藁枯朽鈍하여 爲時屛棄라 獨思遺外身世하고 捐去萬事하여 徜徉於玆山之上하여 蔭茂樹而擷澗芳이라가 臨望山海에 慨然憑弔千載之興亡하고 左挾書冊하며 右持酒杯하여 嘯歌偃仰하여 以終其身하면 人世是非理亂과 天地四時變移가 眇若墜葉與飄風하리니 於先生乎何有哉아 歸書而爲之記하노라

40. 虞山을 유람한 記　游虞山記*

*이 글은 위 글과 이어지는 기행문으로 光緖 2년(1876) 가을 8월에 黎庶昌과 함께 우산을 유람한 소감을 기록한 것이다. 우산은 江蘇省 常熟縣 서북쪽에 있다. 周나라 때 虞仲이 이곳을 다스렸기 때문에 우산이란 이름이 붙었다 한다.

8월 18일에 黎蒓齋와 더불어 狼山을 유람하여 萃景樓에 앉아서 虞山을 바라보면서 즐거워하였다. 21일에 배를 사서 강을 건넜고, 이튿날 아침 常熟縣에 이르렀다. 이때 趙易州 惠甫[1]가 마침 관직을 벗고 상숙현에 돌아와 지내고 있기에 마침내 함께 가서 유람하게 되었다.

十八日에 與黎蒓齋로 游狼山하여 坐萃景樓하여 望虞山樂之라 二十一日買舟渡江하고 明晨及常熟하니 時趙易州惠甫가 適解官歸居於常熟일새 遂偕往遊焉하다

虞山圖

우산은 꼬리 부분이 동쪽으

1) 趙易州 惠甫 : 趙烈文(1832~1893)으로, 자가 惠甫이고 호는 能靜居士이며, 江蘇省 陽湖 사람이다. 易州知州를 역임했으므로 조역주라 부른 것이다. 曾國藩의 막하에 들어가 太平天國의 난을 진압하는 데 참여하였다. 同治 연간에 역주지주가 되었다가 사직하고 향리로 돌아가 常熟에 살았다. 저서로 ≪能靜居士日記≫가 있다.

로 常熟城에 들어가고 성을 나와 비스듬하게 서쪽으로 가서 20리쯤 이어지는데, 사면이 다 넓은 들판이 펼쳐져 있고 산이 그 가운데 뻗어 있다. 이 산에서 가장 경치가 좋은 곳은 拂水巖이니, 거대한 바위가 높이 수십 尺이며, 돌이 층층이 쌓이고 두 줄로 나란히 겹쳐져 올라간 모습이 마치 靈芝를 포개놓은 것 같고 큰 쟁반을 겹겹이 얹어서 臺를 만들어놓은 것 같다. 색깔은 푸른 바탕에 붉은 얼룩무늬가 있어 그 광채가 눈에 가득 들어온다. 두 바위 중간이 나뉜 것이 劍門이니, 쪼개져 나뉜 채 우뚝 솟아서 그 괴이한 모습은 거의 형용할 수 없을 정도이다.

이 바위에 걸터앉아서 아래를 굽어보면 수만 이랑 드넓은 평야가 펼쳐져 있고 맑은 호수, 달리는 시내가 그 가운데 종횡으로 일렁이며 흘러 하늘이 베풀어준 그림 같은 풍경이다.

남쪽으로 바라보면 毘陵[2]과 震澤[3]에 산들이 푸른빛으로 서로 이어져 있다. 산들의 높이는 구름을 찌르고 雨氣와 日光이 봉우리 위로 서로 交錯해 나오는데, 호숫물의 陰氣가 위로 닿아서 마찰하고 開合면서 변화하여 한순간도 가만히 있지 않는다. 그 바깥은 푸른 이내 아스라한 안개가 둘러싸서 光色이 하늘을 감싸고 있다. 눈을 크게 뜨고 자세히 보노라니, 마음이 눈길과 함께 아득히 달려간다.

虞山은 尻尾東入常熟城하고 出城迤西하여 綿二十里에 四面皆廣野요 山亘其中이라 其最勝爲(沸)〔拂〕[4]水巖이니 巨石高數十尺이요 層積駢疊이 若累芝菌하며 若重鉅盤爲臺하고 色蒼碧에 丹赭斑駮하여 晃耀溢目이라 有二石中分曰劍門이니 駢擘屹立하여 詭異殆不可狀이라 踞巖俯視에 平疇廣衍數萬頃이요 澄湖奔溪가 縱橫蕩潏其間하여 繡畫天施라 南望毘陵震澤에 連山靑翠相屬하니 厥高巉雲하고 雨氣日光이 參錯出諸峯上이어늘 水陰上薄에 盪摩闔開하여 變滅無瞬息定이라 其外蒼煙渺靄圍繚하여 光色純天하니 決眥窮睇에 神與極馳라

불수암의 기슭은 拂水山莊의 옛터이니, 錢牧齋[5]가 살던 곳이다. 아아! 이처럼

2) 毘陵 : 지금의 江蘇省 常州市이다. 隋나라 때 상주를 毘陵郡으로 고쳤다가 唐나라 초에 상주로 다시 고쳤다.
3) 震澤 : 강소성 太湖의 이칭이다.
4) (沸)〔拂〕: 저본에는 '沸'로 되어 있으나, ≪濂亭文集≫에 의거하여 '拂'로 바로잡았다.
5) 錢牧齋 : 明末淸初의 문인이자 문신인 錢謙益(1582~1664)으로, 자는 受之이고 호가 목재이다. 명나라 萬曆 38년(1610) 진사시에 급제하여 벼슬이 禮部侍郞에 이르렀다. 그러나 淸나라 군대가 강남을 점령하자 투항하여 청나라 조정에 벼슬하여 예부시랑이 되었다. 박학다식하고 문장이 뛰어났다.

경치가 좋은 언덕으로도 錢氏는 실의에 빠져 이곳에 은거하여 일생을 마치지 못하였다. 그런데 나와 趙易州는 즐거워하며 이곳을 떠나지 못한다.

巖之麓이 爲拂水山莊舊阯니 錢牧齋之所嘗居也라 嗟乎라 以玆邱之勝으로 錢氏悃不能藏於此終焉이어늘 余與易州는 乃樂而不能去云이라

불수암 언덕에는 維摩寺가 있는데 난리를 겪어 태반이 소실되었다. 절을 나와 서쪽으로 가다가 조금 길을 꺾어 고개를 넘어 북쪽으로 가자 雲海가 활짝 열려 하늘 저편까지 아스라이 펼쳐지고 낭산이 문득 앞에 나타났다. 내가 손가락으로 가리키면서 조역주에게 말하였으니, 그도 예전에 낭산 위에 유람한 적이 있었다.

巖阿가 爲維摩寺니 經亂하여 泰半燬矣라 出寺西行少折하여 踰嶺而北에 雲海豁開하여 杳若天外하고 而狼山忽焉在前이라 余指謂易州하니 亦昔游其上也라

다시 서쪽으로 내려오니, 三峯寺이다. 곳곳마다 僧房들이 다 머물러 쉴 만하였고 시야에 고목이 많이 들어왔다. 羅漢松 한 그루가 있는데 껍질은 벗겨지고 윗부분은 몽그라져 대머리 같은 모습이니, 아마도 수백 년은 된 고목일 것이다. 절의 승려들이 술과 과일, 죽순나물, 국수를 차려 우리 두 사람을 대접하였다.

又西下하니 爲三峯寺라 所在室宇가 每每可憩息이요 臨望多古樹라 有羅漢松一株가 剝脫拳禿하니 類數百年物이라 寺僧具酒菓筍麵하여 餉余兩人이러라

해가 이미 기우는지라 산 북쪽을 따라가다가 安福寺를 경유하여 가니, 이 절은 唐나라 사람 常建의 시에서 말한 破山寺[6]이다. 경치가 그윽하여 상건의 시에서 말한 것[7]과 일치하였다. 절에 木樨花가 많아서 절을 지나가노라니 꽃향기가 길에 가득 풍겨왔다. 常熟城 북문으로부터 돌아오는 길에 言子[8]와 仲雍[9]의 묘소에 이르

---

6) 常建의……破山寺 : 常建(708~765)은 盛唐의 시인으로, 江蘇省 盱眙縣尉를 역임하였고, 鄂州 武昌에 은거했다. 五言詩에 뛰어났고, 전원과 산림을 주로 읊었다. 저서로 ≪常建集≫이 있다. 상건의 五言律詩에 〈題破山寺後禪院〉이 있다.

7) 상건의……것 : 상건의 〈題破山寺後禪院〉에 "대숲 사이 길은 그윽한 곳으로 통하고 선방에는 꽃나무가 우거졌다.〔竹逕通幽處 禪房花木深〕"라 하였다.

8) 言子 : 공자의 제자 言偃으로, 자는 子遊이다. 常熟 사람이고 武城宰를 역임하였다.

니, 그 위는 辛峯亭이다.

日已昃矣라 循山北하여 過安福寺하니 唐人常建詩所謂破山寺者也니 幽邃稱建詩語라 寺多木穉華하여 由寺以往에 芳馥載塗러라 返自常熟北門하여 至言子仲雍墓하니 其上爲辛峯亭이라

해가 이미 저문지라 산길이 가팔라 오를 수 없기에 이튿날 가기로 기약하였는데, 비바람을 만나 다시 가지 못하고 말았다. 24일에 마침내 배를 타고 吳門[10]으로 가는데, 수십 리를 가는 중에도 우산이 구불구불 배 안에 있는 것처럼 또렷하게 보여 사람으로 하여금 배를 돌려 다시 가고 싶도록 하였다.

日已夕이라 山徑危仄하여 不可上일새 期以翼日往이러니 風雨復(부)不果하다 二十四日에 遂放舟趣吳門할새 行數十里에 虞山猶蜿蜒在篷戶라 望之瞭然하여 令人欲返棹復至焉이러라

9) 仲雍 : 周나라 太王의 둘째 아들 虞仲으로, 伯兄 泰伯과 함께 아우 昌(文王)에게 왕위를 양보하고 荊蠻으로 가서 태백이 吳나라 임금이 되었고, 태백이 죽자 중옹이 이어 임금이 되었다.

10) 吳門 : 蘇州 지역을 일컫는 말이다. 이 일대가 춘추시대 吳나라 땅이기 때문에 이런 이름이 붙은 것이다.

41. 〈愚園雅集圖〉의 記　愚園雅集圖記*

*光緖 5년(1879) 정월에 장유소가 57세 때 江寧城 지역의 명사 18인이 唐나라 白居易의 생일에 愚園(현재 南京에 있음)이란 별장에 모여 연회를 연 것에 대해 쓴 글이다. 이 글에서 장유소는 백거이가 나라를 걱정하지 않고 혼란한 시국을 피해 일신만 편안히 산 것을 비판하고 아울러 술을 좋아한 陶淵明, 劉伶 및 나라가 망할 즈음에 별장을 짓고 文酒를 즐기며 일생을 보낸 元末明初의 倪瓚, 顧德輝와 明末淸初의 冒襄을 아울러 비판한다.

光緖 5년 기묘년 정월에 耆老 어른과 영준한 선비 18인을 모아서 江寧城 남쪽 愚園에서 술을 마셨으니, 우원은 본래 明나라 때 徐氏(徐傅)의 西園의 옛터이다. 주인(胡恩燮)이 이 터에다 다시 별장을 지었으니, 정자와 누대, 못과 건물이며 꽃과 바위, 대숲과 나무의 빼어난 경치가 세상에 일컬어지고 있다. 경치를 다니면서 구경하고 앉아서 보노라니 풍치는 밝고 경물은 많은지라 술을 마시고 시를 읊으며 종일토록 맘껏 즐겁게 놀고 나서야 자리를 파하였다.

光緖五年歲在屠維單閼之月에　**集耆宿英彦之屬十有八人**하여　**觴於江寧城南之愚園**하니 〔**園**〕[1]**故明徐氏西園舊阯**라 **主人因而更**(갱)**營之**하니 **亭臺池館**과 **花石竹木之勝**이 **稱於一時**라 **行尋坐照**에 **趣昭物博**일새 **觴詠極樂**하여 **竟日乃罷**하다

이날은 白樂天[2]의 생일이었다. 그러므로 이날에 맞추어 모였던 것이다. 옛날에

1) 〔園〕: 저본에는 '園'이 1자밖에 없으나, ≪濂亭文集≫에 의거하여 1자를 더 보충하였다.

2) 白樂天 : 唐나라 시인 白居易(772~846)의 자가 樂天이고, 호는 醉吟先生·香山居士이다. 탁월한 시인으로 李白, 杜甫, 韓愈와 더불어 '李杜韓白'으로 병칭된다. 818년 忠州刺史가 되어 임기를 마치고 長安에 돌아온 뒤 권력 다툼으로 혼란한 시국을 피하여 822년 자청하여 杭州刺史로 나갔다. 825년에 蘇州刺史로 옮겨갔다가 827년에는 내직으로 들어와 秘書監이 되었다. 829년 58세 때 洛陽에 돌아와 살면서 河南府의 장관을 맡은 적도 있었으나 대개 太子補導官이라는 명목만의 직위로 자족하면서 시·술·거문고를 三友로 삼아 취음선생이란 字號를 쓰면서 유유자적하였다. 저서로 ≪白氏長慶集≫ 75권 중 71권과 ≪白香山詩集≫ 40권이 현전한다.

백낙천은 唐나라가 쇠락하던 시기에 참소를 당하여 멀리 속세를 떠나 살다가 만년에 洛陽에 돌아와 履道里에서 故 散騎常侍 楊馮[3]의 저택을 얻어서 그곳에서 발자취를 쉬고 은거하여 연못과 누대, 물과 대나무, 거문고와 술, 絃歌 소리를 맘껏 즐기면서 〈池上〉 시를 지어 그 일을 기록하였다. 그러나 이는 오히려 몸을 온전히 지키고 危害를 멀리 피하여 한가롭게 살며 홀로 노닌 것일 뿐이라 할 수 있다. 그가 蘇州刺史로 있을 때 9월 9일 重陽節에 연회를 열어 술을 마시다 취해 관아 누각에 시를 적고서[4] 이에 더욱 흠뻑 취해 놀면서 유쾌하게 自得하여 맘껏 즐길 뿐 다른 일은 아랑곳하지 않았다. 이 시기에 조정의 정치가 혼란하여 牛李의 朋黨[5]이 거세게 서로 다투고 河北 지방에는 재차 난리가 일어나 中外가 다 소란하거늘 백낙천은 어찌 하나도 관심을 두지 않고서 참으로 이렇게 즐겁게 놀 수 있었단 말인가.

是日이 **白樂天生日也**라 **故以其期集焉**이러라 **昔樂天**이 **當唐室之衰**하여 **遘値讒娼**하여 **遠躬高擧**하여 **晩歸洛陽**하여 **於履道里**에 **得故散騎常侍楊馮宅**하여 **息跡其中**하여 **窮極池臺水竹琴酒弦歌之樂**할새 **爲池上篇**하여 **以紀其事**라 **然此猶曰 全身遠害**하여 **閒居獨游而已**니 **其刺蘇州**하여 **以九日宴集**에 **醉題郡樓**하고 **乃益酣嬉淋漓**하여 **快然其自得**하여 **恣情而罔恤**하니 **當是時**하여 **朝政昏瞀**하여 **牛李朋黨交煽**하고 **河朔再亂**이라 **中外交訌**이어늘 **樂天豈一無所關其慮而誠有樂乎此哉**아

대개 군자가 세상에 살면서 평안한 때와 험난할 때가 한결같을 수 없으니, 혹 마음속에 자득하지 못하는 바가 있으면 오로지 林泉・巖壑의 자연 속에 마음껏 노닐면서 빈객・붕우들과 어울려 연회를 엶으로써 스스로 마음을 달래곤 하였다. 劉伯倫과 陶淵明 같은 이들은 술을 몹시 좋아하였고[6], 倪迂[7]・顧阿瑛[8]・冒辟疆[9] 같

3) 楊馮 : 자는 虛受이고 唐 代宗 大曆 연간(766~779)에 과거에 급제하였다.

4) 蘇州刺史로……적고서 : ≪白香山詩集≫ 21권에 〈九日宴集醉題郡樓兼呈周殷二判官〉이 있다.

5) 牛李의 朋黨 : 唐 穆宗 때부터 武宗 때까지 牛僧孺와 李德裕가 서로 알력이 심했다. 그리하여 우승유와 李宗閔을 중심으로 한 黨과 李吉甫・이덕유 父子를 중심으로 한 당이 40년 동안 대립하였다. 당시에 이를 두고 '牛李之黨'이라 하였다.(≪新唐書≫ 권180 〈李德裕傳〉)

6) 劉伯倫과……좋아하였고 : 유백륜은 晉나라 때 竹林七賢의 한 사람인 劉伶으로, 술을 몹시 좋아하여 술을 칭송한 〈酒德頌〉을 지었다. 陶淵明도 술을 좋아해 〈飮酒〉와 〈止酒〉 시가 있다.

7) 倪迂 : 倪瓚(1301~1374)으로, 자는 元鎭이고 호는 雲林이며 江蘇省 無錫 사람이다. 元나라 말엽의 인물로 성품이 迂闊하고 書畫에 뛰어난 당대의 대가로 속세와 멀리 떨어진 곳에 저택을 짓고 살았다.

8) 顧阿瑛 : 顧德輝(1310~1369)로 자는 仲英이고 호는 金粟道人이며, 江蘇省 昆山 사람이다. 元

은 이들은 元나라와 明나라의 말엽에 園亭과 빈객의 성대함이 동남방에서 으뜸이었고, 杜子美(杜甫)는 天寶 연간의 난리를 만났을 때 李氏(李封)의 園林에서 술을 마셨는데, 그때 지은 시에,

상고시대 葛天氏의 백성[10]은
천자의 근심을 끼쳐주지 않았건만
지금 阮籍과 같은 자들은
술에 흠뻑 취해 자신만 생각한다[11]

라 하였으니, 그 뜻을 알 수 있다. 그러나 成都에 있을 때에는 심지어 농부와 어울려 만취하도록 술을 마셔 정신을 잃고 질탕하게 놀면서 지칠 줄 몰랐다. 하물며 만난 사람들은 耆老나 명사들이었던가. 즐겁게 논 것은 게다가 意量이 있는 것인가.[12] 그러므로 머물러 놀면서 경관과 풍광을 즐길 때에는 정자와 연못가에 한가로이 거닐며 대나무와 바위를 곁눈질로 보고, 옷소매 당기며 친밀하게 지내면서 狂飮하며 큰 소리로 껄껄 웃고, 일신과 세상을 다 잊고서 거침없이 행동하고 세상을 하찮게 보아, 세상의 득실과 시비를 다 잊고 彭祖와 殤子를 똑같이 여기고[13] 公侯와 노예를 구별하지 않으며, 榮辱에 놀라지 않고 治亂이 들리지 않아 몸을 가

나라 말엽의 문인으로, 집이 매우 부유하여 古書畫을 많이 수집했고, 문학에 능한 선비들을 초청하여 시를 읊었다. 저서로 ≪玉山草堂集≫이 있다.

9) 冒辟疆 : 冒襄(1611~1693)으로, 자가 辟疆이고 호는 巢民・樸庵・樸巢이며, 揚州府 泰州 사람이다. 明末淸初의 문학가로 재산이 넉넉하였다. 명나라가 멸망하자 낙향하여 文墨과 풍류를 즐기며 여생을 보냈다. 저서로 ≪樸巢詩文集≫, ≪岕茶彙抄≫, ≪水繪園詩文集≫ 등이 있다.

10) 葛天氏의 백성 : 葛天氏는 上古의 제왕 無懷氏와 병칭되는 제왕이다. 이 시대에는 풍속이 순박하여 백성들이 아무런 근심 걱정이 없었다 한다. 陶淵明의 〈五柳先生傳〉에 "무회씨의 백성인가, 갈천씨의 백성인가?〔無懷氏之民歟 葛天氏之民歟〕"라 하였다.(≪古文眞寶後集≫ 권2))

11) 상고시대……생각한다 : 두보의 〈晦日尋崔戢李封〉 중에 보인다.

12) 즐겁게……것인가 : 즐겁게 놀았을 뿐 국가와 시국에 대해 근심함이 없었다는 뜻이다. 意量은 氣度와 같은 말로, 의식이나 도량을 뜻한다. 曾國藩의 〈聖哲畫像記〉에 范仲淹과 司馬光에 대해 말하면서 "정도로써 자신을 지켜 울연히 풍속을 이루었으니, 意量이 또한 원대하다.〔其以道自持 蔚成風俗 意量亦遠矣〕"라 하였다.

13) 彭祖와……여기고 : 팽조는 800살을 살았다는 전설상의 사람이고, 殤子는 성년이 되기 전에 일찍 죽은 아이다. ≪莊子≫ 〈齊物論〉에 "상자보다 오래 산 사람이 없고 팽조보다 일찍 죽은 사람이 없다.〔莫壽於殤子 而彭祖爲夭〕"라 하였는데, 王羲之의 〈蘭亭記〉에 "죽음과 삶이 하나라는 것이 허황한 말이요 팽조와 상자가 같다는 말이 망령된 것임을 잘 알겠다.〔固知一死生爲虛誕 齊彭殤爲妄作〕"라 하였다.

누지 못한 채 조물주와 노니는데, 사람들은 어찌된 영문인지 알지 못한다. 이로써 참된 본성을 지키며 자기 뜻대로 살았으니, 옛날의 군자가 시대는 전후로 서로 〈다르지만〉 한 길에서 나오듯이 〈똑같이 산〉 이들이 대체로 다 이렇게 하였다.

蓋君子之處於世에 夷懌險艱이 不能以一致하니 或中有不自得이면 則壹放意於林泉巖壑하여 賓朋讌集以自遣하니 若劉伯倫陶淵明之耽耆於酒하고 倪迂顧阿瑛冒辟疆之徒는 當元明之季하여 園亭賓客之盛이 甲於東南하고 而杜子美値天寶亂起하여 飮李氏園에 其爲詩乃曰 上古葛天民은 不遺黃屋憂어늘 至今阮籍輩는 熟醉爲身謀로다하니 可以知其趣已나 其在成都에는 迺至與田父泥飮하여 狎蕩顚到而不厭이온 況其所遇가 爲耆彦勝流者耶아 其爲樂이 豈復可意量耶아 故當其流連景光하여는 襄(陽)〔羊〕[14]亭沼하여 俾倪竹石하며 掎裳連襼하여 狂飮大噱하며 放形遺物하고 橫行闊視하여 忘得喪外非譽하며 齊彭殤混侯虜하여 寵辱不驚하며 理亂不聞하여 頹然與造物者游而衆莫知其所以하니 乃以全其眞而得其志하니 此昔之君子胥先後而若出一塗者가 無慮皆以是也라

지금 우리 諸賢이 모인 것이 백낙천 및 옛날 군자들이 뜻한 바와 비교해 알지 못하겠다만 어떠한가. 그러나 이 놀이의 즐거움은 기록해두지 않을 수 없다.

주인이 이미 太守 黃沛皆(黃波)에게 부탁하여 그림으로 그렸고, 또 范月槎(范志熙) 丈을 통하여 나에게 부탁해 記를 짓게 하였다. 내가 글을 잘 짓지 못한다는 이유로 사양하였더니, 더욱 굳게 청하였다. 끝까지 사양할 수 없기에 이와 같이 기를 지었다.

武昌 張裕釗는 쓰노라.

今諸賢之集이 其與樂天曁昔之君子之所志로 未知何如오 然玆游之樂이 不可以無述也라 主人旣屬黃沛皆太守爲之圖하고 又介范月槎丈하여 屬裕釗爲之記어늘 裕釗辭不文하니 則益固以請이라 旣卒不獲辭일새 乃爲記之如此하노라 武昌張裕釗書하노라

14) (陽)〔羊〕: 저본에는 '陽'으로 되어 있으나, ≪濂亭文集≫에 의거하여 '羊'으로 바로잡았다.

42. 北山을 홀로 유람하고 쓴 記　北山獨游記*

* 북산을 혼자서 등반하고 소감을 쓴 것이다. 인생도 등반과 같아서 끝까지 포기하지 않아야 지극히 좋은 경지에 이를 수 있다는 깨달음을 말하였다.

내가 馬蹟鄉의 산사에서 독서할 때 바라보니 북쪽의 한 봉우리가 우뚝이 높았다. 그래서 마음속으로 가보고 싶었지만 함께 갈 사람이 없어서 가지 못하다가 드디어 하루는 용기를 내어 혼자 가서 칡덩굴을 부여잡고 올라가면서 퍽 의욕을 내었다. 그러나 산의 중턱쯤에 이르러 다리 힘이 지쳐서 쉬다가 다시 나아가 더욱 올라가보니, 계곡물이 종횡으로 흐르고 풀숲 사이로 오솔길이 가느다란 연기처럼 구불구불 엇갈려 나와서 헷갈려 종잡을 수 없었다. 더 앞으로 나아갔더니 공허한 메아리 같은 소리가 진동하기에 뒤돌아봐도 오는 이는 한 사람도 없었고 게다가 풍광은 황량하고 처량하였다. 내가 마음이 동요하여 그만 멈추고 싶은 것이 여러 차례였다.

그러나 끝내 의욕을 내려놓지 못해 용기를 내어 더 앞으로 나아가 마침내 산 정상에 올랐다. 올라보니, 사방이 툭 트이어 드넓은 허공뿐이라 시야가 끝없이 펼쳐졌다. 가까운 곳으로부터 먼 곳까지 움푹한 것, 불룩한 것, 펼쳐진 것, 뭉쳐진 것, 비스듬한 것, 높이 솟은 것, 에워싼 것, 기댄 것, 괴이한 것, 고운 것, 떨어져 서로 등진 것, 와서 서로 만난 것들이 나 자신이 가보지 못한 곳들이다. 한번 좌우로 바라봄에 만물이 다 저마다의 형상을 받들어 내 앞에 모두 바친다. 내가 이에 慨然히 생각하는 바가 있었다.

余讀書馬蹟鄉之山寺할새 望其北一峯이 崒然而高라 嘗心欲至焉이로되 無與偕弗果라가 遂一日奮然獨往하여 攀籐葛而上에 意銳甚이러니 及山之半하여 足力倦일새 止復(부)進하여 益上則澗水縱橫하고 草間微徑如烟縷하여 詰曲交錯出하여 惑不可辨識이요 又益前聞虛響振動이어늘 顧視에 來者無一人하고 益荒涼慘慄이라 余心動欲止者屢矣라 然終不釋하여 鼓勇益前하여 遂陟其巔하니 至則空曠寥廓하여 目窮無際라 自近及遠에 窪者, 隆者, 布者, 摶者, 迤者, 峙者, 環

者, 倚者, 怪者, 姸者, 去相背者, 來相御者가 吾身之所未歷이라 一左右望에 而萬有皆貢其狀하여 畢效於吾前하니 吾於是에 慨乎其有念也라

천하에 아득히 멀고 특출하게 좋은 곳은 먼저 마음에 판단하여 한번 가기로 혼자서 결정하여 〈다리 힘이〉 지치거나 마음이 헷갈리고 두렵다고 해서 멈추지 않는 이가 아니면, 그 지극한 곳까지 능히 나아갈 자가 있겠는가.

이번 유람에서 내가 그러한 뜻을 이미 터득하였기에 유쾌하여 마음이 즐거웠다. 이에 종전에 힘이 지치거나 마음이 헷갈리고 두려워했던 경우에 거의 〈지극한 곳을〉 잃을 뻔했던 것을 탄식하고, 내가 이 때문에 그만 멈추지 않은 것을 다행으로 여긴다. 이에 붓을 적셔 記를 쓰노라.

天下遼遠殊絶之境은 非先蔽志而獨決於一往하여 不以倦而惑且懼而止者면 有能詣其極者乎아 是游也에 余旣得其意하여 而快然以自愉라 於是에 歎余向之倦而惑且懼者之幾失之하고 而幸余之不以是而止也라 乃泚筆而記之하노라

吳摯甫文鈔

제8권 吳摯甫文鈔

01. 廣西 潯州府知府 薛君의 墓碑　廣西潯州府知府薛君墓碑*

*이 글은 1879년 吳汝綸이 자신의 벗 薛福成(1838~1894)의 요청에 따라 그 부친 薛湘을 위하여 지은 것이다. 설상의 저서와 官歷, 治績 등을 간추려 서술하고, 벗이 설상에게 보낸 편지를 덧붙여 인용함으로써 설상이 강직한 성품으로 인해 당세의 시기를 받았음을 보이고 있다.

咸豐 8년(1858) 7월 모일에 廣西 潯州府[1]知府인 薛君 諱 湘, 字 曉帆이 향년 53세에 新寧縣[2]의 官所에서 졸하였다. 21년 뒤가 光緒 5년(1879)이니 모월 모일에 그가 살았던 無錫縣의 某鄉 某原에 장사 지내고 부인 顧氏를 합장하였다. 그 아들이 行狀을 가지고서 銘을 청하기에 내가 그 요점을 모아 다음과 같이 말한다.

咸豐八年七月某日에 **廣西潯州府知府薛君諱湘字曉帆**이 **年五十有三**에 **卒於新寧官所**라 **二十有一年**이 **爲光緒五年**이니 **某月日**에 **葬於所居無錫縣之某鄉某原**하고 **夫人顧氏祔**하다 **其孤以狀謁銘**할새 **汝綸最其凡曰**

무릇 君의 집안은 증조부 桑부터 조부 世琛, 부친 錦堂이 대대로 선비였는데 군에 이르러 비로소 성대해졌다. 아들 福辰은 山東 濟武泰寧道[3]를 지냈고, 福同은 擧人이고, 福成은 直隸知府이고, 福保는 某官이고, 福振은 모관이고, 福庚은 모관이니, 모두 어질고 문장이 뛰어나다. 손자는 3인이니 모두 능히 그 집안을 계승하고 있다.

무릇 군이 지은 책은 ≪割圜指掌圖≫ 6권, ≪方輿備覽≫ 24권, ≪二篆圖說≫ 4권, ≪隸辨訂僞≫ 2권, ≪段氏說文翼≫ 24권, ≪河洛鉤玄≫ 4권, ≪折衝錄≫ 16권, 文

1) 潯州府 : 지금의 廣西 壯族自治區 桂平市에 그 府治가 있었다.
2) 新寧縣 : 湖南省 西南部에 위치한 현이다.
3) 濟武泰寧道 : 濟東泰武臨道의 착오인 듯하다. ≪德宗景皇帝實錄≫ 권41 光緒 2년(1876) 10월 12일 기사에 "濟東泰武臨道 薛福辰"이라는 말이 보인다. 제동태무림도는 乾隆 41년(1776)에 道名이 정해진 이후 民國 2년(1913)에 폐지될 때까지 濟南府·東昌府·泰安府·武定府·臨淸直隸州를 관할하였다.

12권, 詩 10권이니, 도합 102권이다.

凡君之世는 自曾祖燊(신)祖世琛父錦堂이 世爲儒러니 至君始大라 子福辰은 山東濟武泰寧道요 福同은 擧人이요 福成은 直隷知府요 福保는 某官이요 福振은 某官이요 福庚은 某官이니 皆賢有文이라 孫三人이니 皆能世其家라 凡君爲書는 曰割圜指掌圖六卷이요 曰方輿備覽念四卷이요 曰二篆圖說四卷이요 曰隷辨訂僞二卷이요 曰段氏說文翼念四卷이요 曰河洛鉤玄四卷이요 曰折衝錄十六卷이요 文十二卷이요 詩十卷이니 都一百二卷이라

무릇 군이 역임한 관직은, 擧人으로서 覺羅官學 敎習으로 충원되어 재임한 것이 12년이고, 進士로서 鎭江府學 敎授에 제수되어 재임한 것이 5년이고, 湖南에서 縣을 다스려 安福縣에 재임한 것이 4년이고 石門縣과 新寧縣에 재임한 것이 모두 1년이고 潯州府知府로 발탁되어 부임하기 전에 졸하였으니, 도합하여 縣을 다스린 것이 6년이다.

그의 道는 집안에서 부모에게 효도하고 형을 공경하였고, 그의 문장은 천하에 전해져 모범으로 여겨졌고, 그의 가르침은 門徒와 벗들에게 믿음을 받았기에 재직하던 곳마다 곁방을 만들어 배우러 오는 자들이 거처하게 하였다.

凡君所歷官은 以擧人으로 充覺羅官學敎習十二年이요 以進士로 (余)〔除〕[4]鎭江府學敎授五年이요 爲縣湖南하여 在安福四年이요 在石門新寧이 皆一年이요 擢潯州하여 未至卒하니 都爲縣六年이라 其道는 孝弟於家하고 其文은 傳效於天下하고 其敎는 信於徒友라 所在에 治傍舍하여 舍來學者하다

그 다스림의 성과로 말하면, 洪秀全[5]이 湖南을 침범하였을 때 군이 安福縣의 백성을 규합해 험고한 요충지를 이용하여 거짓으로 깃발을 세워 가짜 군사를 만드니 적이 놀라서 전진하지 않았는데, 또 전투하여 그 수괴를 쓰러뜨리고 적을 물리치니 상께서 들으시고 潯州府知府로 발탁하셨다. 명이 내렸을 적에 군은 바야흐로

4) (余)〔除〕: 저본에는 '余'로 되어 있으나, ≪吳汝綸全集 1≫(黃山書社, 2002)에 의거하여 '除'로 바로잡았다.

5) 洪秀全 : 1813~1864. 廣東 花縣 사람으로 廣西省에서 기독교 결사 拜上帝會를 조직하고 이를 바탕으로 1851년 太平天國이라는 국호를 내세워 스스로 天王이라 칭하며 淸나라에 대항하였다.

新寧縣令으로 있었는데 新寧縣 백성들이 서로 모여 이르기를 "어찌하여 우리 어진 수령을 빼앗으시는가!"라고 하면서 함께 大府[6]에게 달려가 문을 지키고서 군의 留任을 청하였으나 그렇게 되지 못하였기에 후임자와 교대하고 떠났다. 무릇 이미 〈재능을〉 시험한 것으로서 드러낼 만한 것은 이와 같이 갖추어 서술한다.

其治狀은 洪秀全犯湖南할새 君糾安福民乘阨塞(새)하여 詭徽幟하여 爲疑兵하니 賊愕不進이어늘 又戰殪其渠帥하고 卻敵하니 上聞擢守潯하시니 命下에 君方令新寧이어늘 新寧民相聚謂曰 何奪我賢侯爲아하여 交走大府하여 守門乞留不得이라 受代去하다 凡所已試可表見(현)者는 具狀如此라

군은 더욱 고고함을 지켜 처음에 進士가 되고 廷試에서 下等의 성적을 받았다. 安福縣에 재임할 적에 상관에게 군을 비방하는 사람이 있었는데 侍講 孫鼎臣이 군에게 편지를 보내 말하기를 "足下는 江南의 이름난 宿儒로서 걸맞지 않게도 縣令이 되어 기묘한 계책을 내어 변고에 대응하며 일에 임하여 미혹되지 않는지라 용렬한 소인에게 시기를 받아 유언비어가 만들어지니, 아, 슬프도다! 능히 스스로 수립하여 세속을 따라 뜻을 굽히지 않는 선비는 능히 당세에 영합하여 매도와 기롱과 비방과 조소를 받지 않은 자가 없다."라고 하였으니, 鼎臣은 군의 오랜 벗인지라 편지를 쓴 것이 이와 같았다. 나는 福成과 교유하였고 게다가 인척관계라 그 집안으로부터 遺事를 구하고 이 편지를 얻어 墓碑에 기록하고 마침내 銘을 짓는다.

君尤益守高라 初成進士하고 廷試下等이러니 及在安福하여 人有惡君於長吏者어늘 侍講孫鼎臣詒君書曰 足下以江表名宿으로 屈宰百里하여 出奇應變하며 臨事不惑이라 見忌闒茸하여 造作蜚語하니 嗟乎悲夫인저 能自樹立不隨俗骫骳之士는 未有能取容當世不罵譏姍笑者也라하니 鼎臣君故人也라 爲書如此하니라 汝綸與福成遊하고 加姻焉일새 從其家求遺事하고 得此書하여 著之碑하고 遂爲銘하노라

銘은 다음과 같다.
文武를 모두 갖추고 뜻이 강직해 굽히지 않았으니
자기 재능을 북돋아 그 큼은 감춰두고
아주 작은 것만 발휘했으나 소인들이 시기하였네.[7]

---

6) 大府 : 總督, 巡撫를 이른다.

생전에 밝음을 감추고 사후에 이름나니 그 성취에 손상이 되지 않네.
은택이 널리 미치지는 못했으나 道는 밝았으니 후손이 번창하네.
드높고 곧은 松柏이 만년토록 있을지니 潯州의 무덤이로다.

銘曰 旣文又武하고 **志伉不俛**(부)하니 **雍培其有**하여 **其大則弢**하고 **出其芒毛**로되 **群碎之忉**라 **生晦其明**하고 **旣沒而名**하니 **不虧其成**이라 **維施不滂**이나 **而道則光**하니 **維後之昌**이라 **松柏丸丸**이 **有萬其年**하니 **潯州之阡**이로다

7) 시기하였네 : 저본의 '忉'는 본디 근심한다는 뜻이나 여기서는 ≪音注吳摯甫文≫(中華書局, 1941)에서 '시기하다〔忌〕'로 본 것에 의거하여 번역하였다.

02. 필사본 ≪尙書≫의 뒤에 쓰다　記寫本尙書後*

*≪尙書≫는 상고시대의 정치를 기록한 책이다. 본래 ≪書≫라고 일컫다가 漢代 이후로 ≪상서≫라 일컬었는데, '尙'은 '上'이라는 뜻이다. 이 글에서 오여륜은 ≪상서≫가 道뿐만 아니라 문장으로서도 뛰어나다고 상찬하는 동시에, 今古文 논쟁[1]의 맥락에 유의하여 ≪상서≫ 텍스트에 정밀하게 접근할 것을 강조하고 있다.

옛 ≪尙書≫ 100편 중에 지금 남아있는 것이 28편이니[2] 虞·夏·商·周의 遺文으로서 〈지금〉 볼 수 있는 것은 모두 이것이다. 漢나라 때에는 ≪尙書≫가 16편이 더 많았는데[3] 당대의 儒者들이 강설할 수 없었기에 전해지지 못하여 마침내 없어졌으니 애석하고도 애석하다. 옛 帝王의 일이 후세와 마찬가지이니, 그들이 한 바가 만세토록 기재되어 전해져서 하늘에 이르고 땅을 가득 채우며 해어지거나 무너지지 않은 것은 그저 그 道가 뛰어나서일 뿐만이 아니라 또한 그 문장이 높고 깊어서 그 사실을 장구하고 원대하게 할 수 있었기 때문이다.

古尙書百篇에 **今存者廿八篇**이니 **虞夏商周之遺文**이 **可見者盡此矣**라 **漢時書多十六篇**이러니 **由時師不能說**이라 **不傳**하여 **卒以亡**하니 **惜哉惜哉**로다 **古帝王之事**가 **與後世同**하니 **其所爲**가 **傳載萬世**하여 **薄九閡**하고 **彌厚土**하여 **不敝壞者**는 **非獨道勝**이요 **亦其文崇奧**하여 **有以久大之也**일새라

揚子雲이 四代의 書를 요약하여 말하기를 '渾渾하고 噩噩하고 灝灝하다'라고 하

---

1) 今古文 논쟁 : 秦始皇의 焚書를 거쳐 漢代에 이르면서 ≪尙書≫의 텍스트는 복잡한 양상으로 존재하게 된다. 伏生이 전하여 한대의 隸書로 기록하였다는 이른바 今文尙書와, 孔子의 옛집 벽에서 나온 것을 孔安國이 전하였다는 이른바 古文尙書로 나뉘게 된 것이다. 魏晉시대에 이르러 한대의 고문상서가 일실되고, 東晉의 梅賾이 고문상서를 다시 구하였다고 하여 해당 본이 통행되었다. 이후 고문상서의 眞僞 여부와 해석 문제를 두고 꾸준한 논쟁이 이어지다가, 淸初에 閻若璩가 ≪尙書古文疏證≫을 통해 매색의 고문상서뿐만 아니라 한대의 고문상서 또한 僞作임을 밝혔다.

2) 옛……28편이니 : 秦나라 博士였던 伏生이 전한 것이라 알려져 있다. 漢나라 초기에 당시의 통용되던 문자인 隸書로 옮겨 썼다고 하여 今文尙書라 이른다.

3) 漢나라……많았는데 : 漢 景帝 때 공자가 살았던 집의 벽에서 발견되었다고 전하는 것으로, 先秦의 蝌蚪文字로 되어 있다고 하여 古文尙書라 이른다.

였으니[4] 그는 그 까닭을 알았던 것이다. 晉·宋[5] 이래로 선비들이 후세에 늦게 나온 僞篇에 혼란해져 子雲이 이른 바를 다시 알지 못하였는데, 유독 韓退之 씨가 〈虞書〉와 〈夏書〉를 일컬어 역시 '渾渾하다'라고 하고 〈商書〉와 〈周書〉에 대해서는 단지 그 詰屈聱牙함을 인정하였다.[6] ≪詩經≫에 이르기를 "〈내면에〉 지니고 있는지라 〈밖으로 드러난 것도〉 그와 같네.〔惟其有之 是以似之〕"[7]라고 하였으니 참으로 그러하다.

揚子雲最四代之書하여 **以爲渾渾爾噩噩灝灝爾**라하니 **彼有以通其故矣**라 **由晉宋以來**로 **士汩**(골)**於晩出之僞篇**하여 **莫復**(부)**知子雲之所謂**러니 **獨韓退之氏**가 **稱虞夏書亦曰渾渾**이라하고 **於商於周**에 **獨取其詰屈聱牙者**라 **詩曰 惟其有之**라 **是以似之**로다하니 **信哉**로다

그의 門徒인 李漢이 六藝[8]를 차례로 논하면서[9] 또한 "≪尙書≫와 ≪禮記≫는 그 거짓을 제거하였다."라고 하였으니, ≪상서≫의 위작은 이때 처음으로 밝혀졌다. 또한 필시 退之가 그 門徒와 늘 강설한 바가 이와 같았기에 이한이 이를 그대로 기억해 서술한 것일 터이니, 그렇지 않으면 이한의 지식이 아마도 이에 미치지 못했을 것이다.

其徒李漢敍論六藝에 **又曰 書禮**는 **剔其僞**라하니 **書之僞**는 **蓋自此發**이라 **且必退之與其徒常所講說云爾**라 **而漢誦述之**리니 **不然**이면 **漢之智殆不及此**라

---

4) 揚子雲이……하였으니 : 揚子雲은 西漢 때의 학자 揚雄을 말한다. 子雲은 그 字이다. 四代의 書는 ≪書經≫의 〈虞書〉·〈夏書〉·〈商書〉·〈周書〉를 병칭하는 말이다. 양웅의 ≪法言≫ 〈問神〉에 "〈우서〉·〈하서〉는 渾渾하고 〈상서〉는 灝灝하고 〈주서〉는 噩噩하다.〔虞夏之書渾渾爾 商書灝灝爾 周書噩噩爾〕"라는 말이 보인다. 渾渾은 渾厚하고 純樸하다는 뜻이고, 灝灝는 廣大하여 끝이 없다는 뜻이고, 噩噩은 嚴肅하고 直切하다는 뜻이다.

5) 晉·宋 : 위진남북조시대의 晉나라와 宋나라를 가리킨다.

6) 韓退之……인정하였다 : 韓退之는 唐나라의 문장가이자 학자 韓愈를 말한다. 退之는 그의 字이다. 한유의 〈進學解〉에 "위로는 〈虞書〉·〈夏書〉의 渾渾하여 끝이 없음과 〈周書〉의 誥와 〈商書 盤庚〉의 佶屈聱牙함을 본받았다〔上規姚姒 渾渾無涯 周誥殷盤 佶屈聱牙〕"라는 말이 보인다. '佶屈聱牙'는 문장이 굴곡이 많고 난삽함을 뜻한다.

7) 내면에……같네〔惟其有之 是以似之〕 : 이 구절은 ≪詩經≫ 〈小雅 裳裳者華〉에 보인다.

8) 六藝 : 六經을 말한다.

9) 그의……논하면서 : 李漢은 韓愈의 門人이자 사위이다. 이한의 〈昌黎文集序〉에 "≪周易≫은 爻象의 占辭를 해석하고 ≪春秋≫는 일을 기록하고 ≪詩經≫은 노래를 읊고 ≪尙書≫와 ≪禮記≫는 그 거짓을 제거하였으니 모두 심오하도다.〔易繇爻象 春秋書事 詩詠歌 書禮剔其僞 皆深矣乎〕"라는 말이 보인다.

聖人은 道와 文이 본디 모두 지극하였는데 그보다 아래로 내려와서는 道와 文 어느 한쪽만 우세하고 〈그 기운이〉 조금 쇠하였지만, 요컨대 모두 독자적으로 도달한 경지가 있는지라 모방하여 답습할 수 있는 경우가 아니니, 知言者는 보기만 해도 결정할 수 있다.

나는 근세 유자들이 僞書를 상고하고 변증하여 논의가 점점 정해졌거니와, 이른바 '渾渾'이라는 것과 '噩噩'이라는 것과 '灝灝'라는 것과 '詰屈聱牙'라는 것으로 말하면, 모호하여 구별할 수 없는 것이 여전히 이와 같아 더욱 애석하다. 이에 그 문장을 베껴 쓸 때에 典謨로부터 秦 穆公에 이르기까지[10] 문자가 다른 것을 자못 채택하여 篇中에 드러내었으니, 綴學[11]을 하는 선비는 揚子雲과 韓退之의 말을 고찰하고 연구하여 그 뜻을 파악할 수 있을 것이다.

聖人者는 **道與文故幷至**러니 **下此**는 **則偏勝焉**하고 **少衰焉**이로되 **要皆有孤詣獨到**라 **非可放效而襲似之者**니 **知言者**는 **可望而決耳**라 **我尤惜近儒者**가 **考辨僞篇**하여 **論稍稍定矣**어니와 **至論所謂渾渾者噩噩者灝灝者詰屈而聱牙者**하여는 **其蘉然而莫辨猶若也**라 **於是**에 **寫其文**에 **自典謨訖秦穆**히 **頗采文字異者著於篇**하니 **庶綴學之士**는 **有以考求揚韓之說而得其意焉**이라

아! 예로부터 道를 구하는 자는 반드시 문장에서 힘입는 바가 있는데, 문장은 시대와 더불어 융성하고 쇠퇴한다. 춘추시대 이후로 左丘明이 기록한 것[12]과 管仲과 晏嬰, 老氏가 말한 것[13]은 ≪尙書≫와 시대적 거리가 멀다. 秦 繆公(穆公)이 구구하게 邠荒[14]에서 일어나 中原을 복속시킨 일은 말할 만한 것이 없으나, 다만 그

---

10) 典謨로부터……이르기까지 : 典謨는 〈虞書〉의 〈堯典〉·〈舜典〉 및 〈大禹謨〉·〈皐陶謨(고요모)〉·〈益稷〉을 통칭하는 말이며, 〈周書〉의 마지막 편 〈秦誓〉는 秦 穆公의 일을 기록한 것이다. 곧 ≪尙書≫의 全篇을 가리킨다.

11) 綴學 : 고문헌을 편집하고 정리하는 학문을 말한다.

12) 左丘明이……것 : 左丘明은 춘추시대 魯나라의 학자로서, ≪春秋左氏傳≫과 ≪國語≫의 저자로 알려져 있다.

13) 管仲과……것 : 管仲은 춘추시대 齊나라의 재상으로, 이름은 夷吾이며 仲은 그 字이다. ≪管子≫에 그의 언행이 기록되어 있다. 晏嬰 또한 齊나라의 재상으로, ≪晏子春秋≫라는 언행록이 전한다. 老氏는 ≪史記≫ 〈老莊申韓列傳〉에 따르면 楚나라 사람으로서 성은 李, 이름은 耳, 자는 伯陽, 諡號는 聃이다. ≪道德經≫에 그의 사상이 담겨 전한다.

14) 邠荒 : 邠은 지금의 陝西省 彬縣 일대로, 秦 穆公 시절 秦나라의 수도 雍城이 이곳에 있었다. 荒은 荒服으로, 京師로부터 거리가 2,000리 이외 2,500리 이내인 지방을 가리킨다.

문장은 우뚝이 천 년 전으로 올라 三代[15]에 견주어도 거의 부끄러울 것이 없으니, 나는 또한 帝王의 문장으로서 후인들에게 이어지는 것은 영원토록 끊어지지 않음을 알겠다.

嗟乎라 自古求道者는 必有賴於文이어늘 而文章與時升降이라 春秋以還으로 邱明所記와 管晏老氏所言은 去尙書抑遠矣라 秦繆(목)區區起邠(빈)荒하여 賓諸夏는 無可言者로되 獨其文崒(줄)然躋千載上하여 視三代에 殆無媿色하니 我又以知帝王之文之肸蠁於後人者는 蓋終古不絶息也라

15) 三代 : 夏・商・周를 병칭하는 말이다.

03. 필사본 ≪尙書≫의 뒤에 다시 쓰다　再記寫本尙書後*

＊≪尙書≫의 古文과 今文에 대해 논한 글이다. 이 글에서 오여륜은 세상에서 고문상서와 금문상서라고 부르는 것이 사실상 모두 금문인데, 그중 孔氏(孔安國)의 ≪상서≫가 어째서 '고문상서'라 불리게 되었는지를 밝혔다. 더불어 古文 逸書가 後漢의 古學을 존숭한 유학자에게 결국 주목되지 않은 채 폐기되고 만 것을 애석하게 여겼다.

漢代로부터 ≪尙書≫를 말한 것에 今文과 古文이 있으니, 그 구별은 伏氏와 孔氏 二家에서 유래하였다.[1] 이 가의 經은 壁中에서 나왔는데, 모두 고문이었지만 모두 금문으로 풀어서 읽었다. 歐陽과 夏候[2]는 복씨에게 전수 받아서 읽었고, 그 벽중서는 보지 못하였다. 벽중서는 본래 고문이었는데, 朝錯(조조)에게 전해져서 中秘에 들어갔으니,[3] 이로부터 금문이 비로소 성행하였다.

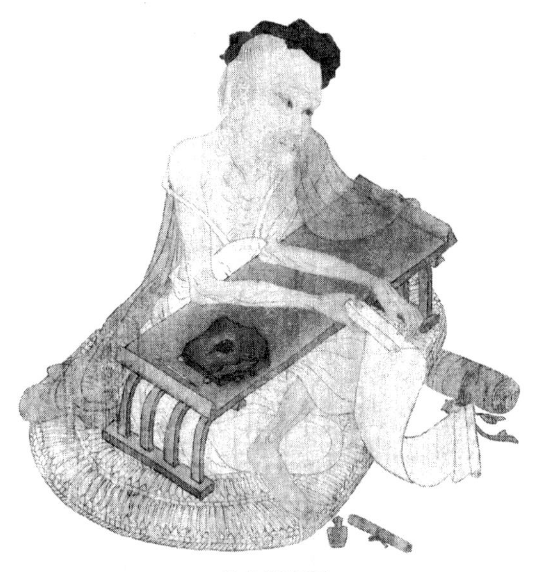

伏生授經圖

1) 漢代로부터……유래하였다 : 흔히 말하는 今文尙書는 漢 文帝 때에 秦나라의 博士였던 伏生의 구술을 받아 당시의 문자인 隸書로 기록한 것이며, 古文尙書는 蝌蚪文字로 기록된 원래의 ≪尙書≫로 漢 武帝 때 魯나라 恭王이 孔子의 舊宅을 헐다가 벽 속에서 찾아낸 것이다. 이에 孔安國이 칙명으로 ≪古文尙書傳≫을 지었으나 巫蠱의 옥사를 만나 學官에 서지 못하여 유실되었다.

2) 歐陽과 夏候 : 歐陽은 歐陽生으로, 漢나라 사람이며, 자는 和伯이다. 伏生에게서 ≪尙書≫를 전수 받아 倪寬에게, 예관은 복생의 아들에게 전하였다. 夏候는 夏侯勝으로, 漢나라 사람이며, 자는 長公이다. 예관의 제자인 簡卿에게 배워서 ≪상서≫를 해석하였다.

3) 朝錯(조조)에게……들어갔으니 : 朝錯는 漢나라 사람으로, 鼂錯라고도 한다. ≪史記≫〈儒林列傳〉에 따르면, 文帝 때 ≪尙書≫를 구하였는데, 책은 이미 사라지고, 당시 90여 세인 伏生만이 ≪상서≫를 기억하고 있었으나 늙어서 거동할 수 없었으므로 그를 보내어 口傳한 29편을 전수 받아 오게 하였다. 中秘는 궐내의 藏書하는 곳을 가리킨다.

나는 생각건대 孔安國과 그의 무리도 본디 금문으로 가르쳤을 것이니, 공씨가 이를 통하여 일가를 세운 것이다. 따라서 이가의 차이는 篇과 卷이 많고 적은 데 있을 뿐이지, 고문과 금문에 있지 않다.

自漢氏로 言尙書에 有今文古文하니 其別由伏孔二家라 二家經出壁中하니 皆古文이로되 而皆以今文讀之라 歐陽夏候受伏氏讀하고 不見其壁中書라 壁中書本古文이로되 以傳朝錯(조)入中秘하니 自是로 今文始盛行이라 吾疑安國與其徒가 亦故用今文敎授하니 孔氏所由起其家라 用此二家之異는 在篇卷多寡耳요 不在文古今也라

太史公의 글에 "≪상서≫는 孔氏로부터 더욱 많아지게 되었다." 하였고,[4] 劉歆은 건의하여 逸書를 〈學官에 과목으로〉 세우면서 太常博士에게 ≪상서≫가 갖추어지지 못한 것을 비판하였으며,[5] 그 당시에 膠東의 庸生이 남긴 학문이 또한 더 많은 16편이 中古文과 같다고 하였다.[6] 무릇 前漢 사람들이 공씨의 학술을 중시하여 古文 逸書라고 일컬었던 것은 모두 이 때문이다.

賈, 馬, 鄭[7] 등이 나오자 비로소 이들이 古文 중 28편에 대해 논쟁하고 그 逸書

---

4) 太史公의……하였고 : 太史公은 司馬遷을 가리킨다. 그가 지은 ≪史記≫의 기록에 "그 이후에 魯 周霸와 孔安國, 雒陽의 賈嘉 등이 ≪상서≫에 자못 능통하였다. 공씨에게는 古文尙書가 있었는데, 공안국은 이를 今文으로 풀어서 읽어서, 이로 인하여 家를 일으켰다. 逸書 10여 편을 얻었으니, ≪상서≫는 이에 더욱 많아지게 되었다.〔自此之後 魯周霸孔安國雒陽賈嘉頗能言尙書事 孔氏有古文尙書 而安國以今文讀之 因以起其家 逸書得十餘篇 蓋尙書滋多於是矣〕"라고 하였다.(≪史記≫ 〈儒林列傳〉 孔安國〉)

5) 劉歆은……비판하였으며 : 유흠은 前漢의 古文經學의 창시자로서, 漢 哀帝 때에 종래의 경전과 다른 ≪春秋左氏傳≫, ≪毛詩≫, ≪古文尙書≫ 등에 學官을 세우려고 하였는데 儒子들에게 비난을 받자, 太常博士에게 글을 보내 "≪상서≫가 갖추어지지 않았다.〔以尙書爲不備〕"라고 비판하였다.(≪文選≫ 권43 〈移書讓太常博士〉)

6) 그 당시에……하였다 : 膠東의 庸生은 漢나라 사람 庸譚으로, 膠東人이다. 古文尙書에 통달하였으며, 孔安國의 再傳 제자이다. 당시에 고문상서가 學宮에 세워지지 못하였는데, 용담이 이를 전수하였다. 中古文은 漢代에 皇宮 안에 보관되어 있던 古文 經籍을 가리킨다. ≪漢書≫ 〈劉歆傳〉에 "魯恭王이 공자의 집을 허물어서 집을 짓고자 하였다가 무너진 벽 중에서 고문을 얻었으니, 逸禮 39편과 書 16편이었다. 天漢 후에 孔安國이 바쳤으나 巫蠱의 창졸간의 난을 만나 미처 시행하지 못하였다. 左丘明이 편수한 ≪春秋≫에 이르러서는 모두 古文 舊書로서 많은 것은 20여 통이었는데, 祕府에 보관되어 숨겨져 드러나지 못하였다.……민간에서 이리저리 수소문한 것으로는 魯國 桓公과 趙國 貫公과 膠東 庸生이 남긴 학문이 있어서 이와 같았으나 시행되지 못하였다.〔及魯恭王壞孔子宅 欲以爲宮 而得古文於壞壁之中 逸禮有三十九篇 書十六篇 天漢之後 孔安國獻之 遭巫蠱倉卒之難 未及施行 及春秋左氏丘明所修 皆古文舊書 多者二十餘通 臧於祕府 伏而未發……傳問民間 則有魯國桓公趙國貫公膠東庸生之遺學 與此同 抑而未施〕"라고 하였다.

7) 賈, 馬, 鄭 : 후한의 학자 賈逵, 馬融, 鄭玄을 가리킨다. 가규는 자가 景伯이며 後漢 平陵人이

16편은 폐기하였으니, 師說이 없다 하여 끊어버리고 강론하지 않았기 때문이다. 朝錯가 전수 받은 벽중서는 비록 〈簡編이〉 썩고 끊어졌을지라도 哀帝 때에 이르러서는 그래도 남아있었는데, 공씨의 고문은 일서 16편을 폐기하여 강론하지 않아 단지 伏氏가 가지고 있던 28편만 전해졌으니, 그렇다면 조조가 전수 받은 書와 무슨 차이가 있겠으며, 또 금문과 무엇이 크게 다르겠는가.

太史公書言尙書滋多自孔氏라하고 **而劉歆議立逸書**하여 **譏太常以尙書爲〔不〕**[8]**備**라 **其時**에 **膠東庸生遺學**이 **亦以多十六篇**하여 **與中古文同**이라 **凡前漢人重孔氏學稱古文逸書**가 **皆以此**라 **及賈馬鄭之徒出**에 **乃始斷斷於古文之廿八篇**하고 **而廢棄其逸十六篇**하니 **以無師說絶不講**이라 **朝錯所授**[9]**壁中書**가 **雖朽折**이나 **至哀帝時尙在**어늘 **孔氏古文若廢棄逸十六篇不講**하여 **而止傳伏氏所有廿八篇**하니 **則與朝錯所受書何以異**며 **且又何以大遠乎今文也**리오

今文은 前漢 때부터 學官을 세워 〈이를 공부하면〉 官祿의 이익을 얻을 수 있었으니, 학자들이 歐陽과 夏侯의 經을 익혀서 말한 것이 城市를 이루었으나, 朝錯의 壁中書는 겨우 전해져 읽혔을 뿐이다. 이는 똑같이 伏氏 한 스승이 전수한 바에서 나온 것이지만, 성쇠가 현격한 것이 도리어 이와 같다. 고문 逸書에 있어서 강송하지 않아서 끊어지게 한 것은 진실로 족히 괴이할 것이 없지만, 賈(賈逵), 馬(馬融), 鄭(鄭玄) 諸儒의 경우에는 歐陽을 꾸짖고 夏侯를 비판하여 博士의 經을 익히지 않고 관록의 이익을 따르지 않아서 시류를 등지고 古學을 존숭하였는데도 일서를 강송하지 않았으니, 이는 어째서인가.

帝王의 글은 얻기가 지극히 어렵다. 秦나라의 분서갱유를 만나서 다 없어지지는 않았었는데, 복씨가 조금 잃어버렸다가 다시 孔子의 堂壁에서 나왔으니, 매우 다행이라 할 만하다. 그 후에 미약하기는 하였지만 그래도 가느다란 실처럼 이어져 4백 년 동안 남아있었는데, 끝내 고학을 존숭하던 제유의 손에서 폐기된 것이다. 이로부터 일서 16편이 太史公이 기록한 〈湯誥〉[10] 외에는 더는 남아서 보존된 것이

다. ≪左氏傳解詁≫와 ≪國語解詁≫를 저술하여 明帝에게 헌상하였고, 今文과 古文 ≪尙書≫의 異同 등을 밝혀서 훗날 마융과 정현 등이 古文經書를 전공할 수 있는 터전을 만들었다. 마융은 자가 季長이며 後漢 茂陵人이다. 여러 경전에 통달하여 盧植, 정현 등을 가르쳤다. 정현은 자가 康成이며 後漢 高密人이다. 훈고학과 경학으로 널리 알려졌다.

8) 〔不〕: 저본에는 '不'이 없으나, ≪吳汝綸全集≫에 의거하여 보충하였다.

9) 授 : ≪吳汝綸全集≫에는 '受'로 되어 있다.

없게 되었으니, 이는 몹시 애석한 일이다.

光緖 모년 모월에 桐城 吳汝綸은 쓴다.

今文自前漢時立學官하여 有祿利니 學者習歐陽夏侯經하여 說之成市로되 而朝錯壁中書는 僅乃能傳讀而已라 此同出伏氏一師之所傳이로되 盛衰懸絶乃如此라 其於古文逸書에 以不誦絶之는 誠無足怪어니와 若賈馬鄭諸儒者는 誚歐陽詆夏侯하여 不習博士經하고 不徇祿利하여 背時趨崇古學矣어늘 乃亦不誦逸書는 何歟오 帝王之文은 至難得也라 遭秦焚에 不盡亡이러니 伏氏少失焉이로되 而復(부)出於孔子之堂壁하니 可謂至幸이라 是後雖微弱이나 猶尙絲聯繩續하여 彌留四百年이로되 而卒廢棄於諸儒崇古學者之手라 自是以來로 〔逸〕[11]十六篇이 舍太史公所錄湯誥外에 無復遺存者矣니 此可爲深惜者也라 光緖某年某月에 桐城吳汝綸記하노라

10) 太史公이……湯誥 : ≪史記≫ 〈殷本紀〉에 보인다.
11) 〔逸〕 : 저본에는 '逸'이 없으나, ≪吳汝綸全集≫에 의거하여 보충하였다.

04. 孔敍仲 문집의 序　孔敍仲文集序*

*孔憲彝(1808~1863)의 문집에 붙인 서문이다. 공헌이는 자는 敍仲, 호는 繡山 혹은 秀珊이며, 山東 曲阜人이다. 공자의 72대손이다. 道光 17년(1837)에 擧人이 되었으며, 內閣侍讀을 지냈고, 詩·畫·篆刻에 능하였다. 저서로 ≪孔敍仲詩草四種≫, ≪對嶽樓詩錄≫, ≪韓齋文稿≫ 등이 있다.

예전에 내가 처음 內閣에 들어갔을 때, 曲阜 孔敍仲 선생이 舍人들 중에 가장 훌륭하다고 들었는데, 마침 선생이 이미 동쪽으로 돌아간 뒤라 뵙고자 하였으나 그럴 수 없었다. 또 20여 년 후에 선생의 아들인 厚甫와 直隸에서 함께 벼슬하면서 선생의 글을 읽어볼 수 있었다.

往汝綸始入內閣에 **則聞曲阜孔敍仲先生**이 **於諸舍人中爲最賢**이러니 **會先生已東歸**하여 **願見**(현)**而不可得**이라 **又後念餘年**에 **與先生之子厚甫**로 **同官直隸**하여 **乃得讀先生之書**라

선생은 소싯적에 李方伯 宗傳[1]을 사사하여 桐城의 古文을 공부하였다. 동성에서 古文을 말한 것은 方侍郎(方苞), 劉教諭(劉大櫆), 姚郎中(姚鼐)으로부터 시작되었으니, 이분들은 천하 사람들이 '천하의 문장이 동성에 있다.'라고 일컫는 분들이다. 그런데 〈그중에〉 郎中君이 가장 늦게 나왔고, 그 학문도 가장 성대하였다. 낭중군 위로는 스승과 스승이 서로 간에 고해주어 서로 물려주고 인도하여 향리의 전수가 끊어지지 않았다. 그런데 유독 낭중군은 소싯적부터 늙을 때까지 늘 객지를 돌아다니면서 고향에서는 지내지 않았기 때문에, 그 유풍이 천하에 입혀졌지만, 동성에서 수업한 이는 겨우 4, 5인뿐이었으니, 이방백이 그중 한 사람이다.

蓋先生少師事李方伯宗傳하여 **爲桐城古文學**이라 **桐城之言古文**이 **自方侍郎劉教諭姚郎中**하니

1) 李方伯 宗傳 : 1765~1840. 자는 孝曾, 호는 海帆이며, 安徽 桐城人이다. 嘉慶 3년(1798)에 擧人이 되어, 여러 知縣 및 知府, 山東按察使, 湖北布政使 등을 지냈다. 姚鼐를 종유하여 문장에 능하였다. 저서로 ≪寄鴻堂文集≫, ≪寄鴻堂詩文集≫ 등이 있다.

世所稱天下文章在桐城者也라 而郎中君最後出이요 其學亦最盛이라 由郎中君已上으로 師師相詔하여 更嬗遞引하여 鄕里之傳不絶이로되 獨郎中君은 自少至老히 常客游不家於鄕이라 其流風被天下로되 而桐城受業者는 乃四五人而已니 李方伯이 其一人也라

郎中君이 몰세하고 나자 제자로서 뒤늦게 나온 이는 上元[2] 梅伯言(梅曾亮)이었으니, 道光 말엽에 古文에 능하다고 가장 이름이 났다. 京師에 거할 때 경사의 사대부들이 날마다 문에 찾아와 글 짓는 법을 물었는데, 이때 湘鄕 曾文正公(曾國藩)이 더욱 굉달한 문장으로 중망을 입고 있었고, 그 지론이 또한 미루어나가서 姚氏를 근본으로 삼았다. 그러므로 梅・曾 二家의 빈객들이 서로 교유하였다.

선생은 李方伯에게 이미 수업을 받았고, 경사에 들어가서는 자주 매백언・증문정과 왕래하여, 요씨의 학문에 침잠하여 酷好하게 되었다. 한번은 매백언에게 편지를 부쳐서는 동성의 문하에서 나와 총애를 받은 것을 자임하였다. 한가할 때는 諸公을 따라서 글 짓고 술 마시는 모임을 가졌으니, 詩集에 보이는 것이 왕왕 한 번 모임에 수십 인에 이른다. 지금 그 시를 읽어보니 마치 여러 군자의 곁에서 말씀을 들으면서 몸소 종유하여 함께 내달리며 앞서거니 뒤서거니 하는 것만 같다.

郎中君旣沒에 弟子晩出者는 爲上元梅伯言이니 當道光之季하여 最名能古文이라 居京師할새 京師士大夫가 日造門問爲文法이러니 而是時에 湘鄕曾文正公이 尤以閎文繫衆望하고 其持論亦推本姚氏라 故로 梅曾二家賓客相通流라 先生旣傳業於李方伯하고 及入京師에 則數(삭)與梅伯言曾文正往來하여 其於姚氏之學에 旣沈漸而癖好之라 嘗寄書伯言하여 自詭出桐城門下하여 用相矜寵이라 暇則從諸公爲文酒之燕하니 見(현)於詩集者가 往往一會至數十人이라 今讀其詩에 若承謦欬於諸君子之側하여 而身從其遊하여 與之馳騁而先後之也라

梅・曾 두 분이 京師에 있을 적에 문장을 하는 선비들이 문하에 들어가서 함께 姚氏의 학술을 강론하였으니, 성대하다고 할 만하다. 왕년에 내가 曾文正公을 모실 때 공이 누차 나에게 요씨의 설을 말씀하셨고, 또 "지금 천하 사람이 걸핏하면 요씨를 일컫지만 요씨의 법을 진정으로 아는 이는 많지 않으니, 〈실상은〉 다들 요씨와 배치되고 있다."라고 하였다.

2) 上元 : 청대의 縣名으로, 江蘇 江寧府에 속한다.

내가 스스로 생각건대, 다행히도 동성에서 태어나 어려서부터 요씨의 글을 읽었으나, 요씨의 支流가 천하에 있어 떨쳐 일어나 더욱 성대하게 하는 이가 있는데, 향리의 후생으로서 끝내 그 근사한 것도 얻은 것이 드물었기에, 공의 말씀을 듣고는 놀라고 두려웠다. 지금은 늙어서 문장 공부가 더욱 향상하지 못하여 문정공을 모시던 때보다 나은 것이 없다. 선생의 글을 읽고서 그 연원이 어디에서 나왔는지를 살펴보니, 망연히 나도 모르게 송곳으로 몸을 찌르듯 마음이 아프다.

方梅曾在京師時에 文章之士之趨歸之하여 相與講論姚氏之術하니 可謂盛哉라 往年汝綸侍文正公時에 公數數(삭삭)爲余稱姚氏之說하고 且曰 今天下動稱姚氏로되 顧眞知姚氏法者不多하니 背而馳者皆是也라하다 汝綸竊自維念컨대 幸生桐城하여 自少讀姚氏書로되 姚氏支與流裔在天下에 有振起而益侈大之者어늘 而鄉里後生이 卒鮮得其近似일새 聞公言則瞿然而懼이러라 今老矣라 業不加進하여 無以逾侍文正公時하니 讀先生書하여 考其淵源所自에 茫然不自知鍼刺之在體也라

05. 부모님의 60壽에 詩文을 청하며 쓴 事略
家嚴慈六十雙壽徵言略*

*이 글은 1868년에 오여륜이 이듬해 있을 兩親의 60세 생신을 위해 詩歌와 文辭를 두루 청하며 지은 것이다. 효성와 우애, 검소함과 개결함 등 부친의 미덕을 보여주는 일화들을 부친의 말을 직접 인용하여 생생히 서술하고, 그러한 바탕에 모친의 내조가 있었음을 덧붙이면서 모친에 대한 정보 또한 제공하고 있다.

家君은 孝義가 향리에 알려지셨으니, 돌아가신 조부님을 섬기실 적에 안색의 기미를 반드시 살피셨고 9세에 조모님을 여의시자 서조모님을 어머니처럼 섬기셨다. 내가 사리를 알게 된 때부터 가군께서 조부모님의 기일이나 家祭가 되면 반드시 종일 슬픔에 잠겨 담소하지 않으시는 것을 보았다.

諸父[1]가 여섯 분이고 고모가 한 분 계신데 우애로워 사이가 좋으셨다. 집안에 본디 척박한 밭이 있어 제부가 나누어 경작하여 생활하셨는데 가군은 양보하시고 〈본인 몫을〉 취하지 않으셨다. 그 뒤에 제부의 밭을 다시 잃자 다시 사서 〈제부에게〉 돌려주셨고, 재력상 되살 수 없게 되어서는 제부와 고모를 모두 불러 함께 한 솥밥을 드셨으니, 이때부터 마침내 경작할 땅이 한 뙈기도 없게 되었다.

家君孝義가 著於鄕里하니 事先大父에 幾微必察하고 九歲祖母見背에 事祖庶母如母라 自汝綸解事時로 見家君遇祖父母忌日或家祭에 必竟日慘然不言笑라 諸父六人이요 姑一人이니 友愛無間이라 家故有薄田이라 諸父剖分而食이어늘 家君推不取러니 其後諸父之田再失에 再贖而歸之하고 比力不能贖하여는 則諸父及姑를 皆召而共爨하니 自是로 遂無一隴之植이러라

성품이 검소하시어 평상시에 술과 밥을 올릴 적에 조금 풍성하면 반드시 물리치셨으며 옷이 해어지고 낡더라도 수년 동안 바꾸지 않으셨다. 그러나 어떤 사람이 혹 굶주리거나 춥다고 말하면 반드시 바라는 바를 얻어서 갔다. 집안 형편을 생각

1) 諸父 : 伯父와 叔父를 통칭하는 말이다.

하지 않으시어 內外親[2]으로서 家君의 도움을 받아 생계를 꾸리는 집이 십수 집이었으니, 諸生이 수업 사례로 가져온 곡식이 한번 집안에 들어오면 됫박을 안고 와서 나누어 달라는 자가 잇따라 와서 문밖이 저잣거리 같았고, 다 떨어져서 집안에 아무것도 없을 때는 번번이 이틀에 한 끼를 드셨으나 태연히 지내셨다.

임술년(1862) 봄에 크게 기근이 들어 쌀 한 말이 천 錢 남짓이었는데, 가군께서 武寧縣의 私塾에서 가르치다 돌아오시어 쌀이 30斛[3] 있었으니, 집안사람들이 보리와 콩을 섞고 채소를 섞어 스스로 먹은 것이 겨우 2곡뿐이었다. 쌀이 떨어져서 고하니 탄식하며 말씀하시기를 "흉년이 들어 사람들이 굶주려서 죽은 자들이 길을 가득 메웠는데 쌀을 내어 賑恤하지 않는 것은 남들은 다 죽고 나만 살고자 하는 것이다." 하셨다.

性儉素하여 **居常御酒食**(사)에 **稍豐腆**이면 **必斥去**하며 **衣敝故**라도 **數年不易**이로되 **人或以饑寒告**면 **必得所望以去**라 **不問有無**하여 **內外親待而擧火者**가 **十數家**니 **諸生脩脯一入門**이면 **抱升斗求分者接踵**하여 **門外如市**요 **比空無時**하여는 **輒併日一食**이로되 **處之恬如**러라 **壬戌春大饑**라 **斗米千錢有奇**어늘 **家君館武寧歸**하여 **有米三十斛**하니 **家人雜以麥菽**하고 **芼以菜茹**하여 **自食者財二斛耳**라 **米盡以告**하니 **歎曰 年凶人饑**하여 **殣者塞路**어늘 **米不以振**은 **欲人盡死而我獨生乎**인저하니라

9세에 능히 글을 지어 〈中正論〉 3편을 지으시니 집안 어른들이 놀랍고 신기하게 여겼다. 이후에 시문을 지으실 때마다 知言者가 모두 진심으로 감복하였다. 다만 스스로 수습하지 않으시어 탈고되면 곧 흩어졌으니, 내가 조금 성장하여 비로소 차츰 수집하여 상자에 보관하였다.

九歲能屬文하여 **著中正論三篇**하니 **長老驚異**러니 **後每爲詩文**에 **知言者皆心服**이라 **顧不自收拾**하여 **脫藁卽分散**하니 **汝綸少長**에 **始稍蒐輯**하여 **篋藏之**라

평소에 靜坐를 좋아하시고, 급하게 말씀하시는 것은 한 달이 다 가도록 듣지 못했으며, 남의 과실을 이야기하지 않으시어, 혹 우리 형제가 사사로이 남을 비판하

---

2) 內外親 : 本家와 外家의 친척을 통칭하는 말이다.
3) 斛 : 용량 단위이다. 본디 10말을 1곡으로 삼았으나 南宋 말엽 이후 5말을 1곡으로 삼게 되었다.

는 것을 들으시면 곧 크게 꾸짖으셨다. 일찍이 스스로에 대해 이르시기를 "다른 장점은 없으나 말을 신중히 하는 것만큼은 자손들의 본보기가 될 만하다."라고 하셨다. 그러나 의문스러워 결정하기 어려운 일을 만나 뭇사람들이 꺼리며 말을 하지 않으면 家君은 한두 마디 말씀을 천천히 꺼내시어 판결하지 못하시는 것이 없었다. 이 때문에 처리하지 못하는 일이 없으셨으나 일을 처리할 때 끝내 수고롭다고는 말씀하지 않으셨다.

예전에 고을 안에 큰 공사가 일어났을 적에 朝廷에서 벼슬했던 인사들이 지론이 분분하자 令君[4]이 이르기를 "군의 무리 100인은 원치 않고, 吳君의 말 한마디를 듣기를 원한다."라고 하였다. 이때에 가군은 향리에서 글을 가르치셨고 縣廳에는 한번 가보신 적도 없었으니, 사람들의 신망이 두텁기가 이와 같았다.

平居好靜坐하고 **竟月不聞疾言**하며 **不談人過失**하여 **或聞汝綸兄弟私有譏彈**이면 **卽大譙訶之**라 **嘗自謂無他長**이로되 **唯謹言可爲子孫法**이라 **然遇事有疑議**하여 **衆禁不發聲**이어든 **家君徐出一兩言**하여 **無不判決**이라 **爲之無不辨**이로되 **治事竟不言勞**러라 **往時邑中有大興作**에 **諸薦紳齒朝之士**가 **持議撓滑**할새 **令君曰 不願君輩百人**이요 **願得吳君一言**이라하니 **是時**에 **家君敎授鄕里**요 **未嘗一造縣庭**하니 **蓋物望之孚如此**라

粵逆[5]의 난리에 桐城縣이 賊에게 함락된 것이 모두 10년인지라 官軍이 동성현 경내에 모두 4차례 이르렀는데, 관군이 이를 때마다 말린 식량을 가져와 운반하고 義故[6]를 연합하는 일을 현 사람들이 번번이 家君을 추천하여 주관하도록 하였다. 가군은 軍營에 이른 뒤에 집안일을 묻는 편지를 한 통도 보내지 않으셨다. 섣달그믐이 되어 軍餉을 징수하며 집 앞을 지나실 적에 집안사람이 길을 가로막고 양식이 다 떨어졌다고 아뢰었는데도 돌아보지 않고 가셨다. 난리가 평정되자 가군의 공로를 大吏[7]에게 아뢰고자 하는 자가 있었으나 사양하고 받아들이지 않으셨다.

粵逆之亂에 **桐城陷賊**이 **凡十年**이라 **官軍凡四至縣境**이어늘 **每至**에 **則賫運糗糧**과 **聯結義故**를

4) 令君 : 縣令을 높여 일컫는 말이다.
5) 粵逆 : 太平天國軍을 뜻한다. 태평천국의 창시자인 洪秀全(1813~1864)이 粵(廣東) 사람이기 때문에 청나라 조정에서는 태평천국군을 '粵逆', '粵賊', '粵匪', '粵寇'로 폄하하여 불렀다.
6) 義故 : 道意로 맺어진 벗을 뜻한다.
7) 大吏 : 總督, 巡撫와 같은 최고위직 지방관을 이른다.

縣人輒推家君主之라 家君旣至軍엔 則無一書問家事러라 會歲除하여 徵餉過居宅할새 家人要於道하여 關以匱乏이어늘 不反顧而去러라 及事平에 有欲白家君於大吏者로되 謝不受하다

咸豐 원년(1851)에 孝廉方正制科[8]에 응시하셨는데 廷試를 치르기 전에 난이 일어났다.[9] 혹자가 京師로 들어가기를 권하였으나 응하지 않으셨고, 집에 머무시면서 城市에 가는 것은 좋아하지 않으셨으니, 까닭을 묻는 자가 있으면 "나는 官人과 왕래하는 데에 익숙하지 않다."라고 하셨다.

무릇 家君께서 몸가짐을 단속하고 집안에서 베풀고 향리에서 쌓으신 것이 한결같이 그 실질을 다하였고 남에게 드러나지 않았으니 이러한 까닭에 더욱 곤궁하셨다. 일찍이 나에게 훈계하시기를 "士人은 실질이 명성을 능가하게 해야 하고 명성이 실질을 능가하게 해서는 안 된다."라고 하셨다. 내가 보고 들은 향리의 선생으로서 당시에 큰 명성을 누린 자는 지금 그 후인이 모두 한미하니, 저들은 모두 실질이 그 명성에 걸맞았는데도 이러하거늘 하물며 실질이 부족한 자는 어떠하겠는가.

咸豐初元에 應孝廉方正制科러니 未廷試而亂作이라 或勸入京師로되 不應하고 家居不好詣城市하니 有問者에 曰 我不慣與官人往來라 凡家君所爲飭於躬, 施於家, 積於鄕이 一旣其實이요 不曝於人하니 以故益窮이라 嘗訓汝綸曰 士人當使實出名上이요 無使名出實上이라하시다 余所聞見鄕先生享大名於時者는 今其後人皆微矣니 彼皆實中其名而且如此온 況實不足者耶아

家君은 욕심이 없고 개결한 탓에 곤궁한 데 이르렀고, 게다가 집안사람들의 자질구레한 일을 돌아보고 묻지 않으시어 집안을 다스리는 일을 일체 우리 어머니께 맡기셨다. 매번 객지에서 돈이나 쌀을 가지고 오시어 '아무 쌀 약간'이라고 손수 쓰시고 일이 지나가면 묻지 않으셨으니, 우리 어머니는 삼가 받으시고 미루어 사용

---

8) 孝廉方正制科 : 制科는 천자의 詔令에 의하여 특설되는 과거를 말한다. 淸代에는 博學鴻詞科, 經濟特科, 孝廉方正科가 시행되었는데, 그중 孝廉方正은 雍正 원년(1723)에 비롯되었다. 처음에는 새 황제가 즉위하였을 때 각 지방관으로부터 효행 있고 청렴하고 방정한 자들을 추천받아 선발하여 6품의 관복을 내렸으며, 乾隆帝 이래로는 추천 이후 吏部의 고찰을 거쳐 직임을 내렸다.

9) 난이 일어났다 : 洪秀全이 기독교 결사 拜上帝會를 설립하고 이를 바탕으로 1851년 太平天國이라는 국호를 내세워 淸나라에 대항한 일을 말한다.

하셨다. 향리 사람들이 왕왕 말하기를 가군은 검약하게 생활하면서도 능히 베풀고, 선행을 쌓으면서도 명성을 구하지 않으며, 젊었을 적에 늘 객지에서 지내면서도 효성과 우애가 넉넉하다고 하니, 우리 어머니께서 내조하신 것이 실로 많다.

애초에 외조부 馬魯迂 선생이 이름난 進士로서 蜀中[10]에서 벼슬을 하셨기에 우리 어머니가 시집오실 적에 가져오신 혼수가 매우 풍성하였다. 얼마 뒤 가군이 京師에 가 계실 적에 先祖께서 불시에 급한 일이 생겨 얼굴을 찌푸린 채 방황하시니, 우리 어머니가 그 모습을 보시고는 곧 자신의 재산을 내어 받들어 올리셨다. 재산이 떨어지자 의복을 벗고 패물을 내어 전당잡히시니 의복을 전당잡힌 문서가 상자에 가득하였다.

선조께서 성품이 술을 좋아하셨기에 우리 어머니께서는 온갖 방법으로 술을 마련하셨다. 이미 의복과 패물이 다 떨어지고 오직 구리 화로 하나만 남아 있자 숙부에게 넘겨주어 저자에 가서 술과 바꾸어 오도록 하셨다. 宗族의 어르신이 이를 보시고는 숙부가 젊은이들과 노름을 하려는 것으로 의심하여 정상을 물어 사실을 아시고는 뒤에 늘 이 일을 거론하면서 자신의 며느리들을 훈계하여 말하기를 "너희들은 그렇게 할 수 있느냐?"라고 하셨다. 선조께서는 또 드렁허리 드시는 것을 좋아하셔서 어부가 날마다 왔는데 선조께서 돌아가신 뒤에 우리 어머니께서 드렁허리를 파는 소리를 들으시면 통곡하셨으니 어부가 이 때문에 자취를 감추었다.

당초에 친정에 계실 적에는 侍婢가 여러 명이었는데 시집오신 뒤에 서조모님이 집안을 엄하게 다스리시어 물 긷고 절구질하는 일을 며느리들이 번갈아 맡게 하여 병을 앓더라도 조금도 봐주지 않으시니, 우리 어머니께서 몸소 수고로운 일을 익히셨다. 동서들이 화목하여 일은 서로 먼저 하려 하고 먹는 것은 서로 뒤에 하려 하였다. 성품이 자애로워 從父兄弟들과 外兄弟가 아버지가 안 계시거나 어머니가 안 계시면 우리 어머니께서 한결같이 친자식처럼 기르셨다. 이러한 까닭에 향리 사람들은 훌륭한 家法을 일컬을 때면 반드시 가군을 으뜸으로 친다.

家君旣以恬介致窮하고 **又不顧問家人瑣事**하여 **門內之政**을 **一委我母**라 **每客中賫錢米**하여 **手書曰 某某米若干**하고 **事過不問**하니 **我母則謹受而推行之**라 **鄕人往往言家君居約而能施**하고 **積行而不求聞**하며 **少常客遊**로되 **而孝悌充裕**라하니 **我母爲助於內者**가 **實多**라 **初外祖馬魯迂先生**이

10) 蜀中 : 四川省 일대를 말한다.

以名進士官蜀中이라 我母來歸에 裝貲甚盛이러니 旣而요 家君遊京師에 先祖不時有急하여 則嚬蹙徬徨하니 我母見其然하고 卽出私財奉進之하고 財罄則脫服佩出質하니 典衣之卷盈篋이러라 先祖性好酒라 吾母百計致酒하여 旣服佩皆盡에 唯一銅爐어늘 以屬叔父入市換酒하니 族老人見之에 疑叔父將與群少年博也하여 詰狀得實하고 後常常擧此하여 以誡其子婦曰 汝曹能然否아하다 先祖又好啖鱓이라 漁人日日以來러니 先祖沒後에 我母聞賣鱓聲輒痛哭하니 漁人爲之屛迹이라 初在母家에 侍婢數人이러니 旣來歸에 庶祖母治家嚴하여 井臼操作을 諸婦更休遞任하여 雖疾病이라도 不少貸하니 我母躬習勞苦라 姒娣雍雍하여 事則相先이요 食則相後라 性慈愛하여 諸從父兄弟若外兄弟或無父或無母면 我母一子育之라 以故로 鄕人稱家法之善에 必以家君爲最라

내년 3월 초하루가 家君의 60세 생신이고, 그해 겨울 10월 旣望(16일)에 우리 어머니 또한 60세가 되시니, 삼가 道 있는 君子가 詩歌와 文辭로 빛내주어 송축하며 술잔을 권하여 넉넉한 영광이 있도록 해주기를 청하노라.

가군은 字가 世求이고 또 다른 자가 育泉이니, 桐城縣의 歲貢生[11]이고 咸豐 원년 孝廉方正 출신이시다. 家母는 姓이 馬氏이고 규례에 따라 宜人[12]에 봉해지셨다. 아들은 4인이다.

同治 7년(1868) 모월에 아들 汝綸이 삼가 짓노라.

明年三月朔이 爲家君六十壽辰이요 其冬十月既望에 我母亦屆六十하니 伏求有道君子가 寵之詩歌文辭하여 俾頌以侑觴하여 有餘榮焉하노라 家君은 字世求요 一字育泉이니 桐城縣歲貢生이요 咸豐元年孝廉方正이라 家母는 姓馬氏요 例封宜人이라 子四人이라 同治七年某月에 男汝綸謹撰하노라

11) 歲貢生 : 明淸 때 매년 혹은 2, 3년에 한 번씩 각 省 學政이 府學·州學·縣學에서 선발하여 國子監으로 올려보낸 貢生이다.
12) 宜人 : 明淸代에 5품 관원의 아내와 어머니에게 내리는 封號이다.

06. 廣昌縣의 城隍神을 모신 祠堂의 碑文　廣昌縣城隍神廟碑*

* 廣昌縣은 淸代 江西省 建昌府의 고을로, 지금은 撫州市 관할로 편입된 곳이다. 城隍神은 城池를 守護하는 신이다. 이 글은 오여륜이 본인과 同鄕 사람인 鐘念慈가 廣昌知縣으로서 관내 성황신 祠堂을 重修한 일을 기념하여 지은 碑文으로, 광창현의 성황신 사당을 중수하게 된 배경 및 경위와 함께 성황신의 保佑로 광창현이 잘 다스려지기를 바라는 기원을 담고 있다.

고을 사람 鐘念慈[1)]가 광창현을 다스린 지 3년이 되었을 때 縣政이 和平하고 풍년이 들었다. 이에 고을의 父老 및 賢俊[2)]들과 성황신의 사당을 보수하여 새롭게 하자고 모의하고서 都司 袁君 占魁[3)]로 하여금 그 일을 감독하게 하여 총 여섯 달이 지나 工役을 마치니, 쓰인 돈이 300만이었고 또 남은 돈을 모아 땅을 사서 세를 거두어 그 사당을 유지하게 하였다.[4)]

공역이 완성되자 편지로 나에게 알리고 글을 지어 기록해줄 것을 청하였기에, 내가 이에 〈禱祠報賽樂歌〉를 지어주고 비석에 새겨 아이 초라니들을 가르치게 하노니, 그 노래는 다음과 같다.

邑子鐘念慈爲廣昌三年에 政和歲豊이라 乃與邑父老賢儁으로 謀葺(즙)城隍神祠而新之하고 以都司袁君占魁로 督其役하여 凡六閱月畢工하니 用錢三百萬이요 又裒(부)其贏餘하여 購地徵租하여 以持其敝러라 旣成에 以書告汝綸하고 求文爲記일새 汝綸乃爲禱祠報賽樂歌하여 貽之하고 俾刻石하여 以教肄侲子하노니 其辭曰

---

1) 鐘念慈 : '고을 사람〔邑子〕'과 '廣昌을 다스렸다〔爲廣昌〕'는 말로 볼 때 桐城 출신으로서 廣昌知縣을 지낸 인물임을 알 수 있으나, 자세한 행적은 未詳이다.
2) 父老 및 賢俊 : '父老'는 나이가 많은 남자 어른에 대한 존칭이고, '賢俊'은 才德이 출중한 사람을 말한다.
3) 都司……占魁 : 당시에 廣昌營都司였던 袁占魁를 가리키는데, 자세한 행적은 未詳이다.
4) 그 사당을……하였다 : 원문은 '以持其敝'로, 그 사당이 낡아가는 것을 수리할 비용을 지탱하게 하였다는 뜻이다.

고요한 붉은 용마루요
솨솨 불어오는 회오리바람이로다.
정결히 齋戒하고서 光輝를 기다리니
신령은 더디고 더뎌 급히[5] 降臨하시지 않네.
어우러져 울려 퍼지는 퉁소 소리 북소리요
술은 동이에 가득하고 고기는 도마 위에 있네.
飛龍이 훨훨 날아 내려오매
붉은 옷차림으로 중앙에 자리하시니
曹掾[6]이 陪侍하여 행렬 지어 나아오네.[7]
獄書를 교환하여[8] 曲直을 청취하며
장차 공정히 판결할 것을 섬돌 곁에서 맹세하도다.
산은 침몰하여 못이 되고
물은 메워져 밭이 되었네.
까마득한 예로부터 내려온 원통함을
신령께서 어찌 다 들으실 수 있으리오.
憤恨이 풀리지 않는 것을 어이할거나
원컨대 神巫는 일을 해주오.
수 놓은 그림 같은 山河여,
先祖의 법을 후손이 따라
이지러짐도 없고 훼손함도 없었는데,
갑자기 백 가지 재앙과 천 가지 怪變이

---

5) 급히 : 원문은 '渠'인데, '遽'의 通字이다.
6) 曹掾 : 三公府나 郡縣의 各曹에 소속된 屬吏나 胥吏를 이른다.
7) 행렬……나아오네 : 원문은 '雁鶩行'으로, 고을 아전들이 결재를 받기 위해 수령 앞으로 행렬 지어 걸어 나오는 모양을 형용한 말이다. 韓愈가 〈藍田縣丞廳壁記〉에서 아전들이 일렬로 나오는 모습을 '기러기와 오리의 행렬〔雁鶩行〕'에 비유한 데서 비롯되었다.
8) 獄書를 교환하여 : 원문은 '傳爰書'로, ≪史記≫ 〈酷吏列傳 張湯〉에서 온 말인데 그 해석에 관한 異說이 분분하다. 여기서는, '爰'이 '교환하다〔換〕'의 뜻이고 '書'가 '獄書'를 가리킨다고 본 韋昭의 견해를 따랐다. 위소는 이 句를 두고 "爰은 換이다. 옛날에 嚴刑을 가할 때에 好惡(호오)가 개입되는 것을 꺼렸기 때문에 옥서를 교환하여 다른 官吏에게 사실을 따져보게 하였다. 그러므로 옥서를 교환한다고 말한 것이다.〔爰 換也 古者 重刑嫌有愛惡 故移換獄書 使他官考實之 故曰 傳爰書也〕"라고 풀이하였다.(≪史記索隱≫)

분분히 다투어 나아와 잠식하니,
눈을 희번득이며 무엇을 구하는가?
사자는 땅에서 포효하고 고래는 물에서 헤엄치도다.
수컷이 〈主唱하면〉 암컷이 〈和答하고〉 머리와 꼬리가 〈一體가 되었으니〉[9)]
그 가운데 우뚝 솟은 것이 얼마나 남았겠는가.
간과 심장을 짜내어 위로 호소하노니
바라건대 우리 신령께서는 한번 깨어나시어,
사방을 鎭壓하여 끊어진 기강을 잇고
위엄을 떨쳐 天狼星[10)]을 쏘소서.
火山 지옥이며 刀樹 지옥이요
血池 지옥이며 膏鑊 지옥이로다.[11)]
不順한 자들을 모아 섬멸하여
우리 邊境에 태평함을 드리우소서.
만약 이와 같은 神武함으로
신령의 보우가 두루 아래로 깃듦을 입는다면,
가물어도 마른 땅 없고 홍수 져도 물 넘치지 않으며
毒蟲은 멀리 달아나고 猛禽은 다른 곳으로 떠나가리라.
靈鼓를 치고 크고 작은 양을 삶아
歲時에 報祀를 올리고 싫증 내거나 잊지 말지어다.

靈鼓

9) 수컷이……되었으니 : 韓愈의 〈贈太尉許國公神道碑銘〉의 "黃河의 兩岸에 도적이 어울려 무리를 이루어 수컷이 主唱하면 암컷이 和答하여 머리와 꼬리가 一體가 되었어라.〔河流兩壖 盜連爲群 雄唱雌和 首尾一身〕"라는 구절을 응용한 표현이다.

10) 天狼星 : 별의 이름이다. 흔히 貪殘한 무리나 盜賊, 侵略者 등을 비유하는 말로 쓰인다. ≪楚辭≫ 〈九歌 東君〉에 "靑雲으로 저고리 입고 白霓로 아래옷 입고, 긴 화살 뽑아 天狼星을 쏘도다.〔靑雲衣兮白霓裳 擧長矢兮射天狼〕"라고 하였다.

11) 火山……지옥이로다 : 모두 불교에서 말하는 지옥이다. 火山 지옥은 화산으로 된 지옥이고, 刀樹 지옥은 가지와 잎이 칼날로 된 나무숲으로 이루어진 지옥이다. 血池 지옥은 피 못으로 이루어진 지옥이고, 膏鑊 지옥은 기름이 끓는 솥에 삶기는 고통을 받는 지옥이다.

伷伷兮朱甍이요 肅肅兮回風이로다 絜(결)齋俟兮煇光하니 靈遲遲兮未渠降이라 繁會兮簫鼓요 酒盈樽兮肉在俎라 飛龍翩兮其來下에 朱衣兮中央하니 曹(椽)〔掾〕[12]侍兮雁鶩行이라 (傅)〔傳〕[13]爰書兮聽直하여 誓將訟理兮階之側이로다 山沈淪兮爲淵하고 水墳闕兮成田이라 莽終古兮煩冤을 靈安能兮盡聞이리오 憒不舒兮可奈何오 願靈保兮有以爲하라 繡畫兮關河여 祖規兮孫隨하여 不騫兮不虧러니 忽百祅兮千怪가 (粉)〔紛〕[14]競進兮潛噬하니 目睒睗兮焉求리오 狻猊陸吼兮鱷鯢川游로다 雌雄兮首尾니 中兀立兮餘幾오 瀝肝心兮上訴하노니 冀我靈兮一寤하여 彈厭四瀕兮紐絶綱하고 振威棱兮射天狼이라 火山兮刀樹요 血池兮膏鑊이로다 聚不若者兮殲之하여 亘我圉兮清夷라 儻若茲兮神武로 蒙靈佑兮遍下寓면 旱無漧兮水不溢하고 毒蟲遠遯兮猛鳥佗適하리라 擊靈鼓兮烹羔羊하여 歲時報祀兮罔有斁忘이어다

12) (椽)〔掾〕: 저본에는 '椽'으로 되어 있으나, ≪桐城吳先生全書≫에 의거하여 '掾'으로 바로잡았다.

13) (傅)〔傳〕: 저본에는 '傅'로 되어 있으나, ≪史記≫에 의거하여 '傳'으로 바로잡았다.

14) (粉)〔紛〕: 저본에는 '粉'으로 되어 있으나, ≪桐城吳先生全書≫에 의거하여 '紛'으로 바로잡았다.

07. 張廉卿을 보내는 序 送張廉卿序*

* 湖北으로 돌아가는 張裕釗(1823~1894)를 전송한 서문이다. 장유소는 자가 廉卿이며, 湖北 武昌人이다. 道光 28년(1846)에 擧人이 되어 內閣中書가 되었다가 후에 曾國藩의 막부에 들어가 曾門四弟子 중 한 사람으로 일컬어졌다. 평생 벼슬에는 크게 뜻이 없어 여러 서원의 主講을 맡았는데, 이 서문은 湖北에 있는 江漢書院의 都講으로 갈 때 지어준 것이다.

孫況[1)]과 揚雄[2)]은 세상에서 전하며 일컫는 大賢이니, 그들의 저서가 모두 후세에 이름이 났다. 그러나 孫卿의 책은 春申을 칭찬하였고,[3)] ≪法言≫은 安漢公의 훌륭함을 탄복하였다.[4)] 이는 모두 世論이 옳지 않게 여기는 것을 범한 것인데 책에 실어서 만세에 고한 것이니, 세상에서 이를 매우 괴이하게 여긴다. 나는 다음과 같이 생각한다.

무릇 저서란 군자로서 당시에 뜻을 펴지 못한 이가 짓는 것이다. 뜻을 펴지 못하는 까닭은 다음과 같다. 군자의 道는 실질을 굽혀서 남에게 아첨하지 않는데, 당대

---

1) 孫況 : 전국시대 말기의 사상가 荀子를 말한다. 본명이 孫況이며, 경칭으로 孫卿 또는 荀卿으로 불린다. 공자의 사상 중에서 禮를 발전시켰으며, 性惡說을 주장하였다. 저서로 ≪순자≫가 있다.

2) 揚雄 : 前漢의 학자로 자가 子雲이며, 蜀郡 成都 사람이다. 司馬相如의 영향을 받아 辭賦에 뛰어났으며, ≪周易≫을 본떠 ≪太玄經≫을 짓고, ≪論語≫를 본떠 ≪法言≫을 지었다.

3) 孫卿의……칭찬하였고 : 春申은 전국시대 楚나라의 재상인 春申君 黃歇을 말한다. 전국시대의 四君子의 한 사람으로 考烈王을 옹립하고 국세가 기울어가던 초나라를 지탱하다가 자신의 식객 李園에게 살해당했다. 그에게는 3천의 식객이 있었다고 하는데, 荀子도 그를 찾아갔다고 전한다. ≪荀子≫ 〈成相〉에 "세상이 어리석음은 大儒를 미워하는 것이니, 배척하여 통하지 않게 하여, 공자도 구애당하고 展禽은 세 번이나 쫓겨났네. 춘신군이 죽자 초나라 터전도 무너졌네.〔世之愚 惡大儒 逆斥不通 孔子拘 展禽三絀 春申道綴 基畢輸〕"라고 하였다.

4) 法言은……탄복하였다 : 安漢公은 王莽으로, 前漢 말기 외척으로서 帝位를 찬탈하여 스스로 천자가 되어 국호를 新이라 하였다가 後漢의 光武帝에게 멸망 당했다. 漢 平帝 원년에 왕망이 흰 꿩이 출현했다고 하면서 종묘에 바치게 하자, 왕망이 周公과 같은 덕을 소유했다고 하여, 안한공이라는 호를 하사하였다고 한다. 揚雄의 ≪法言≫ 〈孝至〉에 "주공 이래 漢公같이 아름다운 사람은 없었다. 부지런함은 伊尹보다 낫다.〔周公以來 未有漢公之懿也 勤勞則過於阿衡〕"라고 하여 왕망을 찬미하였다. 한공은 왕망을 가리킨다.

의 권세를 가진 貴人은 반드시 남이 자기에게 아첨하는 것을 좋아한다. 열 사람이 아첨할 때 한 사람이 아첨하지 않으면 귀인은 그가 자기에게 오만하다고 미워하게 되고, 열 사람은 그가 자기와 다르다고 미워하게 된다. 귀인과 귀인이 위에서 어깨를 나란히 하고 열 사람과 열 사람이 아래에서 어깨를 나란히 하여 윗사람이 그 오만함을 미워하고 아랫사람이 그가 자기와 다름을 미워하니, 비록 천지를 끝까지 가고 사해를 가로지르더라도 나의 몸이 용납될 수 없다. 그런데 내 저서에 있어서는 무슨 관계가 있단 말인가.

孫況揚雄은 **世傳所稱大賢**이니 **其著書皆以成名乎後世**로되 **而孫卿書稱說春申**하며 **法言歎安漢公之懿**하니 **皆干世論之不韙**어늘 **載而以告萬世者**니 **世以此頗怪之**라 **我則以謂凡箸書者**는 **君子不自得於時者之所爲作也**라 **凡所以不自得者**는 **君子之道**는 **不枉實以諛人**이어늘 **而當世貴人在勢者**는 **必好人諛己**라 **十人諛之**에 **一人不諛**하면 **則貴人惡**(오)**其慠己**요 **十人者惡其異己**라 **貴人與貴人**이 **比肩於上**하고 **十人與十人**이 **比肩於下**하여 **上惡其慠**하고 **下惡其異**하니 **雖窮天地橫四海**라도 **而無與容我身**이나 **吾且於書也何有**리오

여기에 권세를 가진 한 사람이 있으니, 비록 몹시 그를 미워할지라도 그 명성을 공경하여 해를 끼치지 않는다면 군자가 고개를 숙이고 잠자코 나아가 용납되어 나의 책을 이룬다. 그러나 그 사람이 비록 그 명성을 공경하였으나 진실로 이전에 그가 자기에게 아첨하지 않았음을 알므로, 저서가 있다는 것을 들으면 나아가 구하여 서둘러 보아서, 褒貶이 담긴 뜻을 살펴서 의아하고 미심쩍은 부분을 보고는 장차 "이는 나를 비방한 것이고, 이는 나를 원망하고 비방한 것이다."라고 하고서 이어 헐뜯을 터이니, 아마도 반드시 뚜렷하게 자신을 찬양하고 흠모하는 말이 있어야 비로소 너그럽게 봐주고 잊을 것이다.

於此에 **有一在勢者**하니 **雖甚惡**(오)**之**나 **而猶敬乎其名**하여 **而不之害傷**하면 **則君子俛嘿而就容焉**하여 **而以成我書**로되 **而是人也**가 **雖敬乎其名**이나 **固前知其不諛己也**라 **聞有書**하면 **則就求而亟觀焉**하여 **察其褒譏所寓**하여 **得其疑且似者**하고 **且曰 此謗我也**요 **此怨非我也**라하여 **則從而齮齕之矣**니 **蓋必其章章然稱道歎羨我也**라야 **夫乃始憖置而相忘焉**이라

저 군자는 뜻이 고결하고 행실이 고고하여 실질을 굽혀서 남에게 아첨하지 않아

천하 후세에 알려졌으나, 책을 지을 때에 이르러서는 왕왕 속이고 그릇되이 말하여 거짓으로 바꾸어 스스로 혼란시켜놓고, '내 뜻의 是非를 훗날 군자 중에 내 책을 읽고서 스스로 알게 될 이가 있을 것이니, 어찌 저 잗달게 논쟁하는 자들이 하는 짓을 취하겠는가.'라고 한다.

아, 이는 군자가 만난 불행이니 그 뜻이 지극히 슬프지만, ≪詩≫ 삼백 편이 이 때문에 비유하는 글로써 완곡하게 規諫한 것이고,[5)] 孔子의 ≪春秋≫가 이 때문에 定公·哀公 때 〈말을 드러내지 않고〉 은미하게 하였던 것이다. 楚兩龔[6)]과 孔北海[7)]와 禰正平[8)] 등은 이를 등지고 경시하여서 끝내 화를 만나 죽음에 이르러서도 알아차리지 못하였으니, 어찌 슬프지 않겠는가.

彼君子也가 **其志潔**하고 **其行危**하여 **其不枉實而諛人衆**하여 **著於天下後世**로되 **及其爲書**하여는 **則往往詭辭謬稱**하여 **譎變以自亂**하여 **以爲我意之是非**를 **後有君子讀我書**하여 **而可以自得之矣**리니 **安取彼訔訔察察者爲**리오하니 **嗟夫**라 **此殆君子所遭之不幸**이니 **其用意至可悲**나 **而詩三百篇所爲主文而譎諫**이요 **孔子之春秋所爲定哀之際微辭者也**라 **楚兩龔, 孔北海, 禰正平之徒**는 **背而易**(이)**之**하여 **乃卒會禍殃**하여 **至死不悟**하니 **豈不哀哉**아

〈孫況과 揚雄〉 二子의 책은 그 뜻이 여기에 있으니, 내 이를 미루어 알게 되었는데, 마침 나의 벗 張廉卿이 北으로 왔기에 이에 편지를 써서 고하였다. 그러자 답신에 "그대의 말이 대체로 옳다."라고 하였다. 廉卿이 북으로 온 이래 지금 5년이 지났다. 내가 그와 해마다 왕래하고 날로달로 소식을 물어서 의문이 있으면 이를 묻고, 얻은 바가 있으면 이를 고하고, 만나면 대면하여 질정하며, 헤어져 있으면

---

5) 詩……것이고 : ≪詩經≫ 〈大序〉에, "윗사람은 風으로 아랫사람을 교화하고, 아랫사람은 풍으로 윗사람을 풍자하되, 비유하는 글로 완곡하게 규간하므로, 말하는 이는 죄가 없고, 듣는 이는 경계할 수 있었다. 그러므로 풍이라 한다.〔上以風化下 下以風刺上 主文而譎諫 言之者無罪 聞之者足以戒 故曰風〕" 하였다.

6) 楚兩龔 : 前漢 말 楚 지방의 두 龔氏인 龔勝과 龔舍를 말한다. 두 사람 모두 名節로 유명하여 당시에 楚兩龔이라 불렸다고 한다. 공승은 哀帝 때 光祿大夫가 되었다가 王莽이 집정하자 물러나서 왕망의 부름에 끝까지 불응하고서 곡기를 끊고 굶어 죽었으며, 공사는 애제 때 太山太守가 되었다가 사직하고, 왕망 때 攝中에 살다가 죽었다.(≪漢書≫ 권72 〈兩龔傳〉)

7) 孔北海 : 後漢 말기의 名臣인 孔融으로, 北海太守를 지냈으므로 이렇게 칭한 것이다. 曹操에게 반대하다가 미움을 받아 죽임을 당하였다.(≪後漢書≫ 권70 〈孔融列傳〉)

8) 禰正平 : 後漢 말기의 禰衡으로, 正平은 그의 字이다. 曹操가 그의 모욕을 받고는 노하여 형주로 보내 劉表에게 죽이게 하려 하였으나 유표 역시 그를 감당하지 못하여 黃祖에게 보냈는데, 끝내는 황조를 깔보며 모욕을 하다가 그의 손에 죽임을 당하였다.(≪後漢書≫ 권80 〈禰衡列傳〉)

편지를 보내기를 늘 이처럼 하였다.

二子之書가 意其在此하니 我既推而得之러니 會我友張廉卿北來일새 乃爲書告之하니 復書曰 子言殆是也라하다 蓋自廉卿之北遊로 五年於玆라 我與之歲相往來하고 日月相問訊하여 有疑則以問焉하며 有得則以告焉하고 見則面相質하며 別則以書每如此라

지금 湖北大吏가 편지와 폐백을 보내어 李相國(李鴻章)을 통하여 廉卿을 초빙하여, 남쪽으로 가서 江漢書院의 主講을 맡게 되었으니, 염경은 지금 세상의 孫況이자 揚雄이다. 지금 권세를 가진 귀인은 모두 자신을 낮추어 현인을 예우하고 남이 자기에게 아첨하는 것을 좋아하지 않으니, 그 만난 상황이 손황과 양웅과는 전혀 다르다.

그가 북쪽으로 왔을 적에 이상국 이하 사람들이 모두 그를 존경하고 스승으로 섬겼다가, 늙어서 남쪽으로 돌아가고자 하였다. 湖北은 군이 거주하던 고향인데, 그 大吏가 또 명성을 흠모하여 예우하기를 이처럼 하니, 나는 염경이 올곧은 도와 바른말로 분명하고 믿을 만한 글을 지어서 후세에 드리워 보여서, 자득하지 못한 바가 없을 것임을 알겠다. 그러나 나는 石友[9]와 이별하게 되어, 도를 고찰하고 학업을 물을 수 없게 되었는지라, 의문점을 물을 곳이 없고, 얻은 바를 일러줄 곳이 없을 것이니, 그가 돌아갈 때 몹시 서운한 마음이 없을 수가 없다. 인하여 옛일에 대하여 생각한 바로서 일찍이 군에게 질문하였던 것을 가지고서 써서 증별하는 바이다.

今玆湖北大吏走書幣因李相國聘廉卿而南하여 都講於江漢하니 廉卿은 今世之孫揚也라 見今貴人在勢가 皆折節下賢하고 不好人諛己하니 其所遭孫揚遠不如라 其北來也에 自李相國已下가 皆尊師之러니 老而思欲南歸에 而湖北君所居鄕이어늘 其大吏又慕聲禮下之如此하니 我知廉卿可以直道正辭하여 立信文以垂示後世하여 無所不自得者로되 獨我離石友하여 無以考道問業이라 疑無問하며 得無告하리니 於其歸에 不能無怏怏也라 因取所意於古而嘗質於君者하여 書贈之以爲別하노라

9) 石友 : 情誼가 金石처럼 굳고 변함없는 벗을 말한다. 宋나라 시인 范成大의 〈復以蟾硯歸龔養正〉 시에 "꿈속에 누군가 〈式微〉를 노래하였는데, 깨어보니 벼루가 서재에 있네.〔夢裏何人歌式微 覺來石友在書幃〕"라고 하였다.

08. 閩越을 정벌하는 일에 대하여 淮南王이 간언한 상소를 읽고 뒤에 쓰다 讀淮南王諫伐閩越疏書後*

* 淮南王은 漢 高祖의 손자이자 淮南厲王 劉長의 아들인 劉安이다. 閩越은 越族이 지금의 福建省 일대에 세운 나라이다. 漢 武帝 建元 3년(B.C. 138)에 민월이 東甌를 포위하자 동우가 한나라에 구원을 요청하였는데, 한나라 군대가 이르기 전에 민월이 철수하였다. 3년 뒤 다시 민월이 南越을 공격하자 무제는 민월을 정벌하기 위해 대군을 발동하였다. 이에 유안이 무제에게 상소하여 민월을 정벌하지 말 것을 간언하였다. 이 글에서 오여륜은 유안의 상소에 드러난 忠心을 높이 평가하고 그의 반역 사건 또한 억울한 獄事였음을 주장하고 있다.

淮南王은 閩越을 정벌하는 일에 대해 간언하여 漢나라를 위하여 모의한 것이 지극히 충성스러웠는데도 세상 사람들은 걸핏하면 모반 때문에 그를 업신여긴다. 내가 역사에서 상고하건대 淮南의 반역은 審卿과 公孫弘이 꾸미고[1] 張湯이 단서를 찾아 治罪하였으니[2] 억울한 獄事이다. 무릇 역사에서 모반이라 일컫는 것은 반역의 형적이 드러나지 않았는데도 사전에 발각되어 주멸당한 것이니, 사안이 대체로 모두 이와 비슷하다.

淮南王은 **諫伐閩越**하여 **爲漢計謀至忠懇**이어늘 **而世輒以謀反少之**하니 **我考之史**컨대 **淮南之反**은 **則審卿公孫宏**[3]**構之**하고 **而張湯尋端治之**하니 **蓋冤獄也**라 **凡史所稱謀反**은 **反形未著而**

---

1) 審卿과……꾸미고 : 審卿은 漢나라 辟陽侯 審食其(심이기)의 손자이다. 淮南厲王 劉長의 어머니 趙氏는 본디 趙王의 후궁이었는데, 조왕이 그를 高祖에게 바침으로써 유장을 임신하게 되었다. 그 동생 趙兼이 이 사실을 심이기를 통해 呂后에게 알려 고조에게 아뢰고자 하였으나, 여후가 말하려 하지 않아 심이기 또한 애써 간쟁하지 않았는데, 이를 분하게 여긴 조씨는 유장을 낳고 곧 자살하였다. 이후 유장은 심이기를 죽여 어머니의 원수를 갚았다. 심경은 승상 公孫弘과 친한 사이였는데, 회남여왕이 조부를 죽인 것에 원한을 품고 공손홍에게 회남왕 劉安의 일을 부풀려 말하였다. 이에 공손홍이 회남에 역모가 있는 것으로 의심하여 사건을 심문하고, 이로써 회남왕의 반란을 자극하게 되었다.(≪史記≫ 권118 〈淮南衡山列傳〉)

2) 張湯이……治罪하였으니 : 張湯은 漢나라 杜陵 사람으로, 淮南王의 모반을 비롯한 여러 사건에 법을 매우 각박하게 적용하여 혹리의 대명사가 되었다.(≪史記≫ 권122 〈張湯列傳〉)

3) 宏 : 원래 '弘'이지만, 淸 高宗 乾隆帝의 諱 '弘曆'을 避諱하여 '宏'으로 바꿔 쓴 것이다. 아래도

先事發覺受誅者니 **事大率皆類此**라

옛날에는 謀反律이라는 것이 없었는데, 公羊氏가 ≪春秋≫를 해설하면서[4] 마침내 "신하는 반역하려는 마음이 없어야 하니, 반역하려는 마음을 품으면 주살한다."[5]라고 하였다.

商君(商鞅)이 秦나라를 다스릴 적에 죄악을 고발하는 자에게 상을 내리고 죄악을 숨기거나 죄악을 고발하지 않은 자에게 벌을 내렸다.[6] 그런데 그가 죽을 적에 자신이 반역으로 문죄당하여 주벌되었다.[7] 〈秦 惠王은 상군을〉 車裂하여 조리돌리고 "상앙처럼 반역하지 말라!"라고 하였으니 이 또한 법을 만든 자가 화를 입는 것이 심함을 밝히기에 충분하다.[8] 그런데 도리어 이때 이후로 나라를 소유한 자들은 한결같이 상군의 법을 따르면서 조금도 고치지 않았다.

漢나라가 일어나자 高祖는 이를 사용하여 자신을 핍박하던 功臣인 韓信과 彭越을 제거하였고,[9] 文帝는 이를 사용하여 자신을 시기하던 宗親 혈육인 濟北王과 淮

같다.

4) 公羊氏가……해설하면서 : 公羊氏는 춘추시대 齊나라의 학자 公羊高를 말한다. 공양고는 孔子의 문인인 子夏의 제자로 알려져 있다. 공양고의 ≪春秋≫ 해설이 구두로 전승되다가 그 玄孫인 公羊壽에 이르러 ≪春秋公羊傳≫으로 성립되었다고 전한다.

5) 신하는……주살한다 : ≪春秋公羊傳≫ 莊公 32년 조에, "임금과 부모에게 반역하려는 마음이 없어야 하니, 반역하려는 마음을 품으면 주살한다.〔君親無將 將而誅焉〕"라는 말이 보인다. '將'은 '장차 난을 일으키려고 하다'라는 뜻이다.

6) 商君(商鞅)이……내렸다 : 商君은 衛나라 군주의 庶子로서 성은 公孫, 이름은 鞅이다. 秦나라로부터 商 등 15개 邑을 封地로 받아 상군이라 불렸다. 秦 孝公에게 기용되어 變法을 공표하고 강력한 법치를 시행하였다. 백성들로 하여금 서로 감시하게 하는 체제를 확립하여, 죄악을 고발하지 않은 자는 허리를 베어 죽이고, 죄악을 고발하는 자는 적의 머리를 벤 것과 같은 상을 내리며, 죄악을 숨기는 자는 적에게 항복한 것과 같은 벌을 내렸다.(≪史記≫ 권68 〈商君列傳〉)

7) 그가……주벌되었다 : 秦 孝公의 아들 惠文王이 태자 시절에 變法을 어기자 상앙은 태자의 스승이자 큰아버지인 公子 虔을 대신 처벌하였는데, 이 일로 종실과 귀족들 사이에 상앙에 대한 원망이 높았다. 효공이 죽고 혜문왕이 즉위한 이후에 반역자로 몰린 상앙은 도망쳐 객사에 묵으려 하였으나, 자신이 만든 연좌제로 인해 객사 주인에게 투숙을 거절당하고 결국 주벌되었다.(≪史記≫ 권68 〈商君列傳〉)

8) 車裂하여……충분하다 : 혜문왕은 상앙에게 車裂刑을 가하고 조리를 돌리고는 "상앙처럼 반역하지 말라!"라고 하였다.(≪史記≫ 권68 〈商君列傳〉) 거열형은 상앙이 만든 형벌인데 결국 그 자신이 당하게 되었으므로 이렇게 말한 것이다.

9) 高祖는……제거하였고 : 韓信과 彭越은 모두 漢 高祖의 천하 통일을 보좌한 功臣이다. 한신은 大將으로서 여러 나라를 평정하여 王侯에 봉해졌으며, 팽월은 楚나라를 격파하는 데에 공을 세워 梁王에 봉해졌다. 이들의 세력이 커지면서 고조는 이들을 경계하였다. 한신은 결국 모반죄에 걸려 자신과 三族이 모두 誅滅되었고, 팽월 또한 모반하였다는 의심을 받아 자신과 삼족

南王을 제거하였다.[10] 회남왕은 父子가 연속하여 악명을 뒤집어써서 몸이 죽고 나라를 잃었으니 太史公이 더욱 안타까워하였다.[11]

후대의 황제는 국가를 창건하면 공신을 제거하고, 선대의 업적을 지켜나가면 骨肉을 꺼렸는데 모두 모반을 주된 명분으로 삼아 천년이 다하도록 같은 궤적을 답습하였으니, 이는 더욱 슬퍼할 만한 일이다.

古無所謂謀反之律也러니 **公羊氏之說春秋**에 **乃曰 人臣無將**이니 **將而誅**라하고 **而商君治秦**에 **則有告姦之賞**이요 **有匿(닉)姦不告姦之罪**러니 **其卒也**에 **身坐反誅**하고 **車裂以徇曰 無或如商鞅反者**라하니 **此亦足以明造法者之受禍烈矣**어늘 **乃自是以來**로 **有國者一徇商君之法**하여 **不少改也**라 **漢興**에 **高祖用之**하여 **以除韓彭元功之逼**하고 **文帝用之**하여 **以剪濟北淮南宗親骨肉之忌**어늘 **而淮南仍父子被惡名**하여 **隕身失國**하니 **太史公尤傷之**라 **後之帝者**는 **開創則除功臣**하고 **守成則忌骨肉**이로되 **而皆以謀反爲主名**하여 **亘千載踵躡一轍**하니 **是其尤可悲者也**라

예전에 나는 賈生(賈誼)이 천하의 재주로서 자임하면서도, 이미 통곡하며 上言하여[12] 諸侯를 많이 세워 그 세력을 약화하기를 청했는데[13] 도리어 梁나라와 淮陽을

이 모두 주멸되었다.(≪史記≫ 권92 〈淮陰侯列傳〉, 권90 〈魏豹彭越列傳〉)

10) 文帝는……제거하였다 : 文帝는 漢나라의 제5대 황제로, 漢 高祖 劉邦의 넷째 아들 劉恒이다. 濟北王은 고조의 庶長子인 齊悼惠王 劉肥의 아들 劉興居이니, 문제에게는 조카가 된다. 문제는 자신의 황위 계승에 세운 공로를 인정하여 즉위 후 유흥거를 제북왕으로 봉하였다. 그러나 제북왕은 공로를 충분히 인정받지 못하였다고 여기고 얼마 후 거병하여 반란을 일으켰는데, 문제가 이를 진압하자 자살하였다. 淮南王은 여기서는 고조의 막내아들인 淮南厲王 劉長을 가리키니, 문제에게는 이복동생이 된다. 회남왕은 교만하고 방자하게 행동하여 반역을 도모한다는 지목을 받았는데, 문제가 차마 그를 죽이지는 않고 왕위를 폐한 뒤 蜀郡으로 유배 보내었으나 스스로 굶어 죽었다.(≪史記≫ 권118 〈淮南衡山列傳〉, ≪漢書≫ 권44 〈淮南衡山濟北王傳〉)

11) 회남왕은……안타까워하였다 : 淮南厲王 劉長이 나라를 잃고 스스로 일찍 죽자, 이를 가엾게 여긴 文帝는 그 아들 劉安을 淮南王으로, 劉勃을 衡山王으로, 劉賜를 廬江王으로 삼았다. 후에 회남왕은 모반죄에 걸려 자살하고 회남국은 九江郡으로 강등되었으며, 형산왕 또한 모반죄에 걸려 자살하고 형산국은 형산군으로 강등되었다. 이에 대하여 司馬遷은 "회남왕과 형산왕은 골육지친으로 그 강토가 사방 천리이며 제후의 반열에 올랐다. 그러나 藩臣의 직무를 준수해 天子를 받들어 보좌하는 데 힘쓰지 않고 오히려 사악하고 부정한 계획을 품고 반역을 도모하여 父子가 연이어 재차 나라를 망하게 하고 각자 명대로 살지 못하고 천하의 웃음거리가 되었다.〔淮南衡山親爲骨肉 疆土千里 列爲諸侯 不務遵蕃臣職以承輔天子 而專挾邪僻之計 謀爲畔逆 仍父子再亡國 各不終其身 爲天下笑〕"라고 하였다.(≪史記≫ 권118 〈淮南衡山列傳〉)

12) 賈生(賈誼)이……上言하여 : 賈生은 漢 文帝 때의 文臣인 賈誼를 가리킨다. 淮南王과 濟北王이 모두 역모로 죽임을 당하자, 문제의 아들인 梁懷王의 太傅로 있던 가의가 문제에게 治安策을 올려 時事를 논하였다. 그 서두에 "신이 가만히 생각건대 사세에 통곡할 만한 것이 한 가지이고, 눈물을 흘릴 만한 것이 두 가지이고, 길이 한숨을 쉴 만한 것이 여섯 가지입니

넓히고 황태자를 봉하고자 하여 군주가 형제를 꺼리고 자기 아들을 신임하는 사사로운 마음을 유도하여 그에 영합하고, 게다가 세대가 바뀐 이후에 형제를 꺼리고 자기 아들을 신임하는 것이 응당 다시 오늘날과 같을 것이라고 미리 염려하였으므로 두 세대에게 이로운 일이라 여긴 것을[14] 괴이하게 생각하였다. 이는 진실로 小人으로서 임금의 惡을 미리 유도하는[15] 자가 하는 짓일 따름이니, 이것으로 법제를 논의하는[16] 것이 어찌 마땅하겠는가.

昔者에 **嘗怪賈生以天下才自任**이어늘 **旣痛哭上言**하여 **請衆建諸侯而少其力矣**어늘 **乃又欲廣梁淮陽封皇子**하여 **以導迎人主忌兄弟信任己子之私心**하고 **且逆慮易世而後**에 **當復**(부)**忌兄弟信任己子如今日也**라 **故以爲二世之利**라 **此眞小人逢君之惡者之所爲耳**니 **以此議法**이 **庸有當哉**리오

淮南을 3분하여 봉한 것은 文帝가 그저 자기 부끄러움을 해소하고자 한 것이고 진실로 본의가 아니었으니, 賈生은 그 뜻을 미리 알고서 간쟁하여 이를 저지하고자 하였다. 그의 말이 비록 시행되지는 않았으나 漢나라의 君臣은 이로부터 회남을 3분하여 받은 왕들을 진실로 날마다 白公과 伍子胥처럼 대하였다.[17]

다.〔臣竊惟事勢可爲痛哭者一 可爲流涕者二 可爲長太息者六〕"라고 하였다.(≪漢書≫ 권48 〈賈誼傳〉)

13) 諸侯를……청했는데 : 賈誼가 文帝에게 올린 治安策에 "천하가 다스려지고 편안하기를 바란다면 제후를 많이 세워서 그 세력을 약하게 하는 것이 제일 낫습니다. 세력이 약하면 義理로 부리기 쉽고, 나라가 작으면 간사한 마음이 없어집니다.〔欲天下之治安 莫若衆建諸侯而少其力 力少則易使以義 國小則亡邪心〕"라고 하였다.(≪漢書≫ 권48 〈賈誼傳〉)

14) 梁나라와……것을 : 漢 文帝 11년에 梁懷王이 아들 없이 죽자 가의가 상소하기를, 淮南 땅을 모두 淮陽에 보태주고 梁王의 後嗣를 세우며 동쪽 고을을 떼어 梁나라에 더 보태주면 梁나라는 齊나라와 趙나라를 막을 수 있고 회양은 吳나라와 楚나라를 막을 수 있어서 문제와 太子(劉啓) 두 세대에게 모두 이로울 것이라 하였다. 문제는 가의의 계책을 따라 자신의 아들인 淮陽王 劉武를 양왕으로 삼았다.(≪漢書≫ 권48 〈賈誼傳〉)

15) 임금의……유도하는 : 원문은 '逢君之惡'이다. ≪孟子≫ 〈告子 下〉에 "임금의 악을 조장하는 것은 그 죄가 작고 임금의 악을 미리 유도하는 것은 그 죄가 크다.〔長君之惡 其罪小 逢君之惡 其罪大〕"라는 말이 보인다.

16) 법제를 논의하는 : 漢 文帝 11년에 賈誼가 올린 상소의 서두에, 문제가 법제를 정하지 않으니 지금 같은 형세로는 불과 한두 번 자손에게 전하고 나면 漢나라 법이 시행될 수 없을 것이라 하였으므로 이렇게 말한 것이다.(≪漢書≫ 권48 〈賈誼傳〉)

17) 白公과……대하였다 : 아버지의 원수를 갚으리라 여기고 경계하였다는 뜻이다. 伍子胥는 楚나라 太子太傅인 伍奢의 아들 伍員이다. 楚 平王이 그 父兄을 죽이자 吳나라로 망명하였는데, 이후 吳王 闔廬를 도와 초나라를 정벌하고 평왕의 무덤을 파헤치고 시신을 매질하여 부형의 원수를 갚았다. 白公은 초나라 태자 建의 아들이자 평왕의 손자이며, 이름은 勝이다. 오자서가 오나라로 망명할 때 따라가서 오나라에 있었는데, 초나라 令尹이 된 오자서가 초나라로 데려다가 백공으로 삼았다. 백공은 자기 아버지를 죽인 鄭나라를 치려고 하였는데,

淮南王 劉安은 이를 알았으므로, 독서하고 琴을 연주하며 養生術을 배움으로써 그럭저럭 살아가 천하 사람들로 하여금 그가 유약할 뿐 勇武한 절조가 없음을 두루 알게 하여 조금이라도 편안할 수 있기를 바랐으나 끝내 스스로 화를 벗어날 수 없었다. 吳·楚의 반란에 호응하여 반란하지 않은 것은 승상이 겁박한 것에 공로를 돌리는 데 이르렀으니,[18] 伍被가 관리에게 나아가 변고를 알리지 않았더라도[19] 識者는 그가 하루도 버틸 수 없음을 알았을 것이다. 이것이 小山의 〈招隱士〉[20]가 지어진 까닭이니, 슬프도다!

三淮南之封은 文帝徒以解慚이요 固非本意니 賈生逆探其意하여 而欲爭止之라 其說雖未行이나 漢君臣이 自是로 固日日以白公子胥待三淮南矣라 王安知之라 故로 以讀書鼓琴學養生之術自溷하여 使天下衆知其儒柔無武節하여 冀可少安이로되 乃卒不能自脫이라 吳楚之反之不從亂은 至歸功國相所劫하니 蓋不待伍被詣吏告變이라도 而識者知其不可以終日矣라 此小山招隱之所爲作也니 悲夫인저

혹자는 말한다.

"淮南王 劉安은 바야흐로 독서하고 琴을 연주하며 양생술을 배움으로써 그럭저럭 살아가고 있었는데, 閩越에서 군대를 일으키면 응당 淮南을 경유해야 하니, 유안은 이에 간언하여 그 전쟁을 저지하고자 하였다. 아마도 漢나라가 회남이 험준한 요충지로서 지세가 유리하다는 것을 알게 되어 더욱 한나라 조정이 꺼리는 바가 된 것은 아니겠는가?"

초나라가 오자서를 보내 정나라를 구원하게 하고 동맹을 맺자 이에 원한을 품고 오자서를 습격하여 죽였다.(≪史記≫ 권66 〈伍子胥列傳〉)

18) 吳·楚의……이르렀으니 : 漢 景帝가 鼂錯의 계책을 따라 제후왕의 封地를 삭감하고 중앙 권력을 강화하려 하자 吳·楚·膠西·膠東·淄川·濟南·趙 등 7국의 제후들이 연합하여 반란을 일으켰다. 이때 吳나라 사자가 회남에 이르자 회남왕은 군사를 일으켜 호응하려 하였는데, 회남의 승상이 자신을 장수로 삼아 달라고 하여 그에게 군사를 맡기니 승상이 회남왕의 명을 듣지 않고 한나라를 도와 회남은 결국 온전할 수 있었다.(≪史記≫ 권101 〈袁盎鼂錯列傳〉, 권118 〈淮南衡山列傳〉, ≪漢書≫ 권5 〈景帝紀〉)

19) 伍被가……않았더라도 : 伍被는 淮南王 劉安의 빈객이다. 회남왕과 함께 반역을 꾀하다가 황제의 관리가 淮南에 이르자 직접 찾아가 모반을 알리고 자신 또한 처형되었다.(≪史記≫ 권118 〈淮南衡山列傳〉)

20) 小山의 招隱士 : 淮南王 劉安이 문사들을 초빙하여 辭賦를 짓게 하고는 이들을 大山과 小山 두 부류로 나누었다. 이 중 소산에 속하는 문사가 〈招隱士〉, 즉 은자를 부른다는 뜻의 작품을 지었다.(≪楚辭≫ 권8 〈招隱士〉)

或曰 王安方以讀書鼓琴養生之術自溺이어늘 閩越用兵이면 當取道淮南이니 安乃欲諫止其役하니 似恐漢知其國阨塞(새)地利者라 不益中漢朝之忌乎아

나는 말한다.

"이는 국가의 利害이기에 私慾을 돌아볼 수 없었으니, 이것이 바로 劉安이 충성스러움이 되는 까닭이다. 게다가 漢 武帝가 군대를 일으킬 때 〈황제의〉 영명한 전략으로 결정하니 감히 쟁송하여 말하며 쟁론하는 자가 없었고, 公孫弘은 匈奴를 정벌하는 일에 대해 간언하였다가 마침내 자임하는 바가 과하다고 힐난받았고, 司馬長卿(司馬相如)은 西南夷와 왕래를 여는 일에 대해 간언하고자 하면서도 감히 바로 대놓고 말하지 못하고 蜀 父老의 일을 가탁하여 비유하였다. 그런데 유독 淮南王 유안은 閩越의 擧事에 대하여 장중하게 말하고 엄절하게 논하여 조금도 피하거나 꺼리지 않았으니, 그가 사마장경과 공손홍보다 훨씬 뛰어난 것이다.

가혹한 법을 사용하고 참소하는 말을 따름으로써 스스로 남을 시기하여 이기려는 사심을 부려서 獄事를 성립하여 천하에 보이는 데 이른다면, 비록 皐陶가 듣더라도 무함이 아니라고 여길 것이고, 일이 생기기 전에 미리 계책을 세운 자는 장차 인하여 싹트기 전에 멀리 내다보았다는 칭찬을 받을 것이다.

공손홍과 張湯은 말할 것도 못 되거니와, 나는 다만 賈生과 申不害와 商鞅의 학문이 人才에게 화를 끼치고 國體를 손상하는 것이 이 같은 지경에 이르렀는데도 세상 사람들이 게다가 과장하여 뛰어난 인재라 하며 모두 태평한 채 아무렇지 않게 여기며 알지 못하는 것을 괴이하게 여긴다."

曰 此는 國家利害라 不得顧己私니 是乃安之所以爲忠懇也라 且武帝用兵에 決於英略하니 無敢訟言諍論者하고 公孫宏諫伐匈奴라가 卒受難自任過하고 司馬長卿欲諫開西南夷에 亦不敢正言하고 而託諭於蜀父老어늘 獨王安於閩越之擧에 莊言切論하여 不稍避忌하니 此其賢於長卿宏이 遠矣라 用刻深之法하고 聽(纔)〔讒〕[21]間之言하여 以自遂其忌克之私하여 至於獄成而示之天下면 雖皐陶(요)聽之라도 亦以爲不誣요 而前事豫計者는 且因以受遠見未萌之譽라 宏湯不足論이어니와 我獨怪賈生申商之學之禍人才傷國體가 至於如此어늘 而世且詫爲奇才하여 群晏然而莫之省也라

21) (纔)〔讒〕: 저본에는 '纔'로 되어 있으나 ≪吳汝綸全集 1≫(黃山書社, 2002)에 의거하여 '讒'으로 바로잡았다.

09. 玉露禪院에 題하다　題玉露禪院*

*오여륜이 山東省 泲寧縣에 있는 玉露禪院을 방문하고 쓴 글로, 27년 전 曾國藩의 幕僚로 있을 때 이곳에서 즐겁게 노닐었던 추억을 회상하며 옛 자취가 사라진 것에 대한 감개를 드러내었다.

내가 처음 曾文正公(曾國藩)의 군대를 따라 泲寧縣[1]의 玉露禪院에 있다가 한 달이 지나 군대를 따라 떠났다. 그 후에 남북을 오가며 자주 제녕현을 지났지만 매번 이 암자에 다시 오지 못했었는데, 올해 제녕현에서 열흘간 머물면서 비로소 한 번 옛 자취를 찾아갔다.

도착해보니 門墻과 庭院이 아득하여 다시 기억나지 않으니, 여기를 떠난 지가 이미 27년이다. 한참 만에야 내가 예전에 머물던 다락집을 알아보았고, 또 한참 뒤에 문정공이 살던 방을 알아보았다. 脫塵이라는 예전의 老僧을 물어보았더니 죽은 지 10여 년이었다. 지금의 승려들은 모두 젊은 나이라서 옛 일을 알지 못하고, 오륙십 살 된 사람이 두 명 있으니 그중 한 사람은 내가 떠난 뒤에야 이 암자에 와서 살았고 다른 한 사람은 그전에 오기는 했으나 문정공이 군대를 주둔시킬 적에 승려는 전답에 가서 곡식을 거두고 있었기에 나와는 원래 안면이 없었다.

余始從曾文正公軍하여 **在泲寧玉露禪院**이라가 **旣踰月**에 **隨軍去**하고 **其後往來南北數數**(삭삭) **過泲寧**이로되 **皆未獲復**(부)**至是庵**이러니 **今年留泲寧涉旬**에 **乃始一訪舊跡**이라 **旣至**에 **門墻庭院**이 **邈不復省記**하니 **蓋去是已念有七年矣**라 **久之**에 **始得我故所居樓**하고 **又久之**에 **而得文正居室**이라 **問舊時老僧曰脫塵者**하니 **則死十年餘矣**라 **今之諸僧**은 **皆少年**이라 **不知舊事**요 **有五六十者二人**하니 **其一我去後**에 **始來居是庵**하고 **一人雖前至**나 **而文公駐軍時**에 **僧則之田收穀麥**하여 **與余故不相識也**라

처음에 내가 이 암자에 있을 적에는 공무가 드물었다. 날마다 문정공의 객들과

---

1) 泲寧縣 : 山東省 남서부에 있는 현이다. '泲'는 '濟'의 古字이다.

노닐어서, 매번 식사를 마치고 나면 나란히 말을 달리되 처음 나갈 때는 모두 채찍을 늘어뜨리고 천천히 가다가 이윽고 갑자기 고삐를 풀어놓고 마구 치달려 앞다퉈 빠르기를 겨루어 홀로 선두로 나와 쏜살같이 달리는 것을 통쾌하게 여겼다. 말에서 떨어지는 자가 있으면 모두 말발굽을 굽혀 빙빙 돌면서 모여들어 떠들썩하게 웃었다. 이때에 객들 중에서 내 나이가 가장 적었으니, 의기의 성대함이 어찌 또 한량이 있었겠는가.

지금 와서는 외롭게 홀로 다니니, 옛 자취를 추억함에 곁에 나를 아는 이가 없다. 그동안 겨우 며칠이 지난 것만 같은데 盛衰와 聚散이 갑자기 이와 같으니, 前古의 인물을 멀리 생각하고 장래의 賢哲을 굽어 생각하면 몸은 늙어가는데 할 수 있는 일이 없는 것이 더욱 슬프다. 이미 서글픈 마음으로 회포에 잠겨 이곳을 떠나지 못하기에 마침내 이를 기록하여 후에 와서 노닐 자들에게 고하노라.

始我在是庵에 公事稀簡이라 日從文正諸客娭(희)遨하여 每飯罷에 輒連鑣走馬하되 始出에 皆垂策緩行이라가 已忽縱轡怒馳하여 爭先鬬捷하여 取獨出絶塵爲快라 有墜馬者면 則皆踠足迴旋하여 叢集而譁笑之라 是時에 諸客中에 我年最少하니 意氣之盛이 豈復(부)有度量이리오 今之來也에 孤游獨往하니 追維曩踪에 旁無知我라 前後財幾日이어늘 盛衰聚散이 遽如此하니 遠想前古하고 俯念來哲에 益自悼身之將老而無能爲也라 旣怊悵不能去에 乃記此以諗後之來游者하노라

10. 姚公의 〈談藝圖〉에 대한 記　姚公談藝圖記*

*〈談藝圖〉는 淸代 道光 연간에 江蘇 江陰 출신의 화가 吳儁이 당시 揚州 兩淮鹽運使로 있던 姚瑩을 위해 그린 것으로, 요영이 정원에서 10여 명의 벗들과 담론하는 광경을 담고 있다. 이 글에서 오여륜은 遠近의 훌륭한 인사들이 요영에게 귀부하였는데도 요영이 끝내 걸맞은 자리에서 쓰이지 못하였음을 애석하게 여기고 있다.

우리 桐城의 문장에 능한 선생들은 대개 經術과 道義로써 서로 어깨를 겨루는데 유독 湖南按察使 姚公[1]은 젊어서부터 天下의 일을 자신의 임무로 여겼다. 그리하여 이르는 곳마다 인재들을 초빙하여 모으니 사방의 賢士들이 그림자가 형체를 따르듯 귀부하는 것이 물결처럼 이어져서 비록 곤경에 처하더라도 떠나지 않았다. 그가 臺灣에서 오랑캐 선박을 격퇴한 일로 체포되어 하옥되었을 적에[2] 豪傑한 인사들이 그를 알건 모르건 모두 그를 위하여 격분하였다.

我桐城能文諸老가 **率以經術道義相高**어늘 **獨湖南按察使姚公**은 **自少以天下自任**이라 **所至**에 **延攬人才**하니 **四方賢士**가 **景附波屬**하여 **雖顚沛不去**하니 **其在臺灣**에 **以擊夷船事**로 **被逮下獄**할새 **豪傑之士知與不知**가 **皆爲扼掔**(완)[3]**矣**라

이 그림은 公이 道光 17년(1837)에 兩淮鹽運使를 섭행할 때에 그려진 것이니, 安化 陶文毅公[4]이 그 머리에 題를 지어 〈談藝圖〉라 하였다. 그림 속의 宴會에 모

1) 姚公 : 姚瑩(1785~1853)을 말한다. 요영은 字는 石甫이고 호는 明叔이며 安徽 桐城 사람이다. 姚鼐의 從孫이자 그의 4대 제자 중 한 명으로 꼽힌다. 저서로 ≪中復堂全集≫ 97권이 있다.

2) 臺灣에서……적에 : 1841년 9월과 1842년 3월에 영국 선박이 대만 연안에서 파손된 뒤 가라앉으면서 탑승자 일부가 포로로 잡혔다. 1842년 6월 臺灣兵備道 姚瑩과 臺灣總兵 達洪阿는 포로를 처형하라는 道光帝의 諭旨에 따라 그중 139명을 처형하였다. 이후 1842년 11월, 영국 측에서는 포로를 처형한 대만 관리를 처벌할 것을 요구하였는데, 도광제가 이를 수용하면서 요영과 달홍아는 관직을 박탈당하고 베이징으로 압송되었다.(李永玉, 〈1840-43년 臺灣사건 - 역사사건과 역사가의 붓끝〉, ≪동양사학연구≫ 82, 동양사학회, 2003 참조.)

3) 掔(완) : '腕'과 同字이다. ≪吳汝綸全集 1≫(黃山書社, 2002)에는 '腕'으로 되어 있다.

4) 安化 陶文毅公 : 陶澍(1778~1839)를 말한다. 도주는 字는 子霖이고 號는 雲汀이며 湖南 安化 사람이니, 文毅는 그 謚號이다.

인 諸公은 당시의 뛰어난 인재가 다 있었으니, 이를테면 吳仲倫 德旋,[5] 李申耆 兆洛,[6] 毛生甫 嶽生[7] 등은 모두 천하에 명성이 알려진 인사였다.

이후 중국에 변고가 많아 封疆大吏가 인재를 망라하려는 뜻이 없으니, 재능 있는 인사들이 흩어져 海內에 이러한 풍류가 없어졌다. 다만 曾文正公이 江南에서 재임할 적에 큰 변란이 갓 평정되자[8] 왕왕 빈객을 초청하여 이끌고 秦淮[9]에 배를 띄워 元武湖와 莫愁湖[10] 일대를 한가로이 노닐고 鐘阜와 石頭山[11]에 높이 올라 조망하면서 머물러 놀며 경물을 구경하고 술을 마시고 시를 지으면서 서로 즐겼다. 나는 이때에 간간이 말석에 끼어 실로 일찍이 그 성대한 자리에 직접 참여하였으니, 이밖에는 자주 보지 못하였다.

此圖는 **公道光十七年**에 **攝兩淮鹽運使時所作**이니 **安化陶文毅公爲題其首**하여 **曰談藝圖**라 **圖中宴集諸公**이 **蓋極一時之選**하니 **如吳仲倫德旋, 李申耆兆洛, 毛生甫嶽生輩**는 **皆天下知名士也**라 **是後**에 **中國多故**하여 **封疆大吏無網羅人才之意**하니 **賢俊離散**하여 **海內無此風流矣**라 **獨曾文正公在江南時**에 **大亂新定**할새 **往往招携賓客**하여 **泛舟秦淮**하여 **徜徉元武莫愁之間**하고 **登眺鐘阜石頭**하여 **流連景物**하고 **飮酒賦詩**하여 **以相娛嬉**(희)하니 **汝綸於時**에 **間厠末坐**하여 **實嘗躬與其盛**하니 **外此不數數**(삭삭)**見也**러라

지금 천하에 변고가 없으니 王公大人이 선비들 위에 거만하게 있기만 하고 위엄

---

5) 吳仲倫 德旋 : 吳德旋(1767~1840)은 江蘇 宜興 사람으로, 仲倫은 그 字이다. 諸生이다. 姚鼐를 사사하였으며 古文에 능했다. 저서로 ≪初月樓聞見錄≫, ≪初月樓聞見錄 續集≫, ≪初月樓集≫ 등이 있다.

6) 李申耆 兆洛 : 李兆洛(1769~1841)은 江蘇 陽湖 사람으로, 申耆는 그의 字이다. 嘉慶 10년(1805)에 進士가 되었다. 鳳臺知縣·翰林院庶吉士 등을 역임하였으며, 江陰 暨陽書院에서 20년 동안 主講을 지냈다. 역사·지리·訓詁·音韻에 두루 밝았으며, 저서로 ≪歷代地理志韻編今釋≫, ≪養一齋集≫ 등이 있다.

7) 毛生甫 嶽生 : 毛嶽生(1791~1841)은 寶山 사람으로, 生甫는 그 字이다. 蔭職으로 雲騎尉를 지냈다. 姚鼐를 종유하였으며 시와 古文에 능했다. 저서로 ≪休復居詩文集≫, ≪淸史列傳≫ 등이 있다.

8) 曾文正公이……평정되자 : 文正은 曾國藩의 諡號이다. 증국번은 1853년 호남에서 湘軍을 조직하여 太平天國軍에 대항하였다. 1860년 兩江總督에 제수되었으며, 1864년에 태평천국의 수도 南京을 탈환하고 태평천국을 멸망시켰다.

9) 秦淮 : 南京을 지나는 강의 이름이다.

10) 元武湖와 莫愁湖 : 南京에 있는 호수이다. 元武湖는 원래 이름이 玄武湖인데 淸 聖祖 康熙帝의 이름 玄燁을 피휘하여 元武湖로 개칭되었으며, 이후 民國 초기까지 이 명칭이 사용되었다.

11) 鐘阜와 石頭山 : 鐘阜는 남경에 있는 鍾山을 말한다. 石頭山은 남경 淸涼山의 옛 이름이다.

을 조금 낮추어 책을 엮는 일에 종사하는 布衣를 한번 방문하고자 하지 않는 것은 본래 당연한 것일 따름이다.

지금 지위로 사람을 논한다면 상위에 있는 자는 지극히 적고 하위에 있는 자는 지극히 많으며 지위가 없는 자로 말하면 이보다 더 많으니, 적은 자들은 형세상 모이고 많은 자는 형세상 흩어지는 것은 이치와 형세가 그러하다. 이러한 까닭으로 상위에 있는 자는 耳目과 思慮가 미치지 못하는 바가 있기에 하위에 있는 자들이 무리 지어 달려가 그 빠진 것을 수습하고 결점을 보충하며, 지위가 있는 자는 이목과 사려가 미치지 못하는 바가 있기에 지위가 없는 자들이 또 무리 지어 달려가 그 빠진 것을 수습하고 결점을 보충한다.

무릇 이 때문에 몸이 팔뚝을 부리듯이 복종하여[12] 천하에 방기되는 일이 없는 것이다. 그런데 가로막아 서로 왕래하지 않다가 하루아침에 일이 생기면 그저 상위에 있는 자와 지위가 있는 자 몇 사람이 마침내 몸을 나누어 두루 대처할 수 있겠는가.

今天下無事하니 王公大人이 泰然群士之上하고 不肯稍貶威嚴하여 一問韋布編摩之業은 自其宜耳라 今以位論人이면 則在上者至少하고 在下者至多하며 至於無位則尤多焉하니 少者勢會하고 多者勢散은 理勢然也라 是故로 在上者는 耳目思慮가 有所不及이라 在下者群趨而拾其遺補其闕焉하며 有位者는 耳目思慮가 有所不及이라 無位者又群趨而拾其遺補其闕焉이라 夫是以로 身臂制從而天下無廢事也어늘 橫絶而不相通流라가 一旦有事에 祇在上若有位者數人이 遂可分形而徧給矣乎아

예전에 오랜 벗 劉少塗(劉繼)가 일찍이 나에게 말하기를 "姚公이 관직에 있을 적에 벗들과 일가친척으로서 공의 도움을 받아 끼니를 이어가는 집이 수십 집이었기에 돈이나 쌀 같은 선물이 날마다 달마다 이르렀다. 체포되면서는 이후에 장차 선물이 이어지지 않으리라고 스스로 생각하였는데, 보내오는 돈과 쌀이 각각 이전보

12) 몸이……복종하여 : 원문은 '身臂制從'이다. 漢 文帝 때의 文臣인 賈誼가 문제에게 올린 治安策에 "海內의 형세로 하여금 몸이 팔뚝을 부리고 팔뚝이 손가락을 부리는 듯이 해서 복종하지 않음이 없게 한다면 제후국의 군주가 감히 다른 마음을 품지 못하여 바큇살이 바퀴통에 모이듯 함께 나와서 天子에게 목숨을 맡길 것입니다.〔令海內之勢 如身之使臂 臂之使指 莫不制從 諸侯之君 莫敢有異心 輻湊竝進而歸命天子〕"라는 말이 보인다.(≪漢書≫ 권48 〈賈誼傳〉)

다 갑절로 늘었다. 이때에 전대가 텅 비어 있었는데 서로 잘 아는 유력자가 여비를 보내어준 덕분에 마침내 행장을 꾸릴 수 있었다. 이 때문에 공이 화를 당했을 적에 노인들은 탄식하고 장정들은 분개하고 부인들은 울어서 모두 자기에게 큰 우환이 닥친 것처럼 하였고, 공이 감옥에서 풀려나 돌아왔다는 것을 들었을 적에는 모두 자신의 일인양 기뻐하였다."라고 하였다.

천하의 선비들이 저와 같이 귀부하고 鄕黨의 오랜 벗들이 이와 같이 받들어 우러렀으니, 설령 국가의 중대한 임무를 맡아 疆土에 전쟁이 일어났을 적에 팔을 휘두르며 한번 외쳤다면 기력을 다해 서로 달려가 공을 위해 목숨을 바치고 죽음에 이르지 않을 자가 있었겠는가.

애석하도다, 공은 노년에 이르도록 전쟁터에서 애를 썼으면서 끝내 한번 그 쓰임을 마치지 못하였다. 세상 사람 중에 벼슬하여 뜻을 이루어 陶朱·倚頓[13]과 부유함을 겨루면서도 문하에 도리어 선비 한 명 없는 자는 어째서인가.

往者에 故人劉少塗嘗爲余言호되 姚公在位時에 交遊族鄙待而擧火者數十家라 錢米之餽가 日月以至러니 及被逮하여 自度(탁)後且不繼也어늘 則餽之各倍他日이라 是時에 行橐蕭然이러니 賴相知有力者餽贐之하여 乃能辦裝行이라 以故로 公之遇禍(화)也에 老者歎하고 壯者憤하고 婦人啼하여 皆若大憂之在己也하고 及聞其獄解而歸也엔 則皆若有身得之喜也라 蓋天下之士歸之如彼하고 鄕黨故舊戴仰之如此하니 設令當國家大任하여 有事疆埸(역)에 振臂一呼면 有不盡氣交走하여 爲之效命致死者乎아 惜乎라 公老而周旋兵間에 迄不得一竟其用也라 世之仕宦得意하여 擬富陶倚로되 而門下乃無一士者는 何也오

---

13) 陶朱·倚頓 : 陶朱는 춘추시대 楚나라 사람 范蠡를 이른다. 범려는 越王 句踐의 신하였는데 뒤에 陶 땅에 은거하여 陶朱公이라 불렸다. 貨殖에 능하여 세 번이나 千金을 소유한 부자가 되었다. 倚頓은 춘추시대 魯나라 사람으로, 도주공에게 부자가 되는 방법을 묻고 그대로 실행하여 王公에 비기는 巨富가 되었다.(≪史記≫ 권129 〈貨殖列傳〉)

11. 賀蘇生 선생의 七旬에 祝壽하는 序　賀蘇生先生七十壽序*

* 賀蘇生은 오여륜보다 16세가 많고, 오여륜과 같은 해에 鄕試에 합격한 사람이다. 하소생의 칠순을 축수하는 이 글에서 오여륜은 처음에 하소생을 만나지 못한 채 그의 아우와 두 아들을 접하면서 그가 어떤 사람인지 추측했던 과정을 적고, 이어서 십여 년 뒤에 비로소 그를 만나보고서 그동안 추측했던 것보다도 훨씬 훌륭한 인물이었음을 말함으로써 하소생의 빼어남을 부각시켰다.

武强[1] 賀蘇生 선생은 나와 같은 해에 鄕試에 합격하였다. 내가 深州[2]를 다스릴 때 賀氏의 사촌과 자질 중에 나를 종유하는 이가 많았으나, 선생은 유독 한 번도 州宅[3]에 이른 적이 없었다. 그사이에 다른 사람 집의 자리에서 만나 비로소 통성명하였는데, 갑작스럽게 이별하고 떠났다. 2년 뒤에 내가 관직을 떠나 돌아가서 마침내 이어서 볼 수가 없게 되었지만, 일찍이 스스로 선생의 사람됨을 내가 추론하여 알 수 있다고 여겼다.

武强賀蘇生先生은 **與余同歲鄕擧**라 **余爲深州**할새 **賀氏群從**에 **多從余遊**로되 **先生獨未嘗一至州宅**이라가 **間遇人家坐中**하여 **始通姓名**이어늘 **遽別去**라 **居二年**에 **余去官歸**하여 **遂未獲繼見**이로되 **顧嘗自謂先生之爲人**을 **我能以意得之**라

선생의 아우인 鐵君은 기이한 사람이다. 독서를 좋아하고 자기 기운을 믿고서 남에게 지기를 싫어하여 큰일을 하고자 하였다. 그의 말에 "周나라가 오래도록 쇠미하였던 것은 周公이 文을 좋아한 것을 말미암아 그렇게 된 것이다. 商君(商鞅)의 법은 三代(夏·商·周)와 다름이 없거늘, 상군을 물리쳐서 말하지 않고 이에 '나는 삼대의 정치를 하고자 한다.'라고 하니, 이는 망령된 것이다."라고 하였으니, 그 의론이 사람을 놀라게 하는 것이 대부분 이와 같았다.

---

1) 武强 : 淸代에 直隸에 속한 縣名이다. 현재는 河北省에 속한다.
2) 深州 : 淸代에 直隸에 속했던 곳으로, 지금의 河北省 深縣이다.
3) 州宅 : 刺史가 사는 관사를 말한다.

사람들이 모두 철군을 비웃으며 미쳤다고 하였고, 철군 또한 자부하여 허여함이 적었지만, 유독 나에게는 친밀하게 대하였다. 내가 철군에게 어디에서 수학하였는지를 물으니, 선생 외에는 다른 스승이 없다고 하였다. 내가 진실로 이미 선생을 사모하여 일세의 異人이라고 여겼다.

先生之弟鐵君은 **瓌奇人也**라 **好讀書負氣**하여 **欲有以爲**라 **其言曰 周之積衰**는 **繇周公之好文爲之也**라 **商君之法**은 **無異三代**어늘 **屛商君不道**하고 **乃曰 我欲爲三代**라하니 **此妄爾**라 **其議論驚人**이 **類如此**라 **人皆笑鐵君以爲狂**이요 **鐵君亦自負少可**로되 **獨暱就余**라 **余問鐵君安所受學**하니 **則自先生外無他師**라 **余固已慕望先生以爲一世異人矣**라

선생의 두 아들 중 濤는 자가 松坡이고, 沅은 자가 芷村이다. 내가 深州를 다스리지 않았을 때부터 모두 겨우 冠禮를 치를 나이에 이르러 이미 같은 해에 향시에 급제하였다. 송파는 심후하고 문채가 있으며, 지촌은 簡默하여 조리가 있었다. 모두 선생의 명으로 나를 찾아왔는데, 내가 두 아들을 보고서 선생의 가르침이 방법이 많음을 더욱 탄복하였다.

先生二子曰濤는 **字松坡**요 **曰沅**은 **字芷村**이라 **自余未爲州時**로 **年皆才及冠**에 **已同歲領鄕薦**이라 **松坡淵懿而文**하고 **芷村簡默有條理**라 **皆以先生命來謁**하니 **余得二子**하고 **益歎先生之敎蓋多術也**라

당시에 鐵君과 마주하여 담소할 적에 호탕하고 우뚝하여 강직한 모습이었고, 松坡가 내 방에 들어와 종일 시를 읊조릴 적에 낭랑하였으며, 芷村이 이어서 옴에 침착하고 신밀하여 聲色을 바꾸지 않아 엄숙한 모습이었다. 내가 비록 선생과 교유하지는 못하였으나, 세 賢者를 참고하여 상정하니, 또한 어디를 간들 선생을 볼 수 없었겠는가.

當是時也하여 **與鐵君晤語**에 **豪激卓犖**하여 **覿覿如也**요 **松坡入我室**하여 **嘯詠終日**에 **琅琅如也**요 **芷村繼至**에 **沈密練覈**하여 **不動聲色**하여 **秩秩如也**라 **余雖未獲交先生**이나 **以夫三賢者參定之**하니 **亦安往而不見先生者**리오

10여 년 후에 내가 冀州[4]를 다스리게 되었는데, 鐵君은 이미 이전에 졸하였고, 선생은 故城[5]의 敎諭가 되었으니, 고성은 기주와의 거리가 백 리였다. 松坡 형제

는 해마다 반드시 나를 방문하였으니, 이에 송파의 학문이 더욱 깊어지고 문장이 더욱 고아해졌다. 내가 스스로 생각건대 나는 송파에게 보탬이 될 것이 없다고 여겨, 편지를 보내 武昌의 張廉卿(張裕釗)에게 소개하니, 廉卿이 그를 얻고서 기이하고 보배로운 인물이라고 여겼다. 이윽고 송파가 또 그 아우와 같은 해에 進士가 되었다. 내가 송파에게 冀州主講이 되어주길 청하니, 朝夕으로 방문하여 官舍에서 종유하였다.

사람들이 고성에 왕래할 적에 선생을 본 이들이 많았으니, 나 또한 선생과 오래도록 그곳에 머물면서 마침내 인연하여 한 번 만나고자 하였다. 내가 敎授 관직을 그만두고서는 선생과의 거리가 더욱 멀어졌고, 芷村 또한 翰林에서 나가 福建의 知縣이 되어 수천 리 밖에 있었다. 오직 송파가 刑部郞中으로 있으면서도 冀州講席을 주관하여 매해 도성에서 기주로 돌아왔고 혹 고성에 부친을 뵈러 갈 때 왕래하면서 나를 방문하였으니, 내가 때때로 송파로부터 선생의 안부를 물었을 뿐, 끝내 한 번 고성에 이르러 선생을 뵙지는 못하였다.

올해 봄에 山東으로부터 保定[6]으로 돌아오니, 선생이 먼저 와 계셨다. 내가 내 기대를 뛰어넘은 것을 크게 기뻐하여 비로소 서로 만나 악수하며 한 번 웃었으니, 지난날 세 현자를 접하였던 것이 모두 이미 요원히 어디로 갔는지도 알지 못하였다. 서서히 그 말씀을 듣고 그 풍채를 보고서 그 후에 내가 지난날 선생에 대해 추론하여 알았던 것이 실로 만에 하나도 비슷하지 못하였음을 더욱 알게 되었다.

後十餘年余爲冀州하니 **鐵君已前卒**이요 **先生官故城敎諭**하니 **故城去冀州百里**라 **松坡兄弟**가 **歲必過余**하니 **於是松坡學益邃**하고 **文章益高**라 **余自度**(탁)**無以益松坡**하여 **則爲書通之武昌張廉卿**하니 **廉卿得之**하여 **以爲奇寶也**라 **已而松坡又與其弟同歲成進士**라 **余請松坡都講冀州**하니 **朝夕過從舍中**이라 **人往來故城**에 **多見先生者**하니 **余亦自詭與先生皆久於其地**하여 **終得因緣一見**이라 **及余罷官敎授**하여는 **則距先生益遠**이요 **芷村亦出翰林爲令福建**하여 **在數千里外**라 **獨松坡官刑部郞**이로되 **猶主冀州講席**하여 **每歲自都還冀**하고 **或省覲故城**에 **往來過余**하니 **余時時從松坡問先生起居而已**요 **迄不能一至故城見先生也**라 **今年春**에 **自山東還保定**하니 **則先生前至**라 **余大喜過望**하여 **始相見握手一笑**하니 **則往時所接夫三賢者**가 **皆已窅然不知何往焉**이라

---

4) 冀州 : 淸代에 直隸에 속했던 곳으로, 지금의 河北省 冀縣이다.
5) 故城 : 淸代에 直隸 河間府에 속했던 곳으로, 현재는 河北省에 속한다.
6) 保定 : 淸代에 直隸에 속했던 곳으로, 지금의 河北省 省會이다.

徐而聽其言議하고 挹其風采하여 其後益知我向所意得於先生者가 實未能擬似萬一也라

선생은 나보다 16세가 많지만 먹고 마시는 것이 나보다 더 강건하여 그 기거와 동작이 마치 3, 40세쯤 되는 사람으로 보였다. 내가 선생에게 어떻게 이와 같을 수 있는지 물으니, 웃으면서 "마음에 아무 일이 없기 때문일세."라고 하였다. 이윽고 또 웃으면서 나에게 말하기를, "내가 그대를 보았을 때 아름다운 미소년이었는데, 지금 그대 머리카락이 이와 같으니, 그대도 늙었구먼."이라고 하였으니, 내가 이를 매우 부끄러워하였다.

무릇 큰 천하에 천자에서부터 匹夫에 이르기까지, 처음 지식이 있었을 때부터 늙어 죽을 때까지 心智를 한 번도 수고롭게 하지 않는 이가 있겠는가. 옛 道人이 뭇사람과 달리 빼어났던 까닭 중에서 마음에 아무 일이 없는 것보다 더 대단한 것이 무엇이 있겠는가. 내가 돌이켜 생각해보니 평생 세속의 명성과 이익에 있어서는 또한 몹시 담담하게 잊었지만, 마음은 종일토록 급급하여 잠시도 쉬지 못하였으니, 이것이 내가 쉬이 늙어버린 까닭이다.

선생은 헤아림이 정미하여 이미 그 아우와 아들을 훈도하여 기르고서도 〈지닌 것을〉 모두 마치 버려서 없앤 듯하여서, 深淵 가운데 아득하게 그 가를 헤아릴 수 없는 것과 같았다. 지금 열흘 동안 모여서 지내보니 내가 선생에 대해 다 알지 못하였던 것이니, 지난날 내가 억측하여 짐작했던 것이 또한 실질과 동떨어진 것이 아니었겠는가.

先生長余十有六年이나 飮啗視余加健하여 其寢處動作이 若三四十許人이라 余問先生何以得此오하니 則笑曰 心無事也라하고 已又笑謂余曰 吾某所見子時에 美好少年也러니 今子鬚髮如此하니 亦且老矣라하니 余深媿之라 夫以一天下之大에 自天子至於匹夫히 自始有知識至於老死히 有一不勞其心智者乎아 古之道人所爲絶殊倫輩者가 孰有大於心無事者乎아 余自顧生平於世俗聲利에 亦頗澹忘이로되 獨其心終日卒卒하여 不能稍暇하니 此余所以易(이)老也라 先生精於意度(탁)하여 旣已涵濡孕育其弟若子矣요 而皆若遺棄而掃除之하여 其淵然之中에 杳然莫能測其所際也라 蓋今聚處旬日之久에 吾於先生에 未能盡知也니 向者余乃欲險度而懸定之가 不亦遠乎아

선생이 이곳에 온 것은 임기가 차서 상관을 뵈어야 해서였는데, 일을 마치자 곧장 떠나서 머물지 못하였다. 내가 진실로 그리워하며 잊지 못하고 있었는데, 松坡가 또 누차 편지를 써서 선생이 지금 꼭 70세가 되었다고 하면서 글을 지어 祝壽해주기를 부탁하였다. 인하여 금일에 이르기까지 20여 년 동안 마음으로 선생을 알았던 것과 눈으로 본 것이 이와 같았음을 적고, 또 내 부끄러움을 기록하였다.

지난해 송파가 일찍이 편지를 보내어 蘇明允의 〈木假山記〉[7]를 논하면서 이는 스스로 자기와 두 아들을 빗댄 것이라 하였는데, 내가 그렇게 여기지 않았으나 송파는 수긍하지 않았다. 지금 돌아가 그 부친을 축수할 때 차분히 선생에게 질정하여 반드시 결정하는 바가 있기를 청하는 바이다.

先生來此以官滿當謁上官이러니 **事畢**에 **徑去不能留**라 **我固已思之不忘**이어늘 **松坡又屢書言先生今年正七十**하여 **乞文爲壽**하니 **因書二十餘年以至今日所得先生於心與其目者如此**하고 **且以志我媿焉**이라 **昔歲松坡嘗貽書論蘇明允木假山記**하여 **以爲自喩己與二子**하니 **吾不謂然**이어늘 **松坡不服也**라 **今歸壽其親**에 **請從容以質之先生**하여 **必有以定之矣**라

7) 蘇明允의 木假山記 : 蘇明允은 宋나라의 문장가 蘇洵으로, 明允은 그의 자이다. 소순은 고향 嵋山에서 세 봉우리의 형상을 갖춘 목가산을 구매하여 집에 두고 〈木假山記〉를 지었다.(≪古文眞寶後集≫ 권7)

12. 范肯堂의 〈大橋遺照〉에 題하다　題范肯堂大橋遺照*

*范肯堂은 오여륜의 제자이자 桐城派의 명맥을 이은 晩淸의 저명한 古文家인 范當世(1854~1905)를 이른다. '肯堂'은 범당세의 號이다. 이 글은 오여륜이 범당세의 그림 〈大橋遺照〉에 쓴 題辭로서, 〈대교유조〉는 죽은 前妻에 대한 범당세의 그리움을 담은 작품이다. 범당세의 〈大橋遺照詩〉 自序에 따르면, 범당세의 전처 吳大橋는 通州城 동쪽 新地라는 곳에서 태어났는데, 이 신지에 큰 다리가 놓여있었기에 그 부모가 딸의 이름을 '大橋'라고 하였다 한다. 범당세는 아내 死後 그 다리를 그림으로 그려두고 보면서 아내에 대한 그리움을 달랬으니, 이 글에서 오여륜은 범당세가 再娶 후로도 〈대교유조〉에 대한 애틋한 마음을 간직하고 있음을 드러내어 보이고 있다.

지난날 范君 當世가 그 前夫人을 잃고서 슬픔과 그리움을 의지할 곳이 없으므로 畫工에게 명하여 전부인의 부모가 살던 大橋라는 곳을 그림으로 그리게 하여 자신의 그리움을 부치고 또 再娶하지 않으리라 맹세하였다.

나는 그의 슬픔을 풀어주고 맹세를 깨버릴 방법을 생각하다가 그 그림을 보고선 매우 잘못되었다고 여겼고, 또 편지를 써서 濂亭翁[1]에게 알렸다. 그러자 翁이 答書하여 말하기를, "이것이 ≪周易≫의 이른바 '그 德을 항구히 하면 貞하나 남자는 凶하다.'[2]는 경우로세. 내가 그대를 도와 그 맹세를 깨뜨릴 것이오."라 하더니, 이윽고 범군이 자신의 마음을 翁에게 드러내자 翁은 결국 그만두고 말하지 않았고, 나아가 君을 위해 그림 위에 글까지 써주었다. 君이 돌아와 나에게 자랑스레 말하는 모습이 퍽 스스로 만족스러워하는 것이었다.

異時에 **范君當世旣喪其前夫人**에 **哀思之不聊**일새 **則命工圖其父母所家曰大橋者**하여 **以寄其**

---

1) 濂亭翁 : 淸末의 문장가이자 학자인 張裕釗(1823~1894)를 이른다. 濂亭은 그의 號이다. 張裕釗는 湖北 武昌 사람으로, 字는 廉卿이다. 道光 26년(1846)에 擧人이 된 이래 內閣中書 등의 벼슬을 역임하였다. 曾國藩에게 受學하고 幕僚로도 일한 경험이 있어 吳汝綸 등과 더불어 '曾門四學士'로 일컬어졌다. 문집으로 ≪濂亭文集≫ 등이 전한다.

2) 그……凶하다 : ≪周易≫ 恒卦 六五에 "그 德을 항구히 하면 貞하니 婦人은 吉하고 남자는 凶하다.〔恒其德 貞 婦人吉 夫子凶〕"라고 하였다.

思하고 且誓不更(갱)娶라 汝綸謀所以散其哀而敗其誓也라가 見其圖則深非之하고 又爲書하여 告濂亭翁이라 翁復(복)書曰 是易所謂恒其德貞而夫子凶者也로다 我助子破之호리라하더니 已而요 范君以其私白翁에 翁竟止不言하고 而更爲君題字圖上이라 君歸하여 矜語汝綸에 殊自得也러라

이때에 우리 縣의 姚慕庭[3] 선생이 바야흐로 그 따님이 지은 시를 우편으로 부쳐와 내게 보이고 또 사윗감을 골라 달라고 부탁하였다. 내가 말하기를, "范君만 한 사람이 없다."라고 하여 이에 편지를 바로 범군의 부친께 보내어 婚事를 의논하되 반드시 따라야 한다고 협박하듯이 말을 하였는데 답서에서 과연 허락하였다. 나는 그런 뒤에 나의 계획이 마침내 이루어지게 된 것을 기뻐하였고, 濂亭翁은 더불어 일을 도모할 만하지 못하다고 비웃었다.

當是時하여 我縣姚慕庭先生이 方郵寄其女公子所爲詩하여 示余하고 且屬(촉)選壻한대 余曰 莫(移)〔宜〕[4]范君者라하여 於是에 以書徑抵范君之尊甫하여 平章昏事하되 詞若劫持之以必從者然이어늘 復(복)書果諾許러라 余然後에 喜我謀之卒遂하고 而笑濂亭之不足與計事也로라

范君이 나와 헤어지고 떠나 姚氏 집안의 처가살이를 하게 되어서는 아침저녁으로 姚夫人과 시를 지으며 번갈아 唱和하니, 부부가 거처하는 방안이 절로 師友間이 되었다. 이에 또다시 畫工에게 명하여 자신이 일생토록 겪은 일을 그림으로 그리게 하여 〈去影圖〉를 만들고, 요부인과 그 그림 위에 시를 한가득 써두었다.

올해 天津 지역에서 다시 나를 만났을 때 〈거영도〉를 가져와 나에게 보이기에 내가 웃으며 말하기를, "자네는 지금 그림이 이와 같으니 전에 만든 〈大橋圖〉는 버려두고 더이상 돌보지 않는 것이 좋겠네."라고 하였다. 君이 이에 말하기를, "〈대교도〉는 선생께서 끝내 한마디 말씀도 없고 마실 수는 없을 것입니다. 조롱하시든 칭찬하시든 오직 命을 따르겠습니다."[5]라고 하였다. 내가 웃으며 사양하였으나 君은 더욱 굳게 청하였는데, 헤어진 뒤 또 편지를 써서 나를 독촉한 것이 예닐곱 번

3) 姚慕庭 : 淸나라 同光 연간에 활동한 桐城派 文人 姚濬昌(1833~1900)을 이른다. 慕庭은 요준창의 號이다. 요준창은 安徽 桐城 사람으로, 동성파의 영수격인 姚鼐의 후손이다. 曾國藩의 門下에서 受學하고 그 幕下에서 從軍하였는데, 증국번에 의해 軍功으로 薦擧되어 湖口·安福·竹山·南漳 등의 知縣을 역임하였다. 요준창 슬하의 두 딸 가운데 次女가 范當世와 혼인하였다.

4) (移)〔宜〕: 저본에는 '移'로 되어 있으나, ≪桐城吳先生全書≫에 의거하여 '宜'로 바로잡았다.

5) 대교도는……따르겠습니다 : 범당세가 오여륜에게 〈大橋圖〉에 대한 題辭를 써 달라고 부탁하면서 그 내용은 조롱을 해도 좋고 칭찬을 해도 좋다고 말한 것이다.

이나 되었다.

范君既別余去贅姚氏에 **蚤暮與姚夫人爲詩**하여 **更唱迭和**하니 **閨闥間**이 **自爲師友**라 **於是**에 **又命工圖其生平所歷事**하여 **爲去影圖**하고 **與姚夫人淋漓題詠其上**이러라 **今年**에 **復**(부)**見余天津間**할새 **持示余**어늘 **余笑謂曰 君今圖如此**하니 **前所爲大橋圖**는 **可憖置不復理也**라한대 **君乃曰 大橋圖**는 **子終不可嘿已**니 **謝頌唯命耳**라하다 **余笑謝**나 **君則請之益堅**이러니 **已別**에 **又爲書**하여 **敦促之**가 **至六七**이러라

처음에 君이 이 그림을 만든 것은 아마도 장차 첫 맹세를 굳게 지켜 자신의 슬픔을 쏟기 위함이었을 것이다. 그런데 나는 이미 君에게 권하여 다시 장가들게 하였으니, 그렇다면 이 그림이 그려진 데에는 애초에 나의 말이 취해진 것이 없으므로 나는 늘 이 그림을 조소하면서 그의 청을 거절하곤 하였다.

지금은 나를 떠난 지 수년 만에 君과 後夫人의 마음이 서로 잘 맞아 이전의 슬픔이 잊혔을 것이니, 나의 말이 필요치 않을 뿐만 아니라 곧 君이 스스로 이 그림을 보는 것도 아마 老子의 이른바 芻狗[6]라는 것과 같을 것이다. 그런데도 다시 이 그림을 가지고 이전에 했던 請을 거듭하여 장차 평소에 이 그림을 조소했던 자가 이 그림을 두고 하는 한마디 말을 얻는 것을 기필코 유쾌하게 여기고자 하니, 나는 君의 마음 씀이 끝 가는 데를 헤아릴 수 없도다.[7] 생각건대 그의 마음속 생각에 진실로 심원하여 〈내가〉 헤아릴 수 없는 것이 있어서 특별히 이 그림에 기탁하려는 것일까. 그림을 만들고 난 뒤의 일의 곡절을 이와 같이 기록하는 바이다.

始에 **君爲是圖**는 **殆將堅持初誓**하여 **以寫其哀**어늘 **余既勸君**하여 **令更**(갱)**娶**하니 **則是圖之作**은 **固無取余言**이라 **故**로 **余時時誹笑是圖**하여 **以拒其請**이러라 **今別數年**에 **君與後夫人相得甚**에 **前哀忘矣**리니 **不惟無事余言**이라 **卽君自視茲圖**가 **殆亦若老子所云芻狗者**어늘 **乃復**(부)**持之**하여 **以申前請**하여 **且必欲得平日誹笑是圖者**가 **爲之一言**하여 **以爲快**하니 **我無以測君之用情之所究極也**로라 **意其中之所存**에 **固有遠而不可測者**하여 **而特寄之是耶**아 **爲記其作圖後事曲折如此**하노라

6) 芻狗 : 더 이상 쓸모가 없게 된 사물을 뜻한다. 원래는 제사 지낼 때 祭床에 올리는 짚으로 만든 개를 가리키는 말로, 제사가 끝나면 바로 버렸기 때문에 소용이 있을 때만 이용하고 소용이 없을 때는 버리는 사물의 비유로 쓰인다. ≪老子≫에, "天地가 仁하지 못하면 萬物을 芻狗로 여기고, 임금이 仁하지 못하면 백성을 추구로 여긴다.〔天地不仁 以萬物爲芻狗 聖人不仁 以百姓爲芻狗〕"라고 하였다.

7) 나는……없도다 : 君의 마음속 생각이 필경 어떠한지를 알 수 없다는 뜻이다.

13. 合肥 淮軍昭忠祠에 대한 記　合肥淮軍昭忠祠記*

*合肥 淮軍昭忠祠는 淮軍 전사자를 기리고자 安徽省 巢湖 북쪽의 합비에 세운 사당으로, 1892년 李鴻章의 奏請에 따라 건립되었다. 이 글은 청나라 兵制가 변모한 과정을 서술하고, 이홍장이 외국의 뛰어난 병기와 병법을 적극 차용함으로써 회군이 승세를 유지할 수 있었음을 높이 평가하고 있다.

국가의 군사제도가 淮軍에 이르기까지 모두 세 번 변하였다. 애초에 八旗[1] 兵營의 제도는 장수를 임명하여 군대를 출동하면 평소 양성하던 자들 중에서 병사를 취하고 사태가 평정되면 병사는 軍伍로 복귀하고 장수는 京師로 복귀하는 것이었다. 그런데 川楚의 전란[2]에 召募하는 병력에도 의지하여 오로지 정규군만 쓰지는 않았으니, 兵制를 바꾸어 勇兵을 쓰는 것은 이로부터 비롯되었다.

國家軍制가 **至淮軍**에 **凡三變**이라 **始者**에 **旗營之制**는 **命將出師**하면 **取兵於素養**하고 **事定則兵歸伍**하고 **將歸京師**러니 **川楚之役**에 **兼資召募**하여 **不專用額兵**하니 **變兵用勇**은 **自此始**러라

粵盜[3]가 일어나자 大學士 賽尙阿[4]가 潮勇[5]을 모집하여 적을 격파하였고, 江忠烈公[6]은 楚勇[7]으로 크게 드러나 알려졌다. 그런데 조용은 법도를 따르지 않아 쓰기

---

1) 八旗 : 淸 太祖 원년(1616)에 성립된 兵制이다. 軍旗의 색에 따라 8개 부대로 나누어 편제하였으므로 八旗라고 하였다.

2) 川楚의 전란 : 淸나라 嘉慶 연간에 四川省(川)과 湖北省(楚) 일대에서 일어난 白蓮教徒의 난을 말한다.

3) 粵盜 : 太平軍을 말한다. 粵은 廣東省을 뜻한다. 태평천국의 창시자 洪秀全이 광동성 출신이므로, 청나라 조정에서는 태평군을 폄하하여 粵盜·粵賊 등으로 일컬었다.

4) 大學士 賽尙阿 : 賽尙阿(1794~1875)는 蒙古 正藍旗 사람으로, 자는 鶴汀이고 阿魯特氏이다. 嘉慶 21년(1816)에 擧人이 되어 文華殿大學士까지 올랐다. 咸豐 연간에 欽差大臣으로서 廣西에 부임하여 태평군 진압에 나섰으나 실패하여 관직에서 물러났다.

5) 潮勇 : 廣東省 潮州를 중심으로 조직된 의용군이다.

6) 江忠烈公 : 江忠源(1812~1854)을 말한다. 강충원은 湖南 新寧 사람으로, 자는 岷樵 또는 常孺이며 忠烈은 그 시호이다. 태평천국의 난이 일어났을 때 의용군을 조직하여 湖南·江西·安徽 등지에서 戰功을 세웠으나, 廬州 전투에서 패배하여 자결하였다.

7) 楚勇 : 湖北省을 중심으로 조직된 의용군이다.

어려웠고, 강충렬공의 군대는 전투와 수비에 능하여 쓸 만하였으나 또한 분주히 명을 받들다가 궤멸되었다. 그런데 유독 曾文正公[8]은 湘鄕에서 일어나 鄕勇을 가르쳐 훈련하여 이에 의지하여 적을 징치하였으니, 이를 일컬어 湘軍이라 한다. 상군이 흥성하자 과거의 정규군은 모두 폐지되었으니 兵制가 이에 처음으로 변하였다.

粵盜起에 **大學士賽尙阿募潮勇擊賊**하고 **而江忠烈公以楚勇顯聞**이러니 **潮勇**은 **不循法度難用**하고 **江軍**은 **能戰守可用矣**나 **亦以奔命熸**이로되 **獨曾文正公起湘鄕**하여 **教練鄕勇**하여 **倚以辦賊**하니 **號曰湘軍**이라 **湘軍興**에 **而舊時額兵盡廢**하니 **兵之制**가 **於是**에 **始變也**라

文正公이 湘中에서 일어났을 적에 지금의 相國인 合肥 李公[9]이 父子가 연속하여 詔命을 받들어 나가서 淮南[10]에서 團練을 다스렸다.[11] 江忠烈이 安徽巡撫로 있을 때에 문정공이 일찍이 忠烈에게 편지를 보내어 말하기를 相國은 大事를 맡길 만하다고 하였다. 이때에 상국은 翰林院編修로서 군대를 다스리면서 명성과 지위가 아직 드러나지 않아 이리저리 전전하며 성취한 것이 없었다. 그런데 贈公[12]이 세상을 떠나자 오랜 뒤에 마침내 淮南軍을 버리고 江西에서 문정공의 군대에 참여하였다.

同治 원년(1862)에 문정공의 추천으로 회남의 義故[13] 6,500인을 불러 모아 달려가 上海를 구원하였는데, 이에 劉公 銘傳[14]과 潘公 鼎新[15]과 張公 樹聲[16]과 吳

8) 曾文正公 : 曾國藩(1811~1872)을 말한다. 증국번은 湖南 湘鄕 사람으로, 본명은 子城, 자는 伯函, 호는 滌生이며, 文正은 그 시호이다. 道光 18년(1838)에 進士가 되었으며, 翰林院庶吉士・文淵閣校理・禮部侍郎・兩江總督・直隸總督 武英殿大學士 등을 역임하였다. 湘軍을 창립하여 태평군을 평정하였다.

9) 合肥 李公 : 李鴻章(1823~1901)을 말한다. 이홍장은 安徽 合肥 사람으로, 자는 少荃, 호는 漸甫, 시호는 文忠이다. 증국번에게 수학하였으며, 증국번의 추천으로 江蘇巡撫가 되어 淮軍을 거느리고 태평군을 진압하는 데에 중요한 역할을 하였다.

10) 淮南 : 淮河 이남・양자강 이북에 해당하는 安徽省 중부를 가리킨다.

11) 父子가……다스렸다 : 이홍장의 부친인 李文安(1801~1855)이 咸豐 연간에 皇命에 따라 鄕勇을 감독하여 거느렸기에 이렇게 말한 것이다.

12) 贈公 : 官員의 父親에 대한 敬稱이다. 여기서는 이홍장의 부친인 李文安을 가리킨다.

13) 義故 : 恩義로 결속된 오랜 벗들을 말한다.

14) 劉公 銘傳 : 劉銘傳(1836~1895)은 安徽 合肥 사람으로, 자는 省三이고, 호는 大潛山人 또는 劉六麻子이다. 台灣巡撫, 兵部尙書, 台灣總督府承續 등을 역임하였으며, 사후에 太子太保로 추증되었다. 시호는 壯肅이다. 저서로 ≪劉壯肅公奏議≫, ≪大潛山房詩稿≫가 있다.

15) 潘公 鼎新 : 潘鼎新(1828~1888)은 安徽 廬江 사람으로, 자는 琴軒이다. 道光 29년(1849)에 진사가 되었다. 후에 고향에서 團練을 다스려 태평군을 진압하는 데에 참여하였다.

16) 張公 樹聲 : 張樹聲(1824~1884)은 安徽 合肥 사람으로, 자는 振軒이다. 廩生 출신이다. 按察使・布政使・巡撫・總督・通商事務大臣 등을 역임하였다.

公 長慶[17] 등이 각각 수백 인을 거느리고 따랐으니, 이를 일컬어 淮軍이라 한다.

文正公之起湘中也에 今相國合肥李公이 仍父子奉詔하여 出治團練淮南이라 江忠烈之撫皖에 文正公嘗貽書忠烈하여 言相國可屬大事也라 是時에 相國以編修治軍하여 名位未顯하여 展轉無所就러니 及贈公沒하여 久之에 遂棄淮南軍하고 從文正軍江西하다 同治紀元에 以文正薦으로 募淮南義故六千五百人하여 赴援上海하니 於是에 劉公銘傳과 潘公鼎新과 張公樹聲과 吳公長慶等이 各領數百人從하니 號曰淮軍이라

군대가 병사를 모집하여 안휘성에 이르렀을 적에 安徽巡撫 李勇毅公 續宜[18]가 장수를 선발하는 데 능하고 군대의 승패를 아는 것으로 이름이 나 있었다. 文正公이 용의공으로 하여금 새 군대를 살펴보게 하니, 용의공이 돌아와 하례하기를 "모두 승리할 군대이니, 吳 땅은 평정될 것입니다."라고 하였는데, 相國이 군대를 거느리고 上海에 이른 지 모두 29개월 만에 吳 땅이 과연 평정되었다. 이에 淮軍은 인원이 늘어나 7만 인에 이르렀다.

吳 땅이 평정되자 曾文正公이 상국과 함께 의논을 결정하여 湘軍을 모두 해산하고 회군은 허약한 자들을 걸러내어 5만 인을 남겨서 中原의 捻軍[19]의 환란에 대비하였으니, 이에 회군이 흥성하고 상군은 또 폐지되었다.

軍占募到皖할새 皖撫李勇毅公續宜가 名爲能選將知軍勝敗라 文正公使勇毅按視新軍하니 還賀曰 皆勝軍也니 吳平矣리이다하더니 相國率軍至上海凡廿九月에 而吳果平이라 於是에 淮軍增至七萬人矣라 吳平에 曾文正公與相國定議하여 盡散湘軍하고 淮軍은 稍汰羸弱하여 留五萬人하여 備中原捻患하니 於是에 淮軍興而湘軍又廢하다

얼마 지나지 않아 文正公이 淮軍을 거느리고 捻軍을 토벌하다가 병으로 그만두니 相國이 그 후임이 되었다. 이때에 염군이 東西로 나뉘었는데 상국이 토벌한 지 모두 10개월 만에 東捻이 평정되었고 또 6개월 뒤에 西捻 또한 평정되어 中原이 모두 안정되었다. 이후에 중앙과 지방의 大臣들이 다투어 건의하여, 회군을 써서

17) 吳公 長慶 : 吳長慶(1829~1884)은 安徽 廬江 사람으로, 자는 筱軒이다.
18) 安徽巡撫……續宜 : 李續宜(1823~1863)는 湖南 漣源 사람으로, 자는 克讓이고, 호는 希庵이다. 浙江布政使인 형 李續賓을 따라 태평군을 진압하였다. 布政使·安徽巡撫 등을 지냈다.
19) 捻軍 : 嘉慶 연간(1852~1868)에 산동성, 강소성, 안휘성 등에서 난을 일으킨 난민이다.

畿內를 호위하고 南北의 접경지로서 예전에 군사를 부렸던 곳을 鎭撫하게 하였다. 염군을 토벌할 때에 군사들이 자못 증가하였는데 이에 이르러서는 남아 있는 자들이 4만여 인이었다.

상국이 直隸總督으로 옮기고 北海에서 군대를 다스리게 되자[20] 회군이 우뚝이 중요한 鎭營이 되었으니, 천하에 변란이 생겨 상국에게서 병사를 취하면 상국은 번번이 회군을 나누어 보내어 대응하였다. 劉公 銘傳이 이를 거느리고 秦隴[21]에 이르러 回族의 반란을 정벌하였고, 沈文肅公 葆楨 또한 劉公과 선후하여 이를 거느리고 바다를 건너 臺灣에 이르러 倭를 방어하고 法蘭西(프랑스)를 방어하였고, 潘公 鼎新이 이를 거느리고 廣西의 關外로 나가 越南에서 法人(프랑스인)과 전투하였고, 張靖達公 樹聲 형제가 이를 거느리고 북쪽으로 山西의 邊境을 수비하고 남쪽으로 粤東(廣東)의 해안을 방어하였고, 吳武壯公 長慶이 이를 거느리고 동쪽으로 勃海를 지나 朝鮮의 내란[22]을 평정하였고, 지금 湖南의 吳中丞 大澂이 이를 거느리고 북쪽으로 吉林과 黑龍江을 탈취하였고, 周剛敏公 盛波와 武壯公 盛傳 형제가 번갈아 天津에서 상국을 따라 해상에서 주둔하며 방수하였는데, 천진에서도 간간이 군대 일부를 파견하여 朝陽의 도적을 평정하였으니, 회군의 깃발과 북이 홀로 중국을 다닌 것이 거의 30년이었다.

未幾에 **文正公率淮軍討捻**이라가 **病罷**하니 **相國代之**하다 **是時**에 **捻分東西**어늘 **相國討之凡十月**에 **東捻平**하고 **又六月**에 **西捻亦平**하여 **中原悉定**이라 **是後**에 **中外大臣爭建議**하여 **用淮軍衛畿甸**하고 **鎭撫南北交故用兵處**라 **討捻時**에 **軍頗增益**이러니 **至是**하여는 **留者四萬餘人**이러라 **及相國移督直隸治兵北海**하여 **淮軍屹爲中國重鎭**하니 **天下有事**에 **取兵於相國**이면 **相國輒分遣淮軍應之**라 **劉公銘傳率之**하여 **至秦隴征叛回**하고 **沈文肅公葆楨又與劉公先後率之**하여 **渡海至臺灣**하여 **禦倭禦法蘭西**하고 **潘公鼎新率之**하여 **出廣西關外**하여 **戰法人於越南**하고 **張靖達公樹聲兄弟率之**하여 **北戍山西邊徼**하고 **南防海粵東**하고 **吳武壯公長慶率之**하여 **東過勃海**하여 **定朝鮮內亂**하고 **今湖南吳中丞大澂率之**하여 **北略吉林黑龍江**하고 **周剛敏公盛波**와 **武壯公盛傳兄弟**가

---

20) 상국이……되자 : 이홍장이 1870년 直隸總督 兼 北洋通商大臣으로 임명된 것을 말한다. 北海는 北洋과 같으니, 淸末에 奉天省(지금의 遼寧省)·直隸省(지금의 河北省)·山東省의 연해 지역을 북양이라 하였다. 북양통상대신을 두어 이 지역의 외교, 통상, 海防 등을 관장하게 하였으며, 이는 直隸總督이 겸임하였다.

21) 秦隴 : 陝西, 甘肅 지역을 가리킨다.

22) 朝鮮의 내란 : 1882년에 일어난 壬午軍亂을 가리킨다.

更迭隨相國天津하여 **屯(成)〔戍〕**[23]**海上**이어늘 **而天津又間遣偏師平朝陽之盜**하니 **淮軍旗鼓獨行中國者**가 **垂三十年**이라

처음에 相國이 湘軍 중에서 일어났을 적에는 사용하는 것이 모두 상군의 제도였는데, 上海에 이른 뒤에 외국의 兵器가 아군의 병기보다 현격히 정교함을 알게 되었다. 이에 상군의 예전 병기를 모두 버린 채 쓰지 않고서 외국의 병기와 兵法을 사용하여 군사들을 통솔하고 연습시켰다. 군대의 조련을 마치자 거침없이 진격하여 백 번을 전투해도 군사들이 늘 기세를 떨친 것은 병기가 예리하여 사상자가 적었기 때문이었다. 兵制가 이에 이르러 또 한 번 변하였으니 변화가 그칠 때가 없었다.

始相國起湘軍中에 **所用皆湘軍制**러니 **旣至上海**하여 **見外國兵械精整**이 **過我軍遠甚**이라 **於是**에 **盡棄湘軍舊械不用**하고 **用外國器法勒習軍**하니 **軍成不留行**하여 **百戰而士氣常振奮者**는 **以器利而傷亡者少也**일새라 **蓋兵之制**가 **至是**하여 **又一變矣**하니 **變未有已也**라

병기라는 것은 일에 따라 구비하고 일이 그치면 새롭게 바꾸는지라 〈한 가지 기준을〉 끝까지 밀고 갈 수 없지만, 그 大要는 승리하지 못할 바를 제거하여 승리할 바를 따르는 것으로 귀결된다. 이 때문에 八旗의 전투에서는 弓術과 馬術로 승리하였고, 湘軍이 남방에서 일어나 적과 함께 長江의 험요한 지역을 다툴 적에 그 전투에서는 水師로 승리하였고, 淮軍은 외국의 병기로 승리하였으니 외국의 병기는 중국의 도적들이 가지고 있지 않은 것이었다.

用兵하는 방도는 우리가 이에 능하고 저들이 이에 능하지 못하면 우리가 승리하며, 우리가 이에 능하고 저들 또한 이에 능하면 저들과 우리가 번갈아 승리하고 번갈아 승리하지 못하며, 만약 저들이 이에 능한데 우리는 도리어 이에 능하지 못하면 우리가 절대로 승리하지 못하는 처지에 놓인다.

지금 온 세계 모든 나라가 강국과 약국이 서로 견제함에 장단점이 서로 드러나 견고한 적군을 공격하고 위험한 아군을 보위하지 않는 곳이 없는지라 전투와 수비의 병기와 병법을 서로 자랑하고 있다. 그리하여 지혜롭고 기교 있는 인사가 눈을

---

23) (成)〔戍〕: 저본에는 '成'으로 되어 있으나, ≪吳汝綸全集≫(黃山書社, 2002)에 의거하여 '戍'로 바로잡았다.

감은 채 생각하고 문을 닫은 채 만드는 것이 나날이 다달이 흥성하여 해마다 달라지고, 국가가 병사를 증원하고 軍餉을 늘리며 기물을 구비하여 쓰임을 다해서 방어하고 공략하는 책략 또한 수없이 변화하여 끝이 없다.

그런데 우리 중국의 의론은 도리어 지금까지 여전히 어리석게 彼我를 알지 못하고 예전의 썩고 무뎌진 병기와 이미 폐기되어 쓰이지 않는 병법을 가지고 이러한 상황에서 버티고자 한다. 이는 〈도마 위에 놓인〉 고기가 칼과 승부를 다투고 〈도끼질을 당할〉 나무를 심어 도끼질을 막고 얇은 비단을 가지고 강한 쇠뇌를 당해내는 격이다. 하루아침에 일이 생기면 당황하여 사방을 둘러보며 손을 묶어놓은 듯이 어찌할 도리가 없고, 심지어 마침내 그 뒤를 따라 발분하여 뉘우쳐 깨달아서 보완하고 구제할 방법을 생각하더라도 승패의 운수는 이미 앞서 나타났으니 무슨 소용이 있겠는가. 이는 國論의 한 폐단이다.

兵者는 逐事而具하고 事已而更新하여 不可終窮이로되 而大要歸於去所不勝하여 以從所勝이라 是故로 八旗之戰也에 以弓馬勝하고 湘軍起南方하여 與賊爭長江之險할새 其戰也에 以水師勝하고 而淮軍은 則以外國兵械勝하니 外國兵械는 中國盜賊所無有也라 用兵之道는 我能是요 彼不能是면 則我勝하며 我能是요 彼亦能是면 則彼我遞勝遞不勝하며 若彼能是而我乃不能是면 則我處於必不勝이라 今環海萬國이 强弱相制에 長短相形하여 莫不以攻堅保危라 凡戰守之器法相耀하니 其智巧之士가 瞑目而思하고 閉門而造者가 日興月盛而歲不同하고 其國家之增兵益餉하고 備物致用하여 扞禦攻取之策이 亦百變而未有紀極이어늘 而我中國之議論은 乃至今猶貿然不知彼已하고 欲以往舊朽鈍之器와 已廢不用之法으로 枝梧其間이라 是는 肉與刀競勝하고 植木禦斧하고 持薄縞當强弩也니 一旦有事에 周章四顧하여 束手而無如何하고 甚乃從其後發奮改悟而思所以補救之로되 而勝敗之數는 已效於前이니 庸有及乎아 斯國論之一蔽也로다

相國이 군대를 다스릴 때에 비록 변고가 없더라도 강대한 적을 마주한 것과 같이 하였다. 중원이 크게 평정된 이래로 30년 동안 외국에 병기 하나가 새로 나왔다거나 병법 하나가 새로 바뀌었다는 소식을 들으면 그것을 탐구하고 모방하여 장수와 병졸에게 가르쳐 훈련시키지 않은 적이 없었다.

그러므로 淮軍은 오늘날에 이르러 30년 전에 병사를 쓸 때와 비교해보건대 그 사용하는 외국의 병기와 병법이 한 번 변한 것이 아니라 또한 여러 번 변하였기에

탄환 하나 화살촉 하나도 옛것을 그대로 물려받은 것이 없다. 담당 국을 설치하여 그 제도를 토론하고 학교를 설립하여 그 이치를 연구하여 나날이 연습하고 다달이 시험하여 그 쓰임을 다해서, 모방하여 시행하는 데에 힘과 지식을 남김없이 다하였다.

다만 여전히 중앙과 지방의 의론이 다 같지 못하며, 聲學·光學·氣學·化學 분야의 제작기술의 본말을 다 알지 못하며, 財力이 넉넉하지 못해 학교를 많이 세우지 못하기에 인재가 나오지 못하니, 무지한 자가 물건을 만들어내는 능력은 미세한 것을 환히 알고 귀신과 감통할 만한 성과가 없다.

서양에서는 우리나라가 하는 바를 비판하여, 새로운 것을 만들어내지 못하는 것을 부족한 점으로 여긴다. 그런데도 우리는 도리어 우선 자질구레하게 얽매여 자기 것을 고집하고 종래의 법을 지키는 것을 임무로 삼으니 이 또한 실정에 어두운 것이 아니겠는가.

≪周易≫에 이르기를 "功業은 변화에서 나타난다.〔功業見乎變〕"라고 하였고, 또 "날로 새로워짐을 盛德이라 이른다.〔日新之謂盛德〕"라고 하였으니,[24] 예로부터 일을 맡은 신하가 평범한 사람의 논의에 끌려가려 하지 않고 반드시 자신의 재주를 스스로 다하여 국가를 위해 일을 열어주고 사물을 이룬[25] 것은 이 때문이다.

相國之治軍也에 **雖無事**라도 **如臨大敵**이라 **自中原大定以來**로 **三十年間**에 **聞外國有一器新出一法新變**이면 **未嘗不探求而寫放之**하여 **以教練將卒**이라 **故**로 **淮軍**은 **至今日**하여 **視三十年前用兵之時**컨대 **其所用外國器法**이 **又屢變不一變**이라 **而無一彈一鏃之襲乎其故**라 **設局以討其制**하고 **立學以研其理**하여 **日習月試**하여 **以究其用**하여 **凡所規爲**에 **不遺力餘智矣**로되 **顧猶以中外之議論未盡同**하며 **聲光氣化制作之本末未盡明**하며 **財力未裕**에 **學校未廣**이라 **人才未出**하니 **無智者創物之能**은 **無通微合莫之效**라 **西域之議吾國所爲**하여 **以不能生新爲歉也**어늘 **而我乃且規規焉顓己守常之爲務**하니 **斯不亦遠乎**아 **易曰 功業見**(현)**乎變**이라하고 **又曰 日新之謂盛德**이라하니 **自古任事之臣**이 **所以不肯牽率於庸人之論**하고 **而必自盡其才**하여 **爲國家開務而成物者**는 **爲此也**라

---

24) 周易에……하였으니 : 모두 ≪周易≫ 〈繫辭傳〉에 보인다.

25) 일을……이룬 : 원문은 '開務而成物'이다. ≪周易≫ 〈繫辭傳〉에 "開物成務"라는 말이 보이는데, 이에 대하여 朱熹는 〈本義〉에서 "사람으로 하여금 점을 쳐서 길흉을 알아 사업을 이루게 하는 것이다."라고 풀이하였다.

昭忠祠가 처음 설립된 것은 將帥의 직임을 廟堂에서 임명하여 보내었으므로 京師에만 사당을 건립하였는데, 嘉慶 연간에 병사 중에 모집된 이들이 있어 비로소 詔命을 내려 지방의 省에도 사당을 설립하였다.

湘軍은 누차 패전하고 누차 다시 일어나 國事를 위해 죽은 자가 매우 많았으니, 있었던 곳마다 주청하여 소충사를 세워 그들을 제사 지낸다. 淮軍은 병기가 예리하기 때문에 패배하는 일이 적었지만, 장수와 병사 중에 전사자가 왕왕 끊이지 않았고 군대가 이루어진 지 수십 년 동안 피로가 누적되어 병사한 자가 또 전후로 연이어 나왔다. 과거에는 江蘇에만 소충사가 있어 吳 땅을 평정하다가 전사한 병사들을 제사 지냈는데, 근년에 直隸에 소충사를 세워 북방을 정벌한 이래의 장졸들을 제사 지냈다.

合肥는 회군이 본디 이곳에서 일어났는지라 祀典을 빠뜨릴 수 없기에 이제 巢湖의 언덕 위에 소충사를 세우기를 주청하여 사당이 완성되었다. 相國이 나에게 명하기를 "記가 있어야 한다."라고 하니, 나는 국가 兵制의 변화와 회군이 적을 제압하여 승리할 수 있었던 까닭을 논하여 후세에 國是를 도모하는 자로 하여금 고찰할 수 있게 하노라.

昭忠祠之始設은 以將帥之任이 推轂廟堂이라 故로 惟建祠京師러니 嘉慶中에 兵有召募하여 始詔外省立祠라 湘軍은 屢蹶屢起하여 死事至多하니 則所在奏立昭忠祠祀之라 淮軍은 以器利少挫衂이나 然이나 將士戰死者가 往往不絶하고 成軍數十年에 積勞病故者가 又前後踵屬也라 舊惟江蘇有祠하여 以祀平吳戰死之士러니 近年에 立祠直隸하여 以祀北征以來將士라 而合肥는 則淮軍本所自起라 祀典不可闕也일새 今奏立昭忠祠巢湖脽上하여 祠成이라 相國以命汝綸曰 宜有記어다하니 汝綸은 則取國家兵制之變及淮軍所以制勝者論之하여 俾後之謀國是者有攷焉하노라

14. 贈光祿大夫 記名御史 刑部郎中 合肥 李公의 廟碑

贈光祿大夫記名御史刑部郎中合肥李公廟碑*

*이 碑文은 光緖 20년(1894)에 오여륜이 李鴻章의 부탁을 받고 지은 것이다. 合肥 李公은 이홍장의 부친 李文安(1801~1855)을 말한다. 이문안은 字는 式和이고 號는 玉川·玉泉·愚荃이며 安徽 合肥 사람이다. 1834년에 擧人이 되었으며 曾國藩과 같은 해인 1838년에 과거에 급제하였다. 이문안의 사당은 광서 18년(1892)에 황제의 명에 따라 건립을 개시하여 이듬해에 완성되었다.

光緖 18년(1892) 모월에 安徽巡撫 沈秉成[1)]이 上言하기를, "大學士 直隸總督 臣 某(李鴻章)와 그 형인 兩廣總督 臣 某(李瀚章)가 힘써 부지런히 나라를 다스리는 것은 집안에서 가르침을 받은 것입니다. 그 先臣인 贈 光祿大夫 記名御史 刑部郎中 某는 咸豐 3년(1853)에 文宗 황제의 명을 받들어 돌아가 團練을 다스려서 鄕邑에서 공을 세웠습니다. 오가며 巢湖를 건너 合肥縣과 巢縣의 경계에서 맞붙어 싸웠으니, 두 현의 父老들이 호숫가 빈터에 사당을 세워 제사 지내기를 청합니다. 사람들의 뜻을 따라주어 충성에 보답하고 功臣들의 효성을 위로하는 것이 마땅합니다."라고 하니, 〈황제가〉 "그리하라."라고 명하였다.

이에 相國 형제가 연명으로 上書하여 謝意를 아뢰었다. 그러자 황제와 가까운 관리를 가려 뽑아, 살펴보고 헤아려 사당 건립을 개시하여 재료를 준비하고 공사를 감독하여 단단한 돌을 다듬고 좋은 나무를 깎아서 조악하지도 않고 화려하지도 않게 짓도록 하였다. 이듬해에 사당이 완성되고 또 이듬해에 사당에 제사를 지내게 되어 장차 그 비문을 지으려고 할 적에 상국이 나에게 비문을 짓도록 명하고는 또 말하였다.

光緖十有八年某月에 **安徽巡撫沈秉成上言**하되 **大學士直隸總督臣某**와 **與兄兩廣總督臣某**가

1) 安徽巡撫 沈秉成 : 沈秉成(1823~1895)은 字는 仲復이고 自號는 耦園主人이며 浙江 歸安 사람이다. 咸豐 6년(1856)에 진사가 되었으며 編修, 侍講, 文淵閣校理 등을 역임하고 四川按察使, 安徽巡撫, 兩江總督 등을 지냈다.

力勤爲國은 稟訓於家라 其先臣贈光祿大夫記名御史刑部郎中某는 當咸豐三年하여 奉文宗皇帝命하여 歸(自)〔治〕[2]團練하여 有功鄕邑이라 往來渡巢湖하여 搏戰合肥巢界上하니 二縣父老가 請卽湖壖立廟祠祀라 宜順輿情하여 答忠藎하고 慰勞臣孝思니이다하니 制曰 可라 於是에 相國兄弟가 旣合詞陳謝하니 則簡選親吏하여 相度(탁)經始하여 庀材董役하여 礱堅斵良하여 不窳不華라 明年에 廟成하고 又明年에 有事於廟하여 將文其麗牲之碑할새 相國以命汝綸하고 且曰

"先公은 성품이 방정하고 엄숙하여 자신을 굽혀 권력자를 섬기지 않았습니다. 처음에 刑部에 계실 적에 죄수를 가엾게 여기고 獄事를 신중히 판결하였으니 刑官이 그 법을 지금까지 전승하고 있습니다. 江蘇省과 安徽省 일대에 소요가 일어났을 적에 詔命을 받들어 군대를 다스려서 누차 전투하여 공적을 세운 것은 모두 國史의 기록에 있는지라 사람들이 모두 아는 바입니다. 그러나 충성으로 떨쳐 일어나 적을 죽이고 큰 공적을 세워 국가에 보답하려는 노력을 스스로 다하였으나 시기상 그 재능을 펼치지 못하고 지위상 그 뜻을 실행하지 못하여 그저 억눌려 막히고 꺾이어 답답해하면서 한을 품고 졸한 것으로 말하면, 세상에 말할 수 있는 자가 없습니다.

先公性方嚴하여 不俯事權要라 初在刑部에 卹囚謹獄하니 刑官傳其法到今이라 江淮俶擾에 奉詔治軍하여 屢戰有績은 具在國史記라 人都知者로되 至其忠悃奮激하여 以殺賊立大功하여 報國自效나 時不展其用하고 位不充其志라 獨抑塞摧鬱하여 發憤以卒하여는 世莫得而言也라

처음에 천자가 呂文節公[3]을 安徽 團練大臣으로 임명하셨을 적에 呂公이 某를 불러 자신을 돕게 하시니, 先公이 들으시고 마침내 말씀하시기를 '어찌하여 아들 녀석을 쓰고 유독 나만 버려두는가.'라고 하셨습니다. 여공이 충절을 바치니 안휘의 大吏가 상소하여 某가 머무르며 군대를 다스리는 일을 돕게 하도록 청하였습니다. 軍事가 나날이 급박해지자 淮甸[4]이 더욱 피폐해지니, 천자께서 남쪽을 돌아보며

---

2) (自)〔治〕: 저본에는 '自'로 되어 있으나, ≪吳汝綸全集 1≫(黃山書社, 2002)에 의거하여 '治'로 바로잡았다.

3) 呂文節公 : 呂賢基(1803~1853)를 말한다. 여현기는 安徽 旌德 사람으로, 字는 羲音이고 號는 鶴田이다. 道光 연간에 진사가 되어 編修, 監察御史 등을 역임하였고, 咸豐 원년(1851)에 工部左侍郎이 되었으며 이듬해 刑部左侍郎을 겸하여 대리하였다. 태평군이 일어나자 안휘로 달려가 團練을 감독하여 태평군에 항거하였다. 이후 태평군에게 성이 함락되자 강물에 투신하여 자결하였다.

근심하고 애쓰시어 戶部侍郎 王公 茂蔭의 추천에 따라 선공에게 詔書를 내려 廬州로 돌아가 단련을 다스리게 하셨습니다.

始天子命呂文節公治安徽團練할새 呂公引某自助하니 先公聞하고 乃曰 奈何用兒子하고 獨憖棄我아 呂公效節하니 皖大吏疏留某助治軍이어늘 軍事日棘에 淮甸益糜爛하니 天子南顧憂勞하여 用戶部侍郎王公茂蔭薦하여 詔先公歸廬州治團練이라

명이 내리자 수레 한 대로 단출하게 길을 떠나 臨淮에 이르셨는데, 廬州는 이전에 지키지 못한 곳이었기에 袁端敏公이 상소하여 先公이 머무르면서 淮水 연안의 보루들을 연합하게 하였습니다. 몇 달이 지나자 安徽巡撫 福濟가 또 선공을 재촉하여 合肥에 나아가게 하도록 청하였습니다.

이때에 천자께서 團練에 관심을 기울이시어 각 行省의 官籍에 올라 있는 大臣들에게 鄕勇을 조직하여 官軍의 방비와 토벌을 돕도록 누차 詔書를 내리셨습니다. 그러나 병사를 통솔하는 대신들은 모두 官兵을 쓰는 것만 좋아하고 향용을 쓰는 것은 좋아하지 않아 단련은 한갓 헛된 이름일 뿐이라고 여겼는지라 郡縣의 관리들은 더욱 이를 꺼렸으니, 주객이 견제함에 따라 형세가 가로막혔습니다. 그런데 선공은 일개 郎官으로서 重職에 있는 신하들이며 이름난 장수들과 균등한 禮를 대등하게 행하며 서로 統攝하지 않아 작은 병기, 보잘것없는 음식, 돈 한 푼도 자력으로 댈 수 있는 것이 없었으니, 다른 團練大臣이 맡아보는 곳에 비해 더욱 유독 어려웠습니다.

命下에 單車就道하여 至臨淮러니 廬州已前不守라 袁端敏公疏留先公聯結緣淮堡寨하고 居數月에 安徽巡撫福濟가 又請趣先公赴合肥라 當是時하여 天子注意團練하여 屢詔各行省在籍大臣團結鄕勇하여 助官軍防勦로되 而統兵大臣은 皆樂用兵하고 不喜用鄕勇하여 以爲團練徒空名耳라 郡縣吏則尤忌之하니 主客牽制에 形勢沮格이어늘 而先公以一郎官으로 與重臣名帥로 抗行鈞禮하여 不相統攝이라 無寸兵半菽一錢可自給也하니 則視他團練大臣所處에 又獨難이러라

合肥로 돌아오고 나서 객이 혹 先公에게 오로지 고향 縣을 보위하여 修成하기만 하고 여러 장수에게 가벼이 나아가지는 말 것을 청하였는데, 선공은 바야흐로 적

---

4) 淮甸 : 淮水 유역을 말한다.

을 토벌하려고 뜻을 가다듬고 있었기에 그 말을 옳게 여기지 않으셨습니다.

그 후에 조직한 사졸들을 통솔하여 여러 군대와 만나 나아가 공격해서 廬州와 巢湖 일대를 드나들며 이따금 사소한 승부가 있었으나 말할 만한 것은 못 됩니다. 소호를 건너서 白石山 아래에서 집결하여 전투하여 사나운 賊 陳玉成[5]을 패주시키니 군대가 점점 떨쳐 일어났습니다. 이윽고 軍糧이 이어지지 않아 기세가 꺾이자 곧장 그 군대를 해산하고는 그만두고 돌아와 집에서 지내셨습니다.

既歸合肥에 **客或請先公專葆就鄕縣**하고 **不輕詣群帥**어늘 **先公方銳意討賊**이라 **不謂然也**러라 **其後**에 **率所團卒**하여 **會諸(君)〔軍〕**[6] **進攻**하여 **出入廬巢間**하여 **時有小勝負**나 **不足言**이요 **渡巢湖會戰白石山下**하여 **敗悍賊陳玉成走之**하니 **軍稍稍振起矣**라 **已而**요 **糧不繼**하여 **挫衂**일새 **徑揮散其衆**하고 **罷歸臥家**라

先公은 본디 적을 무찌르는 것을 자신의 책임으로 여기셨는데 한 번도 성과를 내지 못하고 軍事를 그만두니 울울하여 스스로 만족하지 못하셨습니다. 그리하여 한가로이 지내실 적에 번번이 술을 한껏 마시고 몹시 취하여 그 근심을 풀어 잊고는 했습니다. 일찍이 軍中에 편지를 보내어 某에게 당부하시기를, '반드시 이 賊을 무찔러야 한다. 軍餉이 부족하면 우리 밭 수십 畝를 다 내다 팔아도 좋다.'라고 하셨으니, 某는 편지를 읽고 마음으로 감동하였습니다.

어느 날 저녁에 선공은 從父 두 분을 불러 마음껏 술을 드시면서 취하면 또 술을 가져오라 부르시고 술이 이르면 번번이 다 드시면서 몇 그릇을 연거푸 다 드시어 사람을 알아보지 못하시고 곧장 누우셨는데 이튿날 새벽에 결국 일어나지 못하셨습니다. 某가 軍中으로부터 분주히 돌아왔으나 이미 운명하셔서 미처 선공을 뵙지 못하였습니다.

先公本自詭滅賊이어늘 **一不效而軍罷**하니 **鬱鬱不自得**이라 **居間**(한)에 **輒劇飮酣醉**하여 **以怠忘其憂**라 **嘗寄書軍中誡某**하되 **必滅此賊**이니 **餉不足**이면 **我田數十畝**를 **可盡貨也**라하시니 **某讀書心動**이러라 **一夕**에 **先公召兩從父縱飮**하여 **且醉且呼酒**하고 **酒至輒盡**하여 **連盡數器**에 **不知人**하고 **徑臥**러니 **明晨遂不起**라 **某自軍奔歸**로되 **旣驚慟**하여 **不及見先公**이라

---

5) 陳玉成 : 廣西省 藤縣 사람으로 태평천국의 지도자 중 한 명이다. 英王으로 봉해졌다.

6) (君)〔軍〕: 저본에는 '君'으로 되어 있으나, ≪吳汝綸全集 1≫(黃山書社, 2002)에 의거하여 '軍'으로 바로잡았다.

7년 뒤에 某가 비로소 향리의 자제들을 이끌고 上海에서 일어나 吳·越·齊·豫·燕·秦을 옮겨 다니며 전투하여 中原을 모두 평정하였으니, 이를 일컬어 淮軍이라 하였습니다. 회군에는 先公의 옛 병졸들이 많았고, 여러 장수 가운데 兩廣總督 張靖達公 樹聲은 곧 선공의 옛 막료였습니다.

軍事가 평정된 것을 선공은 돌아가셔서 미처 보지 못하셨는데, 또 20여 년이 지나 조서를 받들어 사당을 세우게 되었습니다. 사당이 완성되자 장차 비석을 세워 犧牲을 묶어두려 하니, 글을 기술하여 선공의 뜻과 사업을 자세히 드러내고 이를 비석에 기재하여 후세 군자들에게 분명히 보이는 것이 마땅합니다. 그대는 사양하지 마십시오."

後七年에 **某始率鄕子弟**하여 **起上海**하여 **轉戰吳越齊豫燕秦**하여 **悉定中原**하니 **號曰淮軍**이라 **軍多先公舊卒**이요 **諸將中兩廣總督張靖達公樹聲**은 **卽先公故幕客也**라 **軍事旣平**을 **先公故不及見**이러니 **又後念餘年**에 **承詔立廟**라 **廟成**에 **將立石繫牲**하니 **宜有紀述**하여 **具著先公志事**하고 **載之石上**하여 **昭示後君子**니 **子其無讓**하라

내가 말하였다.

"合肥는 孫·曹[7] 이래로 무력을 사용하는 지역이었습니다. 山水가 빼어나 백성들이 과감하고 강경하니 절개를 세워 前代의 기록에 드러난 자가 오래도록 매우 많았으되 크게 통달하여 세상에 이름난 군자가 그 일대에서 나왔다는 것은 듣지 못했습니다. 그런데 지금 相國께서 마침내 비로소 의병을 이끌고서 폭풍이 일고 구름이 오르는 듯하여 산하를 씻어내고 外國에 위세를 드날리셨습니다. 형제의 節鉞이 서로 이어져서[8] 〈형제가〉 추천하여 선발한 수십 명에서 백 명에 이르는 文武 관리가 여러 지위에 가득하니, 대부분 合肥 한 縣의 인사들입니다.

생각건대 산천의 기운이 오랫동안 은밀히 쌓였으므로 반드시 창성하여 통한 것일 듯합니다. 그것이 본디 연유한 바는 모두 光祿公께서 적셔주고 낳아 기르신 것입니다. 명성과 지위가 한 시대에 인색하게 주어지고 功烈을 자신에게서 마치지

---

7) 孫曹 : 삼국시대 吳나라의 孫權과 魏나라의 曹操를 병칭하는 말이다.
8) 형제의……이어져서 : 李鴻章이 直隷總督이 되고 그 형인 李瀚章이 兩廣總督이 된 것을 말한다. 節鉞은 본디 제왕이 장수에게 兵權의 상징으로 수여하는 符節과 斧鉞을 통칭하는 말이다.

못하였기에 마음에 맺힌 것이 저와 같았으나, 남겨 전해준 風教가 한 집안 한 고을에 스며들어 四海 안팎에 두루 미쳤으니 光大함이 이와 같습니다. 옛날에 이른바 몸소 고생해가며 후손을 보호하여 복이 내리게 한 것은[9] 혹시라도 비길 만한 부류가 없으니, 공적을 나타낸 비석을 남겨 무궁히 전해 보이는 것이 마땅합니다."

마침내 사양하지 않고 銘을 짓는다. 銘은 다음과 같다.

汝綸曰 合肥는 **自孫曹以來**로 **用武之地也**라 **山水奇傑**에 **人民果勁**하니 **立節概**하여 **著在前紀**가 **曠歲千百**이로되 **不聞有閎達名世君子出其間者**러니 **今相國乃始提挈義旅**하여 **猋起雲蒸**하여 **蕩滌河山**하고 **燀威外國**이라 **兄弟節鉞相望**하여 **所薦拔文武吏士數十百人**이 **充周列位**하니 **大氐合肥一縣之士**라 **意山川之氣**가 **閟蓄久**라 **故**로 **必昌通乎**인저 **本所緣始**는 **則盡光祿公所涵濡而孕育也**라 **名位嗇於一時**하고 **功烈不卒於身**이라 **蘊結如(波)〔彼〕**[10]로되 **流風遺敎**가 **漬乎一家一鄕**하여 **橫被乎薄海內外**하니 **光大如此**라 **前古所稱劬躬燾後委祉者**는 **未或倫輩**하니 **宜垂顯刻**하여 **流示無極**이라 **乃不辭而銘之**하노라 **銘曰**

드높은 灊山[11]에
그 神이 크고 존엄하니
淮水와 淝河[12]에 모여
실로 哲人을 내었네.
철인이 살아계실 적에
국운이 위급하고 어려웠는데
국가의 위난 보기를
자신이 병들어 앓는 듯이 여겼네.
한 몸으로 뛰어들어
깊은 연못의 새는 곳을 막고자 하였으나

---

9) 옛날에……것은 : 韓愈의 〈袁氏先廟碑〉에 "高祖·曾祖·祖父·先考께서 몸소 고생해가며 후손을 보호하여 公에게 복이 내리게 한 것〔高曾祖考所以劬躬燾後委祉于公〕"이라는 말이 보인다.(≪韓昌黎文集≫ 권6 〈袁氏先廟碑〉)

10) (波)〔彼〕 : 저본에는 '波'로 되어 있으나, ≪吳汝綸全集 1≫(黃山書社, 2002)에 의거하여 '彼'로 바로잡았다.

11) 灊山 : 安徽省 潛山縣 서북쪽에 있는 天柱山을 가리킨다.

12) 淝河 : 淝水라고도 한다. 安徽省 合肥市 서북쪽에서 발원하여 두 갈래로 나뉘는데, 한 갈래가 서북쪽으로 흘러 淮水로 유입된다.

그 베풂을 다하지 못하고
한을 품은 채 黃泉으로 떠났네.
이분이 孝子를 낳았으니
끝내지 못한 바를 마쳐
남은 군사들을 모아
천하의 强軍이 되었네.
마침내 九州를 안정시켜
선친의 사업을 계승하여 완수하니
威風으로 바다를 건너
만국 오랑캐가 귀부하였네.
父子가 대를 이어
오래도록 명성을 얻으니
옛날 文宗 때에
계책을 결정하여 난리를 평정하였네.
민간에서 사람들을 취하여
단속하고 훈련하니
마침내 군대를 이룬 것은
湘 땅에서는 曾公이었고[13)]
公은 淮水에서 일어나
팔을 걷어붙이고 끌어내니
자신은 엎어지면서도 군대를 세워
湘軍과 번갈아 일어났네.
巢縣에 있는 호수는
그 물이 질펀히 흐르니
守臣이 上言하여
그 곁에서 제사 지내기를 청했네.
황제께서 말씀하셨네. "그리하라. 아, 伯[14)]아!

---

13) 湘 땅에서는 曾公이었고 : 曾國藩이 湖南省에서 湘軍을 조직한 것을 말한다.
14) 伯 : 李鴻章을 가리킨다. 이홍장이 일찍이 肅毅伯에 봉해졌으므로 이렇게 부른 것이다.

네 선친의 공이 가상하니
사당에서 제향하여
대대로 그의 충성을 기리도록 하라."
伯이 절하고 고개를 조아리며
아름다운 詔命을 받들어 칭양하니
매우 밝게 드러난 先考께 고하고
또한 대대로 追孝하네.
騰蛇[15]는 하늘을 나는 것인데
진흙 속에 서려 있고
江河가 처음 발원함은
비유컨대 옷에 있는 띠와 같네.
처음에는 끝없이 울울하였으나
후에는 크게 빛나니
사당 비석에 銘을 새겨
아래로 아득한 후세에 고하노라.

灊嶽嶢嶢에 其神雄尊하니 鐘於淮淝하여 實生哲人이로다 哲人之生에 國步急難이러니 視國急難을 若疾痛在身이라 欲横一軀하여 塞漏九淵이나 不究其施하고 賫恨下泉이라 是生孝子하니 卒所未竟하여 掇輯遺旅하여 爲天下勁이라 終奠九土하여 幹蠱承考하니 威風過海하여 萬夷內首라 子父繩繩하여 載聲而久하니 在昔文考에 決策撥亂이라 取民於野하여 是束是訓하니 卒其成軍은 於湘則曾이요 公起於淮하여 是攘是扔하니 身仆軍立하여 與湘代興이라 居巢之湖는 其水滂滂하니 守臣上言하여 即祀於旁이라 帝曰兪咨伯아 嘉乃先功하니 其以廟享하여 世旌爾忠이라 伯拜稽首하여 答揚休詔하니 告丕顯考하고 亦世追孝라 騰蛇天飛로되 其蟠在泥하고 河江始濫은 譬帶在衣라 初(莞)〔菀〕[16]不極이나 後焉大光하니 刻銘牲繫하여 下告茫茫하노라

---

15) 騰蛇 : 하늘을 날아다닌다고 하는 전설상의 뱀이다.(≪韓非子≫ 〈難勢〉)
16) (莞)〔菀〕 : 저본에는 '莞'으로 되어 있으나, ≪吳汝綸全集≫(黃山書社, 2000)에 의거하여 '菀'으로 바로잡았다.

15. 程忠烈公의 神道碑　程忠烈公神道碑*

＊程學啓(1829~1864)에 대한 神道碑이다. 정학계는 자는 方中이며, 安徽 桐城人으로, 淸末 淮軍의 名將이다. 그는 본래 태평천국군 소속이었으나, 咸豐 11년(1861) 청에 투항한 뒤 曾國荃을 따라서 安慶을 격파하였고, 同治 원년(1862)에 李鴻章을 따라 상해에 가서 蘇州 등지를 수복하였는데, 부상을 입어 죽었다. 관직은 南贛鎭總兵에 이르렀으며, 太子太保에 추증되고 忠烈이란 시호를 받았다.

咸豐 11년(1861) 겨울에 上海 사람이 샛길로 皖[1]에 이르러서 曾文正公(曾國藩)에게 군사를 요청하였다. 당시에 江蘇의 모든 경내가 함락되었으나, 상해 한 縣만은 외국 병력의 도움에 힘입어 지켜내고 있었다.[2] 그러나 형세가 위태로워 스스로 보전할 수 없는 형편이었다. 文正公은 상소를 올려 지금의 合肥 李相國(李鴻章)을 천거하여 道員[3]으로 가서 江蘇巡撫를 맡아 상해를 구원하게 하였다. 이상국은 이미 淮士 5천 명을 모집하였는데, 마침내 문정공에게 청하여 參將[4] 程某를 얻어 자신을 돕게 하길 원하니, 문정공이 이를 허락하였다.

咸豐十一年冬에 **上海人間道至皖**하여 **乞師於曾文正公**이라 **當是時**하여 **江蘇全境淪陷**이로되 **獨上海一縣**은 **藉外國兵助守**하되 **勢岌岌不自保**라 **文正公疏薦今合肥李相國**하여 **用道員往署江蘇巡撫**하여 **援上海**라 **李相國旣募淮士五千人**하고 **遂請於文正公**하여 **願得參將程某自助**하니 **文正公許之**라

程公은 諱는 學啓이고 字는 方中이니, 安徽 桐城 사람이다. 당초에 적군 속에서

---

1) 皖 : 춘추시대에 皖國이 지금의 安徽省에 있었으므로, 安徽省의 간략한 명칭으로 쓰인다.
2) 당시에……있었다 : 同治 연간 초에, 태평천국군이 상해로 쳐들어오자, 영국과 프랑스 등이 淸軍을 도와주었다. 필리핀인을 모집해 병사로 삼고, 미국 장군 프레드릭 타운센드 워드를 統領으로 삼았다. 이들은 누차 태평천국군을 진압하였으므로, 常勝軍이라 불렀다.
3) 道員 : 淸나라 때에 확립된 지방 관제로, 각 省內 특정 지역의 행정사무를 관할하는 官名이었다. 道臺, 觀察이라고도 한다.
4) 參將 : 淸의 武官職으로, 3品의 관직에 해당한다.

스스로 몸을 빼내어 曾忠襄(曾國荃)의 군대로 귀순하였으니, 충양이 安慶을 수복한 데에는 공의 功이 많았다.[5] 충양이 金陵에 진군하여 도모하려 할 적에 장차 공을 의지하여 적을 물리치려 하니, 공 또한 스스로 적을 섬멸하여 국가에 보답하겠다고 맹세하였다.

李公이 군사를 모집해 동쪽으로 행군할 때 충양 또한 湘鄕으로 돌아와 군사를 더 모집하였는데, 文正은 충양이 公을 아까워하여서 내보내어 남에게 주고 싶어 하지 않는 줄 알았으므로, 충양에게 편지를 보내어 “내가 江南의 총독이 된 지 장차 2년이 되어가는데, 江蘇에 도달한 병사가 하나도 없다. 李君의 새로운 군대가 멀리서 건너오고 있으니, 용맹한 장수로 도와주지 않아서는 안 된다.” 하였다. 이에 마침내 공을 이공에게 보내주니, 이공의 새로운 군대를 淮軍이라 하였다.

공은 본래 曾公에게 예속되어 湘軍이었는데, 군대가 출행하려 할 때 문정이 상군인 공의 군대를 회군으로 고치게 하니, 공이 “九帥의 명이 없이는 감히 그렇게 할 수 없습니다.”라고 하였다. 문정이 탄식하며 기이하게 여기면서 근본을 저버리지 않는다고 하였으니, 구수는 충양을 가리킨 것이었다.

程公은 諱學啓요 字方中이니 安徽桐城人이라 始從賊中自拔하여 歸曾忠襄軍하니 忠襄克安慶에 公功爲多라 忠襄進規金陵에 且倚公辦賊하니 公亦自誓滅賊하여 以報國家라 及李公募軍東行하여 忠襄亦還湘增募軍하니 文正知忠襄惜留公不欲斥與人也라 貽書忠襄曰 吾督江南且二載에 無一兵達江蘇라 李君新軍遠涉하니 不可不資以健將이라하다 於是에 竟以公與李公하니 李公新軍號淮軍이라 公本以隷曾公爲湘軍이러니 軍瀕行에 文正令公軍改湘爲淮한대 公曰 無九帥命不敢이라하다 文正歎異하여 以爲不背本이라하니 九帥者는 忠襄也라

공은 參將으로 李公을 따라 동쪽으로 구원하러 가니, 同治 원년(1862) 3월에 군대가 上海에 이르렀다. 이때 江蘇의 병사들이 그래도 5, 6만이었으나 잘 싸우지 못하여 전투하면 번번이 패배하였으므로 적의 기세가 등등하였는데, 영국과 프랑스 등 외국 병력이 嘉定과 松江을 대신 수복해주었다가 이윽고 또 가정을 포기하여 지키지 못하였다.

---

5) 당초에……많았다 : 咸豐 11년(1861) 4월에 曾國荃이 安慶을 포위하였는데, 程學啓가 적중에 있는 것을 알고서 그의 친족 중 노파를 성에 들여보내 항복을 권하게 하니, 정학계가 밤에 성을 넘어 나왔다.

이공의 군대가 막 이르자 응당 軍陣을 엄격히 훈련해야 하였는데, 외국의 장군이 새로운 군대에게 빨리 전투하기를 재촉하였다. 새 군대의 장군은 대부분 大敵을 감당할 수가 없었고, 공이 거느리는 천 명의 군인만이 굳센 군대였다. 이공은 공에게 격문을 보내어 虹橋에서 주둔하게 하고, 전투하라고 급히 말하지 않았다.

공은 행군하여 漕河涇에 이르러서 끝내 적과 만나 패퇴시켰고, 마침내 홍교를 점거하였다. 이튿날에 적이 대거 이르렀는데 또 격파하고서 추격하여 七里堡에 이르러 크게 격파하였다. 이공을 따라 진군하여 泗涇을 공격해서 고전한 지 석 달 만에 松江의 포위를 풀었다.

副將으로 발탁되어 미국 장군 華爾[6]와 만나서 靑浦[7]를 수복하고 청포에서부터 돌아와 北新涇을 구원하여서 성루로 달려 들어가 수비하던 장수와 힘을 합하여 적을 막아 물리치고, 이동하여 가정을 지켰고, 總兵으로 記名[8]되어 簡放[9]되었다. 적군이 四江口를 포위하였는데, 이공을 따라서 구원하여 상처를 싸매고 힘써 싸워서 적을 물리치고 提督의 직함을 더해 받았다.

공은 홍교에서 일어나 사강구에 이르러서 연이어 세 번 크게 승리하였는데 모두 적은 군사를 써서 많은 적군을 무찌른 것이었다. 이공이 이에 공에게 군병을 3천 명에 이르도록 더해주어서 蘇州로 진군하여 도모하게 하였다. 太倉을 지날 때 태창의 적들이 투항하겠다고 청하니, 거짓인 줄 살펴보고 이를 허락하고 軍陣을 엄히 단속하면서 기다렸다가 영국 장군 戈登[10]과 만나 태창을 수복하였다. 진군하여 崑山을 공격하면서 이공에게 고하길, "곤산은 삼면이 물에 막혀있고, 한 면만이 육로로 소주로 뻗어가니, 먼저 육로를 점거하여 곤산의 등성이를 끊으면 적은 필시 담이 떨어져 두려워할 것입니다." 하였는데, 그 계책을 써서 곤산을 수복하였다. 南贛鎭總兵에 보임되고 提督으로 記名되었다.

---

6) 華爾 : 미국인 프레드릭 타운센드 워드(Frederick Townsend Ward, 1831~1862)이다. 미국 傭兵으로 太平軍의 洋槍隊 지휘자이다. 1860년부터 청나라 조정에서 외국인 용병 양창대를 조직했는데, 1862년에 자원하여 副將으로 임명받았다. 후에 양창대는 常勝軍으로 개칭되었다.

7) 靑浦 : 淸代의 縣의 이름으로, 松江府에 속하였다. 지금은 江蘇省에 속해 있다.

8) 記名 : 淸代에 관리에게 공적이 있으면 吏部 혹은 軍機處에 교부하여 이름을 기록하여 등용에 대비하였다.

9) 簡放 : 淸代에 銓敍를 거쳐 道府 이상의 外官을 임용하는 것을 말한다.

10) 戈登 : 영국인 찰스 조지 고든(Charles George Gordon, 1833~1885)이다. 영국 工兵으로 上將에 이르렀다. 중국이 용병인 常勝軍을 고용하여 淸軍에 협조하여 太平軍 토벌 작전을 펼칠 때 공을 세워 청나라 황제부터 상을 받았으며, 영국으로 귀국한 후에 수단 총독이 되었다.

公以參將隨李公東援하니 同治元年三月에 軍至上海라 是時에 江蘇兵尙五六萬이로되 不能戰하여 戰輒敗衂하여 賊張甚이러니 賴英法外國兵代復嘉定松江이라가 已又棄嘉定不守라 李公軍新至에 當勒習軍陳이어늘 外國將趣(촉)新軍疾戰하니 新軍將多未當大敵이요 獨公所領千人爲勁旅라 李公檄公屯虹橋하고 不遽言戰也라 公行至漕河涇하여 卒與賊遇하여 敗之하고 遂據虹橋라 明日에 賊大至어늘 又破之하여 追至七里堡大破之라 從李公進攻泗涇하여 鏖戰三月에 解松江之圍라 進擢副將하여 與美將華爾會克青浦하고 自青浦還援北新涇하여 馳入壘하여 與守將幷力禦賊하여 御之하고 移守嘉定하고 以總兵記名簡放이라 賊圍四江口어늘 從李公救之하여 裹創力戰却敵하고 加提督銜이라 公起虹橋至四江口하여 連三大捷에 皆用少擊衆이라 李公於是에 增公軍至三千人하여 使進規蘇州러니 道太倉에 太倉賊乞降(항)이어늘 察其詐許之하고 嚴陳以待하여 與英將戈登會克太倉하고 進攻崑山하여 告李公曰 崑山三面阻水하고 一面陸走蘇州하니 先據其陸하여 斷崑要脊이면 賊必膽落이리라하니 從其計하여 克之하다 補南贛鎭總兵하고 記名提督이라

이에 앞서 太倉을 이미 수복하고 나서 李公이 공에게 諸軍을 총괄하여 거느리게 하니, 軍의 장군들이 저마다 다른 말을 하였는데, 공이 적을 앞에 두고 지휘하는 것을 보고서는 모두 크게 탄복하였다. 제군의 통솔하는 장수를 軍中에서 統領이라 불렀는데, 공이 제군을 총괄하여 거느리고 나자 이공이 군중에서 특별히 공을 統率이라 칭하여 공을 남달리 표창하였다. 이때 前 江蘇巡撫 薛煥[11]이 조정에 들어가 알현하니 太后가 조정에 임하여 程統率의 모습과 전적을 한참 동안 물었다.

외국의 장군이 처음에는 우리 군을 업신여겼었는데, 이때에 이르러 戈登이 崑山에서 이공에게 편지를 보내어 공은 큰 지략이 있어서 족히 스스로 적을 제압할 수 있으니, 외국의 병력이 수고롭게 도와줄 것이 없다고 하였다. 공 역시 과등의 지략과 용맹을 매우 칭찬하여 중국의 장군 중 그에게 미칠 수 있는 이가 없다고 하였다.

蘇州는 성이 크고도 견고하고 사면이 물로 막혀있었다. 盤門에서부터 婁門[12]에 이르기까지 적들이 십여 리 長城을 쌓아서 장성 안으로는 땅을 파서 石壘를 만들

11) 薛煥 : 1815~1880. 자는 覲唐, 호는 鶴濟이며, 四川 興文人이다. 중국 洋務運動의 선구자로, 江蘇巡撫, 禮部左侍郎, 總理衙門大臣行走, 工部右侍郎 兼管錢法堂事務, 都察院署左副都御史 등을 역임하였다.

12) 盤門에서부터 婁門 : 盤門은 蘇州城의 서쪽으로 치우친 南門이고, 婁門은 북동쪽 문이다.

어 대포를 피하였고, 밖으로는 물이 막고 있어 매우 견고하였다. 공은 곤산으로부터 진군하여 소주를 공격하여 花江과 同里를 연이어 공략하고 吳江을 함락하여 太湖 洞庭山의 적의 보루를 모두 평정하고서 婁門에 이르러 주둔하였다. 嘉湖에 있던 적의 구원병을 격파하여 寶帶橋[13]로부터 곧장 들어가서 마침내 그 장성을 격파했다.

先是에 **太倉旣克**에 **李公令公總領諸軍**하니 **軍將人人異言**이러니 **及見公臨敵指揮**하여는 **則皆大服**이라 **諸軍統將**을 **軍中號之曰統領**이러니 **公旣總領諸軍**에 **李公令軍中別稱公爲統率**하여 **以旌異公**이라 **是時**에 **前江蘇巡撫薛煥入覲**하니 **太后臨朝**하여 **問程統率狀貌戰績良久**러라 **而外國將初侮吾軍**이러니 **及是**하여 **戈登自崑山貽書李公稱公有大略**하여 **足自制賊**이니 **不煩外國兵佐助**라 **公亦甚戈登智勇**하여 **以爲中國諸將**이 **莫能及也**라 **蘇州城大而堅**하고 **四面阻水**라 **自盤門至婁門**히 **賊築長城十餘里**하여 **長城內穴地爲石壘以避礮**하고 **外憑水至固**라 **公自崑山進攻蘇州**하여 **連拔花江同里**하고 **下吳江**하여 **悉平太湖洞庭山賊壘**하고 **抵婁門而軍**이라 **破嘉湖援賊**하여 **自寶帶橋直入**하여 **遂碎其長城**이라

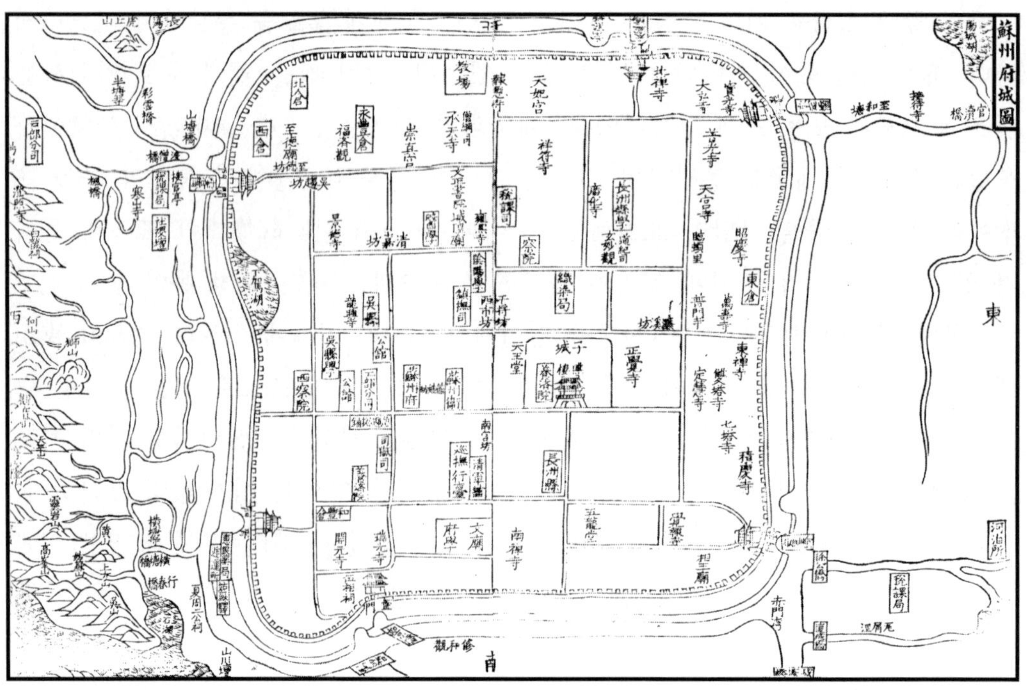

蘇州府城圖

13) 寶帶橋 : 吳縣의 동남쪽 15리에 있었다. 長橋라고도 한다.

이에 앞서 劇賊 李秀成[14)]이 蘇州를 지키다가 이때에 이르러 급히 金陵(南京)을 구원하러 가면서 死黨[15)] 譚紹洸을 남겨두어 소주를 차지하고서 지키고 방어하게 하였는데, 長城이 격파되고 나자 賊의 部將 郜雲官과 汪有爲 등이 불안하고 두려워서 副將 鄭國魁[16)]를 통해 항복하겠다고 청하였으니, 정국괴는 고운관과 오래 알던 사이였다.

공은 정국괴와 함께 단신으로 말을 타고 가서 고운관을 만나 담소광의 머리를 베어서 믿음을 증명할 것을 약속받았다. 약속하고 나서 더욱 급하게 성을 공격하니, 담소광이 고운관과 왕유위 등을 불러 성을 올라가게 하였는데, 왕유위가 일어나 차고 있던 검을 뽑아서 담소광을 찔러 죽였다. 적들이 동요하여 혼란하였기에 수십, 수백 명을 격살하고 밤에 齊門(蘇州의 북쪽 문)을 열어 투항하였다. 동이 틀 무렵에 고운관 등이 담소광의 머리를 가져와 바치니, 공이 성에 들어가 鎭撫하였다.

先是에 **劇賊李秀成**이 **守蘇州**라가 **及是**하여 **急援金陵**하여 **留死黨譚紹洸據蘇守禦**러니 **長城旣破**에 **賊部將郜雲官汪有爲等洶懼**하여 **介副將鄭國魁乞降**(항)하니 **國魁者**는 **雲官舊識也**라 **公與國魁單騎會雲官**하여 **約以斬獻紹洸頭爲信**이라 **已約**에 **攻城益急**할새 **紹洸召雲官有爲等乘城**하니 **有爲起拔佩刀刺殺紹洸**이라 **賊衆擾亂**일새 **擊殺數十百人**하고 **夜開齊門降**이라 **黎旦**에 **雲官等持紹洸頭來獻**하니 **公入城鎭撫**라

이때 성안의 적군이 아직도 20여 만이었는데, 항복한 적군의 우두머리 8명이 청하여 20개의 군영을 나누어 8명이 나눠서 거느리고, 蘇州城의 반을 양보하여 관군이 머물게 하고, 스스로 성의 반을 차지하고 도우며 지키겠다고 하였다. 공은 겉으로 허락하고, 郜雲官 등에게 말하여 이튿날 나가서 巡撫를 뵙게 하고 마침내 還軍하여 몰래 李公에게 아뢰어 8명을 주살하여 난을 안정시키기를 청하였다.

이때 常州와 嘉興[17)]이 모두 수복되지 못한 상태였으므로, 이공은 놀라서 말하

14) 劇賊 李秀成 : 1823~1864. 太平天國의 武將이다. 廣西 陸山人으로, 빈농가에서 태어나 병졸로 上帝會에 가입하였다가, 점차 두각을 나타내어 1859년 忠王이 되었으며, 英王 陳玉成과 더불어 태평천국의 주역이 되었다. 1860년 이후 浙江 지역에 진출하여, 상해를 둘러싸고 영국군, 프랑스군 및 常勝軍과 싸웠으나 체포되었다.

15) 死黨 : 어떤 사람이나 집단을 위해 죽을 힘을 다하는 무리를 이른다.

16) 副將 鄭國魁 : 1844~1888. 安徽 合肥人으로, 淸朝 淮軍의 將領이다.

17) 常州와 嘉興 : 常州는 淸의 府 중 하나였는데, 지금 武進이다. 嘉興은 淸의 府 중 하나로, 浙江에 속해있다.

길, "이미 항복한 자를 죽이는 것은 상서롭지 못한 일이고, 또 상주와 가흥의 적들이 소식을 듣고서 목숨을 바쳐 지키려 할 것이므로, 이는 스스로 적을 세우는 것이니, 불가하오."라고 하였다. 공은 쟁론하였으나 받아들여지지 않자, 쓰고 있던 冠을 벗어 이공에게 주면서 "이를 공에게 돌려드리니, 저는 이제부터 결별하겠습니다. 지금 적들이 아직도 20여 만이어서 우리 군보다 몇 배가 많은데, 단지 전투에서 패하여 죽을 것이 두려워서 항복하겠다고 청한 것이니, 그 마음은 진실로 복종한 것이 아닙니다. 지금 首惡을 풀어주고서 죽이지 않고, 각각 수만 명을 거느리게 하여 軍餉 수백여 만을 소비하게 하고 우리 군과 성을 나누어 머물게 했다가 변란이 가까운 곳에서 있게 되면, 우리 중에는 남는 이가 없게 될 것입니다." 하고, 옷을 떨치고 곧장 나가려 하였다. 그러자 이공이 급히 일어나 공을 만류하면서 말하길, "천천히 있어 보시오. 내가 지금 들을 것인데 어찌하여 화를 내시오." 하니, 공이 "만약 들어주실 것이면 부디 전적으로 제 지휘를 따라주십시오." 하였다.

이튿날 이공이 공의 裨將營에 들르니, 항복한 8명이 성을 나와 騎士를 물리고서 이공을 뵈었다. 이공은 한참 동안 이들을 위로하고 總兵과 副將의 관복을 차등을 두어 지급하였다. 軍中에 머물면서 연회를 열다가, 가려고 하면서 말하길, "우리는 공무가 있어 가야 한다. 내가 이 裨將에게 나를 대신하여 연회의 主人이 되어 너희들에게 술잔을 돌리게 하였다." 하였다. 8명이 이공을 전송하고 나서 들어와 자리로 와서 좌정하고 술이 세 차례 돈 후에 매복하였던 군사들이 일어났다. 8명은 경악하여 격투를 벌이다가 모두 죽었다.

是時에 **城賊尙念餘萬**이러니 **降**(항)**酋八人**이 **請署爲念營**하여 **八人分領之**하고 **讓蘇城之半處官軍**하고 **自踞半城助守**라 **公陽許諾**하고 **語雲官等旦日出謁巡撫**하고 **遂還軍**하여 **密白李公請誅八人者以定亂**이라 **是時**에 **常州嘉興皆未復**이라 **李公愕然曰 殺已降不祥**이요 **且令常嘉賊聞風死守**라 **是自樹敵**이니 **不可**라하다 **公爭不能得**하여 **則脫所著**(착)**冠提李公曰 以此還公**하니 **某從此訣矣**라 **今賊衆尙念餘萬**이라 **多吾軍數倍**로되 **徒以戰敗畏死乞降**하니 **其心故未服也**라 **今釋首惡不殺**하고 **使各將數萬人**하여 **糜軍餉大萬百餘**하고 **與吾軍分城而處**라가 **變在肘腋**이면 **吾屬無遺類矣**라하고 **拂衣徑出**이라 **李公急起挽公曰 徐之**하라 **吾今聽**이어늘 **若何怒爲**오하니 **公曰 苟見聽**인댄 **請一依某指揮**라하다 **明日**에 **李公過公裨將營**하니 **八降人者出城**하여 **屛騶騎上謁李公**이라 **勞苦良久**하고 **給總兵副將冠服有差**라 **留宴軍中**하고 **且去曰 吾屬有公事當去**니 **吾令此裨將代吾爲**

主人觴若等이라하다 八人者旣謁送李公하고 入就坐하여 坐定하고 酒三巡에 伏甲起하니 八人驚愕格鬭皆死라

이에 앞서 공은 진영을 엄히 정돈해 성에 들어갔었는데, 참수한 8명의 머리가 이르자 사람들에게 훈시하기를, "8명의 배반자들이 이미 복주되었으니, 나머지 사람은 불문에 부치겠다."라고 하였다. 그러자 逆黨이 놀라고 동요하였기에 2천 명을 죽이고서 안정되었다. 항복한 적군 20만은 분별하여 보내거나 남겨두니, 모두 안도하고 순종해 무사하여서 蘇州가 평정되었다.

당시에 鄭國魁는 공을 뼛속까지 원망하면서 공이 벗을 팔았다고 하였고, 외국의 법은 항복한 자를 죽이는 것을 더욱 큰 금기로 삼았으므로 戈登은 심지어 병사들을 진열하여 공과 다투고자 하였다가 시간이 한참 지난 뒤에야 풀었다. 그러나 曾文正公은 皖에 있으면서 소주에서 투항한 8명의 장수를 죽였다는 소식을 듣고는 李公이 명석하게 판결하여 능히 큰일을 결단하였다고 탄복하였다.

先是에 公嚴陳入城이러니 及八人首至에 諭衆曰 八人反側已伏誅하니 餘人不問이라하니 逆黨驚擾하여 殺二千人而定이라 降衆念萬을 分別遣留하니 皆安堵帖服無事하여 蘇州平이라 當是時하여 鄭國魁怨公次骨하여 以謂公賣友하고 而外國〔法〕[18]尤以殺降爲大禁하여 戈登至欲勒兵與公确鬭라가 逾時乃解로되 而曾文正公在皖하여 聞蘇州殺八降將하고 歎李公明決能斷大事也라

군대가 上海에 도착하였을 때로부터 蘇州를 평정한 때에 이르기까지가 모두 18개월이었다. 소주가 평정되고 나자 군대의 위세를 더욱 떨쳐 승기를 타고서 浙江을 구원하여 平望[19]을 공략하고 嘉善[20]을 수복하고 마침내 嘉興에 이르렀다.

嘉興城은 지키고 있어 함락되지 않았고, 우리 군은 누차 승리하여 교만한 상태였다. 이에 공이 군영에서 전투에 임하여 겁을 먹고 물러난 자인 守備 姜寶勝을 참수하여 군사들에게 보이니, 군사들이 모두 다리를 떨며 두려워하면서 명을 따랐다. 그리하여 가흥을 공격한 지 한 달이 지나 성이 격파되었는데, 적이 대번에 막

18) 〔法〕: 저본에는 '法'이 없으나, ≪吳汝綸全集≫에 의거하여 보충하였다.
19) 平望 : 鎭의 이름으로, 동쪽으로 嘉興에 접하고, 서쪽으로 湖州에 접하고, 남쪽으로 杭郡으로 통하여 강소와 절강의 요충지이다.
20) 嘉善 : 縣의 이름으로, 청대에 浙江 嘉興府에 속해 있었다.

아서 지키면서 다시 완비되었다. 공은 목숨을 바칠 용맹한 군사들을 모집해 성에 올랐는데, 네 번 올랐으나 네 번 퇴각하니, 몹시 분개하여 분발해서 뚫고 나가 먼저 올라갔는데 날아온 탄환이 머리를 관통하여 엎어졌으나 다시 일어나니, 部將이 이어서 올라가 마침내 가흥을 수복하였다. 보고가 들어가자, 천자가 말씀하길, "程某의 상처가 심하니 유의하여 치료할지어다."라고 하였다.

이윽고 부상으로 졸하였으니, 諸軍의 장군과 군사들이 모두 목 놓아 통곡하였고 멀고 가까운 곳의 士民들이 눈물을 흘리며 서로 조문하였으니, 同治 3년(1864) 3월이었다. 향년 30여 세이다. 공의 죽음이 보고되자 공을 太子太保에 추증하고 忠烈이란 시호를 내렸고, 관리를 보내어 조문하고 제사함에 예우를 더하였다.

自軍到上海至平蘇州가 凡十八月이러라 蘇州旣平에 軍威益振하여 乘勝援浙江하여 拔平望하고 復嘉善하고 遂薄嘉興이라 嘉興城守不下하고 吾軍驟勝且驕라 於是에 公陳斬臨戰逗撓者守備姜寶勝以徇하니 士皆股栗用命이라 攻嘉興匝月에 城破矣러니 賊輒堵禦復完이라 公募死士登城이로되 四登四却하니 憤甚하여 突出奮身先登할새 飛彈貫腦踣어늘 復起하니 部將繼登하여 竟克嘉興이라 奏入에 天子曰 程某創甚이니 其加意療治라하다 已而요 以傷卒하니 諸軍將士皆慟哭失聲하고 遠近士民涕泣相弔하니 同治三年三月也니 得年卅幾라 事聞에 追贈太子太保하고 予諡忠烈하고 遣官弔祭有加禮하다

공은 장수로 있으면서 규율이 엄정하였고, 임기응변이 신속하고 변화막측하여 귀신도 놀라 현혹될 지경이었다. 크고 작은 백여 번의 전투에서 패배한 적이 없어서, 적들이 멀리서 공의 깃발만 보아도 번번이 도망갔다.

上海에 도착한 이래로 외국의 병기가 굳세고 예리한 것을 보고 깊이 연구하여서 중국의 옛 법제를 일변하여 저들의 훌륭한 기술을 본받았으니, 淮軍이 서역의 槍砲를 사용하게 된 것은 공이 처음 한 일이었다. 李公이 외국의 장수는 교만하여 제어하기 어렵다 여겨서 오직 공에게만 병사들을 데리고서 공격하고 싸우게 하였으니, 太倉에서부터 蘇州에 이르기까지 戈登과 서로 간에 따르고 복종하였는데, 8명의 항복한 장수를 죽임에 있어서 논의가 중도에 어긋났다.

공이 죽었다는 소식을 듣고서 과등은 이에 홀로 눈물을 흘리며 애석해하여서 이공에게 공이 전투할 때 쓴 큰 깃발 두 개를 얻어서 영국에 가지고 돌아가 기념으

로 삼았다.

公爲將紀律精整하고 **應機捷出**하고 **陰陽闔開**하여 **神鬼眩駭**라 **大小百餘戰**에 **未嘗敗挫**하여 **賊望公旗輒走**라 **自到上海**로 **見外國兵械勁利**하고 **深硏潛討**하여 **一變中國舊法**하여 **師彼長技**하니 **淮軍用西域槍礮**는 **自公倡始**러라 **李公以外國將驕蹇難制馭**라하여 **獨令公挾以攻戰**하니 **起太倉迄蘇州**하여 **與戈登交推互服**이러니 **殺八降(항)將**에 **議論中乖**라 **及聞公死**하여 **戈登乃獨流涕歎惜**하여 **從李公求得公戰時大旗二**하여 **携歸英國**하여 **以爲表記**라

曾忠襄이 金陵에 있을 때 공이 전투하면서 잇달아 공을 세웠음을 듣고는 공의 군대가 떠난 것을 매우 애석해하였는데, 이윽고 文正 역시 후회하면서 "우리 湘部가 명장인 程某 한 사람을 앉은 채로 잃었으니, 내가 내 아우에게 부끄럽다."라고 하고, 누차 공에게 격문을 보내 돌아오게 하였다. 공 역시 吳會[21]를 평정하고서 군대를 이끌고 돌아가서 忠襄을 도와서 자기를 알아준 것에 보답하기로 맹세하였는데, 끝내 돌아오지 못하여 결국 뜻을 품은 채 별세하고 말았다.

공이 별세한 지 30년 후에 중국과 일본이 전쟁(淸日戰爭)하였는데 장군들이 패전하니, 李公이 〈벼슬에서 물러나〉 安居하면서 탄식하며 "程方中이 있었다면 어찌 강한 적을 근심했겠는가." 하였다. 그 功烈이 사람들에게 남아있는 것이 이와 같았다.

曾忠襄在金陵할새 **聞公戰比有功**하고 **深惜公軍去**러니 **已文正亦悔**하여 **嘗曰 吾湘部坐失程某一名將**하니 **吾媿吾弟**라하고 **屢檄召公還**이라 **公亦誓平吳會**하고 **還軍助忠襄**하여 **答知己**러니 **迄不得還**하여 **竟賫志以沒**이라 **公沒三十年**에 **中國與日本戰**이로되 **諸將失利**하니 **李公里居歎息曰 程方中若在**면 **何憂勁敵爲**리오하니 **其遺烈在人如此**러라

증조는 允中이고 조부는 列義이고 先考는 大林이니, 3대가 모두 공이 귀해짐으로 인해 공의 관직대로 추증되었고, 先妣는 모두 夫人에 추증되었다. 전부인 高氏는 아들 하나를 낳았는데 공과 함께 적군에 함락되었다가, 공이 스스로 몸을 빼내어 돌아갔기에 부인은 모자간에 모두 해를 입었다. 부인의 아버지가 다시 막내딸을 공에게 주어 繼室로 삼게 하였다. 후부인 高氏는 공보다 9년 뒤인 同治 11년(1872)에 졸하였으니, 향년 28세이다. 아들이 없어 아우의 아들인 建勛을 主後[22]

21) 吳會 : 吳郡과 會稽郡의 連稱으로 江東 지역을 말한다.

로 삼으니, 전후로 누차 세습을 받아 아울러서 三等 男爵이 되었다. 약관의 나이가 되자 인견하여 員外郎으로 등용하였다.

모년 모월에 공을 某所에 장례하고, 두 高夫人을 祔葬하였다. 건훈이 묘비를 나에게 맡기니, 이에 銘을 짓는다.

曾祖允中이요 祖列義요 考大林이니 三世皆以公貴로 贈如公官이요 妣皆贈夫人이라 前夫人高氏生一子러니 與公同陷賊中이라가 公自拔來歸라 夫人母子皆遇害라 夫人之父가 復(부)以季女與公爲繼室이라 後夫人高氏는 後公九年에 以同治十一年卒하니 年二十八이라 無子하여 以弟子建勛爲主後하니 前後累得世襲하여 併爲三等男이라 旣冠에 引見하여 用員外郎이라 某年某月葬公某所하고 二高夫人祔라 建勛以墓碑屬汝綸하니 乃爲之銘하노라 曰

무너진 天運은 돌이킬 수 없으나
인재를 얻으면 바뀌는 법
큰 도적이 大江을 점거하여
동쪽을 돌아보고 차지하였네.
바닷가 한 조각 땅이
남의 힘을 빌려 숨을 쉬었네.[23]
李公이 동쪽으로 토벌할 때
깃발이 처음엔 외롭게 쓰러졌는데
공이 한 군대를 이끌어
홀로 험난한 전장에 나아갔네.
적의 등과 배를 찔러
몸과 머리가 분리되게 하였네.
吳會의 땅을 일으켜 세우고
다시 蘇州로 돌아와 진무하였네.
江東의 일이 끝나자
열렬한 뜻을 땅속에 감추었네.

22) 主後 : 제사를 이어받아 주관할 후사를 말한다.
23) 바닷가……쉬었네 : 바닷가 한 조각 땅은 上海를 말한다. 同治 연간 초 태평천국군이 상해로 쳐들어왔을 때 영국과 프랑스 등의 도움을 받아 이를 진압할 수 있었던 것을 말한다.

중흥한 공을 논하면
다른 장수 중에는 있지 않은 것이니
공에게 있어서는 오히려 작은 것이나
세상에서 보지 못했을 정도로 크네.
만 리 밖 외국들은
예로부터 중국에서 동떨어진 곳이었는데
동쪽으로 와서 그 武功을 과시하니
그 병기가 실로 보배로웠네.
우리가 그대로 본떠서 쓰니
물고기가 물웅덩이를 벗어난 듯
삼십육 년 동안 시험하여
우리 군대를 길이 굳세게 하였네.
그 근원을 거슬러 올라가면
공이 그 시초였네.
조금 얻고는 돌연 중단하여
모호한 채 두고 추구하지 않았으니
이런 상태로 적을 대응하니
믿을 바를 잃게 되었네.
공이 죽지 않았다면
어느 나라가 우리를 업신여기겠는가.
어찌하여 하늘이 남겨두어서
이 공을 마저 이루게 하지 않았는가.

運圮不反이나 得人則轉이라 大盜據江하여 東顧席捲이라 海壖片土가 借人息喘이라 李公東討에 旗始孤偃이러니 公提一旅하여 單進深阻라 剸賊胸膂하여 使解身首라 挈吳會壤하고 復(부)還蘇撫라 江東事已에 藏熱厚土라 論功中興에 諸將未有라 在公猶小나 大世未覩라 絶域萬里는 懸鬲自古러니 東耀厥武하니 械器是寶라 我寫而放하니 如魚脫藪라 試之三紀하여 永勁我旅라 追元溯初하면 伊公本始라 得粗畫(획)止하고 微漠不討라 持以應客하니 恃失其所라 使公不死인댄 國孰我侮리오 曷不憖遺하여 蕆玆功緖오

16. 黃來庭의 墓表　黃來庭墓表*

* 黃來庭(1845~1895)의 墓表이다. 황래정은 오여륜이 河北省 冀州의 知州로 있을 때 얻은 인물이다. 이 글에서는 향리에서 문도를 가르치던 황래정을 처음 만난 이래로 그가 어떻게 冀州知州였던 오여륜을 도왔는지에 대해 서술하고 이후 오랫동안 만나지 못하였으나 자신을 그리워하는 마음이 각별하였음을 밝혀 안타까움을 드러내었다.

처음 내가 冀州를 다스릴 때, 전임인 지금의 山東巡撫 李公[1]에게 훌륭한 선비를 물어서 두 사람을 얻었으니, 李馥堂 某와 張楚航 廷湘[2]이었다. 馥堂은 나이가 이미 7, 80세였는데, 큰 논의가 있을 때 와서 州宅에서 만났다. 나는 그의 숙소에서 예를 차리고 다시는 일을 가지고 번거롭게 하지 않아서, 크고 작은 일을 모두 楚航에게 의지해 처리하였다. 이에 비방이 떼 지어 일어나 초항이 스스로 물러나고자 하였으니, 내가 위로하고 달래어 애써 고사하고 때때로 초항에게 賢士가 어떤 사람인지 물었다. 초항은 그 선발을 엄밀하고 신중하게 하여서, 당시에 한 선비를 얻을 때마다 전쟁에서 이겨 한 나라를 얻었다 할지라도 그 기쁨을 비유하기에 부족하였는데, 최후에 비로소 黃鳳翽 來庭을 얻었다.

始余爲冀州에 **求士於前政今山東巡撫李公**하여 **得二人焉**하니 **曰李馥堂某**와 **曰張楚航廷湘**이라 **馥堂年已七八十**이러니 **有大議時來會州宅**이라 **余嘗禮於其廬**하고 **而不復**(부)**煩以事**하여 **事大小一倚辦楚航**이라 **於是**에 **讒謗朋興**하여 **楚航欲自引退**하니 **余尉薦勞謝之**하고 **而時時從楚航訪求賢士**라 **楚航矜愼其選**하여 **當是時**에 **每得一士**하면 **雖戰勝而得一國**이라도 **不足喩其喜也**러니 **最後乃得黃鳳翽來庭**이라

---

1) 李公 : 李秉衡(1830~1900)으로, 자는 鑒堂이며, 清朝의 大臣이다. 光緖 5년(1979)에 冀州知州로 부임하여 2년여 동안 근무하였다.

2) 張楚航 廷湘 : 張廷湘(1838~1909)으로, 李秉衡으로부터 추천을 받아 오여륜이 冀州知州로 부임하였을 때 보좌하였다.

來庭은 光緖 丙子年(1876)에 擧人이 되어 향리에서 門徒들을 가르치고 있었는데, 楚航이 자주 나에게 그 사람됨을 이야기하였으나, 억지로 招致할 수가 없었다. 오랜 뒤에 내가 書院을 경영하여 세우려는 기색이 있고 또 어진 스승을 얻었음을 듣고는 그제야 비로소 서원에 한번 발을 들여놓았다. 내가 사람들 속에 있는 내정을 바라보니 단정하고 고요하며 침착하고 의연한 군자였다. 그와 앉아서 이야기할 때 뜻이 맞았으니, 내정이 서로 만난 것이 늦은 것을 스스로 뉘우치고서 이로부터 한 달에 한 번씩 서원에서 만났다.

이때 내가 얻은 한 州의 선비가 내정까지 아울러 세어보면 이미 10여 인이었는데, 백성들에게 편한 것을 창시하고 불편한 것을 혁파하는 모든 시행을 반드시 이 10여 인과 함께하였다. 이 10여 인은 한 州의 일을 모두 마치 집안일처럼 여겼다. 그러나 일에 앞서서는 이해를 놓고 토론을 벌이다가, 막상 일이 닥치면 수고로움을 고르게 나누며 비방과 원망을 자제하고, 어려운 일에 앞장서고 험한 일에 나아가며 지혜를 다투고 힘을 바쳐서 조금도 관망하거나 두려워 피하면서 머뭇거리지 않았다. 그 같은 부류들이 움직여 일어나 가까운 이웃 고을에 널리 미쳐서 나와 오래도록 친하던 이들이 모두 와서 일을 상의하여 공을 이루었으니, 武强 賀墨儕[3] 孝廉과 深州[4] 張溯周 秀才가 그중에서도 특히 두드러진 이들이다.

來庭光緖丙子擧人하여 **教授閭里**하니 **楚航數數**(삭삭)**爲余道其爲人**이나 **顧不可强而致**라 **久之**에 **聞余經畫**(획)**書院有起色**하고 **又得賢師**하여 **乃始一涉足書院中**이라 **余從衆中望見來庭**하니 **端靜沈毅君子也**러라 **坐與語合意**하니 **來庭自悔相見晩**하여 **自是**로 **月一會書院**이라 **是時**에 **余所得州士**가 **竝來庭數之**에 **已十許人**이러니 **凡有施爲便不便興革於民**을 **必與此十許人者共之**라 **此十許人者**는 **其視一州之事**를 **皆若家事**라 **然**이나 **先事則商較利病**이라가 **事及則均勞逸**하며 **忍謗怨**하고 **爭難趨險**하며 **競智獻力**하여 **不稍觀顧畏避瑟縮也**라 **其風類動撓**하여 **旁逮隣州比境**하여 **與余久故者皆來**하여 **會事就功**하니 **武强賀墨儕孝廉**과 **深州張溯周秀才**가 **其尤箸也**라

내가 이 州에서 관직생활을 하고 있을 때 州에 簿書期會[5]가 있으면 君들은 서로

---

3) 武强 賀墨儕 : 武强은 河北省에 속해있던 縣의 이름이다. 賀墨儕는 이름은 濤이고, 자는 松坡로, 光緖 연간에 進士가 되어 관직은 刑部主事에 이르렀다.
4) 深州 : 지금의 河北省에 속해있던 州이다.
5) 簿書期會 : 1년의 회계를 장부에 기입하여 기간 내에 조정에 보고하던 일을 말한다.

권하면서 달려오면서도 피곤한 줄을 몰랐으나, 이곳의 아전들은 도리어 구차하게 졸렬한 자기 분수를 편안히 여기면서 가만히 앉아 그 성취를 누렸다. 내가 이를 몹시 부끄럽게 여겼는데 來庭은 그중에서 성품이 개결하고 訥辯이었으나 일을 만나면 정성을 다하여 부지런히 이해득실을 찾았다. 처음에는 楚航을 통해 나왔으나 논의와 취향은 구차히 같게 하지 않았다. 성품이 학문을 좋아하였고 더욱이 나를 친밀히 여겨서 때때로 서로 따르며 학문을 논하였다. 내가 병을 이유로 州를 떠날 때 군들이 연연해하며 차마 떠나지 못하였다.

내가 그 후 우연히 州 아래를 지날 때 내정과 지난번의 십여 인이 그날 밤 놀라고 기뻐하면서 서로 〈내가 온다는 소식을〉 전해주어 와서 모여서, 새벽녘에는 사방에서 이르러 사흘 밤을 즐거워하며 술을 마시되, 수레의 바큇살을 빼놓고 말의 안장을 숨겨두어서 갑자기 떠나지 못하게 하였다. 아아, 옛날에 승려는 뽕나무 아래에서 사흘 밤을 묵지 않는다 하였는데,[6] 내가 유독 어떻게 군자들에게 무관심할 수 있겠는가.

余待罪是州에 **州有期會**하면 **諸君勸趨不倦**이로되 **而吏此者反媮假安拙**하여 **坐享其成**이라 **余以是深媿之**러니 **而來庭於其間**에 **狷介吶口**로되 **遇事殫盡誠悃**하여 **勤求善敝**라 **其始出由楚航**이나 **而論議趨尙不爲苟同**이라 **性好學問**하고 **尤暱就余**하여 **時時相從論學**이러니 **及余引疾去州**에 **諸君戀戀不忍決舍**라 **余後嘗偶過州下**에 **來庭與向之十許人者**가 **卽夜驚喜**하여 **傳相告以來會**하여 **犁明四面而至**하여 **樂飮三日**에 **脫車轅**하고 **藏馬韉**하여 **不令驟去也**라 **嗟乎**라 **昔浮屠不三宿桑下**어늘 **余獨何能恝然於諸君子也**아

그 후에 내가 오래도록 保定[7]에서 객지 생활을 하고 있으니, 楚航과 諸公은 왕왕 일이 있어 왔다가 나를 방문하였으나, 유독 來庭은 글을 가르치느라 나오지 않아 한 번도 오지 못하였고, 그 사이에 그 아들 錫齡을 보내어 나에게 수학하게 하였는데 이윽고 그 또한 떠났다. 지난해 7월에 내가 아우의 喪을 당하여 汶上[8]에서 장례에 참석하고 9월에 보정으로 돌아왔다. 초항이 와서 나를 위문하기에 그편에 내정이 죽었음을 듣게 되었다. 슬프다!

---

6) 승려는……하였는데 : ≪後漢書≫ 권30 〈襄楷列傳〉에 "승려가 뽕나무 아래에서 사흘 밤을 계속 묵지 않음은 오래되어 애착이 생기는 것을 바라지 않기 때문이니, 정진이 지극한 것이다. 〔浮屠不三宿桑下 不欲久生恩愛 精之至〕"라고 하였다.

7) 保定 : 淸 直隷 保定府를 말한다.

8) 汶上 : 지금의 山東省에 속해있던 縣이다.

是後에 余久客保定하니 楚航與諸公이 往往以事來省余로되 獨來庭授經不出하여 未嘗一來요 間遣其子錫齡就余問學이러니 已而요 亦散去라 去年七月에 余有弟喪하여 會喪於汶上하고 九月還保定이라 楚航來唁余에 則聞來庭死矣라 悲夫라

내가 冀州를 떠난 지 8, 9년 동안 來庭이 몸은 비록 멀리 떨어져 있었으나 마음은 나를 향해 있었다. 무릇 내 옛 政事에 있어서 변경하고 개혁하는 바가 있으면 내정은 그때마다 마음에 옳지 않다 여겨서 남을 통하여 나에게 말을 전하면서 마치 마음속에 석연치 못한 점이 있는 듯하였다. 내가 끝내 이 고을에 은덕을 베푼 것이 없는지라, 한두 가지 남은 치적은 모두 이미 케케묵은 無用의 것이니 어찌 다시 애석할 것이 있겠는가마는 내정은 유독 이에 연연하였으니, 내가 모이고 흩어지는 감회에 있어서 또한 어찌 마음에 슬픔이 없을 수 있겠는가. 또 하물며 생사간의 슬픔이 거듭된 터임에야 말할 나위 있겠는가.

余去冀八九年에 來庭跡雖疏闊이나 心則傾向余라 凡吾舊政有所變易改革이면 來庭輒不可於意하여 傳語謝余하여 若有不釋然者라 余旣無移德於是州라 其一二遺蹟은 皆已陳之芻狗니 何足復(부)顧藉리오마는 而來庭獨眷眷於此하니 則吾於聚散之感에 亦何能無概於心이리오 又況重以生死之戚乎아

올해 錫齡이 來庭의 行義와 생몰연대를 行狀으로 써와서 나에게 墓表를 요청하였으니, 내가 내정에 있어서 어찌 글을 쓰지 않을 수 있겠는가. 내정은 光緖 21년(1895) 9월 5일에 졸하였으니, 향년 51세이다. 장례는 黃氏의 선영에 부장하였으니, 冀州의 서북쪽 몇 里에 있다. 증조는 有起이고, 조부는 立泰이고, 부친은 萬淸이고, 처는 尙氏이다. 아들이 셋이니, 석령은 戊子(光緖 14, 1888)에 擧人이 되었고, 錫榮과 錫祺는 모두 州學生[9]이다.

今年錫齡狀來庭行義年하여 徵文表墓하니 余於來庭에 其何能已於言也리오 來庭以光緖廿一年九月五日卒하니 得年五十有一이라 其葬祔黃氏先兆하니 在冀州西北若干里라 曾祖有起요 祖立泰요 父萬淸이요 妻尙氏라 子三이니 錫齡은 戊子擧人이요 錫榮錫祺는 皆州學生이라

9) 州學生 : 冀州 학교의 秀才를 뜻한다.

17. 左文襄公의 神道碑　左文襄公神道碑*

*清末 中興四大名臣 중 한 사람으로 꼽히는 左宗棠(1812~1885)에 대한 神道碑이다. 좌종당은 太平軍, 捻軍, 回族의 내란을 진압하는 데 큰 공을 세웠으며 외국 문물을 받아들이고 조선소와 방직공장을 설립하는 등 洋務運動을 이끌었다. 러시아와의 영토 분쟁이 일어났을 때 무력 해결을 주장하였으며, 清佛戰爭의 결과로 강화조약이 체결되자 관직에서 물러나 병사하였다. 이 글에서 오여륜은 좌종당의 업적을 상세히 서술한 뒤 그가 뜻을 이루지 못하고 죽은 것에 대한 안타까움을 드러내었다.

太傅[1]에 추증된 二等恪靖侯[2] 大學士이자 시호가 文襄인 左公은 湖南 湘陰縣 사람이니, 諱는 某이고 字는 季高이다. 曾祖 某는 某官이고 祖 某는 모관이고 父 某는 모관이니, 3代가 모두 공이 귀하게 되었기 때문에 추증되어 공의 관직과 같아졌다.

贈太傅二等恪靖侯大學士謚文襄左公者는 **湖南湘陰人也**니 **諱某**요 **字季高**라 **曾祖某**는 **某官**이요 **祖某**는 **某官**이요 **父某**는 **某官**이니 **三世皆以公貴**로 **贈如公官**이라

左宗棠

공이 젊었을 때 큰 뜻이 있어 기개를 부려서 사람들을 놀라게 하는 壯言을 하는 것을 좋아하였다. 21살에 형 左宗植[3]과 함께 鄕試에 합격하고 세 차례 禮部試(會試)에 응시했으나 합격하지 못하였다.

---

1) 太傅 : 고대의 三公 중 하나이다. 清代에는 큰 勳勞가 있는 자에게 추증되었다.
2) 二等恪靖侯 : 清朝는 功臣의 작위를 公·侯·伯·子·男의 五制에 의거하여 27등급으로 나누었는데, 그중에서 侯爵은 一等부터 三等까지 있었다.
3) 左宗植 : 左宗棠의 둘째 형으로 字는 仲基 또는 景喬, 號는 珠嶺樵夫이다. 道光 12년(1832)에 擧人이 되어 內閣中書를 지냈다. 詩와 天文에 뛰어났다.

마침내 출사를 단념하고서 輿地와 兵法에 전념하고 나라의 학술과 지식에 대해 토론하니, 公卿 사이에서 명성이 있었다.

道光 연간에 英吉利(英國)가 전쟁을 일으키자,[4] 공이 이미 國軍이 강하지 못한 것과 當局者가 나약하고 겁먹은 것에 깊이 분노하였으나 구차히 세상에 나오려고 하지 않았다. 나이가 마흔에 가까울 때 친한 이를 돌아보며 말하기를, "꿈에서 보고 찾는 것이 아니라면[5] 아마 요행이 없을 걸세."라고 하였다.

公少有大志하여 **使氣**하여 **喜爲壯語驚衆**이라 **年廿一**에 **與兄宗植竝擧於鄕**하고 **三試禮部不第**라 **遂絶意仕進**하여 **究心輿地兵法**하고 **討論國聞**하니 **名在公卿間**이라 **當道光時**하여 **英吉利搆禍**에 **公已深憤國兵之不競**과 **當事之濡涊恇怯**이로되 **顧不肯苟出**이러니 **年且四十**에 **顧謂所親曰 非夢得敻**(현)**求**면 **殆無幸矣**라

마침 廣西의 도적떼[6]가 일어났을 때 공이 처음에는 湖南의 幕僚로 있었다. 幕府에서 자신을 諸葛亮에 비겨 남에게 편지를 쓸 때마다 장난으로 스스로 '亮'이라 서명하니 남들도 '亮'이라고 불러주었다. 군대를 지휘하여 사방으로 구원하되 특히 曾文正公(曾國藩)의 군대에 협조하는 것을 자기 소임으로 삼아 늘 "曾公은 적을 물리칠 사람이니 그 급한 일에 달려가지 않을 수 없다."라고 하였다. 胡文忠公[7]이 鄂州(湖北 武昌)에 있을 적에 누차 공에게 강요하여 나와서 돕게 하려고 하였는데, 문정공이 "호남은 우리의 근간이 되는 지역이라 左公이 없어서는 안 되니, 조심하여 가만히 있고 동요하지 말라."라고 하였다.

會廣西盜起에 **始佐湖南幕**이라 **在幕府以諸葛亮自比**하여 **與人書**에 **輒戲自署爲亮**하니 **人亦〔以〕**[8]**亮歸之**라 **麾兵四援**하되 **尤以策應曾文正一軍爲己任**하여 **常曰 曾公**은 **辦賊之人**이니 **不可**

4) 道光……일으키자 : 道光 20년(1840)부터 2년간 벌어진 제1차 아편전쟁을 가리킨다. 湖廣總督 林則徐가 영국에서 반입된 아편을 몰수하는 강경책을 펴자 영국이 이를 빌미로 아편전쟁을 일으켰다.

5) 꿈에서……아니라면 : 殷 高宗의 꿈에 天帝가 훌륭한 보필을 내려주었으므로 고종이 잠에서 깬 뒤에 꿈에서 보았던 모습을 그려서 그 사람을 찾았는데, 傅巖의 들판에서 傅說(부열)을 찾아내어 정승으로 삼았다고 한다.(≪書經≫ 〈商書 說命 下〉)

6) 廣西의 도적떼 : 咸豐 원년(1851)에 洪秀全의 주도로 廣西省에서 거병한 太平天國軍을 가리킨다.

7) 胡文忠公 : 胡林翼은 자는 貺生, 호는 潤之이고 湖南省 益陽縣 사람이다. 道光 16년(1836)에 進士가 되었다. 咸豐 4년(1854)에 道員으로 鄕勇을 이끌고 武昌에 들어가 太平天國軍에 대항하였다. 이듬해 무창을 함락한 공으로 湖北巡撫에 임용되었다. 여러 전공을 세워 太子太保銜에 올랐으나, 11년(1861)에 무창에서 병사하였다. 시호가 文忠이다.

不赴其急이라 胡文忠在鄂에 屢謀劫公出助한대 而文正公曰 湖南은 吾根本이라 不可無左公하니 愼安無動하라

이때 공의 명성이 날로 높아지니 文宗(咸豐帝)이 자신을 낮춰 공을 대우하였다. 知編修 郭嵩燾[9]가 湘陰縣 출생이었는데, 〈문종이〉 곽숭도를 불러다가 "그대는 左 아무개를 아는가? 어째서 오래도록 세상에 나오지 않았는가?"라고 물었다. 이윽고 또 "나이가 몇인가?"라고 물으니, "마흔일곱입니다."라고 대답하였다. 上이 "이 나이를 지나면 정력이 쇠할 것이니 제때에 우리를 위해 나와서 적을 물리쳐야 한다. 그대가 편지를 써서 좌 아무개에게 고하여 내 뜻을 諭示하라."라고 하였다. 이에 호문충공이 이를 듣고 기뻐하며 "꿈에서 보고 찾는 때가 이르렀도다."라고 하였다.

마침 유언비어를 지어내 아뢰는 자가 있었는데, 문종이 그것이 誣告임을 살피고 증공에게 조서를 내려 공을 쓸 방법을 도모하였다. 이에 4품의 京堂[10]으로서 증공을 따라 군대를 다스리라고 명하였다. 이윽고 蜀의 일[11]이 위급해지자 또 공에게 군대를 다스려 촉으로 들어가라 명하니, 공이 "촉의 일은 여유가 있고 吳의 일이 급하니 나는 증공을 따라야 한다."라고 하고 마침내 5천 명을 거느리고 동쪽으로 가서 증공을 도왔다.

是時에 公名日盛하니 文宗虛己待公이라 知編修郭嵩燾籍湘陰이어늘 召問嵩燾 若識左某乎아 何久不出也오하고 已又問年幾何矣오하니 對曰 四十七矣라 上曰 過此면 精力且衰리니 當及時爲吾出辦賊이라 汝可爲書告左某諭吾意하라하니 於是에 胡文忠聞而喜曰 夢得敻求時至矣라하다

會有爲蜚語上聞者한대 文宗察其誣하고 而下詔曾公하여 謀所以用公者라 於是에 命以四品京堂으로 從曾公治軍이라 已而요 蜀事急에 又命公治軍入蜀하니 公曰 蜀緩吳急하니 吾當從曾公이라하고 乃以五千人으로 東助曾公하다

---

8) 〔以〕: 저본에는 '以'가 없으나, ≪桐城吳先生詩文集≫에 의거하여 보충하였다.

9) 郭嵩燾 : 1818~1891. 자가 伯琛이고 호는 筠仙, 玉池老人이며 湖南 湘陰縣 사람이다. 道光 27년(1847)에 進士가 되었으며, 咸豐 4년(1854)에서 함풍 6년(1856)까지 曾國藩의 幕下에서 보좌하였다.

10) 京堂 : 淸代에 4, 5품 이상의 京官을 '京堂'이라 불렀다.

11) 蜀의 일 : 咸豐 11년(1861)에 태평천국군의 중심인물인 石達開가 四川으로 진입한 것을 가리킨다.

처음에 曾公이 군대를 창립하고 湘軍[12]이라 하였다. 상군이 네 개 哨[13]를 세워 營을 만드니 營은 도합 500명이었다. 여러 군대에서 이를 준용하였으나, 王壯武公 鑫[14]만은 준용하지 않고 따로 營制를 만들었다. 공이 모집한 5천 명은 장무공의 법을 참고하여 營을 두고 旗을 두었으니 旗는 도합 320여 명이었다. 상군이라 하지 않고 따로 '楚軍'이라 자칭하니, 초군의 명칭이 여기에서 비롯되었다.

初에 曾公創立軍하고 號曰湘軍이라 湘軍制四哨爲營하니 營凡五百人이라 諸軍遵用之호되 獨王壯武公鑫(진)不用하고 別爲營制라 公所募五千人은 參用壯武法하여 有營有旗하니 旗凡三百廿餘人이라 不稱湘軍하고 別自號爲楚軍하니 楚軍名由此起라

공이 이미 군대를 편성하여 동쪽으로 가자 호문충공이 편지를 써서 호남에 고하기를, "좌공이 집안을 돌보지 않으니, 청컨대 해마다 360金을 마련하여 그의 집안 살림에 보태주라."라고 하였다. 증공이 공이 사는 幕舍가 협소한 것을 보고 따로 두 개의 막사를 만들어 공에게 주었고 이윽고 공을 幇辦[15]으로 삼아 군대를 거느리고 가서 浙江을 구원하기를 청하였다. 상이 증공에게 절강을 관할하라고 명하였는데, 증공이 굳이 사양하고 공을 추천하여 절강의 군대를 감독하게 하였다. 杭州가 함락되자 공을 추천하여 浙江巡撫로 삼았는데, 이윽고 閩浙總督으로 승진하고 순무를 그대로 겸임하였다. 절강의 일이 평정된 뒤에 순무의 일을 사직하고 閩(福建)으로 들어가 군대를 시찰하였다.

공이 호남의 막부에서 일어나 5천 명을 이끌고 나가 증공의 군대를 도와 江西와 皖南(安徽省 南部)을 옮겨다니며 싸우다 절강에 들어가 마침내 항주를 수복하고 날개를 자르고 가지를 쳐내[16] 金陵의 공적[17]을 도와 이루니, 절강에서부터 민까지

---

12) 湘軍 : 曾國藩이 태평천국의 난을 진압하기 위해 湖南省을 중심으로 의용병을 모집하여 편성한 군대이다.

13) 哨 : 咸豐 연간의 군대 편제 단위이다. 陸師은 1개 초마다 100명, 水師는 1개 초마다 80명으로 구성되었다. 일반적으로 세 개 초가 한 旗, 다섯 개 초가 한 營이 된다.

14) 王壯武公 鑫 : 王鑫은 字가 璞山이고 號가 四顚居士·養拙子·返璞山人으로 湖南 湘鄕縣 사람이다. 羅澤南의 문인이다. 태평천국의 난이 일어나자 귀향하여 湘勇軍을 모집하였는데, 증국번과 견해가 달라 400명을 1軍으로 만들었다. 상용군을 이끌고 江西로 진격하여 여러 번 대승을 거두었으나 軍中에서 사망하였다. 시호가 壯武이다.

15) 幇辦 : 담당관을 도와 공무를 처리하는 助手를 가리킨다.

16) 날개를……쳐내 : 원조군과 지엽적인 세력을 제거하여 적군을 완전히 소탕한 것을 비유한다.

17) 金陵의 공적 : 楚軍이 태평천국의 수도인 南京을 수복한 것을 가리킨다.

의 네 封域이 말끔히 평정되었다. 마침내 嘉應州[18]에서 궁지에 몰린 적을 모아서 섬멸하여 粤盜[19]의 하늘까지 닿은 화란을 근절하게 하니, 대개 금릉의 공적이 여기에서 비로소 완수되었다.

公旣成軍而東에 **胡文忠爲書告湖南曰 左公不顧家**하니 **請歲籌三百六十金**하여 **以贍其私**라하고 **而曾公見公所居幕陋小**하고 **爲別製二幕貽公**하고 **尋請以公爲帮辦**하여 **率師援浙**이라 **上命曾公節制浙江**한대 **曾公固讓**하고 **薦公督辦浙軍**이라 **杭州陷**에 **薦公爲浙江巡撫**러니 **已進閩浙總督**하고 **仍兼巡撫**라 **浙事平然後**에 **謝巡撫事**하고 **入閩視師**라 **公起湖南幕府**하여 **提五千人出襄曾公軍**하여 **轉戰江西皖南入浙江**하여 **遂復杭州**하고 **翦翼披枝**하여 **以助成金陵之功**하니 **由浙而閩四封淸夷**라 **卒聚殲窮寇於嘉應**하여 **使粤盜滔天之禍**로 **根株鏟絶**하니 **蓋金陵之功**이 **於是始竟也**라

이에 앞서 증공과 호공이 금릉을 수복하기를 도모하여 현 相國 合肥 李公[20]은 北軍을 만들어 淮陽縣으로 나가고 공은 南軍을 만들어 皖南으로 나가게 하였다. 그 뒤에 이공이 上海에서부터 蘇州를 수복하고 공이 徽婺(安徽省 婺源縣)에서부터 절강을 수복하니 금릉이 처음 논의했던 대로 평정되었다. 이에 상이 공의 공적을 가상히 여겨 一等恪靖伯에 봉하고 陝西와 甘肅의 總督으로 옮기고 欽差大臣에 제수하여 섬서와 감숙의 軍務를 감독하여 처리하게 하였다. 이공과 함께 군대를 소집하여 捻逆[21] 張總愚[22]를 평정하자 太子太保의 벼슬이 더해졌다. 關內[23]가 평정되자 協辦大學士에 보임되고 回疆(新疆)이 안정되자 승진하여 二等侯에 봉해졌다.

공이 처음 나와서 군대를 통솔할 때부터 이때까지 軍中에 있은 지가 도합 18년이었다. 처음에 증문정공이 대학사로 一等毅勇侯에 봉해졌을 적에, 공은 본래 특별한 恩數를 입어 擧人 신분으로 조정에 들어가 相[24]이 되었는데 이에 이르러서는

18) 嘉應州 : 지금의 廣東省 梅州市에 해당한다.
19) 粤盜 : 태평천국군을 가리킨다. 太平天國의 창시자인 洪秀全이 粤(廣東) 사람이기 때문에 이렇게 불렀다.
20) 合肥 李公 : 李鴻章은 자는 少筌, 호는 漸甫이며 安徽 合肥縣 사람이다. 道光 27년(1847)에 進士가 되었다. 1862년 曾國藩의 추천으로 江蘇巡撫使가 되어 太平天國軍 진압에 공을 세웠다. 시호는 文忠이다.
21) 捻逆 : 捻軍은 咸豐·道光 연간에 安徽省 북부와 河南省 일대에서 활동한 半淸 집단으로 태평천국의 군대와 합세하였다. '捻'은 淮北 방언으로 조직이나 결사를 의미한다.
22) 張總禹 : '張宗愚'라고도 한다. 安徽 亳州 사람으로, 본래는 捻軍을 이끌다가 태평천국의 梁王에 봉해졌다. 李鴻章과 左宗棠에게 포위되자 물에 빠져 죽었다고 전해진다.
23) 關內 : 函谷關 안쪽으로 지금의 陝西와 甘肅 일부를 아우르는 지역이다.

또한 대학사로 二等恪靖侯에 봉해졌다. 호남에서 앞뒤로 두 相·侯가 배출되니, 세상에서 영예로 여겼다.

先是에 曾公胡公이 謀取金陵하여 以今相國合肥李公으로 爲北軍出淮陽하고 以公爲南軍出皖南이러니 其後李公自上海取蘇州하고 公自徽婺取浙하니 而金陵平如其初議라 於是에 上嘉公功하여 封一等恪靖伯하고 移督陝甘하고 授欽差大臣하여 督辦陝甘軍務라 與李公會兵하여 平捻逆張總愚에 加太子太保라 關內肅清에 補協辦大學士하고 回疆底定에 進封二等侯하다 自公始出領軍으로 至是에 在軍中이 凡十有八年이라 始曾文正公以大學士封一等毅勇侯할새 公本以異數로 由擧人入相이러니 至是에 亦以大學士封二等恪靖侯라 湖南先後兩相侯하니 世以爲榮이라

영국인이 전쟁을 일으킨 뒤로 외국이 자주 분쟁을 일으키자 俄羅斯(러시아)는 할양지를 편안히 차지하고 있었다.[25] 그리고 국내에 반란을 일으킨 자가 번갈아 일어나고 있었으니, 粵盜가 가장 극성하였고 그다음은 捻逆이고 그다음은 回族이었다. 공이 이들을 모두 직접 제거하여 성공을 거두고 塞外에서 회족을 평정하니 조정에서 특히 표창하고 총애하였다.

自英人搆禍後로 外國旣數數(삭삭)生釁에 俄羅斯乃安坐割地요 而方內叛者迭起하니 粵盜最劇이요 次者捻逆이요 次者回어늘 公皆手芟薙之하여 收其成功하고 而塞(새)外平回하니 朝廷尤旌寵焉이라

塞外의 회족은 그 우두머리를 '帕夏'라고 하니, 본래 安集延部[26]의 和碩伯克[27]이었다. 안집연은 본래 敖罕[28]에 속해 있었는데 오한은 러시아에 의해 멸망하고 안

24) 相 : 본래는 百官을 통솔하는 최고위직인 재상을 가리키는 관직명인데, 淸代에는 內閣大學士와 軍機大臣 등에 대한 존칭으로 사용되었다.

25) 俄羅斯(러시아)는……있었다 : 咸豐 10년(1860)에 제2차 아편전쟁의 결과로 베이징 조약이 체결되어 청나라는 러시아에 沿海州를 할양하였다.

26) 安集延部 : 지금의 우즈베키스탄 안디잔에 해당하는 지역이다. 浩罕汗國(코칸드칸국)의 4개 城 가운데 하나였다. 乾隆 24년(1759) 청나라에 복속되었다. 浩罕阿利穆汗이 즉위한 후로는 入貢하지 않았는데, 곧 내란이 일어나 러시아에 점령되었다.

27) 和碩伯克 : 和碩은 '部落', '一方'이라는 뜻의 滿洲語로, 皇子가 親王에 봉해질 때 덧붙이는 칭호이다. 伯克은 回族의 官名을 총칭하는 말로, 阿奇木伯克이 長이 되고 伊什罕伯克이 副가 되며 아래로 각 계급의 백극을 두었다.

28) 敖罕 : 浩罕汗國(코칸트칸국)을 말한다. 본래는 독립국이었으나 光緖 연간 초에 러시아에 병합되었다.

집연만 남아 있었다. 파하가 러시아의 핍박을 두려워하여 변경에 난입해서 喀叶噶爾[29]를 점거하여 차츰 남쪽의 여덟 성을 잠식하고 또 烏魯木齊[30]를 차지하고 있던 회족을 공격하여 패퇴시키고 北路[31]의 여러 성까지 차지하여 賦稅를 거두었다. 陝西의 回族 白彦虎[32]가 토벌되어 도망쳐 烏城[33]에 머물면서 파하에게 신하로 복속하자, 파하가 회족 백성들에게 부역을 배정하고 사신을 보내 영국·러시아와 원조관계를 맺고 서양국의 병기를 구입하여 스스로 대비했는데, 영국인이 은밀히 원조하여 따로 나라를 세우게 하여 러시아를 막으려 하였다.

塞(새)**外回**는 **其酋曰帕夏**니 **本安集延部之和碩伯克也**라 **安集延故屬敖罕**이러니 **敖罕爲俄羅斯所滅**하고 **安集延獨存**이라 **帕夏畏俄逼**하여 **闌入邊**하여 **據喀叶噶爾**하여 **稍蠶食南八城**하고 **又攻敗烏魯木齊所踞回**하고 **幷有北路諸城**하여 **收其賦入**이라 **及陝回白彦虎被剿**하여 **竄處烏城**하여 **臣屬帕夏**하여 **帕夏能屬**(촉)**役回衆**하고 **通使結援英俄**하고 **購西國兵械自備**한대 **英人陰助之**하여 **欲令別立爲國**하여 **用扞蔽俄**라

今上 初에 공이 關隴[34]을 평정한 뒤에 해안 방어에 대한 논의가 일어나니, 논자들은 대부분 "高宗이 新疆을 평정한 뒤로 해마다 수백 만의 國庫를 낭비하니, 이는 새는 술잔과 같다. 지금 천하의 물력을 쏟아부어 서쪽의 군대를 부양하지만 뜻밖의 화란을 대비할 수 없으니 더욱 잘못된 계책이다. 의당 영국인의 논의를 따라 파하가 따로 나라를 세워 藩國을 자칭하게 하고 서쪽 정벌을 그만두고서 해안 방어에 전력을 다해야 한다."라고 말하였다.

그런데 공은 "관농이 막 평정되었으니 제때에 국가가 예전에 잃어버렸던 땅을 귀환시키지 않고 땅을 떼내어 따로 나라를 세우게 한다면, 이는 가만히 앉아서 스

29) 喀叶噶爾 : '喀什噶爾'라고도 한다. 지금의 新疆 維吾爾 자치구 남서부에 있는 카스가얼이다. 淸代에는 疏勒府를 설치하였다.

30) 烏魯木齊 : 新疆 維吾爾의 자치구의 행정 중심부인 우루무치이다. 淸代에는 迪化縣으로 불렀다.

31) 北路 : 淸代에 新疆의 天山山脈을 기준으로 북쪽의 중가리아 분지를 '天山北路', 남쪽의 타림분지를 '天山南路'라고 불렀다.

32) 白彦虎 : 陝西 지역의 回族을 이끌던 우두머리이다. 兒名은 白素이고 經名(教名)은 穆罕默德·阿尤布이다. 同治 연간에 벌어진 漢族과 回族 사이의 무장충돌사건인 陝甘回變의 주요 인물이다. 光緖 3년(1877)에 左宗棠에 의해 섬감회변이 진압되자, 2,000여 명의 회족을 이끌고 中亞楚河 流域으로 도망갔다.

33) 烏城 : 지금의 內蒙古 烏審旗와 陝西 定邊縣 일대이다.

34) 關隴 : 關은 關中이며, 隴은 甘肅省 동부 일대이다.

스로 화근을 남기는 것이다. 만일 파하가 그곳을 차지하지 못한다면, 서쪽으로 영국에 병합되지 않으면 북쪽으로 꺾여 러시아로 들어갈 것이다. 그러면 우리 토지가 저절로 줄어들어 변방의 요해지를 전부 잃게 될 것이니, 변방을 방어하는 군대는 감축할 수 없다. 전처럼 軍餉을 낭비하여 해안 방어에는 이로움이 없고 나라의 위세만 꺾어 화란을 키울 것이니, 이는 반드시 불가하다."라고 하였다.

今上初에 公旣平關隴에 而海防議起하니 論者多言自高宗定新疆으로 歲糜帑數百萬하니 此漏卮也라 今至竭天下力贍西軍하되 無以待不虞하니 尤失計라 宜徇英人議하여 許帕夏自立爲國稱藩하고 罷西征하여 專力防海라한대 公曰 關隴新平하니 不及時歸還國家舊所沒地하고 而割棄使別爲國이면 此坐自遺患이라 萬一帕夏不能有인댄 不西爲英倂이면 卽北折而入俄耳라 吾土地坐縮하여 邊要害盡失이리니 防邊兵不可減이라 糜餉自若하여 無益海防而挫國威하여 長亂하리니 此必不可라하다

이때를 당하여 文忠公 文祥[35)]이 국정을 맡고 있으면서 홀로 공의 논의를 훌륭하게 여겨 마침내 전략을 결정하여 변새로 내보내고 군대를 철수시키지 않았다. 烏城을 수복한 뒤에 나아가 南路[36)]를 〈차지하기를〉 도모하니, 파하가 무리를 모아 항거하다가 마침 길에서 죽었고 두 아들이 왕위를 쟁탈하여 내란을 일으키자 여러 회족들이 분열되었다. 군대가 喀城에 이르자 자립한 파하의 장자인 帕克胡里가 백언호와 함께 모두 도망쳐 러시아로 들어가니, 군대가 칼에 피를 묻히지 않고도 새외가 평정되고 新疆이 수복되었다.

當是時하여 文忠公文祥當國하여 獨善公議하여 遂決策出塞(새)하고 不罷兵이라 旣克烏城에 進規南路하니 帕夏聚黨抗拒라가 會道死하고 二子爭立하여 內亂하니 群回解體라 兵至喀城에 而帕夏長子自立者帕克胡里가 與白彦虎로 皆自遁逃入俄하니 兵不血刃하고 而塞外平하고 新疆復矣라

공의 用兵術은 장래의 먼 형세를 미리 알고 後路를 막는 것이었고 특히 기회를 잘 살펴서 적의 형편에 따라 변화하여 그 전략을 일정하게 하지 않았다. 서쪽의

35) 文祥 : 자는 博川, 호는 文山이며 瓜爾佳氏이다. 盛京 正紅旗 사람이다. 道光 25년(1845) 進士가 되어 工部員外郎, 內閣學士, 刑部侍郎 등을 역임하였다. 淸末 自强運動을 이끈 주요 인물이다. 시호가 文忠이다.

36) 南路 : 新講 天山山脈 남쪽 지역의 타림 분지를 가리킨다.

일을 계획할 적에는 특히 군대를 줄이고 軍餉을 넉넉히 하는 것을 기본 전략으로 삼았다. 군대가 처음 서쪽을 정벌할 적에 군향을 각 行省에서 協撥[37)]하여 기약한 대로 조달되지 못하는 것을 염려하여 한 번 외국 상인에게 빚을 내서 〈필요한 군향의〉 수효를 채워 군대를 구제하고 각 행성에서 빚의 원금과 이자를 나누어 상환하게 하도록 청하니, 허락하였다.

전략을 결정하여 변새로 나가게 되어서는 마침 滇(雲南)에서 영국인 馬嘉利[38)]를 살해하여 해안 방어가 엄중해져서 군향이 떨어졌다. 〈공이〉 이에 外國債 천만 금을 빌려 10년에 걸쳐 나누어 상환하자는 의견을 냈는데, 沈文肅公[39)]이 그 의견을 저지하였다. 상이 조서를 내려 "좌 아무개가 서쪽의 일을 자임하니 국가가 어찌 천만 금을 아까워하겠는가."라고 하고 500만 금을 지급해주고, 공에게 외국채 500만 금을 직접 빌리라고 칙령을 내렸다. 변새로 나간 지 20일에 新疆 남북의 성을 전부 수복한 것은 군향을 넉넉히 보낸 덕택이었다.

公用兵은 **規遠勢防後路**요 **尤善審機**하여 **隨賊勢變遷**하여 **不常其方略**이라 **籌西事**에 **尤以節兵裕餉爲本謀**라 **軍始西征**에 **慮餉由各行省協撥**하여 **不能如期約**하여 **請一借債於外國商賈人**하여 **得成數濟軍**하고 **令各省分償債子本**하니 **許之**라 **及決策出塞**(새)하여 **會滇中殺英人馬嘉利**하여 **海防戒嚴**하여 **餉匱**라 **乃議借外國債千萬**하여 **用十年分償**한대 **沈文肅公尼其議**러니 **詔曰 左某以西事自任**하니 **國家何惜千萬金**이리오하고 **爲撥款五百萬**하고 **勅公自借外國債五百萬**이라 **出塞凡廿日**에 **而新疆南北城盡復者**는 **饋餫饒給之力也**라

공이 처음 서쪽의 일을 논의할 적에 屯田을 일으킬 것을 주장하였는데, 이를 들

---

37) 協撥 : 淸代에 지방의 財政을 통제하기 위해 만든 제도로서 '協濟', '協餉'이라고도 한다. 한 성의 재정이 어려울 때 다른 성에서 자금을 내어 원조하는 것인데, 특히 新疆 지역은 재정 자립을 하지 못하였기 때문에 戶部와 內地의 各省에서 銀兩을 조달하여 신강에 주둔한 군대의 군향과 급료로 충당하였다.

38) 馬嘉利 : 영국의 영사관원 Augustus Raymond Margary이다. '馬嘉理'라고도 한다. 미얀마에서 雲南省에 이르는 商路를 탐험하는 도중에 살해되었는데, 이를 계기로 光緖 2년(1876) 9월에 영국은 자국에게 유리한 芝罘 조약을 맺었다.

39) 沈文肅公 : 沈葆楨은 자는 幼丹, 호는 翰宇이고, 福建 侯官縣 사람이다. 林則徐의 사위이다. 道光 27년(1847)의 進士가 되어 庶吉士, 編修, 監察禦史 등을 역임하였다. 同治 5년(1866) 左宗棠이 福州에 船政局을 세웠을 때 福建船政大臣을 지냈다. 동치 13년(1874) 일본이 대만을 침략했을 때 欽差大臣에 임명되어 대응 협상을 하였다. 光緖 원년(1875)에 兩江總督兼 南洋大臣이 되어 南洋海軍을 창설하여 근대적 해군을 육성하였다. 시호가 文肅이다.

은 자들이 오활하다 여겼었다. 그러다 關內와 關外의 옛 둔전의 폐단을 논하여 軍籍에 이름이 오르면 다시 농사를 짓지 못하니 兵農을 둘로 구분하여 날래고 건장한 자를 뽑아 군사로 삼고 유순하고 선량한 자를 해산시켜 주둔하며 개간하게 해야 한다고 한 공의 奏議를 보자, 사람들이 공의 노련한 계획에 탄복하여 쉽게 미칠 수 없다고 여겼다.

公初議西事할새 **主興屯田**한대 **聞者迂之**러니 **及觀公奏論關內外舊屯之弊**하여 **以謂挂名兵籍**이면 **不得更**(갱)**事農**하니 **宜畫**(획)**兵農爲二**하여 **簡精壯爲兵**하고 **散愿弱使屯墾然後**에 **人服公老謀**하여 **以爲不易**(이)**及**이라

국가가 태평한 지 오래되자 軍備가 해이해져 진작되지 못하였다. 해외의 나라들이 근 백년 이래로 날마다 算數學·氣化學·光電學을 내놓고 이를 가지고 군대를 다스리고 병기를 제작하여 다투어 무력을 서로 과시하였다. 그리하여 신기한 것들이 빠르게 나와서 변할 때마다 더욱 새로워졌으니, 비록 중국이 누차 큰 난리를 평정했음에도 저들은 오히려 사사로이 논의하면서 중국이 취약하다고 여겼었다. 그러다 공이 파하를 평정하게 되자 외국에서도 꽤 차츰 말이 전해지게 되었다.

공과 증공 등이 처음 군대를 다스릴 때부터 곧바로 외국의 長技를 조금 취하여 자국의 보탬이 되게 하려고 하였다. 공은 특히 치욕을 참는 것을 오래 견디지 못했으나 內患이 아직 끝나지 않은 것을 고려했을 뿐이고, 내환이 평정되면 장차 외국과 전쟁하여 힘써 한 번 진작하여 국가의 위세를 드높이려 하였다.

國家承平久에 **武備弛不振**이라 **而海外諸國**이 **近百年以來**에 **日出其算數氣化光電之學**하고 **用之治兵制器**하여 **爭以武節相侈**하여 **神怪捷出**에 **每變益新**하니 **雖中國屢平大難**이나 **彼猶私議以爲脆弱也**러니 **至公平帕夏**하여 **外國頗稍稍傳說**이라 **公與曾公等**이 **自始治軍時**로 **卽欲稍取外國長技**하여 **用自輔益**하니 **公尤不耐久忍(詢)〔訽〕**[40]로되 **顧內憂未艾**(예)**耳**요 **內平**이면 **行且事外**하여 **務欲一振拔**하여 **抗國家威棱**이라

이에 앞서 러시아인이 회족의 반란을 틈타 伊犁[41]의 성을 침입하여 점거하였다.

---

40) (詢)〔訽〕: 저본에는 '詢'으로 되어 있으나, ≪桐城吳先生詩文集≫에 의거하여 '訽'로 바로잡았다.
41) 伊犁 : 지금의 新疆 維吾爾 자치구 伊寧縣에 해당하는 지역이다. 淸初에는 准噶爾部에 소속되어 있었다. 乾隆 연간에 准噶爾를 평정하고 惠遠·綏定·廣仁·熙春·寧遠·拱辰·瞻德·

공이 新疆을 수복한 뒤에 국가에서 이 기회에 사신을 러시아로 파견하여 이리를 회수하는 것을 논의했는데, 논의가 오래도록 결정나지 않았다. 변방을 방비하라는 조령이 내려오니, 공이 또한 누차 승리한 위세에 힘입어 직접 변새로 나가 哈密[42]에 이르러 군대를 정비하고 출동을 기다렸다. 오래지 않아 공을 조정으로 불러들여 顧問으로 삼았는데, 공이 조정에 들어가자 이리가 환수되고 러시아와의 일이 정해졌다. 마침내 軍機處[43]에 入直하라고 명하고 譯署[44]에 겸하여 입직하게 하였다. 몇 달 있다가 병을 이유로 물러나기를 청하니, 나가서 江南을 감독하라고 명하였다.

法國(프랑스) 사람이 越南(베트남)을 공격하자,[45] 〈공이〉 운남과 월남에 달려가 군대를 감독하기를 자청하고 故吏[46] 王德榜[47]에게 격문을 보내 永州府[48]에서 군대를 모집하게 하고 '恪靖定邊軍'이라 하였다. 프랑스인이 강화를 논의하자 공을 불러들여 다시 군기처에 입직시켰다. 프랑스인이 내침하자 공에게 조서를 내려 福建의 군대를 시찰하게 하니, 왕장무공의 아들 王詩正에게 격문을 보내 군대를 잠복시켜 臺灣으로 건너가게 하고 '恪靖援臺軍'이라 하였다. 왕시정이 대만 남부에 이르러 프랑스군에 가로막혔는데, 왕덕방이 여러 군대를 집결시켜 프랑스군을 諒山[49]에서 격파하였다. 화의가 성사되자 다시 병을 이유로 물러나기를 청하였다.

그해 7월 癸亥日에 福州府[50]에서 薨逝하니 나이가 73세였다. 이듬해 善化縣[51] 某里 某原에 歸葬하였다.

先是에 **俄人乘回亂**하여 **入據伊犁城**이라 **公旣恢復新疆**에 **國家因遣使赴俄**하여 **議交收伊犁**한대

惠寧·搭爾奇 9개의 城을 평정하고 '伊犁'라고 통칭하였다.

42) 哈密 : 지금의 新疆 維吾爾 자치구의 북동쪽에 있는 지역으로, 天山南路와 天山北路가 합쳐지는 교통의 요지이다.

43) 軍機處 : 雍正帝 때 설치한 군사·정무의 최고기관으로, '軍機房' 또는 '總理處'라고도 한다.

44) 譯署 : 總理各國事務衙門의 약칭으로, 咸豐 11년(1861)에 외국과의 교섭 업무를 관할하기 위해 설립된 기관이다.

45) 法國(프랑스)……공격하자 : 光緖 연간에 프랑스가 천주교 박해와 선교사 살해를 구실로 베트남을 침공한 것을 가리킨다.

46) 故吏 : 예전에 手下에 있던 官吏를 이른다.

47) 王德榜 : 자는 郎淸이고 湖南 江華縣 사람이다. 湘軍에 참가하여 太平天國軍에 맞서 싸웠고, 이후 左宗棠을 따라가 新疆을 개간하였다. 淸佛戰爭이 발발했을 때 廣西 지역에서 군대를 모집해 싸웠으며 鎭南關 전투에서 대승을 거두었다.

48) 永州府 : 治所가 湖南省 寧陵縣에 있었다.

49) 諒山 : 베트남 북부 지역이다.

50) 福州府 : 福建省의 省會로, 지금의 閩縣·侯官縣·古田縣 등을 아우르는 지역이다.

51) 善化縣 : 湖南省 長沙府의 治所이다.

議久不決이라 有詔備邊하니 公亦席累(盛)〔勝〕[52]之威하여 親出塞(새)至哈密整軍待發이러라 傾之에 召公入備顧問한대 公入而伊犁還하고 俄事定이라 遂命入値軍機하고 兼値譯署라 居數月에 引疾乞退하니 命出督江南이라 法人攻越南에 自請赴滇越督師하고 檄故吏王德榜하여 募軍永州하고 號曰恪靖定邊軍이라 法人議和에 召公入하여 再値軍機라 法人內犯에 詔公視師福建하니 檄王壯武子詩正하여 潛軍渡臺灣하고 號曰恪靖援臺軍이라 詩正至臺南하여 爲法兵所阻러니 而德榜會諸軍破法兵於諒山이라 和議成에 再引疾乞退라 以其年七月癸亥에 薨於福州하니 年七十三이라 明年에 歸葬於善化之某里某原하다

공은 성품이 강직하고 행동이 준엄하여 세세히 삼가거나 사소한 사양을 하지 않았다. 처음에 아직 출사하지 않았을 적에 증공・호공과 교제할 때 기운이 두 공을 능가하니 두 공 모두 공을 매우 중시하였다. 공이 매번 남에게 말하기를 "증공과 호공이 나를 다 알지는 못한다."라고 하였다. 세 사람이 서로 모여 이야기할 때 공은 번번이 두 공을 평가하고 또 말을 지어내 자신을 칭찬하고 힘써 두 공을 억누르면서 서로 희학하였다. 또 일찍이 "지금 奏章을 잘 짓는 자가 세 사람인데 그 가운데 내가 제일이다."라고 하니, 나머지 두 사람은 두 공을 말하는 것이었다.

공이 증공과는 내심 서로 心服하였으나 국사를 결정할 때에는 견해가 부합할 때도 있고 부합하지 않을 때도 있었다. 나와서 군대를 다스린 뒤에 즐겁게 교유하며 틈이 없더니, 금릉이 평정되자 또 시비를 다투어 견해가 부합하지 못하였다. 이후에 증공이 훙서했을 때 공은 서쪽으로 출정하여 肅州에 있었다. 그 소식을 듣고는 탄식하여 "나랏일을 도모한 것이 충성스럽고 사람을 알아보는 눈이 밝은 것은 내가 증공만 못하다."라고 하였다.

나라를 중흥시킨 장수들이 대부분 증공이 천거하여 기용한 자들이라서 신분이 귀해지더라도 모두 증공을 존경하여 섬겼는데, 공만은 어깨를 나란히 하여 조금도 굽히지 않더니, 그 뒤에 증공과 지위와 명망이 나란해져 모두 功名을 이루고서 일생을 마쳤다. 증공은 외교를 논의할 때 항상 강화를 주장하였는데, 공은 적을 향해 칼끝을 매섭게 겨누었다. 士論이 이 때문에 더욱 붙좇았으나 뜻한 일을 완수하지 못하였다.

52) (盛)〔勝〕: 저본에는 '盛'으로 되어 있으나, ≪桐城吳先生詩文集≫에 의거하여 '勝'으로 바로잡았다.

公性剛行峻하여 不爲曲謹小讓이라 始未出時에 與曾公胡公交할새 氣陵二公出其上하니 二公皆絶重公이라 公每語人曰 曾胡知我不盡이라하니라 三人者相與會語에 公輒題目二公하고 亦撰語自贊하고 務壓二公하여 用相謿謔이라 又嘗言當今善奏章者三人에 我第一이라하니 餘二人은 謂二公也라 公與曾公으로 內相傾服이나 至趣舍하여는 時合時不合이라 旣出治軍에 交驩無間矣러니 及金陵平하여 又以爭是非不合이러라 後曾公薨에 公西征在肅州라 聞之歎曰 謀國忠하고 知人明은 吾不如曾公也라 中興諸將帥가 大率曾公所薦起니 雖貴라도 皆尊事曾公이어늘 公獨與抗行(항)하여 不少貶曲이러니 厥後에 與曾公位望相埒하여 俱以功名終이라 曾公議外交에 常持和節이어늘 公鋒穎凜凜向敵하니 士論以此益附로되 顧志事未竟이라

처음 粵盜를 평정하고 즉시 복주에 船廠을 설치하고 기계를 구입하고 외국인을 모집해 배를 만들고 그 안에 求是堂을 세워서 子弟들에게 외국의 말과 글, 산수와 측량제도법을 익히게 하자고 건의하였다. 섬서와 감숙으로 옮기게 되어 떠나려 할 때 上奏하여 심문숙공을 기용하여 船政을 주관하게 하였다. 서쪽의 일이 평정되자 蘭州府[53]에 織呢局[54]을 설치하고 黃河의 물길을 여는 기계를 구입하여 涇水 상류를 정비하였다. 강남에 있을 때에는 船砲를 구입하여 해안을 방어하자는 논의를 하였고 복주의 군대를 시찰할 때에도 선포를 더 제작하자고 청하였다.

공은 지방을 다스리는 일에 정통하여 이르는 곳마다 백성을 구휼하고 학교를 일으키며 재정을 다스리고 水利 사업을 하였다. 복건과 절강에서는 군대를 감축하고 軍餉을 늘렸다. 각 행성에서 이를 원용하여 법으로 삼았으나, 선포를 제작하는 것에는 더욱 전전긍긍하였으니, 논자들이 공의 재능으로 그 뜻을 완수하지 못한 것을 안타까워하였다.

初平粵盜하고 卽建議在福州設船廠하고 購機器하고 募外國人造船하고 設求是堂其中하여 教子弟習外國語言文字算數測繪法이라 移陝甘하여 且行에 奏起沈文肅公主船政이라 西事旣定에 在蘭州設織呢局하고 購開河機器하여 治(徑)〔涇〕[55]水上游라 在江南에 議購船礮防海하고 視師福州에 又請增製船礮라 公精吏事하여 所至에 恤民興學理財治水利라 閩浙裁兵加餉하니 各行省援

53) 蘭州府 : 甘肅省에 있는 府로 治所가 皐蘭縣에 있었다.
54) 織呢局 : 중국 최초의 모직물 방직공장이다.
55) (徑)〔涇〕: 저본에는 '徑'으로 되어 있으나, ≪桐城吳先生詩文集≫에 의거하여 '涇'으로 바로잡았다.

用爲法이로되 而於製造船廠에 尤兢兢하니 議者惜公材用之未竟其志也라

공은 周夫人을 아내로 맞았는데 공보다 먼저 졸하였다. 측실은 張夫人이다. 아들은 넷이니, 左孝威는 擧人이니 蔭官으로 主事가 되었다. 공보다 먼저 졸하니 효행을 旌表하였다. 左孝寬은 郞中이고, 左孝勛은 兵部武選司主事이고, 左孝同은 候選道員이다. 손자는 열이니, 맏손자 左念謙이 侯爵을 습봉하였고 通政司副使이다. 증손은 다섯이다. 내가 외람되이 좌효동과 교유하였는데, 좌효동이 墓碑를 부탁하였다. 이에 다음과 같이 銘을 짓는다.

公娶周夫人하니 先公卒이라 側室張夫人이라 子四人이니 孝威는 擧人이니 以蔭爲主事라 先公卒하니 旌表孝行이라 孝寬은 郞中이요 孝勛은 兵部武選司主事요 孝同은 候選道員이라 孫十人이니 冢孫念謙襲侯爵하고 通政司副使라 曾孫五人이라 汝綸辱與孝同游한대 孝同以墓碑見屬(촉)이라 乃爲銘曰

淸나라가 국가를 소유함에 聖君이 이어지니,
난세에 나라를 다스려 강함을 지닌[56] 사람이 있도다.
이지러진 나라를 완전하게 하고 파리한 백성을 치료한 것이 증공에게서 시작되었으니,
누가 번갈아 일어났는가. 공의 공적이 증공과 나란하였네.
文宗・穆宗 시대에 역적떼가 잇달아 일어나니,
뱃속의 벌레가 사라지니 혹 변방을 갉아먹었네.[57]
강국[58]이 곁에서 흘겨보며 서로 거래하여 영토를 나누려 하니,
공이 "우리의 옛 영토이니 버리는 것은 불가하다."라고 하였네.
폭풍이 불고 벼락이 치듯 공격하자 우리 封域에 塹壕가 생겼네.
나라를 지킨 공이 이루어졌으나 공의 뜻은 만족하지 못하였네.
저들이 감히 우리 해변을 침범하니 우리가 궤멸되어 불길이 꺼져버렸네.

56) 강함을 지닌 : ≪詩經≫ 〈周頌 執競〉에 "강함을 지닌 武王이여. 다툴 수 없는 功烈이시었네. 〔執競武王 無競維烈〕"라고 하였다.
57) 뱃속의……갉아먹었네 : 뱃속의 벌레는 내부의 반란군인 태평천국군과 염군을 비유한다. 변방을 갉아먹은 것은 帕夏의 일을 가리킨다.
58) 강국 : 영국과 러시아를 가리킨다.

이 敦槃[59]의 치욕을 견디니 죽어서도 얼굴에 부끄러움이 남아 있네.

활을 활집에 넣고 말발굽을 굽히니 萬古에 棺 하나로 남았네.

세상에서 공의 공적을 높이 치니 공의 뜻을 힘쓰는 자도 있지만,

믿는 곳 없이 교만하니 공에게 의지하여 스스로 자랑하는 것이라네.

한쪽만 주장하며 권세를 바라니 어찌 공이 착하게 여기겠는가.

과업은 이미 시행된 바이니 위세와 智謀를 누가 대적하겠는가.

영웅패자의 책략이 쓰이다가 중도에 감추어졌으니,

누가 九原에서 공을 일으켜 나라의 큰 울타리가 되게 하겠는가.

시를 비석에 새겨 아득한 지하에 고하노라.

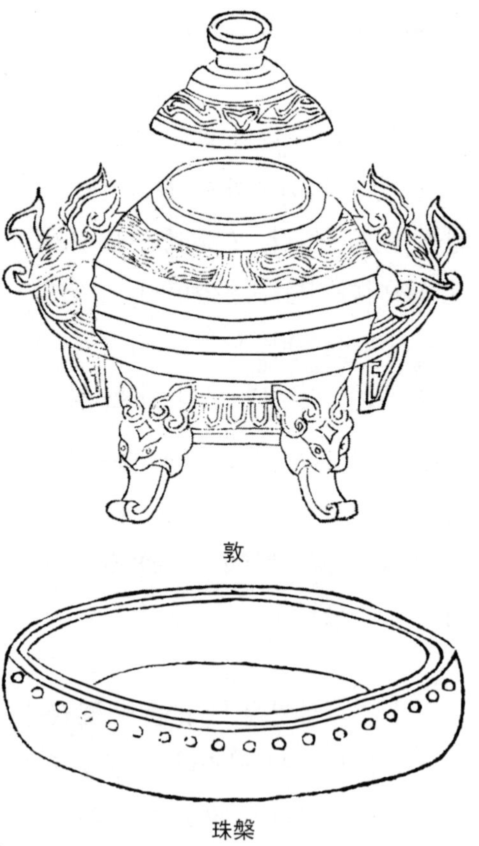

敦

珠槃

維淸有家에 襲聖其延하니 在亂而撥하여 執競有人이로다 完寙藥(嬴)〔羸〕[60]가 爰始曾公하니 誰其代興고 公(服)〔功〕[61]與朋이라 在文穆世에 盜群附連하니 腹蠱其已하니 或翽於邊이라 勍者旁睨하여 相市欲剖하니 公曰吾故니 棄則不可라 飆發霆擊에 吾封有塹이라 國功斯蔵이나 公志未慊이라 彼敢吾瀕하니 吾熸不君이라 忍此敦(대)槃하니 死媿在顏이라 韔弓踠馬하니 萬古一棺이라 世高公功하니 公志或蘉이나 無恃而憍하니 挾公自張이라 偏指僘權하니 豈公謂臧고 課所已施니 威謀孰當고 英霸之略이 中試而藏하니 誰起九原하여 爲國鉅防고 鑱詩貞石하여 下告茫茫하노라

59) 敦槃 : 玉敦와 珠槃은 옛날에 제후들이 회맹할 때 사용한 기물이다. 여기서는 외국과 강화를 맺은 것을 가리킨다.

60) (嬴)〔羸〕 : 저본에는 '嬴'으로 되어 있으나, ≪桐城吳先生詩文集≫에 의거하여 '羸'로 바로잡았다.

61) (服)〔功〕 : 저본에는 '服'으로 되어 있으나, ≪桐城吳先生詩文集≫에 의거하여 '功'으로 바로잡았다.

18. 誥封太夫人인 陳氏의 어머니 熊太夫人의 墓誌銘

誥封太夫人陳母熊太夫人墓誌銘*

*이 묘지명은 光緖 25년(1899)에 오여륜이 陳啓泰의 부탁을 받고 지은 것이다. 誥封은 5품 이상의 관원과 그 先代 및 부인에게 황제가 詔命으로 내리는 封典이다.

雲南迤東兵備道이자 署雲南布政使인 陳啓泰 伯平[1]이 母夫人의 喪을 당하고 長沙에서 行狀을 찬술하여 保定으로 편지를 보내와 나에게 銘文을 부탁하며 말하였다. "장차 某年 某月 某日에 某所에 장사 지내려 합니다."

雲南迤東兵備道署雲南布政使陳啓泰伯平이 **旣遭母夫人之憂**에 **自長沙撰事狀**하여 **爲書抵保定**하여 **徵銘於汝綸**하여 **曰 將以某年月日**에 **葬某所**라

내가 그 행장을 읽으니 다음과 같았다.

"太夫人 善化 熊氏는 19세에 贈公 諱 某의 繼室이 되었다. 이보다 전에 증공의 祖父인 諱 某가 山西의 某官으로 있었는데 집안 재산을 누차 실어다가 官用에 충당하니 집안에 이로 말미암아 오랫동안 밀린 賦稅가 많았다. 태부인은 집안 살림을 맡아 다스리게 되자 세세한 절목을 종합하여 살펴서 출납에 일정한 법도가 있었다. 아이들이 손을 잡고 데리고 다니거나 안고 다닐 만큼 어렸는데 집에 여종이 없으니 요리하고 빨래하고 옷 만드는 일을 일체 자신이 손수 하여 새벽에는 사람들보다 먼저 일어나고 밤에는 가족들보다 뒤에 쉬었다. 그리하여 얼마 지나지 않아 밀린 부세를 모두 갚으니 시부모가 이를 태부인의 능력으로 돌렸다.

汝綸讀其狀하니 **曰 太夫人善化熊氏**는 **年十九**에 **繼室於贈公諱某**라 **先是**에 **贈公之王父諱某**가 **爲山西某官**할새 **數輦家訾財**하여 **給官用**하니 **家由此多宿逋**어늘 **太夫人旣受家政**에 **綜覈細碎**하여 **出內**(납)**有經**이라 **諸子或携或嬰**에 **室無婢媼**하니 **烹飪煩攌翦製之事**를 **一自己手**하여

1) 陳啓泰 伯平 : 陳啓泰(1848~1909)는 湖南 長沙 사람으로, 자는 伯元 또는 魯生이며 伯平은 그 호이다.

晨先衆興하고 晦後家息이라 時未幾에 盡償逋負하니 舅姑以是歸其能이러라

시숙이 일찍이 관아의 부세가 밀려 독촉이 급박하여 그 화가 장차 집안을 기울이고 가문의 명망을 손상하려 하였는데 贈公 또한 멀리 객지에 있었기에 온 집안 사람들이 두려워 당황하여 어찌할 줄 몰랐다. 그러자 태부인은 조용히 의논을 결정하여 집을 팔아서 갚자고 청하였다. 집은 본디 태부인과 증공 부부가 힘을 합해 조금씩 모아 얻은 것이었는데 이에 이르러 채권을 파기하여 부채를 탕감받고 하룻밤에 없앴으니, 증공이 돌아오자 이를 옳은 결정이라고 하였다.

〔叔〕[2]嘗有官逋하여 追呼急이라 禍且傾家하고 損門望이어늘 贈公又遠客이라 〔擧室〕[3]惶遽하여 不知所(謂)〔爲〕[4]한대 太夫人從容定議하여 請鬻宅以償이라 宅은 故太夫人與贈公夫婦戮力하여 銖寸累積而得者어늘 至是折券已債하고 一夕盡하니 贈公歸에 以是義其決하다

태부인은 아들 5인과 딸 2인을 낳고 홀로되었으니, 홀로되었을 적에 맏아들 啓泰가 겨우 16세일 뿐이었다. 태부인은 패물과 의복을 내어 아이들에게 대어주어 공부하게 하고 어린아이에게는 직접 경서를 가르쳤으며, 길한 날짜와 장소를 택하여 贈公을 안장하는 일과 母氏를 모셔다 봉양하는 일과 며느리를 맞이하고 딸을 시집보내는 일을 차례로 처리하였다. 거처는 비록 낡았으나 물 뿌리고 비로 쓸기를 반드시 깨끗하게 하였으며, 옷과 음식은 비록 조악하였으나 손님을 대접하고 제사를 받드는 것은 반드시 풍성하게 하였다.

太夫人生丈夫子五人女子子二人而寡하니 寡時에 長子啓泰가 才十六歲耳러라 太夫人斥佩服하여 資諸兒使學하고 幼者는 躬授之經하며 卜葬贈公과 迎養母氏와 娶婦嫁子를 以次營辦하다 居雖敝나 灑掃必潔하며 衣食雖麤惡이나 賓祭必豐이러라

10년 만에 아들이 조정 관료가 되었고, 또 10년 만에 내직과 외직에서 봉양하여 풍족한 녹봉을 누리게 되어 집안이 점점 빛나고 성대해졌다. 그런데도 가는 곳마다

---

2) 〔叔〕: 저본에는 '叔'이 없으나, ≪吳汝綸全集 1≫(黃山書社, 2002)에 의거하여 보충하였다.
3) 〔擧室〕: 저본에는 '擧室'이 없으나, ≪吳汝綸全集 1≫(黃山書社, 2002)에 의거하여 보충하였다.
4) (謂)〔爲〕: 저본에는 '謂'로 되어 있으나, ≪吳汝綸全集 1≫(黃山書社, 2002)에 의거하여 '爲'로 바로잡았다.

반드시 그 아들에게 훈계하여 신칙하기를, 청렴함과 결백함으로써 祖父의 유풍을 잇고 은혜와 사랑으로써 국가를 이롭게 하고 백성들을 길러주라고 하였다. 누차 千金을 내어 다른 行省의 기근을 진휼하면서도 자신은 한미한 집안과 마찬가지로 검소하여 칼 하나 족집게 하나가 왕왕 5, 60년 된 물건이었으니, 종족과 인척, 향당과 이웃 고을 사람들이 이로써 그 선한 가르침에 감복하였다. 光緒 25년(1899) 정월 초하루에 졸하니, 향년 77세이다."

행장에 열거된 바가 이같이 자세하니 銘을 짓는 것이 마땅하다.

十年에 而有子通朝籍하고 又十年에 而中外就養하여 饗有豐祿하여 家駸駸光大矣로되 而所至에 必誠敕其子以廉介續祖風하고 以惠愛爲國利養元元하다 屢斥千金하여 振他行省饑饉이로되 而躬儉素一如寒畯家하여 一刀一鑷이 往往五六十年物이니 宗婣黨里가 以是服其善教하다 光緒二十五年正月朔日에 卒하니 壽七十有七이라 狀所列具如是하니 是宜銘이니라

銘은 다음과 같다.
아, 부인이여!
품성이 유순하고 순수하니
이름 있는 집안에서 자라
덕 있는 가문에 시집 왔네.
다섯 아들을 낳아
셋이 명성을 얻으니
장남인 兵備道는
布政使를 攝行하였네.
3개 郡을 지켜
유능하다 하여 승진하고
侍御史로 기용되니
명성이 천하에 알려졌네.
어머니에게 은혜로운 封爵이 내리니
太夫人이 되었네.
차남 文獻은

훌륭한 循吏였으니
史書에 기록되고
墓에 墓誌文이 있네.
막내 文璣는
郡守 관직을 지냈으니
지식이 많고
풍도가 아름다웠네.[5)]
나머지 2인은
반은 죽고 반은 살아있으니
이미 드러난 이들을 미루어보면
모두 어진 줄을 알 만하네.
근본은 어디에서 말미암은 것인가?
어머니의 가르침으로 그러한 것이니
애초 빈곤하였을 적에
능히 스스로 진휼하였고
뒤에 집안이 풍족했을 때에도
검소하고도 인자하였네.
아들들을 가르쳐
거듭하여 신칙하니
끝내 성취한 바가 있어
功臣이 되었네.
아름답고 정숙한 덕을 모아
비석에 새겨
후손들에게 고하니
陳氏의 무덤이로다.

銘曰 猗夫人이여 **稟惠純**하니 **毓名家**하여 **嬪德門**이라 **生五子**에 **三有聞**하니 **長兵備**는 **攝大藩**이라

5) 풍도가 아름다웠네 : 원문은 '佳翩翩'이다. ≪史記≫ 권76 〈平原君列傳〉에 "평원군은 혼탁한 세상의 풍도가 아름다운 공자이다.〔平原君 翩翩濁世之佳公子也〕"라는 말을 원용한 것이다.

守三郡하여 以能遷하고 起侍御하니 天下傳이라 恩封母하니 太夫人이라 次文黻은 爲吏循하니 史有紀하고 墓有文이라 季文璣는 郡守官하니 多聞識이요 佳翩翩이라 餘二人은 半亡存하니 推已顯이면 知皆賢이라 本曷由오 母敎然하니 初在約에 能自振하고 後處豐에 儉又仁이라 敎諸子하여 敕申申하니 卒所就하여 爲勞臣이라 最懿淑하여 琢貞珉하여 告後昆하니 陳氏阡이로다

19. 光祿大夫 刑部左侍郎 袁文誠公의 神道碑

光祿大夫刑部左侍〔郎〕[1)]袁文誠公神道碑*

* 袁保恒(1826~1878)에 대한 신도비명이다. 원보항은 자는 筱午이며, 項城 袁張營에서 태어났다. 袁甲三의 장자로, 翰林院編修, 侍讀學士, 刑部左侍郎을 역임하였다. 부친을 따라 安徽에서 捻軍을 소탕한 전공으로 1品 頂戴를 상으로 받았다. 시호는 文誠이다. 이 글에서는 그의 부친이 자식의 전공을 드러내지 않았기에 그가 세웠던 공이 세상에 알려지지 못하였고, 이후에도 품었던 포부를 미처 이루지 못하고 별세하였음을 서술하면서 애석함을 드러내었다.

공은 姓은 袁氏이며 諱는 某이며 字는 某이니 河南 項城縣人이다. 咸豐 연간 초 廣西의 도적 洪秀全 등이 반란을 일으켰을 때[2)] 천자께서 조서를 내려 각 行省에 본적을 둔 대신들에게 團練[3)]을 다스리게 하여, 조정에 있는 이들을 고향으로 돌려보냈다. 이에 단련이 분연히 일어나니, 湖南에서는 曾文正公(曾國藩)과 安徽에서는 呂文節公[4)] 및 지금의 大學士인 合肥 李公(李鴻章) 父子와 河南에서는 袁端敏公[5)]이

---

1) 〔郎〕: 저본에는 '郎'이 없으나, ≪吳汝綸全集≫에 의거하여 보충하였다.

2) 咸豐……때 : 淸 文宗 咸豐帝 즉위년(1850)에 洪秀全이 叛軍의 무리를 일으킨 것을 말한다. 南京을 중심으로 일어나 국호를 太平天國이라 일컫고 반란을 일으켜 한때 揚子江 이남 지역을 거의 차지하여 세력을 떨쳤으나 영국의 후원을 받은 청나라 정부군에 의해 15년 만에 평정되었다.

3) 團練 : 중국의 民兵組織으로 淸末에 官兵인 八旗, 綠營 등의 군사적 기능이 약해지자 향촌의 치안을 유지하고자 土豪와 地主들에 의하여 무장자위단의 조직이 성행하였다. 18세기 중엽 이후 白蓮敎徒의 반란에 대항하려고 정부에서도 관병에 대신해서 鄕兵을 이용하고자 단련을 제도화하기에 이르렀다. 유력한 지주나 지방관의 통솔하에 장정을 징집 훈련하고 양식을 自擔하면서 지방의 방비에 임하도록 하였으며, 19세기 중엽 이후 태평천국의 난을 진압할 때 대대적으로 활용하였다. 태평천국의 난을 진압할 때 활약한 曾國藩의 湘軍이나 李鴻章의 淮軍 등도 湖南, 安徽의 단련을 개편한 것이다.

4) 呂文節公 : 呂賢基(1803~1853)로, 자는 羲音, 호는 鶴田이며, 安徽 旌德人이다. 道光 연간에 進士가 되어 編修, 監察禦史 등을 역임하였다. 咸豐 원년(1851)에 工部左侍郎이 되고 이듬해 刑部左侍郎을 겸하였다. 태평천국군의 세력이 커지자 조정에서 求言하였는데, 3년 봄에 安徽에 가서 團練을 다스려서 태평천국군에 항거하였다.

5) 袁端敏公 : 袁甲三(1806~1863)으로, 자는 午橋, 河南 項城人이다. 袁耀東의 次子이며, 袁世

특히 두드러졌다.

公은 姓袁氏요 諱某요 字某니 河南項城縣人이라 咸豐初에 廣西盜洪秀全等反할새 天子詔各行省在籍大臣治團練하여 其在朝者를 遣歸其鄕이라 於時에 團練紛起하니 於湖南則曾文正公과 於安徽則呂文節公及今大學士合肥李公父子와 於河南則袁端敏公이 爲最著云이라

공은 端敏公의 장자이다. 道光 30년(1850)에 進士가 되어 翰林院庶吉士[6]로 바뀌었고, 咸豐 2년(1852)에 編修[7]에 제수되었다. 3년에 휴가를 청하여 돌아가 부모님을 뵙고자 하였는데, 단민공이 공을 머무르게 하여 군대를 다스리는 것을 돕게 하도록 청하니, 천자께서 이를 허락하였다.

그 후에 단민공이 세 번 詔命을 받아 군대를 통솔하였는데 공이 한번 군대를 따라가자, 軍中에서 少帥(젊은 장수)라고 불렀다. 당시에 남쪽에는 粵盜가 있고 북쪽에는 捻匪가 있어서[8] 두 도적 떼가 널리 퍼져 서로 연락하고 결탁하여 거점을 마련하였다. 단민공이 굶주린 군대 한 부대를 이끌고서 淮水와 潁水[9]를 정처 없이 다니면서 적군 사이에서 지탱하면서 꺾이지 않아 십여 년 동안 조정의 안팎이 믿고 의지하였으니, 공이 여기에 참여해 공로가 있었다.

公은 端敏公冢子也라 道光三十年에 進士하여 改翰林院庶吉士하고 咸豐二年에 授編修라 三年에 謁假歸覲이어늘 端敏公請留公助治軍하니 天子許之하다 是後에 端敏公三奉詔督師한대 公一隨軍에

凱의 叔祖로, 晩淸의 重臣이다. 太平軍과 捻軍을 평정하는 데 참여하여 누차 전공을 세웠고, 관직은 漕運總督 兼江南河道總督, 提督八省軍門에 이르렀다. 伊勒圖巴圖魯 칭호를 하사받았으며, 花翎을 상으로 받았다. 시호는 端敏이며, 淮陽縣 西關에 장례하였다. 저서로 ≪端敏公遺著≫가 있다.

6) 庶吉士 : 進士 가운데서 문학에 뛰어난 사람을 뽑아 임명한 관직이다. 明 太祖 때 설치한 관직으로, 처음에는 각 관서에 분설하였으나 永樂帝 때 모두 翰林院에 속하게 하였다. 淸代에는 이를 계승하여 庶常館을 두고 翰林官으로 하여금 교습하게 하고, 3년간 수양한 후 시험을 보아 직책을 주었는데, 이를 散官이라고 하였다.

7) 編修 : 翰林院의 관원으로, 7품에 해당한다. 庶吉士 중에서 甲을 얻은 이가 임명된다.

8) 당시에……있어서 : 粵盜는 태평천국군을 가리킨다. 洪秀全이 廣東 花縣 출신으로서 廣東과 廣西에서 擧兵하였기 때문에 이 지역의 옛 이름인 '粵'을 써서 '粵盜'로 지칭한 것이다. 捻匪는 淸代 嘉慶 연간(1852~1868)에 일어났던 농민 폭동군으로, 태평천국과 같은 시기인 1853년부터 시작하여 태평천국이 몰락한 뒤인 1868년까지 화북지역에서 봉기한 반청 반란집단이다.

9) 淮水와 潁水 : 淮水는 河南省의 桐柏山에서 발원하여 安徽省을 지나 江蘇省을 거쳐 바다에 흘러들며, 潁水는 河南省 登封縣의 서쪽에서 발원하여 동남쪽으로 안휘성으로 흘러가 서쪽 正陽關에 이르러 회수로 유입된다.

軍中呼爲少帥라 **當是時**하여 **南則粤盜**요 **北則群捻**이라 **二寇蔓延交通**하여 **鉤聯根據**라 **端敏公提一旅饑軍**하여 **浮寄淮潁**하여 **撐拄賊間**하여 **不摧不折**하여 **十有餘年**에 **中外恃賴**하니 **公與有勞焉**이라

端敏公은 자제들이 장수 및 병사들과 공을 나누지 않도록 하고자 하여, 〈자제들에게〉 공이 있으면 그때마다 감추어두고서 아뢰지 않았다. 7년에 欽差大臣 勝保[10]가 비로소 공이 潁州와 亳州[11]에서 전투한 상황을 열거하여 논하니, 천자가 가상히 여겨 侍講[12]의 직함을 더해주고 花翎[13]을 하사하였다. 후에 다른 군대와 회합하여 太和[14]에서 적을 격파하여 河南巡撫 恒福[15]이 그 공을 아뢰니, 伊勒圖巴圖魯[16]를 상으로 내렸다. 그때 마침 단민공이 일을 아뢴 것이 이르니, 손수 조서를 내려 批答하기를, "너의 아들이 용맹함을 떨쳐 적진에 돌격하니, 가상하다." 하였다.

9년에 단민공이 召命을 받들어 조정으로 돌아가니, 공이 따라서 들어와 文淵閣校理에 충원되고, 順天鄕試의 同考官[17]이 되었다. 얼마 지나지 않아 단민공이 다시 외직으로 나가 군대를 시찰하였는데 이어서 공에게 명하여 군대로 가게 하니, 조정에 들어가 上을 뵐 적에 상이 한참 동안 온화하게 말씀하였다.

16년 6월에 〈다른 군대와〉 회합하여 定遠[18]을 공격할 때 군무를 도와서 처리하니, 穆騰阿[19]가 단민공에게 글을 보내어 공의 功을 논하였는데, 단민공이 불가하다 하여 상소를 올리기를, "대를 거듭하여 나라의 은혜를 입으면 죽음으로도 갚을 길

10) 勝保 : 滿洲 鑲白旗人으로, 자는 克齋이다. 洪秀全과 楊秀淸의 반란이 일어나자 內閣學士로 군무를 처리하여 欽差大臣으로 발탁되었다. 河南과 安徽에서 捻軍을 소탕하다가 貪淫으로 탄핵되어 자진의 명을 받았다.
11) 潁州와 亳州 : 潁州는 지금의 阜陽縣, 亳州는 지금의 安徽省 지역에 해당한다.
12) 侍講 : 翰林院의 관원으로, 5품에 해당한다.
13) 花翎 : 淸나라 때 皇族 또는 高官 등에게 하사한 모자 뒤에 늘이는 공작의 꼬리를 말한다.
14) 太和 : 安徽省에 속한 縣名이다.
15) 恒福 : 蒙古 鑲黃旗人으로, 누차 河南巡撫로 발탁되어 捻軍을 소탕하였다. 관직이 直隸總督에 이르렀고, 시호는 恭勤이다.
16) 伊勒圖巴圖魯 : 巴圖魯는 옛 만주어로 勇士, 勇猛을 뜻한다. 淸代에 武功이 있는 관원에게 내린 칭호이다.
17) 同考官 : 과거 심사관으로, 淸의 제도에 따르면 각 直省의 鄕闈 同考官은 進士 擧人 출신에서 뽑아 충원하였다.
18) 定遠 : 安徽省에 속한 縣名이다.
19) 穆騰阿 : 1824~1884. 자는 瑞亭이다. 대대로 黑龍江 布特哈莽鼐屯에 거주하였다. 태평천국운동을 진압하는 데 공을 세웠고, 文武를 겸비하여 저서로 ≪演練炮陣圖說≫, ≪諸葛兵法≫ 등이 있다.

이 없습니다. 신의 아들은 감히 여러 장수와 관작과 상을 다툴 수가 없습니다." 하였다. 그러자 후하게 조서를 내려 장려하고 또 경계하기를, "이후에 공적이 있으면 避嫌하지 말라."라고 하였다. 단민공이 끝내 처음의 절조를 견지하면서 바꾸지 않았으므로, 공이 단민공의 군대에서 공이 가장 많았으나 끝내 論功되지 못하였다.

端敏公不使子弟與將士分功하여 **有功輒寢不奏**러니 **七年**에 **欽差大臣勝保**가 **始論列〔公〕**[20] **穎亳間戰狀**하니 **天子嘉之**하여 **加侍講銜花翎**이라 **後會諸軍**하여 **破賊於太和**하여 **河南巡撫恒福**이 **上其功**에 **賞伊勒圖巴圖魯**러니 **會端敏公奏事至**하니 **手詔批答曰 汝子奮勇衝鋒**하니 **可嘉也**라하다 **九年**에 **端敏公奉召還朝**하니 **公隨入**하여 **充文淵閣校理**하고 **順天鄕試同考官**이라 **未幾**에 **端敏公再出視師**한대 **仍命公赴軍**하니 **入對溫語移晷**라 **十年六月**에 **會攻定遠**할새 **幫辦軍務**하니 **穆騰阿移書端敏論公功**이어늘 **端敏不可**하여 **疏言 仍世受國恩**이면 **死無以報**니 **臣子不敢與諸將爭爵賞**이라하다 **優詔褒美**하고 **且誡曰 後有功績**이어든 **無引嫌**하라하다 **端敏〔公〕卒堅持初節不變**이라 **故**로 **公在端敏軍中功最多**로되 **終不得論**이라

11년에 〈다른 군대와〉 회합하여 鳳陽과 定遠을 수복하였는데, 有旨를 내려 결원이 있으면 글을 올려 아뢰게 하였으니 文宗이 특별히 선발하려는 것이었다. 同治 원년(1862)에 翰林院侍講에 발탁되고, 侍讀으로 옮겼다가, 詹事府 右春坊 右庶子[21]로 옮겼다. 그해 가을에 端敏公이 병으로 사직하니, 조서를 내려 공에게 머물면서 군중을 위무하게 하였는데, 繼母의 상을 당하여 돌아왔다. 단민공이 다시 기용되어 군대를 시찰하니, 또 조서를 내려 공이 군대를 보좌하게 하였다. 1년을 넘겨 단민공이 홍서하니, 공을 발탁하여 侍講學士[22]로 삼았다.

이때 淮水 지역이 이미 평정되었고 兵事가 대략 안정되니, 공은 비록 상중에 있었으나 上의 恩遇에 감사하여 스스로 뜻을 바쳐 상소를 올려 여덟 가지의 일을 아뢰었으니, 그 한 가지가 屯田이었는데 오래도록 회답을 얻지 못하였다. 그 이듬해에 다시 항소를 올리기를, "신이 이전에 조목조목 열거한 淮水 남북에 모집한 백성들의 屯墾[23]에 대한 의논이 아직 시행되지 못하고 있으니, 청컨대 京師에 이르러

---

20) 〔公〕: 저본에는 '公'이 없으나, ≪吳汝綸全集≫에 의거하여 보충하였다. 아래도 같다.
21) 詹事府……右庶子 : 詹事는 본래 역대 태자의 관원으로, 淸代에 翰林官으로 승진하는 중간단계일 뿐 전적인 책임은 없었고, 光緖 연간 말에 폐지되었다.
22) 侍講學士 : 翰林院의 관원으로, 4품에 해당한다.

조정의 신하들과 面對하여 일을 논하고 싶습니다."라고 하였다. 그러자 조서를 내려 공이 지나치게 자신한다고 꾸짖었고, 또 마음대로 역참을 통해 공문서를 보낸 죄에 걸려 鴻臚寺 少卿[24]으로 좌천되었다.

十一年에 會克鳳陽定遠하니 有旨遇缺題奏하니 則文宗(持)〔特〕[25]簡也라 同治元年에 擢翰林院侍講하고 轉侍讀이라가 遷詹事府右春坊右庶子라 其秋에 端敏公謝病하니 詔公留撫其衆이어늘 丁繼母憂歸라 而端敏公復起視師하니 又詔公佐軍이러니 逾年에 端敏公薨하니 擢公侍講學士라 是時에 淮上已平하고 兵事粗定일새 公雖在憂나 感上恩知하여 自效上疏하여 言八事하니 其一爲屯田이어늘 久之不報라 其明年에 復(부)抗言 臣前所條淮南北募民屯墾은 議未卽行하니 請詣京師與廷臣面論事라하다 詔責公過自信하고 又坐擅發馹遞하여 左遷鴻臚寺(시)少卿이라

공은 端敏公을 모시고 오래도록 군대에 있으면서 공로를 쌓아 차츰 上에게 알려졌다. 충심이 왕성하여 응당 임금과 나라에 보답해야 한다고 생각하였는데, 戶部尙書 羅惇衍[26]과 順天府尹 蔣琦齡이 또 앞뒤로 공의 재주가 크게 등용할 만하다고 천거하였다.

마침 捻軍 張總愚가 畿輔[27]로 도망가 숨어 있었는데, 공은 단민공이 군을 다스린 지 오래되었으나 뜻과 사업을 마치지 못하였고, 지금의 皖과 豫의 장수 중에 예전에 先臣에게 속했던 이들이 많다고 하여서, 군대에 나아가 자신의 충성을 바치겠다고 청하였다. 조서를 내려 合肥 李公의 軍에 나아가게 하니, 이공이 行軍翼長으로 삼아 장수들을 호위하게 하였는데, 장수들이 혹은 淮, 혹은 皖과 豫 사람이었으므로 모두 공과 사이가 좋았다. 적이 평정되자 조서를 내려 공이 端敏이 끝마치지 못한 뜻을 능히 계승하였음을 가상히 여겨 공에게 侍講學士의 직임을 돌려주었고, 3품의 직함을 더해주었다. 또 공의 뜻이 군대를 다스려 스스로 충성을 바치는 데 있다 하여 명하여 左文襄公[28]의 군대에 나아가게 하였는데, 文襄이 공을 예우

23) 屯墾 : 屯田을 경작한다는 말로, 요충지에 주둔하며 수비하면서 땅을 개간하여 농사 지어서 군량으로 삼는 것을 뜻한다.
24) 鴻臚寺 少卿 : 淸代 九卿 중 하나로, 5품에 해당한다. 外藩의 貢獻을 관장하였다.
25) (持)〔特〕 : 저본에는 '持'로 되어 있으나, ≪吳汝綸全集≫에 의거하여 '特'으로 바로잡았다.
26) 羅惇衍 : 廣東 順德人으로, 자는 星齋, 호는 椒生이며, 시호는 文恪이다.
27) 畿輔 : 도성 부근의 지역으로, 畿內와 같은 말이다.
28) 左文襄公 : 左宗棠(1812~1885)으로, 자는 季高, 혹은 朴存, 호는 湘上農人이며, 湖南 湘陰人이다. 太平軍, 捻軍, 回族의 내란을 진압하는 데 큰 공을 세웠으며 외국 문물을 받아들이

하면서도 권한을 주는 것은 아꼈다. 조정이 공이 의지할 만함을 알고서 명하여 서쪽으로 戰役을 갈 때 군량을 운반하는 일을 맡아서 奏事를 전담하게 하였다.

11년에 少詹事에 발탁되고 詹事로 옮겼으며 頭品 頂戴[29]를 상으로 받았다. 13년에 內閣學士로 승진하고 禮部侍郎의 직함을 兼帶하였는데, 大軍이 관문을 나가자 조서를 내려 공에게 左公을 도와 군량을 옮기게 하였다. 戶部左侍郎으로 옮기고 겸하여 三庫의 사무를 관리하여 차츰 그 권한이 커졌다.

公侍端敏公在軍久에 積功勞하여 寖爲上知라 忠悃勃鬱하여 思得當以報君國이러니 而戶部尙書羅惇衍과 順天府尹蔣琦齡이 又先後薦公才可大用이라 會群捻張總愚가 竄畿輔하니 公以端敏公治軍久어늘 志事未竟하고 今皖豫諸將이 多先臣舊部라하여 請赴軍自效라 詔赴合肥李公軍하니 李公以爲行軍翼長하여 盡(獲)〔護〕[30]諸將하니 諸將或淮或皖豫라 咸與公交驩이라 寇平에 詔嘉公克承端敏未竟志하여 還公侍講學士하고 加三品銜하고 又以公志在治軍自效라하여 命赴左文襄公軍하니 文襄優禮而靳之權이라 朝廷知公可倚하여 命筦西征糧餫하여 得專奏事라 十一年에 擢少詹事하고 轉詹事하고 賞頭品頂戴라 十三年에 陞內閣學士하고 兼禮部侍郎銜이러니 大軍出關에 詔公襄左公轉餉이라 遷戶部左侍郎하고 兼筦三庫事務하여 稍重其權이라

左公과 주장하는 의론이 다르다고 하여 光緖 원년(1875)에 공을 불러 조정에 들어오게 하였다. 공은 젊어서부터 端敏公을 따라 軍을 다스렸고 단민공이 별세하자 전후로 李公과 左公을 보좌하여 군대를 떠나지 않은 것이 20여 년이었는데, 이때에 이르러 비로소 兵事를 사직하게 되었다. 조정에서 장차 공을 크게 등용하려 해서 吏部右侍郎을 兼帶하게 명하고, 2년에 刑部左侍郎에 調用하고, 順天武鄕試 正考官으로 충원하였다.

공은 성품이 소탈하고 자신의 의론을 견지하기를 좋아하였는데, 의론은 모두 나라의 大事에 해당했다. 관직에 있을 때 반드시 직임을 다하여서, 戶部에 재직하고 있을 때 古人의 國計簿[31]를 따르고자 하여 달에 한 책씩 써서 출입을 대조하게 하

고 조선소와 방직공장을 설립하는 등 洋務運動을 이끌었다. 러시아와의 영토 분쟁이 일어났을 때 무력 해결을 주장하였으며, 淸佛戰爭의 결과로 강화가 체결되자 관직에서 물러나 병사하였다.

29) 頭品 頂戴 : 頭品은 관직 중 최고의 품급을 가리키며, 頂戴는 淸代에 관직을 구별하는 모자의 장식을 말한다.

30) (獲)〔護〕 : 저본에는 '獲'으로 되어 있으나, ≪吳汝綸全集≫에 의거하여 '護'로 바로잡았다.

여 간사한 속임수를 끊어내고자 하였는데, 미처 이루어지기 전에 刑部로 옮겼다. 형부에 있을 때 曹司와 법률을 다스려서 옥사를 결정할 때 반드시 두세 번 반복하여 검토하였다.

이때 조정 안팎에서 '臺灣이 바다의 門戶이니, 응당 때에 맞게 경영하고 계획하여 외국이 넘보는 것을 끊어야 한다.'고 말하는 이가 많았다. 공은 臺灣巡撫를 두어서 전적으로 책임을 지게 하고, 福建巡撫의 관원을 덜어내어 총독에게 그 직임을 아우르게 하도록 건의하니, 조정의 의논이 이를 따랐다. 기타 말한 바도 원대한 계책이 많았던 것이 대개 이와 같았다.

以與左公議異라하여 **光緖元年**에 **召公入**이라 **公自少隨端敏公治軍**하고 **端敏薨**에 **先後佐李公左公**하여 **不離軍旅廿餘年**이러니 **至是**에 **始謝兵事**라 **朝廷且大用公**하여 **命兼署吏部右侍郎**하고 **二年**에 **調刑部左侍郎**하고 **充順天武鄕試正考官**이라 **公性疏朗**하고 **好持議**하니 **議皆國之大事**러라 **在官必擧職**하여 **官戶部時**에 **欲仿古人國計簿**하여 **月一冊**하여 **使出入相準**하여 **絶奸欺**러니 **未成**에 **移刑部**라 **在刑部日**에 **與曹司治律**하여 **獄必再三反**이라 **是時**에 **中外多言臺灣海門戶**니 **當以時經畫**(획)하여 **絶外國覬覦**라하다 **公建議設臺灣巡撫**하여 **專責成**하고 **而省**(생)**福建巡撫官**하여 **併其任於總督**하니 **廷議從之**라 **它所言多遠慮**가 **類如此**러라

이때 河南에 가뭄과 기근이 들었는데, 조서를 내려 공에게 가서 구휼하게 하였다. 당시 公私 간에 재력이 고갈되었는데, 공이 갖가지로 대책을 마련하여 일이 거의 이루어지려 할 때 공이 갑자기 졸하고 말았으니, 光緖 4년(1878) 4월 6일이었다. 遺疏가 조정에 들어가자 후하게 조서를 내려 가엽게 여기고 제사와 장례를 내려주고 文誠이라는 시호를 내렸다.

졸한 뒤 다섯 달 뒤에 河南巡撫가 상소를 올리기를, "작년의 재해에 故 刑部左侍郎 袁某가 거친 옷을 입고 거친 밥을 먹으며 아침저녁으로 근심하고 노력하여 굶주린 백성들을 按撫하고, 吏胥들과 함께 지내면서 〈노고를 같이했습니다.〉 공이 각 行省에게 꾸어달라 청하였던 글은 읽는 이들이 이를 보고 눈물을 흘렸는데, 졸하는 날 굶주린 백성들로 아녀자와 어린아이까지도 모두 목놓아 통곡하였습니다."

31) 國計簿 : 국가 재정에 관한 내용을 적은 文簿를 말한다. 唐나라 때 李吉甫가 治國의 大計를 적은 문서인 국계부를 올렸는데, 당시의 호구를 비롯하여 재정 상황 등을 조사하여 기록하였다고 한다.

하고, 河南省城에 專祠[32]를 세우고, 陳州[33]에는 端敏公의 사당에 배향하기를 청하니, 조서를 내려 이를 따랐다. 이윽고 安徽와 江蘇 곳곳에 있는 단민공의 사당에 배향할 것을 청하였다. 아들 世勛은 蔭職으로 戶部員外郎에 보임되었다.

於是에 河南旱饑하니 詔公往賑이라 時에 公私耗竭이러니 公所以籌策之百端하여 事垂竣而公遽卒하니 光緖四年四月六日也라 遺疏入에 優詔矜邺하고 賜祭葬하고 予諡文誠이라 卒後五月에 河南巡撫疏言 去年災에 故刑部左侍郎袁某가 麤衣糲食하여 旦夕憂勞하여 拊循饑民하고 雜處吏胥間이라 其乞貸各行省書를 讀者淚下러니 卒之日에 饑民婦孺가 皆痛哭失聲이라하고 請河南省城建專祠하고 其陳州則附祀端敏公祠하니 詔從之하다 已而요 安徽江蘇所在에 請附祀端敏祠라 子世勛用蔭補戶部員外郎이라

당초에 端敏公이 曾文正公과 사이가 좋았고 군대를 다스릴 때 聲勢가 서로 의지하였으니, 曾公이 친구의 아들처럼 공을 대하였다. 내가 일찍이 증문정공의 坐中에서 공을 보았는데 공의 논의를 들음에 마치 회오리바람이 일어나고 파도가 뒤집히는 듯하여 매우 헌걸찼다.

증공이 별세하자 좌문양공과 合肥 李相公이 함께 천하의 重望을 한몸에 지고 있었는데, 공은 左公과는 구차히 영합하지 않았으나 李公과는 친하였다. 주장하는 持論에 이르러서는 또한 완전히 합치되지는 않았으나, 조정에서 끝내 공을 등용하고자 하였던 것은 공의 충성이 上下를 감동하게 하였기 때문이었다.

공은 처음에는 단민공을 따라 군대에서 오래도록 고생하였고 후에는 아버지의 공이 이루어지지 못한 것을 애통해하여서 번번이 군대에서 스스로 충성을 바치고자 하여 이공과 좌공의 군중에서 주선하였는데, 끝내 그 뜻하는 바를 한번 펼치지 못한 채 이재민을 구제하면서 애를 쓰다가 죽고 말았다. 죽었을 때 춘추가 53세여서 中壽[34]에도 오르지 못하였으니, 슬프도다.

初에 端敏公與曾文正公交善이요 其治軍聲勢相倚하니 曾公以故人子視公이라 汝綸嘗見公於

---

32) 專祠 : 淸의 제도에 나라에 공을 세운 사람은 공을 세운 곳이나 본적에 專祠를 세우도록 하였다. 전사는 특정한 사람이나 신을 위해 세운 사당이다.
33) 陳州 : 淸代의 河南 陳州府로, 지금의 淮陽縣이다.
34) 中壽 : 사람의 수명을 上・中・下로 나눌 때 그 중간에 해당하는 수명으로, 보통 60~80세를 가리킨다.

曾文正坐中이러니 聽其論議에 飇發瀾翻하니 甚可偉也라 曾公殂謝에 左文襄公과 合肥李相公이 竝負天下重望이러니 公於左公不爲苟同이나 於李親善矣라 至持議하여는 亦不盡合이나 而朝廷卒嚮用公者는 以公忠誠有以孚格上下也라 公始隨端敏公積苦兵間하고 後慟父功不成하여 輒欲以兵事自效하여 周旋李左軍中이러니 卒未一信其所志하여 而勞勩於振災以死라 死時春秋五十有三이라 曾不登於中壽하니 悲夫라

端敏公은 諱가 某이니, 단민공 이상의 3대가 모두 단민공이 높은 관작에 올랐기 때문에 漕運總督에 추증되었다. 공은 前母와 後母가 모두 陳氏이고, 王氏를 아내로 맞이하였으니, 모두 1품 부인에 봉해졌다. 측실 楊氏는 아들 世勛이 높은 관작에 올랐기 때문에 淑人에 추증되었다. 딸 2인은 모두 士族에게 시집갔다. 손자 3인은 克紹, 克益, 克忠이다.

光緒 6년(1880) 7월에 공을 陳州城 남쪽 袁氏의 새 묘역에 장례하였다. 23년 3월에 王夫人을 祔葬하였다. 그로부터 또 2년 후에 공의 從兄의 아들인 侍郎 慰庭[35]이 山東巡撫로 있을 때 나에게 "공의 묘비가 아직 새겨지지 않았으니, 당신은 사양하지 마십시오."라고 하였다. 이에 다음과 같이 銘을 짓는다.

端敏公은 諱某니 自端敏以上三世가 皆以端敏公貴로 贈漕運總督이라 公前後二母는 皆陳氏요 娶王氏하니 皆一品夫人이라 側室楊氏는 以子世勛貴로 贈淑人이라 女二人은 皆適士族이라 孫三人은 克紹克益克忠이라 光緒六年七月에 葬公陳州城南之袁氏新阡이라 廿三年三月에 王夫人祔라 又二年에 公從兄之子慰庭侍郎이 巡撫山東할새 謂汝綸曰 公墓碑未有刻하니 子無用辭라하다 乃爲銘曰

威儀 있는 단민공이여
아들을 軍中에 수행케 하였네.
부자간에 위험한 전장을 누볐으나
功을 논하지 않았네.
강직한 문성공이여

35) 慰庭 : 袁世凱(1859~1916)의 자로, 河南 項城人이며, 호는 容庵이다. 淸 말기의 武官이자 北洋軍閥의 영도자로, 辛亥革命 시기 중화민국 초대 대통령을 지냈다.

충심으로 효를 행했네.
九卿의 반열에 올랐으나
뜻을 바치지 못하였네.
재주를 다하지 못하고 말았으니
수명 또한 어찌 많다 하리오.
이루어지려 할 때 하늘이 재앙을 주었으니
사람이 무어라 하겠는가.
후손이 번창하고
종족이 굳건하니
그 충효를 대대로 이어
길이 없어지지 않으리라

抑抑端敏이여 **以子隨軍**이라 **子父蹈危**로되 **而功不論**이라 **光光文誠**이여 **用忠爲孝**라 **乎進九列**이로되 **而志未效**라 **才之不究**하니 **壽亦豈多**오 **垂成天阨**하니 **況人謂何**오 **維後之昌**이요 **維宗之强**이니 **世其孝忠**하여 **以永不亡**하리라

20. 江安 傅君의 墓表　江安傅君墓表*

*江安의 傅誠에 대한 墓表이다. 부성은 자는 勵生으로, 藏書家이면서 여러 장수의 幕府에 있었다. 이 글에서 오여륜은 그가 책을 모으기를 좋아하였고 자제들을 가르쳤는데, 비록 명성을 추구하지 않아 덕에 맞는 지위를 누리지 못하였으나 그 후손이 그로 인해 현달하였음을 밝혔다.

예전에 내가 曾文正公(曾國藩)을 따라 金陵[1]에서 객지 생활을 할 적에 江安[2]의 傅君이 책을 모으기를 좋아하여 책 중에 舊本과 좋은 판본이 많다고 들었는데, 마침내 그와 교유하게 되어 異書를 얻으면 그때마다 군으로부터 빌려서 비교해보았다. 이때 江表[3]가 막 변란을 벗어난 터라 책 중에 흩어져 없어진 것이 많았고, 사람들이 책을 가지고 시장에 들어가서 저울로 분량을 헤아려 팔고자 하면 마치 닭털에 비할 정도로 값어치가 없었으므로 길 가는 이들이 고개를 젓고 돌아보지 않았다. 군은 직무가 번다하고 봉급이 적었으나 홀로 다른 쓰임을 절약하여 남는 돈이 있으면 모두 내어서 책을 사면서 조금도 아끼지 않았다. 이런 까닭에 藏書가 매우 풍부하여서, 집에 들어가서는 책더미 속에서 파묻혀 지내고 집을 나와서는 가는 곳마다 수레와 배로 책을 싣고서 스스로 가지고 다녔다. 이에 금릉의 벗 중에 장서가 많은 이로 莫徵君 子偲[4] 외에 사람들이 번번이 傅氏를 꼽았다.

往余從曾文正公客金陵할새 聞江安傅君好聚書하여 書多舊本精槧이어늘 遂與往還하여 得異書하면 輒從君借校라 是時에 江表新脫寇亂하여 書多散亡이요 人持書入市하여 量衡石求售하면 價〔輕〕[5]賤如雞毛比하여 行者掉頭不顧라 君職事冗하고 俸入薄少로되 獨節縮他用하여 有贏賸이면 盡斥以買書하여 不少遴이라 以故로 藏書至富하여 入則窟處書中하고 出則所至에 以車

1) 金陵 : 江蘇省 南京의 옛 이름이다.
2) 江安 : 縣 이름으로, 지금은 泗川省에 속해있다.
3) 江表 : 長江 이남을 칭하는 말이다.
4) 莫徵君 子偲 : 徵君은 조정으로부터 부름을 받은 학덕이 높은 선비를 일컫는 徵士의 존칭이다. 莫子偲는 獨山 사람으로, 이름은 友芝이다. 저서로 ≪郘亭書目≫ 등이 있다.
5)〔輕〕: 저본에는 '輕'이 없으나, ≪吳汝綸全集≫에 의거하여 보충하였다.

若船載書自隨라 於是에 金陵朋遊中擁書多者는 自莫徵君子偲外에 衆輒推傅氏라

그 후에 나는 畿甸(畿內)에서 벼슬살이를 하고 군은 멀리 關隴[6] 쪽으로 들어가서 左文襄公(左宗棠)의 군대를 따라가서 서로 만나지 못한 것이 수년이었다. 그러다 다시 군을 天津에서 만나게 되었는데, 군은 이미 노쇠하였으나 책은 그대로 있었다. 아주 작은 집에 세 들어 살고 있었는데 집에는 안주인이 없었고 조카와 손자들 대여섯 학동을 모아서 쑥대머리에 해진 신을 신고는 그 가운데에서 휘파람을 불고 시를 읊었으니, 사람과 책이 뒤섞여 있다가 때때로 내가 이르면 서로 章句를 살피고 물었다. 내가 진실로 마음으로 훌륭하다 여기면서 천진의 떠들썩한 저잣거리에는 없는 일이라고 하였다.

얼마 지나지 않아 군이 지난날 모았던 대여섯 학동들이 해를 이어 과거에 급제하여 떠났다고 들었는데, 또 오랜 뒤에는 이들이 모두 문학으로 公卿 사이에서 이름이 났다. 지금 貴州學使 翰林院編修인 增淯은 군의 맏손자이고, 무술년에 庶常[7] 이었던 增湘은 군의 셋째 손자이며, 군의 둘째 손자 增濬과 조카 世鈞도 모두 孝廉으로 천거되어 명성이 있었으니, 傅氏는 차츰차츰 顯貴해질 것이다. 천진에서 세 들어 살 때 할아버지의 곁에서 쑥대머리와 해진 신을 신고 있었던 것을 회상해보면, 어찌 그 후에 명성이 이처럼 높아질 줄 알았겠는가.

其後에 余宦遊畿甸하고 而君遠涉關隴하여 從左文襄公軍하여 不相見者數年이러니 及再見君天津하여는 則君已老頹로되 書故在라 方僦居斗室한대 室無內主요 聚從子若諸孫五六學童하여 蓬頭敝屣하여 嘯歌諷詠其中하니 人書雜揉라가 時余至則相從考問章句라 余故心異之하여 以謂天津闤市中無有也라 未幾則聞君嚮所聚五六學僮者가 連歲收科第以去러니 又久之하여는 則皆以文學有名於公卿間이라 蓋今貴州學使翰林院編修曰增淯者가 君冢孫이요 戊戌庶常曰增湘者가 君第三孫也요 而君第二孫增濬과 從子世鈞이 亦皆擧孝廉有聲하니 傅氏駸駸鼎貴矣라 迴憶僦屋天津時에 蓬頭敝屣若翁傍하면 豈知其後名騰達如此리오

혹자는 "君이 모은 책들을 자손에게 남겨주었으니, 진실로 이런 일이 있는 것이 당연하다." 하고, 혹자는 "군이 남겨준 것이 성대하고도 많으니 오로지 책에만 있

6) 關隴 : 關中과 甘肅省 동부 일대를 가리킨다.
7) 庶常 : 翰林院庶吉士의 별칭이다.

는 것이 아니다." 한다.

전하는 말에 일컬어지는 藏書家가 많지만, 혹은 장서가 자신에게만 미쳤다가 잃게 되는 경우도 있고, 혹은 한두 세대 내려가면 책이 더욱 흩어져서 자손들이 책을 가지고서 시장에 들어가 가치는 10이나 100인데도 그중 1, 2의 값도 받지 못하는 경우도 있고, 어지러이 뒤섞여 없어지고 빠져서 반은 있고 반은 없게 되는 경우도 있고, 혹은 불행히도 화재를 만나 한 번의 불길에 사라지기도 하며, 혹은 兵火에 타버리는 경우도 왕왕 있다.

내가 보고 들은 바로는 聊城[8]의 楊氏[9]와 濰[10]의 徐氏[11]와 定州의 王氏[12]와 樂亭[13]의 史氏[14]가 집안에 宋과 元의 옛 서적을 많이 소장하고 있었는데, 그 자손 중에 조정에서 官秩에 오른 이가 있고 혹 甲科나 乙科에 급제하기도 하였으니, 또한 성대하다 하겠다. 그중에서도 특히 두드러진 이는 武强의 賀氏[15]로, 능히 집에 소장된 책을 모두 읽고서 저술로 자신을 드러내었으니, 세상에서 문장가라고 부른다. 蜀 지역에는 江安 傅氏가 그와 같은 부류의 사람이다.

무릇 장서는 다 같지만, 혹은 책이 방기되어 지켜지지 못하기도 하고, 혹은 세대를 이어 명성과 지위가 있되 그 功이 책에 있지 않기도 하고, 혹은 先世의 장서를 모두 공개하여 후세에 명성을 이루기를 바라기도 한다. 그 자손이 스스로 〈장서를 통해 받는〉 득실이 이처럼 다르니, '그 조부나 부친이 남겨준 것이 넓고 좁기가 현격하게 다른 것은 오로지 모은 책에 달려있다.'라고 한다면 꼭 그렇지는 못할 것이다.

---

8) 聊城 : 山東省에 속한 현의 이름이다.

9) 楊氏 : 1787~1856. 이름은 以增, 자는 益之, 또다른 자는 至堂이다. 책을 좋아하여 ≪海源閣叢書≫를 간행하였다.

10) 濰 : 山東省에 속한 현의 이름이다.

11) 徐氏 : 徐坊(1864~1916)으로, 山東 臨淸人이며, 河北 定興에 거주하였다. 자는 士言, 호는 梧生, 蒿庵이다. 淸代의 관원이자 장서가로, 國子丞을 지내고 후에 宣統皇帝의 스승이 되었다. 저서로 ≪徐忠勤公遺集≫이 있다.

12) 王氏 : 王灝(1868~1888)로, 자는 文泉, 호는 坦圃이다. 선대에 山西에서 定州로 이주하였다. 장서가로, 河北의 문헌을 수집하여 ≪畿輔叢書≫를 편찬하고, 따로 ≪畿輔文徵≫을 만들었으며, 그 외 많은 저서를 남겼다.

13) 樂亭 : 河北省에 속한 현의 이름이다.

14) 史氏 : 史夢蘭(1813~1898)으로, 자는 香崖이다. 明 萬曆 연간에 樂亭 西南의 大港에 정착하고 명문가가 되었다. ≪樂亭縣志≫, ≪永平府志≫의 편찬을 총괄한 외에 많은 저서를 남겼다.

15) 賀氏 : 賀濤(1849~1912)로, 淸 直隶 武强人이며, 자는 松坡이다. 光緖 12년에 進士가 되었고, 刑部主事를 지냈다가 눈병으로 사직하였다. 吳汝綸과 張裕釗의 제자이다. 오여륜의 천거로 信都와 蓮池 두 서원의 主講을 맡았다. 저서로 ≪賀先生文集≫이 있다.

或曰 君所聚書를 留貽子若孫하니 固宜有是라하고 或曰 君之留貽가 鬱且厚하니 不專在書라하니 蓋傳所稱藏書多矣로되 或及身而失者有焉하며 或一傳再傳에 書益散亂이라 子孫持書入市하여 價十百不能一二者有焉하며 淩雜脫缺하여 半在半不在者有焉하고 或不幸遇火患하여 盡於一炬하며 或兵燹燬棄가 又往往有焉이라 以余所聞見으로 聊城楊氏와 濰徐氏와 定州王氏와 樂亭史氏가 家多宋元舊刻이러니 子孫有秩於朝하고 或取甲乙科第하니 亦云盛矣라 其尤箸者는 武强賀氏니 能盡讀家所藏書하여 以述作自表見(현)하니 世號爲文章家라 其在蜀則江安傅氏가 其流亞云이라 夫藏書는 一也로되 或書放絶不守하고 或仍世有名位而功不在書하고 或盡發先世之藏하여 睎慕成名於後世라 其子孫之自爲得且失이 不同如此하니 則謂其祖父留貽가 闊陋縣絶이 顧專在所聚書라하면 未必然也라

군은 사람됨이 효성스럽고 자애로우며 단정하고 성실하여 꾸밈이 없었고 남을 구해주기를 좋아하였다. 남과 말할 때 오직 남을 다치게 할까 걱정하여서 남에게 허물이 있는 것을 보면 면전에서 직언하지 않고 오래 성의를 다해 감동하게 하여 스스로 뉘우치게 하였고, 혹 모욕과 속임을 당하더라도 따지지 않았다. 늘 가슴 앞에 작은 칼을 걸고서 '忍'자 모양을 하여서[16] 이로써 자신을 경각시켰다.

젊어서 독서와 검술을 좋아하였는데, 그 벗 王祉番 孝廉은 曾文正公이 蜀 지역에서 시험을 보았을 때 뽑은 선비였다. 문정공이 江南에서 군대를 조련하면서 편지를 보내 王君을 부르고서 또 "향읍에 현능한 士夫가 있거든 함께 와도 좋다." 하였다. 왕군은 군과 동쪽으로 갔고 도착해서는 莫子偲 徵君과 涂朗軒 制軍[17]과 黎蒓齋 觀察[18]과 지금의 蜀中 周玉山 方伯[19]과 사이가 좋았었다. 이윽고 左文襄公이 군이 현능하다는 말을 듣고서 편지를 써서 예를 갖추어 군을 서쪽으로 초빙하니, 오래 지나고 나서 사직하고 떠나 다시 동쪽으로 가서 天津에서 合肥 李相公(李鴻章)을 종유하였다.

同治 연간 이래로 曾, 左, 李 세 공이 兵事를 번갈아 주관하여 천하의 선비들을

16) 늘……하여서 : 가슴〔心〕 앞에 칼〔刃〕을 걸어 '忍'자를 만든 것이다.
17) 涂朗軒 制軍 : 涂朗軒은 六安 사람으로, 이름은 宗瀛, 자는 閬仙이다. 道光 연간에 擧人이 되어, 관직이 湖廣總督에 이르렀다. 制軍은 總督의 별칭이다.
18) 黎蒓齋 觀察 : 遵義 사람으로, 이름은 庶昌이다. 관직이 川東兵備道에 이르렀다. 觀察은 淸나라 때는 道員에 대한 존칭이다.
19) 周玉山 方伯 : 周玉山은 이름은 馥이며, 安徽 사람이다. 方伯은 布政使의 별칭이다.

나오게 하고 물러나게 하였는데, 군이 맡은 일에 있어서 용감하여서 돌아보거나 회피하지 않았고, 名利에 있어서는 물러서고 겸양하여 마치 부끄럽고 두려워하는 듯이 하였다. 그러므로 세 장수가 번갈아 불러서 먼저 얻기를 다투었으나, 수십 년 동안 미관말직 하나조차 얻지 못하여 北河通判[20]으로 관직을 마쳤다.

古人이 말하길 지위가 덕에 걸맞지 않은 이에게는 훌륭한 후손이 있다고 하였으니, 군이 거의 그러한 사람에 가까울 것이다. 이는 바로 군이 자손에게 남겨준 것으로서, 그 자손이 현귀해진 까닭일 것이다.

君爲人孝慈端慤하여 無文飾하고 好拚救人이라 與人語에 唯恐傷之하여 見人有過어든 不面折하고 積誠感之하여 使自悔하고 或遻侮欺不校也라 常縣小刃胸臆前하여 象忍字하여 用自警醒이라 少好讀書擊劍이러니 其友王祉蕃孝廉은 曾文正公試蜀時所得士也라 文(公)〔正〕[21]視師江南하여 馳書召王君하고 且曰 鄕邑有賢士夫어든 可與俱來라하다 王君則以君東하고 既至하여는 與莫子偲徵君과 涂朗軒制軍과 黎蒓齋觀察과 今蜀中周玉山方伯交善이러니 已而요 左文襄公聞君賢하여 撰書辭備禮招君西하니 居久之에 辭去하여 復(부)東從合肥李相公於天津이라 自同治已來로 曾左李三公狎主兵事하여 進退天下士하니 君於任事勇하여 不顧望避就하고 於名若利에 則逡逡退讓하여 若有羞畏然이라 故로 三帥交辟更召하여 爭先得이로되 而數十年不得一階하여 官終北河通判이라 古人有言하되 位不稱德者有後라하니 君殆其人已라 斯乃君之所以留貽子若孫而子孫所由鼎貴也歟인저

周公(周玉山)이 津海關道[22]가 되었을 때 공에게 자기를 도와주길 청하였는데, 어느 날 밤에 졸하였으니, 향년 64세이다. 군은 휘는 誠이고 자는 勵生이다. 조부 鳳齡과 부친 登奎는 군이 높은 관작에 올랐기 때문에 군과 같은 관작에 추증되었다. 아들 世榕은 아버지의 풍모가 있고 〈세용의〉 두 아들(增淯, 增湘)은 翰林에 있다. 〈세용은〉 자신을 높여 높은 벼슬에 나아가지 않아서, 지금 知縣으로 保定에서 궐원이 생겨 보임되기를 기다리고 있으며, 관리의 재능으로 드러났다. 世鎏은 요절하였고, 世銓과 世鐸은 候選[23] 州判이다. 딸 2인은 모두 士族에게 시집갔다. 손자

20) 通判 : 淸代 府佐의 관직으로, 分府라고도 불렸다.
21) (公)〔正〕: 저본에는 '公'으로 되어 있으나, ≪吳汝綸全集≫에 의거하여 '正'으로 바로잡았다.
22) 津海關道 : 海關道는 淸代 외국의 稅務를 관리하는 관직이다. 津海關道는 그중 하나로, 天津에 駐劄하였다.
23) 候選 : 淸代 임용 제도 중 하나로, 내직의 郎中과 외직의 道員 이하 관직에 처음 考試를 거

는 8인이고 증손은 5인이다.

내가 보정에서 객지 생활을 할 적에 知縣君(세용)과 종유하였고, 增濬과 增湘이 또 나에게 와서 공부하였는데, 군이 졸하자 長寧[24]의 岩峰寺에 돌아가 장사 지냈다. 장사를 지낸 지 13년 뒤에 지현군이 돌에 새길 묘표를 지어주길 요구하니, 마침내 군이 남겨주어 훌륭한 후손을 두게 된 것을 적어서 그 본말을 갖추어 드러내어 후세에 이를 살필 수 있게 하는 바이다.

周公爲津海關道時에 **請公自助**러니 **一夕卒**하니 **年六十四**라 **君**은 **諱誠**이요 **字勵生**이니 **祖鳳齡**과 **父登奎**가 **以君貴**로 **贈如其官**이라 **子世榕**은 **有父風**이요 **二子在翰林**이라 **不尊已居榮**하여 **方以知縣待闕保定**하고 **用吏能顯**이라 **世鎣殤**이요 **世銓世鐸**은 **候選州判**이라 **女二人**은 **皆適士族**이라 **孫八人**이요 **曾孫五人**이라 **余客保定**할새 **與知縣君遊**하고 **增濬增湘**이 **又從余問學**이러니 **君之卒也**에 **歸葬於長寧之岩峰寺**라 **旣葬之十有三年**에 **而知縣君徵文刻石**하니 **遂書君之留貽以有後者**하여 **具著其本末**하여 **俾後有考焉**하노라

친 자나 捐納 출신 등이 선정되는 중간 절차를 말한다.

24) 長寧 : 四川省에 속한 현의 이름이다.

21. 李勤恪公의 墓誌銘　李勤恪公墓銘*①

*이 묘지명은 오여륜이 李鴻章을 대신하여 그의 맏형 李瀚章(1821~1899)을 위해 지은 것이다. 이한장은 자가 筱泉·小泉이고 호가 鈍叟이며 勤恪은 그 시호이다.

①代作한 것이다.
代라

公은 合肥 李氏이니 諱는 某이고 字는 某이다. 曾祖는 贈光祿大夫 諱 某이고 祖父는 증광록대부 諱 某이고 부친은 증광록대부 刑部郎中 諱 某이다. 刑部府君은 아들 6인을 두었으니 公이 맏아들이다. 選拔貢生으로서 湖南의 知縣이 되었는데, 武昌에 이르러 總督이었던 宮傅 裕泰公[1]를 만났을 적에 공이 그를 뛰어나다고 여겨 말하기를 "훗날 나의 지위와 사업을 이을 사람은 필시 李知縣일 것이다."라고 하였다. 署永定知縣과 署益陽知縣을 역임하였는데, 益陽에 부임하기 전에 洪秀全이 長沙를 포위하였기 때문에 署善化知縣으로 다시 임명되었다. 南門의 天心閣[2]을 수비하는 데에 공을 세웠다.

公은 合肥李氏이니 諱는 某요 字는 某라 曾祖는 贈光祿大夫諱某요 祖는 贈光祿大夫諱某요 父는 贈光祿大夫刑部郎中諱某라 刑部府君有子六人하니 公爲之長이라 以選拔貢生으로 爲知縣湖南하니 至武昌하여 見(현)總督宮傅裕泰公할새 公奇之하여 曰 他日繼吾位業은 必李令也리라 歷署永定益陽이어늘 益陽不至에 以洪秀全圍長沙라 改署善化하다 守南門天心閣에 有功이라

曾文正公(曾國藩)이 나가서 군대를 다스릴 적에 공에게 檄文을 보내어 軍糧 운송을 주관하게 하니, 여러 해 동안 군대에 있다가 마침내 江西 吉南贛寧道道員에서 廣東督糧道로 調用되고 廣東按察使, 廣東布政使로 옮겨갔다. 이후에 巡撫가 된 것

1) 總督이었던……裕泰公 : 裕謙(1793~1841)이다. 유겸이 1841년에 太子太保에 추증되었으므로 宮傅라 한 것이다. 원래의 이름이 '泰'였는데 당시 湖南布政使였던 裕泰와 이름이 같아서 '謙'으로 개명하였다.
2) 天心閣 : 湖南省 長沙市 동남부에 위치한 누각이다. 明 萬曆 연간에 창건되었으며 淸 乾隆 연간에 중건되었다. 중일전쟁 중 소실되었다가 1983년에 복원되었다.

이 세 번이니 湖南巡撫, 江蘇巡撫, 浙江巡撫가 되었으되 江蘇에는 부임하지 않았고, 總督이 된 것이 네 번이니 湖廣總督, 四川總督, 遭運總督, 兩廣總督이 되었으되, 사천총독과 조운총독은 부임한 지 모두 두세 달 만에 번번이 떠나 다른 자리로 옮겼다. 전후로 호광총독을 지낸 것이 가장 오래였으니, 署理로 두 번 임명되었고 實職으로 두 번 임명되었다.

曾文正公出治軍할새 檄公主饟餫하니 在軍積歲라가 遂自江西吉南贛寧道로 調廣東督糧道하고 就遷廣東按察使布政使라 是後에 爲巡撫者三이니 湖南江蘇浙江이로되 而江蘇不至하고 爲總督者四니 湖廣四川遭運兩廣이로되 而四川漕運은 至皆數月輒別徙라 前後督湖廣最久니 再署任하고 再實任이라

모친 太夫人의 喪을 당하여 관직을 떠났는데 집에서 지낸 지 6년 만에 다시 漕運總督으로 기용되었고 마침내 兩廣總督이 되었다. 湖廣總督을 지낸 것이 모두 12년이고 양광총독을 지낸 지 7년 만에 사직하여 귀향하였다. 그리고 5년 뒤에 향리 집에서 薨逝하였으니 향년 79세였다. 상께서 부고를 듣고 몹시 놀라 슬퍼하며 勤恪이라는 시호를 내리셨다. 아들이 11인이니 某는 某官이고 某는 모관이고 나머지는 벼슬하지 않았다. 손자는 6인이고 증손은 3인이다.

丁太夫人憂하여 去官이러니 家居六年에 再起督漕하고 遂督粤이라 凡爲楚督十有二年이요 粤督七年에 告歸하고 又五年에 薨於里第하니 享年七十有九라 上聞震悼하여 予謚勤恪이라 子十一人이니 某는 某官이요 某는 某官이요 餘는 未仕라 孫은 六人이요 曾孫은 三人이라

왕년에 某(李鴻章)가 중원에서 군대를 통솔하다가 湖廣總督에 임명되었을 적에 公이 가서 攝行하였고, 전란이 평정되자 某가 鎭으로 돌아가 직무를 교대하니 공은 비로소 浙江巡撫가 되었다. 2년 만에 某가 命을 받아 貴州와 陝西를 정벌하니 공이 또 와서 호광총독을 섭행하였다. 某가 直隸總督으로 전임되었을 때에 드디어 호광총독이 공에게 제수되었다. 형제가 여러 해 동안 번갈아 맡았는지라 太夫人이 武昌의 官所를 떠나지 않았으니, 聖朝가 寵臣의 집안을 우대하는 것이 지극하였다. 당시 사람들은 대뜸 "조정이 某가 공훈을 조금 세운 것 때문에 맏형에게까지 賞을 내린다."라고 하였으니, 이는 지나친 의논이다.

往年에 某視師中原이라가 拜楚督之命할새 以公往署하고 兵事平에 某歸鎭受代하니 公始撫浙이라 居二年에 某被命征黔征陝하니 公又來署楚督이라 逮某量移直隸하여 遂以楚督授公이라 兄弟更代累年이라 太夫人不移武昌官所하니 蓋聖朝之優寵臣家至矣라 時人便謂朝廷緣某薄立功伐하여 賚及元兄이라하니 此는 過論也라

처음에 某와 公이 모두 曾文正公을 스승으로 섬겼는데 公은 유독 오랫동안 文正公의 군대에 참여하였다. 문정공이 公이 유능하다고 자주 일컬어 일찍이 公이 공적을 세운 정상을 상소하여 올렸는데 胡文忠公(胡林翼)이 公을 천거하는 상소 또한 이르니, 文宗이 호문충공이 청한 특별한 우대를 가지고 손수 詔書를 써서 증문정공의 상소에 비답하여 이르기를 "이미 胡林翼의 奏請을 허가하였다."라고 하였다. 文忠公이 公을 얻어 자신을 돕게 하고자 하였는데 문정공이 公을 아껴 보내주지 않았으니, 江西의 牙行稅와 釐金稅,[3] 廣東의 徵稅와 軍餉은 모두 軍中의 중요한 임무이거늘 문정공은 일체 공을 의지하여 공무를 처리하였다. 이때에 조정에서 인물을 구하면 번번이 문정공이 품평하는 바를 보았으니, 공은 이 때문에 순차대로 승진하여 開府[4]가 되었다.

그 뒤에 疆寄[5]를 맡은 것이 오래되어 백성들의 眞僞와 可否와 利害를 익히 알아 이르는 곳마다 재능과 지혜를 억제하고 常法에 맞게 하여 당장의 공로나 현저한 명성은 없었으나, 헛되고 교만하고 들뜨고 시끄러운 士夫들의 습속은 모두 물리치고 쓰지 않았다.

생각건대 공이 한결같이 화합하는 마음으로 일을 처리하여 당시 사람들에게 그다지 원망이나 시기를 받지 않았는데도 왕왕 비방을 당하기도 하였던 것은, 某가 재주가 없는데도 오랫동안 중임을 맡았기 때문에 공까지 끌어들여 중상하게 한 것이다. 湖廣總督으로 있을 적에 시기하는 자가 빌미를 찾아 헐뜯을 적에 마침 상을 당해 떠났는데 그래도 그 黨與까지 철저히 살펴보았으나 결국 공의 털끝만한 잘못

3) 牙行稅와 釐金稅 : 牙行稅는 牙行(중개상)에게 징수하는 세금이다. 釐金稅는 국내를 통과하는 상품에 매기던 관세 외의 세금이다. 釐는 100분의 1로, 상품가의 1%를 과세하였기 때문에 이렇게 불렀다.

4) 開府 : 본디 三公, 大將軍, 將軍 등 스스로 관서를 열 수 있는 권한이 있는 고위 관원을 일컫는 말로, 淸나라 때에는 總督과 巡撫를 開府라 하였다.

5) 疆寄 : 總督과 巡撫는 邊境의 방비를 맡았으므로 이를 疆寄라 하였다.

도 찾아내지 못하고서야 그만두었다. 兩廣總督으로 있을 적에 日本과 분쟁(淸日戰爭)이 일어나자 재물을 기울여 해안의 방비를 도왔다. 和議가 이루어지자 국론이 크게 떠들썩해지니 공 또한 사직을 청하여 귀향하였다.

始某與公皆師事曾文正이어늘 而公從文正軍獨久하니 文正數(삭)稱公能하여 嘗疏上公績狀이어늘 而胡文忠薦公之疏亦至하니 文宗以胡所請特優로 手詔批答曾疏하여 謂已可胡奏라하다 文忠欲得公自助로되 文正惜不予하니 江西牙釐와 廣東榷餉은 皆軍中重任이어늘 文正一倚辦公이러라 是時에 朝廷求人이면 輒視文正所左右하니 公以此平進開府라 其後에 膺疆寄久라 習知民情僞可否利病하여 所至에 斂抑才智하고 投合經法하여 無近功顯名이로되 而士夫虛憍浮囂之習은 盡屛不用이라 顧公一出以和하여 不甚爲時怨妒나 其亦往往見詆者는 則由某非才而久負重하여 有以牽累而中傷之也라 在楚督時에 忌者尋端齮齕할새 會以憂去로되 猶窮竟黨與로되 卒不得公絲髮咎戾하고 乃止라 及在粤에 遇日本構釁하여 傾資以濟海防이러니 和議成에 國論大譁하니 公亦乞骸骨歸矣라

일이 아직 안정되기 전에 공이 글을 보내어 某에게 당부하기를, "조약을 마치면 함께 사직하고 귀향하자."라고 하였다. 某는 스스로 생각건대 오랫동안 重用되었으니 마땅히 국가와 苦樂을 함께해야 하고 감히 후인들에게 어려움을 돌려서는 안 된다고 여겼다. 그러므로 공은 돌아가 산수에서 한가로이 지낸 것이 여러 해였으나 某는 홀로 남아 떠나지 않았는데, 이제 공은 이미 세상을 떠나고 某 또한 노쇠해졌다. 마침 공의 뒤를 이어 兩廣總督으로 오니 이전의 정사를 볼 때면 번번이 감개한 마음이 든다.

아들들이 장차 公을 合肥 東鄕의 大劉村에 장사 지내고 夫人 某氏를 祔葬하려 하기에 아우 某가 삼가 公의 官位와 治績, 평소의 뜻과 한 일의 本末을 모아 묘지의 비석에 새겨 백 년 천 년이 지난 뒤에 오는 자에게 고하노라.

方事之未定에 公貽書戒某하되 約事已면 共告歸라하니 某自念柄用久라 當與國休戚이요 不敢歸難後人이라 故로 公歸徜徉山水數年이로되 而某獨留不去러니 今公已殂謝하고 某亦頹老라 適來粤繼公後하니 循覽前政에 輒用慨然이라 諸子將葬公於合肥東鄕大劉村하고 以夫人某氏祔할새 弟某謹掇公官位治行志事本末하여 勒石幽隧하여 用告後千百載來者하노라

22. 李文忠公에 대한 祭文　祭李文忠公文*

*文忠은 李鴻章(1823~1901)의 謚號이다. 이 글에서 吳汝綸은 이홍장이 太平軍과 捻軍을 진압하는 데 주도적으로 활약하였을 뿐만 아니라, 시기와 비방에도 개의치 않고 列强들을 제어하고자 분투하였음을 칭송하고 있다. 오여륜은 이홍장에 대하여 祭文뿐만 아니라 神道碑銘과 墓誌銘 또한 남겼다.

아, 우리 공이여! 국가의 蔡蓍[1]로다. 원대한 계책으로 노고만 하고 비방이 돌아왔으나[2] 마침내 천하를 안정시키니 명성은 본디 실추되지 않았네. 上海에서 군사들에게 맹서하여 死地에서 背水陣을 치니, 적이 吳 땅 전체를 포위하여 王土가 모조리 함락되었는데, 공의 깃발을 보자 바람에 휩쓸리듯 기세가 꺾이니[3] 이에 영토를 다시 수복하여 남동쪽으로 바다에 이르렀네.

嗚乎我公이여 **國之蔡蓍**로다 **老謀長算**으로 **勤往謗歸**로되 **卒安天下**하니 **名故不隳**라 **上海誓師**하여 **死地背水**하니 **賊籠全吳**하여 **王土無咫**어늘 **望公旐旗**에 **風靡氣死**하니 **迺疆迺理**하여 **南東漸海**라

李鴻章

---

1) 蔡蓍 : 본디 점칠 때 쓰는 거북 껍데기〔蔡〕와 蓍草를 가리킨다. 여기서는 국가에 중요한 일이 있을 때 李鴻章에게 의지하여 결정하였음을 비유한 말이다.

2) 노고만……돌아왔으나 : 이홍장은 淸日戰爭의 수습을 위한 시모노세키 조약(1895년)과 義和團 운동을 수습하기 위한 辛丑條約(1901년) 등 2차례의 강화조약에 청나라 측 전권대신으로 참여하여 중국 내에서 비난을 받았다.(량치차오 저, 박희성・문세나 공역, ≪리홍장 평전≫, 프리스마, 2013, 29면 참조)

3) 공의……꺾이니 : 이홍장은 1862년 安徽省에서 의용군을 모집하여 淮軍을 창설하고 上海에서 太平軍과 전투하였다.

金陵의 戰功을 나누는 일은 굳게 사양하여 하지 않았고[4] 다시 中原을 일소하여 徒駭河에서 일을 마치니[5] 둘러싼 군대의 公들 중에 공로가 뉘라서 公과 비등하리오. 兵器 씻고 갑옷 벗고서 京師에서 전공을 고하였네. 나가서 荊楚를 鎭撫하고[6] 梁·雍에서 전투하니[7] 구석진 고을의 하찮은 무리가 우리 全軍을 업신여겼는데[8] 詔命 받들어 도성 부근을 지키고[9] 해안 지방도 통제하니[10] 이때에 천하 사람들이 입을 모아 칭송하였네.

分功金陵은 **牢讓不有**하고 **再淸中原**하여 **卒事徒駭**하니 **群公環師**가 **勞孰與齒**리오 **洗兵解甲**하고 **於京告功**이라 **出鎭荊楚**하고 **有事梁雍**하니 **偏陬么麼**가 **褻我全鋒**이어늘 **詔衛郊畿**하고 **兼控海邦**하니 **於時天下**가 **交口譽頌**이러라

세계 五大洲에 强國들이 난립하여 그 長技를 가지고 관문 두드리며 다투어 들어왔는데, 공이 한결같이 회유하여 담소하며 화친을 맺으니 위로 황제와 太后들[11]로부터 親賢[12]과 樞密使[13]에 이르기까지 公을 干城으로 의지하니 위엄이 사방을 떨게 하였는데, 公이 공훈을 쌓자 비방 또한 모여들었네.

大地五洲에 **彊國厤立**하여 **挾其長技**하여 **款關競入**이어늘 **公一懷柔**하여 **談笑和輯**하니 **上自宮壼**으로 **親賢樞密**①히 **倚公扞城**하니 **棱威四讋**하니 **公功所積**에 **謗亦叢集**이라

4) 金陵의……않았고 : 金陵은 南京의 옛 이름이다. 태평군이 도읍한 남경을 증국번이 거의 탈환하려 할 적에 이홍장에게도 이를 도우라는 詔命이 내렸으나 이홍장은 表를 올려 이에 불응하였다.
5) 徒駭河에서……마치니 : 1868년에 이홍장이 徒駭河에서 張宗禹(?~1868?)가 이끄는 捻軍과 전투하여 대승을 거둔 것을 말한다. 도해하는 산동성 북부에 위치한 강이다.
6) 나가서……鎭撫하고 : 이홍장이 大學士로서 湖廣總督을 맡은 것을 말한다. 荊楚는 湖北省과 湖南省 일대를 통칭하는 말로, 湖廣을 가리킨다.
7) 梁·雍에서 전투하니 : 이홍장이 陝西省을 구원하여 捻軍과 전투를 벌인 것을 말한다. 梁·雍은 고대 九州 가운데 梁州와 雍州이니, 곧 陝西省, 四川省, 甘肅省의 일부 지역에 해당한다.
8) 구석진……업신여겼는데 : 청나라의 장수 僧格林沁(1811~1865)이 1865년 5월 山東 曹州에서 捻軍과 전투를 벌이다 포위되어 참수당하고 全軍이 섬멸된 것을 이른다.
9) 詔命……지키고 : 僧格林沁이 전사한 뒤 西捻軍이 진군하여 北京 부근까지 이르니, 이홍장이 詔命을 받들어 이를 구원하였다.
10) 해안……통제하니 : 1870년에 이홍장이 北洋通商大臣을 겸임하게 된 것을 말한다.
11) 황제와 太后들 : 원문은 '宮壼'이다. 同治帝와 慈安太后·慈禧太后를 가리킨다.
12) 親賢 : 함풍제의 아우 恭親王과 醇賢親王을 가리킨다. 이들이 당시 실권을 장악하고 있었으므로 언급한 것이다.
13) 樞密使 : 唐 代宗 때 처음 설치된 관직의 명칭으로, 明나라 이후에는 軍事를 관장하는 大臣을 일컫는 말로 쓰였다. 여기서는 軍機大臣을 가리킨다.

① 이 韻은 東坡를 따랐다.
此韻依東坡라

뭇사람들 어리석어도 홀로 밝아 비방과 괴이하게 여김도 편안하고 익숙해하니, 붙좇는 자는 능력을 시기하고 모욕하는 자는 함부로 공격하였네. 기어코 공을 무너뜨리려 하자 국가가 위태로워지니, 이웃나라에 원망을 열어[14] 썩은 나무 꺾이듯 쉽게 패하였네. 국경을 나가 화친을 논의하다가 눈썹 부근에 총을 맞았고,[15] 살아 돌아와서는 참소에 시달려 권위로 겁박당했네.

衆聾獨昭하여 **毁異**[16]**安習**하니 **附者妒能**하고 **汙者橫擊**이라 **期欲敗公**에 **而國岌岌**하니 **開怨近隣**하여 **敗若朽拉**이라 **出疆議和**라가 **遇刺及睫**하고 **生歸困讒**하여 **威脫權刦**이라

명 받들고 먼 나라를 방문하여 지구를 두루 다닐 적에[17] 이름난 왕과 권세 높은 이들이 과하게 예우하여 더욱 공경하였고, 아래로 심부름꾼과 어린아이, 부인들에 이르기까지 한 번 본 사람들도 사랑하니 길을 메운 사람들이 웃으며 좋아하였네. 나라의 위세가 갓 꺾였다가 公을 말미암아 높아졌으나, 돌아와 다시 참소에 해를 입어 공적을 논의하지 못했네.

銜命遠聘하여 **環歷地圜**할새 **名王大豪**가 **過禮益虔**하고 **下逮走卒**과 **僮兒婦人**히 **一見矜寵**하니 **闐道笑驩**이라 **國威新挫**라가 **由公而尊**이로되 **歸復傷讒**하여 **功不得論**이러라

命을 받아 外務를 다스려 막힌 것을 열고 교만한 나라를 회유하다가, 다시 비방을 당해 물러나니 비방이 사실에 가깝지 않고 더욱 엉성하였네. 廣州로 갈 때에[18] 내가 듣기로 명이 있었으니, "오직 바로잡고 보완하여 국가의 명성을 떨어뜨리지 말라." 하였네. 禍變이 갑자기 일어나 鑾駕가 蒙塵하자[19] 詔書로 공에게 칙명을 내

14) 이웃나라에……열어 : 조선의 종주권을 두고 청나라가 일본을 상대로 1894년 6월부터 1895년 4월까지 전쟁을 벌인 것을 말한다.
15) 국경을……맞았고 : 1895년 3월 이홍장이 강화를 논의하고자 일본 시모노세키에 방문하였을 때 괴한의 습격으로 왼쪽 눈 부근에 총을 맞은 일을 말한다.
16) 毁異 : ≪音注吳摯甫文≫(中華書局, 1941)에는 '譽毁'로 되어 있다.
17) 명……적에 : 이홍장은 1896년 러시아에 사신으로 방문하여 니콜라이 2세의 대관식에 참석하고, 유럽과 미국을 순방하였다.
18) 廣州로 갈 때에 : 이홍장은 1899년 11월 17일에 兩廣總督 署理로 임명되었다.

려 “하늘과 땅을 돌리는 일〔旋轉乾坤〕”[20]이라 하였네. 대군 속으로 용감하게 들어가 맹약을 체결하여[21] 우리 천하를 수복하여 다시 안전하게 두었네.

命聽外政하여 **通蔽柔驕**라가 **又以謗退**하니 **不近愈疏**라 **廣州之行**에 **我聞有命**호되 **維匡彌縫**하여 **不隕國問**하라 **禍變卒發**에 **鑾輅蒙塵**할새 **有詔敕公**하되 **旋轉乾坤**①이라 **勇入九軍**하여 **定盟珠槃**하여 **還我天下**하여 **再厝之安**이라

① 4글자는 詔書의 말이다.
四字詔語라

咸豐・同治의 시대에 중흥을 4인이 보좌하였으니, 曾公을 으뜸으로 일컫고, 그다음은 胡公이며 그다음은 左公이네.[22] 公은 증공을 스승으로 섬겨 그와 더불어 唱和하니, 몸 솟구쳐 산처럼 서서 세상을 볼 적에 허여하는 사람이 드물었네. 증공이 세상을 떠나자 매우 어려운 일을 홀로 맡아 애써 노력하여 모욕을 참았으나 주변에 나를 돕는 이가 없었네. 비루한 선비들이 작은 것에 구애되어 얼음을 들고 불에 뛰어드니, 口舌이 성을 태울 듯 극성하여[23] 시기심으로 禍를 쌓았네. 宏大하고 굳센 계책이 자잘한 일로 실패하니, 몇 차례 이같이 하면 나라가 꺾이지 않겠는가.[24]

在咸同世에 **中興四佐**하니 **曾公稱首**요 **次胡次左**라 **公師曾公**하여 **與爲唱和**하니 **聳身山立**하여 **視世少可**라 **曾公卽世**에 **鉅艱獨荷**하여 **彊力忍(詢)〔詬〕**[25]로되 **旁無助我**라 **鄙儒小拘**하여 **持氷入火**하니 **有舌燒城**하여 **用忌蘊禍**라 **閎毅之謀**가 **敗於叢脞**하니 **幾如是爲**면 **而國不挫**아

---

19) 禍變이……蒙塵하자 : 의화단 사건의 발발로 인해 慈禧皇太后(西太后)와 光緖帝가 西安으로 피신한 것을 말한다.

20) 하늘과……일〔旋轉乾坤〕 : 천하의 형세를 바꾸어 국면을 완전히 전환하는 것을 말한다. 원문은 ‘旋轉乾坤’이니, 韓愈의 〈潮州刺史謝上表〉에 “폐하께서 즉위한 이래 몸소 정사를 처리하여 하늘과 땅을 돌리셨습니다.〔陛下卽位以來 躬親聽斷 旋乾轉坤〕”라 한 데서 온 말이다.

21) 대군……체결하여 : 이홍장이 청나라의 전권대신으로서 8개국 연합군이 주둔하는 北京에 가서 화의를 주선하여 辛丑條約을 맺은 것을 말한다.

22) 曾公을……左公이네 : 曾公, 胡公, 左公은 각각 曾國藩, 胡林翼, 左宗棠을 말한다.

23) 口舌이……극성하여 : 원문은 ‘有舌燒城’이다. 漢나라 揚雄의 ≪太玄經≫에 “붉은 혀는 성도 불태울 수 있다.〔赤舌燒城〕”라 한 말을 변용한 것이다.

24) 몇……않겠는가 : ≪春秋左氏傳≫ 昭公 24년에 “平王이 한 번 출동하여 두 姓의 將帥를 잃었으니, 몇 차례 이같이 하면 敵軍이 郢都에 미치지 않겠는가.〔王壹動而亡二姓之帥 幾如是而不及郢〕”라는 말이 보인다.

25) (詢)〔詬〕 : 저본에는 ‘詢’으로 되어 있으나, ≪吳汝綸全集 1≫(黃山書社, 2002)에 의거하여 ‘詬’로 바로잡았다.

공의 외교에는 다섯 가지 아름다움[26]이 있었으니, 五大洲에서 훌륭함을 인정하여 한두 손가락에 꼽았네. 옛날의 세 賢人[27]은 국내에서 군대를 다스렸으되, 交隣으로 말하면 모두 미치지 못한 바였네. 公은 공적이 그들과 나란한 데다 외국까지 제어하였으니, 먼 곳까지 위무하여 다녀온 것은 유독 公이 으뜸이었네. 저들은 어리석어 깨닫지 못해 성공을 뒤흔들어 실패하게 하고, 실패하고 나면 손을 움츠리고 公이 구제해주리라 믿었네. 지금의 강화는 存亡이 달린 바이거늘 일을 저지하려는 논의가 오히려 더욱 분분하게 일어났는데, 칭찬도 비방도 내맡겨두고 일을 이루고 일을 구제하니, 公에게 忠이라는 諡號를 내림은 公論이 여기 있었던 것이네.

蓋公外交는 **厥有五美**하니 **五洲推高**하여 **屈一二指**라 **維昔三賢**은 **治兵方內**로되 **及若交隣**하여는 **皆所未逮**라 **公功與竝**이요 **益以馭外**하니 **遠撫長駕**는 **繄獨公最**라 **彼昏不寤**하여 **撓成使敗**하고 **已敗縮手**하여 **救乃公恃**라 **今之媾和**는 **存亡攸繫**어늘 **沮事之議**가 **尙滋紛起**로되 **一任譽毁**하고 **爰竣爰濟**하니 **諡公曰忠**은 **公論斯在**라

내가 訃音을 받자 靈車가 떠나니, 온 도시 사람들이 가만히 말하면서 뛰어다니며 알리고 놀라기를, "내가 죽을 뻔할 적에 公 덕분에 살았는데 公이 이제 세상을 떠났으니 누가 公의 뒤를 이으리오." 하였네. 재주 없는 내가 門下에 있으면서 벼슬하기도 하고 그만두기도 하여, 드문드문 뵈었으나 마음은 가까웠기에 公을 知己로 여겼네. 하늘에 닿을 〈공적을 이룬〉 공의 棺에 슬픔이 어찌 끝이 있으리오. 크고 아름다운 덕행을 대략 서술하여 제사 흠향하기를 권하노니, 부디 흠향하소서.

我承凶問에 **戒車在行**하니 **一市竊語**하여 **交走相驚**하되 **曰吾且死**에 **賴公有生**이러니 **公今已矣**니 **誰與嗣公**이라 **不佞在門**에 **或仕或止**하여 **跡疏意親**이라 **謂公知己**하니 **彌天一棺**에 **傷曷云已**리오 **粗述碩休**하여 **用侑歆(記)〔祀〕**[28]하노니 **尙饗**하소서

---

26) 다섯……아름다움 : ≪春秋左氏傳≫ 襄公 28년에 "大國이 小國에 가는 경우, 다섯 가지 아름다움이 있었는데 소국의 죄를 사면하고, 소국의 과실을 용서하며, 소국의 재난을 구제하고, 소국의 恩德과 刑法을 권면하며, 소국의 不足한 점을 가르치는 것이었다.〔大適小 有五美 宥其罪戾 赦其過失 救其菑患 賞其德刑 教其不及〕"라는 말이 보인다.

27) 옛날의……賢人 : 曾國藩, 胡林翼, 左宗棠을 말한다.

28) (記)〔祀〕 : 저본에는 '記'로 되어 있으나, ≪吳汝綸全集 1≫(黃山書社, 2002)에 의거하여 '祀'로 바로잡았다.

23. 蔣湘帆 尺牘의 跋　跋蔣湘帆尺牘*

* 蔣湘帆은 이름은 衡이며, 江蘇 金壇人이다. 恩貢生으로, 乾隆 초에 13經을 써서 올려서 國子監學正을 하사받았다. 오여륜은 이 글에서 그가 글씨를 잘 썼음에도 중국에서는 알려지지 않았는데, 오히려 그 글씨가 외국에 전해져 식자들이 소중하게 여겨 소장하고 있다고 하였다. 이어서 예술의 성취는 자득하는 것임을 강조하고, 시장에서 예술품의 빼어남을 자랑하는 서양인의 풍조에 대해 논하였다.

내가 長崎[1]를 지나다가 知事 荒川君[2]을 만났는데 한 번 만남에 마치 오랜 벗 같았다. 荒川은 옛 수장품으로 중국인 蔣湘帆의 尺牘 한 책을 소장하고 있었는데 나에게 보여주면서 글을 지어주기를 부탁하였다.

장상범은 이름은 衡이니, 拙老人이라 自署하였다. 우리나라에서는 그다지 이름이 알려지지 못하였으나 글씨를 매우 잘 써서 끝내 해외에 유전하여 식자들이 소장하였으니, 천행이 있는 경우일 듯하다. 鄕曲의 유생 중 翰墨 속에서 늙어 죽으면서 이름이 閭巷을 벗어나지 않는 이를 어찌 이루 다 말할 수 있겠는가. 그 일은 지극히 슬프지만 이런 이들이 그치지 않아서 전후로 서로 이어지며 끊어지지 않는다.

한 기예가 이루어짐에 저들이 모두 자득함이 있더라도, 저자 사람을 붙잡고서 모두에게 일러줄 수는 없으니, 전해지고 전해지지 못함을 어찌 말할 것이 있겠는가. 그 남겨진 墨跡을 얻는 이는 먼 시대 다른 지역이라 하더라도 모두 연연해하며 개탄하고 경모하기를 그치지 못하니, 이는 또한 氣類가 서로 감응한 것이 그러한 것이다.

西士(서양 선교사)의 예술을 보건대, 새로움을 다투고 기이함을 드러내어 날마다

1) 長崎 : 일본의 지명으로 본래 市였는데, 지금은 長崎縣이라 한다.
2) 荒川君 : 荒川義太郎(아라카와 요시타로, 1862~?)를 가리킨다. 法科大學을 졸업하고 內務省 직함을 받았으며, 1900년 長崎縣知事가 되어 1910년까지 근무하였다. 그후 橫濱市長을 지냈다.

번화한 큰 저자에서 드러내어서 우열을 論定하니, 이는 또 별도의 하나의 風敎이다.

余過長崎라가 知事荒川君一見如故交라 荒川有舊藏中國人蔣湘帆尺牘一冊視余하여 屬爲題記라 湘帆은 名衡이니 自署拙老人이라 在吾國未甚知名이로되 而書甚工하여 竟流傳海外하여 爲識者所藏弆하니 似有天幸者라 鄕曲儒生이 老死翰墨하여 名不出閭巷者를 曷可勝道리오 其事至可悲로되 而爲者不止하여 前後相望不絶也라 一藝之成에 彼皆有以自得이라도 不能執市人而共喩之니 傳不傳을 豈足道哉리오 得其遺跡者는 雖曠世殊域이라도 皆流連慨慕不能已하니 亦氣類之相感者然也라 觀西士之藝術컨대 爭新炫異하여 日襮之五都之市하여 以論定良窳하니 又別一風敎矣라

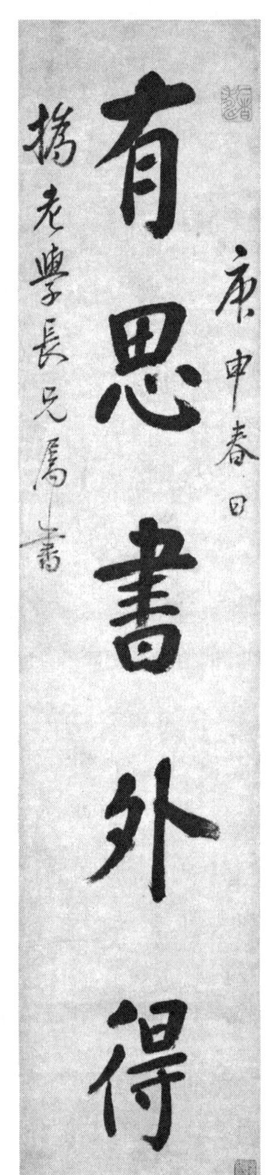

蔣衡의 楷書

24. 李文忠公의 神道碑銘 李文忠公神道碑銘*

* 太平天國의 亂을 진압하고 洋務運動을 주도하는 등 淸末 조정에서 內政과 外交 전 분야에 걸쳐 실권을 행사한 李鴻章(1823~1901)의 神道碑銘이다. 이홍장은 西勢東漸의 흐름 속에서 서양 문물을 수용함으로써 중국의 自强을 도모하려 한 이른바 中體西用論을 주장한 정치가로서, 특히 淸朝의 외교 및 통상 업무를 관장하는 直隸總督 兼北洋大臣으로 근 30년간 재직하면서 동아시아 隣國 및 西歐 列强과의 외교 분쟁을 조정・해결하는 데 주도적인 역할을 담당하였다.

이 글에서 오여륜은 중국 근대화를 위한 이홍장의 부단한 노력과 크고 작은 업적을 기술하는 한편, 반대 세력의 시기와 모해로 그가 뜻을 온전히 펼치지 못한 데 대한 안타까움을 드러내었다. 오여륜과 이홍장은 모두 曾國藩의 제자로서, 오여륜은 이홍장이 죽자 신도비명 외에도 祭文과 墓誌銘을 짓고, 별도로 〈李文忠公事略〉을 기록하였으며, 그 遺文을 모아 《李文忠公全書》를 편찬하기도 하였다.

公은 諱가 某[1]이고 字가 少荃이니, 만년에 儀叟라 自號하였다. 대대로 安徽 合肥縣 사람으로, 姓은 李氏인데 그 本姓은 許氏이다.[2] 증조부 某[3]와 조부 某[4]는 모두 벼슬하지 않았고, 부친 某[5]는 進士로 刑部郎中을 지냈는데, 3代가 모두 公이 顯貴한 덕에 公과 같은 官爵으로 追贈되었다. 曾祖妣 某氏,[6] 祖妣 某氏,[7] 妣 李氏는 모

1) 某 : 저본에는 '某'로 되어 있으나, 《李文忠公全集》에 수록된 〈神道碑銘〉에는 '鴻章'으로 되어 있다.

2) 姓은……許氏이다 : 이홍장의 先祖는 본래 姓이 許氏인데, 8대조 許光照가 자신의 姻親이자 막역한 벗이었던 李心莊에게 後嗣가 없음을 안타깝게 여겨 次子 許愼所를 그 수양아들로 보내고 姓을 李氏로 바꾸게 하였다. 이로써 허신소가 李愼所가 된 이래 그 후손들은 李氏 姓을 襲用하였다.

3) 某 : 저본에는 '某'로 되어 있으나, 《李文忠公全集》에 수록된 〈神道碑銘〉에는 '椿'으로 되어 있다.

4) 某 : 저본에는 '某'로 되어 있으나, 《李文忠公全集》에 수록된 〈神道碑銘〉에는 '殿華'로 되어 있다.

5) 某 : 저본에는 '某'로 되어 있으나, 《李文忠公全集》에 수록된 〈神道碑銘〉에는 '文安'으로 되어 있다.

6) 某氏 : 저본에는 '某氏'로 되어 있으나, 《李文忠公全集》에 수록된 〈神道碑銘〉에는 '裵氏'로 되

두 一等侯夫人[8)]으로 추증되었다.

公은 諱某요 字少荃이니 晩自號儀叟라 世爲安徽合肥縣人이요 姓李氏니 其本許氏也라 曾祖某祖某는 皆不仕하고 父某는 進士요 刑部郎中이니 三世皆以公貴로 贈如公官爵이라 曾祖妣某氏祖妣某氏妣李氏는 皆贈一等侯夫人이라

公은 어려서부터 曾文正公[9)]의 門下에서 受業하였는데, 道光 丁未年(1847)에 進士가 되고, 翰林院에 있을 때 명성이 있었다. 粤盜 洪秀全[10)]이 金陵[11)]을 점거하였을 때 呂文節公[12)]이 安徽團練大臣으로 있으면서 上奏하여 公이 자신을 돕게 하였다. 江忠烈公[13)]이 安徽巡撫로 있을 때 증문정공이 江公에게 편지를 보내어 公에게 큰일을 맡길 만하다고 칭찬하였는데, 그 후에 淮河 유역에서 군대를 지휘하다가 오래되어도 성과가 없으므로 마침내 그곳을 버리고 떠나 江西에서 曾公의 군대를 따랐다.

어 있다.

7) 某氏 : 저본에는 '某氏'로 되어 있으나, ≪李文忠公全集≫에 수록된 〈神道碑銘〉에는 '周氏'로 되어 있다.

8) 一等侯夫人 : 一等侯는 淸朝의 功臣 爵位 중 侯爵의 가장 높은 등급에 해당하는 것으로, 이홍장이 일등후에 봉해졌으므로 그 증조모·조모·모친이 一等侯夫人에 추증된 것이다.

9) 曾文正公 : 淸나라 말의 大臣이자 문학가인 曾國藩(1811~1872)을 이른다. 文正은 증국번의 諡號이다. 湖南 湘鄕縣 사람으로, 字는 伯函이고, 號는 滌生이다. 道光 18년(1838)에 進士가 된 이래 直隸總督, 武英殿大學士 등 주요 관직을 두루 역임하였고, 湘軍을 창립하여 太平天國의 亂을 평정하는 데 큰 공을 세웠다. 李鴻章의 스승으로, 이홍장·左宗棠·張之洞 등과 더불어 晩淸四大名臣으로 일컬어진다. 저서로 ≪曾文正公全集≫ 등이 있다.

10) 粤盜 洪秀全 : 洪秀全(1814~1864)은 淸나라 말에 太平天國을 창시하여 중앙 조정을 상대로 무장 투쟁을 벌인 농민 봉기의 지도자이다. 廣東 花縣 출신으로서 광동과 廣西에서 擧兵하였기 때문에 두 지역의 옛 이름인 '粤'을 써서 '粤盜'로 지칭한 것이다.

11) 金陵 : 지금의 江蘇省 南京의 옛 이름이다. 兩廣에서 봉기한 洪秀全의 太平軍이 1853년에 남경을 점령하여 太平天國을 세우고 天京으로 개명한 뒤 도읍으로 삼았다.

12) 呂文節公 : 淸나라 말의 大臣인 呂賢基(1803~1853)를 이른다. 文節은 여현기의 諡號이다. 安徽 旌德 사람으로, 字는 羲音이고, 號는 鶴田이다. 道光 15년(1835)에 進士가 된 이래 翰林院編修, 工部左侍郎 등의 벼슬을 역임하였다. 太平天國의 亂이 일어나자 安徽督辦團練으로 부임하여 난을 진압하는 데 가담하였으나, 太平軍이 舒城을 함락했을 때 물에 뛰어들어 자결한 것으로 전한다.

13) 江忠烈公 : 太平天國의 亂을 평정하는 데 큰 공을 세운 장수인 江忠源(1812~1854)을 이른다. 忠烈은 강충원의 諡號이다. 湖南 新寧 사람으로, 太平天國의 亂이 발발하자 고향에서 楚勇이라 불리는 義勇軍을 조직하여 호남·江西·安徽 등지에서 혁혁한 戰功을 세워 湖北按察使·安徽巡撫 등에 발탁되었으나, 廬州 전투에서 패배하여 강물에 몸을 던져 자결한 것으로 전한다.

증공이 安慶[14]을 이미 收復하고 장차 군대를 크게 일으켜 동쪽을 토벌하려 할 때에 때마침 江蘇에 장수 자리가 비어 있어 조정에서 증공에게 〈적임자를〉 물었는데, 증공이 公이라 응답하고 上海의 縉紳들도 皖[15]으로 와서 援軍을 요청하니, 이에 公이 福建延建邵遺缺道[16]로서 등급을 뛰어넘어 江蘇巡撫에 제수되었다. 〈강소순무가 되어〉 회하 유역의 병사 6천 5백 명을 모집하여 서양의 汽船 안에 숨겨두고서 賊地 2천여 리를 뚫고 上海에 이르러 돌연 한 군대를 일으키니, 천하에서 말하는 淮軍[17]이라는 것이다.

公少受業曾文正公之門이러니 **道光丁未**에 **成進士**하고 **在翰林有聲**이라 **粵盜洪秀全據金陵**에 **呂文節公爲安徽團練大臣**하여 **奏公自助**라 **江忠烈公巡撫安徽**에 **曾文正貽書江公**하여 **稱公可屬**(촉)**大事**러니 **其後**에 **將兵淮甸**이라가 **久之**에 **無所就**일새 **乃棄去**하여 **從曾公軍江西**하다 **曾公旣克安慶**하고 **且大擧東伐**할새 **會江蘇闕帥**하여 **朝廷諮訪曾公**이어늘 **曾公以公應**하고 **而上海薦紳**도 **亦來皖**하여 **乞援師**하니 **於是**에 **公以福建延建邵遺缺道**로 **超授江蘇巡撫**라 **召募淮士六千五百人**하여 **閉置西國汽舟中**하고 **穿賊地二千餘里**하여 **抵上海**하여 **特起一軍**하니 **天下所謂淮軍也**라

이때에 〈官軍은〉 세 길로 出兵하였으니, 曾忠襄公[18]은 곧바로 金陵을 공격하고, 左文襄公[19]은 浙江으로 進軍하여 일을 도모하고, 公은 上海로 달려갔는데, 오직

---

14) 安慶 : 安徽省 남서부에 있는 도시로, 淸代에 안휘성의 省都였다. 1853년에 太平軍이 이곳을 점령해 주요 군사 기지로 삼았으나, 훗날 曾國藩에 의해 탈환되었다.

15) 皖 : 安徽의 異稱이다. 安徽省 境內에 皖山(지금의 天柱山)이 있어 이렇게 불렀다.

16) 福建延建邵遺缺道 : 福建省 延建邵道의 遺缺 道員이다. 淸代에 복건성을 4개의 道로 나누었는데, 연건소도는 그중 하나로, 延平府・建寧府・邵武府 등을 포괄하였다. 도원은 淸代에 省 이하, 府 이상의 지방에 두었던 1급 관원으로, 유결 도원은 原任의 移職에 대비하여 둔 일종의 후보 도원이다.

17) 淮軍 : 太平天國의 亂을 진압하기 위해 李鴻章의 주도로 편성된 지방 義勇軍으로서, 淮河 유역을 중심으로 조직되었기에 淮軍 또는 淮勇이라 불린다.

18) 曾忠襄公 : 淸나라 말의 將帥이자 大臣인 曾國荃(1824~1890)을 이른다. 忠襄은 증국전의 諡號이다. 湖南 湘鄕 사람으로, 字는 沅甫이고, 號는 叔純이며, 曾國藩의 아우이다. 太平天國의 亂 때 형 증국번이 조직한 湘軍의 지휘관으로 활약하며 난을 진압하는 데 공을 세웠고, 兩江總督 兼通商事務大臣, 太子少保 등의 관직을 역임하였다. 死後 一等伯爵에 봉해졌다. 저서로 ≪曾忠襄公全集≫ 등이 있다.

19) 左文襄公 : 淸나라 말의 將帥이자 大臣인 左宗棠(1812~1885)을 이른다. 文襄은 좌종당의 諡號이다. 湖南 湘陰縣 사람으로, 字는 季高이고, 號는 湘上農人이다. 太平天國의 亂 때 曾國藩의 湘軍에 가담하여 공을 세우고 浙江巡撫에 발탁되었다. 저서로 ≪左文襄公全集≫ 등이 있다.

公의 戰功이 먼저 이루어졌다. 상해에서 출정을 앞두고 군사들을 훈계한 때로부터 蘇州를 수복한 때까지 총 20개월 동안 크고 작은 수십 번의 전투에서 향하는 곳마다 〈敵軍이〉 위세만 보고도 무너져 내렸다. 公은 늘 戰陣에 나아가 전투를 독려하였으니, 曾文正公은 스스로 〈公에게〉 미칠 수 없다고 생각하였다.

是時에 **三道出兵**하니 **曾忠襄公徑搗金陵**하고 **左文襄公進規浙江**하고 **公趨上海**로되 **獨公功先成**이라 **自上海誓師**로 **至克復**(복)**蘇州**히 **凡廿閱月**에 **大小數十戰**에 **所向**에 **望風靡**라 **公時時臨陣督戰**하니 **曾文正自謂不及也**러라

蘇州가 수복되자 境域을 벗어나 浙江의 亂을 평정하는 일을 돕고 병력을 나누어 金陵軍을 지원하게 하니, 金陵이 평정되자 一等肅毅伯[20]에 봉해졌다. 군대를 이끌고 북으로 流寇[21]를 평정하여 任柱와 張總愚[22] 등을 차례로 소탕하여 평정함에 미쳐서는 천하가 淮軍을 칭송하는지라 公이 마침내 宰相의 지위에 올랐다.

국가의 제도에 재상의 권한은 政府에 있으니, 公과 曾公(曾國藩)이 재상이 된 것은 모두 總督으로서 兼官한 것이요 實任 재상은 아니었으나, 중앙에서나 지방에서나 기대를 걸어 명성이 정부보다 높았고, 정부에서도 두 公에 의지하여 일을 처리하였다.

公은 특히 용감히 나서서 천하의 큰 임무를 맡았으니, 비록 권한에는 맡겨진 것도 있고 맡겨지지 않은 것도 있었으나 어떤 일을 만나 용감히 행하는 데에는 순탄할 때나 험난할 때나 절개를 변치 않아 일찍이 핑계 대고 사양하거나 뒤로 물러서거나 두려워 피한 적이 없었다.

蘇州旣克에 **出境**하여 **助平浙亂**하고 **分兵**하여 **爲金陵軍聲援**하니 **金陵平**에 **封一等肅毅伯**이라 **及提兵**하여 **北定流寇**하여 **先後蕩平任(桂)〔柱〕**[23]**張總愚等**하여는 **天下稱頌淮軍**이라 **公遂進**

---

20) 一等肅毅伯 : 一等伯은 淸朝의 功臣 爵位 중 伯爵의 가장 높은 등급에 해당하는 것이다. 肅毅는 이홍장의 爵號이다.

21) 流寇 : 무리 지어 떠돌아다니는 도적떼를 뜻하는데, 여기서는 청나라 말 華北 지역에서 반란을 일으킨 捻軍을 가리킨다.

22) 任柱와 張總愚 : 任柱는 淸나라 嘉慶 연간에 봉기한 농민 반란군인 捻軍의 將帥 任化邦(?~1867)을 이른다. '柱'는 임화방의 小名이다. 張總愚 또한 염군의 지도자인 張宗禹(?~1868?)로, '總愚'는 淸나라 조정 혹은 官軍의 입장에서 장종우를 언급할 때 쓴 蔑稱이다.

23) (桂)〔柱〕 : 저본에는 '桂'로 되어 있으나, ≪桐城吳先生全書≫와 ≪李文忠公全集≫에 수록된 〈神道碑銘〉에 의거하여 '柱'로 바로잡았다.

位宰相이라 國家制에 相權在政府하니 公與曾〔公〕[24]爲相은 皆總督兼官이요 非眞相이나 中外繫望에 聲出政府上이요 政府亦倚辦二公이라 公尤銳身하여 當天下大任하니 雖權有屬(촉)有不屬이나 其遇事勇爲에 夷險一節하여 未嘗有所諉謝退讓畏避也라

이때에 公이 큰 난리를 수차례 평정하여 威風이 있었던지라 宰相으로서 湖廣總督이 되어 일찍이 군대를 거느리고 한 번 陝西를 구원하였는데, 얼마 되지 않아 曾公의 뒤를 이어 直隷總督이 되었다. 直隷에 재직한 것이 30년에 가까운데, 경영하고 계획한 바가 모두 海防이나 交隣과 같은 큰 계책이었다.

생각하기를 서양의 新法을 가지고 중국을 인도하여 〈중국이〉 이를 이용해서 自强을 추구하여 亞洲(아시아)를 한 번 부흥시키고자 하였으나, 권력에 이미 맡겨지지 않은 것이 있었고, 國勢가 오랫동안 쇠약해졌으며, 인재가 희소하였고, 옛 학문에 얽매인 자들이 마음대로 시기하고 훼방하여 기필코 그 성취를 무너뜨렸다.

公은 모욕을 감내하며 重任을 맡아 과격하게 하지도 않고 동요하지도 아니하여 비방과 칭찬, 順境과 逆境, 영예와 치욕을 한 번도 돌아보지 않았으며, 〈彼此의〉 强弱이 서로 드러났으므로 한 번 變革하지 않으면 스스로 떨쳐 일어나 벗어나지 못하리라는 것을 알았다. 다만 누적된 습관은 되돌려지지 않았으니 그중 중요한 것을 우선시한다면 兵備보다 급한 것이 없었으므로 彼此의 형세를 참작하여 늘 講和를 주장하되 人才를 육성하는 데 특히 부지런히 힘썼다.

於是에 公數平大難에 有威風이라 以宰相으로 總督湖廣하여 嘗帥(솔)軍하여 一援陝西러니 未幾에 代曾公하여 總督直隷라 〔在直隷〕[25]가 垂三十年하니 所經畫(획)이 皆防海交隣大計라 思欲以西國新法으로 導中國하여 利用之하여 以求自强하여 一興亞洲나 權力旣有不屬(촉)이요 國勢積弱이요 人才希少요 拘學恣意妒毁하여 必壞其成이라 公忍(訽)〔詬〕[26]負重하여 不激不撓하여 誹譽順逆榮辱을 一不顧問하고 知强弱相形에 不一變革이면 不克自振拔이로되 顧積習不反하니 先其重要면 莫急兵備라 參校彼已하여 常持和節하되 而育才尤兢兢云이라

24) 〔公〕 : 저본에는 '公'이 없으나, ≪桐城吳先生全書≫와 ≪李文忠公全集≫에 수록된 〈神道碑銘〉에 의거하여 보충하였다.

25) 〔在直隷〕 : 저본에는 '在直隷'가 없으나, ≪桐城吳先生全書≫와 ≪李文忠公全集≫에 수록된 〈神道碑銘〉에 의거하여 보충하였다.

26) (訽)〔詬〕 : 저본에는 '訽'으로 되어 있으나, ≪桐城吳先生全書≫와 ≪李文忠公全集≫에 수록된 〈神道碑銘〉에 의거하여 '詬'로 바로잡았다.

同治 11년(1872)에 曾公과 함께 상소하여 學童을 선발해서 미국으로 보내어 학교에 입학시키게 하였다. 그리하여 해마다 120명이 20년 동안 학문을 성취할 것을 기약하고, 해마다 귀환한 120명이 나라를 위해 쓰였는데, 얼마 되지 않아 유학하던 중에 폐지되었다. 公이 爭論하였으나 뜻을 이루지 못하여 이어서 생도를 파견하되 영국・독일・프랑스 등의 여러 나라로 나누어 보내어 학교에 입학시키니, 앞뒤로 발길이 서로 끊임없이 이어지더니 海軍을 창설하게 되어서는 將校는 모두 生徒들 중에서 取才하였다.

처음에 上海에 있을 적에는 외국 學館을 설립하자고 奏請하였는데 天津에 駐在하게 되어서는 水師・武備・管輪[27]・電報・醫術 등 여러 學堂을 설립하자고 주청하였고, 해군과 陸軍 등의 諸軍도 각각 자체적으로 학당을 설립하자 兵學이 차츰 융성하였는데, 끝내 財政에 관한 권한이 맡겨지지 않았던 탓에 공적을 크게 펼치지 못하였다.

同治十一年에 **與曾公合疏**하여 **選學童**하여 **送往美國**하여 **就學**이라 **歲百廿人**이 **期以廿年學成**이요 **歲歸百廿人**이 **爲國效用**이러니 **未幾**에 **中學而輟**이라 **公爭不能得**하여 **隨遣生徒**하되 **分出就學英德法諸國**하니 **前後踵相躡不絶**이러니 **及建海軍**하여 **將校**는 **盡取才諸生中**이라 **初在上海**에 **奏設外國學館**이러니 **及駐節天津**하여 **奏設水師武備筦輪電報醫術諸學堂**이요 **海陸諸軍**이 **又各自立學堂**에 **兵學寖盛**이러니 **卒以財權不屬**(촉)으로 **不能大展功緖**라

외국에서는 兵備로 해마다 수천만을 소비하는데 우리 정부는 애초에 公에 의지하여 해상을 방위하자고 논의할 때에 매해 4백만에 그쳤고 그 후로 약속대로 하지 못한 것도 11년이나 되었다. 겨우 구매한 것이라곤 鐵甲 兵艦 2척뿐이었으니, 海軍은 이로부터 시작된 것이다.

처음에 公이 거느린 淮軍은 모두 외국의 兵器를 썼는데, 훗날 〈公이〉 南方과 北方을 다스릴 때에 모두 담당 局을 설립하여 〈병기를〉 제조하였고,[28] 歐美에서 새로운 병기가 하나 나왔다는 소식을 들으면 반드시 백방으로 사들일 방법을 꾀하여

27) 管輪 : 汽船의 기관사를 양성하는 것이다.
28) 훗날……제조하였고 : 이홍장이 兩江總督 署理와 直隷總督 등 南方과 北方의 지방관을 역임하면서 江南製造總局, 金陵機器局, 天津機器局 등의 기구를 설치하여 兵器 제조에 힘썼던 일을 가리킨다.

불의의 사태에 대비하였다. 〈그런데〉 이윽고 戶部에서 上奏하여 제한을 두어 戰船과 병기를 사들이지 못하게 하였으니, 일본과 交戰(淸日戰爭)하게 되어서는 艦砲의 新舊가 대등하지 못하였기 때문에 패한 것이다.

外國兵備는 **歲糜數千萬**이어늘 **吾政府初議倚公防海**에 **歲止四百萬**이요 **其後**에 **不能如約**이 **積十一年**이라 **僅購鐵甲兵艦二艘**하니 **海軍自此起**라 **初**에 **公所部淮士**가 **盡用外國兵械**러니 **後**에 **歷鎭南北**할새 **皆設局製造**하고 **聞歐美出一新器**에 **必百計營購**하여 **備不虞**러라 **已而**요 **戶部奏立制限**하여 **不令購船械**하니 **及日本搆兵**하여는 **艦礮新舊不敵**이라 **以故敗**라

公이 일찍이 上奏하여 말하기를, "나라에 방비가 없어서도 안 되지만 방비가 갖추어지면 交隣을 도리어 놓쳐서는 안 된다."라고 하였는데, 먼 나라에서 온 사람과 교섭할 때에는 담소하기도 하고 꾸짖기도 하여 부드러움과 강함이 변화무쌍하였으며,[29] 그 風采를 접하면 세상을 뒤덮을 만큼 英偉한 인물임을 알 수 있었기에 일은 뒤따라 결정되었다.

영국인 馬加利[30]가 雲南의 邊塞 밖에서 피살되었을 때 英國公使 威妥瑪[31]가 분노하여 분쟁을 벌이다가 심지어 영국 국기를 내리고 도성을 나가기까지 하니 禍變이 매우 위급하였는데, 公은 자신이 之罘[32]로 가서 떠나는 것을 만류하겠다고 청하고서 마침내 러시아・독일・미국・프랑스・일본・오스트레일리아 등 6개국의 公使를 소집하고 크게 연회를 열어 즐겁게 술을 마시며 담소하는 자리를 오가면서

---

29) 부드러움과……변화무쌍하였으며 : 원문은 '陰陽闔開'이다. 이홍장의 외교술을 논하고 있는 문맥을 고려할 때, 陰은 부드러운 온건책을, 陽은 강한 강경책을 의미하는 것으로 보인다. '闔開'는 열렸다 닫혔다 하는 것으로, 변화무쌍하다는 뜻이다.

30) 馬加利 : 光緖 연간에 駐中 영국대사관 관원으로 일한 영국인 Augustus Margary를 이른다. Margary는 영국에서 파견한 Horace Brown 대령 등과 함께 무역로를 개척하기 위해 미얀마 등지를 탐방하고 돌아오던 길에 曼允 부근에서 토착민들과의 갈등 과정 중 從者들과 함께 살해되었다. 이 사건을 계기로 영국이 중국에 추가적인 개항을 요구하여 1876년에 煙臺條約이 체결되었다. 저본에는 Margary를 '馬加利'로 표기하였으나, ≪李文忠公全集≫에 수록된 〈神道碑銘〉에는 '馬駕理'로 표기되어 있고, 본서에 수록된 〈左文襄公神道碑〉에는 '馬駕利'로 표기되어 있다.

31) 威妥瑪 : 北京 駐在 영국공사를 지낸 영국인 Thomas Francis Wade(1818~1895)를 이른다. Margary 살해 사건을 처리하기 위해 이홍장과 교섭을 벌여 芝罘條約을 체결한 영국측 대표였다. 영국으로 돌아간 후 케임브리지대학의 초대 중국어 교수가 되었으며, 중국어를 로마자로 표기하는 이른바 威妥瑪注音을 창안한 것으로 널리 알려져 있다.

32) 之罘 : 淸나라 때 山東省에 있었던 항구 도시이다. '芝罘'로도 표기한다.

〈친분을 쌓은 다음〉 직접 영국의 兵船이 海戰을 훈련하는 곳까지 가서 마침내 和議를 정하고 돌아왔다.

公嘗奏稱하되 **國不可無備**어니와 **備具矣**어든 **交顧不可失**이라하니 **其交遠人**에 **談笑嫚罵**하여 **陰陽闔開**요 **接其風采**에 **知爲蓋代英偉人也**일새 **事隨以定**이라 **英人馬加利在雲南徼外被殺**에 **英使威妥瑪忿爭**이라가 **至下旗出都**하니 **禍變岌岌**이어늘 **公請自往之罘**하여 **留行**하고 **遂召集俄德美法倭澳六國公使**하고 **大會樂飮**하여 **往來談讌**하고 **親至英兵船閱習海戰**하여 **卒定議而歸**라

프랑스 군대가 越南에 침입하였을 때 公은 和議를 견지하였으나 朝野에 異論이 봉기하자 마침내 전쟁이 시작되었다. 敵은 公에게 對備가 있음을 알았기에 한 척의 兵船도 北海[33]를 침범하지 않았고, 마침내 나란히 퇴각하는 것으로 화의를 정하고는 군대를 철수하였다.

갑오년(1894)에 朝鮮에서 군대를 요청하여 亂(동학농민혁명)을 평정하려 하자 장수(葉志超)를 파견하여 보냈는데, 일본이 이를 듣고 또한 군대를 거느리고 이르러 오랫동안 서로 대치하며 결판이 나지 않았다. 公이 바야흐로 계책을 세워 분란을 해결하려 할 때에 시비하는 자들이 팔을 걷어붙이고 싸우자고 말하거늘 主謀者가 그 주장을 그대로 따르니 중국 군대가 이에 궤멸되었다. 敗戰하고 나서는 조정에서 공에게 일본으로 가서 화친을 의논하라고 명하므로 〈公이 일본에 가서〉 刺客을 만나 거의 죽을뻔하였다가 마침내 條約[34]을 맺고 군대를 해산시켜 나라의 禍患을 늦추었다.

이윽고 또 公을 파견하여 러시아에 사신으로 가게 하므로 〈公은〉 마침내 歐美의 이름난 나라들을 두루 방문하였다.

法兵入越南에 **公持和議**나 **朝野異論蜂起**에 **遂開戰**이라 **敵知公有備**일새 **無一兵犯北海**하고 **卒以交綏定和罷兵**이러라 **甲午**에 **朝鮮乞師定亂**에 **遣將往**이어늘 **日本聞**하고 **亦以兵至**하여 **久相持不決**이라 **公方設謀**하여 **解紛難**할새 **議者攘臂言戰**이어늘 **主謀者信之**하니 **王師熸焉**이라 **旣敗**에

33) 北海 : 淸末 奉天·直隸·山東의 沿海 지역을 일컫는 이름으로, 北洋·渤海라고도 한다. 이홍장이 청프전쟁 당시 北洋大臣으로 있었다.

34) 條約 : 1895년 4월에 淸日戰爭의 戰後 처리를 위해 淸나라와 일본 사이에 체결된 시모노세키조약을 가리킨다. 이홍장이 청나라의 全權大使 자격으로 시모노세키에 가서 일본측 대표 伊藤博文과 협상 후 체결하였다. 이때 이홍장은 일본인 고야마 토요타로(小山豐太郞)의 권총 습격으로 얼굴에 부상을 입었다.

朝廷命公往日本議和라 **遇刺幾死**라가 **卒結約解兵**하여 **紓國禍**러니 **已又遣公使俄**라 **遂歷聘歐美諸名國**이라

公이 처음 나가서 군대를 다스린 때로부터 이때에 이르기까지 40여 년 동안 國勢는 날로 더 기울고 外患은 날로 더 위급해졌는데, 公은 안으로는 변경의 방비를 굳건히 하고 밖으로는 강한 이웃 나라와 교제하여 艱困한 상황에서도 나라를 지탱하여 變故와 急難을 구제하였다.

五大洲에서 번갈아 추앙하여 독일 재상 畢士馬克,[35] 영국 재상 格蘭斯登[36]과 더불어 훌륭한 재상으로 나란히 일컬어지는지라 命을 받들어 먼 나라에 사신으로 나가니, 이때에 公의 나이 75세였다. 나라의 위세가 갓 꺾인 때에 등에 棺을 지고[37] 국경을 나서니, 도착한 나라의 임금과 신하가 勝敗를 가지고 생각을 바꾸지 않고 공경과 예우를 더하였으며 國交가 더욱 도타워졌다. 使行에서 돌아오자 外部[38]를 맡으라는 命이 있었는데, 이윽고 〈지방으로〉 나가서 兩廣(廣東과 廣西)의 總督이 되었다.

自公始出治兵으로 **至是**히 **四十餘年**에 **國勢日益傾**이요 **外患日益危逼**이어늘 **公內固疆圉**하며 **外交强隣**하여 **撐拄艱困**하여 **濟變振急**이라 **五洲交推**하여 **與德相畢士馬克英相格蘭斯登**으로 **竝稱賢相**이라 **奉命遠使**하니 **於是**에 **公年七十五矣**라 **國威新挫**에 **輿櫬出疆**하니 **所至**에 **君臣不以勝敗易慮**하고 **敬禮有加**요 **邦交益睦**이라 **使歸**에 **命掌外部**러니 **已而**요 **出鎭兩廣**이러라

---

35) 畢士馬克 : 19세기 후반 독일 제국의 首相을 지낸 독일인 Otto Eduard Leopold von Bismarck(1815~1898)를 이른다. 크고 작은 연방 국가로 분열된 독일을 통일하여 독일 제국을 건설하는 데 주도적인 역할을 한 정치가이자 외교가로, '철의 재상'이라는 별칭으로 더 널리 알려져 있다.

36) 格蘭斯登 : 19세기 후반 대영 제국의 首相을 4차례에 걸쳐 역임한 영국인 William Ewart Gladstone(1809~1898)을 이른다. 보수당의 하원의원으로 정계에 입문한 이래 재무상이 되어 재정을 개혁하였고, 자유당 黨首에 올라 선거법 개혁을 추진하는 등 많은 사회 개혁을 단행하였다. 영국사에서 가장 위대한 총리 중 한 명으로 꼽힌다.

37) 등에……지고 : 投降 의사를 표시하는 행위이다. ≪春秋左氏傳≫ 僖公 6년 조에 "許男이 양손을 등뒤로 묶은 채 앞을 바라보고 입에 璧玉을 물었으며, 그 大夫는 喪服을 입었고, 士는 棺을 지고 따랐다.〔許男面縛銜璧 大夫衰絰 士輿櫬〕"라는 말이 보인다. 여기서는 결사의 각오로 해외를 순방한 것을 이른다.

38) 外部 : 外交를 담당하는 부서이다.

경자년(1900)에 나라를 어지럽히는 백성들[39]이 戰端을 열자 8개국이 군대를 연합하여 內侵해 왔다. 〈皇太后가〉 詔令을 내려 公을 불러들였는데, 〈公은〉 上海에 이르러 길이 막혀 나아갈 수 없었으니, 敵의 禍가 더욱 급해지자 兩宮이 蒙塵하였다.[40] 公은 敵의 軍中에 돌진하여 들어가 걸핏하면 단속과 제재를 받았고, 京師에 이르고 보니 마치 겹겹의 포위에 빠진 듯하였다. 혈혈단신의 한 노인이 8개국의 强兵과 대항하다가 1년여 만에 우리 國都를 수복하였으나, 公 또한 피로하고 지친 탓에 병들어 일어나지 못하더니, 車駕[41]가 陝西에서 京師로 돌아온 때에 미쳐서는 公은 이미 〈그러한 광경을〉 미처 볼 수 없게 되었다.

庚子에 **亂民肇釁**에 **八國連兵內犯**이라 **有詔召公入**이어늘 **行至上海**에 **道阻不得進**하니 **敵禍益急**에 **兩宮蒙塵**이라 **公突入敵軍**에 **動遭檢制**하고 **旣至京**에 **如陷重圍**라 **孑然一老**가 **與八國强兵相抗**이라가 **年餘**에 **還我京輦**이나 **而公亦以勞瘁**로 **致疾不起**러니 **及車駕(至)〔自〕**[42]**陝還京**하여는 **公已不及見矣**라

訃音이 알려지자 行在所[43]에서 몹시 슬퍼하여 거듭 親王[44]을 보내어 賜祭하고 太傅를 추증하였으며 一等侯로 올려 封하고 謚號를 文忠이라 하였다. 銀 5천 냥을 하사하여 喪을 치르게 하고 賢良祠[45]에 入祀하도록 하였으며, 本籍地와 功을 세운 각 行省 및 京師에 모두 專祠[46]를 세우게 하였다.

아들 刑部員外郎 經述은 상으로 4품 京堂[47]을 내리고, 一等侯를 襲封하게 하였

---

39) 나라를……백성들 : 淸末에 扶淸滅洋의 기치를 내걸고 대대적인 봉기를 일으킨 義和團 세력을 가리킨다. 1900년에 北京 진입에 성공한 의화단 세력이 官軍과 합세하여 列國의 공사관을 공격한 결과, 淸나라와 영국·러시아·독일·프랑스·미국·이탈리아·오스트리아·일본 등 8개국 연합군과의 전쟁이 발발하였다.

40) 兩宮이 蒙塵하였다 : 의화단 사건 때 慈禧皇太后와 光緖帝가 西安으로 避身한 일을 가리킨다.

41) 車駕 : 임금이 타는 수레인데, 여기서는 慈禧皇太后와 光緖帝를 가리킨다.

42) (至)〔自〕 : 저본에는 '至'로 되어 있으나, ≪桐城吳先生全書≫와 ≪李文忠公全集≫에 수록된 〈神道碑銘〉에 의거하여 '自'로 바로잡았다.

43) 行在所 : 임금이 궁을 떠나 멀리 擧動할 때 머무는 곳으로, 여기서는 당시 西安으로 避身해 있던 慈禧皇太后와 光緖帝를 가리킨다.

44) 親王 : 황제의 가까운 친족 중 王에 封해진 자를 이른다.

45) 賢良祠 : 淸代의 王·公·大臣 및 有功者를 제사하기 위하여 雍正 연간에 건립한 사당으로, 北京의 地安門 西大街에 있다.

46) 專祠 : 여러 神位를 모시지 않고 한 神位만 단독으로 제향한 사당을 말한다.

47) 京堂 : 淸代에 都察院·通政司·詹事府·國子監 및 大理寺(대리시)·太常寺·太僕寺·光祿寺·

다. 工部員外郎 經邁는 상으로 4·5품 경당을 내렸다. 公은 처음에 아들이 없어 아우의 아들 經方을 嗣子로 삼았었는데, 〈경방은〉 이때에 이르러 記名[48] 道員으로 缺席을 만나 簡放[49]하였다가 곧바로 상으로 4품 경당을 내렸다. 손자 戶部員外郎 國杰은 郎中으로 즉시 補任하였고, 國燕과 國煦는 員外郎으로 行走[50]에 배치하였으며, 國熊과 國燾는 擧人을 하사하였다. 經述은 곧이어 哀毁로 卒하였다.

前夫人은 某氏[51]이다. 後夫人 太湖 趙氏는 翰林修撰 某官 某의 따님이니, 公보다 먼저 卒하였다. 側室 某[52]氏는 某號[53]에 封해졌다.

訃聞에 行在震悼하여 再遣親王賜祭하고 追贈太傅하고 進封一等侯하고 諡文忠이라 賜銀五千兩하여 治喪하고 祀賢良祠요 本籍及立功各行省及京師에 皆建專祠라 子刑部員外郎經述은 賞四品京堂하고 襲封一等侯라 工部員外郎經邁는 賞四五品京堂이라 公初無子하여 以弟之子經方으로 爲子러니 至是에 以記名道로 遇缺簡放이라가 旋賞四品京堂이라 孫戶部員外郎國杰은 以郎中卽補요 國燕國煦는 以員外郎으로 分部行走요 國熊國燾는 賜擧人이라 經述은 旋以毁卒이라 前夫人은 某氏라 後夫人太湖趙氏는 翰林修撰某官某之女니 先公卒이라 側室某氏는 封某號라

公은 평소 曾文正公을 스승으로 섬겨 나가서 군대를 다스리고 國論을 주장할 때 曾公과 서로 호응하였으니, 그 충성스러운 謀劃과 英明한 결단은 능히 나라를 무겁게 할 만하였고, 是非와 成敗가 조금도 마음을 동요시키지 못하여 한결같이 증공의 학문을 견지하였다.

증공이 薨逝한 뒤로 서양 세력이 더욱 동으로 흘러드는 것이 마치 병 속의 물을 거꾸로 쏟는 듯하였기에[54] 막을 수 없었는데, 나라에서는 한결같이 옛 常例로써

鴻臚寺 등의 長官을 京堂이라 불렀는데, 淸나라 중엽 이후로는 일종의 虛銜이 되었다.

48) 記名 : 淸朝의 官制에 吏部나 軍機處에서 공적이 있는 관리의 이름을 기록해두었다가 缺員이 생기면 발탁할 수 있도록 대비한 것을 말한다.

49) 簡放 : 淸朝의 官制에 銓敍를 거쳐 道나 府 이상의 外職에 임용하여 파견하는 것을 말한다.

50) 行走 : 淸朝의 官制에 專官을 두지 않은 機構의 관직이나 非專任 관직을 가리키는 말인데, 北洋軍閥이 통치하던 시기에는 額外로 임명하여 충당한 관원을 가리키는 말로도 쓰였다.

51) 某氏 : 저본에는 '某氏'로 되어 있으나, ≪李文忠公全集≫에 수록된 〈神道碑銘〉에는 '같은 고을의 周氏[同邑周氏]'로 되어 있다.

52) 某 : 저본에는 '某'로 되어 있으나, ≪李文忠公全集≫에 수록된 〈神道碑銘〉에는 '莫'으로 되어 있다.

53) 某號 : 저본에는 '某號'로 되어 있으나, ≪李文忠公全集≫에 수록된 〈神道碑銘〉에는 '一品夫人'으로 되어 있다.

대처하였으되, 公만 홀로 힘껏 앞다투어 나아가 앞장서서 나라를 인도하여 비록 뭇사람이 의심하고 아무도 뒤따르지 않았으나 굳게 견디며 몸과 마음을 다 바치니, 외국에서는 公을 마치 큰 건물을 지탱하는 하나의 기둥처럼 우러러보았다.

이미 서양의 法을 써서 陸海軍을 배치하여 조련하고 旅順[55]과 威海[56]에 防備를 설치하였는데 財政이 자신에게 맡겨지지 않자, 招商輪船局[57]을 창립하고 각 行省의 電線을 건설하였으며 鐵路를 앞장서서 조성하고 唐山[58]의 炭鑛과 漠河[59]의 金鑛을 개발하여 채굴하니, 이는 모두 이룩한 업적이 환히 드러나 兵備와 더불어 表裏가 되는 것들이다.

公生平嚴事曾文正公하여 **出治軍**하고 **持國論**할새 **與曾公**으로 **相首尾**하니 **其忠謀英斷**이 **能使國重**이요 **是非成敗**가 **不毫髮動心**하여 **一秉曾公學**이라 **曾公薨後**에 **西國勢力益東注**가 **若倒瓴水**일새 **不可遏止**어늘 **國家一以故常待之**로되 **公獨邁往競進**하여 **導國先路**하여 **雖衆疑莫隨**나 **而堅忍盡瘁**하니 **外國望之**에 **如大厦一柱**라 **旣用西法**하여 **勒習海陸軍**하고 **設防旅順威海**어늘 **財政不已屬**(촉)에 **則興立招商輪船**하고 **建設各行省電線**하고 **倡造鐵路**하고 **開採唐山煤礦漠河金礦**하니 **皆成績昭著**하여 **與兵備表裏**라

그 外交할 때의 機智는 능히 약한 세력으로 뭇 强國을 몰고 부려서, 그들로 하여금 謀略을 그치고 원한을 풀고서 '중국에 인물이 있다.'라고 생각하게 하였다. 어려운 일을 맡아 먼 나라를 제어하는 것은 前古에 없던 일이라 功이 높아지자 시기를 샀거니와 성품이 활달하여 해학을 좋아하므로 시기하는 자가 더욱 많았는데, 公은 한결같이 개의치 아니하여 어두운 길 험난한 길을 가면서도 마치 아무 일도 없는 것처럼 태연하였다. 살아서 이미 그 뜻을 다 행하지 못하고, 죽어서도 더불어 자

---

54) 병……듯하였기에 : 막을 수 없을 정도로 세찬 기세를 비유한 표현이다. 漢나라 田肯이 高祖에게 秦나라의 地勢가 用兵에 매우 유리함을 역설하면서 "비유하자면 높은 지붕 위에 앉아 병 속의 물을 거꾸로 쏟는 것과 같습니다.〔譬猶居高屋之上 建瓴水也〕"라고 한 일이 ≪史記≫ 〈高祖本紀〉에 보인다.

55) 旅順 : 지금의 遼寧省 遼東半島의 남서단에 위치한 항구 도시이다.

56) 威海 : 지금의 山東省 山東半島의 북부 해안에 위치한 항구 도시이다.

57) 招商輪船局 : 1872년 李鴻章이 上海에 설립한 중국 최초의 근대적 해운 회사로, 官督商辦 체제로 경영하였다. 輪船招商局이라고도 한다.

58) 唐山 : 지금의 河北省 동북부에 위치한 도시이다.

59) 漠河 : 지금의 黑龍江省 북부에 위치한 도시이다.

취를 이어나갈 이가 없으니, 이 때문에 조정이 더욱 애통하게 여겼다.

其外交機智가 能以弱勢로 驅策群强하여 使寢謀釋怨하여 謂國有人이라 任艱馭遠은 前古無有라 功高取忌어니와 性闊達하여 喜譀譃이라 忌者益衆이어늘 公一不屑意하여 履晦履險에 若無事然이라 生旣不盡行其志하고 沒而無與繼軌하니 以此로 朝廷尤痛惜之라

公은 光緖 27년(1901) 9월 某[60]日에 薨逝하니, 享年 79세이다. 經方 등이 장차 광서 29년(1903) 2월 某[61]日에 公을 合肥의 某鄕 某原[62]에 장사 지내려 하는데, 장사에 앞서 나에게 편지를 보내어 말하기를, "先君께서 예전에 墓碑에 새길 글을 君께 부탁하셨습니다. 지금 장사 지낼 날이 얼마 남지 않았으니, 청컨대 승낙하셨던 것을 이행해주십시오."라고 하였다. 이에 銘을 지으니, 그 내용은 다음과 같다.

公薨以光緖廿七年九月某日하니 享年七十有九라 經方等將以廿九年二月某日로 葬公合肥某鄕某原하니 前〔葬〕[63]에 以書抵汝綸하여 曰 先君曩以墓刻屬(촉)君이라 今葬有日하니 請踐諾이라할새 乃爲銘하노니 曰

나라는 이 세계에서
강한 힘으로 다투어 존립하는 법.
政法은 지금에 이르러
옛것을 변화시켜 一新해야 하거늘,
얽매이기만 하고 변화하지 않으니
위태롭도다, 위기와 어려움이여!
皇帝께서 外患을 두려워하신 지
햇수로 60년이 넘었거늘,

60) 某 : 저본에는 '某'로 되어 있으나, ≪李文忠公全集≫에 수록된 〈神道碑銘〉에는 '27〔卄七〕'로 되어 있다.

61) 某 : 저본에는 '某'로 되어 있으나, ≪李文忠公全集≫에 수록된 〈神道碑銘〉에는 '18〔十八〕'로 되어 있다.

62) 某鄕 某原 : 저본에는 '某鄕某原'으로 되어 있으나, ≪李文忠公全集≫에 수록된 〈神道碑銘〉에는 '東鄕 大興集 夏小影'으로 되어 있다.

63) 〔葬〕 : 저본에는 '葬'이 없으나, ≪桐城吳先生全書≫와 ≪李文忠公全集≫에 수록된 〈神道碑銘〉에 의거하여 보충하였다.

편안한 세월이 오래되매
〈外患이〉 끊이질 않고 더욱 위급해졌네.
〈하늘이〉 우리 公 같은 특출한 인물을 내시어[64)]
멀리 온 천하를 어루만지게 하시니,
무너지는 물결을 몸으로 가로막아
손으로 끌어당겨 산처럼 서게 하였네.
城도 태울 만한 혀가 있어[65)]
나라를 가지고 公을 기울어뜨리거늘,
公이 기울면 나라도 위태로워지기에
公이 서서히 바로잡았네.
公은 살아서 뭇 사람이 시기하였는데
公이 죽고 누가 그 뒤를 이으리오.
행적을 모아 碑石에 글로 새겨
萬萬歲에 알리노라

國於瀛寰에 强(立)〔力〕[66)]競存이라 政法到今하여 變古一新이어늘 有拘不化하니 岌乎危艱이로다 皇恤外患이 歲逾六十이어늘 安其久故에 不艾益急이라 篤生我公하여 遠撫宙合하니 橫身頹流하여 挽使山立이라 有舌燒城하여 以國傾公이어늘 公傾國危라 公徐正之라 公在衆忌러니 公沒誰嗣리오 最(촬)迹鑱辭하여 訊萬萬世하노라

---

64) 〈하늘이〉……내시어 : 원문은 '篤生我公'으로, '篤生'은 하늘이 특출한 인물을 내려주었다는 뜻이다. ≪詩經≫ 〈大雅 大明〉에, "武王을 후하게 낳게 하시어 保佑하고 命하셨다.〔篤生武王 保右命爾〕"라는 말이 보인다.

65) 城도……있어 : 讒言으로 害하려 한 자가 있음을 말한다. 君子를 讒害하는 小人의 붉은 혀는 城廓이라도 태워버릴 만하다는 뜻인 '赤舌燒城'을 응용한 표현이다.

66) (立)〔力〕 : 저본에는 '立'으로 되어 있으나, ≪桐城吳先生全書≫와 ≪李文忠公全集≫에 수록된 〈神道碑銘〉에 의거하여 '力'으로 바로잡았다.

25. 附 ≪深州風土記≫ 4편 초록　附深州風土記四篇*

*≪深州風土記≫는 河北 深州의 地方志로, 총 22편이다. 오여륜은 同治 10년(1871)부터 12년까지 深州知州를 맡은 바 있다.

이하는 모두 ≪深州風土記≫에서 요점을 뽑아 초록한 것이다. 風土記는 세상에 많지 않다. 선생(오여륜)이 20년 동안 정력을 쌓은 뒤에 이루었으니, 논하는 이들이 이를 歐陽公(歐陽脩)의 ≪五代史≫에 비긴다. 바로 선생이 藤澤南岳[1]에게 답한 편지에서도 말하기를, "우리나라의 方志가 오래 묵은 채로 인습되어 왔는데, 拙著가 구습을 한 번 씻어내어 글자마다 근본이 있게 하고 편마다 문장을 이루게 하였다." 하였으니, 그렇다면 이 글은 선생 평생의 득의한 저작임에 의심할 여지가 없다. 이에 몇 편을 뽑아 초록하여 전체 글의 소개로 삼는다.[2]

以下皆摘鈔深州風土記라 **風土記世不多有**라 **先生積廿年之精力**하여 **而後成之**하니 **論者以比歐陽公五代史**라 **卽先生答藤澤南岳書亦云 敝國方志**가 **陳陳相因**이러니 **拙著一洗故習**하여 **令其字字有本**하고 **篇篇成文**이라하니 **然則此書爲先生生平得意之作無疑也**라 **玆摘鈔數篇**하여 **以爲全書介紹**라

---

1) 藤澤南岳 : 1842~1920. 日本 메이지 시기에 활동한 유학자이다. 이름은 恒, 자는 君成이며, 통칭은 恒太郎이다. 호는 醒狂, 香翁 등이 있다. 藤澤東畡의 장남이며 讚岐國 출생이다.

2) 이하는……삼는다 : 이 단락은 오여륜의 글이 아니다. ≪明清八大家文鈔≫의 編者인 王文濡의 글인 듯하다. 〈明以來孝義序〉부터 〈深州風土記敍錄〉까지는 모두 ≪심주풍토기≫에서 초록한 것이다.

25-1. 〈明以來孝義〉에 대한 序　明以來孝義序*

* 오여륜이 지은 ≪深州風土記≫에 실린 〈明以來孝義〉 서문이다. 〈명이래효의〉는 深州 지역에 孝義로 기릴 만한 이들을 기록한 편이다. 오여륜은 이 서문에서 조정에서 지위가 없는 士庶人이 뜻을 행하는 방법으로 救恤과 孝行을 꼽은 뒤, 효행의 가치를 강조하였다.

士庶人은 조정에서 지위가 없어서 스스로 뜻을 행할 수 있는 것은 한 집안, 한 고을에서일 뿐이다. 고을에서는 救恤을 맡고, 집안에서는 孝弟를 행하는데, 구휼을 맡는 데는 반드시 많은 재산이 있어야 하므로 가난한 선비는 구휼로 알려진 이가 없고, 효제는 平常의 행실이므로 칭술할 만한 점이 없다.

남의 이목을 놀라 움직이게 하는 것은 반드시 남다른 절조와 홀로 이룬 조예로서 대중과는 다른 행실이 있어서이다. 그러므로 明으로부터 지금에 이르도록 조정에서 旌閭를 받은 이들로서 饒陽의 義民 張守義와 貢生 王國屛과 安平의 郭弘 같은 경우는 모두 곡식으로 구휼을 도왔고, 深州의 士人 王寧과 諸生 林基·王容과 農人 王之俊[1]과 饒陽의 長安丞 高富와 安平의 諸生 李允正과 王之正은 모두 어버이가 몰세하자 시묘살이하였고, 王寧은 또 일찍이 넓적다리를 베었다.

士庶人無位于朝하여 **其得自爲者**는 **一家一鄕而已**라 **鄕則任卹**이요 **家則孝弟**니 **任卹必有高貲**라 **蓬藋之士無聞焉**이요 **孝弟**는 **庸行也**니 **無可稱述**이라 **其驚動人耳目者**는 **必有奇節孤詣詭衆之行**이라 **故**로 **自明至今**히 **受旌於朝者**로 **如饒陽義民張守義**①와 **貢生王國屛**②과 **安平郭弘**③은 **皆以粟麥助賑**이요 **深州士人王寧**과 **諸生林基王容**④과 **農人王之俊**⑤과 **饒陽長安丞高富**⑥와 **安平諸生李允正王之正**⑦은 **皆以親沒廬墓**요 **王寧又嘗割股**라

1) 일이……보였다 : 農人 王之俊에 대해서는 ≪大淸一統志≫ 권33에 "深州 사람이다. 부모가 별세하자 묘 곁에서 시묘살이한 것이 전후로 16년이었다. 康熙 연간에 정표하였다.〔深州人 父母歿 廬於墓側 前後十六年 康熙間旌表〕"라고 하였고, 文學편 國之桓의 일 중에서 보였다는 것은, ≪深州風土記≫의 문학 조목에서 국지환의 일을 서술하면서 덧붙여 설명하였다는 뜻이다.

① 正統 6년에 정려 받았다.
正統六年旌이라

② 雍正 2년에 정려 받았다.
雍正二年旌이라

③ 正統 7년에 정려 받았다.
正統七年旌이라

④ 모두 明代이다.
皆明代라

⑤ 康熙 연간이다. 일이 ≪大淸一統志≫에 적혀 있으니, 이미 文學편 國之桓의 일 중에서 덧붙여 보였다.
康熙時라 事載一統志하니 已附見文學國之桓事中이라

⑥ 嘉靖 연간이다.
嘉靖時라

⑦ 모두 康熙 연간이다.
皆康熙時라

무릇 부유한 사람이 곡식을 내어놓는 것은 쉬운 일이고, 어버이를 모실 적에 필시 넓적다리를 베어내고 시묘살이를 하는 것은 구차히 어려운 일을 하는 것을 귀하게 여기는[2] 것이다. 그런데도 조정에서 마을 문에 旌表하는 은전이 이를 기필하는 것은 장차 경박한 풍속을 고무하고 격려하여 여염의 백성들에게 보이고 교화해서, 사적을 살펴보고 믿지 않을 수 없게 하려는 것이다. 그러므로 그 행실이 하기 어려운 일인지 쉬운 일인지를 가지고 괴이하게 여기고 소홀히 여길 수 없는 것이다.

곡식을 내어 정표를 받는 것은 지금까지도 바꾸지 못하는 것이지만, 넓적다리살을 베어내고 시묘살이를 하는 것은 우리 高宗皇帝(乾隆帝)께서 효가 아니라고 결정하시어 정표하지 않을 뿐 아니라 또 이를 금지하였다. 그러므로 乾隆 연간에 遷安訓導 王正宗의 효를 정표할 때 하나의 행실을 위주로 하지 않았고, 學使[3]가 諸生 謝鉦을 정표할 때도 하나의 행실을 위주로 하지 않았다.

---

2) 구차히……여기는 : ≪荀子≫ 〈不苟〉에 "군자는, 행동은 구차하게 어려운 일 하는 것을 귀하게 여기지 않는다.……그렇지만 군자가 귀하게 여기지 않는 것은 예의에 알맞은 것이 아니기 때문이다.〔君子行不貴苟難……然而君子不貴者 非禮義之中也〕"라고 하였다.

3) 學使 : 淸代 각 省의 교육 행정 장관인 提督學政을 가리킨다.

그러나 향리의 어리석은 백성들은 그래도 넓적다리를 베어내고 시묘살이를 하길 그치지 않고 있다. 저들이 진실로 말하기를, "이와 같지 않으면 내가 나의 情을 나의 부모님께 바칠 길이 없다."라고 하니, 이를 말미암아 말해보건대 한 집에서 몸소 행하여 귀신에게 통하는 것은 무릇 나의 뜻을 만족하고자 하는 것일 따름이니, 정표를 금하는 것이 저들에게 어찌 더하고 덜할 것이 있겠는가.

저들 중 예컨대 饒陽의 耿寬은 7世가 함께 살면서 義門으로 정표되었으니, 그 일이 ≪明史≫에 갖추어져 있고, 雍正 때에 深州의 霍才는 힘써 농사지었다 하여 冠帶를 주었으니, 이는 늘 있는 일이 아니다. 이는 필부의 행실로서 사대부가 미치지 못하는 바이지만, 숨겨져서 빛을 발하지 못하여 세상에 알려지지 못한 경우가 많다. 그 사실 중 기록할 만한 것을 가려내어 이 篇에 드러낸다.

夫富人出粟은 **易**(이)**事也**요 **事親必割股廬墓**는 **是貴苟難也**로되 **然而朝廷表門之典**이 **必于是者**는 **將有風厲薄俗**하여 **化示閭閻**하여 **不能不考信于事蹟**이라 **故**로 **不得以其行之有難易**로 **而怪忽之也**라 **出粟受旌**은 **至今未改**어니와 **割股廬墓**는 **則我高宗皇帝斷爲非孝**하여 **不惟不旌**이요 **而又禁絶之**라 **故**로 **乾隆中**에 **旌表遷安訓導王**(宗正)〔正宗〕[4]**之孝**할새 **不主一行**하고 **學使者**가 **旌諸生謝**(玉)〔鈺〕[5]할새 **亦不主一行**이라 **然而鄕曲愚民**이 **猶行割股廬墓不止**하니 **彼固謂不如是**면 **吾無以致吾情於吾父母也**라하니 **由是言之**컨대 **躬行於一室**하여 **而幽通於鬼神**은 **凡以求足吾志而已**니 **旌之禁絶之**가 **彼何加損焉**이리오 **他如饒陽耿寬**은 **七世同居**하여 **旌爲義門**하니 **事具明史**요 **雍正時深州霍才**는 **以力農給冠帶**하니 **此不常有**라 **蓋匹夫之行**이 **薦紳所不逮**로되 **而潛隱不曜**하여 **無聞於世者**가 **多矣**라 **掇其事實可紀者**하여 **箸於篇**하노라

4) (宗正)〔正宗〕: 저본에는 '宗正'으로 되어 있으나, ≪深州風土記≫에 의거하여 '正宗'으로 바로잡았다.
5) (玉)〔鈺〕: 저본에는 '玉'으로 되어 있으나, ≪深州風土記≫에 의거하여 '鈺'으로 바로잡았다.

25-2. 유우 流寓*

* 流寓는 타향에 寓居하는 것을 말한다. 이 글은 隋나라부터 明나라 말엽에 이르기까지 다른 지역 출신으로서 深州 지역에 거주한 名士들에 대하여 기록한 것으로, ≪深州風土記≫ 제19편에 해당한다.

심하도다, 이름을 그만둘 수 없음이여! 산천은 好惡가 없거늘 賢士 豪傑의 유적이 거기에 있으면 名勝이 되니, 비록 그 지역에서 태어난 이가 아니더라도 종적이 지나간 곳이면 후세 사람이 그래도 흥미진진하게 즐겨 말한다. 隋나라 이전은 오랜 옛날이라 말할 것도 없거니와, 隋나라 시대에 經師[1] 劉焯[2]과 劉炫[3]이 저명하여 세상 사람들이 二劉라고 일컬었으니 이유는 모두 일찍이 武强縣[4] 交津橋에 있는 劉智海[5]의 집에 나아가 독서하여 10년 만에 마침내 儒家의 학업을 성취하였다.

甚哉라 **名之不可以已夫**인저 **山川無好惡**(오)**也**어늘 **有賢豪遺蹟在焉**이면 **則爲名勝**이니 **雖非其土所生**이라도 **而蹤跡所過**면 **後之人猶津津樂道之**라 **隋以前尙矣**어니와 **隋世經師劉焯劉炫爲箸**라 **世稱二劉**하니 **二劉皆嘗就武强交津橋劉智海家讀書**하여 **十年**에 **乃成儒業**이라

金源[6]의 시대에 容城縣[7]의 劉述 字 繼先은 靜修[8] 선생의 부친이니, 貞祐의 변

1) 經師 : 經學을 연구하는 사람을 말한다.
2) 劉焯 : 隋나라 信都 昌亭 사람으로, 자는 士元이다. 劉炫과 함께 공부하여 儒學으로 명성을 떨쳐 二劉로 불렸다. 文帝 때에 秀才로 천거되었고, 煬帝 때에 太學博士가 되었다. ≪稽極≫, ≪曆書≫, ≪五經述議≫ 등을 저술하였다.
3) 劉炫 : 隋나라 河間 景城 사람으로, 자는 光伯이다. 文帝 때 國史 편찬에 참여하였으나, 관직에는 나가지 못하였다. 煬帝 때 太學博士에 올랐다.
4) 武强縣 : 淸나라 때 深州에 속한 縣으로, 지금은 河北省에 속한다.
5) 劉智海 : ≪隋書≫ 〈儒林傳 劉焯傳〉에 따르면, 劉智海의 집에 古書가 많아 劉焯과 劉炫이 가서 읽었다고 한다.
6) 金源 : 金나라의 별칭이다.
7) 容城縣 : 淸나라 때 直隸 保定府에 속한 縣으로, 지금은 河北省에 속한다.
8) 靜修 : 劉因(1249~1293)을 말한다. 유인은 元나라 保定 容城 사람으로, 자는 夢吉이며, 靜修는 그 호이다. 시호는 文靖이다. 許衡, 吳澄과 함께 元代의 大儒로 일컬어진다. 저서로 ≪靜修文集≫이 있다.

란[9]에 가족을 다 데리고 남쪽으로 옮겨갔다. 天興 원년(1232)에 金나라 汴京[10]이 포위되자 다시 양친을 모시고 북쪽으로 돌아가다가 5월 5일에 安平에 이르렀다. 6월에 양친을 연달아 여의어 마침내 안평에 머물다가 12월이 되어 비로소 상여를 모시고 북쪽으로 출발하였으니, 이때에 유술은 26세였고 17년 뒤에 마침내 정수 선생을 낳았다. 유술이 안평에 머문 것은 모두 7개월이다. 이 州의 前代 名人의 종적은 이에 그친다.

金源之世에 **容城劉逑字繼先**은 **靜修先生之考也**니 **貞祐之變**에 **盡室南遷**이라 **天興元年**에 **金汴京被圍**할새 **復**(부)**奉親北還**이라가 **五月五日**에 **至安平**하고 **六月**에 **二親連喪**이라 **遂留安平**이라가 **至十二月**하여 **始扶喪北發**하니 **是時**에 **逑年二十六**이요 **後十七年**에 **乃生靜修先生**이라 **逑留安平**이 **凡七月**이라 **此州前代名人蹤跡**이 **止此**라

明나라 말엽에 이르러 宋登春[11]과 張崙이 다시 모두 이 州에 와서 살았으니, 송등춘은 시로, 장륜은 그림으로 모두 세상에 이름이 있었다.

송등춘은 젊었을 적에 외롭고 가난하였는데 처와 자녀를 연이어 여의고서 마침내 집을 버리고 책을 싸 들고 먼 곳을 노닐어 노둔한 나귀 한 마리에 걸터앉아 천하를 두루 다녔다. 일찍이 江陵 天鵞池에 거주하였기에 鵞池生이라고 自號하였다.

吳郡 사람 徐學謨[12]가 荊州知府로 있을 적에 그의 시를 높이 인정하여 그와 교우하였다. 서학모가 관직을 떠나자 송등춘은 羽衣를 입고 바리때를 들고서 한번 바닷가에 이르러 서학모를 방문하고는 이후로 전혀 소식을 듣지 못하였으니, 서학모는 송등춘이 죽은 지 오래라고 여겨 마침내 그에 대하여 傳을 지었다. 그런데 20여 년 뒤에 서학모가 禮部尙書로서 벼슬에서 물러나 귀향할 적에 송등춘이 마

---

9) 貞祐의 변란 : 貞祐는 金 宣宗 때의 연호(1213~1217)이다. 1213년에 몽골이 금나라를 침공하여 燕京(北京)을 포위하였다.

10) 汴京 : 지금의 河南省 開封市에 해당한다. 1214년 金 宣宗은 몽골의 침략을 방어하기 위하여 燕京(北京)에서 汴京으로 수도를 옮겼다.

11) 宋登春 : 明나라 眞定府 新河 사람으로, 자는 應元이고, 호는 海翁·鵝池生이다. 시인이자 화가이다. 30세에 아내와 자식 다섯이 모두 죽자 집을 버리고 먼 곳을 떠돌았다. 만년에 江陵에 머물 때 荊州知府 徐學謨가 그를 존경하여 예우하였다. 후에 錢塘江에 몸을 던져 죽었다. 저서로 ≪宋布衣集≫이 있다.

12) 吳郡……徐學謨 : 吳郡은 蘇州를 말한다. 徐學謨는 자가 叔明·子言이고, 호가 太室山人이며, 明나라 蘇州 嘉定 사람이다. 嘉靖 29년(1550)에 進士가 되었다. 荊州知府를 지내던 중에 탄핵받아 파직되었고, 뒤에 禮部尙書에 올랐다.

침내 다시 그를 방문하여 전별을 앞두고 潮水를 구경한다고 핑계 대어 배를 40리 남짓 달려가서 흰 물결 속에 스스로 뛰어들었으니 이때가 崇禎 갑신년(1644)[13]이었다.

송등춘의 시는 臨邑縣의 邢侗이 序文을 썼다. 康熙 연간 중에 新河知縣 王培가 비석을 세워 그 마을에 旌表하고 그의 시를 판각하여 ≪宋布衣集≫이라 하였다. 송등춘이 애초에 집을 버리고 타향을 떠돌 적에 安平의 친구 집에 이르자 친구가 손님으로 대우하였으니 2년 만에 마침내 떠났다.

及明之季世하여 而宋登春張崙復(부)皆客此州하니 登春以詩로 崙以畫로 皆有名於世라 登春少孤貧이러니 旣連喪妻子女하여 遂棄家囊書遠遊하여 跨一蹇驢하여 徧行天下라 嘗居江陵天鵞池일새 自號鵞池生이라 吳郡徐學謨守荊州할새 高其詩而友之라 學謨去官에 登春羽衣持鉢하여 一至海上訪學謨하고 自後絶不聞問하니 學謨以登春死久矣하여 遂爲作傳이러라 後二十餘年에 學謨以禮部尙書致仕歸할새 登春乃復過之하여 臨餞에 託言觀潮하여 趣舟四十里許하여 自躍白波中하니 時崇禎甲申歲也라 登春詩는 臨邑邢侗爲之序라 康熙中에 新河知縣王培立碑表里하고 刻其詩曰 宋布衣集이라 登春初棄家出遊에 至安平故人家할새 故人客之하니 居二年에 乃謝去라

장륜은 자가 在天이니 재주를 자부하여 시속에 얽매이지 않았다. 그림을 잘 그렸으나 다만 가벼이 그리지 않았으니, 기분이 좋으면 소 치는 아이나 심부름꾼이 술 한 말 채소 조금을 들고 와서 그림을 청하더라도 번번이 그림을 그려주었으나, 존귀한 사람이 공경히 요청할 때에는 마음에 좋아하는 바가 아니면 한 필획도 얻을 수 없었다.

일찍이 어떤 사람을 위해 병풍에 그림을 그릴 적에 먹을 많이 갈아놓고 기다리라고 그 집안에 신칙하니 먹물을 모아 동이에 가득 채워두었다. 그런데 장륜은 그 집에 들러서는 그저 술만 마시고 술이 떨어지자 훌쩍 떠났다. 이후에 와서 다시 크게 외쳐 술을 불러오고 거나하게 취하자 솜을 꼬아 먹물을 적셔 두루 흩뿌리고 다시 갔다. 간 지 며칠 뒤에 다시 와서 이전에 먹을 흩뿌린 자국에 포도를 그리니 가지와 잎이 무성하고 둥근 열매는 아래로 늘어져 손에 잡힐 듯하여 마치 짙은 그늘과 향기로운 진액이 사람의 옷깃과 소매에 스미는 듯하니 사람들이 마침내 놀라

13) 崇禎 갑신년(1644) : 이해에 명나라가 멸망하고 청나라가 중국 전역을 지배하기 시작하였다.

기이하게 여겼다.

장륜의 그림은 어떤 스승이 전수하였는지 알 수 없다. 일찍이 눈보라가 칠 때 술김에 城에 올라 사방을 조망하니 어떤 사람이 그에게 묻자 "나는 그림을 배우고 있다."라고 하였다. 그의 그림은 당시에 가장 뛰어났으니, 그림을 얻은 자는 자랑하고 아꼈다. 애초에 장륜은 일찍이 武强縣에 客居하였는데 오랫동안 떠나지 않아 마침내 그곳을 집으로 삼았다. 숭정 갑신년에 南宮縣으로 집을 옮겼는데 京師가 함락되었음을 듣고 베옷을 입고 여러 날 밤낮을 통곡하다가 적이 남궁현을 함락하여 마침내 해를 입었다.

송등춘과 장륜은 본디 모두 新河縣 사람이다.

崙은 字在天이니 負才不羈라 善畫로되 顧不輕作하니 當其得意하여는 牧豎走卒이 持斗酒寸蔬乞畫라도 輒與畫로되 及豪貴人敦求之하여는 非意所好면 一筆不可得也라 嘗爲人畫屛할새 勅其家硏多墨以待하니 積墨汁盈盆이어늘 及崙過其家하여 但飮酒하고 酒盡에 徑去라 後至하여 復(부)大呼酒하고 酒酣에 撚絮濡墨遍灑之하고 復去라 去數日에 復來하여 則就前灑墨漬中하여 圖蒲陶하니 枝葉森森然이요 圓實下垂可掬이라 若有濃陰香乳襲人襟袖하니 衆乃詫奇之라 崙畫不知何師授라 嘗風雪乘醉하여 登城四眺하니 人問之한대 曰 吾學畫也라 其畫冠絶一時하니 得者用相矜寵이라 始崙嘗客武强이러니 久之不去하여 遂家焉이라 崇禎甲申에 移家南宮이어늘 聞京師陷하고 麻衣慟哭累日夜라가 賊陷南宮하여 遂遇害라 宋登春張崙은 故皆新河人이라

25-3. 〈物産〉의 後敍　物産後敍*

*≪深州風土記≫에 실린 〈物産〉편의 後敍이다. 지방의 물산을 통해 풍속을 알 수 있다는 전제하에, 深州의 州와 세 縣에서 생산하여 교역하는 물건들과 지역의 풍속을 설명하고, 풍속의 변화는 사실상 儒道에 달려있음을 주장하였다. 나아가 심주에 文士가 나날이 번성하고 있음을 말하고, 세상의 변화가 심한 시기이므로 儒者가 名物을 연구하여 方外의 전문적인 業에도 힘써 부강함을 추구해야 함을 요구하였다.

옛사람들은 方物의 盛衰를 보고서 당시의 정치와 풍속을 알았으니, 史公의 〈貨殖列傳〉과 孟堅의 〈地理志〉[1)]가 모두 이에 해당한다. 사방 2, 3백 리의 땅에 구획하여 四城을 둠에, 官의 호령이 서로 통하지 않고 백성들도 향리를 벗어나는 이가 드무니 風敎가 이미 다르고, 水土 百物도 많고 적음이 서로 섞여 있어서 習尙이 서로 다르다.

昔之人은 **觀方物息耗**하여 **知一時政俗**하니 **史公貨殖孟堅地志**가 **皆是也**라 **方二三百里地**에 **畫**(획)**爲四城**에 **官號令不相通流**하고 **民罕出鄕井**하니 **風敎旣異**요 **水土百物**도 **又多寡參**(참)**錯**하여 **則習尙殊焉**이라

深州는 농사짓고 목축을 하며 양잠업에 종사하고 과실과 布帛의 이익을 겸하였으므로 몹시 가난하거나 부유한 백성이 없다. 백성들이 노둔하고 법을 두려워해서 상업에 종사하지 않아, 매우 게을러 모아두는 재물이 없다. 오직 南郭의 李氏는 농사로 부를 일으켜 그 법도를 지켜 몇 대를 거쳐 敗家하지 않았다. 세속이 농사와 목축을 높이 여겨 마소와 나귀나 노새를 때로 시장에서 교역한다. 磨頭가 하나의 큰 도회지이니, 그 수입이 月計가 冀州 전체의 歲計에 해당한다.

---

1) 史公의……地理志 : 司馬遷의 ≪史記≫ 〈貨殖列傳〉과 班固의 ≪漢書≫ 〈地理志〉를 말한다. 孟堅은 班固의 자이다.

深州는 田畜事蠶하고 兼果布之利하여 無甚貧甚富之民이라 民椎魯畏法하여 不事商賈하여 頗呰窳無積聚라 獨南郭李氏는 以農田起富하여 守其法하여 數世不敗라 俗尙耕牧하여 馬牛驢鸁를 以時市易이라 而磨頭爲一都會니 其贏入이 月計抵冀之一州歲計焉이라

武强은 땅이 척박하고 사람들은 빈곤하여 物力이 점점 줄었다. 백성들이 왕왕 고금의 인물을 그려서 판에 새겨서 오색의 종이에 이리저리 찍어내어 시장에 들어가 팔아서 아녀자들을 기쁘게 하니, 그 일이 지극히 비천하다. 그러나 퍽 멀리까지 유행하여 멀게는 山西의 太原에 이른다.

小範[2]은 滏水의 물가에 있어서 북쪽으로는 天津에 가서 장사하고 남쪽으로는 邢, 磁, 洺에 이르러 요충지를 연결한다. 賀氏가 소범 가까이에 살면서 그 운반하는 비용을 많이 거두어서 이로써 부유함이 온 縣의 으뜸이 되었다. 풍속이 文飾을 좋아하며 고을이 작고 관아에는 재물이 부족하여 다스리기 어렵다고 불리니, 그 納稅가 사대부에게는 가볍고 백성에게는 무겁다.

武强은 地瘠人貧하여 物力稍絀이라 民往往畫古今人物하여 刻板雜印五色紙하여 入市鬻(육)售하여 悅婦孺하니 其事至鄙淺이라 然이나 頗行遠하여 遠至山西太原이라 而小範瀕滏水하여 北賈天津하고 南達(刑)〔邢〕[3]磁洺하여 綰轂津要라 賀氏居近小範하여 頗收其委輸하여 以此富蓋一縣이라 俗好文飾하며 邑小하고 官不足於財하여 號難治하니 其納賦紳輕民重이라

州에서 생산하는 것 중에 멀리 교역하는 물건이 없고, 오직 饒陽의 荅布[4]와 安平의 명주가 모두 1, 2천 리를 유행하니, 두 縣이 이로 인해 상인이 많은데, 요양은 특히 두드러져서 왕왕 상업으로 부를 일으켰으니, 千名의 常氏가 그중 꼽힌다. 상씨가 점점 쇠미해지자 張岡의 劉氏와 官廳의 李氏와 城坊의 田氏와 韓氏가 이어서 일어나서 모두 여염에서 편히 앉아 지낸다. 변새 바깥의 東三省[5]과 內蒙古, 外蒙古는 一紙書를 지니고서 수천 리를 은화를 가지고 와서 시장에서 취해가므로,

---

2) 小範 : 지금 河北省 武强縣에 있다. ≪大淸一統志≫ 深州조에 "小範鎭은 무강현 동쪽 20리에 있다."라고 하였다.
3) (刑)〔邢〕: 저본에는 '刑'으로 되어 있으나, ≪深州風土記≫에 의거하여 '邢'으로 바로잡았다.
4) 荅布 : 베의 일종으로, 거칠고 두꺼운 베를 가리킨다.
5) 東三省 : 遼寧省, 吉林省, 黑龍江省을 가리킨다.

은화가 육지로 북쪽 변방인 尹村에 모여드니, 윤촌은 비록 郊野에 있지만, 그 부유함이 城郭의 열 배이다. 그 부를 헤아려보건대 小範이 이에 미치지 못한다. 풍속은 齊와 趙 지방의 풍속이 섞여서, 백성들이 목숨을 가벼이 여기고 의협을 중시하고 사냥을 좋아하며, 그중 약은 자는 차츰 기회를 틈타 간교를 부려 이익을 좇는다.

州所產無遠物이요 **獨饒陽以答布**요 **安平以絹**으로 **皆行一二千里**하니 **二縣以此多賈**한대 **而饒陽特著**하여 **往往用賈起富**하니 **千名常氏**가 **其選也**라 **常氏稍衰**에 **而張岡劉氏**와 **官廳李氏**와 **城坊田氏韓氏繼興**하여 **皆安坐里閭**라 **而塞**(새)**外東三省內外蒙古持一紙書**하여 **數千里齎銀幣來取市**라 **銀幣陸行輻湊於北鄙尹村**하니 **尹村雖在郊野**나 **其殷富十倍城郭**하니 **量其富**컨대 **小範不及也**라 **俗雜齊趙**하여 **民輕俠喜田獵**하고 **其黠者稍狙詐趣利**라

安平은 본디 명주로 이익을 보아 알려졌으니, 명주가 歐美에 유행하고 있다. 근래에는 외국의 먼 상인이 시장에 들어와 말총과 쇠털과 돼지털을 구매해가니 毛物이 사방에서 이르는데, 縣城이 그 요충지이다. 상인은 毛와 명주로 인해 궁핍해지지 않지만, 農田은 *滹沱河*[6]의 수해를 입은 지가 30여 년이므로 파산한 집이 많다. 그러나 弓氏는 儉約을 대대로 가법으로 지켜서 집을 이 때문에 잃지 않았다. 본디 백성의 풍속이 질박하여 쉽게 화를 내고 싸우기를 좋아하지만 관리를 두려워하니, 관리가 다른 읍에서는 그 직분을 제대로 수행하지 못하다가 안평에 이르러서는 번번이 賢吏라는 명성을 얻는다. 무릇 州(深州)와 세 縣(武强·饒陽·安平)의 풍속이 대개 이와 같다.

安平故以絹利著聞하여 **絹行歐美矣**라 **近則外國遠商**이 **入市馬尾牛豬毛**하니 **毛物四面至**에 **而縣城要其衝**이라 **商賈人以毛絹**이라 **故**로 **不窮**이나 **農田被虖它三十餘年**이라 **故**로 **家多敗**로되 **而弓氏以儉約世守家法**하여 **家以不失**이라 **故民俗樸**하여 **易**(이)**怒好鬪**나 **然**이나 **畏官**하니 **官在他邑不能其職**이라가 **到安平輒得賢吏聲**이라 **凡州及三縣**이 **風尙大較如此**라

市井 사람들로 말하면 게으름을 피워서 생산에 종사하지 않는다. 장부는 서로 어울려 노름하고 술을 마시며, 歲時에 배우와 악공을 불러 노래하고 춤추면서 모여서 환락을 즐긴다. 부인은 윤회나 인과응보 같은 미신에 빠져서 寺觀을 두루 들

6) *滹沱河* : 山西省에서 발원하여 河北省에 흘러드는 강이다.

어가서 禮佛하고 福田[7]을 구하니, 州와 縣이 모두 피폐해졌다. 무릇 풍속은 변화하여 때에 따라 오르락내리락하니, 대개 이는 農工商賈가 할 수 있는 바가 아니다. 그 옮겨가는 책임은 필시 文儒에게 귀결되니, 儒道가 성하면 점점 날로 새로워지며, 유도가 쇠하면 종전에 미치지 못하게 된다. 州의 舊志에서 明 成化와 弘治[8] 연간 이전에는 풍속이 순후하였는데 그 후에 차츰 경박해졌다고 하고, 饒陽과 安平을 모두 萬曆[9] 연간부터 처음으로 풍속이 무너졌다고 말하였으니, 이는 유도의 盛衰를 구별해준다.

若乃市井은 惰游하여 不事生産이라 丈夫相隨博飮하며 歲時徵優伶歌舞하여 聚會娛樂이라 婦人惑溺輪迴果報하여 徧入寺觀禮佛求福田하니 則州縣同弊焉이라 凡風俗推遷하여 時升時降하니 類非農工商賈所能爲也라 轉移之任은 必歸之文儒하니 儒道盛則蒸蒸日新하며 儒衰則不及其故라 州舊志에 稱明成弘以前에 俗厚善이러니 後而寖薄이라하고 饒陽安平을 皆云自萬(歷)〔曆〕[10] 始壞라하니 此儒道盛衰之辨也라

근래에 〈明以來金石〉을 편집하면서 보니 州의 지역이 明代부터 흥성하여서 國朝 雍正과 乾隆 연간 즈음에 이르러 名人이 번갈아 나와 文學이 몹시 성대하였는데, 건륭 연간 이후로 백여 년 동안 人文이 이전 시기에 미치지 못하였다. 논자들은 늘 擧業이 人才를 무너뜨려서 명나라가 일어나고 지금까지 5백여 년이 모두 거업 세계라고 하는데, 어찌하여 전후가 현격하게 다르기가 이와 같은 지경에 이르렀단 말인가.

그사이에 오직 옹정과 건륭 연간 이전에 재주 있고 준걸한 선비들이 그래도 능히 여러 책을 널리 다 섭렵하여 그 문장을 더 잘 지을 수 있었다고 여겨졌는데, 근래 백 년 이래로는 선비들이 거업이 족히 할 만한 것이 아님을 알아서 마침내 서로 따라서 考證하는 학문을 하여 눈과 귀로 보고 들은 것에 종사하여서 다시는 文

---

7) 福田 : 농부가 밭에 씨를 뿌리고 잘 가꾸면 풍성하게 수확할 수 있는 것처럼, 불교를 믿는 자가 부처와 승려와 불쌍한 자들을 위해 공양하고 普施하며 善根을 심으면 그 보답으로 복을 받게 된다는 뜻의 불교 용어이다.

8) 成化와 弘治 : 成化는 明 憲宗 때 연호로 1465년부터 1487년까지이며, 弘治는 明 孝宗 때 연호로 1488년부터 1505년까지다.

9) 萬曆 : 明 神宗 때 연호로 1572년부터 1620년까지이다.

10) (歷)〔曆〕: 저본에는 '歷'으로 되어 있으나, '曆'이 바른 글자이므로 '曆'으로 바로잡았다.

辭에 공력을 들이지 않게 되었다. 下州와 궁벽한 縣이 점차 남은 기운에 스러져서 見聞의 장점은 갖추지 못하고 바로 문사를 갖추지 못하는 단점을 얻게 되었으니, 이는 한 지역만 그런 것이 아니지만, 深州가 특히 심하다.

近輯明以來金石할새 **見州境自明世鼎興**하여 **逮國朝雍乾之際**하여 **名人代出**하여 **文學甚盛**이러니 **乾隆以降**으로 **百餘年間**에 **人文乃不及前時**라 **論者每謂擧業敗壞人才**하여 **明興至今五百餘年**이 **盡擧業世宙也**라하니 **何前後懸絶至如此**오 **間獨以謂雍乾以前**에 **才儁之士**가 **尙能博極群書**하여 **以資益其文**이러니 **近百年來**에 **士知擧業不足爲**하여 **遂相從爲考證之學**하여 **以耳目見聞爲事**하여 **而不復**(부)**致力於文辭**라 **下州僻縣**이 **漸劘餘烈**하여 **不能具見聞之長**하고 **而適得其不文之短**하니 **此不獨一方然也**나 **而深州特甚**이라

내가 처음 州를 맡았을 때 오직 武强의 賀氏만이 책을 모았는데, 책에 宋과 元의 舊本이 많았다. 그 외에는 한 고을 수백 리를 합하여 한 질의 24史를 구하고자 해도 얻을 수 없었으니, 그 비루함이 이와 같았다.

근래에는 饒陽의 常氏가 책을 많이 모아두었으며 재력이 있는 집안에서도 모두 經史를 구매하여 안석 위에 비치해두어서 차츰 儒術을 향하고 있고, 무강의 賀刑部 濤[11]가 열심히 배우고 古를 좋아하며 명성과 이익을 흠모하지 않아서 마침내 古文에 능하다고 세상에 이름이 났다. 後進들이 그를 향해 모여 풍문을 듣고 사모하고 본받아서 문장을 지을 때 모두 師法이 있었고, 安平의 閻檢討 志簾도 詩에 능하다는 명성이 있으니, 이는 모두 백 년 이래로 있지 않았던 바이다.

文이란 天地의 精華이다. 옛날에 班氏(班固)가 郡國의 風俗을 열거하면서 蜀에 대해서는 司馬相如, 王褒, 嚴遵, 楊雄 등만을 기록하였고, 吳와 楚에 대해서는 屈原, 宋玉, 唐勒만을 기록하고서 곁으로 鄒陽과 枚乘 이래 楚詞를 지은 諸公에게 미쳤다. 文士가 勃興하면 山川이 환하게 펼쳐져서 우매한 이가 啓導되고 문명이 개화하니, 단지 한 州나 縣의 풍기가 開導될 뿐만이 아니다.

汝綸初爲州時에 **獨武强賀氏聚書**하니 **書多宋元舊本**이라 **自餘合一州數百里**하여 **求一廿四史不能得**하니 **其樸陋如此**라 **近則饒陽常氏**가 **頗蓄書**하고 **有力之家**도 **亦皆購經史庋几上**하여

11) 賀刑部 濤 : 賀濤(1849~1912)로, 淸 直隷 武强人이며, 자는 松坡이다. 光緖 12년에 進士가 되었고, 刑部主事를 지냈다가 눈병으로 사직하였다. 吳汝綸과 張裕釗의 제자이다. 오여륜의 천거로 信都와 蓮池 두 서원의 主講을 맡았다. 저서로 ≪賀先生文集≫이 있다.

駸駸嚮儒術矣요 **而武强賀刑部濤**가 **篤學嗜古**하고 **不慕聲利**하여 **遂以能古文成名於世**라 **後進嚮轃**하여 **聞風慕效**하여 **爲文章皆有師法**이요 **而安平閻檢討志廉**이 **亦有能詩聲**하니 **此皆百年以來所未嘗有**라 **文者**는 **天地之精華也**라 **昔班氏條郡國風俗**할새 **於蜀**에 **獨紀司馬相如, 王褒, 嚴遵, 楊雄之徒**하며 **於吳楚**에 **獨紀屈原宋玉唐勒**하여 **旁逮鄒枚以來爲楚詞諸公**하니 **蓋文士勃(輿)〔興〕**[12]하면 **則山川煥發**하여 **顓蒙啓而文明開**하니 **非特開導一州縣風氣已也**라

세상의 변화가 날로 심해지니, 儒者의 業이 한 나라에만 국한될 수 없다. 지금 歐美의 新學이 심오하고 미묘하다. 병사와 농업, 공업과 상업이 하나도 학교에서 나오지 않는 것이 없는데, 일본은 이를 얻어서 부강해졌으나 중국에는 아직도 이것이 부족하다.

재주와 식견이 통달한 선비가 名物을 연구하여 方外의 전문적인 업에 깊이 나아갈 수 있다면, 儒道가 성대해질 뿐만이 아니라 장차 農學이 날로 일어나고 공업과 상업이 날로 정미해지고 진보하여 토산물이 사방에 전파되고 시장에서의 교역이 유전해서 五洲의 貨殖이 모두 교통하여 모여서 과불급을 조정할 수 있을 터이니, 어찌 한 州나 縣만 풍족하겠는가. 이는 또 수백만 백성[13]들이 발돋움을 하고서 命을 기다리는 바이다.

世變日甚하니 **儒之業**이 **未可以一國囿**라 **今歐美新學**이 **深微要眇**라 **兵農工賈**가 **無一不出於學校**하니 **日本得之而强**이로되 **中國尙闕焉**이라 **閎達之士有能硏討名物**하여 **深造方外專門之業乎**인댄 **不獨儒道盛也**요 **將見農學日興**하고 **工賈益精進**하여 **土物四馳**하고 **市易流轉**하여 **五洲貨殖**이 **皆可交通會萃**하여 **而操其贏縮**하리니 **何一州一縣之足云**이리오 **是又數百萬橫目之民**이 **所翹足而待命者矣**라

---

12) (輿)〔興〕: 저본에는 '輿'로 되어 있으나, ≪深州風土記≫에 의거하여 '興'으로 바로잡았다.

13) 백성 : 원문은 '橫目之民'으로, '橫目'은 만물 가운데 오직 사람만이 눈이 가로로 생겼다고 하여 사람을 가리키는 말로 쓰인다. ≪莊子≫ 〈天地〉에 "선생님은 백성에게 뜻이 없습니까? 성인의 정치를 듣고자 합니다.〔夫子無意於橫目之民乎 願聞聖治〕"라고 하였다.

25-4. 歷代의 兵事 歷代兵事*

*戰國時代부터 당시에 이르기까지 역대로 深州 지역에서 있었던 兵事에 대해 기술한 글이다. ≪後漢書≫·≪資治通鑑≫·≪宋史≫를 비롯한 각종 史書를 두루 활용해서 심주 지역의 병사를 총망라하여, 고증에 밝은 오여륜의 장점이 잘 드러난다. 심주는 隋나라 開皇 16년(595)에 설치한 州로서 治所가 河北省 安平縣에 있었다. 淸나라 雍正 2년(1724)에 심주를 直隸州로 승격하였는데, 지금의 深州縣·안평현·饒陽縣·武强縣에 해당한다.

深州는 높은 산과 큰 숲이 없고 漳水[1)]·滏水[2)]·滹沱河[3)]의 險地를 의지하고 있으니, 燕·趙[4)] 지역에서 전쟁을 할 때 이곳은 반드시 쟁취해야 하는 땅이었다.

秦나라 이전은 오래되었다. 楚·漢 때에 趙王 趙歇이 옛 조나라의 땅을 차지하고 있었는데, 韓信이 井陘口로 출격하여 泜水 가에서 陳餘의 목을 베고[5)] 李左車의 책략을 써서 燕나라와 趙나라에 격문을 돌리니,[6)] 심주에 소속된 고을이 모두 격문만 돌리고도 평정되어 兵火를 입은 적이 없었다. 陳豨가 조나라에서 반란을 일으

---

1) 漳水 : 漳河·衡漳·衡水라고도 한다. 山西省에서 발원하여 淸漳河와 濁漳河로 나뉘어 흐르다가 河南省에서 합류하여 渭河로 흘러 들어간다.

2) 滏水 : 滏陽河라고도 한다. 河北省 太行山(태항산) 동쪽 기슭의 釜山에서 발원하여 滹沱河와 합류한다.

3) 滹沱河 : 河北省 서쪽에 있는 하천이다. 山西省 泰戲山에서 발원하여 太行山을 지나 滏陽河와 합류한다.

4) 燕趙 : 戰國時代 燕나라와 趙나라가 있던 지역을 가리킨다. 지금의 河北省 北部와 山西省 西部 일대이다.

5) 韓信이……베고 : 漢나라 장수 韓信이 張耳와 함께 井陘口에서 趙王과 成安君 陳餘와 대적하였다. 진여는 기습을 해야 한다는 廣武君 李左車의 계책에 따르지 않고 정면으로 싸워 이기려고 하다가 결국 대패하였다. 정형구는 太行山의 支脈인 井陘山의 좁은 입구를 가리키는데, 사면이 높고 중앙은 낮은 모양이 우물 같기 때문에 붙여진 이름이다. 泜水는 지금의 河北省 元氏縣 서남쪽에 있는 강이다.(≪史記≫ 권92 〈淮陰侯列傳〉)

6) 李左車의……돌리니 : 정형구에서 대승을 거둔 뒤 한신은 이좌거를 생포하여 스승으로 삼고 조언을 구하였다. 이좌거는 趙나라 백성을 위무하고 燕나라와 齊나라에 사람을 보내 항복을 권유할 것을 제안하였는데, 한신이 이를 따라 연나라와 제나라를 쉽게 정복하였다.(≪史記≫ 권92 〈淮陰侯列傳〉)

켰을 때[7] 조나라 재상이 常山의 郡守와 郡尉를 참수하자고 상주하였는데,[8] 高祖는 힘이 부족해서였다고 여겨 사면하고 樊噲와 灌嬰 등을 보내 진희를 공격하였다. 번쾌가 淸河郡[9]과 常山郡의 27개 현을 항복시켜 평정하고 관영이 安平縣[10] 등 7개 현을 항복시켜 평정하자 진희가 평정되었다.

深州는 **無高山大林**하고 **阻漳滏滹沱之險**하니 **燕趙用兵**에 **此爲必爭之地**라 **秦以前**은 **尙矣**요 **楚漢之際**에 **趙王歇有故趙地**러니 **及韓信出井陘**(형)하여 **斬陳餘泜上**하고 **用李左車之謀**하여 **傳檄燕趙**하니 **州所屬邑**이 **蓋皆傳檄而定**하여 **未嘗被兵**이라 **陳豨反趙**에 **趙相奏斬常山守尉**한대 **高祖以爲力不足**하여 **赦之**하고 **遣樊噲灌嬰等**하여 **擊豨**라 **噲降**(항)**定淸河常山二郡二十七縣**하고 **嬰降定安平等七縣而豨平**이라

更始 2년(24)에 光武帝가 처음 일어나 河北을 순행하여 薊[11]에 이르렀다. 王郞[12]이 격문을 돌려 광무제의 목숨에 십만 戶를 내거니, 계에서 군대를 일으켜 왕랑에게 호응하였다. 광무제는 남쪽으로 달아나 감히 城邑에 들어가지 못하고 길가에서 먹고 잤다. 날씨가 매우 춥고 관속들이 굶주리고 있었는데, 饒陽의 蕪蔞亭[13]에 이르러 馮異[14]가 콩죽을 올렸다. 다음날 아침에 광무제가 장수들에게 말하기를, "어제 公孫이 올린 콩죽을 먹고 굶주림과 추위가 모두 해소되었다."라고 하였으니, 공손은 풍이의 字이다.

更始二年에 **光武初起**하여 **徇河北到薊**라 **王郞移檄購光武十萬戶**하니 **薊中起兵應王郞**이라 **光武南奔**하여 **不敢入城邑**하고 **舍食道傍**이라 **天大寒烈**하고 **官屬飢乏**이러니 **至饒陽蕪蔞亭**하여 **馮異**

7) 陳豨가……때 : 陳豨는 陽夏侯에 봉해져 趙나라 代谷의 邊兵을 통괄하는 책임을 맡았는데, 그곳에서 代王이라 일컫고 반란을 일으켰다.(≪史記≫ 권93 〈陳豨列傳〉)

8) 조나라……상주하였는데 : 당시 常山郡에 25개의 성이 있었는데, 진희가 그중 20개를 점령하였기 때문에 조나라 재상인 周昌이 이렇게 상주한 것이다. 상산군은 지금의 河北省 石家莊市 부근에 있던 군이다.(≪史記≫ 권93 〈韓信盧綰列傳〉)

9) 淸河郡 : 치소가 河北省 淸陽縣(지금의 淸河縣 동남쪽)에 있었다.

10) 安平縣 : 지금의 河北省 衡水市에 속한 현이다.

11) 薊 : 지금의 河北省 天津市에 있는 薊縣이다.

12) 王郞 : 新莽 말기 邯鄲(한단) 사람이다. 西漢의 종실 劉林과 豪族 李育 등에 의해 황제로 옹립되어 한단에 도읍을 정했다가 光武帝에게 토벌되었다.(≪後漢書≫ 권1 〈光武帝紀〉)

13) 饒陽의 蕪蔞亭 : 饒陽은 지금의 河北省 衡水市에 있는 縣이다. 蕪蔞亭은 요양현의 동북쪽 滹沱河 가에 있었다. 亭은 漢나라 때 旅客에게 숙식을 제공하기 위해서 둔 역참이다.

14) 馮異 : 潁川 父城 사람이다. 王莽을 따르다가 光武帝에게 귀순하여 王郞을 격파하고 河北을 평정하는 데 공을 세웠다. 광무제가 즉위한 후 陽夏侯에 봉해졌다.(≪後漢書≫ 권17 〈馮岑賈列傳〉)

上荳粥이라 **明旦**에 **光武謂諸將曰 昨得公孫豆粥**하여 **飢寒俱解**라하니 **公孫**은 **異字也**라

饒陽의 성곽 아래에 이르러 〈광무제가 邯鄲에서 온〉 왕랑의 使者를 사칭하여 傳舍[15]에 들어가니, 전사의 관리들이 식사를 올렸는데 종자들이 그것을 다투어 빼앗았다. 관리들이 그들이 가짜라고 의심하여 마침내 북을 치고는 한단에서 장군이 이르렀다고 거짓말을 하였다. 광무제가 수레에 올라 달려가려 하다가 이윽고 벗어나지 못할까 두려워하여 천천히 돌아와 앉아서 말하기를, "청컨대 한단에서 온 장군을 들어오게 하라."라고 하고 한참 뒤에야 수레를 몰아 떠났다. 한단은 왕랑이 근거지로 삼은 郡이다. 이때에 郡縣이 앞다투어 왕랑에게 호응하였다. 그래서 사자로 사칭한 자가 밥을 얻어먹을 수 있었던 것이다.

抵饒陽郭下하여 **假爲王郎使者**하여 **入傳舍**하니 **傳吏進食**이어늘 **從者爭奪之**라 (使)〔吏〕[16]**疑其僞**하여 **乃椎鼓給言邯鄲將軍至**라하다 **光武升車欲馳**라가 **已而懼不免**하여 **徐還坐曰 請邯鄲將軍入**하라하고 **久乃駕去**하다 **邯鄲者**는 **王郎所據郡也**라 **是時**에 **郡縣爭應郎**이라 **故假其使者**가 **乃得食**이라

떠난 뒤에 南宮[17]에 이르니, 남궁은 요양의 南亭으로 호타하에 가까웠다. 광무제가 남정에 이르러 비바람을 만났으므로 수레를 끌어 길가의 빈집에 들어가니, 풍이는 섶나무를 안고 오고 鄧禹[18]는 불을 지폈다. 〈광무제가〉 아궁이를 마주하고 옷을 말리고 있었는데, 풍이가 보리밥과 菟肩[19]을 올렸다. 그 뒤 建武 6년(30)에 풍이가 조정에 들어가니, 광무제가 풍이에게 조서를 내려 "창졸간에 무루정에서 올린 콩죽과 호타하에서 올린 보리밥은 그 후의를 오랫동안 갚지 못하였네."라고 한 것이 이를 말한 것이다.

호타하에 이르니 候吏[20]가 배가 없어 건너갈 수 없다고 아뢰었다. 광무제가 王

---

15) 傳舍 : 역참에 설치한 客舍로 官員의 숙소이다.
16) (使)〔吏〕 : 저본에는 '使'로 되어 있으나, 文瑞書院本 ≪深州風土記≫에 의거하여 '吏'로 바로잡았다.
17) 南宮 : 縣의 이름으로, 치소가 지금의 河北省 南宮市 서북쪽에 있었다.
18) 鄧禹 : 字는 仲華로 南陽 新野 사람이다. 光武帝를 도와 銅馬軍을 진압하였다. 광무제가 즉위한 후 大司徒에 임명되고 高密侯에 봉해졌다.(≪後漢書≫ 권16 〈鄧寇列傳〉)
19) 菟肩 : 아욱과에 속하는 식용 식물이다.

霸[21]에게 가서 살펴보게 하였는데, 왕패가 얼음이 얼어 건널 수 있다고 거짓말을 하였다. 도착하자 얼음이 과연 얼었는지라 왕패에게 건너가는 것을 호위하게 하였는데, 〈모두 건너고〉 騎兵 몇 명이 아직 다 건너지 못한 상태에서 얼음이 녹았다. 광무제가 웃으면서 "왕패가 權道로 일을 성공시킨 것은 아마도 하늘이 내린 祥瑞이다."라고 하였다.

旣去에 **至南宮**하니 **南宮者**는 **饒陽南亭也**니 **近滹沱**라 **光武至亭**에 **遇風雨**라 **引車入道傍空舍**하니 **馮異抱薪**하고 **鄧禹爇火**라 **對竈燎衣**어늘 **異進麥飯菟肩**이라 **其後建武六年**에 **異入朝**하니 **光武詔異曰 倉卒蕪蔞亭豆粥**과 **滹沱河麥飯**은 **厚意久不報**가 **謂此也**라 **至滹沱**하니 **候吏白無船不可濟**라하다 **光武令王霸往視**한대 **霸詭言氷合可渡**라하다 **比至**에 **氷果合**이라 **令霸護渡**한대 **未畢數騎而氷解**라 **光武喜曰 王霸權以濟事**는 **殆天瑞也**라하다

진군하여 下博城[22] 서쪽에 이르러 두렵고 당혹하여 갈 곳을 몰랐는데, 흰옷을 입은 老父가 길옆에서 가리키며 말하기를, "노력하시오. 信都郡[23]은 長安城을 지키는 길목이니, 여기서 80리 떨어져 있소."라고 하였다. 광무제가 즉시 그쪽으로 말을 몰아 달려갔다. 이때에 郡과 封國이 모두 왕랑에게 호응하였고 오직 신도군과 和戎郡[24]만이 왕랑을 따르지 않았다. 광무제가 이르자 信都太守 任光[25]과 和戎太守 邳彤[26]이 군대를 이끌고 광무제에게 귀의하고 주변 현의 군사를 징발하여 정예병 4천 명을 얻으니, 세력이 다시 진작되었다. 화융군은 王莽이 설치한 군이니, 신도군의 속현을 나누어 예속시키고 치소를 下曲陽[27]에 두었다. 이때에 심주에 소

---

20) 候吏 : 길을 정비하거나 도적을 탐문하거나 오가는 빈객들을 맞이하고 전송하는 관원을 가리킨다.

21) 王霸 : 字는 元伯으로 潁川 潁陽 사람이다. 당시에 功曹令史로 있었다.(≪後漢書≫ 권20 〈銚期王霸祭遵列傳〉)

22) 下博城 : 下博은 縣의 이름으로, 치소가 지금의 河北省 深州市 下博鄕에 있었다.

23) 信都郡 : 지금의 河北省 冀州 일대에 해당하는 지역이다. 치소가 信都縣에 있었다.

24) 和戎郡 : 지금의 河北省 邢台市 일대에 해당하는 지역이다. 본래 이름은 巨鹿郡(鉅鹿郡)인데 王莽이 집권했을 때 이름을 和戎郡으로 바꾸었다.

25) 任光 : 字는 伯卿으로 南陽 宛城 사람이다. 更始 원년(23)에 신도군태수로 임명되었고 후에 阿陵侯에 봉해졌다. 後漢의 개국공신인 雲臺二十八將 가운데 한 사람이다.(≪後漢書≫ 권21 〈任李萬邳劉耿列傳〉)

26) 邳彤 : 字가 偉君이며, 冀州 安平國 信都郡 사람이다. 王莽이 집권했을 때 和戎郡의 卒正을 지냈다. 광무제가 河北에 진입했을 때 성을 바쳐 大將軍에 임명되었고 후에 無義侯에 봉해졌다. 後漢의 개국공신인 雲臺二十八將 가운데 한 사람이다.(≪後漢書≫ 권21 〈任李萬邳劉耿列傳〉)

속된 현이 어느 현이 신도군 소속이고 어느 현이 화융군 소속이었는지를 알지 못하지만, 요컨대 모두 왕랑에게 항복하지 않았으니 징발한 4천 명은 이 여러 현의 사람이 대부분이었다.

進至下博城西하여 **惶惑不知所之**러니 **有白衣老父**가 **在道旁指曰 努力**하라 **信都**는 **爲長安城守**니 **去此八十里**라하다 **光武卽馳赴之**라 **是時**에 **郡國皆應王郎**하고 **獨信都和戎二郡不從郎**이라 **光武至**에 **信都太守任光**과 **和戎太守邳彤**이 **以兵歸光武**하고 **發傍縣得精兵四千人**하니 **勢復**(부)**振**이라 **和戎**은 **王莽所置郡**이니 **分信都支縣隸之**하고 **治下曲陽**이라 **是時**에 **州所屬縣**이 **未知何縣隸信都**하고 **何縣隸和戎**이로되 **要皆未降**(항)**王郎**하니 **所發四千人者**는 **此諸縣爲多**라

이듬해에 광무제가 堂陽縣・貰縣・昌城縣・下曲陽縣・中山郡 盧奴縣을 공격하여 항복시켰지만 심주 지역만은 병화를 입지 않았다. 그해 가을에 광무제가 銅馬軍[28]을 鄡[29]에서 공격하였다. 建武 초에 祭遵[30]이 彭寵[31]을 토벌하였다. 〈채준이〉 일찍이 하박에 군대를 주둔시키고 衡漳[32] 가에 보루를 쌓았는데 사관이 빠뜨리고 기록하지 않았다. 北周 때에 채준의 보루에 나아가 하박의 縣治를 만들었다고 한다. 建武 13년(37)에 捕虜將軍 馬武[33]를 보내 호타하에 주둔하여 흉노를 방비하게 하니, 이에 심주 지역에 비로소 邊患이 있게 되었다.

明年에 **光武擊降**(항)**堂陽貰縣昌城下曲陽中山盧奴**로되 **而州境獨不被兵**이라 **其秋**에 **光武擊銅馬于鄡**라 **建武初**에 **祭**(채)**遵討彭寵**이라 **蓋嘗駐軍下博**하고 **壁於衡漳傍**이어늘 **而史失之**러니 **北**

---

27) 下曲陽 : 지금의 하북성 晉州市 鼓城村 부근에 있던 縣이다.

28) 銅馬軍 : 王莽이 정권을 잡은 혼란기에 일어난 농민 반란군의 무리 중 하나이다. 당시에 河北 지역에서 일어난 반란군들은 각자 분산되어 통일된 집단을 형성하지 못했으나 그중에서 銅馬軍의 세력이 가장 컸다. 更始 2년(24)에 光武帝의 군대에 의해 진압되었다.

29) 鄡 : 巨鹿郡에 속한 縣으로 치소가 지금의 河北省 辛集市 동남쪽에 있었다.

30) 祭遵 : 자는 弟孫으로 穎陽 사람이다. 광무제와 함께 河北을 평정하여 征虜將軍이 되고 穎陽侯에 봉해졌다.(≪後漢書≫ 권20 〈銚期王霸祭遵列傳〉)

31) 彭寵 : 자는 伯通으로 荊州 南陽郡 宛縣 사람이다. 王莽을 따르다가 광무제에게 귀순하여 전공을 세웠다. 광무제의 대우에 불만을 품고 建武 2년(26)에 '燕王'이라 자칭하며 반란을 일으켰으나 자신의 종인 子密에게 죽임을 당하였다.(≪後漢書≫ 권12 〈彭寵列傳〉)

32) 衡漳 : 漳水의 별칭이다. '衡'은 '橫'의 뜻이다. 漳水가 서쪽에서부터 동쪽으로 黃河로 들어가기 때문에 '衡漳'이라고 한다.

33) 馬武 : 자는 子張이고 南陽 湖陽 사람이다. 綠林軍으로 활동하다가 광무제에게 기용되어 흉노를 평정하는 데 공을 세웠다. 광무제가 즉위한 후에 楊虛侯에 봉해졌다.(≪後漢書≫ 권22 〈馬武列傳〉)

周時에 **卽祭遵壘爲下博縣治云**하다 **建武十三年**에 **遣捕虜將軍馬武**하여 **屯滹沱河**하여 **以備匈奴**하니 **於是**에 **州境始有邊患**이라

漢 靈帝 때에 도적이 사방에서 일어났는데, 博陵 사람 張牛角이 將兵從事[34]라고 자칭하고 常山의 褚飛燕[35]과 연합하였다. 저비연이 장우각을 추대하여 우두머리로 삼았는데, 장우각이 癭陶[36]를 공격하다가 날아오는 화살에 맞아 죽게 되자 자기 군사들로 하여금 저비연을 받들게 하였다. 저비연이 마침내 성을 '張'으로 바꾸니, 장우각의 성을 따른 것이다. 〈그 군대를〉 '黑山賊'이라고 불렀으니, 흑산적이 일어난 것은 장우각에게서부터 비롯되었다.

漢靈帝時에 **寇盜四起**한대 **而博陵人張牛角**이 **自號將兵從事**하고 **與常山褚飛燕合**이라 **飛燕推牛角爲帥**러니 **牛角攻癭陶**라가 **中流矢且死**에 **令其衆奉飛燕**이라 **飛燕遂改姓張**하니 **從牛角**〔**姓**〕[37]**也**라 **號曰黑山**하니 **黑山賊之起**는 **由牛角始**라

이때에 烏桓[38]이 천하가 혼란한 틈을 타서 漢나라 사람 10만여 호를 약탈하여 차지하니, 袁紹[39]가 그 추장들을 모두 세워서 單于[40]로 삼았는데 遼西에서는 烏桓王 蹋頓[41]이 특히 강성하였으므로 원소에게 후대를 받았다. 曹操[42]가 袁氏를 격파하니 원소의 아들 袁尙과 袁熙가 답돈에게 귀의하였다. 답돈이 원상을 도와 옛 땅을 수복하고자 하였다. 建安 11년(206)에 조조가 平虜渠와 泉州渠를 뚫어서 군량

---

34) 將兵從事 : 將軍에 소속된 관직으로 長史 아래의 관직이다.
35) 褚飛燕 : 褚燕의 別號이다. 褚燕은 常山 眞定 사람으로, 사납고 민첩하여 軍中에서 '飛燕'이라 불렀다. 후에 曹操가 袁紹를 격파하자 조조에게 투항하였다.
36) 癭陶 : 巨鹿郡에 속한 縣으로 치소가 지금의 河北省 寧晉縣 서남쪽에 있었다.
37) 〔姓〕 : 저본에는 '姓'이 없으나, 文瑞書院本 ≪深州風土記≫에 의거하여 보충하였다.
38) 烏桓 : 東胡族 가운데 한 부족이다. 匈奴에게 패하여 나머지 종족들이 烏桓山으로 도망쳐 들어가 살면서 산의 이름을 종족명으로 삼았다.
39) 袁紹 : 後漢 때의 무신이다. 靈帝가 죽은 뒤 정권을 차지한 董卓에 대한 토벌군을 일으켜 河北 지역을 중심으로 강력한 세력을 구축하였다. 官渡戰鬪에서 曹操에게 대패하고 병사했다. (≪後漢書≫ 권74 〈袁紹劉表列傳〉)
40) 單于 : 匈奴의 君長에 대한 칭호이다.
41) 蹋頓 : 後漢 獻帝 때의 烏桓王 丘力居의 조카로, 구력거가 죽자 왕으로 즉위하였다. 袁紹가 公孫瓚을 격파하는 데 공을 세웠으므로, 원소가 황제의 制命으로 답돈 등에게 單于의 印綬를 하사하였다. (≪資治通鑑≫ 권63)
42) 曹操 : 後漢 獻帝 때 丞相이 되어 정권을 전횡하였고 魏王에 봉해졌다. 아들 曹丕가 후한을 찬탈하고 魏나라를 세워 稱帝한 뒤에 武帝로 추존하였다.

을 운송하고 답돈을 정벌하여 죽였다. 평로거는 요양에서부터 호타하를 파고 饒河[43]의 옛 도랑을 따라 물길을 터서 북쪽으로 새 개울로 주입하여 泒水[44]에 들어가게 하였다. 그 후에 司馬懿가 公孫淵을 정벌할 적[45]에도 이 운하를 통해 군량을 운송하고 그 입구에 성을 쌓았으니, 이른바 '魯口城'[46]이라는 것이다.

是時에 **烏桓乘天下亂**하여 **略有漢人十萬餘戶**하니 **袁紹皆立其酋豪爲單**(선)**于**어늘 **遼西烏桓蹋頓尤彊**이라 **爲紹所厚**라 **曹操破袁氏**하니 **紹子尙熙歸蹋頓**이라 **蹋頓欲助尙復故地**라 **建安十一年**에 **操鑿平虜泉州二渠以通糧**하고 **而征蹋頓滅之**하다 **其平虜渠**는 **自饒陽鑿滹沱**하고 **因饒河故瀆**하여 **決令北注新溝**하여 **以入泒**(고)**水**라 **其後**에 **司馬懿征公孫淵**에도 **亦由此渠運糧而築城其口**하니 **所謂魯口城也**라

漢·魏 이래로 〈심주를〉 새로운 군주가 평정한 경우로는 漢 高祖·光武帝·曹操·司馬懿[47]가 있었고, 참람되게 난을 일으켜 할거한 경우로는 趙歆·王郎·袁紹가 있었고, 외국이 침범한 경우로는 匈奴와 烏桓이 있었고, 떠돌아다니는 도적떼와 草賊으로는 銅馬軍과 黑山賊이 있었다.

이후로는 심주의 경계가 누차 변경되었으나 전쟁은 대개 이 네 가지를 벗어나지 않았다. 그러나 병화를 입은 것이 가벼운 경우도 있고 심한 경우도 있으니, 가벼운 경우는 한 훌륭한 有司가 방어하여 按撫하면 백성이 편안해지고 심한 경우에는 공격하는 쪽과 수비하는 쪽이 서로 대치해서 논밭이 전쟁터로 변하여 의롭고 충렬한 이들이 목숨을 버리고 부부가 비명횡사한다. 그 강약과 승부의 운수는 진실로 장수와 인재의 지혜가 같지 않고 조처와 제어가 잘되고 잘못됨에 말미암아 화복이 즉각 드러나는데, 왕왕 한 계책이 잘못되면 危亡이 이미 그 뒤를 따라서 토지와 백성을 다시는 소유하지 못한다. 아, 계책이 좋지 못하여[48] 화를 입은 것이 지극히 혹독하니, 어찌 통탄하지 않으리오.

---

43) 饒河 : 饒陽縣 서남쪽 30리에 있는 하천으로 호타하의 지류이다.(≪畿輔安瀾志≫ 권2)
44) 泒水 : 山西省에서 발원하여 天津까지 흘러가 바다로 들어가는 강이다.
45) 司馬懿가……적 : 魏나라 景初 원년(237)에 遼東太守 公孫淵이 燕나라를 세우고 왕을 자칭하였는데, 이듬해 大將軍 司馬懿가 제압하여 遼東 지역을 魏에 병합하였다.
46) 魯口城 : 滹沱를 '魯沱'라고도 부르기 때문에 이름을 '노구성'이라 하였다.
47) 司馬懿 : 사마의는 손자인 司馬炎이 西晉을 세우고 稱帝한 뒤에 高祖宣皇帝로 추존되었다.
48) 계책이……못하여 : ≪詩經≫ 〈小雅 小旻〉에 "계책 중에 좋은 것은 모두 어기고 계책 중에 좋지 못한 것은 모두 따르다.〔謀之其臧 則具是違 謀之不臧 則具是依〕"라고 하였다.

自漢魏以來로 新主削平은 則有高光曹馬하고 僭亂割據는 則有趙歇王袁하고 外國侵軼은 則有匈奴烏桓하고 流寇草竊은 則有銅馬黑山이라 自是之後로 州境屢更이나 兵革大(氐)〔氏〕[49]不外四端이로되 而被兵有淺有深하니 其淺也는 一良有司防禦綏輯에 而百姓安堵요 其深也는 則攻守相持하여 田野化爲戰場하여 義烈併命하고 夫婦橫死하니 其强弱勝敗之數는 故由將帥人材智之不同而措注控制之得失하여 禍福立效어늘 往往一計之失에 而危亡已隨其後하여 土地人民을 不能復(부)有하니 嗟乎라 謀之不臧하여 受禍至酷하니 豈不痛哉아

심주는 元·明 이래로 畿甸에 근접해 있어 병란이 다소 적었다. 晉·唐·宋·金은 모두 국가에서 이곳을 차지하지 못하여 버려서 남에게 주었는데, 晉·唐시대에는 교전한 것이 특히 오래되었고 五胡[50] 시대에는 공격전이 특히 잦았다.

晉 懷帝 永嘉 3년(309)에 石勒[51]이 상산으로 진군하여 병력을 나누어 中山과 博陵의 여러 현을 함락시켰다가 王浚[52]에 의해 패퇴되었다. 이윽고 석륵이 信都를 침범하여 冀州刺史 王斌을 살해하였으나 아직 그 땅을 차지하지는 못하였다. 영가 6년(312) 7월에 이르러 襄國[53]으로 진군하여 점거하였다. 이달에 劉琨[54]이 오히려 晉陽[55] 동쪽에서 나와 중산과 상산에서 군대를 수습하였다. 그해 겨울에 석륵이 신도를 공격하여 자사 王象을 살해하였는데, 왕준이 다시 邵擧에게 기주자사의 업무를 대행하고 신도를 지키게 하였다. 그러하니 심주 지역이 아직 석륵에게 함락되지는 않았으나, 〈석륵이〉 왕준을 죽이고 유곤을 격파한 뒤에는 마침내 武遂令 李回를 易北督護[56]로 삼고 高陽太守를 겸대하게 하였다. 幽州와 冀州의 유민을 안

49) (氐)〔氏〕: 저본에는 '氐'로 되어 있으나, 文瑞書院本 ≪深州風土記≫에 의거하여 '氏'로 바로잡았다.

50) 五胡 : 漢나라 때부터 南北朝시대에 이르기까지 북방에서 이주하여 열여섯 나라를 세운 다섯 이민족인 匈奴·羯·鮮卑·氐·羌을 가리킨다.

51) 石勒 : 5호 16국의 하나인 後趙의 건국자이다. 匈奴의 하위 부족인 羯族 출신으로 자는 世龍이다. 흉노 劉淵의 부하로 있다가 독립하여 西晉의 장수 王浚을 죽이고 319년에 後趙를 세웠다. 前趙를 멸한 뒤 세력이 華北 지역까지 미쳤다.(≪晉書≫ 권104 〈石勒載記 上〉)

52) 王浚 : 西晉의 장수이다. 字는 彭祖로 太原 晉陽 사람이다. 幽州刺史로서 강력한 군사력을 가지고서 石勒과 맞붙었으나, 석륵의 계략에 빠져 패전하여 주살되었다.(≪晉書≫ 권39 〈列傳〉 제9)

53) 襄國 : 지금의 河北省 邢臺市 襄都區에 위치한 縣으로, 後趙의 도읍이 된다.

54) 劉琨 : 西晉의 장수이다. 字는 越石으로 中山郡 魏昌 사람이다. 河北 지역을 지키며 石勒에게 대항하였다. 석륵에게 패한 뒤에 幽州刺史 段匹磾에게 달아났으나, 단필제에게 살해되었다.(≪晉書≫ 권62 〈列傳〉 제32)

55) 晉陽 : 지금의 山西省 太原市에 해당한다.

무하니 이회를 弋陽子로 봉하였다. 이때부터 심주 지역이 전부 晉나라의 소유가 아니게 되었다.

深州自元明以來로 **近在畿甸**하여 **兵禍差少**라 **晉唐宋金**은 **皆國家不能有**하여 **而棄以與人**이어늘 **而晉唐連兵特久**하고 **五胡之世**에 **攻戰尤亟**(기)라 **晉懷帝永嘉三年**에 **石勒進軍常山**하여 **分陷中山博陵諸縣**이라가 **爲王浚所敗退**라 **已而進寇信都**하여 **殺冀州刺史王斌**이로되 **尙不能有其地**라 **及永嘉六年七月**하여 **進據襄國**이라 **是月**에 **劉琨猶自晉陽東出**하여 **收兵於中山常山**이라 **其冬**에 **勒攻信都**하여 **殺刺史王象**한대 **而王浚復**(부)**以邵擧行冀州刺史**하고 **保信都**하니 **則州境猶未陷於勒**이나 **旣滅王浚破劉琨**에 **乃以武遂令李回**로 **爲易北督護**하고 **兼高陽太守**라 **撫輯幽冀流民**하니 **封回爲弋陽子**라 **自是**로 **州境悉非晉有矣**라

晉 穆帝 永和 6년(350)에 冉閔[57]이 石氏를 멸한 뒤에 燕(前燕)나라의 慕容儁[58]이 慕容霸[59] 등을 보내 남침하니, 석륵이 옛날에 임명하였던 征東將軍 鄧桓이 幽州刺史 王午와 함께 魯口로 달려가 지켰다. 이때에 范陽太守 李產이 연나라에 항복하였는데 그의 아들 李績이 幽州別駕[60]로서 왕오를 따라가 노구에 있었다. 등환이 그를 죽이려 하였는데, 왕오가 말하기를, "세상이 한창 혼란한데 이적이 집안을 버리고 의리를 세웠네. 만약 시기하고 미워하여 그를 해친다면 燕·趙의 병사들이 '우리는 다만 서로 모여 도적이 될 뿐이니 전혀 식견이 없다.'라고 할 것이네. 이는 가만히 앉은 채 스스로 죽음을 겁내서 궤멸되는 것이네."라고 하니, 마침내 이적을 연나라에 돌아가게 하였다. 이때부터 노구 사람들이 굳센 뜻을 지니게 되었다.

穆帝永和六年에 **冉閔旣滅石氏**에 **燕慕容儁遣慕容霸等南侵**하니 **石勒故所署征東將軍鄧桓**이 **與幽州刺史王午**로 **走保魯口**라 **是時**에 **范陽太守李產降**(항)**燕**이어늘 **其子績爲幽州別駕**하여 **從**

56) 易北督護 : 易水 이북의 군사를 총감독하는 직책이다.

57) 冉閔 : 冉魏의 건립자이다. 後趙의 3대 군주인 石虎의 양손자로 石氏 집안의 내란을 틈타 후조의 義陽王 石鑑을 죽이고 염위를 건국하였다. 재위 3년 만에 前燕에 패하여 포로로 잡힌 뒤 살해되었다.

58) 慕容儁 : 5호 16국의 하나인 前燕의 2대 군주로 慕容儁이라고도 한다. 1대 군주 慕容皝의 차남이다.

59) 慕容霸 : 慕容皝의 다섯째 아들로 慕容儁에 의해 吳王에 봉해졌다. 후에 慕容垂로 개명하였다. 숙부인 慕容評이 자신을 모살하려 하자 前秦의 苻堅 밑으로 망명하여 세력을 키웠다. 부견이 前燕을 멸망시키고 다시 東晉을 치다가 대패하자, 그 틈을 타 中山에 도읍을 정하고 後燕을 건국하였다.

60) 別駕 : '別駕從事史' 또는 '別駕從事'라고도 한다. 州刺史의 佐官이다.

王午在魯口라 鄧桓欲殺之한대 午曰 世方喪亂이어늘 而績捐家立義라 若以猜嫌害之면 燕趙之士가 謂我直相聚爲賊이니 了無意識이라하리라 此爲坐自屠潰也라하니 乃遣績歸燕이라 自是魯口人有固志라

모용준이 스스로 군대를 거느리고 공격하여 군대가 淸梁城[61]에 이르렀다. 등항의 장수인 鹿勃早가 연나라 진영을 야습하니, 모용준이 스스로 진영 밖으로 나와 높은 무덤 위에 주둔하였다. 慕輿根[62]이 날쌘 勇兵 수백 명을 거느리고 공격하여 40리를 추격하여 녹발조는 겨우 죽음만 면하였다. 청량성은 蠡吾[63]의 남쪽에 있으니, 40리를 가면 요양에 미친다. 그러나 연나라도 노구 군대의 기세가 예리한 탓에 감히 강하게 공격하지 못하였다.

慕容儁自將擊之하여 軍至淸梁이라 恒將鹿勃早夜襲燕營하니 儁自出營外하여 屯高冢上이라 慕輿根率精勇數百人擊之하여 追奔四十里하여 早僅以身免이라 淸梁在蠡吾南하니 行四十里면 則及饒陽矣라 然이나 燕亦以魯口軍銳하여 不敢逼攻이라

이듬해에 모용준이 慕容評[64]을 보내 노구에서 왕오를 공격하였다. 모용평이 南安[65]에 이르자 왕오가 장수 鄭生을 보내 맞서 싸우게 하였는데 모용평이 공격하여 정생의 목을 베었다. 또 이듬해에 염민이 패하여 죽었다. 염민의 아들 冉操가 노구로 달아났을 때 등항은 이미 죽은 뒤였다. 왕오가 염민이 패하여 죽은 것을 듣고 安國王이라 자칭하였다. 모용준이 慕容恪[66]·封奕[67]·陽騖[68] 등을 보내 공격하니, 왕오는 성문을 닫고서 스스로 수비하고 염조를 보내 연나라 군대에 나아가게 하였다. 모용각이 노구를 공격할 수 없을 줄 알고는 방비가 견고한 성에 군대를

61) 淸梁城 : 지금의 河北省 淸苑縣 동남쪽 淸涼城村에 있었다.
62) 慕輿根 : 前燕의 장수이다. 折衝將軍, 領軍將軍을 지냈다.
63) 蠡吾 : 縣의 이름으로, 치소가 지금의 河北省 博野縣 서남쪽에 있었다.
64) 慕容評 : 慕容皝의 동생으로 慕容儁의 숙부이다.
65) 南安 : 郡의 이름으로, 치소가 지금의 甘肅省 隴西縣 三臺鄕에 있었다.
66) 慕容恪 : 모용황의 넷째 아들이자 모용준의 동생이다.
67) 封奕 : 자는 子專으로 渤海 蓨縣 사람이다. 慕容廆·慕容皝·慕容儁·慕容暐 4朝를 섬기면서 太尉에까지 올랐다.
68) 陽騖 : 자는 士秋로 右北平郡 無終縣 사람이다. 輔義將軍이 되어 慕容儁을 보좌하면서 많은 공을 세웠다. 慕容評·慕容恪과 함께 '三輔'라고 불렸다.

주둔시키고 싶지 않았다. 그리하여 마침내 그들의 곡식을 약탈하고 물러나 安平에 주둔하고 군량을 비축하고 공격 도구를 수리하여 다시 왕오를 공격하려 하였는데, 마침 중산의 蘇林이 군대를 일으켜 無極[69]에서 稱帝하니 모용각이 군대를 옮겨 공격하여 그의 목을 베었다. 왕오는 그의 장수인 秦興에게 살해되었는데, 呂護[70]가 진흥을 죽이고 다시 안국왕이라 자칭하였다. 이때를 당하여 燕·趙 사이에서 노구가 가장 중요한 鎭이 되었다.

永和 9년(353)은 前燕의 元璽 2년이다. 모용각이 여호를 노구에서 공격하였다. 원새 3년(354)에 노구를 포위하고 3월에 함락시키니 여호가 野王[71]으로 달아났다.

明年에 **儁遣慕容評攻王午於魯口**라 **評至南安**에 **午遣將鄭生拒戰**이어늘 **評擊斬之**라 **又明年**에 **冉閔敗死**라 **閔子操奔魯口時**에 **鄧恒已死**라 **王午聞冉閔敗死**하고 **自稱安國王**이라 **慕容儁遣慕容恪封奕陽騖等攻之**하니 **午閉城自守**하고 **送冉操詣燕軍**이라 **慕容恪知魯口未可攻**하고 **不欲頓兵堅城**하여 **乃掠其禾稼而退屯安平**하고 **積糧治攻具**하여 **將復**(부)**攻王午**러니 **會中山蘇林起兵**하여 **稱帝於無極**하니 **恪移軍攻斬之**라 **而王午爲其將**(泰)〔**秦**〕[72]**興所殺**이러니 **呂護殺興**하고 **復自稱安國王**이라 **當是時**하여 **燕趙之間**에 **魯口最爲重鎭**이라 **永和九年**은 **燕元璽之二年也**라 **慕容恪擊呂護於魯口**라 **元璽三年**에 **圍魯口**하고 **三月拔之**하니 **呂護奔野王**이라

慕容垂가 일어나 〈後燕을 세웠을 때〉 丁零族[73] 翟遼[74]가 노구를 점거하였다. 慕容農[75]이 신도에서 그들을 격파하니 적료가 홀로 말을 타고 중산으로 달아났다. 얼마 뒤에 燕(後燕)나라의 建節將軍 餘巖이 연나라를 배반하고 武邑[76]에서 북쪽으로 幽州로 달려갔는데, 秦(前秦)의 中山太守 王兗[77]이 博陵을 굳게 지키고 진나라

69) 無極 : 縣의 이름으로, 지금의 河北省 石家莊市 일대이다.
70) 呂護 : 본래 冉閔의 수하에 있던 장수였는데, 東晉에 투항했다가 배반하고 王午에게 의탁하였다.
71) 野王 : 縣의 이름으로, 지금의 河南省 沁陽市에 해당한다.
72) (泰)〔秦〕 : 저본에는 '泰'로 되어 있으나, 文瑞書院本 《深州風土記》에 의거하여 '秦'으로 바로잡았다.
73) 丁零族 : 중앙아시아 및 시베리아 일대에 거주하던 투르크계 부족이다.
74) 翟遼 : 丁零族의 우두머리 翟眞의 사촌형으로, 적진을 이어 정령족의 우두머리가 되었다. 후에 翟魏를 건국하였다.
75) 慕容農 : 慕容垂의 셋째 아들이다.
76) 武邑 : 武邑郡의 治所인 縣의 이름으로, 지금의 河北省 衡水市 武邑縣이다.
77) 王兗 : 陝西 新平郡 사람으로 氐族이다. 前秦의 苻堅에게 기용되어 中山太守를 지냈다.

를 위하여 연나라에 항거하였다. 慕容麟[78]이 왕연을 박릉에서 공격하였는데, 성안의 군량이 떨어지고 화살이 소진되었다. 功曹 張猗가 성을 넘어 나가서 무리를 모아 모용린에게 호응하였다. 왕연이 성에 다가가 數罪하여 말하기를, "卿은 秦나라의 백성이고 나는 경의 주군이다. 경의 모친이 성에 있거늘 경이 도리어 군대를 일으켜 적에 호응하여 주군과 어버이를 버리고도 개의치 않으니, 中州(中原)의 禮儀之國에 도리어 경들 같은 자가 있을 줄 생각지 못하였다."라고 하였다. 모용린이 박릉을 함락하고 왕연과 苻鑑[79]을 붙잡아 죽였다. 왕연은 新平[80]의 氐族[81]이다. 대개 慕容暐[82]가 죽은 뒤로 심주 지역이 모두 秦나라의 소유가 되었는데, 이때에 이르러 다시 연나라에 편입되었다.

慕容垂之起也에 **丁零(段)〔翟〕[83]遼據魯口**라 **慕容農自信都擊破之**하니 **遼單騎奔中山**이라 **頃之**에 **燕建節將軍餘巖叛燕**하고 **自武邑北趣幽州**한대 **而秦中山太守王兗固守博陵**하고 **爲秦拒燕**이라 **慕容麟攻兗於博陵**한대 **城中糧竭矢盡**이라 **功曹張猗踰城出**하여 **聚衆以應麟**이라 **兗臨城數之曰 卿是秦民**이요 **吾爲卿君**이라 **卿母在城**이어늘 **卿乃起兵應賊**하여 **棄君親不顧**하니 **不謂中州禮義之邦**에 **乃有卿等**이라하다 **麟拔博陵**하고 **執兗及苻鑑殺之**하다 **兗**는 **新(都)〔平〕[84]氐也**라 **蓋自慕容暐之亡**으로 **州境盡爲秦有**러니 **及是**하여 **復**(부)**入於燕**이라

그 이듬해는 後燕의 建興 원년(386)이다. 慕容麟이 中山에서 나와 鮮于乞[85]을 望都[86]에서 토벌하고, 魯口로 간다고 소리쳐 말하고는 밤이 되자 돌아서 선우걸에게 달려가 습격하여 사로잡았다. 그 후 5년 뒤에 연나라 군주 慕容垂가 노구에 갔다. 그 이듬해에 연나라 군주 모용수가 노구에서 河間[87]과 渤海[88]에 갔다. 또 4년

78) 慕容麟 : 慕容垂의 아들로 趙王에 봉해졌다.
79) 苻鑑 : 略陽郡 臨渭縣 사람으로 氐族이다. 前秦의 宗室大臣으로 固安侯에 봉해졌다.
80) 新平 : 郡의 이름으로, 치소가 陝西省 彬縣에 있었다.
81) 氐族 : 古代 민족의 하나로, 陝西・甘肅 등의 西北 지역에 거주하였다.
82) 慕容暐 : 慕容儁의 셋째 아들로, 前燕의 마지막 왕이다. 苻堅에게 피살되었다.
83) (段)〔翟〕: 저본에는 '段'으로 되어 있으나, ≪資治通鑑≫ 권105에 의거하여 '翟'으로 바로잡았다.
84) (都)〔平〕: 저본에는 '都'로 되어 있으나, ≪資治通鑑≫ 권106에 의거하여 '平'으로 바로잡았다.
85) 鮮于乞 : 丁零族의 수령 翟眞의 司馬였는데, 적진을 죽이고 鮮于趙를 세웠다. 적진의 아들 翟成에게 피살되었다.
86) 望都 : 縣의 이름으로, 치소가 지금의 河北省 唐縣 동북쪽 高昌店村에 있었다.
87) 河間 : 郡의 이름으로, 지금의 河北省 獻縣・青縣・河間市・泊頭市 일대이다.

뒤에 연나라 군주 모용수가 크게 거병하여 魏(北魏)를 공격하고, 征東將軍 平規를 보내어 冀州에서 군사를 징발하게 하였는데, 평규가 博陵郡[89]・武邑郡・長樂郡[90]의 군대를 거느리고 노구에서 반란을 일으켰다. 모용수가 스스로 군대를 거느리고 평규를 공격하여 노구에 이르자, 평규가 무리를 버리고 처자식과 平喜[91] 등 수십 명을 데리고 달아나 黃河를 건너니, 모용수가 군대를 이끌고 돌아왔다. 이윽고 모용수가 졸하였다. 평규가 잔당을 수습하여 高唐[92]을 점거하자 慕容隆[93]이 공격하여 그의 목을 베었다.

이해 겨울에 魏(北魏)의 군주 拓拔珪[94]가 연나라를 공격하여 常山을 함락시켰다. 상산 동쪽의 태수와 현령 가운데 어떤 자는 달아나고 어떤 자는 항복하여 여러 군과 현이 모두 위나라에 귀부하였다. 위나라 군주 탁발규가 노구에 진을 치니 연나라 博陵太守 申永이 河南[95]으로 달아났다. 博陵令 屈遵[96]이 위나라에 항복하니 위나라가 굴준을 中書令으로 삼아 號令을 출납하고 겸하여 文誥(誥令)를 총괄하게 하였다.

其明年은 爲後燕建興元年이라 慕容麟自中山討鮮于乞於望都하고 聲言至魯口하고 夜回趣乞하여 掩擊禽之라 其後五年에 燕主垂如魯口라 其明年에 燕主垂自魯口如河間渤海라 又四年에 燕主垂大擧擊魏하고 遣征東將軍平規發兵冀州어늘 規以博陵武邑長樂三郡兵으로 反於魯口라 垂自將擊規하여 至魯口하니 規棄衆하고 將妻子及平喜等數十人走渡河하니 垂引兵還이라 已而垂卒이라 規收合餘黨據高唐한대 慕容隆擊斬之라 是年冬에 魏主拓拔珪擊燕하여 拔常山하니 自常山以東으로 守宰或走或降(항)하여 諸郡縣皆附於魏라 魏主珪軍於魯口하니 燕博陵太守申永奔河南이라 博陵令屈遵降魏하니 魏以遵爲中書令하여 出納號令하고 兼總文誥라

88) 渤海 : 郡의 이름으로, 지금의 河北省 滄州市 동부, 天津市 동남부, 山東省 德州市 동북부, 濱州市 북부에 해당한다.
89) 博陵郡 : 치소가 魯口城(지금의 河北省 饒陽縣)에 있었다.
90) 長樂郡 : 치소가 信都縣(지금의 河北省 冀州市)에 있었다.
91) 平喜 : 平規의 조카로, 당시 冀州刺史로 있었다.
92) 高唐 : 山東省에 있는 縣의 이름이다.
93) 慕容隆 : 慕容垂의 아들이다.
94) 拓拔珪 : 鮮卑族으로 자는 涉珪이다. 先代에 代國을 건립했었으나 前秦에 의해 멸망했다. 전진이 쇠락해지자 그 틈을 타서 北魏를 건국하였다. 代郡 平城(지금의 山西省 大同市)에 도읍을 정하였다.
95) 河南 : 郡의 이름으로, 당시에 東晉에 속해 있었다. 지금의 河南城 洛陽市 일대이다.
96) 屈遵 : 字는 子皮로 昌黎郡 徒河縣 사람이다. 前燕 때 尙書僕射(상서복야)를 지내고 武垣公에 봉해졌다. 慕容垂가 後燕을 세운 뒤에 博陵令으로 삼았다.(≪魏書≫ 권33 〈列傳〉 제21)

燕나라 慕容寶[97]의 永康 2년(397)은 魏나라 皇始 2년이다. 모용보가 左衛將軍 慕輿騰으로 하여금 박릉을 공격하게 하고 위나라가 세운 태수와 현령을 죽였다. 위나라 군주 탁발규가 다시 노구에 진을 치고 장군을 보내 중산을 습격하여 차지한 뒤에 북쪽으로 돌아왔다. 그 이듬해는 위나라 天興 원년(398)이다. 박릉에서 도적이 일어나니 위나라 略陽公 元遵[98]이 토벌하여 평정하였다.

그 후로 114년 뒤는 위나라 宣武帝 永平 4년(511)이다. 冀州의 沙門 法慶이 난을 일으키고 여승 惠暉를 아내로 삼고 勃海 사람 李歸伯을 十住菩薩·平魔軍司로 삼고 스스로 大乘이라 하였다.[99] 狂藥을 배합할 수 있어 사람들에게 복용하게 하니 부자와 형제 간에 서로 알아보지 못하고 오로지 살해만을 일삼았는데, 위나라의 元遙[100]가 격파하여 사로잡았다. 어리석도다! 大乘賊이 난을 일으킴이여. 요망한 邪術에 의지하여 요행으로 일을 이루려 하였으니, 어쩌면 그리도 잘못되었는가. 대승적이 冀州에서 일어났을 때 그 무리가 반드시 소요를 일으켜 심주의 속현에 미쳤을 터이나 史書에는 상세히 기록되어 있지 않다.

燕慕容寶之永康二年은 **魏(始皇)〔皇始〕**[101]**二年也**라 **寶使其左衛將軍慕輿騰攻博陵**하고 **殺魏所置守宰**라 **魏主珪復(부)軍魯口**하고 **(遺)〔遣〕**[102]**將襲取中山**하고 **然後北歸**하다 **其明年**은 **爲魏天興元年**이라 **博陵盜起**하니 **(秦)〔魏〕**[103]**略(楊)〔陽〕**[104]**公元遵討平之**라 **其後百一十四年**은

97) 慕容寶 : 後燕의 제2대 왕으로, 慕容垂의 넷째아들이다.
98) 元遵 : 拓跋遵을 가리킨다. 北魏의 7대 군주인 孝文帝가 493년에 鮮卑의 성씨인 '拓拔'을 漢族의 성씨인 '元'으로 고쳤으므로, 후에 元遵이라 일컬었다. 탁발준은 북위의 종실로 拓跋什翼犍의 손자이다. 道武帝(拓拔珪) 초에 帝命을 보좌한 공로로 略陽公에 봉해졌다.(≪魏書≫ 권15 〈列傳〉 제3)
99) 冀州의……하였다 : 당시 冀州 일대에 전란과 흉년이 계속되었는데, 法慶이 國子博士 李歸伯을 설복시켜 大乘賊을 일으켰다. 법경은 "한 사람을 죽이면 一住菩薩이 되고 열 사람을 죽이면 十住菩薩이 되며" "新佛(大乘主)이 세상에 나타나면 舊魔가 제거된다."라고 주장하며 살인을 부추겼으며, 사원을 무너뜨리고 불경을 불태우는 짓을 자행하였다. 孝明帝가 대승적을 토벌하라는 조령을 내려 법경을 체포하여 京師로 이송하여 참수하였으며 뒤이어 이귀백도 伏誅되었다.(≪魏書≫ 권19 〈景穆十二王列傳〉 제7上)
100) 元遙 : 北魏의 종실로, 拓跋晃의 손자이자 拓跋子推의 차남이다.
101) (始皇)〔皇始〕 : 저본에는 '始皇'으로 되어 있으나, 文瑞書院本 ≪深州風土記≫에 의거하여 '皇始'로 바로잡았다.
102) (遺)〔遣〕 : 저본에는 '遺'로 되어 있으나, 文瑞書院本 ≪深州風土記≫에 의거하여 '遣'으로 바로잡았다.
103) (秦)〔魏〕 : 저본에는 '秦'으로 되어 있으나, 문맥에 의거하여 '魏'로 바로잡았다.
104) (楊)〔陽〕 : 저본에는 '楊'으로 되어 있으나, 文瑞書院本 ≪深州風土記≫에 의거하여 '陽'으로 바로잡았다.

爲魏宣武帝永平四年이라 冀州沙門法慶作亂하고 以尼惠暉爲妻하고 以勃海人李歸伯爲十住菩薩平魔軍司하고 自號大乘이라 能合狂藥하여 令人服之하니 父子兄弟不相識하고 唯以殺害爲事러니 魏元遙破禽之라 愚哉라 大乘賊之稱亂也여 欲倚妖妄邪術하여 徼倖成事하니 何其謬邪(야)아 大乘賊起冀州에 其黨必擾及深屬이어늘 而史不詳이라

孝明帝 孝昌 2년(526)에 이르러 五原[105]의 降戶[106]인 鮮于脩禮[107] 등이 北鎭의 流民을 거느리고 左城에서 반란을 일으키니, 좌성은 胡三省[108]이 "博陵의 경계에 있다."라고 하였다. 北道大都督 楊津[109]이 공격하여 패배시켰는데, 이윽고 長孫稚[110]와 河間王 元琛[111]이 토벌할 적에 전진하여 滹沱河에 이르자 비가 쏟아질 듯하여 〈장손치와 원침의〉 군대가 五鹿[112]에서 패배하였다. 선우수례는 이내 그의 도당인 元洪業에게 살해되었다. 葛榮[113]이 다시 원홍업을 살해하고 스스로 즉위하여 무리를 데리고 북쪽 瀛州로 달려갔다. 위나라 廣陽忠武王 元深이 交津에서 군대를 이끌고 뒤를 밟으니, 교진은 武强[114]에 있다. 이른바 '交津橋'라고 하는 것은 隋나라 때 劉智海가 살던 곳으로 劉焯과 劉炫이 그를 종유하며 우거한 곳이다.[115] 호

105) 五原 : 지금의 內蒙古 包頭市 서북쪽이다.

106) 降戶 : 투항하여 귀부한 자를 가리킨다. 孝昌 원년(525)에 六鎭에서 일어난 반란이 실패로 돌아간 뒤에 북위는 六鎭의 병사들을 冀州·定州·瀛州에 분산시켰는데, 이들을 '降戶'라고 일컬었다.

107) 鮮于脩禮 : 丁零族으로 懷朔鎭의 병사였다. 北鎭의 流民을 데리고 定州의 左城에서 봉기하고 연호를 魯興이라 하였다. 柔玄鎭에서 봉기한 杜洛周와 연합하여 큰 세력을 형성하였다.

108) 胡三省 : 자가 元魯 또는 身之이고 호는 梅磵으로, 臺州 寧海 사람이다. 寶祐 4년(1256) 進士가 되었다. 宋나라가 망하자 은거하여 관직에 나가지 않고 ≪資治通鑑≫ 연구에 매진하여 ≪資治通鑑音注≫를 펴냈다.

109) 楊津 : 北魏의 外戚大臣으로 洛州刺史 楊懿의 아들이다. 字는 羅漢이며 弘農 華陰(지금의 陝西省 華陰市) 사람이다.

110) 長孫稚 : 原名은 冀歸, 자는 承業으로 鮮卑族이다. 北魏 孝文帝가 그가 어린 나이에 家業을 계승하였다 하여 '稚'라는 이름을 내려주었다.

111) 元琛 : 北魏의 종실이다. 자는 曇寶로, 北魏 文成帝 拓跋濬의 손자이자 齊郡順王 拓跋簡의 아들이다. 어렸을 때부터 영민하여 河間王 拓跋若의 양자가 되어 작위를 계승하였다.

112) 五鹿 : 五鹿墟를 말하는 것으로, 지금의 河北省 大名縣 동쪽이다.

113) 葛榮 : 沃野鎭 사람으로 鮮卑族이다. 본래 懷朔鎭의 鎭將이었는데 선우수례에게 의탁하였다. 元洪業를 죽인 뒤에 군대의 우두머리가 되어 큰 세력을 형성하였다. 北魏의 章武王을 죽이고 天子를 자칭하여 葛齊를 건국하였으나, 얼마 되지 않아 북위의 장군 爾朱榮에게 패해 참수되었다.

114) 武强 : 河北省 동남부에 있는 縣이다.

115) 이른바……곳이다 : 隋나라 때 武强의 交津橋에 있는 劉智海의 집에는 예로부터 고서가 많

삼성은 '交漳口'라고 하였다.

及孝明帝孝昌二年하여 **五原降**(항)**戶鮮于脩禮等**이 **帥**(솔)**北鎭流民反於左城**하니 **左城者**는 **胡三省以爲在博陵界也**라 **北道大都督楊津擊敗之**러니 **旣而**요 **長孫稚河間王元琛討之**에 **前至滹沱**한대 **兩將不和**하여 **而軍敗於五鹿**이라 **脩禮旋爲其黨元洪業所殺**이라 **葛榮復**(부)**殺洪業而自立**하여 **擁衆北趣瀛州**라 **魏廣陽忠武王元深**이 **自交津引兵躡之**하니 **交津者**는 **在武强**이라 **所謂交津橋**는 **隋時劉智海家焉**하여 **劉焯劉炫從寓者也**라 **胡三省謂之交漳口**라

갈영이 이미 元融[116)]을 博野에서 공격하여 죽이니, 元深이 감히 뒤쫓지 못하고 군대를 이끌고 定州로 달려갔다. 定州刺史 楊津이 원심을 공격하니, 원심이 좌우의 사람들과 함께 샛길로 가서 박릉의 경계에 이르러 갈영을 만나 마침내 살해당하였다. 이후에 갈영이 冀州・定州・殷州・瀛州 등을 모두 얻어 20여 만의 무리를 차지하더니, 이윽고 爾朱榮[117)]에게 죽임을 당하였다. 이주영이 죽고 난 뒤에 爾朱兆[118)]가 高歡[119)]으로 하여금 갈영의 옛 군사를 통솔하고 山東에서 생계를 도모하게 하였다. 고환이 이에 기주를 점거하여 信都에서 군대를 일으켰다.

葛榮旣擊殺元融於博野하니 **元深不敢追**하고 **引軍趣定州**라 **刺史楊津攻深**하니 **深與左右間行**하여 **至博陵界**하여 **逢葛榮**하여 **遂遇害**라 **是後**에 **葛榮盡得冀定殷瀛等州**하여 **有衆二十餘萬**이러니 **尋爲爾朱榮所滅**이라 **爾朱榮旣死**에 **爾朱兆令高歡統葛榮舊衆**하고 **就食山東**이라 **高歡於是**에 **得據冀州**하여 **起兵於信都也**라

晉나라의 永嘉之亂[120)]으로부터 四海가 분열되어 한 지역의 군주가 자주 바뀌었다. 심주는 그 당시에 한 姓氏의 왕조가 계속 유지되지 못하였으니, 처음에는 石勒

았다. 유작은 유현과 함께 그곳에 가서 약 10년 동안 공부하여 儒學으로 이름이 났다.(≪隋書≫ 권75 〈列傳〉 제40)

116) 元融 : 北魏의 종실로 자가 永興이다. 拓跋晃의 曾孫이다.

117) 爾朱榮 : 자는 天寶로 梁郡 北秀容(지금의 山西省 朔州市) 사람이다. 先世가 흉노족 契胡部(글호부)의 추장이었다. 祖先이 爾朱川에 살았기 때문에 '爾朱'를 姓氏로 삼았다. 北魏의 權臣이 되어 농민 반란을 진압하였으며 조정의 실권을 장악하였으나 孝莊帝에 의해 주살되었다.

118) 爾朱兆 : 자는 萬仁으로 梁郡 北秀容 사람이다. 北魏의 權臣이며 爾朱榮의 堂侄이다.

119) 高歡 : 勃海 郡蓚縣 사람이다. 北魏와 東魏의 權臣으로 후에 北齊의 神武帝로 추존되었다.

120) 永嘉之亂 : 永嘉 연간에 匈奴가 西晉의 京師인 洛陽을 함락시키고 晉 懷帝를 비롯한 王公大臣을 포로로 사로잡은 사건을 가리킨다.

에게 함락되었다가 石氏가 망하자 冉閔의 손에 들어갔고 그 뒤에는 두 번 慕容氏에게 귀속되고 한 번 苻秦(前秦)에게 귀속되었다가 마침내는 元魏(後魏)에 평정되었고 鮮于가 난을 일으켜 마침내 高齊(北齊)를 연 것이 그 대략이다.

自晉永嘉之亂으로 **四海分裂**하여 **一方之主**가 **步玉屢更**이라 **州於其時**에 **是不一姓**이니 **初陷於石勒**이라가 **石氏亡**에 **入於冉閔**하고 **其後**에는 **再歸於慕容**하고 **一歸於苻秦**이라가 **而卒定於元魏**하고 **鮮(於)〔于〕**[121] **倡亂**하여 **遂啓高齊**가 **其大略也**라

갈영이 무리를 데리고 스스로 즉위한 때로부터 90년 뒤에 竇建德[122]과 劉黑闥[123]의 일이 있었으니, 두건덕은 처음에 高士達[124]을 따라 난을 일으켰다. 隋나라 大業 12년(616)에 楊義臣[125]이 이미 고사달을 격파하니, 두건덕이 백여 騎를 거느리고 도망쳐 饒陽에 이르러 성에 수비군이 없는 것을 틈타 공격하여 함락시키고 병사들을 위무하여 군대를 수습하여 3천여 명을 얻고 將軍이라 자칭하였다. 北齊가 요양의 치소를 魯口로 옮긴 뒤로 수나라가 여기에 深州를 설치하였으니, 唐나라 초에도 이를 그대로 따랐다.[126] 이에 요양이 燕·趙 지역의 重鎭이 되었다. 두건덕이 이미 요양을 차지한 뒤에 세력이 마침내 성대해졌다. 이에 앞서 도적떼들이 수나라의 관리와 士族들을 잡으면 모두 죽였으나 두건덕만은 잘 대우해주었다. 이로 말미암아 수나라의 관리들이 성을 바치고 투항한 자가 많았다.

自葛榮擁衆自立後九十年에 **而有竇建德劉黑闥之事**하니 **建德初從高士達爲亂**이라 **隋大業十二年**에 **楊義臣旣破士達**하니 **建德率百餘騎亡至饒陽**하여 **乘其城無守備**하여 **攻陷之**하고 **撫循**

---

121) (於)〔于〕: 저본에는 '於'로 되어 있으나, 文瑞書院本 《深州風土記》에 의거하여 '于'로 바로잡았다.

122) 竇建德 : 隋末唐初 때 활약한 群雄 중 한 사람이다. 河漳 南縣 사람으로 高士達의 부하로 들어가 隋나라에 대항하였다. 이후 세력이 커지면서 樂壽에 도읍을 두고 夏나라를 세웠다. 후에 李世民에게 패하여 長安에서 피살되었다.

123) 劉黑闥 : 隋末唐初 때 활약한 群雄 중 한 사람이다. 淸河 漳南 사람으로 도적질을 하다가 竇建德의 기반을 이어 洛州에 정권을 세웠으나, 623년 唐나라 군대에 패하여 죽었다.

124) 高士達 : 隋나라 말에 山東 지역에서 일어난 民亂의 우두머리이다. 信都 蓨縣 사람이다. 611년 淸河에서 거병하였고, 두건덕과 연합하면서 東海公이라 자칭하였다.

125) 楊義臣 : 隋나라의 名將으로 鮮卑族이다. 本姓은 尉遲이며 太安 狄那 사람이다.

126) 北齊가……따랐다 : 北齊 天保 5년(554)에 요양현의 치소를 노구로 옮겼다. 隋나라 開皇 16년(595)에 심주를 처음 설치했는데, 치소를 安平縣에 두었다. 唐나라 武德 4년(621)에 定州와 流州의 땅을 나누어 다시 심주를 설치하고 치소를 그대로 안평현에 두었으나, 그해에 劉黑闥이 그곳을 점거하자 치소를 요양현으로 옮겼다.

士衆하여 收兵得三千餘人하고 自稱將軍이라 自北齊移饒陽治魯口로 隋於此置深州하니 唐初因之라 於是에 饒陽爲燕趙重鎭이라 建德旣得饒陽에 勢遂盛이라 先是에 群盜得隋官及士族하면 皆殺之로되 建德獨善遇之라 由是로 隋官多以城降(항)이라

義寧 원년(617)에 두건덕이 樂壽[127]에 祭壇을 만들고 長樂王이라 자칭하고는 百官을 두고서 改元하니, 낙수는 ≪隋書≫ 〈地理志〉에서 "옛날의 樂鄕縣이다."라고 하였다.[128] 이때 수나라의 左禦衛大將軍 涿郡留守 薛世雄[129]이 河間郡에 주둔하여 진을 치고 있었다. 두건덕은 식량이 떨어지고 군사들이 흩어져 천 명도 되지 못하니 무강현 지역에서 보리를 거두어 식량에 충당하였다.

〈두건덕은〉 설세웅이 이른 것을 듣고는 두려워서 계책이 없었는데, 한 여자 무당을 만나 "도망치려는 것과 항복하여 자수하는 것 가운데 무엇이 길한가?"라고 물으니, 무당이 "모두 길하지 않습니다."라고 하였다. 〈두건덕이〉 "습격하려 한다면 어떠한가?"라고 물으니, 무당이 "오늘밤 날이 밝기 전이 크게 길합니다."라고 하였다.

이때에 이미 날이 정오를 지났고 하간군까지는 140리 떨어져 있었다. 두건덕이 결사대 280명을 선발하여 먼저 떠나고 나머지 무리가 뒤이어 떠나도록 하였다. 〈두건덕이〉 약속하여 말하기를, "밤에 도착하거든 공격하고 날이 밝았거든 즉시 항복하라."라고 하였다. 1리쯤 못 가서 하늘이 밝아오려 하였다. 두건덕이 항복하려 했는데, 잠깐 사이에 짙은 안개가 껴서 지척의 사람도 구분하지 못하였다. 두건덕이 기뻐하며 말하기를, "하늘이 우리를 돕는구나."라고 하고 마침내 설세웅의 진영에 돌입하였다. 설세웅의 무리가 놀라 흩어지니 두건덕의 세력이 더욱 떨쳐졌다.

義寧元年에 建德爲壇於樂壽하고 自稱長樂王하고 置百官하여 改元하니 樂壽者는 隋志以爲古樂鄕縣也라 是時에 隋左禦衛大將軍涿郡留守薛世雄이 軍次河間이라 建德糧乏衆散하여 不滿千人하니 在武彊縣境收麥充食이라 聞世雄至하고 惶懼無計러니 遇一女巫하여 問欲走與降(항)首

127) 樂壽 : 縣의 이름으로, 치소가 지금의 河北省 獻縣에 있었다.

128) 낙수는……하였다 : 여기서 樂鄕縣이라 한 것은 樂城縣의 오류인 듯하다. ≪隋書≫ 〈地理志 中〉에 의하면, 河間郡에 소속된 縣 가운데 樂壽는 "예전에 樂城이라 하였다.〔舊曰樂城〕" 하였으며, 淸苑은 "예전에 樂鄕이라 하였다.〔舊曰樂鄕〕" 하였으니, 樂壽와 樂鄕은 둘 다 하간군에 소속되어 있기는 하지만 다른 지역이다.

129) 薛世雄 : 字는 世英으로 河東 汾陰 사람이다.

孰吉고하니 巫言皆不吉이라하니라 問欲掩擊何如오하니 巫曰 今夜未明到가 大吉이라하니라 是時에 已日加午하고 去河間百四十里라 建德選敢死士二百八十人先行하고 餘勒續發이라 約曰 夜到則打하고 明卽降耳라하니라 未至一里許에 天欲明이라 建德且降이러니 須臾大霧하여 咫尺不辨人이라 建德喜曰 天助我也라하고 遂突入世雄營이라 世雄驚潰하니 建德勢復(부)震이라

煬帝가 피살된 것을 듣자 饒陽令 宋正本이 두건덕에게 河北을 순행하여 평정할 것을 유세하였다. 송정본이 박학하고 才氣가 있으니 두건덕이 데려와 謀主로 삼았다. 唐 武德 원년(618)에 宗城[130] 사람이 두건덕에게 검은색 笏을 바쳤다. 송정본이 "이것은 하늘이 禹임금에게 하사한 것입니다."[131]라고 하고 마침내 國號를 夏로 바꾸고 송정본을 納言으로 삼았다. 2년(619)에 두건덕이 黎陽[132]을 함락하고 淮安王 李神通[133]을 포로로 사로잡아 下博에 두고 손님의 예로 대우하였다.

及聞煬帝被弑하여 饒陽令宋正本이 說(세)建德徇定河北이라 正本博學有才氣하니 建德引爲謀主라 唐武德元年에 宗城人獻玄圭於建德이라 正本曰 此天所以賜禹也라하고 遂改國號曰夏하고 而正本爲納言이라 二年에 建德陷黎陽하고 虜淮安王神通하여 置於下博하고 待以客禮라

두건덕은 鄱陽[134] 사람 崔元遜을 深州刺史로 삼았었다. 秦王 李世民[135]이 이미 두건덕을 주벌하고 하북을 평정한 뒤에 유흑달이 다시 반란을 일으키니, 진왕이 裴晞를 심주자사로 삼았다. 최원손이 유흑달이 일어난 것을 듣고 마침내 그의 무리 수천 명과 함께 들에서 모의하여, 수레에 甲士를 매복시키고 볏단으로 그 위를 덮고는 곧바로 심주의 廳事로 들어가 볏단 속에서 시끄럽게 소리를 지르며 나와 배희를 잡아 죽이고 수급을 유흑달에게 전하였다.

建德以鄱陽崔元遜爲深州刺史러니 秦王李世民旣誅建德하고 平河北에 而劉黑闥復(부)反하니

130) 宗城 : 縣의 이름으로, 치소가 지금의 河北省 威縣에 있었다.
131) 이것은……것입니다 : 禹가 治水 사업에 성공하자 堯가 물의 색인 검은색의 笏을 하사하여 성공을 알렸다.(≪史記≫ 〈夏本紀〉)
132) 黎陽 : 縣의 이름으로, 지금의 河南省 浚縣 동남쪽 지역이다.
133) 李神通 : 本名은 壽이고 자가 神通으로 隴西 成紀 사람이다. 唐 太祖 李虎의 손자이자 唐 高祖 李淵의 堂弟이다.
134) 鄱陽 : 縣의 이름으로, 江西省 동북부에 위치하였다.
135) 李世民 : 唐 高祖 李淵의 둘째 아들로 후에 唐 太宗이 된다.

秦王以裴晞爲深州刺史라 崔元遜聞黑闥起하고 乃與其黨數千人謀於野하여 伏甲士於車하고 以禾覆(부)其上하여 直入州聽事하여 自禾中呼噪而出하여 執晞殺之하고 而傳首於黑闥이라

4년(621)에 회안왕 이신통이 關內의 군대를 거느리고 冀州에 이르러 李藝[136]의 군대와 연합하여 유흑달을 饒陽城 남쪽에서 공격하고 10여 리에 걸쳐 진을 펼쳤는데, 유흑달은 무리의 수가 적어 제방을 따라 한 줄로 진을 쳐서 대비하고 있었다. 마침 크게 바람이 불고 눈이 내려서 이신통이 바람을 타고 그들을 쳤는데, 이윽고 바람이 반대로 불자 이신통이 대패하였다. 이예가 그 서쪽에 진을 치고 수 里를 뒤쫓아 달려가다가 이신통이 패한 것을 듣고는 물러나 藁城[137]을 지켰는데, 유흑달이 다시 격파하였다.

〔四年에 淮安王神通이 將關內兵至冀州하여 與李藝兵合하여 擊黑闥〕[138]饒陽城南하고 布陳十餘里한대 黑闥衆少하여 依隄單行而陳以待之라 會大風雪하여 神通乘風擊之러니 已而風返하여 神通大敗라 李藝軍其西하고 追奔數里라가 聞神通敗하고 退保藁城이러니 黑闥復(부)破之라

5년(622)에 유흑달이 秦王에 의해 격퇴되어 突厥로 도망갔다가 이윽고 돌궐을 이끌고 내침하였다. 行軍總管인 淮陽壯王 李道玄[139]이 군대 3만을 거느리고 유흑달과 下博에서 싸웠다. 이도현이 輕騎兵을 거느리고 먼저 陣地를 공격하고 副將軍 史萬寶[140]로 하여금 大軍을 거느리고 이어서 진격하게 하였다. 사만보가 이도현과 뜻이 맞지 않아 마침내 말하기를, "내가 手勅을 받듦에 '淮陽王은 어린아이이니 군대에 관한 일은 모두 老夫에게 위임한다.'라고 하였다. 지금 왕이 경솔히 벗어나 함부로 진격하니 나는 그와 함께 쓰러질 수 없다. 왕을 도적의 미끼로 삼고 진지를 굳게 지켜면서 기다리는 것만 못하다."라고 하였다. 이도현이 홀로 진격했다가 아무 도움도 받지 못하여 마침내 유흑달에게 피살되었고 사만보의 군대 또한 크게

136) 李藝 : 本姓은 羅이고 자는 子延으로 襄州 襄陽 사람이다. 隋나라 장수였으나 武德 원년(618)에 唐나라에 귀순하여 李氏 성을 하사받고 燕郡王에 봉해졌다.
137) 藁城 : 縣의 이름으로, 치소가 지금의 河北省 藁城市 丘頭鎭에 있었다.
138) 〔四年……擊黑闥〕: 저본에는 이 22자가 없으나, 文瑞書院本 ≪深州風土記≫에 의거하여 보충하였다.
139) 李道玄 : 唐 高祖 李淵의 조카로, 武德 원년(618)에 淮陽王에 봉해지고 洛州刺史를 지냈다. 시호가 壯이기 때문에 淮陽壯王이라 부른다.
140) 史萬寶 : 原州 高平 사람이다. 西域 史國 출신으로 粟特族이다.

흩어졌다. 이도현이 자주 진왕을 따라 정벌을 나갔었는데, 죽을 때에 나이가 열아홉이었다. 진왕이 슬퍼하여 남에게 말하기를, "도현이 항상 내가 적의 진지에 깊이 침입하는 것을 보고 흠모하여 따라하다가 마침내 이 지경에 이르렀다."라고 하고 그를 위해 눈물을 흘렸다.

五年에 **黑闥爲秦王所破**하여 **亡奔突厥**이라가 **旋引突厥內犯**이라 **行軍總管淮陽壯王道玄**이 **將兵三萬**하여 **與黑闥戰下博**이라 **道玄帥**(솔)**輕騎先犯陳**하고 **令副將軍史萬寶將大軍繼進**이라 **萬寶與道玄不叶**하여 **乃曰 我奉手勅云 淮陽小兒**니 **軍事皆委老夫**라 **今王輕脫妄進**하니 **吾不可與俱靡**라 **不如以王餌賊**하고 **堅陳以待之**라하다 **道玄獨進無助**하여 **遂爲黑闥所殺**하고 **萬寶衆亦大潰**라 **道玄數**(삭)**從秦王征伐**이러니 **死時**에 **年十九**라 **秦王傷之**하여 **謂人曰 道玄常見吾深入賊陳**하고 **心慕效之**라가 **遂至於此**라하고 **爲之流涕**라

이도현이 패한 뒤에 유흑달이 옛 땅을 전부 수복하였는데, 이윽고 태자 李建成이 그를 館陶[141]에서 패퇴시켰다. 유흑달이 수백의 기병과 함께 도망쳤는데 요양에 이르러서는 따르는 자들이 겨우 백여 명이었다.

이때 崔元遜이 僞深州總管으로 있었는데, 유흑달을 받아들여 성을 차지하고 수비하려고 하였다. 張善護라는 자가 먼저 鄉長이 되어 軍中에 이르러 젊은이들에게 말하기를, "유흑달을 붙잡으면 부귀를 즉시 이룰 수 있다."라고 하니, 젊은이들이 모두 말하기를, "諸葛車騎가 아니면 안 됩니다."라고 하였다. 제갈거기는 僞饒州刺史 諸葛德威[142]로 車騎[143]가 되어 이 성의 군대를 거느린 자이다. 장선호는 제갈덕위가 술과 밥을 얻지 않으면 기꺼이 군대를 출동시키지 않을 줄을 알고서 마침내 집에서 돼지를 잡아 술자리를 열고 제갈덕위를 초대하여 말을 하니, 제갈덕위가 허락하였다.

유흑달이 요양에 이르자 최원손이 성에 들어오라고 청하였으나, 허락하지 않고 저자에 나아가 자리를 펴게 하고 앉아서 먹었다. 최원손이 〈유흑달에게〉 성의 군사를 살펴보기를 청하니 허락하였다. 출행할 때가 되자 제갈덕위가 건장한 군졸을

141) 館陶 : 縣의 이름으로, 河北省 동남부에 위치하였다.
142) 諸葛德威 : 본래 劉黑闥의 부하로 饒州刺史에 임명되었으나 후에 유흑달을 사로잡고 당나라 군대에 투항하였다.
143) 車騎 : 車騎將軍은 將軍의 官名 중 하나로 大將軍과 驃騎將軍 다음가는 자리이다.

거느리고 앞에서 인도하다가 수레 안으로 나아가 유흑달을 사로잡아 이건성의 군대 앞으로 보냈다. 〈제갈덕위가〉 성을 바치고 항복하자 최원손과 아들 崔野久는 돌궐로 도망가고 유흑달이 마침내 평정되었다.

道玄旣敗에 黑闥盡復故地러니 已而요 太子建成敗之於館陶라 黑闥與數百騎亡이러니 比至饒陽하여 從者財百餘人이라 是時에 崔元遜爲僞深州總管이러니 將納黑闥하여 據城拒守러라 有張善護者가 先爲鄕長하여 至軍中語少年曰 捉黑闥이면 富貴可立致也라하니 少年皆曰 非諸葛車騎면 不可라하니 諸葛車騎者는 僞饒州刺史諸葛德威로 爲車騎領當城之兵者也라 善護知德威非得食(사)酒면 不肯出師하고 乃於家殺豚置酒하고 延德威語之하니 德威許諾하다 黑闥至饒陽에 元遜請入城이나 不許하고 就市中遣鋪設坐食이라 元遜請閱城兵하니 許之라 比行에 德威率健卒前導라가 因就車中禽黑闥하여 送建成軍前이라 擧城降(항)에 元遜與子野久는 奔突厥하고 黑闥遂平이라

晉나라가 冀州 지역을 잃은 뒤로 石趙(後趙)・慕容燕(前燕・後燕)・苻秦(前秦)이 모두 인접한 적국끼리 서로 다투었고 葛榮・竇建德・劉黑闥은 모두 도적으로서 난을 일으켰다. 심주 지역이 병화를 입은 것이 전후로 수백 년이었는데, 唐나라 초에 유흑달이 평정되자 병화가 비로소 종식되었다.

武后시대에 孫萬榮[144]이 營州의 契丹族을 데리고 冀州와 瀛州를 공격하여 함락하고 突厥의 默啜[145]이 또 定州와 趙州 등을 함락시켰는데, 狄仁傑[146]이 河北道安撫大使가 되자 하북이 마침내 안정되었다. 이때에는 병화를 입은 것이 심하지 않았었는데, 天寶 14년(755)에 이르러 安祿山[147]이 반란을 일으키자 하북의 24개 郡이 초목이 바람에 쓸리듯 위세에 눌려 굴복하였다. 이때부터 당나라 시대가 끝나도록 심주에 편안한 해가 없었다.

---

144) 孫萬榮 : 契丹族의 우두머리로, 妹夫인 松漠都督 李盡忠과 함께 營州都督 趙文翽를 죽이고 河北 지역을 침략하여 반란을 일으켰다.

145) 默啜 : 突厥第二帝國의 2대 可汗으로 건국자 骨咄祿의 동생이다.

146) 狄仁傑 : 자는 懷英, 호는 德英으로 竝州 陽曲縣 사람이다. 則天武后가 세운 武周시대의 名臣으로, 聖曆 원년(698)에 河北道安撫大使가 되었다.

147) 安祿山 : 唐 玄宗 때 節度使에 발탁된 이후 병권을 장악하여 天寶 14년(755)에 반란을 일으켜 洛陽과 長安을 함락시켰다. 雄武皇帝라 자칭하고 국호를 燕, 연호를 聖武라고 하였으나, 이듬해에 아들 安慶緖에게 피살되었다.

自晉失冀部로 石趙, 慕容燕, 苻秦이 皆隣敵交爭하고 而葛榮, 竇建德, 劉黑闥은 則皆以賊盜起亂이라 州境被兵이 前後數百年이러니 及唐初하여 黑闥平에 兵禍始息이라 武后時에 孫萬榮以營州契丹攻陷冀瀛二州하고 而突厥默啜이 又陷定趙等州러니 狄仁傑爲河北道安撫大使에 河北遂安이라 是時에 被兵未甚이러니 及天寶十四載하여 安祿山反에 河北二十四郡이 望風披靡라 自是로 終唐之世히 深州無寧歲矣라

안녹산이 거병한 뒤에 그의 무리로 하여금 하북의 군현을 순행하게 하였다. 饒陽太守 盧全誠이 성을 차지하고서 후임자와 자리를 교대하지 않고 河間司法 李奐[148]과 景城長史 李暐[149]와 함께 平原太守 顔眞卿[150]을 추대하여 盟主로 삼아 군대의 일을 모두 그에게 품의하였다. 노전성은 包諝의 ≪河洛春秋≫[151]에서 '盧皓'라고 한 자이다.

이때에 饒陽郡이 陸澤에 치소를 두고 있었으니,[152] 육택은 饒陽縣 지역을 나누어 설치한 고을이다. 안녹산이 그의 장수 張獻誠[153]으로 하여금 여러 군의 團結兵[154] 만 명을 거느리고 요양을 포위하게 하였는데, 한 달이 넘도록 포위가 풀어지지 않았다. 이때를 당하여 常山太守 顔杲卿[155]이 요양과 함께 掎角[156]을 이루었

---

148) 李奐 : 唐나라의 宗室이다. 天寶 연간에 衢州와 黃州의 刺史를 지내고 防禦使를 겸하였으며 濟北郡王을 襲封하였다. 安祿山의 난이 일어났을 때 河間郡을 지키다가 史思明의 군대에 패배하여 포로로 사로잡혀 洛陽으로 이송되었다.

149) 李暐 : 唐나라의 宗室이다. 天寶 연간에 兵部員外郎 등을 지내고 禮部侍郎, 戶部侍郎에 올랐다가, 천보 말에 景城司馬로 좌천되었다. 安祿山의 난이 일어났을 때 顔眞卿과 함께 맞섰으나, 景城이 함락되자 자살하였다.

150) 顔眞卿 : 唐 玄宗 때의 名臣으로, 자는 淸臣이며 山東省 琅琊 臨沂 사람이다. 平原太守로 있을 때 사촌형인 常山太守 顔杲卿와 함께 안녹산의 군대를 토벌하였다.

151) 河洛春秋 : 唐나라의 包諝가 安祿山과 史思明, 史朝義가 일으킨 반란에 대해 기술한 역사서이다. 2권으로 구성되었다. 원본은 일실되었으나, ≪資治通鑒考異≫에 인용되어 있다.

152) 이때에……있었으니 : 天寶 원년(742)에 深州를 饒陽郡으로 고치고 치소를 陸澤縣(지금의 河北省 深州市 深州鎭)에 두었다.

153) 張獻誠 : 陝州 平陸 사람이다. 안녹산의 난이 일어났을 때 투항하여 汴州를 鎭守하였다.

154) 團結兵 : 唐나라 때 처음 설치된 軍制로, 향촌의 백성을 징집하여 지방의 치안을 맡겼다.

155) 顔杲卿 : 天寶 14년(755) 安祿山 밑에서 營田判官으로 있다가 常山太守로 발탁되었다. 안녹산이 반란을 일으키자 사촌동생인 平原太守 顔眞卿과 함께 반란군과 맞섰다.

156) 掎角 : 서로 협력하여 상대방을 견제하고 공격하는 것을 말한다. ≪春秋左氏傳≫ 襄公 14년조에 "사슴 잡는 일에 비유한다면, 晉나라 사람은 사슴의 뿔을 잡고 諸戎은 다리를 잡아끌어, 진나라 사람과 함께 사슴을 거꾸러뜨린 격이다.〔譬如捕鹿 晉人角之 諸戎掎之 與晉踣之〕"라고 한 데서 나왔다.

으니, 안고경은 안진경의 從兄이다. 계책을 써서 賊將 何千年을 사로잡았는데, 하천년이 안고경에게 말하기를 "太守가 왕실에 힘을 바치고 싶다면 모집에 응한 烏合之卒로는 적과 맞서기 어렵소. 마땅히 우선 도랑을 깊게 파고 보루를 높게 쌓고서 소리쳐 말하기를 '王師 20만이 북방에서 土門[157]으로 들어온다.'라고 하시오. 그리고 사람을 보내 장헌성에게 유세하기를, '足下가 거느린 군대는 대부분 단련병이라 견고한 갑옷과 예리한 무기가 없으니, 山西의 강한 군졸이 이르면 맞설 수가 없소.'라고 하게 하시오. 장헌성이 들으면 반드시 포위를 풀고 도망쳐 떠날 것이니, 이 또한 하나의 기이한 계책이오."라고 하니, 안고경이 그 말을 따랐다. 장헌성이 과연 도망치니 단련병이 모두 흩어졌다. 안고경이 사람을 보내 요양에 들어가 장수와 군사를 위로하게 하니, 이때에 하북에서 호응하여 조정에 귀의한 곳이 17개 郡이었다.

祿山旣起兵에 **使其黨狗河北郡縣**이라 **饒陽太守盧全誠**이 **據城不受代**하고 **與河間司法李奐景城長史李暐**로 **共推平原太守顔眞卿爲盟主**하여 **軍事皆稟焉**이라 **盧全誠者**는 **包諝河洛春秋所云盧皓者也**라 **是時**에 **饒陽郡治陸澤**하니 **陸澤者**는 **析饒陽縣境所置邑也**라 **祿山使其將〔張〕**[158] **獻誠**으로 **將諸郡團結兵萬人**하여 **圍饒陽**한대 **月餘不解**라 **當是時**하여 **常山太守顔杲卿**이 **與饒陽爲犄角**하니 **杲卿**은 **眞卿之從兄也**라 **以計禽賊將何千年**한대 **千年謂杲卿曰 太守欲輸力王室**인댄 **應募烏合**은 **難用臨敵**이라 **宜且深溝高壘**하고 **聲云 王師二十萬**이 **自朔方入土門**이라하고 **因使說**(세)**張獻誠云 足下所將多團練之人**이라 **無堅甲利兵**하니 **山西勁卒至**하면 **不可當也**라하라 **獻誠聞**이면 **必解圍遁去**리니 **此亦一奇也**라하니 **杲卿從其言**하다 **獻誠果遁**하니 **其團練兵皆潰**라 **杲卿使人入饒陽**하여 **慰勞將士**하니 **於〔是〕**[159]에 **河北響應**하여 **歸朝廷者十七郡**이라

肅宗 至德 원년(756)에 史思明[160] 등이 常山을 함락하니 여러 군이 다시 적의 영토가 되었으나, 盧全誠만은 사사명 등을 따르지 않고 요양을 포위하였다. 李奐은

---

157) 土門 : 土門關을 가리키는 것으로, 井陘口라고도 한다.
158) 〔張〕 : 저본에는 '張'이 없으나, 文瑞書院本 ≪深州風土記≫에 의거하여 보충하였다.
159) 〔是〕 : 저본에는 '是'가 없으나, 文瑞書院本 ≪深州風土記≫에 의거하여 보충하였다.
160) 史思明 : 寧夷州 突厥族 사람이다. 初名은 窣干인데, 玄宗이 '思明'이라는 이름을 내렸다. 안녹산이 반란을 일으키자 가담하였다가 안녹산이 아들 安慶緖에 의해 죽임을 당하자 당나라에 귀순하였다. 이후 肅宗이 자신을 죽이려 하자 다시 반란을 일으켜 안경서를 죽이고 반란군을 이끌었으나 아들 史朝義에 의해 시해되었다.

7천 명을 거느리고 李暐는 아들 李祀를 보내 8천 명을 거느리게 하여 구원하였는데, 모두 사사명에게 패하였다.

요양이 포위된 지 29일째에 마침 李光弼[161]이 상산을 수복하니, 사사명이 마침내 포위를 풀고 떠나갔다. 이광필이 상산을 수복하였을 때 安思義[162]를 사로잡았다. 안사의가 이광필에게 말하기를, "사사명이 요양에 있으니 여기서부터의 거리가 200리가 되지 않소. 어제 저녁에 羽書(檄文)를 이미 보냈으니, 생각건대 그 선봉대가 내일 새벽에 반드시 이를 것이오. 大夫(이광필)가 먼 곳에서 와서 병사와 말이 피로하여 大敵과 맞서기 쉽지 않을 터이니, 군대를 옮겨 성에 들어와 일찌감치 방어하는 것만 못하오."라고 하니, 이광필이 그 말을 따랐다.

사사명이 상산을 지키지 못했다는 것을 듣고 요양에서부터 2만의 기병을 거느리고 먼저 상산의 성 아래로 접근해 왔다. 이광필이 성문을 열고 나가 싸웠는데, 어떤 자가 적의 步兵 5천이 하루 밤낮에 170리를 행군하여 또 요양에서부터 이른다고 고하였다. 이광필이 보병과 기병 4천을 보내 급습하여 격파하니, 사사명이 비로소 물러났다. 이광필이 또 郭子儀[163]와 군대를 연합하여 九門[164]・沙河[165]・嘉山[166]에서 연이어 적을 격파하였다. 이에 하북의 10여 郡이 또 적의 守將을 죽이고 귀순하였다.

肅宗至德元載에 **史思明等陷常山**하니 **諸郡復**(부)**爲賊守**로되 **唯盧全誠不從思明等**하고 **圍饒陽**이라 **李奐將七千人**하고 **李暐遣其子祀將八千人救之**어늘 **皆爲思明所敗**라 **饒陽被圍二十九日**에 **會李光弼克常山**하니 **思明乃解去**하다 **光弼之克常山也**에 **執安思義**라 **思義謂光弼曰 思明在饒陽**하니 **去此不二百里**라 **昨暮羽書已去**하니 **計其先鋒來晨必至**라 **大夫遠來**하여 **士馬疲敝**하여 **未易**(이)**當大敵**하니 **不如移軍入城**하여 **早爲備禦**라하니 **光弼從之**라 **思明聞常山不守**하고 **自饒陽率二萬騎先薄常山城下**라 **光弼開城出戰**이어늘 **或告賊步兵五千**이 **一晝夜行百七十里**하여 **亦自饒陽至**라하니 **光弼遣步騎四千掩擊**하여 **破之**하니 **思明始退**라 **光弼又與郭子儀合**

161) 李光弼 : 營州 柳城 사람으로 契丹人이다. 肅宗 때 河東節度副使가 되어 郭子儀와 함께 安祿山의 난을 평정하였다.(≪新唐書≫ 권136 〈李光弼列傳〉)
162) 安思義 : 사사명의 部將이다. 사사명이 상산을 수복한 뒤에 그에게 그곳을 지키게 하였다.
163) 郭子儀 : 華州 鄭縣 사람이다. 朔方節度使가 되어 李光弼과 함께 安史의 난을 평정하고 汾陽王에 봉해졌다.(≪舊唐書≫ 권120 〈郭子儀列傳〉)
164) 九門 : 縣의 이름으로, 지금의 河北省 石家莊市 藁城區 서북쪽에 해당한다.
165) 沙河 : 滹沱河의 지류이다.
166) 嘉山 : 지금의 河北省 曲陽縣 동북쪽에 있는 산이다.

軍하여 **連破賊於九門沙河嘉山**이라 **於是**에 **河北十餘郡**이 **又殺賊守將反正**이라

西京(長安)이 이미 함락되자 李光弼과 郭子儀가 서쪽으로 구원하였으나, 하북의 郡縣은 여전히 당나라의 영토였다. 사사명이 河間郡 景城縣을 함락시키자 이환과 이위가 모두 죽고 안진경 또한 郡을 버리고 남쪽으로 도망갔고 烏承恩[167)]은 信都를 바치고 적에게 투항하니, 하북이 모두 적의 소유가 되었으나 요양은 굳게 수비하여 함락되지 않았다. 사사명이 그곳을 포위한 지 1년이 넘자 외부에서의 구원이 전부 끊어졌다.

요양의 裨將 張興은 束鹿[168)] 사람이다. 힘이 千鈞[169)]을 들어 올리고 성격이 분명하고 분별력이 있었다. 사사명이 무리를 이끌고 성에 가까이 다가왔는데, 장흥이 갑옷을 입고 50斤이 나가는 陌刀[170)]를 한 번 들기만 하면 두세 사람이 죽었다. 마침 太守 李系가 급박한 나머지 불길에 뛰어들어 죽으니, 성이 마침내 함락되었다. 사사명이 장흥을 사로잡고 이르러 말하기를, "장군은 壯士이다. 나와 부귀를 함께할 수 있겠소?"라고 하니, 장흥이 말하기를, "천자께서 부자지간처럼 안녹산을 대우하셨는데 지금 도리어 반란을 일으켰다. 丈夫가 적을 죽이지 못하고 도리어 北面하여 그를 섬기겠는가?"라고 하였다. 사사명이 노하여 나무 위에 그를 펼쳐놓고 톱질을 하여 죽였는데, 〈장흥의〉 입에서 욕하는 소리가 끊어지지 않다가 기운이 다해서야 그쳤다. 호삼성이 논하기를, "하북의 24개 郡 가운데서 오직 장흥만이 義士라고 할 수 있을 따름이다."라고 하였다.

西京旣陷에 **李郭西援**이로되 **河北郡縣**은 **猶爲唐守**라 **及思明陷河間景城**하여는 **李奐李暐皆死**하고 **顔眞卿亦棄郡南走**하고 **烏承恩以信都降**(항)**賊**하니 **河北皆爲賊有矣**로되 **而饒陽固守不下**라 **思明圍之彌年**에 **外救盡絶**이라 **饒陽**(稗)〔裨〕[171)]**將張興者**는 **束鹿人也**라 **力擧千鈞**하고

167) 烏承恩 : 掖郡 사람으로 羌族이다. 安史의 난이 일어났을 때 반란군에 투항하여 史思明을 도와 范陽節度副使, 張掖郡公이 되었다. 후에 族弟 烏承玼와 사사명을 살해할 계획을 세웠다가 일이 누설되어 죽었다.

168) 束鹿 : 至德 원년(756)에 鹿城縣을 束鹿縣으로 바꾸고 深州에 소속시켰다. 치소가 지금의 河北省 辛集市 舊城鎭에 있었다.

169) 千鈞 : 대단히 무거운 무게를 말한다. 1鈞은 30斤이다.

170) 陌刀 : 唐나라 때 사용한 검으로, 양면에 칼날이 있고 전체 길이가 1丈이었다.

171) (稗)〔裨〕 : 저본에는 '稗'로 되어 있으나, 文瑞書院本 ≪深州風土記≫에 의거하여 '裨'로 바로잡았다.

性明辨이라 **思明引衆傅城**이어늘 **興(環)〔擐〕**[172] **甲陌刀重五十斤**에 **一擧輒數人死**라 **會太守李系窘迫赴火死**하니 **城遂陷**이라 **思明禽興至**하여 **謂曰 將軍**은 **壯士也**라 **能與我共富貴乎**아하니 **興曰 天子待祿山如父子**어시늘 **今乃反**이라 **丈夫不能殺賊**하고 **乃北面事之乎**아하니라 **思明怒**하여 **張於木上**하여 **鋸殺之**어늘 **口不絶罵**라가 **氣絶乃已**하다 **胡三省論之曰 河北二十四郡**에 **惟張興可以言義士耳**라하니라

兩京(長安·洛陽)이 수복된 뒤에 사사명이 거느리고 있던 13개 郡을 가지고 表文을 올려 항복을 청하니, 요양도 그중 하나였다. 肅宗이 烏承恩과 內侍 李思敬을 보내 함께 가서 詔旨을 선포하고 위무하게 하였다. 오승은이 이르는 곳마다 조지를 선포하니 深州·滄州·瀛州·安州 등이 모두 명을 따라 하북이 대부분 당나라의 소유가 되었다.

사사명이 이내 오승은을 죽이고 다시 반란을 일으키고는 張忠志[173]를 恒趙節度使로 삼았다. 사사명이 죽자 장충지가 常山裨將 王武俊[174]의 말을 따라 恒州·趙州·深州·定州·易州 등 다섯 州를 바치고 河東節度使 辛雲京[175]에게 투항하니, 그때가 寶應 원년(756)이었다. 조정에서 〈장충지에게〉 그대로 다섯 주를 통치하게 하여 절도사로 삼고는 그의 군대를 武德軍이라 하고 姓名을 하사하여 李寶臣이라 하였다. 이보신이 왕무준의 책략을 훌륭하게 여겨 발탁하여 先鋒兵馬使로 삼았다. 왕무준은 본래 契丹族이니 初名은 沒諾干이다. 이때부터 하북의 藩鎭[176]이 대부분 모두 반란을 일으킨 장수였다.

---

172) (環)〔擐〕: 저본에는 '環'으로 되어 있으나, 文瑞書院本 ≪深州風土記≫에 의거하여 '擐'으로 바로잡았다.

173) 張忠志 : 字가 爲輔로 范陽 사람이며 奚族이다. 본래 安祿山의 部將으로 그의 양자가 되었다. 안사의 난이 평정되자 당나라에 귀순하여 李寶臣이라는 이름을 받고 成德軍節度使가 되었다.

174) 王武俊 : 자는 元英으로 契丹 怒皆部落 사람이다. 李寶臣의 휘하에서 裨將으로 있었는데, 그를 설득해 당나라에 귀순하게 하였다. 후에 조정의 대우에 불만을 품어 幽州節度使 朱滔와 연합하여 반란을 일으켜 趙王이라 자칭하였으나, 다시 당나라 조정에 귀순하여 成德軍節度使가 되고 琅琊郡王에 봉해졌다.

175) 辛雲京 : 자는 京曇으로 蘭州 金城 사람이다. 史思明을 相州에서 격파하여 代州刺史, 北京都知兵馬使에 임명되었다. 寶應 원년(762)에 河東節度使 鄧景山이 수하의 군사들에 의해 피살되자, 肅宗이 河東節度使로 삼고 金城郡王에 봉하였다.

176) 藩鎭 : 唐代에 변경을 비롯한 요지에서 軍政을 관장하던 절도사를 가리킨다.

兩京旣復에 思明以所部十三郡奉表請降(항)하니 饒陽其一也라 肅宗遣烏承恩與內侍李思敬共往宣慰라 承恩所至에 宣布詔旨하니 深滄瀛安等州皆聽命하여 河北率爲唐有라 思明旋殺承恩復(부)反하고 以張忠志爲恒趙節度使라 思明死에 張忠志用常山(稗)〔裨〕[177]將王武俊之言하여 以恒趙深定易五州로 降於河東節度辛雲京하니 時寶應元年也라 朝廷使仍統五州하여 爲節度使하고 號其軍曰武德軍하고 賜姓名曰李寶臣이라 寶臣以武俊之策爲善하여 擢爲先鋒兵馬使라 武俊은 本契丹也니 初名은 沒諾干이라 自是로 河北藩鎭이 大率皆叛將矣라

史朝義[178]가 洛陽에서 패하여 동쪽으로 도망갈 적에 僕固瑒이 蕃兵과 漢兵을 거느리고 추격하여 연이어 격파하고 下博城 남쪽에서 싸웠다. 적이 대패하여 시체가 쌓여 물길을 막고 떠내려갔다. 이해 여름과 가을에 궂은 비가 내려 못과 호수로 흘러드는데, 漳河와 여러 나루터의 배가 모두 관군에게 귀속되어 있으므로 사방의 길이 전부 끊어진 형편이었다. 田承嗣[179]가 사조의에게 상소를 올리니, 그 대략은 다음과 같다.

"거느리고 있는 군사들이 모두 지쳐서 피로합니다. 지키는 쪽과 공격하는 쪽의 형세는 갑절이나 차이가 나고 공격하는 쪽의 수고로움과 지키는 쪽의 편안함은 들이는 힘이 다르니, 군사들을 몰아 싸우게 하는 것은 그 이로움을 알지 못하겠습니다. 청컨대 수레 15乘을 사용하여 옛날의 夏康王城 북쪽에 車營[180] 세 개를 만들고는 위에 시렁을 설치하고 창을 거꾸로 잡고 방어하되, 수레마다 甲士 2명이 병기를 들고 매복하고 군대를 따라온 자녀는 장막 안에 늘어놓으며 각 거영의 輜重[181]은 위치를 나누어 벌여놓습니다. 그리고 거영 뒤에는 2만 명을 선발하여 偃月陣[182]을 펼치고 좌우의 奇兵도 이 진을 펼치되 左軍은 동남쪽으로 가고 右軍은

---

177) (稗)〔裨〕: 저본에는 '稗'로 되어 있으나, 文瑞書院本 ≪深州風土記≫에 의거하여 '裨'로 바로잡았다.

178) 史朝義 : 史思明의 아들이다. 上元 원년(761)에 사사명을 죽이고 즉위하였다. 이듬해 唐나라 군대가 回紇의 원조를 받아 洛陽을 격파하자 莫州로 도망갔는데, 세력이 약해지고 고립되자 자살하였다.

179) 田承嗣 : 平州 盧龍 사람이다. 安祿山의 部將으로 안사의 난이 일어났을 때 先鋒이 되었다. 代宗 때 唐나라에 항복하였으나 魏博節度使로 있으면서 다시 반란을 일으켰다.

180) 車營 : 수레를 연결해서 만든 陣營을 이른다.

181) 輜重 : 탄약·식량·장막·피복 따위의 군수 물품을 통틀어 이르는 말이다.

182) 偃月陣 : 陣法의 하나로, 적을 향하여 반달처럼 진을 치는 방법이다.

서남쪽으로 가서 각각 거영으로부터 10리 떨어지게 하고, 거영 앞에는 정예병을 선발하여 雁行陣[183]을 만들어 접전을 벌여 이기지 못하면 언월진 뒤로 퇴각합니다. 前軍이 물러난 뒤에 적군이 반드시 거영에 이르러 공격하여 진기한 물건을 취할 것이니, 그 군대의 세력이 분산되기를 기다린 뒤에 북을 일제히 울려 방패를 든 병사들이 앞다투어 진격합니다. 좌군은 서쪽으로 가고 우군은 동쪽으로 달려가 모두 옛 성의 남쪽을 차지하여 首尾가 서로 이어지게 합니다. 복병이 나오면 생각건대 적군이 반드시 놀랄 것입니다. 前軍과 後軍이 이미 서로 구원하지 못하는데 中軍이 또 정예병을 만난다면 패하지 않고 무엇을 기다리겠습니까."

사조의가 상소를 보고 크게 기뻐하여 그의 계책을 따랐다.

史朝義之敗於洛陽而東奔也에 僕固瑒領蕃漢兵追擊하여 連破之하고 戰於下博城南이라 賊大敗하여 積尸擁流而下라 是年에 夏秋苦雨하여 陂湖流注어늘 其漳河及諸津渡舟船이 悉歸官軍하니 勢四路俱絶이라 田承嗣上疏於朝義하니 略曰 部統之師가 皆自疲頓이라 主客勢倍하고 勞逸力殊하니 驅而令戰은 未見其利라 請用車十五乘하여 於古夏康王城北에 作車營三하고 上設棚排하고 倒戈爲禦라 每車甲士二人이 持兵而伏하고 隨軍子女는 羅於帳中하고 每營輜重은 分(別)〔列〕[184]其次하며 營後選二萬人하여 布偃月陳하고 左右奇兵도 亦設此陳하되 左者東南行하고 右者西南行하여 令各去車營十里하고 營前選精卒하여 爲雁行(항)陳하여 接戰不勝이면 則退於偃月陳後라 前軍既郤에 敵必至車營하여 攻取珍玩하리니 俟其軍勢已分然後에 桴鼓齊鳴하여 鹵楯爭先이라 左軍西行하고 右軍東邁하여 皆取古城之南하여 令首尾相屬(촉)이라 伏兵之發에 料敵必驚이라 前後既不相救어늘 中軍又遇精兵이면 不敗何待오라하니라 朝義覽疏하고 大悅하여 從其計하다

官軍이 기세가 꺾여 패하여 군사 3천여 명의 수급을 잃었다. 복고창이 군대를 수십 리 물리니 사조의가 莫州에 이를 수 있었다. 康王城은 지금의 深州村이다. 그때 복고창의 부친 僕固懷恩[185]이 都知兵馬使 薛兼訓[186], 兵馬使 郝廷玉[187]·田神

183) 雁行陣 : 陣法의 하나로, 기러기가 열을 지어 날아가는 모양으로 진을 치는 방법이다.

184) (別)〔列〕: 저본에는 '別'로 되어 있으나, 文瑞書院本 ≪深州風土記≫에 의거하여 '列'로 바로잡았다.

185) 僕固懷恩 : 당나라를 섬긴 터키계의 武將이다. 安史의 난이 일어났을 때 부족을 이끌고 郭子儀를 도와 당나라를 위해 싸웠다.

186) 薛兼訓 : 河東 汾陰 사람이다. 安史의 난이 일어났을 때 河南副元帥 都知兵馬使, 殿中監 兼

功[188] · 辛雲京과 下博에서 모여 막주로 진격하여 포위하였다. 사조의가 성을 버리고 패하여 죽으니, 安史의 난이 이에 이르러 비로소 평정되었다.

그러나 藩鎭이 제멋대로 명을 내려 계속 일어나니, 심주가 병화를 입는 것이 더욱 극심해졌다. 李寶臣이 이미 成德[189]의 군대를 진무하게 되자 軍府를 자기 아들인 李惟岳에게 물려주려 하였는데, 이유악이 나이가 어렸으므로 老將들이 그를 위해 일하려 하지 않았다. 이에 深州刺史 張獻誠 등을 죽여 심지어 10여 명이 한날에 죽기도 하였다. 이유악이 자리를 세습하여 旌節[190]을 요구하였는데 조정에서 허락하지 않았다. 그러자 마침내 田悅[191] · 李正己[192]와 함께 진군하여 황명을 거역하였다. 조정에서는 朱滔[193]와 張孝忠[194]에게 명하여 공격하게 하여 束鹿을 함락하고 심주로 진격하여 포위하였다. 이유악의 장수인 王武俊은 이유악과 사이가 나빴기 때문에 이유악을 잡아서 죽이고 京師에 수급을 전하였다. 심주자사 楊榮國은 이유악의 姊夫이다. 주도에게 항복하니, 주도가 그 자리를 회복하게 하였다.

官軍挫敗하여 **喪師徒三千餘級**이라 **僕固瑒退師數十里**하니 **朝義得達莫州**라 **康王城**은 **今深**

禦史中丞 등을 지내며 반군을 토벌하였다.

187) 郝廷玉 : 李光弼의 장수로 그를 따라 安史의 반군을 토벌하였고 叛將 徐璜玉을 생포한 공으로 安邊郡王에 봉해졌다. 그 뒤에 이광필을 따라 徐州를 鎭守하였다.

188) 田神功 : 冀州 南宮 사람이다. 빈한한 집안 출신으로 安史의 난을 평정하는 데 공을 세워 鴻臚卿, 信都郡王에 봉해졌다.

189) 成德 : 唐나라의 方鎭 이름으로, 寶應 원년(762)에 설치하였다. 치소가 恒州에 있었다.

190) 旌節 : 唐나라 때 천자가 節度使에게 지방행정의 전권을 부여하는 뜻으로 주는 깃발과 符節이다.

191) 田悅 : 平州 盧龍 사람이다. 魏博節度使 田承嗣의 조카로, 전승사가 죽은 뒤에 자리를 이어받았다. 李正己의 아들인 淄靑節度使 李納과 함께 당나라에 반란을 일으켜 魏王이라 자칭하였으나, 德宗이 보낸 군대에 토벌되어 조정에 귀순하였다.

192) 李正己 : 고구려계 유민으로, 本名은 懷玉이며, 營州 사람이다. 당나라 조정에서 平盧淄靑節度觀察使에 임명하고 正己라는 이름을 주었다. 이후 강력한 세력을 구축하여 山東 지역 일대를 장악하였다.

193) 朱滔 : 幽州 昌平 사람이다. 형 朱泚와 함께 幽州盧龍節度使 李懷仙의 部將으로 있다가 이회선을 살해하고 주차를 幽州節度使로 옹립하였다. 李惟岳이 난을 일으켰을 때 檢校司徒, 盧龍軍節度使가 되었고 후에 通義郡王에 봉해졌다. 建中 3년(782) 大冀王이라 자칭하면서 田悅, 王武俊, 李納과 함께 반란을 일으켰는데, 이를 '四鎭之亂'이라고 한다. 이후 四鎭의 연맹이 분열되면서 왕무준에 의해 패하여 幽州로 달아났다.

194) 張孝忠 : 자는 阿勞로 信州 사람이다. 安祿山의 部將이었으나 安史의 난이 평정된 뒤에 당나라 조정에 귀순하여 成德節度使 李寶臣의 部將이 되었다. 建中 2년(781) 李惟岳이 반란을 일으켰을 때 조정에 충절을 지켰다. 반란이 평정된 뒤에 成德節度使, 義武節度使 등의 요직을 지냈다.

州村也라 **時瑒父懷恩**이 **與都知兵馬使薛兼訓兵馬使郝廷玉田神功辛雲京**으로 **會於下博**하여 **進圍莫州**라 **朝義棄城敗死**하니 **安史之禍**가 **至是始平**이라 **然**이나 **藩鎭擅命繼起**하니 **深州被兵益棘**이라 **李寶臣旣鎭成德軍**에 **欲以軍府傳其子惟岳**이어늘 **爲惟岳年少**라 **諸老將不爲用**이라 **於是誅深州刺史張獻誠等**하여 **至有十餘人同日死者**라 **惟岳繼襲**하여 **求旌節**이어늘 **朝廷不許**라 **遂與田悅李正己**로 **進兵拒命**이라 **朝廷命朱滔張孝忠功之**하여 **拔束鹿**하고 **進圍深州**라 **惟岳將王武俊與惟岳有隙**이라 **執惟岳殺之**하고 **傳首京師**라 **深州刺史楊榮國**은 **惟岳姊夫也**라 **降**(항)**於朱滔**하니 **滔使復其位**라

德宗이 康日知[195]를 深趙都團練觀察使로 삼았다. 처음 李惟岳을 토벌할 적에 조정에서 이유악의 城邑을 공격하여 차지한 자에게는 즉시 그것을 주겠다고 명했었는데, 朱滔가 심주를 차지하였다. 이에 이르러 〈조정에서〉 주도를 幽州(范陽鎭)로 돌아가게 하였다. 주도가 심주를 달라고 청하였으나 허락하지 않았다. 주도가 이로 말미암아 원망하여 심주에 남아 주둔하였다. 君子는 다음과 같이 말한다.

“주도가 이유악을 토벌할 적에 두 번 싸워 두 번 이겼는데, 成德에 속한 지역을 분할하여 항복한 장수에게 상으로 줄 때 尺寸의 땅도 주도는 얻지 못하였다. 唐나라가 이때부터 마침내 河北을 잃게 되었으니, 이는 이른바 조처하고 통제하는 계책이 아니다. 한번 잃어버리자 토지와 백성을 마침내 다시는 소유할 수 없게 되었도다.”

德宗以康日知爲深趙都團練觀察使라 **初討惟岳**에 **朝命攻得惟岳城邑者**는 **卽以予之**러니 **朱滔得深州**라 **至是**에 **令滔還幽州**라 **滔請深州**나 **不許**라 **滔由是怨望**하여 **留屯深州**라 **君子曰 朱滔討惟岳**에 **再戰再勝**이러니 **及瓜分成德巡屬以賞降**(항)**將**하여 **尺寸之地**를 **滔不與焉**이라 **唐自是卒失河北**하니 **此非所謂措注控馭之計**라 **一失**에 **而土地人民**을 **遂不能復**(부)**有者乎**인저

王武俊 역시 스스로 직접 李惟岳을 죽여 공이 강일지의 위에 있다고 여겼는데, 심주를 얻지 못하니 또한 기쁘지 않았다. 이때에 王師가 한창 魏博[196]을 포위하고

195) 康日知 : 西域 康居 사람으로 粟特族이다. 成德節度使 李寶臣의 部將이었으며 趙州刺史를 지냈다. 建中 2년(781)에 李惟岳의 반란을 평정하여 深趙觀察使가 되었고 후에 會稽郡王에 봉해졌다.

196) 魏博 : 唐나라의 方鎭 이름으로, 廣德 원년(763)에 설치하였다. 치소가 魏州(지금의 河北省

있었는데, 田悅이 判官 王侑와 許士則을 파견하여 샛길로 심주에 이르러 주도에게 유세하게 하기를, "司徒(朱滔)가 조서를 받들어 이유악을 토벌하여 열흘 또는 한 달 사이에 束鹿을 빼앗고 심주를 함락시켜 이유악의 목이 잘리게 하였으니, 이는 사도의 공입니다. 천자께서 조서를 내려 사도로 하여금 성읍을 얻어 모두 本鎭에 예속시키게 하셨는데, 지금 도리어 심주를 할양하여 康日知에게 주었으니, 신의가 〈어떠한지를〉 알 수 있습니다. 사도가 만약 위박을 구원하는 데 뜻을 둔다면 또한 자손이 만세토록 누릴 이득일 것입니다."라고 하였다. 또 왕무준에게 유세하게 하기를, "大夫는 역적의 우두머리를 주벌하여 반란의 뿌리를 뽑았고 강일지는 趙州를 나가지도 않았으니, 어찌 대부와 같은 수준으로 공을 논할 수 있겠습니까. 그러나 조정에서는 심주를 주지 않기로 의논하였으니, 이는 대부가 전쟁을 잘하는 것이 후환이 될까봐 두려워하는 것입니다. 지금 朱司徒가 심주를 강일지에게 주려 하지 않고 대부에게 주고자 하니, 청컨대 서둘러 刺史를 정하여 심주를 지키십시오. 三鎭[197]이 군사를 연합하면 훗날에 길이 후환이 없을 것입니다."라고 하니, 주도와 왕무준이 모두 옳게 여겼다. 왕무준이 자기 아들 王士眞을 恒州・冀州・深州의 留後로 삼고 判官 王巨源을 주도에게 보내 즉시 深州知事가 되게 하였다.

王武俊亦自以手誅惟岳하여 功在康日知上이로되 而不得深州하니 亦不悅이라 是時에 王師方圍魏博이어늘 田悅乃遣判官王侑許士則間道至深州하여 說(세)朱滔曰 司徒受詔討惟岳하여 旬朔之間에 拔束鹿하고 下深州하여 使惟岳授首하니 司徒之功也라 天子詔書에 令司徒得城邑하여 皆隸本鎭이러니 今乃割深州以與日知하니 信義可知矣라 司徒若有意援魏면 亦子孫萬世之利也라하고 又使說(세)武俊曰 大夫誅首逆하여 拔亂本하고 康日知不出趙州하니 豈得與大夫同日論功이리오마는 朝議不以深州見畀하니 蓋以大夫善戰으로 恐爲後患耳라 今朱司徒不欲以深州與日知하고 願以與大夫하니 請早定刺史以守深州하소서 三鎭連兵하면 它日永無患矣라하니 滔武俊皆然之하다 武俊以其子王士眞爲恒冀深三州留後하고 遣判官王巨源使(시)於滔하여 卽令知深州事라

李納[198]이 鄆州에서 반란을 일으켰을 때 그의 都虞候[199] 李士眞이 德州・棣州를

大名縣 동북쪽)에 있었다.

197) 三鎭 : 朱滔의 范陽鎭, 王武俊의 成德鎭, 田悅의 魏博鎭을 가리킨다.

198) 李納 : 李正己의 아들이다. 淄靑節度使로 있으면서 반란을 일으켜 齊王이라 자칭하였다.

가지고 나라에 귀의하여 朱滔에게 구원을 요청하였다. 주도는 이사진을 돕는다고 공언하고 그를 불러 심주에 이르러 군대의 일을 논의하게 했다가 도착하자 그를 억류하고 심주를 王巨源에게 주었다.

스스로 보병과 기병 2만 5천을 거느리고 남쪽으로 가서 東鹿에 이르렀다. 사졸들이 시끄럽게 떠들며 말하기를, "천자께서 司徒로 하여금 鎭에 돌아가게 하셨는데, 어째서 남쪽으로 가시는가."라고 하였다. 牙官[200] 蔡雄이 말하기를, "사도께서 처음 范陽(幽州鎭)[201]을 떠날 적에 은혜로운 勅旨가 〈내려와〉 이유악을 사로잡으면 州縣을 즉시 차지하게 하였다. 사도께서 幽州에는 실과 솜이 부족하기 때문에 너희들과 함께 힘을 다해 血戰을 벌여 심주를 차지하여 실과 솜을 얻어 너희들의 조세를 줄여주고자 하셨는데, 국가가 신의가 없어 다시 심주를 강일지에게 주었다. 이번에 남쪽으로 가는 것은 너희들을 위한 것이다. 너희들 가운데 남쪽으로 가기를 원하지 않는 자는 제 마음대로 북쪽으로 돌아가면 되거늘, 어째서 시끄럽게 떠드는가. 내일 아침에 다시 심주로 돌아가 며칠 휴식하고 함께 鎭으로 돌아갈 따름이다."라고 하니, 사졸들이 그런 뒤에야 안정되었다. 주도가 즉시 군대를 이끌고 심주로 돌아가 앞장서 이끈 자 200여 명의 목을 베고 마침내 다시 남쪽으로 갔다.

李納之反於鄆也에 其都虞候李士眞以德棣二州歸國하여 求援於滔하니 滔聲言助李士眞하고 召之至深州議軍事라가 至則留之하고 以深州授王巨源이라 自將步騎二萬五千南發하여 至東鹿이라 士卒喧噪曰 天子令司徒還鎭이어늘 柰何南行고하니 牙官蔡雄諭之曰 司徒初發范陽에 恩旨令得惟岳이면 州縣卽有之라 司徒以幽州少絲纊이라 故與汝曹竭力血戰以取深州하여 冀得絲纊하여 以寬汝曹賦率也러니 國家無信하여 復(부)以深州與康日知라 今玆南行은 爲汝曹也라 汝曹不欲南者는 任自歸北이어늘 何喧悖爲오 詰朝復還深州하여 休息數日하고 相與歸鎭耳라하니 衆然後定이라 滔卽引(車)〔軍〕[202]還深州하여 斬唱率者二百餘人하고 乃復南發이라

199) 都虞候 : 唐나라 中後期의 軍官名이다. 虞候의 일종으로 군대의 軍紀를 바로잡는 일을 맡았다.

200) 牙官 : 副武官으로, 下屬小官을 범칭한다.

201) 范陽(幽州鎭) : 唐나라 方鎭 이름으로 開元 2년(714)에 설치하였다. 치소가 幽州(지금의 北京城 서남쪽)에 있었다.

202) (車)〔軍〕 : 저본에는 '車'로 되어 있으나, 文瑞書院本 ≪深州風土記≫에 의거하여 '軍'으로 바로잡았다.

처음에 왕무준이 이유악을 죽인 뒤에 判官 孟華를 파견하여 들어가 皇上을 알현하게 하였다. 이에 이르러 황상이 맹화를 파견하여 돌아가 諭旨를 알리게 하였다. 맹화가 왕무준에게 간하기를, "성상의 뜻이 대부에게 몹시 후합니다. 康中丞(康日知)을 머지않아 다른 鎭으로 옮기고 深州와 趙州를 결국 대부에게 주실 것이니, 어찌 반란을 일으킨 자와 스스로 똑같아져서야 되겠습니까."라고 하였다. 왕무준이 맹화의 직위를 빼앗고 私第로 돌아가게 하고는 결국 군대를 연합하여 魏州를 구원하였다.

이때부터 河北이 조정의 명령을 따르지 않는 것이 故事가 되었다. 대개 2천 년 이래로 심주의 병화가 인접한 적국에 의해 일어나거나 도적에 의해 일어났는데, 오직 당나라 왕실 때만은 반란을 일으킨 藩鎭에 의해 할거되었다. 앞서 일어난 安史의 난은 그 근원이 안일함에 익숙해진 데 있었고 그 뒤에 王氏가 빼앗아 점거한 것은 그 환란이 國論이 잘못된 데서 생겨나 결국에는 마침내 다시 만회할 수 없게 되었다.

初에 **武俊旣誅惟岳**에 **遣判官孟華入見**(현)이러니 **及是**에 **上遣華歸諭旨**라 **華諫武俊曰 聖意於大夫甚厚**라 **康中丞不日移它鎭**하고 **深趙終以予大夫**리니 **何可自同逆亂乎**아하다 **武俊奪華職**하고 **使歸私第**하고 **卒連兵救魏**라 **自是河北不用朝命爲故事矣**라 **蓋二千年以來**로 **深州兵禍**가 **或在隣敵**하고 **或起盜賊**이로되 **獨唐室割據於叛藩**이라 **其前安史亂**은 **本在狃習燕安**이요 **其後王氏竊據**는 **則患生於國論之乖失**하여 **而其終遂不可復**(부)**挽**이라

憲宗朝에 河北에서 〈번진이〉 세습하는 폐단을 혁파하고자 左神策中尉 吐突承璀[203]를 보내 王承宗을 토벌하니, 왕승종은 왕무준의 손자였다. 元和 5년(810)에 幽州節度使 劉濟[204]가 스스로 병사 7만 명을 거느리고 왕승종을 공격하여 饒陽과 束鹿을 함락하고 5월에 유제가 상주하여 安平을 함락하였다. 유제가 자기 아들인 劉總을 行營都知兵馬使로 삼아 요양에 주둔하게 하였는데, 유총이 이를 틈타 父兄을 죽이고

203) 吐突承璀 : 자는 仁貞이다. 唐 憲宗의 총애를 받은 宦官으로, 元和 初年에 左神策軍護軍中尉에 임명되었다.

204) 劉濟 : 자는 濟之로 幽州 昌平 사람이다. 부친인 幽州盧龍節度使 劉怦의 지위를 계승하였다. 元和 5년(810) 王承宗을 토벌하는 데 공을 세워 侍中 兼中書令에 제수되고 彭城郡王에 봉해졌다. 군대를 거느리고 鎭에 돌아온 뒤에 차남인 劉總에 의해 독살되었다.

자립하였다. 元和 10년(815)에 다시 왕승종을 토벌하고, 11년(816) 정월에 유총이 상주하여 成德의 군대를 패퇴시키고 武彊(武强)을 함락하여 천여 명의 목을 베었다. 4월에 유총이 상주하여 성덕의 군대를 심주에서 격파하여 2천 5백 명의 목을 베었다. 이때 한창 淮蔡[205] 지역에서 전쟁을 벌이고 있어[206] 왕승종의 병사 10여 만 명을 토벌하였으나 2년이 지나도록 전공이 없었다. 유총이 무강을 차지한 뒤에 머물러 주둔하며 나아가지 않으니, 달마다 度支(戶部)의 돈 15만 緡을 지급하였다.

조정의 관리들이 대부분 북쪽 토벌을 그만두고 淮西를 평정하는 데 힘을 모으기를 청하니 상이 따랐다. 회서가 평정되자 韓愈가 布衣인 柏耆[207]를 천거하여 왕승종에게 가서 귀순하라고 설득하게 하니, 하북의 여러 鎭이 모두 약속을 지켰다.

憲宗朝에 欲革河北世襲之弊하여 遣左神策中尉吐突承璀討王承宗하니 承宗은 武俊孫也라 元和五年에 幽州節度使劉濟가 自將兵七萬人擊承宗하여 拔饒陽束鹿하고 五月에 劉濟奏拔安平이라 濟以其子總爲行營都知兵馬使하여 使屯饒陽이러니 總因殺父兄自立이라 元和十年에 再討承宗하고 十一年正月에 劉總奏敗成德兵하고 拔武彊하여 斬首千餘級하다 四月에 劉總奏破成德兵於深州하여 斬首二千五百級이라 是時에 方用兵淮蔡하여 討王承宗兵十餘萬이나 歷二年無功이라 劉總旣得武彊에 留屯不進하니 月給度(탁)支錢十五萬緡이라 朝士多請罷北討하고 倂力淮西하니 上從之하다 淮西平에 韓愈薦布衣柏耆往說(세)承宗歸命하니 河北諸鎭이 盡遵約束矣라

穆宗이 즉위하자 田弘正[208]을 成德節度使로 옮겼다. 이에 王庭湊[209]가 전홍정을 죽이고 留後라고 자칭하니, 하북이 다시 어지러워졌다. 深州刺史 牛元翼[210]은 成

---

205) 淮蔡 : 淮西를 가리킨다. 淮西節度使의 治所가 蔡州이다.

206) 이때……있어 : 唐 憲宗 때 淮西節度使 吳少誠이 죽자 아들 吳元濟가 지위를 이어받고서 조정에 인정해줄 것을 요청하였는데, 헌종이 허락하지 않자 王承宗·李師道과 결탁하여 반란을 일으켰다. 이때 裴度가 회서절도사에 임명되어 오원제를 토벌하였다.

207) 柏耆 : 魏州 사람으로, 名將 柏良器의 아들이다. 縱橫家를 배워 유세술에 뛰어났다.

208) 田弘正 : 본명은 興이고 자는 安道로, 平州 盧龍 사람이다. 田承嗣의 조카이다. 元和 7년(812) 魏博節度使 田季安이 죽자 그의 지위를 이어받았다. 吳元濟가 반란을 일으키자 출병하여 토벌하였고, 成德節度使 王承宗을 위협해 당나라에 귀순시켰다. 15년(820) 成德軍節度使 임명되었다.

209) 王庭湊 : 王廷湊라고도 한다. 蹛林州 사람으로, 曾祖父가 成德節度使 王武俊의 養子가 되어 대대로 成德軍騎將을 지냈다.

210) 牛元翼 : 趙州 사람이다. 처음에는 王承宗의 將軍으로 있었는데, 王庭湊가 반란을 일으켰을 때 조정에서 임용하여 왕정주와 맞서게 하였다.

德의 良將이다. 魏博節度使 李愬가 사람을 보내 검을 주면서 말하기를, "옛날에 우리 先人께서 이 검으로 朱泚를 평정하였고[211] 내가 또 이것으로 蔡州를 평정하였소. 지금 이것을 그대에게 주니, 노력하여 왕정준을 없애기를 게을리하지 말라."라고 하였다. 우원익이 이것을 군대에 돌려 보이고 보고하기를, "원컨대 목숨을 바치고자 합니다."라고 하였다. 이소는 李晟의 아들이다.

〈황상이〉 조서를 내려 우원익을 深冀節度使로 삼고 이윽고 成都節度使로 삼았다. 이때에 朱克融이 幽州에서 난을 일으켜 왕정주와 연합하였다. 왕정주가 그의 장수 王立을 보내 심주를 공격하였으나 이기지 못하니, 유주의 군대를 이끌고 포위하였다.

長慶 원년(821)에 橫海節度使 烏重胤이 상주하여 성덕의 군대를 饒陽에서 패배시키고 마침내 全軍을 거느리고 심주를 구원하였다. 오중윤은 숙련된 장수라 적을 패배시킬 수 없을 줄 알고 병사를 안무하며 기회를 엿보았다. 황상이 노하여 杜叔良을 深州諸道行營節度使로 삼아 오중윤을 대신하게 하였는데, 두숙량이 대패하자 鳳翔節度使 李光顔으로 하여금 深州行營節度使을 겸대하여 두숙량을 대신하게 하였다. 목종이 전홍정을 옮기고 두숙량을 등용한 것은 한 가지 일을 두고 두 번 잘못 판단한 것이다. 〈이런 과오를〉 몇 차례 이와 같이 하면 토지를 잃지 않겠는가.

穆宗卽位에 **移田弘正成德**이라 **於是**에 **王庭湊殺弘正**하고 **自稱留後**하니 **河北復**(부)**亂**이라 **深州刺史牛元翼**은 **成德良將也**라 **魏博節度使李愬**가 **使遺以劍曰 昔吾先人以此劍平朱泚**하고 **吾又以之平蔡州**라 **今以授公**하니 **努力翦庭湊無怠**하라하다 **元翼以徇於軍**하고 **報曰 願盡死**라하다 **愬**는 **李晟之子也**라 **詔以元翼爲深冀節度使**하고 **尋以爲成都節度使**라 **是時**에 **朱克融作亂於幽州**하여 **與庭湊合**이라 **庭湊遣其將王立攻深州**나 **不克**하니 **則引幽州兵圍之**라 **長慶元年**에 **橫海節度使烏重胤奏敗成德兵於饒陽**하고 **遂將全軍救深州**라 **重胤宿將**이라 **知賊未可敗**하고 **按兵觀釁**이라 **上怒**하여 **以杜叔良爲深州諸道行營節度使代重胤**이러니 **叔良大敗**에 **以鳳翔節度使李光顔兼深州行營節度使代叔良**이라 **穆宗之移田弘正用杜叔良**은 **是一事再失算也**니 **幾**(於)〔**如**〕[212] **是而土地不亡**가

211) 옛날에……평정하였고 : 李愬의 부친인 李晟은 唐 德宗 때 姚令言과 朱泚가 일으킨 반란을 토벌하고 長安을 수복하였다. 그 공로를 인정받아 西平郡王에 봉해졌다.(《舊唐書》 권133 〈李晟列傳〉)

212) (於)〔如〕 : 저본에는 '於'로 되어 있으나, 文瑞書院本 《深州風土記》에 의거하여 '如'로 바로잡았다.

2년(822)에 幽州의 군대가 弓高[213]를 함락시키고 진군하여 下博을 포위하였다. 이때 심주의 서남쪽이 모두 王庭湊에게 핍박을 받고 있어, 궁고를 통해 橫海[214]의 군량 수송과 통하는 것만 믿고 있었는데 궁고가 함락된 뒤에 군량 수송로가 마침내 막혔다. 中書舍人 白居易가 上言하여 다음과 같이 말하였다.

"幽州와 鎭州가 조정의 명을 거역한 뒤로 조정에서 여러 道의 병사 17, 8만 명을 징발하여 반년 동안 공격하여 포위했으나 王師가 전공이 없습니다. 궁고가 함락된 뒤에 군량 수송로가 통하지 않아 하박의 굶주림과 궁핍함이 날로 급박해집니다. 청컨대 李光顔으로 하여금 여러 도의 굳센 병사 약 3, 4만 명을 거느리고 東道에서 진군하여 궁고의 군량 수송로를 열고 심주의 겹겹의 포위를 풀고서 우원익과 합세하게 하고, 裴度로 하여금 太原[215]의 全軍을 거느리고 서쪽 방면에서 경계까지 들이닥치게 합니다. 그리고 나머지 쓸 수 없는 병사는 모두 철수시켜 본도로 돌아가게 하여, 동쪽과 서쪽에 두 장수만 남겨놓고[216] 병사는 6만에 그치게 합니다. 이와 같이 한다면 군사들은 일사불란하게 되고 軍令이 하나가 되어 반드시 공을 이룰 것입니다."

상소가 상주되었으나 〈황상이〉 살피지 않았다.

二年에 幽州兵陷弓高하고 進圍下博이라 是時에 深州西南이 皆逼於庭湊하여 惟恃弓高以通橫海饋餫이러니 弓高旣陷에 糧道遂梗이라 中書舍人白居易(이)上言하여 自幽鎭逆命으로 朝庭徵諸道兵十七八萬하여 攻圍半年이나 王師無功이라 弓高旣陷에 糧道不通하여 下博飢窮日亟하니 請令李光顔將諸道勁兵約三四萬人하고 從東道進하여 開弓高糧路하고 解深州重圍하여 與元翼合勢하고 令裴度將太原全軍하여 自西面壓境하고 其餘不可用者는 悉罷歸本道하여 止留東西二帥하고 兵止六萬이니 如此則衆齊令一하여 必有成功이라하다 疏奏不省이라

얼마 뒤에 度支에서 滄洲의 糧車 600乘을 보냈는데, 下博에 이르러 전부 成德의 군대에 빼앗겨 여러 군대가 군량이 부족하였다. 이때 裴度가 河東의 군대를 거느

213) 弓高 : 縣의 이름으로, 치소가 지금의 河北省 阜城縣에 있었다.
214) 橫海 : 唐나라 方鎭 이름으로, 貞元 3년(787)에 설치하였다. 治所가 滄州(지금의 河北省 滄州市 동남쪽)에 있었다.
215) 太原 : 唐나라 때 설치한 府로, 지금의 山西省 경내에 있었다.
216) 동쪽과……남겨놓고 : 李光顔을 동쪽에, 裴度를 서쪽에 둔 것을 가리킨다.

리고 서쪽 방면에서 오고, 李光顔이 橫海의 여러 군대를 거느리고 동쪽 방면에서 오고, 義武軍節度使 陳楚가 易州・定州[217]의 군대를 거느리고 북쪽 방면에서 와서 심주를 에워싸고 구원하였으나 모두 군량이 부족하여 진군하지 못하였다. 군사들이 스스로 땔나무와 꼴을 캤고 하루에 지급되는 것이 묵은 쌀 1勺[218]에 불과하였는데, 마침 조령을 내려 魏博의 군대를 나누어 이광안에게 주어서 심주를 구원하게 하였다.

頃之에 度(탁)支饋滄洲糧車六百乘이러니 至下博하여 盡爲成德軍所掠하여 諸軍匱乏이라 是時에 裴度以河東兵自西面하고 李光顔以橫海諸軍自東面하고 義(成)〔武〕[219]軍節度使陳楚以易定軍自北面하여 環救深州로되 皆以糧乏不能進이라 軍士自采薪芻하고 日給不過陳米一勺이러니 會有詔分魏博軍與李光顔하여 使救深州라

魏博의 군대가 궤멸되자 장수 田布[220]가 자살하고 심주의 포위가 더욱 위급해졌다. 이에 조령을 내려 王庭湊의 잘못을 씻어주고 전쟁을 중지하게 하였다. 兵部侍郎 韓愈를 宣慰使로 삼고 우원익을 山南東道節度使로 삼고서 中使를 보내 심주에 들어가 우원익이 鎭에 부임하는 것을 독촉하게 하였다. 왕정주는 비록 旌節을 얻었지만 심주의 포위를 풀지 않았다.

한유가 떠난 뒤에 사람들이 모두 그를 위태롭게 여겼다. 元稹[221]이 상주하여 "한유가 애석합니다."라고 말하니, 穆宗도 후회하여 한유에게 조서를 내려 "경역에 이르면 다시 상황을 살피고 굳이 들어가지는 말라."라고 하였다. 한유가 말하기를, "어찌 군왕의 명을 받고서 지체하며 자신의 안위를 돌아보겠는가."라고 하고 마침내 들어갔다. 왕정주가 군대를 벌여놓고 칼을 뽑아들고 활시위를 당긴 채 맞이하였고, 館舍에 이르자 甲士가 뜰에 늘어서 있었다.

자리에 나아가 앉은 뒤에 왕정주가 말하기를, "소란을 일으킨 것은 바로 이들이

---

217) 易州・定州 : 義武軍에 속한 지역이다. 의무군은 建中 3년(782)에 설치한 方鎭으로 治所가 定州(지금의 河北省 定州市)에 있었고, 定州・易州・滄州를 관할하였다.

218) 勺 : 1合(홉)의 10분의 1이다.

219) (成)〔武〕: 저본에는 '成'으로 되어 있으나, 《資治通鑑》 권242에 의거하여 '武'로 바로잡았다.

220) 田布 : 字는 敦禮이고 平州 盧龍 사람으로, 田弘正의 아들이다. 淮西를 평정할 때 공을 세워 御史中丞에 제수되었다가, 전홍정이 죽은 뒤에 魏博節度使를 승계하였다.

221) 元稹 : 字가 微之로, 白居易와 竝稱되는 詩人이다. 穆宗 때 中書門下平章事를 지냈다.

한 짓이니, 내 마음이 아니오."라고 하였다. 한유가 큰 소리로 말하기를, "천자께서 尙書[222)]가 將帥의 재주가 있다고 여기셨기에 節鉞을 하사하셨는데, 도리어 健兒들과 의사소통이 안 됩니까."라고 하였다.

갑사가 앞으로 나아와 말하기를, "先太師(王武俊)가 나라를 위해 朱滔를 공격할 때 입으셨던 피 묻은 옷이 아직 남아 있습니다. 우리 군대가 조정에 무엇을 배반하였기에 적으로 여기십니까?"라고 하였다. 한유가 말하기를, "너희들은 우선 말하지 말고 내 말을 듣거라. 내가 너희들이 이미 선태사 때의 일을 기억하지 못할 것이라 여겼는데, 너희들이 아직 기억하고 있으니 매우 훌륭하다. 또한 순종이 복이 되고 반역이 화가 되는 것이 〈그 실례가〉 어찌 멀리 있겠는가. 天寶 연간 이래로 安祿山·史思明·李希烈·梁崇義·朱滔·朱泚·吳元濟·李師道[223)] 가운데 다시 자손이 남아 있는 자가 있는가. 〈자손이 남아 있다 하더라도〉 또 관직에 몸담은 자가 있는가?"라고 하니, 군사들이 모두 "없습니다."라고 하였다.

〈한유가〉 또 말하기를, "田令公(田弘正)이 위박을 가지고 조정에 귀순하여 관직이 中書令에 이르렀고 父子가 旌節을 받았으며 자손 가운데 어린 자라도 모두 좋은 관직을 하였다. 王承元이 이 군대를 거느리고 조정에 귀순하여 겨우 17세의 나이에 또한 〈절도사의〉 符節을 잡고 劉悟와 李祐가 모두 절도사가 된 것[224)]은 너희들도 들어서 아는 바이다."라고 하였다.

군사들이 이에 말하기를, "전홍정이 우리 군대에게 각박하게 굴었기 때문에 군대가 불안해한 것입니다."라고 하였다. 한유가 말하기를, "그러나 너희들이 또한 전영공을 살해하고 그 가족까지 몰살했으니, 이는 또 무슨 도리인가?"라고 하니, 군사들이 이에 시끄럽게 말하기를, "侍郎[225)]의 말씀이 옳습니다."라고 하였다.

왕정주가 군사들의 마음이 흔들릴까 두려워 손을 휘둘러 흩어져 나가게 하고 한유에게 이르기를, "시랑이 와서 나로 하여금 어찌하게 하려는 것이오."라고 하였

---

222) 尙書 : 長慶 2년(822)에 왕정주에게 檢校工部尙書를 제수하였기 때문에 이렇게 부른 것이다.(≪資治通鑑≫ 권242)

223) 安祿山……李師道 : 이들은 모두 唐나라 중엽 方鎭의 節度使로서 조정에 반란을 일으킨 軍閥이다.

224) 劉悟와……것 : 劉悟는 淄靑節度使 李師道의 部長으로 조정에 귀순하여 義成節度使에 제수되고, 李祐는 淮西節度使 吳元濟의 부장으로 조정에 귀순하여 夏綏銀宥節度使에 제수되었다.

225) 侍郎 : 한유가 당시 兵部侍郎이었기 때문에 이렇게 부른 것이다.

다. 한유가 말하기를, "神策六軍의 장수 가운데 우원익 같은 자가 적지 않으나 조정에서 大體를 고려하여 버릴 수 없을 뿐인데,[226] 상서는 어째서 오래도록 그를 포위하고 있소?"라고 하니, 왕정주가 "즉시 내보내겠소."라고 하였다. 한유가 말하기를, "그렇게 한다면 무사할 것이오."라고 하였다.

왕정주가 이로 인하여 한유와 함께 연회를 하고 예우하여 돌려보냈다. 한유가 돌아가서 왕정주 및 군사들과 했던 말을 상주하니, 목종이 기뻐하며 "경이 곧장 가서 이와 같이 말하였구나."라고 하고 매우 훌륭하게 여겼다.

魏博軍潰에 **其帥田布自殺**하고 **而深州圍益急**이라 **於是**에 **詔雪庭湊而罷兵**이라 **以兵部侍郎韓愈爲宣慰使**하고 **以牛元翼爲山南東道節度使**하고 **仍遣中使入深州**하여 **督元翼赴鎭**이라 **庭湊雖得旌節**이나 **不解深州之圍**라 **韓愈旣行**에 **衆皆危之**라 **元稹奏曰 韓愈可惜**이라하니 **穆宗亦悔**하여 **詔愈至境更**(갱)**觀事勢**하고 **無必于入**하라하다 **愈曰 安有受君命而滯留自顧者**리오하고 **遂入**하니 **庭湊嚴兵**하고 **拔刃弦弓矢逆之**하고 **及館**에 **甲士羅于庭**이라 **就位**하여 **旣坐**에 **庭湊曰 所以紛紛者**는 **乃此曹所爲**니 **非庭湊心**이라하다 **愈大聲曰 天子以尙書有將帥材**라 **故賜之節鉞**이어늘 **乃不能共健兒語耶**아하다 **甲士前曰 先太師爲國打朱滔**에 **血衣猶在**라 **此軍何負朝廷**이완대 **乃以爲賊乎**아하다 **愈曰 兒郞等且勿語**하고 **聽愈言**하라 **愈將爲兒郞等已不記先太師時事矣**러니 **若猶省記**하니 **乃大好**라 **且順逆之爲禍福**이 **豈遠耶**아 **自天寶來**로 **安祿山, 史思明, 李希烈, 梁崇義, 朱滔, 朱泚, 吳元濟, 李師道**가 **復**(부)**有若子若孫在乎**아 **亦有居官者乎**아하니 **衆皆曰 無**라하다 **又曰 田令公以魏博歸朝**하여 **官至中書令**하고 **父子受旌節**하며 **子孫雖在孩提者**도 **亦爲好官**이라 **王承元以此軍歸朝廷**하여 **年才十七**에 **亦杖節**하고 **劉悟李祐**가 **今皆爲節度使**는 **汝曹耳所聞也**라하니 **衆乃曰 田弘正刻此軍**이라 **故軍不安**이라 **愈曰 然**이나 **汝曹亦害田令公身**하고 **殘其家矣**니 **復何道**오하니 **衆乃讙曰 侍郞語是**라하다 **庭湊恐衆心動**하여 **麾使散出**하고 **謂愈曰 侍郞來**하여 **欲使庭湊何爲**오하다 **愈曰 神策六軍之將**에 **如牛元翼比者不少**로되 **但朝廷顧大體**하여 **不可棄之耳**어늘 **尙書何爲久圍之**오하니 **庭湊曰 卽當出之**리라하다 **愈曰 若爾則無事矣**라하다 **庭湊因與愈宴**하고 **禮而歸之**라 **愈歸**하여 **盡奏與庭湊及軍士語**하니 **穆宗悅曰 卿直向伊如此道**라하고 **大善之**하다

얼마 지나지 않아 牛元翼이 열 명의 기병을 거느리고 포위를 뚫고 심주를 나왔

226) 神策六軍의……뿐인데 : 神策六軍은 皇帝가 직할하는 여섯 부대로, 北衛禁軍의 左右龍武軍, 左右神武軍, 左右神策軍이다. 이 말은 신책군의 장수 중에도 牛元翼처럼 반란을 일으킨 藩鎭을 따른 전력이 있는 자들이 있지만, 조정에서는 그들을 받아들여 장수로 삼았다는 뜻이다.

고 大將 臧平 등이 성을 바치고 항복하였다. 왕정주가 오랫동안 굳게 지킨 것을 책망하여 장평과 將吏(軍官) 등 800여 명을 죽였다.

李惟岳과 王承宗이 서로 잇달아 조정의 명령을 거스른 때로부터 심주가 모두 적의 영토가 되어 병화를 입은 것이 모두 심하지 않았는데, 왕정주의 반란에 이르러 우원익이 고립된 성을 힘껏 지켜 적과 맞서서 포위된 것이 이미 오래였고 전쟁을 중지한 뒤에도 화를 입은 것이 특히 대단하였다. 이때부터 조정에서 다시 河朔(河北)을 잃어 당나라가 망할 때까지 다시는 차지하지 못하였고 심주는 백 년 이래로 모두 王氏에게 귀속되었다.

未幾에 **牛元翼以十騎突圍出深州**하고 **大將臧平等擧城降**(항)이라 **庭湊責其久堅守**하여 **殺平及將吏等八百餘人**이라 **自李惟岳王承宗相繼拒命**으로 **深州皆爲賊守**하여 **被兵皆不深**이러니 **及庭湊之亂**하여 **牛元翼力守孤城**하여 **以與賊抗**하여 **被圍旣久**요 **罷兵之後**에 **受禍尤烈**이라 **自是**로 **朝廷再失河朔**하여 **迄于唐亡**히 **不能復**(부)**取**하고 **而深州百年以來**로 **皆歸王氏**라

昭宗 景福 원년(892)에 李克用[227]이 王鎔[228]을 공격하였는데, 李匡威[229]가 구원하였다. 2년(893)에 이광위가 鎭州를 구원하고 돌아와 下博에 주둔하였다. 그의 아우 李匡儔가 軍府를 점거하고 자립하였다는 것을 듣고는 이광위가 가까운 사람들과 심주에 머무르면서 陸澤에 배를 대고는 나아갈 곳도 물러날 곳도 없었다. 왕용이 이광위에게 고마워하여 맞이해서 〈함께〉 진주로 돌아갔다. 이광위가 왕용을 위협할 계획을 하였는데, 진주 사람이 그를 죽였다. 이광주가 마침내 군대를 내어 진주의 樂壽와 武彊을 공격하여 이광위의 치욕을 갚았으니, 왕용은 왕정주의 5세손이다.

昭宗景福元年에 **李克用攻王鎔**이어늘 **李匡威救之**라 **二年**에 **匡威救鎭州還**하여 **次下博**이라 **聞其弟匡儔據軍府自立**하고 **匡威與親近留深州**하여 **泊于陸澤**하여 **進退無所之**라 **王鎔德匡威**하여 **迎歸鎭州**라 **匡威謀劫鎔**이러니 **鎭人殺之**라 **匡儔乃出兵攻鎭之樂壽武**(疆)〔**彊**〕[230]하여 **以報匡威之恥**하니 **王鎔者**는 **庭湊五世孫也**라

---

227) 李克用 : 突厥 沙陀部 사람이다. 黃巢의 난을 진압한 공으로 河東節度使에 임명되었다. 후에 아들인 李存勖이 後唐을 건립하여 후당의 太祖로 추봉되었다.
228) 王鎔 : 回紇族으로, 成德軍節度使를 세습하였다.
229) 李匡威 : 范陽 사람으로, 范陽節度使를 세습하였다.
230) (疆)〔彊〕 : 저본에는 '疆'으로 되어 있으나, ≪深州風土記≫에 의거하여 '彊'으로 바로잡았다.

梁 太祖[231] 開平 4년(910)에 供奉官[232] 杜廷隱과 丁延徽를 보내어 魏博[233]의 군사 3천 명을 거느리고 深州와 冀州에 나누어 주둔하면서 趙나라를 돕는다고 소문을 내게 하였다. 趙나라의 장수 石公立[234]이 심주를 지키고 있다가 성문을 닫고 〈두정은 등을〉 들이지 않고자 하였는데, 王鎔은 오랫동안 梁나라에서 신하 노릇을 하였으므로 대뜸 석공립으로 하여금 군대를 밖으로 이동시키고 梁軍을 들이게 하였다.

석공립이 심주를 나설 때에 城을 가리키며 울면서 말하기를, "朱氏는 唐나라의 3백 년 社稷을 멸하였다. 삼척동자도 그 사람됨을 아는데, 우리 王은 長者로 기대하니, 이것이 이른바 문을 열고 도둑에게 揖한다[235]는 격이로다. 이 州는 이제 포로가 될 것이다."라고 하였는데, 며칠이 되지 않아 두정은이 趙나라의 戍卒을 모조리 죽이고서 성문을 닫고 막아 지키니, 통탄스럽도다, 석공립의 말이여. 國家의 禍가 문을 열고 도둑에게 揖하는 것보다 큰 것이 무엇이 있겠는가.

두정은이 심주를 이미 점거하고서야 왕용이 비로소 석공립에게 명하여 두정은을 공격하게 하였으나 이기지 못하여 晉나라에 援軍을 요청하였는데, 晉王 李存勗[236]이 직접 군대를 거느리고서 趙나라를 구원하고 柏鄕[237]에서 梁軍을 敗退시켰다. 趙나라 사람들은 두정은 등이 趙나라의 수졸을 죽인 일에 유감을 품고 있다가 칼을 휘두르며 敗走하는 양군을 추격하니, 양군의 精兵이 거의 다 죽었다.

231) 梁 太祖 : 852~912. 五代十國시대 後梁의 開國 황제 朱溫이다. 朱全忠이라는 後名으로 더 널리 알려져 있다.
232) 供奉官 : 황제의 좌우에서 근무하는 관료를 가리키는 通稱으로, 唐代에는 中書省・門下省・御史臺 등에 소속된 官員을 통틀어 供奉官이라 불렀는데, 五代에 이르러 특정 관직으로 정착되어 황제의 密命을 出納하거나 지방을 순찰하거나 군대를 통솔하여 반란을 평정하는 일 등을 맡았다.
233) 魏博 : 唐나라 廣德 원년(763)에 설치한 方鎭의 이름으로, 治所는 魏州(지금의 河北省 邯鄲市 大名縣 일대)에 있었다.
234) 石公立 : 五代十國시대 趙나라의 장수이다.
235) 문을……揖한다 : 스스로 화를 불러들인다는 뜻이다. 後漢 때 吳나라의 張昭가 孫權에게 忠諫한 말 중에 "하물며 지금은 간사한 자들이 각축을 벌이고 승냥이나 이리처럼 욕심 많은 자들이 길에 가득한데도 가까운 이를 애도하여 禮制를 살피고자 하시니, 이는 문을 열고 도둑에게 揖을 하는 것과 같습니다.〔況今姦宄競逐 豺狼滿道 乃欲哀親戚 顧禮制 是猶開門而揖盜〕"라고 한 데서 비롯되었다.(≪三國志≫ 〈吳志〉 권2 〈孫權〉)
236) 晉王 李存勗 : 885~926. 五代十國시대 後唐의 初代 황제로, 묘호는 莊宗이다. 朱全忠의 숙적이었던 晉王 李克用의 아들로서, 이극용 死後 진왕을 襲封하여 後梁과 각축을 벌이다가 923년 魏州에서 稱帝하며 後唐을 세웠다.
237) 柏鄕 : 지금의 河北省 邢台市 柏鄕縣이다.

두정은 등이 심주와 기주를 버리고 떠날 때에 壯丁은 모두 몰고 가서 포로로 삼고 노약자는 구덩이에 묻으니, 城에 남은 것이라곤 무너진 담장뿐이었다. 이때에 왕용은 이미 쇠약함이 누적되어 버티지 못할 정도였고, 晉나라가 바야흐로 强盛하여 梁나라의 强敵이 되었다.

梁太祖開平四年에 遣供奉官杜廷隱丁延徽하여 以魏博兵三千으로 分屯深冀하여 聲言助趙라 趙將石公立이 戍深州라가 欲杜關不納이어늘 王鎔久臣于梁일새 遽令公立移軍于外하여 以納梁軍이라 公立出深州에 指城而泣하여 曰 朱氏滅唐三百年社稷이라 三尺童子知其爲人이어늘 我王期以長者하니 此所謂開門揖盜也로다 此州今爲俘虜矣라하더니 未數日에 廷隱盡殺趙戍卒하고 閉門拒守하니 痛矣乎라 公立之言也여 國家之禍가 孰有大於開門揖盜者乎아 廷隱旣據深州에 鎔始命公立攻之나 不克하여 求援于晉이어늘 晉王李存勗이 自將救之하고 敗梁兵於柏鄕이라 趙人이 憾廷隱等之殺趙戍卒也라가 奮刃追北(배)하니 梁精兵幾盡이라 杜廷隱等이 棄深冀而去할새 悉驅丁壯하여 爲奴虜하고 老弱者를 阬之하니 城存者는 壞垣而已라 是時에 王鎔已積弱不支요 晉方盛强하여 爲梁勍敵이라

乾化 2년(912)에 梁 太祖가 직접 군대를 거느리고 趙나라를 공격하였다. 3월에 下博[238]의 남쪽에 이르러 觀津冢[239]에 올랐는데, 趙나라의 장수 苻習[240]이 수백 騎兵을 이끌고 巡邏를 돌다가 양 태조인 줄을 몰랐다. 或者가 아뢰기를, "晉나라 군대가 대거 이르렀습니다."라고 하니,[241] 태조가 行幕을 버리고 하박에서 속히 60여 리를 달려가 棗强[242]에 이르러 마침내 군사를 나누어 蓨縣[243]을 포위하였다.

---

238) 下博 : 지금의 河北省 深州市 동남쪽 下博鄕 일대에 있었던 옛 縣이다.
239) 觀津冢 : 觀津縣에 있는 竇皇后 아버지의 무덤이다. 관진현은 지금의 河北省 衡水市 武邑縣 동남쪽에 있었던 옛 고을인데, 漢 文帝의 妃이자 景帝의 母后인 두황후가 관진현 출신으로 그 아버지의 무덤이 이곳에 있었다.
240) 苻習 : ?~933. 五代十國시대 趙나라의 장수로, 훗날 後唐의 大臣이 되었다. 젊은 시절 趙王 王鎔을 섬겨 軍校가 되었다가 後梁에서 벼슬하여 刺史가 되었고, 그후 後唐 莊宗에게 투항하여 節度使와 招討使 등의 관직을 역임하였다. 저본에는 이름이 '苻習'으로 되어 있으나, ≪資治通鑑≫·≪舊五代史≫ 등에는 '符習'으로도 기재되어 있다.
241) 趙나라의……하니 : 趙나라 장수 苻習이 梁 太祖인 줄 모르고 그의 앞으로 다가가자, 양 태조 麾下의 어떤 사람이 부습의 군대를 晉軍으로 오인하여 양 태조에게 잘못 보고한 것이다.(≪資治通鑑≫ 권268 〈後梁紀〉)
242) 棗强 : 지금의 河北省 衡水市 棗强縣이다.
243) 蓨縣 : 지금의 河北省 衡水市 景縣 일대에 있었던 옛 縣이다.

이때에 晉王 李存勗은 幽州와 薊州를 정벌하고 있었기에 李存審[244] · 史建塘[245] · 李嗣肱[246]에게 명하여 3천 기병으로 趙州에 주둔하게 하였다. 이존심이 말하기를, "우리 왕께서 바야흐로 北伐에 종사하고 계시니, 南方의 일이 우리 세 사람에게 맡겨져 있다. 늙은 도적(梁 太祖)이 만약 蓨縣을 얻는다면 틀림없이 西進하여 深州와 冀州를 침공할 터인데, 지금 병력이 적으니 마땅히 계책으로 격파해야 한다."라고 하고, 마침내 직접 8백 기병을 이끌고서 下博橋[247]를 지켰고, 사건당과 이사굉으로 하여금 길을 나누어 〈梁軍을〉 생포하게 하였다.

사건당이 그 휘하 5백 기병을 나누어 다섯 부대로 만들고 모두 梁軍의 꼴 베고 放牧하는 兵卒들을 사로잡아 돌아와 하박교에서 모이자고 약속하였는데, 이튿날 모두 약속한 대로 와서 모여 포획한 수백 명을 모두 죽이되 각기 한 사람씩 남겨서 팔을 자르고 놓아주었다.

다음날 사건당과 이사굉이 각자 3백 기병을 거느리고 양군의 旗幟와 服色을 본떠 위장하고서 양군의 꼴 베고 방목하는 병졸들 속에 섞여 저녁에 양군의 營門에 이르러 문을 지키는 자를 죽이고서 불을 놓고 크게 함성을 지르며 화살을 마구 쏘고 左右로 달려들어 각각 〈양군을〉 斬馘[248]하고 포로로 잡아서 떠났다.

梁나라 軍營이 큰 혼란에 빠졌는데 이전에 꼴 베고 방목하는 병졸로서 포획되어 팔이 잘렸던 자들이 때마침 이르러 모두 말하기를, "沙陀軍[249]이 크게 이를 것입니다."라고 하니, 양 태조가 營寨를 불사르고 밤에 도주하였다. 이윽고 〈양 태조가〉

---

244) 李存審 : 862~924. 五代十國시대 後唐의 장수이다. 本名은 存이고, 字는 德祥으로, 陳州 宛丘 사람이다. 本姓은 符氏인데, 晉王 李克用에게 투항하여 義兒軍使가 된 이후 李氏 성을 하사받았다.

245) 史建塘 : 876~921. 五代十國시대 後唐의 장수이다. 字는 國寶로, 代州 鴈門 사람이다. 그 부친 史敬思가 晉王 李克用이 雁門節度使로 있을 때 九府都督이 되었는데, 史建塘 또한 이극용에 의해 중용되었다. 저본에는 이름이 '史建塘'으로 되어 있으나, ≪資治通鑑≫ · ≪舊五代史≫에는 '史建瑭'으로도 기재되어 있다.

246) 李嗣肱 : 879~921. 五代十國시대 後唐의 장수이다. 晉王 李克用의 아우인 李克修의 아들로, 周德威를 따라 수차례 戰功을 세워 馬步軍都虞候가 된 이래 刺史, 兵馬使, 團練使 등을 역임하였다.

247) 下博橋 : 下博縣城의 동쪽에 위치한, 胡盧河를 가로지르는 다리이다.(≪畿輔通志≫ 권42)

248) 斬馘 : 敵의 목을 베고 왼쪽 귀를 자르는 것을 말한다. 귀를 자르는 것은 功勳을 계산하기 위해서이다.

249) 沙陀軍 : 晉軍을 가리킨다. 晉王 李存勗은 突厥의 一派인 沙陀部의 후예로, 그의 아버지 河東節度使 李克用이 이끌었던 군대가 용맹하고 騎射에 능하였기에 沙陀軍 혹은 沙陀晉軍으로 일컬어졌다.

晉軍을 정탐하였는데, 〈정탐하고 돌아온 자가〉 말하기를, "진군은 실제로 오지 않았고, 바로 史先鋒[250)]의 遊騎[251)]였습니다."라고 하니, 양 태조는 부끄럽고 분하여 병이 나고 말았다.

乾化(三)〔二〕[252)]年에 梁祖自將擊趙하다 三月에 至下博南하여 登觀津塚이어늘 趙將苻習이 引數百騎하여 巡羅라가 不知是梁祖也라 或告曰 晉兵大至라하니 帝棄行幄하고 自下博으로 亟趣六十餘里하여 至棗强하여 遂分兵圍蓨하다 是時에 晉王李存勗征幽薊할새 命李存審, 史建塘, 李嗣肱하여 以三千騎로 屯趙州라 存審曰 吾王이 方事北伐하니 南方之事가 委吾等三人이라 老賊이 若得蓨縣이면 必西侵深冀어늘 今兵少하니 當以計破之라하고 乃自引八百騎하여 扼下博橋하고 〔使〕[253)]建塘嗣肱으로 分道禽生이라 建塘이 分其麾下五百騎하여 爲五隊하고 約俱取梁芻牧以還하여 會下博橋하더니 翌日에 皆如約來會하여 獲數百人을 皆殺之하되 各留其一人하여 斷臂逸去러라 明日에 建塘嗣肱이 各將三百騎하여 效梁軍旗幟服色하고 雜梁芻牧中하여 暮叩梁營하여 殺守門者하고 縱火大譟하여 弓矢亂發하고 左右馳突하여 各斬馘執俘而去라 梁營大擾亂이어늘 而前芻牧被獲斷臂者가 適至하여 皆曰 沙陀軍大至矣라하니 梁祖燒營夜遁이러라 旣而요 覘之한대 曰 晉軍實未來요 乃史先鋒遊騎耳라하니 梁祖慙憤成疾也러라

梁 末帝가 卽位하자 楊師厚[254)]가 鎭州를 공격하고 인근 縣을 攻掠하다가 下博에 이르렀는데, 劉守奇[255)]가 군대를 이끌고 합세하여 下博을 공격하여 함락하였다.

末帝卽位에 楊師厚攻鎭州하고 掠近縣이라가 至下博이어늘 劉守奇引兵하여 會攻下博하여 拔之하다

龍德 원년(921)에 張文禮[256)]가 王鎔을 살해하였는데,[257)] 軍校 張友順이 무리를

250) 史先鋒 : 晉王 李存勗이 史建塘을 先鋒指揮使로 삼아, 사건당이 晉軍의 先鋒이 되었기에 '史先鋒'이라 지칭한 것이다.

251) 遊騎 : 불규칙적으로 출몰하는 騎馬 遊擊隊를 말한다.

252) (三)〔二〕 : 저본에는 '三'으로 되어 있으나, ≪資治通鑑≫과 ≪舊五代史≫에 의거하여 '二'로 바로잡았다.

253) 〔使〕 : 저본에는 '使'가 없으나, ≪資治通鑑≫에 의거하여 보충하였다.

254) 楊師厚 : ?~915. 五代十國시대 後梁의 장수이자 開國功臣이다. 潁州 斤溝 사람으로 원래 李罕之의 部將이었으나, 梁 太祖에게 귀순한 이래 戰功을 세워 節度使가 되었다. 태조 死後에 末帝를 옹립하고 鄴王에 봉해졌다.

255) 劉守奇 : 五代十國시대 後梁의 장수이다. 深州 樂壽 사람으로, 劉仁恭의 아들이자 劉守光의 아우이다.

256) 張文禮 : ?~921. 五代十國시대 燕 땅 사람으로, 처음에는 劉守文의 휘하에서 滄州를 다스

거느리고 장문례의 집으로 가서 留後[258]가 되기를 청하니, 장문례가 장우순을 深州刺史로 삼았다. 晉軍이 장문례를 토벌하고 장우순을 사로잡더니, 이듬해에 鎭州를 점령하고 趙仁貞을 심주자사로 삼았다.

龍德元年에 **張文禮殺王鎔**이어늘 **軍校張友順**이 **帥**(솔)**衆**하여 **至文禮第**하여 **請爲留後**하니 **文禮以友順**으로 **爲深州刺史**러라 **晉兵討文禮**하고 **獲友順**하더니 〔**明**〕[259]**年**에 **克鎭州**하고 **以趙仁貞**으로 **爲深州刺史**하다

王氏는 王庭湊부터 王鎔에 이르기까지 5代 6人이 傳位하고 멸망하였다. 처음에 深州는 唐代에 藩鎭의 兵禍를 입은 것이 가장 오래였으니, 安祿山과 史思明이 처음 亂을 일으킨 때로부터 왕용이 멸망한 때에까지 이른다. 번진의 禍가 이때에 이르러 비로소 종식되었는데, 晉王 李克用이 契丹과 원한을 맺으니, 그 후에 外國의 禍가 또다시 일어났다.

王氏는 **自庭湊**로 **至鎔**히 **傳五世六人而滅**이라 **始**에 **州在唐世**하여 **被藩鎭兵禍**가 **最久**하니 **自安史首亂**으로 **迄於王鎔之滅**이라 **藩鎭之禍**가 **至是**하여 **始息**이러니 **而晉王李克用**이 **與契丹構怨**하니 **其後**에 **外國之禍**가 **又興**이라

唐 明宗 天成 3년(928)에 幽州에서 捕獲한 番將 6백여 명을 압송하여 京師에 이르렀는데, 명종이 그중 건장한 자들을 뽑아 契丹直[260]을 두었다. 이윽고 首領 吉趙實이 경사에서 달아나 深州에 이르자, 그를 포획하여 斬首하였다. 이때에는 契丹이 아직 〈中原에〉 깊숙이 들어오지 않았는데, 晉 高祖가 16개의 州를 거란에 바친[261] 때에 미쳐서는 심주가 처음으로 遼와 邊界를 접하게 되었다.

렸으나 반란을 일으켰다가 실패하여 鎭州로 달아나 趙王 王鎔에게 투항하였다. 다시 반란을 일으켜 왕용 父子를 살해한 후 晉王 李存勖에게 稱臣하기도 하고 後梁과 내통하기도 하였으며 契丹과 결탁하기도 하였다.

257) 살해하였는데 : 원문은 '殺'이다. 《深州風土記》에는 '시해하다'라는 뜻인 '弑'로 되어 있다.

258) 留後 : 官職名이다. 唐 中後期에는 藩鎭의 세력이 강하여 황제가 통제할 수 없었으므로 節度使에게 事故가 있으면 그 子侄나 측근이 절도사의 직무를 대행하였으니, 이들을 일컬어 節度留後 또는 觀察留後라 하였다.

259) 〔明〕 : 저본에는 '明'이 없으나, 《深州風土記》에 의거하여 보충하였다.

260) 契丹直 : 五代와 北宋 때 契丹의 降人이나 歸化人 등을 규합하여 조직한 特殊軍이다.

261) 晉……바친 : 晉 高祖 石敬瑭이 援軍을 얻을 요량으로 중국 북방의 燕州·雲州 등 16州,

唐明宗天成三年에 **幽州送所獲番將六百餘人**하여 **至京師**어늘 **明宗選其壯健**하여 **置爲契丹直**이러라 **俄有首領吉趙實**이 **自京遁**하여 **至深州**한대 **捕獲斬之**하다 **是時**에 **契丹尙未深入**이러니 **及晉高祖獻十六州于契丹**하여는 **是深州始與遼界邊**이라

出帝 開運 원년(944)이요 遼 太祖 會同 8년(945)에[262] 契丹이 南侵하였다가 이기지 못하고서 군대를 두 길로 나누어 한 부대는 滄州로 나가고 한 부대는 深州로 나가서 돌아갔다. 그해 9월에 거란이 遂城[263]과 樂壽[264]를 침공하자, 深州刺史 康彦進이 擊退하였다.

개운 2년(945)에 거란이 鎭州를 포위하고 군대를 나누어 鼓城 등 9개 縣을 함락하였다. 이때에 趙延壽[265]가 거란의 鄕導가 되어 해를 거듭하여 深州와 冀州를 침공하였는데, 護聖都指揮使 杜漢徽가 심주를 지키고 있다가 樂壽에서 거란을 격파하니, 斬首하고 捕獲한 수가 매우 많았다.

개운 3년(946)에 거란이 瀛州刺史 劉延祚로 하여금 樂壽將軍 王巒에게 편지를 보내어 城을 바치고 內應하겠다고 청하게 하였고, 심주자사 慕容遷도 〈瀛莫圖〉를 바치니,[266] 이에 〈晉나라가〉 北伐을 謀議하여 杜重威[267]를 元帥로 삼았다. 瀛州에 이르고 보니 城門이 활짝 열려 있으므로 두중위 등이 감히 나아가지 못하고 돌아오니,[268] 거란이 대거 남침하여 恒州를 향해 달려갔다. 두중위 등이 武彊에 이르

즉 소위 燕雲十六州를 遼나라에 넘겨준 일을 말한다.

262) 出帝……8년(945)에 : 出帝 開運 원년은 서기 944년이고 遼 太祖 會同 8년은 서기 945년이므로 둘 중 하나에 착오가 있다. ≪新五代史≫에는 이 일이 開運 원년의 일로 기록되어 있으므로 '會同 8년'이 '會同 7년'의 착오일 듯하다.

263) 遂城 : 지금의 河北省 保定市 徐水縣 서쪽 遂城村 일대에 있었던 옛 縣이다.

264) 樂壽 : 지금의 河北省 滄州市 獻縣 서남쪽 樂壽鎭 일대에 있었던 옛 縣이다.

265) 趙延壽 : ?~948. 鎭州 사람으로, 本姓은 劉氏인데 盧龍節度使 趙德鈞의 養子가 되었다. 원래 後唐에서 明宗의 딸 興平公主와 혼인하고 刺史·節度使·樞密使 등을 역임하였는데, 契丹에 투항하여 幽州節度使가 되고 燕王에 封해졌다.

266) 瀛莫圖를 바치니 : 〈瀛莫圖〉는 瀛州와 莫州의 地圖이다. 두 州의 지도를 제공함으로써 晉나라의 침공을 유도한 것이다.

267) 杜重威 : ?~948. 五代 때 朔州 사람으로, 後唐에서 明宗을 섬겨 防州刺史에 올랐으나, 後晉 건국 이후 수차례 공을 세우고 후진에서 節度使·指揮使 등을 역임하였다. 開運 3년(946)에 거란에 항복한 후 거란의 도움을 받아 황제가 되려 하였으나 실패하였다.

268) 城門이……돌아오니 : 伏兵이 있는가 의심하여 城에 들어가지 못한 것이다.(≪新五代史≫ 권72 〈四夷附錄〉 제1 契丹 上)

렀을 때에 張彦澤이 항주에서 군대를 이끌고 합세하여 두중위에게 滹沱河를 따라 서쪽을 救援하자고 설득하니, 두중위 등이 마침내 거란에 항복하였다.[269)]

出帝開運元年이요 遼太祖之會同八年也에 契丹南侵이라가 不勝하고 分兵二道하여 一出滄州하고 一出深州하여 以歸하다 其九月에 契丹攻遂城樂壽어늘 深州刺史康彦進이 擊卻之하다 二年에 契丹圍鎭州하고 分兵하여 下鼓城等九縣이라 是時에 趙延壽爲契丹鄕導하여 仍歲侵深冀어늘 護聖都指揮使杜漢徽가 戍深州라가 破契丹于樂壽하니 斬獲甚衆이러라 三年에 契丹使其瀛州刺史劉延祚로 遺樂壽將軍王巒書하여 請擧城內附요 而深州刺史慕容遷이 又獻瀛莫圖하니 於是에 議北伐하여 以杜重威爲元帥러라 至瀛州에 城門洞啓라 重威等이 不敢進而還하니 契丹大擧南侵하여 (越)〔趣〕[270)]恒州라 重威等이 至武彊에 張彦澤自恒州로 引兵會之하여 說(세)重威沿滹沱水西援하니 重威等이 遂降(항)契丹하다

晉나라가 契丹과 戰端을 연 것은 景延廣이 한 것이다.[271)] 전단이 열리자 晉나라의 社稷이 마침내 폐허가 되었으니, 이는 나라를 소유하여 交隣하는 이들이 분명히 경계해야 할 것인데, 후대에 國事를 圖謀하는 자들이 區區한 忿心을 참지 못하여 왕왕 경연광의 옛 방략을 본받아 기꺼이 石晉(石氏의 後晉)의 禍를 밟으면서도 깨닫지 못하곤 하니, 이미 敗하고서야 마침내 경연광의 고기를 씹어먹고자 한들 무슨 유익함이 있겠는가. 슬프고 슬프도다.

晉與契丹開釁은 景延廣爲之也라 釁啓에 而晉社遂墟하니 此有國交隣者之炯戒어늘 而後之謀國者가 不忍區區之忿하여 往往祖延廣之故智하여 甘蹈石晉之禍而不寤하나니 及其旣敗하여 遂欲食延廣之肉인들 豈有益乎아 悲夫悲夫인저

---

269) 張彦澤이……항복하였다 : 이미 變節하여 契丹과 內通하고 있었던 張彦澤이 杜重威의 進軍 속도를 늦추어 契丹軍의 시간을 벌어주고자 滹沱河를 따라 西進하여 常山을 구원하자고 설득한 것이다. 두중위가 상산을 경유하여 中渡橋에 도착했을 때에는 거란군이 이미 도착해 있었으니, 두 나라 군대가 호타하를 사이에 두고 대치하다가 결국 두중위가 거란에 항복한 것이다.(≪舊五代史≫ 권98 〈張彦澤列傳〉)

270) (越)〔趣〕: 저본에는 '越'로 되어 있으나, ≪深州風土記≫와 ≪資治通鑑≫에 의거하여 '趣'로 바로잡았다.

271) 晉나라가……것이다 : 景延廣(892~947)은 後晉의 大臣으로, 字가 航川이며, 陝州 사람이다. 高祖 때 벼슬이 馬步軍都指揮使까지 올랐고, 出帝가 즉위하자 同平章事가 더해졌다. 출제 즉위 후 후진의 大臣들이 契丹에 表를 올려 臣下로 自處하자고 논의하였으나, 경연광만 홀로 稱臣을 반대하고 主戰論을 펼치며 거란에서 온 使者를 물리쳤는데, 거란이 怒하여 쳐들어와 결국 후진이 멸망하였다.

晉나라가 망하고도 深州 邊境의 禍患은 그치지 않았다. 漢 隱帝 乾祐 2년(949)이요 遼 世宗 天祿 3년(949)에 契丹이 변경을 침입하였을 때 深州刺史 史萬山이 城을 수비하였는데, 郭威[272]가 索萬進을 파견하여 騎兵 7백을 거느리고 심주에 주둔하게 하였다. 어느 날 거란의 수천 기병이 심주의 東門에 들이닥치자, 사만산 父子가 병사 백여 명을 거느리고 습격하였다. 거란이 10여 리를 후퇴하는 체하더니, 伏兵이 일어나자 사만산이 血戰을 벌이다가 급히 삭만진에게 구원을 요청하였는데, 〈삭만진이〉 대오를 정돈하기만 하고 出兵하지 않으니, 사만산은 그곳에서 죽고 거란도 포위를 풀고 떠나갔다. 당시의 여론이 삭만진을 罪責하였고, 건우 3년(950) 4월에 사만산을 太傅에 追贈하였다.

그해 겨울에 契丹主가 직접 병력을 거느리고 南侵하여 饒陽과 安平 등의 城을 함락하고 큰 戰果를 거두고서 돌아갔다. 李太后[273]가 곽위에게 勅令을 내려 거란을 공격하게 하였는데, 〈곽위의 군대가〉 行軍하여 澶州[274]에 이르렀을 때 兵變을 일으켜 마침내 漢(後漢)을 周(後周)로 바꾸었다.

晉亡而深州之邊禍가 未息이라 漢隱帝乾祐二年이요 遼世宗天祿之三年也에 契丹入邊에 深州刺史史萬山이 城守러니 郭威遣索(삭)萬進하여 率騎七百하여 屯深州하다 一日에 契丹數千騎가 迫州東門이어늘 萬山父子가 率兵百餘人하여 襲之라 契丹僞退十餘里러니 而伏兵發에 萬山血戰이라가 急請救于萬進이어늘 勒兵不出하니 萬山死之요 契丹亦解去하다 時論以罪萬進하고 三年四月에 贈萬山太傅하다 其冬에 契丹主自將南伐하여 陷饒陽安平等城하고 大獲而還이라 李太后勅郭威擊之어늘 行至澶州에 兵變하여 遂易漢爲周하다

周 太祖 廣順 2년(952)은 遼 穆宗 應歷 2년(952)이다. 遼나라 장수 高模翰[275]이 2천 騎兵을 거느리고 갈대 멧목으로 胡盧河[276]를 건너 深州와 冀州를 侵擾하자,

272) 郭威 : 904~954. 五代 때 後漢의 장수이자 관리이다. 후한 隱帝가 죽고 契丹의 침입이 있자 太后가 곽위에게 명하여 거란을 막게 하였는데, 곽위가 行軍 중 兵變을 일으켜 후한 왕조를 멸망시키고 後周를 건국하였다.

273) 李太后 : 後漢 高祖 劉知遠의 皇后로, 郭威가 亂을 일으켜 隱帝 劉承祐를 弑害하고 徐州節度使 劉贇을 일시적으로 옹립했을 때 곽위의 요청으로 國事를 攝政하였다.

274) 澶州 : 지금의 河南省 濮陽縣 서남쪽에 있었던 옛 州이다.

275) 高模翰 : ?~959. 遼나라의 장수로, 渤海 유민 출신이다. 後唐과 後晉 세력을 격퇴하고 遼나라가 中原으로 진출하는 데 큰 공을 세워 벼슬이 中臺省左相에 이르렀다.

276) 胡盧河 : 深州와 冀州 사이를 가로질러 흐르는 강으로, 지금의 滏陽河에 해당한다.

欽州刺史 何繼筠[277]이 虎捷都指揮使 劉誠誨와 더불어 군대를 거느리고 막아내고서 武彊에 이르러 노인과 어린아이 천 명을 되찾으니,[278] 고모한이 달아났다.

周 世宗이 즉위하고 나서 북쪽 邊方을 굳건히 장악하니, 中國의 위세가 한 번 진작되었다. 龍捷左軍都虞候 杜漢徽로 하여금 安平에 군대를 주둔하게 하니, 〈두한휘가〉 縣의 남쪽에서 契丹을 격파하여 兵器와 갑옷, 兵車와 휘장을 획득하였다.

周太祖廣順二年은 **爲遼穆宗應歷二年**이라 **遼將高模翰**이 **率二千騎**하여 **以葦**栰로 **度胡盧河**하여 **擾深冀**어늘 **欽州刺史何繼筠**이 **與虎捷都指揮使劉誠誨**로 **率兵拒之**하고 **至武彊**하여 **獲老稚千人**하니 **模翰遁去**하다 **周世宗旣立**에 **雄攬北邊**하니 **中國之勢**가 **一振**이라 **使龍捷左軍都虞候杜漢徽**로 **屯軍於安平**하니 **破契丹於縣南**하여 **獲器(用)〔甲〕**[279]**車帳**하다

顯德 2년(955)에 韓通[280]과 王彦超[281]에게 명하여 胡盧河를 준설하게 하고 마침내 李晏口[282]에 城을 쌓아 靜安軍[283]이라 하니, 40일 만에 완성한 것이었다.

이에 앞서 深州와 冀州의 경계에 호로하가 가로로 수백 리 뻗쳐 있는데, 제방이 허물어져 軍馬를 막을 수 없는지라 敵軍 騎兵이 물을 건너 돌진해 오면 장애되는 것이 전혀 없었다. 世宗이 張藏英[284]에게 변경을 방비할 대책을 묻자, 장장영이 심주의 이안구에 城寨를 설치하고 변경에서 망명해 온 자들을 회유하여 군대에 예

277) 何繼筠 : 921~971. 五代부터 北宋 初까지 활약한 장수로, 歸德府 사람이다. 後晉·後漢·後周에서 出仕하여 供奉官·刺史 등을 역임하였고, 북송 건국 후 수차례 戰功을 세워 벼슬이 節度使에 이르렀다.

278) 노인과……되찾으니 : 遼軍에 포로로 잡힌 노인과 어린아이들을 되찾은 것이다.

279) (用)〔甲〕 : 저본에는 '用'으로 되어 있으나, ≪宋史≫에 의거하여 '甲'으로 바로잡았다.

280) 韓通 : 908~960. 後周의 武臣으로, 字가 仲達이고, 太原 사람이다. 처음에 後漢 高祖의 軍校가 되었다가 後周 太祖를 섬겨 벼슬이 同平章事에 이르렀다.

281) 王彦超 : 914~986. 五代부터 北宋 初까지 활약한 장수로, 字가 德升이고, 大名府 臨淸縣 사람이다. 젊어서부터 後唐의 魏王 李繼岌의 휘하에서 從軍하였는데, 훗날 後晉·後漢·後唐 3朝에 모두 出仕하였다. 北宋 건국 후에는 邠國公에 封해지고 벼슬이 太子太師에 이르렀다.

282) 李晏口 : 深州 下博縣에 있었던 옛 鎭으로, 지금의 河北省 衡水市 深州市 동남쪽이다.

283) 靜安軍 : 靜安軍城을 이른다. 深州 동남쪽에 있었던 城으로, 남쪽으로 冀州와의 거리가 100리이고, 북쪽으로 심주와의 거리가 30리였는데, 宋 雍熙 2년(985)에 폐지되었다.(≪大淸一統志≫ 권33)

284) 張藏英 : 894~962. 涿州 范陽 사람으로, 처음에 後唐의 節度使 趙德鈞의 牙校가 되었다가, 後周에 出仕하여 刺史로서 邊任을 맡아 契丹을 공격하였다. 宋나라 건국 후에도 瀛州團練使 등을 역임하였다.

속시키자고 청하고, 〈본인이〉 主將이 되어 편의에 따라[285] 〈契丹을〉 토벌하기를 원하였다. 황제가 이에 지도를 살펴 계책을 정하여, 한통과 왕언초는 호로하를 준설하여 城을 쌓고 張暉는 그 工役을 감독하라고 명하였는데, 功이 이루어지기 전에 契丹軍이 이르자 한통이 맞아서 공격하여 퇴각시켰다. 城이 완성되자 정안군이라 하였고, 장장영을 緣邊招收都指揮使로 삼고 名馬와 金帶를 하사하였다.

顯德二年에 **命韓通王彦超浚胡盧河**하고 **遂城李晏口**하여 **爲靜安軍**하니 **四(月)〔旬〕**[286]**而就**라 **先是**에 **深冀界上**에 **有胡盧河**가 **橫亘數百里**어늘 **隄堨淩夷**하여 **不足限戎馬**라 **敵騎涉河馳突**에 **洞無沮礙**러라 **世宗詢張藏英以備邊之策**이어늘 **藏英請於深州李晏口**에 **置砦**하고 **誘境上亡命**하여 **隸軍**하고 **願爲主將**하여 **得便宜討擊**하니 **帝乃(安)〔按〕**[287]**圖定策**하여 **命韓通王彦超浚河築城**하고 **而張暉護其役**이러니 **功未就**에 **契丹兵至**어늘 **韓通迎擊郤之**하다 **城成**에 **以爲靜安軍**하고 **以藏英**으로 **爲緣邊招收都指揮使**하고 **賜名馬金帶**하다

張藏英이 수개월 만에 精銳兵 천 명을 모집하였을 적에 때마침 王彦超가 邊境을 巡視하다가 契丹에 포위되었다. 장장영이 새로 모집한 병사들을 거느리고 달려가 공격하니, 거란이 포위를 풀고 떠나갔다.

韓通 등이 이미 靜安軍을 築城하고 또 安平城과 武彊城 등을 쌓느라 〈深州와 定州를〉 왕래하며 감독할 때에 밤에는 오래된 절에서 묵고 낮에는 가시덤불을 헤쳤다.[288] 安平에서 백여 騎兵을 거느리고 工役을 감독할 때에 거란의 기병 수백 명이 갑자기 이르자, 한통이 휘하를 거느리고 契丹軍과 전투를 벌였는데 날이 저물고 큰 비바람이 불자 거란이 포위를 풀고 떠나가니 〈거란의〉 10여 기병을 사로잡았다.

藏英累月募得勁兵千人에 **會王彦超巡邊**이라가 **爲契丹所圍**라 **藏英率新募兵**하여 **馳擊**하니 **契丹解去**하다 **韓通等**이 **既築靜安軍**하고 **又城安平武彊等城**하여 **往來督護**할새 **夜宿古寺**하고 **晝披荊棘**이러라 **在安平**에 **領百餘騎**하여 **督役**할새 **契丹騎數百**이 **奄至**한대 **通率麾下**하여 **與戰**이러니 **日暮大風雨**에 **契丹解去**하니 **擒十餘騎**하다

---

285) 편의에 따라 : 상급자의 명령에 구애받지 않고 자신이 스스로 결정하고자 한다는 뜻이다.

286) (月)〔旬〕: 저본에는 '月'로 되어 있으나, ≪深州風土記≫와 ≪宋史≫에 의거하여 '旬'으로 바로잡았다.

287) (安)〔按〕: 저본에는 '安'으로 되어 있으나, ≪深州風土記≫와 ≪舊五代史≫에 의거하여 '按'으로 바로잡았다.

288) 밤에는……헤쳤다 : 온갖 어려움을 겪으며 고생을 무릅썼다는 뜻이다.

여러 城이 모두 險要함을 얻었으되 李晏口가 특히 要害地를 차지하니, 남쪽으로 冀州와의 거리가 백 리이고, 북쪽으로 深州와의 거리가 30리이며, 胡盧河를 끼고 城壘를 쌓았다. 이로부터 敵軍 騎兵이 비록 이르더라도 감히 호로하를 건너지 못하니, 변방의 백성들이 차츰 耕作과 牧畜을 할 수 있게 되었다.

諸城皆得形勝이로되 **李晏口**가 **尤扼要害**하니 **南距冀州百里**요 **北距深州三十里**며 **夾胡盧河爲壘**라 **自是**로 **敵騎雖至**라도 **不敢涉河**하니 **邊民稍得耕牧**이라

顯德 5년(958)이요 遼 穆宗 應歷(應曆) 8년(958)에 周軍이 遼나라를 침공하여 馮母廟[289]를 포위하니 기세가 매우 등등하였다. 蕭思溫[290]이 병력을 보태달라고 청하자 목종이 답하기를, "敵軍이 오면 統軍司[291]와 군사를 합쳐서 막을 것이요, 적군이 떠나면 농사에 힘쓰고 병사와 말을 수고롭게 하지 말라."라고 하였다. 마침 주군이 東城으로 침입하자 遼軍이 물러나 滹沱河를 건너가 주둔하니, 주군이 군사를 이끌고 물러나고 소사온도 돌아왔다.

顯德五年이요 **遼穆宗應歷之八年也**에 **周師侵遼**하여 **圍馮母廟**하니 **勢(張)**[292]**甚張**이라 **思溫請益兵**이어늘 **穆宗報曰 敵來則與統軍**으로 **併兵拒之**요 **敵去則務農作**하고 **勿勞士馬**라하다 **會周兵入東城**에 **遼軍退**하여 **渡滹沱而屯**하니 **周兵引退**하고 **思溫亦還**하다

宋나라가 일어나자 太祖가 邊境의 戰端을 여는 것을 특히 꺼리어 군대를 신중히 운용하였는데, 開寶 2년(969)에 詔令을 내려 深州와 冀州 등 5개 州[293]가 관할하는 鎭·砦[294]·縣에 모두 城을 쌓도록 하고, 또 詔令을 내려 相州·深州·趙州 3개 州

---

289) 馮母廟 : 後漢 光武帝 때의 장수인 馮異의 어머니를 배향한 사당으로, 深州 饒陽縣 서쪽에 있었다. 처음 건립된 시기는 불분명하나, 明나라 萬曆 연간에 重修되었다.(≪畿輔通志≫ 권50)

290) 蕭思溫 : ?~970. 遼나라의 大臣이자 后族으로, 承天皇太后인 睿智皇后의 아버지이다. 景宗 즉위 후 北院樞密使에 올라 北府宰相을 겸하였고, 딸이 后로 책봉되자 尙書令이 더해지고 魏王에 봉해졌다.

291) 統軍司 : 遼나라의 중요한 군사 기구로, 東京統軍司·東北路統軍司·南京統軍司·烏古烈統軍司·西北統軍司 등 주요 거점 지역에 설치하여 統軍使와 副使 등의 관원을 두었다.

292) (張) : 저본에는 '張'이 있으나, ≪遼史≫에 의거하여 衍文으로 처리하였다.

293) 深州와……州 : ≪宋史≫에는 鎭州·深州·趙州·邢州·洺州로 되어 있다.

294) 鎭·砦 : 鎭과 砦는 모두 궁벽지고 險要한 지방에 방어를 위해 설치한 군사 시설로서, 군사 시설로서의 성격을 가졌을 뿐만 아니라 일종의 행정 단위로도 기능하였다.

의 丁夫[295]로서 北漢을 정벌할 때 太原城[296] 아래에서 죽은 자들은 그 집을 復戶[297]하게 하였다.

宋興에 **太祖尤重開邊釁**하여 **愼用兵**하더니 **開寶二年**에 **詔深冀等五州管內鎭砦縣**에 **悉城之**하고 **又詔相(州)〔深〕[298]趙三州丁夫征北漢時死太原城下者**는 **復**(복)**其家**하다

周 世宗이 瓦橋關[299]을 收復한 때부터 남쪽으로 雄州와 霸州 등을 두니, 이후로 深州가 邊界와 가깝지 않게 되었다.

自周世宗克復(복)**瓦橋關**으로 **南置雄霸等州**하니 **是後**로 **深州不被邊**하다

開寶 8년(975)에 遼나라와 友好를 통하니, 이로부터 북쪽 변방에 전쟁이 적었는데, 太宗이 契丹과 不和를 조성하자 雍熙 3년(986)에 거란이 南侵하여 深州를 함락하고 즉시 항복하지 않았다 하여 守將 이하를 죽이고 군사를 풀어 크게 약탈하였으며, 武彊을 격파하여 供奉官 武彊都監 孫公[300]을 살해하였다. 손공의 아내는 江南國主[301] 李景의 딸이다. 〈江南國이 宋나라에〉 영토를 바친 뒤에 손공에게 시집갔는데, 遼 聖宗이 무강을 격파함에 미쳐 그녀를 취하더니 돌아가 芳儀[302]에 封하고 공주 1명을 낳으니, 晁无咎와 顔復이 〈芳儀曲〉을 지어준 자이다.[303]

---

295) 丁夫 : 正役이나 雜徭에 동원된 人夫를 말한다.

296) 太原城 : 山西 太原府의 府城을 이른다. 宋나라가 中原을 통일할 때 劉崇의 北漢이 太原城을 근거로 완강히 저항하였으나 결국 宋軍에 패하여 멸망하였다.

297) 復戶 : 賦役과 租稅 등을 면제해주는 것이다.

298) (州)〔深〕 : 저본에는 '州'로 되어 있으나, ≪深州風土記≫와 ≪宋史≫에 의거하여 '深'으로 바로잡았다.

299) 瓦橋關 : 지금의 河北省 保定市 雄縣 남쪽 易水 가에 있었던 지명이다. 後晉 때 遼나라로 편입되었다가 後周 世宗 顯德 6년(959)에 수복되었다.

300) 供奉官……孫公 : 孫公은 이름이 전하지 않아 ≪遼史拾遺≫ 등의 史書에도 '孫某'로 기록되어 있다. 손공이 供奉官으로 있을 때 南唐 李景의 딸과 혼인하였는데, 훗날 都監이 되어 武彊에 있을 때 遼軍에 의해 살해되었다.

301) 江南國主 : 南唐의 임금을 뜻한다. 남당의 李煜이 宋나라의 위세를 두려워하여 帝號를 버리고 江南國主로 自稱한 이래 남당의 임금을 가리키는 말로 쓰였다.

302) 芳儀 : 후궁의 등급 중 하나이다.

303) 晁无咎와……자이다 : 晁无咎는 北宋의 관리이자 문학가인 晁補之(1053~1110)를 이른다. 无咎는 그의 字이다. 顔復(1034~1090) 또한 조보지와 동시대의 관리이자 문학가이다. 조보지가 北都敎官으로 있을 때 李芳儀의 事跡을 읽고 슬퍼하여 안복과 더불어 〈芳儀曲〉을 지었다는 기록이 ≪遼史拾遺≫ 등의 문헌에 전하며, 〈방의곡〉은 ≪宋詩紀事≫ 등의 詩話集

開寶八年에 與遼通好하니 自是로 北邊少事러니 太宗搆釁契丹에 雍熙三年에 契丹南伐하여 拔深州하고 以不卽降(항)으로 誅守將以下하고 縱兵大掠하고 破武彊하여 殺供奉官武彊都監孫公이라 孫妻는 江南國主李景女也라 納土後에 嫁孫이러니 及遼聖宗破武彊하여 獲之하더니 歸封芳儀하고 生公主一人하니 晁无咎顔復이 爲作芳儀曲者也라

雍熙 4년(987)이요 聖宗 統和 5년(987)에 遼人이 南侵하였다. 12월에 遼나라가 北府宰相 蕭繼遠을 파견하여 가서 安平을 정탐하게 하였다.

雍熙四年이요 聖宗統和之五年에 遼人南伐하다 十二月에 遼遣北府宰相蕭繼遠하여 往覘安平하다

端拱 2년(989)에 宋나라의 馬知節[304]이 深州知州가 되니, 이때에 深州는 契丹에게 갓 유린을 당한 터라 城郭과 가옥에 무너진 곳이 많고 流浪하는 백성이 많았다. 마지절이 부임한 지 몇 달 만에 무너진 곳들이 修築되고 유랑했던 자들이 돌아오니, 온 州가 寇戎[305]이 침입해 온 일은 잊고 마지절이 능히 우리를 慰撫한다고 여겼다.

端拱二年에 宋馬知節知深州하니 是時에 深州新蹂于契丹이라 城郭(盧)〔廬〕[306]舍多壞요 而流民衆이러라 知節至數月에 則壞者完이요 流者復(복)하니 擧州忘其寇戎之故하고 以知節爲能撫我하다

淳化 3년(992)에 李繼宣[307]이 定州行營都監으로 자리를 옮겨 深州를 衛戍하였다. 순화 5년(994)에 尹繼倫[308]을 深州團練使 領本州駐泊兵馬部署로 삼았다.

淳化三年에 李繼宣이 徙定州行營都監하여 戍深州하다 五年에 以尹繼倫으로 爲深州團練使領

에 수록되어 있을 뿐만 아니라 조보지의 문집인 ≪雞肋集≫에 〈芳儀怨〉이라는 제목으로 실려 있다.

304) 馬知節 : 955~1019. 北宋 初의 大臣이자 文人이다. 字는 子元이고, 幽州 薊縣 사람이다. 宋 太宗 때 門蔭으로 出仕한 이래 監軍과 知州 등을 역임하였고, 亂을 토벌하는 데 공을 세우고 善政으로 명망이 높아 벼슬이 宣徽北院使·樞密副使에 이르렀다.

305) 寇戎 : 도적질하는 오랑캐라는 뜻으로, 여기서는 遼나라를 가리킨다.

306) (盧)〔廬〕 : 저본에는 '盧'로 되어 있으나, ≪深州風土記≫에 의거하여 '廬'로 바로잡았다.

307) 李繼宣 : 950~1013. 宋나라의 관리로, 開封 浚儀 사람이다. 乾德 연간에 右班殿直이 되었고, 太平興國 연간에 供奉官·巡檢·都監 등을 역임하였다.

308) 尹繼倫 : 947~996. 宋나라의 武將으로, 開封 浚儀 사람이다. 門蔭으로 出仕하여 殿直이 된 이래 緣邊都巡檢使·長州團練使·深州團練使 등을 역임하였다. 至道 연간에 靈慶兵馬副都部署가 되어 군사를 거느리고 탕구트〔党項〕로 진격하다가 軍中에서 病死하였다.

本州駐泊兵馬(都)〔部〕[309]署하다

眞宗 咸平 2년(999)에 契丹이 南侵하자, 황제가 친히 大名[310]에서 방어하였다. 함평 3년(1000)에 楊嗣[311]를 深州團練都巡檢使로 삼았다. 이때에 孫全照[312]에게 명하여 河北에서 땅을 측량하게 하자, 〈손전조가〉 上言하기를, "河水에 연한 높은 언덕 가운데 城壘를 나누어 설치하고 군대를 주둔시켜 衛戍하게 할 만한 곳이 총 두 곳이니, 그중의 하나가 武彊縣 쪽입니다."라고 하였는데, 上이 工役을 일으키는 것을 꺼리어 단지 安平 이남에 營을 설치하고 祁州를 이전 배치하라고 명하였다.

眞宗咸平二年에 **契丹南伐**한대 **帝親禦之大名**하다 **三年**에 **以楊嗣**로 **爲深州團練都巡檢使**하다 **是時**에 **命孫全照度**(탁)**地河北**한대 **上言(治)〔沿〕[313]河高阜**에 **可分置城堡屯戍者**가 **凡二處**니 **其一**이 **爲武彊縣側**이라하여늘 **上重於興役**하여 **祗命營安平南**하고 **徙置祁州云**이라

宋나라가 일어난 이래로 中原과 邊境에 전쟁이 적었으니, 深州가 兵禍를 크게 입지는 않았으나 때때로 작은 警報가 있었다. 仁宗 때 龍圖閣直學士 包拯[314]이 河北都轉運使로 있으면서 河北의 屯兵을 革罷하여 河南에 나누어 두자고 청하니, 그가 말하기를, "심주의 騎馬軍 가운데 雲翼 兩指揮[315]는 兵士가 979명이고 兵馬가 414필인데, 軍糧과 草料가 있는 州의 군대로 옮겨 就食하게 한다면 대략 軍糧

---

309) (都)〔部〕: 저본에는 '都'로 되어 있으나, ≪宋史≫에 의거하여 '部'로 바로잡았다.

310) 大名 : 지금의 河北省 邯鄲市 大名縣이다.

311) 楊嗣 : 934~1014. 宋나라의 武將으로, 瀛州 사람이다. 太祖 때 형 楊信의 천거로 殿直이 되었고, 太宗 때 保州知州가 되어 治積과 戰功을 세웠다. 眞宗朝에 들어와 保州團練使를 누차 역임하고, 左隆武大將軍으로 致仕하였다.

312) 孫全照 : 952~1011. 宋나라의 관리로, 字가 繼明이고, 莫州 淸苑 사람이다. 蔭補로 벼슬에 나아가 監軍과 都巡檢使 등을 지냈고, 大中祥符 연간에 閤門使·客省使·四方館使 등을 역임하였다.

313) (治)〔沿〕: 저본에는 '治'로 되어 있으나, ≪深州風土記≫와 ≪宋史≫에 의거하여 '沿'으로 바로잡았다.

314) 包拯 : 999~1062. 宋나라의 大臣으로, 廬州 合肥 사람이다. 字는 希仁이고, 諡號는 孝肅으로, 包淸天이라는 異稱으로 더 널리 알려져 있다. 1027년 進士에 급제하여 知縣이 된 이래 監察御使·開封府知府·樞密副使 등을 역임하였다. 死後 禮部尙書에 추증되었다.

315) 雲翼 兩指揮 : 雲翼은 宋代 河北 지역에 주둔한 禁軍의 이름이고, 指揮는 송대의 군대 편제 단위이다. 宋 仁宗 때의 官撰 兵書인 ≪武經總要≫에, "國朝(宋朝)의 軍制는 무릇 5백 명을 하나의 지휘로 삼는다.〔國朝軍制 凡五百人爲一指揮〕"라고 하였으므로, 兩指揮는 병력 1천 명 규모의 부대를 가리키는 것으로 볼 수 있다.

881섬,[316] 馬草 119,332束,[317] 馬料 11,923섬 2말을 절감할 수 있습니다."라고 하였는데, 上이 묵살하고 답하지 않았다.

自宋興以來로 **中外少事**하니 **深州不大被兵**이나 **然時有小警**이라 **仁宗時**에 **龍圖閣直學士包拯**이 **爲河北都轉運使**할새 **請罷河北屯兵**하여 **分之河南**하니 **其稱深州馬軍雲翼兩指揮**는 **兵士九百七十九人**이요 **馬四百十四匹**이니 **那移有糧草州軍**하여 **就食**이면 **約減省**(생)**糧八百八十一石草十一萬九千三百三十二束料萬一**(九千)〔千九〕[318]**百二十三石二斗**어늘 **上寢不報**하다

契丹이 이미 쇠하자 金나라와 元나라가 이어서 옛 자취를 따르니,[319] 明나라가 일어남에 이르러서야 深州에 비로소 敵國이 侵伐하는 禍患이 없어졌다. 宋나라 徽宗代와 欽宗代에는 金人이 熾盛하였다. 宣和 3년(1121)에 燕山을 收復하자고 논의하였으나 諸軍이 邊境에 이르면 모두 潰滅되었다. 劉延慶[320]과 蘇格 등 50명의 騎兵이 滹沱河에 이르렀을 때 金軍 2천여 기병과 맞닥뜨리니, 소격 등이 〈놀라고 당황하여〉 어찌할 줄을 모르자 韓世忠[321]이 소격 등에게 높은 언덕에 주둔한 채로 움직이지 말라고 침착하게 명하고, 스스로 말을 질주하여 敵에게 다가가 두 명의 깃발 든 자를 습격하였다. 금군이 매우 혼란하자 소격 등이 분발하여 공격하니, 추격하여 斬首한 수가 매우 많았다.

契丹旣衰에 **金元繼循故迹**하니 **至明興**하여 **而深州始無敵國侵伐之患**이라 **當宋徽欽之世**하여 **金人熾盛**이라 **宣和三年**에 **議復**(복)**燕山**이로되 **諸軍至邊**에 **皆潰**라 **劉延慶蘇格等五十騎抵滹沱河**에 **遇金兵二千餘騎**하니 **格等失措**한대 **韓世忠從容**(合)〔令〕[322]**格等屯高岡**하여 **勿動**하고 **自躍**

---

316) 881섬 : ≪包孝肅奏議集≫에 수록된 〈請移冀博深三州兵馬〉에는 '8,881섬'으로 되어 있다.

317) 119,332束 : ≪包孝肅奏議集≫에 수록된 〈請移冀博深三州兵馬〉에는 '119,232束'으로 되어 있다.

318) (九千)〔千九〕 : 저본에는 '九千'으로 되어 있으나, ≪包孝肅奏議集≫에 의거하여 '千九'로 바로잡았다.

319) 契丹이……따르니 : 契丹의 遼나라가 멸망한 후 女眞의 金나라와 몽골의 元나라가 中原을 위협하는 外敵으로 등장하였다는 뜻이다.

320) 劉延慶 : 1068~1127. 北宋의 武將으로, 保安軍 金明縣 사람이다. 대대로 장수를 지낸 집안에서 태어나 수차례 西夏와의 전투에 참가하였으며, 鄜延路總管·保信軍節度使 등의 벼슬을 역임하였다. 宣和 연간에 10만 군사를 이끌고 燕山 전투에 참가하였으나 싸우지 않고 스스로 궤멸하였다.

321) 韓世忠 : 1089~1151. 宋나라의 장수로, 陝西 延安 사람이다. 高宗 때 岳飛·劉錡 등과 함께 金나라에 대항하여 송나라의 영토를 지키려 힘썼다. 누차 王侯에 봉해지고 死後 고종의 廟庭에 配享되었다. 謚號는 忠武이고, 王號는 蘄王이다.

馬薄敵하여 **突二執旗者**라 **金軍大亂**이어늘 **格等奮擊之**하니 **追斬甚衆**이라

靖康 원년(1126)에 使臣을 兩河[323]로 보내어 땅을 떼어 金나라에 주려 하자, 歐陽珣[324]이 上言하기를, "祖宗의 땅은 한 자 한 치도 남에게 줄 수 없습니다."라고 하고, 또 말하기를, "전쟁에 져서 땅을 잃고 훗날 그 땅을 취하는 것은 正義〔直〕이고, 전쟁도 하지 않고 땅을 떼어서 주고 훗날 그 땅을 취하는 것은 不義〔曲〕입니다."라고 하였는데, 당시의 宰相이 노하여 마침내 구양순을 將作監 丞으로 삼고는 使命을 받들고 가서 深州를 떼어주게 하였다. 구양순이 深州城 아래에 이르자 통곡하면서 城 위의 사람들에게 말하기를, "간사한 사람이 나라를 그르친 것이 이 지경에 이르렀으니, 나는 이미 한 번 죽을 각오를 하고 왔다. 公들은 힘써 忠義를 행하여 부디 〈城을〉 굳게 지키고 해이해지지 말지어다."라고 하였는데, 金人이 노하여 그를 불살라 죽였다.

이때에 나라의 위세가 이미 멀리 미치지 못하였으니 땅을 떼어주어 禍를 늦추는 것은 비록 下策이었으나 形勢였기 때문에 부득이하였는데, 구양순은 彼我의 형세를 參酌하지 않고 區區하게 한 번 죽는 것을 충성이라 여겼으니, 나라에 무슨 보탬이 되었겠는가. 그러나 심주 사람들이 그 遺骨을 거두어 무덤을 세우고 제사를 지내는 것이 지금까지도 끊이지 않고 있다.

靖康元年에 **遣使如兩河**하여 **割地**하여 **以與金**이어늘 **歐陽珣上言祖宗之地**는 **尺寸不可與人**이라하고 **又言戰敗而失地**하고 **他日取之**는 **直**이요 **不戰而割地**하고 **他日取之**는 **曲**이라하여늘 **時宰怒之**하여 **乃以珣**으로 **爲將作監丞**하고 **奉使割深州**라 **珣至深州城下**에 **慟哭**하여 **謂城上人曰 姦人誤國**이 **至此**하니 **吾已辦一死來矣**로라 **公等**은 **勉爲忠義**하여 **幸堅守勿懈**어다하니 **金人怒**하여 **焚殺之**하다 **當是時**하여 **國威已不能遠被**하니 **割地紓禍**는 **雖下策**이나 **勢故不得已**어늘 **珣不參彼己**하고 **區區以一死爲忠**하니 **於國何補**리오 **然**이나 **深州人裒其遺骨**하여 **立塚祠之**가 **至今不絶也**라

---

322) (合)〔令〕: 저본에는 '合'으로 되어 있으나, ≪深州風土記≫와 ≪宋史≫에 의거하여 '令'으로 바로잡았다.

323) 兩河 : 河北과 河東을 가리킨다.

324) 歐陽珣 : 1081~1127. 宋나라의 관리로, 字가 全美이며, 吉州 廬陵 사람이다. 崇寧 5년(1106) 進士가 되어 將作監 丞을 지냈다. 金軍이 京師를 침범하자 主戰論을 펼치며 당시 재상과 대립하였다.

金나라 海陵王 正隆 원년(1156)이요 宋 高宗 紹興 26년(1156)에 金나라가 翰林直學士 施宜生[325]을 深州知州로 삼았다. 정릉 4년(1159)에 시의생이 宋國 正旦使[326]가 되니, 시의생은 邵武[327] 사람이다. 죄를 짓고 북으로 도주하였기에 돌아가 宋나라 사람을 만나는 것을 부끄럽게 여겨 힘껏 사양하였으나 허락하는 명을 받지 못하였다.

〈시의생이 宋나라에〉 이르자, 宋나라가 張燾[328]에게 명하여 그를 都亭[329]에서 대접하고 '首丘'라는 말로 넌지시 깨우치게 하였는데,[330] 시의생이 隱語를 써서 말하기를, "北風이 바야흐로 매섭다."[331]라고 하고, 또 탁자를 치고 붓을 가져오며 말하기를, "붓이 온다! 붓이 온다!〔筆來筆來〕"[332]라고 하였다. 이에 宋人이 경계하고 방비하니, 金人이 이를 듣고 시의생을 烹殺하였다.

金海陵王正隆元年이요 宋高宗之紹興二十六年也에 金以翰林直學士施宜生으로 知深州라 正隆四年에 宜生爲宋國正旦使하니 宜生은 邵武人이라 得罪北走일새 恥還見宋人하여 力辭나 不獲命이라 旣至에 宋命張燾館之都亭하고 風以首邱어늘 宜生爲廋語하여 曰 北風方勁이라하고 又扣几取筆하여 曰 筆來筆來라하니 於是에 宋人警備하니 金人聞之하고 烹宜生하다

金 宣宗 貞祐 원년(1213)이요 宋 寧宗 嘉定 6년(1213)에 蒙古가 金나라의 燕京을 포위하였다. 몽고의 靑吉斯汗(칭기즈 칸) 特穆津[333]이라는 자는 元 太祖이다. 稱

325) 施宜生 : 1091~1163. 南宋과 金나라가 대립하던 시기 福建 邵武 사람으로, 남송에서 죄를 짓고 금나라로 달아나 翰林學士 등의 벼슬을 역임하였다. 正隆 4년(1159) 宋朝에 使臣으로 갔다가 金軍의 동향을 누설한 죄로 처형당하였다.

326) 正旦使 : 정월 초하루에 賀禮하기 위해 파견하는 使節이다.

327) 邵武 : 지금의 福建省 邵武市이다.

328) 張燾 : 1092~1167. 南宋의 大臣으로, 字는 子公이며, 饒州 德興 사람이다. 政和 8년(1118)년 進士가 되어 文林郞·秘書省正字 등의 벼슬을 지냈다. 宋室이 남쪽으로 이전한 후 兵部侍郞·吏部尙書·參知政事 등을 역임하였다. 諡號는 忠定이다.

329) 都亭 : 宋代에 외국에서 온 使臣을 접대하기 위해 세운 館驛인 都亭驛을 이른다.

330) '首丘'라는……하였는데 : 施宜生의 故國에 대한 情을 환기하게 하였다는 뜻이다. '首丘'는 여우가 죽을 때 제가 살던 굴이 있는 언덕 쪽으로 머리를 둔다는 뜻인 '首丘初心'의 준말로, 고향을 그리워하는 마음을 비유한다.(≪禮記≫ 〈檀弓 上〉)

331) 北風이……매섭다 : 金나라의 세력이 한창 강성하여 宋나라를 南侵할 준비가 되었음을 암시하는 말이다.

332) 붓이……온다〔筆來筆來〕 : 金나라의 南侵을 암시한 말인데, 이 구절의 정확한 해석에 관해서는 여러 異說이 있다. '筆來〔bǐlái〕'가 '저들이 온다'라는 뜻인 '彼來〔bǐlái〕'의 동음이의어라는 설, '반드시 온다'라는 뜻인 '必來〔bìlái〕'의 동음이의어라는 설, '병력을 총동원하여 온다'라는 뜻인 '畢來〔bìlái〕'의 동음이의어라는 설 등이 제기되어 있다.

帝한 지 8년 만에 직접 군대를 거느리고 金나라의 雄州·霸州·深州·冀州 등을 취하니, 무릇 金나라의 90여 郡을 격파하였다. 이때에 金나라의 祁州太守 賈輔가 무리를 이끌고 원 태조에게 歸附하고서 安平 등의 縣을 공격하여 함락하였다.

金宣宗貞祐元年이요 **宋寧宗嘉定六年也**에 **蒙古圍金燕京**하다 **蒙古靑吉斯汗**①**特穆津者**는 **元太祖也**라 **稱帝八年矣**에 **自將**하여 **取金雄霸深冀等州**하니 **凡破金九十餘郡**이라 **是時**에 **金祁州太守賈輔以衆歸太祖**하고 **攻安平等縣**하여 **下之**하다

① 舊本에 '成吉思可汗'으로 되어 있다.
舊作成吉思可汗이라

貞祐 2년(1214)에 金나라가 沈思忠을 同知深州軍州事로 삼았다. 심사충이 뿔뿔이 흩어진 백성들을 불러모아 5만여 명을 얻으니, 군대에 편입시킬 만한 자가 만 5천 명이었다. 諸軍이 모두 심사충을 장수로 삼기를 원하였다.

貞祐二年에 **金以沈思忠**으로 **同知深州軍州事**라 **思忠招集蕩析百姓**하여 **得五萬餘人**하니 **可充軍者**가 **萬五千人**이라 **諸軍皆願得思忠爲帥**러라

貞祐 3년(1215)에 蒙古軍이 燕京에 들어왔다. 그해 9월에 周元兒가 深州와 祁州의 束鹿과 安平 등의 縣을 함락하니, 이른바 紅襖賊[334]으로, 그 우두머리 郝定이 山東에서 皇帝를 僭稱하였다. 眞定帥府에서 계책으로 격파하여 주원아를 斬首하고 그 徒黨 5백여 명을 죽이고서 정우 4년(1216) 閏 7월에 심주를 수복하였고, 학정도 侯摯에 의해 격파되어 죽었다. 이때에는 金軍이 蒙古를 대적하지 못하였으나, 土賊을 평정하는 데에는 힘이 아직 남아 있었다.

貞祐三年에 **蒙古兵入燕**하다 **其九月**에 **周元兒陷深祁州束鹿安平等縣**하니 **所謂紅襖賊也**니 **其渠帥郝定僭號山東**이라 **眞定帥府**가 **以計破**하여 **斬元兒**하고 **殺其黨五百餘人**하고 **貞祐四年閏七月**에 **復深州**요 **而郝定亦爲侯摯所破殺**하니 **是時**에 **金兵不能敵蒙古**라 **然**이나 **平定土賊**에 **力尙有餘**러라

333) 特穆津 : 1162?~1227. 元 太祖 테무진〔鐵木眞〕을 이른다. 몽골의 여러 부족을 통일한 후 中原과 중앙아시아, 일부 동유럽 지역을 정복하여 몽골제국을 세웠다.
334) 紅襖賊 : 金나라 말기에 河北과 山東 지역의 流民들이 중심이 되어 봉기한 叛軍으로, 붉은 색 상의를 착용하여 서로를 식별하였기 때문에 '紅襖賊'으로 불리었다.

金 宣宗 興定 원년(1217)이요 宋 嘉定 10년(1217)에 蒙古의 太師 穆呼哩[335]가 山南[336]을 다스렸다.

흥정 2년(1218)에 몽고가 임명한 趙州太守 王義가 進軍하여 深州를 공격하자, 守帥가 城을 바치고 투항하였다. 이때에 張柔가 몽고에 투항하고서 順天都元帥로 있었는데, 장유가 왕의의 功을 上奏하자, 왕의의 벼슬을 올려 深州節度使 및 深冀趙三州招撫使로 삼았다.

흥정 3년(1219)에 장유가 군대를 거느리고 南下하여 滿城[337]에 주둔하였는데, 金나라의 同知鎭定府事 武仙이 鎭州・定州・深州・冀州의 군사 수만을 모아 공격하였다가 패하여 후퇴하니, 장유가 마침내 진군하여 安平 등의 縣을 함락하였다. 이로부터 심주와 기주의 이북이자 진주와 정주의 이동에 있는 30여 城이 소문만 듣고도 투항하여 歸附하니, 장유의 威名이 河北에 진동하였다.

왕의가 진군하여 기주를 함락하였을 때 장유가 다시 왕의의 功을 상주하자, 龍虎衛上將軍・武安軍節度使・行深冀二州元帥府事를 제수하였다. 왕의가 敎令을 반포하여 흩어진 자들을 불러 모아 권면하고 인도하여 식물을 심어 기르게 하니, 심주와 기주 지역이 마침내 樂土가 되었다.

金宣宗興定元年이요 **宋嘉定十年也**에 **蒙古太師穆呼哩**①가 **經略山南**하다 **二年**에 **蒙古所署趙州太守王義**가 **進攻深州**어늘 **守帥以城降**(항)하다 **是時**에 **張柔降**(항)**蒙古**하고 **爲順天都元帥**러니 **柔上義功**에 **升義爲深州節度使深冀趙三州招撫使**하다 **三年**에 **張柔率**(솔)**兵南下**하여 **次滿城**이어늘 **金同知鎭定府事武仙**이 **會鎭定深冀兵數萬**하여 **攻之**라가 **敗退**하니 **柔遂進攻安平等縣**하여 **克之**하다 **由是**로 **深(定)〔冀〕**[338]**以北鎭定以東三十餘城**이 **望風降**(항)**附**하니 **柔之威名**이 **振於河朔**이라 **王義進拔冀州**에 **柔復**(부)**上義功**이어늘 **授龍虎衛上將軍武安軍節度使行深冀二州元帥府事**라 **義布敎令**하여 **招集散亡**하여 **勸率**(솔)**種藝**하니 **深冀之間**이 **遂爲樂土**러라

---

335) 穆呼哩 : 1170~1223. 몽골 제국의 개국 공신으로, 칭기즈 칸이 가장 신임했던 장수 중 한 사람이다. 金나라 정벌에 기여한 공을 인정받아 華北 일대의 통치권을 하사받고 國王의 칭호를 얻었다. 王號는 魯國王이다.

336) 山南 : 太行山(태항산) 以南 지역을 가리킨다. 1217년에 元 太祖가 穆呼哩를 國王에 封하고 "태항산 以北은 朕이 직접 다스릴 테니 태항산 이남은 卿이 부디 힘쓸지어다.〔太行之北 朕自經略 太行以南 卿其勉之〕"라고 한 일이 ≪元史≫ 〈穆呼哩列傳〉에 보인다.

337) 滿城 : 지금의 河北省 保定市 滿城縣이다.

338) (定)〔冀〕 : 저본에는 '定'으로 되어 있으나, ≪深州風土記≫와 ≪資治通鑑後編≫에 의거하여 '冀'로 바로잡았다.

① 舊本에 '木華黎'로 되어 있다.
舊作木華黎라

興定 4년(1220)에 金나라가 河北의 州郡이 殘毁하다는 이유로 토착인 가운데 威望이 뭇사람을 복종시키는 자들을 모집하여 한 方面의 重權을 빌려주었다가 마침내 아홉 사람을 封하여 郡公으로 삼으니, 〈아홉 군공은〉 모두 宣撫使를 겸하여 本路의 兵馬를 통솔하고 官吏를 임명하였으며 賦稅를 징수하고 賞罰과 號令을 내리되 편의대로 일을 시행하였고, 이미 劃定된 관할 州縣 외에도 능히 인근의 주현을 수복하면 이 또한 관할하도록 내버려두었다. 이에 深州와 세 縣이 모두 河間[339]에 예속되고, 招撫使 伊喇重嘉奴[340]가 河間公이 되었다. 그러나 이때에 심주의 境域이 이미 蒙古에 들어가 있었으니, 金나라는 〈심주를〉 소유하지 못하였다.

興定四年에 **金以河朔州郡殘毁**로 **募土人威望服衆者**하여 **假以方面重權**이라가 **乃封九人爲郡公**하니 **皆兼宣撫使**하여 **總帥**(솔)**本路兵馬**하고 **署置官吏**하고 **徵斂賦稅**하고 **賞罰號令**하되 **便宜行事**요 (自)〔已〕[341]**畫**(획)**定所管州縣外**에 **能收復隣近州縣**이면 **亦聽管屬**이라 **於是**에 **深州及三縣**이 **皆隷河間**이요 **招撫使伊喇重嘉奴**가 **爲河間公**이라 **然**이나 **是時**에 **州境已入蒙古**하니 **金蓋不能有也**라

① 舊本에 '移剌衆家奴'로 되어 있다.
舊作移剌衆家奴라

五代 이래로 深州는 때로 邊境의 禍患에 시달렸는데, 元代에 順天[342]을 國都로 정함에 미쳐 심주가 郊外의 甸服[343]이 되니, 이로 말미암아 오랫동안 兵禍를 입지 않았다. 元 太祖 때 여러 王의 食采邑을 정하여 땅을 分封할 적에 다섯 家戶가 絹

---

339) 河間 : 지금의 河北省 河間市이다.
340) 伊喇重嘉奴 : 金나라 末의 大臣으로, 契丹族 사람이다. 金 宣宗 때 戰功을 세워 河間路招撫使를 지냈다. 興定 4년(1220)에 河間公에 봉해져 河間府·獻州·蠡州·安州·深州 등을 관할하였고, 元光 원년(1222)에 벼슬이 金紫光祿大夫에 이르렀다. 이름을 '移剌衆家奴'로도 표기한다.
341) (自)〔已〕 : 저본에는 '自'로 되어 있으나, ≪金史≫와 ≪續資治通鑑≫에 의거하여 '已'로 바로잡았다.
342) 順天 : 지금의 順天府이다.
343) 甸服 : 都城과 떨어진 거리에 따라 지역을 구분하는 五服 중 하나로, 王畿로부터 500리 안의 땅 혹은 侯服의 다음 500리 안의 땅을 이른다.

絲 1觔을 내는 것을 五戶絲라 하였다. 원 태조의 次子 察罕台[344]가 太原의 4만여 가호를 나누어 가졌는데, 원 태종 10년(1238)에 심주 1만 가호를 추가로 가졌다.

自五代以來로 **深州時苦邊患**이러니 **及元世定都順天**하여 **而州爲郊畿甸服**하니 **繇是**로 **久不被兵**이라 **太祖時**에 **定諸王食采**하여 **分地**할새 **五戶出絲一觔**을 **謂之五戶絲**라 **太祖次子察罕(吉)〔台〕**[345]가 **分食太原四萬餘戶**러니 **太宗十年**에 **加食深州一萬戶**하다

① 舊本에 '茶合解'로 되어 있다.
舊作茶合解라

順帝 至正 28년(1368)에 明軍이 元나라 國都에 들어갔다. 徐達[346]이 齊化門[347]에 군사를 배치하였는데, 將帥와 병사들이 中書參知政事 郭庸[348]을 맞들고 제화문에 이르렀다. 뭇사람이 그에게 절을 하라고 꾸짖자, 곽용이 말하기를, "신하는 저마다 제 임금을 위하는 법이다. 죽는 것이 본래 나의 분수이니, 어찌하여 절을 하겠는가."라고 하고, 굴복하지 않다가 죽었다. 곽용은 字가 允中이니, 蒙古氏이다. 그 墓가 深州의 清耀圖村[349]에 있으니, 墓碑에 '元나라의 故 丞相 郭公 允中의 墓'라고 하였다. 그 후예가 모두 청요도촌에 산다고 한다.

順帝至正二十八年에 **明師入元都**라 **徐達陳兵齊化門**이어늘 **將士舁中書參知政事郭庸**하여 **至齊化門**이라 **衆叱之拜**어늘 **庸曰 臣各爲其主**니라 **死自吾分**이니 **何拜爲**오하고 **不屈而死**하다 **庸**은 **字允中**이니 **蒙古氏**라 **其墓在深州清耀圖村**하니 **碑云 元故丞相郭公允中之墓**라 **其後裔皆居清輝圖云**이라

---

344) 察罕台 : 元 太祖의 次男인 차가타이(1183?~1242)를 이른다. 아버지 칭기즈 칸을 도와 金나라를 공략할 때 右翼軍을 지휘하였고, 중앙아시아 지역 원정에도 참여하였다. 칭기즈 칸에게서 물려받은 중앙아시아 지역을 기반으로 汗國을 세웠다. 이름을 察合台로도 표기한다.

345) (吉)〔台〕: 저본에는 '吉'로 되어 있으나, ≪深州風土記≫와 ≪元史≫에 의거하여 '台'로 바로잡았다.

346) 徐達 : 1332~1385. 明나라의 武將으로, 安徽省 鳳陽 사람이다. 朱元璋의 신임을 얻어 統軍元帥·江南行樞密院事를 지냈다. 元軍 토벌 군사를 총지휘하여, 明나라 건국 후에는 개국 공신으로서 魏國公에 봉해졌다.

347) 齊化門 : 元代 北京城의 東門으로, 지금의 朝陽門이다.

348) 郭庸 : ?~1368. 元나라의 관리로, 蒙古 사람이다. 國學生으로 登第한 이래 벼슬이 參政中書에 이르렀으나, 明나라 군대가 京城에 들어왔을 때 항복하지 않고 저항하다가 죽었다.

349) 清耀圖村 : 지금의 河北省 衡水市 深州市 來安莊에 있는 마을로, 清耀頭村이라는 이름으로 더 널리 알려져 있다.

徐達이 元나라 國都에 들어갔을 때 常遇春[350]이 保定·河間·眞定 등의 여러 郡縣을 따로 함락하니, 深州의 여러 縣은 대개 다 상우춘의 군대에 의하여 함락되었다.

徐達入元都에 **常遇春別下保定河間眞定諸郡縣**하니 **深州諸縣**이 **蓋皆常兵所下也**라

明代는 수차례 兵革을 겪은 것이 대략 漢나라 때와 비슷하니, 徐達과 常遇春이 京畿를 평정한 뒤로 建文 원년(1399)에 燕王 朱棣[351]가 擧兵하여 南侵하자 藩鎭의 禍가 있게 되었다. 이때에 大將軍 耿炳文[352]이 군대를 거느리고 北進하여 〈燕王軍을〉 토벌하는데, 都指揮 平保가 武彊縣 동쪽에 주둔하여 〈연왕군과〉 맞서 싸우다 敗沒하니, 후대 사람들이 그 마을을 이름하여 平都村[353]이라 하였다.

건문 2년(1400)에 盛庸이 東昌[354]에서 燕軍을 敗退시키고 眞定의 여러 장수에게 威縣과 深州에 주둔하고 있다가 연군의 歸路를 가로막자고 檄文을 띄우니, 건문 3년(1401) 正月에 吳傑과 平安이 심주에서 연군을 맞아 공격하였으나 연군의 장수 薛祿이 오걸과 평안을 격퇴하므로 연왕이 이에 北平[355]으로 돌아갈 수 있었다.

3월에 연군이 다시 出兵하자 성용이 武邑의 夾河[356]에서 〈연군과〉 더불어 싸울 적에 오걸과 평안이 진정에서 군대를 이끌고 와 합세하여 滹沱河 남쪽에 軍陣을 배치하니, 주체가 날랜 騎兵을 거느리고 호타하를 따라 군진의 뒤로 돌아 나왔다. 평안이 陣中에서 나무를 묶어 樓를 만드니 그 높이가 몇 길이 되었다. 전투가 달아오르면 그때마다 樓에 올라 강한 쇠뇌를 발사하니, 연군을 쏘아 맞히어 죽은 자가 매우 많았고, 화살이 연왕의 깃발에 고슴도치처럼 모여들었다. 연왕이 사람을 시

350) 常遇春 : 1330~1369. 明나라 초기의 장수이자 開國功臣으로, 字는 伯仁이며, 安徽 懷遠 사람이다. 明 太祖 朱元璋의 군대에 들어가 각지의 군웅을 제압하는 데 공을 세웠고, 1368년 副將軍으로서 大將軍 徐達과 함께 北伐에 나서 元나라를 멸망시켰다.

351) 燕王 朱棣 : 明나라의 3대 황제인 成祖(1360~1424)를 이른다. 朱棣는 성조의 이름이다. 靖難의 變을 일으켜 조카 建文帝를 내몰고 皇位에 오르기 전까지는 燕王의 신분이었다.

352) 耿炳文 : 1334~1403. 明나라 초기의 장수이자 開國功臣으로, 濠州 사람이다. 일찍이 徐達과 常遇春의 휘하에서 종군하여 각지의 군웅을 제압하는 데 가담하였고, 훗날 建文帝를 위해 燕王 朱棣에 대항하여 싸웠다.

353) 平都村 : 河北省 衡水市 武强縣 동쪽 25里 되는 곳에 있는 마을이다.(≪畿輔通志≫ 권54)

354) 東昌 : 지금의 山東省 東昌府이다.

355) 北平 : 北京의 옛 이름이다.

356) 武邑의 夾河 : 武邑은 지금의 河北省 衡水市 武邑縣이고, 夾河는 무읍현 북쪽 30里 되는 곳에 있는 강의 이름으로 洚水라고도 한다.

켜 깃발을 북평으로 보내어 世子 朱高熾[357]에게 고이 간직하였다가 後世에 보이라고 訓諭하게 하였다.

연왕은 전투할 때마다 직접 敵陣에 뛰어드니, 가는 곳마다 〈敵軍이〉 모두 쓰러졌으나 오직 성용과 평안만은 수차례 연왕을 꺾었다. 그런데 때마침 지붕이 날아가고 나무가 뽑히는 큰 바람이 불어와 都指揮 鄧戩과 陳鵬 등이 敵中에 떨어지니, 평안이 敗하여 진정으로 달아나므로 연군이 마침내 南下하였다.

明代屢更兵革이 **略如漢時**하니 **自徐常平定(幾)〔畿〕**[358]**輔之後**로 **建文元年**에 **燕王棣擧兵南犯**에 **而有藩鎭之禍**라 **是時**에 **大將軍耿炳文**이 **率**(솔)**師北伐**할새 **都指揮平保屯營武(將)〔彊〕**[359] **縣東**하여 **拒戰**이라가 **敗沒**하니 **後人名其村**하여 **爲平都村**이라 **二年**에 **盛庸敗燕兵於東昌**하고 **檄眞定諸將屯威縣深州**라가 **邀燕歸路**하니 **三年正月**에 **吳傑平安邀擊燕兵於深州**어늘 **燕將薛祿擊走傑安**일새 **燕王乃得還北平**하다 **三月**에 **燕兵復**(부)**出**에 **盛庸與戰於武邑之夾河**할새 **傑安自眞定**으로 **引兵來會**하여 **列陳滹沱河南**하니 **棣率**(솔)**(循驍騎)〔驍騎循〕**[360]**河**하여 **繞出陳後**라 **安于陳中**에 **縛木爲樓**하니 **高數丈**이라 **戰酣**에 **輒登樓**하여 **發强弩**하니 **射**(석)**燕軍**에 **死者甚衆**이요 **矢集燕王旗如蝟**라 **燕王遣人送旗北平**하여 **諭世子高熾謹藏以示後世**하다 **燕王每戰**에 **親陷陳**하니 **所向皆靡**로되 **惟盛庸平安屢挫之**러니 **會大風發屋拔樹**하여 **都指揮鄧戩陳鵬等陷敵中**하니 **安敗走眞定**이라 **燕兵遂南**하다

천하가 이미 평정되자 〈南京에서〉 北京으로 遷都하니, 이 뒤로 國朝(淸朝)에 이르기까지 5백여 년 동안 深州는 늘 畿輔에 소속되어 藩鎭의 憂患이 없었다. 그러나 이웃한 敵國이 밖에서 소란을 피우고 도적이 안에서 난리를 치는 일은 여전히 때때로 있었다.

天下旣定에 **遷都北京**하니 **是後**로 **逮國朝**히 **五百餘年**에 **深州長隷畿輔**하여 **無藩鎭之憂**로되 **而隣敵外鬩**하며 **盜賊內訌**은 **猶時時有之**라

---

357) 朱高熾 : 1378~1425. 明나라의 제4대 황제로, 廟號는 仁宗이다. 明 成祖 朱棣의 장남으로, 성조가 군사를 일으켰을 때 北京을 지켰다. 성조 즉위 후 永樂 2년(1404)에 황태자로 책봉되고, 영락 22년(1424)에 황제로 등극했다.

358) (幾)〔畿〕: 저본에는 '幾'로 되어 있으나, ≪深州風土記≫에 의거하여 '畿'로 바로잡았다.

359) (將)〔彊〕: 저본에는 '將'으로 되어 있으나, ≪深州風土記≫에 의거하여 '彊'으로 바로잡았다.

360) (循驍騎)〔驍騎循〕: 저본에는 '循驍騎'로 되어 있으나, ≪深州風土記≫와 ≪明史紀事本末≫에 의거하여 '驍騎循'으로 바로잡았다.

正統 14년(1449)에 土木[361)]에서 패하자 衛拉特(오이라트)의 額森[362)]이 英宗을 데리고 북으로 갔다가 그해 겨울에 영종을 받들고 들어와 京師를 공격하였는데, 于謙[363)]이 여러 군대를 통솔하여 격퇴하고서 眞定府·保定府·涿州·易州 등 여러 府州의 병력 수비를 증강하여 外寇의 南侵을 防備하자고 청하였다. 이때에 深州는 진정부에 속하였으니, 아마도 일찍이 경계가 삼엄하였을 것이다. 이는 외국이 침범하여 습격한 禍이다.

正統十四年에 **土木之敗**에 **衛拉特額森**①이 **以英宗北去**라가 **其冬**에 **奉英宗**하여 **入攻京師**어늘 **于謙督諸軍**하여 **擊卻之**하고 **而請益兵守眞**(定)〔保〕[364)]**涿易諸府州**하여 **以防寇南侵**하다 **是時**에 **州屬眞定**하니 **蓋嘗戒嚴矣**라 **此外國侵軼之禍也**라

① 舊本에는 '也先'으로 되어 있다.
舊作也先이라

처음에 宋 仁宗 慶歷(慶曆) 7년(1047)에 王則이 貝州에서 반란을 일으켰는데, 深州의 軍卒 龐旦이 그 무리와 더불어 元日(정월 초하루)에 軍校를 죽이고 庫兵을 겁박하여 〈왕칙의 亂에〉 호응하기를 꾀하였다. 深州知州 王鼎이 이를 알아차리고서 군교가 外邑을 대신 다스리면서 은밀히 대비하게 하도록 밤에 檄文을 띄우고 이튿날 아침에 屬吏들을 모아 술자리를 베푸니, 叛黨이 크게 놀라 감히 움직이지 못하였다. 왕정이 主謀者 18명을 체포하여 獄으로 押送하자 軍中에서 죄수를 탈옥시킬 것을 도모하였는데, 왕정이 죄수들을 데려와 그중 우두머리 몇 사람만 斬首하라고 명하니 온 郡이 안정되었다.

初에 **宋仁宗慶歷七年**에 **王則**(칙)**反貝州**어늘 **而深州卒龐旦**이 **與其徒**로 **謀以元日殺軍校**하고

---

361) 土木 : 지금의 河北省 張家口市 懷來縣 境內에 있는 土木堡를 이른다.

362) 額森 : 明나라 때 몽골 오이라트부의 大汗에 오른 也先(1407~1454?)을 이른다. 야선은 아버지 脫懽의 뒤를 이어 오이라트의 丞相이 되어 太師라 칭하고 국정을 장악한 후 岱宗汗을 살해하고 大汗에 올랐다. 正統 14년(1449)에 명나라에 침입하여 英宗을 土木堡에서 사로잡았다.

363) 于謙 : 1398~1457. 明나라 成祖~代宗 때의 大臣으로, 字는 廷益이고, 號는 節庵이다. 正統 14년(1449)에 英宗이 오이라트부의 也先에 의해 포로가 되자, 兵部尙書로서 영종의 아우 景帝를 황제로 옹립하고 수도를 방어하였다.

364) (定)〔保〕: 저본에는 '定'으로 되어 있으나, ≪深州風土記≫와 ≪明史≫에 의거하여 '保'로 바로잡았다.

劫庫兵하여 **應之**라 **知州王鼎知之**하여 **夜檄軍校攝事外邑而陰爲備**하고 **明旦**에 **會僚吏**하여 **置酒**하니 **叛黨愕不敢動**이라 **鼎捕首謀十八人**하여 **送獄**에 **軍中謀劫囚**어늘 **鼎命取囚**하여 **斬其桀魁數人**하니 **一郡帖然**이라

이때에 深州는 아직 邊方이었고 畿內가 아니었다. 이로부터 金나라와 元나라를 거쳐 明나라 初에 이르기까지 심주에는 草賊[365)]이 亂을 일으키는 일이 없었는데, 武宗代에 이르러 劉寵과 劉宸의 亂[366)]이 있었다. 유총과 유신은 文安[367)] 사람으로, 세상에서 '劉六劉七'[368)]이라 이르는 자들이다. 正德 6년(1511)에 심주를 공격하였는데 知州 李鴻이 힘껏 수비하므로 격파하지 못하더니 그곳을 떠나 饒陽을 함락하고서 都指揮 杜輝를 살해하였다. 이때에 巡撫 寧杲가 군대에 紀律이 없는지라 軍中에 호령하기를, "首級 하나를 획득하면 상으로 銀牌[369)] 하나를 내리겠다."라고 하였다. 이에 군인 가운데 過客과 주민을 살해하여 상을 바라는 자들이 많았으니, 武彊의 백성인 梁氏 형제 세 사람이 한창 밭에서 일을 하다가 〈세 사람〉 모두 상을 바라는 자가 그 머리를 베어 가는 변을 당하였다.

是時에 **州尙在邊**이요 **非畿內**라 **自是**로 **歷金元**하여 **迄明初**히 **州無草竊爲亂者**러니 **及武宗之世**하여 **而有劉寵劉宸之亂**이라 **寵宸**은 **文安人**이니 **世所謂劉六劉七者也**라 **正德六年**에 **攻深州**어늘 **知州李鴻力守**라 **不能破**하더니 **去陷饒陽**하여 **殺都指揮杜輝**라 **是時**에 **巡撫寧杲軍無紀律**이라 **號於軍曰 得首一級**이면 **賞一銀牌**라하니 **於是**에 **軍人多殺過客居民**하여 **以邀賞**하니 **有武彊民梁氏兄弟三人**이 **方治田**이라가 **皆被邀賞者斬其首以去**하다

世宗 嘉靖 33년(1554)에 武彊의 백성 高雄과 張任 등이 亂을 일으키자, 典史 王

365) 草賊 : 草野의 盜賊으로, 여기서는 官에 저항하여 봉기한 농민이나 천민 등의 저항 세력을 가리킨다.

366) 劉寵과……亂 : 明나라 중엽 北直隸 지역을 중심으로 일어난 대규모 농민 봉기로, 劉寵과 劉宸 형제가 주도하였다. 유총과 유신 형제는 河北 文安 출신으로, 누명을 쓰고 滅門之禍를 당한 후 霸縣에서 반란을 일으켰다. 이를 진압하는 과정에서 官軍이 농민을 학살한 결과 대규모 농민 반란으로 확대되었다. 유신은 이름을 劉晨으로도 표기한다.

367) 文安 : 지금의 河北省 廊坊市 文安縣이다.

368) 劉六劉七 : 劉寵과 劉宸은 그 형제 중 여섯째와 일곱째였기에 劉六과 劉七이라는 別稱으로 불리었다.

369) 銀牌 : 銀泥로 글자를 쓴 木牌로, 군사를 동원하거나 使者를 파견하거나 驛馬를 이용할 때에 信標로 사용하였다.

爵이 鄕兵을 모아 盜賊의 首魁 2백 명을 사로잡아 베어 죽이니, 殘黨이 모두 평정되었다.

世宗嘉靖三十三年에 **武彊民高雄張任等作亂**한대 **典史王爵集鄕兵**하여 **擒斬盜魁二百人**하니 **餘黨悉平**이라

嘉靖 44년(1565)에 安平의 妖人 馬相이 妻 孫氏와 더불어 白蓮教[370])로 고을 백성들을 선동하고 현혹하다가 마침내 그 黨與 李學詩 등이 亂을 일으킬 것을 도모함에 미쳐 期日을 약속하고 擧事하려 하였는데, 때마침 하늘에서 비가 내려 모이지 못하였다. 張平이라는 자가 있어 술에 취해 업신여기며 〈賊을〉 꾸짖자, 賊이 직접 그를 칼로 베어 죽이고 이어서 불을 놓아 村落을 불사르고 약탈하였다. 안평의 典史 陳萬卷이 鄕兵을 거느리고 그들을 체포하여 베어 죽이니, 殘黨이 모두 평정되었다.

四十四年에 **安平妖人馬相**이 **與妻孫氏**로 **以白蓮教**로 **煽惑鄕民**이라가 **遂及其黨李學詩等謀作亂**하여 **約期擧事**러니 **會天雨**하여 **未集**이라 **有張平者**하여 **被酒謾罵**어늘 **賊手刃之**하고 **因縱火**하여 **焚劫村落**이라 **安平典史陳萬卷**이 **領鄕兵**하여 **捕斬之**하니 **餘黨悉平**이라

무릇 이러한 일은 모두 盜賊이 몰래 일어났을 때 훌륭한 有司가 막아내고 안정시킴에 힘입어 禍를 면한 것들이다. 高雄과 馬相은 亂이 아직 일어나지 않았을 때 궤멸되었고 오직 劉寵과 劉宸만이 심하였는데, 李自成[371])이 일어남에 미쳐 流寇의 禍가 극에 달하였다. 明朝가 멸망하자 도적의 무리도 평정되었지만, 明나라가 비단 유구만 극성이었던 것은 아니다. 太祖가 처음 일어날 때에 徐達과 常遇春이 燕과 趙[372])에서 땅을 공략한 것은 漢 高祖・光武帝 때와 자못 유사하고, 靖難兵[373])

370) 白蓮教 : 宋代 이래 중국 각지에서 성행한 민간의 비밀결사 종교이다. 미륵 하생 신앙에 기반하여 現世에 내려온 미륵불이 세상을 개벽한다고 믿었으므로 민중층의 큰 호응을 얻어 官과 곧잘 충돌하였다.

371) 李自成 : 1606~1645. 明나라 말 농민 봉기의 지도자로, 延安府 米脂縣 사람이다. 농민 반란을 일으켜 1644년 大順이라는 나라를 세우고 北京을 점령해 명나라를 멸망시켰으나, 淸軍이 入關하자 패배해 자살하였다.

372) 燕과 趙 : 戰國時代에 燕나라와 趙나라가 있었던 河北省 북부와 山西省 서부 일대를 가리킨다.

373) 靖難兵 : 明나라 3대 황제인 永樂帝가 등극하기 전 燕王이었던 때에 조카인 建文帝에 맞서 擧兵한 군대이다.

이 일어난 것은 唐나라 藩鎭의 變亂에 견주어서도 아마 더 심할 것이다. 土木의 難 때에도 深州에는 여전히 큰 警報가 없었는데, 〈明나라〉 末葉에 大清의 군대가 거듭 이름에 미쳐 군대의 威勢가 金나라나 元나라를 훨씬 능가하였으니, 石趙[374]·慕容燕[375]·苻秦[376]처럼 다투어 한 방면을 점거했던 이들은 굳이 말할 것도 못 되었다. 종합하자면 明나라 한 시대에 심주의 境域이 禍를 입은 데에는 실로 前代에 兵禍를 일으킨 단서들이 겸하여 갖추어져 있었다.

凡此는 **皆盜賊竊發**에 **賴良有司防禦綏輯以免禍者也**라 **高**(平)〔**雄**〕[377]**馬相**은 **亂未發而滅**이요 **惟劉寵宸爲甚**이러니 **及李自成起**하여 **而流寇之禍**가 **極矣**라 **明社旣屋**에 **盜黨亦平**이로되 **明**은 **非獨流寇劇也**라 **太祖初興**에 **徐常略地燕趙**는 **頗類漢高光時**요 **靖難兵起**는 **視唐藩鎭之變**하여 **殆又過之**라 **土木之難**에 **州尙無大警**이러니 **及季世大淸兵再至**하여 **兵威遠邁金元**하니 **石趙慕容燕苻秦之爭據一方者**는 **不足言矣**라 **綜明一代**컨대 **州境被禍**는 **實兼前世兵端而備有焉**이라

崇禎 11년(1638)에 大清軍이 邊塞에 들어와 畿輔의 48개 성을 공격하여 함락하고, 11월에 深州를 함락하였다. 深州知州 孫士美[378]가 無妻亭에서 목매어 자결하였으니, 무루정은 州城 위에 있다. 손사미는 青浦[379] 사람이다. 함께 순절한 자는 州判 劉沛然, 吏目 朱春芳, 學官 任尹과 劉名言, 士人 呂叔成 등이다.

대청군이 安平을 포위하자 知縣 孔聞俊이 城을 둘러싸고 항거하여 지키는데 몸에 流矢를 맞고도 城을 巡視하기를 게을리하지 않더니 밤낮으로 굳게 버틴 지 이틀 만에 대청군이 포위를 풀고 떠나니, 城이 이로써 함락되지 않았다. 다섯 달이 지나 공문준은 결국 유시 때문에 상처가 덧나 죽으니, 그때 城을 지키다가 戰死한 자로는 士民 高有聲 등 28명이 있다.

崇禎十一年에 **大淸兵入塞**(새)하여 **攻下畿輔四十八城**하고 **十一月**에 **下深州**라 **知州孫士美**

374) 石趙 : 五胡十六國시대에 石勒이 세운 後趙를 이른다.
375) 慕容燕 : 五胡十六國시대에 慕容氏가 세운 燕나라를 이른다.
376) 苻秦 : 五胡十六國시대에 苻堅이 세운 前秦을 이른다.
377) (平)〔雄〕: 저본에는 '平'으로 되어 있으나, ≪深州風土記≫에 의거하여 '雄'으로 바로잡았다.
378) 孫士美 : ?~1638. 明나라의 관리로, 字는 公粲·澹如이며, 直隶 松江府 青浦 사람이다. 天啓 원년(1621)에 擧人이 되어 舒城縣教諭를 지내고, 崇禎 8년(1635)에 知縣을 대신하여 流寇를 막은 공으로 深州知州에 발탁되었는데, 숭정 11년(1638) 清兵이 入關하자 자결하였다.
379) 青浦 : 지금의 上海市 青浦區 일대에 있었던 옛 縣이다.

自縊於無婁亭하니 亭在州城上이라 士美는 靑浦人也라 同殉者는 州判劉沛然吏目朱春芳學官任尹劉名言及士人呂叔成等이라 大淸兵圍安平에 知縣孔聞俊嬰城拒守러니 身被流矢로되 巡城不懈러니 堅持兩晝夜에 大淸兵解去하니 城以不陷이러라 閱五月하여 聞俊竟以流矢로 創發而卒하니 其時에 守城戰沒者가 有士民高有聲等二十八人이라

崇禎 15년(1642)에 大淸軍이 薊州를 점령하고 길을 나누어 남쪽으로 향하니 河間 이남에 守備를 제대로 못한 곳이 많았다. 이때에 武彊에는 盜賊이 무리를 불러 모였는데, 眞定府通判 顔公이 縣에 나아가 保甲法[380)]을 살펴서 각 마을에 令을 내려 자체적으로 사로잡아 다스리게 하니, 境內가 모두 평정되었다.

숭정 16년(1643)에 대청군이 山東에서 돌아와 近畿에 이르러 다시 深州를 포위하자, 知州 李燭과 吏目 熊國俊이 城을 나누어 지켰는데, 城이 격파되자 이촉은 殉節하고 웅국준도 佩刀를 뽑아 자결하였다.

崇禎十五年에 大淸兵克薊州하고 分道南嚮하니 河間以南多失守라 時에 武彊盜賊嘯聚어늘 眞定府通判顔公臨縣하여 按視保甲法하여 下令各村自禽治하니 境內悉平이라 十六年에 大淸兵自山東으로 還至近畿하여 再圍深州한대 知州李燭吏目熊國俊이 分城而守러니 城破에 李燭殉死요 國俊亦拔佩刀自裁하다

崇禎 17년(1644)은 淸 世祖 章皇帝 順治 원년(1644)이다. 2월에 李自成이 太原을 함락하고 別將을 보내어 畿南[381)]을 침범할 때에 眞定總督 徐標[382)]에게 항복하라는 檄文을 보내자, 서표가 그 使者를 베어 죽였으나 裨將 李茂春 등이 서표를 살해하고 맞이하여 투항하였다.

이에 이자성이 僞官[383)] 樊景星을 보내어 安平에 이르게 하니, 〈번경성이〉 土賊

380) 保甲法 : 宋代의 王安石이 창시한 民兵 제도로, 10家를 1保, 50家를 1大保, 10大保를 1都保라 하고 각각 正副의 長을 두었다. 農閑期에 有事時를 대비한 군사 훈련을 받았는데, 平時에는 해당 지역의 治安을 담당하기도 하였다.

381) 畿南 : 京畿 이남이다. 지금의 海河 이남, 南雲河 兩岸에 위치한 河北省 동남부와 山東省 德州市의 동부 일대를 가리킨다.

382) 徐標 : 1590~1644. 明나라의 관리로, 山東 臨淸 사람이다. 李自成이 山西를 함락하자 조정에서 그를 兵部侍郎에 제수하여 畿南·山東·河北 지역의 軍務를 감독하면서 巡撫를 겸하여 眞定에서 敵軍을 막아내게 하였는데, 이자성이 使者를 보내어 항복을 권유하자, 檄文을 찢고 사자를 살해하였다.

康文斗를 불러서 城으로 들어가 점거하였다. 3월에 강문두 등이 饒陽으로 進擊하여 三門[384]을 불사르고 약탈할 때에 僞裨將 薛敎民이 무리 수천 명을 이끌고 城의 서쪽에 이르자, 邑人 田敬宗이 西門을 분담하여 지키다가 격퇴하였고, 賊이 南城에 이르자 또다시 막아내었는데, 이윽고 僞縣令이 이르자 知縣 王國梁이 城을 버리고 도주하니, 賊이 요양을 점거한 것이 40일이었다.

大淸이 國都를 정하자 이자성은 서쪽으로 달아나고 河北의 郡縣은 연이어 〈淸에〉 歸順하였다. 요양 사람인 明나라의 故 尙書 田唯嘉[385]가 위현령을 포박하여 棄市하였는데, 뭇사람이 전경종을 추대하여 盟主로 삼으니, 전경종이 전유가의 아들이었기 때문이다. 강문두가 〈饒陽城을〉 에워싸고 공격하였으나 함락하지 못하자, 그 우두머리인 武彊 사람 郭壯畿가 화살에 편지를 묶어 쏘아 城에 들어가게 하여 〈城 안의 군사들에게〉 전경종을 바치게 하였으나 城의 수비가 더욱 강력해지더니 서로 대치한 지 7일 만에 賊이 차츰 병력을 이끌고 떠나 羅家屯[386]에서 무리를 모았다.

崇禎十七年은 **淸世祖章皇帝之順治元年也**라 **二月**에 **李自成陷太原**하고 **遣別將**하여 **犯畿南**할새 **檄眞定總督徐標降**(항)한대 **標斬其使**러니 **裨將李茂春等殺徐標**하고 **迎降**하다 **於是**에 **自成遣僞官樊景星至安平**하니 **招土賊康文斗**하여 **入城據之**하다 **三月**에 **文斗等進攻饒陽**하여 **焚劫三門**할새 **僞裨將薛敎民引衆數千**하여 **至城西**한대 **邑人田敬宗分守西門**이라가 **擊卻之**하고 **賊至南城**에 **又拒之**러니 **已而**요 **僞縣令至**에 **知縣王國梁棄城逃**하니 **賊(拒)〔據〕**[387]**饒陽**이 **四十日**이러라 **大淸定鼎**에 **李自成西奔**이요 **河北郡縣相繼歸命**이라 **饒陽人故明尙書田唯嘉縛僞令**하여 **肆於市**어늘 **衆推田敬宗**하여 **爲盟主**하니 **敬宗**은 **唯嘉子也**일새라 **康文斗環攻不拔**에 **其豪酋武彊人郭壯畿飛(天)〔矢〕**[388]**射書入城**하여 **使獻敬宗**이어늘 **城守愈力**이러니 **相持七日**에 **賊稍引去**하여 **聚衆羅(官)〔家〕**[389]**屯**이라

---

383) 僞官 : 조정에서 임명한 관원이 아니라 李自成이 임명한 관원이므로 僞官이라 하였다. 이하 '僞裨將', '僞縣令' 등도 동일한 맥락이다.

384) 三門 : 城의 정면에 있는 세 칸의 큰 문으로, 출입구가 중앙의 正門과 좌우 夾門으로 이루어져 있어 '三門'이라 한다.

385) 田唯嘉 : 1581~1648. 明나라의 관리로, 直隸 饒陽 사람이다. 萬曆 44년(1616) 進士가 되어 知縣이 되었고, 崇禎 연간에는 벼슬이 吏部尙書에 이르렀다. 숭정 17년(1644) 李自成이 요양에 縣令을 파견하자, 고을 사람들을 규합하여 현령을 살해하였다.

386) 羅家屯 : 지금의 河北省 唐山市 遷西縣 동쪽에 있는 鎭이다.

387) (拒)〔據〕 : 저본에는 '拒'로 되어 있으나, ≪深州風土記≫에 의거하여 '據'로 바로잡았다.

388) (天)〔矢〕 : 저본에는 '天'으로 되어 있으나, ≪深州風土記≫에 의거하여 '矢'로 바로잡았다.

389) (官)〔家〕 : 저본에는 '官'으로 되어 있으나, ≪饒陽縣志≫에 의거하여 '家'로 바로잡았다.

이때에 安平의 僞縣令은 이미 몰래 달아나 있었다. 안평의 大姓인 呂氏는 賊이 諸生 呂光陽을 살해한 일로 원한을 품고 있었다. 이때에 大淸軍이 定州에 있으므로 여씨가 〈정주에〉 가서 出兵을 요청하자, 군대가 갑자기 이르러 賊의 首魁인 李開早와 郭壯畿 등을 섬멸하고, 康文斗를 사로잡아 饒陽에 이르러 四肢를 찢어 죽였다. 사람들이 다투어 그 고기를 먹더니 순식간에 다 없어졌다. 이때에 大兵(淸兵)은 四方을 經營하여 천하에 처음으로 帝業을 열고, 群盜의 殘黨은 郊外에서 무리를 불러 모으는 것이 비유하자면 큰 화로에 털을 태우는 것과 같았으니,[390] 함께 쓰러지지 않을 자가 있었겠는가.

是時에 **安平僞令已潛遁矣**라 **安平大姓呂氏**가 **以賊殺諸生呂光陽**으로 **怨之**러니 **時**에 **大淸兵在定州**라 **呂氏往請兵**한대 **兵奄至**하여 **殲賊首李開早郭壯畿等**하고 **而禽康文斗**하여 **至饒陽**하여 **寸磔之**라 **人爭食其肉**하더니 **須臾盡**이라 **是時**에 **大兵**은 **經營四方**하여 **草創天下**하고 **群盜餘黨**은 **嘯聚郊坰**이 **譬猶洪爐燎毛**하니 **有不俱靡者哉**아

聖淸이 천하를 소유한 2백여 년 동안 海內는 태평하고 蕃國은 內地(中國)를 향하는지라 백성들이 전쟁을 보지 못하였으되, 京畿의 州郡은 가까이 日月(皇帝)에 의지하여 큰 교화를 흠뻑 입으면서 몇 대 동안 和樂함을 누린 것이 다른 行省에 비해 더욱 특별하였다.

사물이 盛하면 衰하게 마련이요 높음이 극에 달하면 무너지기 쉬운 법이니, 쇠퇴하여 咸豐 初年(1851)에 廣西에서 움튼 재앙의 싹이 江南으로 퍼져 害毒을 끼치게 되자,[391] 〈賊軍은〉 逆黨을 나누어 파견하여 기회를 틈타 북쪽을 넘보더니, 함풍 3년(1853) 9월에 賊將 林鳳翔, 李開方, 吉文元[392] 등이 臨洺關[393]을 격파하고서

390) 비유하자면……같았으니 : '큰 화로'는 淸나라를, '털'은 群盜의 殘黨을 비유한다. 淸나라가 군도의 잔당을 소탕하는 것은 활활 타오르는 큰 화로에 한 올의 털을 태우는 것처럼 매우 쉬운 일이었다는 뜻이다.

391) 廣西에서……되자 : 咸豐 연간에 廣西 지역을 중심으로 봉기한 농민 봉기군인 太平軍이 江南 지역을 차지하고 南京을 수도로 삼은 일을 비유적으로 표현한 것이다.

392) 林鳳翔……吉文元 : 세 사람 모두 太平天國의 장수로, 廣西 출신이다. 太平軍이 1853년 北伐에 나설 때 주도적인 역할을 담당하여 安徽·河南·直隷·山西 등을 점령하였으며, 直隷總督 訥爾經額部를 궤멸시켜 청나라 조정을 크게 동요하게 만들었다. 李開方은 '李開芳'으로 표기하는 경우가 더 일반적이다.

393) 臨洺關 : 지금의 河北省 邯鄲市 永年區에 있는 臨洺關鎭이다. 直隷와 河南의 경계에 위치하였기에 이곳이 함락되면 곧바로 京師가 위험에 빠질 수 있는 요충지였다.

趙州・藁城・晉州를 경유하다가 방향을 꺾어 동쪽으로 달려가 그달 己酉日 未時를 넘긴 때에 深州에 이르렀다. 이때에 창졸간이라 대비가 없었으므로 城이 마침내 함락되니, 知州 陳希敬[394]과 州判 顔錫敏[395]이 그곳에서 죽었다.

聖淸有天下二百餘年에 **海(隅)〔宇〕**[396]**艾安**하고 **蕃國面內**라 **民生不見兵革**이로되 **京畿州郡**은 **近依日月**하여 **沐浴大化**하여 **和樂數世**가 **視他行省爲尤**러라 **物盛而衰**요 **崇極易**(이)**圮**니 **陵遲至咸豐初載**에 **粤西萌孽**이 **流毒江南**하여는 **分遣悍黨**하여 **乘間北窺**러니 **三年九月**에 **賊將林鳳翔, 李開方, 吉文元等**이 **破臨洺關**하고 **由趙州, 藁城, 晉州**라가 **折而東趨**하여 **是月己酉時加未**에 **至深州**하다 **是時**에 **倉卒無備**라 **城遂陷**하니 **知州陳希敬州判顔錫敏死之**하다

이에 앞서 正定 사람 王蔭普가 深州의 都講[397]으로 있다가 警報를 듣고 장차 돌아가려 하였는데, 戊申日에 고성에 이르렀다가 賊을 만나 발걸음을 돌려 己酉日 새벽에 심주로 돌아왔다. 진희경이 그를 州衙로 맞이해오고 아울러 顔錫敏을 불러 오게 하여 守禦할 계책을 도모할 때에, 진희경이 말하기를, "城에 한 말의 軍糧도 한 치 되는 兵器도 없으니, 공연히 우리 백성만 괴롭게 할 것 없다. 내 몸은 응당 이 城과 함께 쓰러질 것이다."라고 하고, 이어서 스스로 內室로 들어가 印信과 勅符[398]를 땅에 묻고 妻子를 흩어 보내더니 다시 나와서 안석민에게 계획을 물었다. 안석민이 말하기를, "원컨대 公을 따라 목숨을 걸고 지키고자 합니다."라고 하니, 진희경이 기뻐하고는 왕음보에게 손을 내저어 떠나게 하면서 말하기를, "君은 賓師의 자리에 있으니 공연히 함께 죽을 것 없다."라고 하고, 鹵簿[399]와 朝服을 진열해놓도록 명하고 堂皇[400]에 앉아 賊을 기다렸다.

---

394) 陳希敬 : ?~1853. 淸末의 관리이다. 字는 櫟餘이고, 號는 笠雨이며, 海寧 사람이다. 道光 3년(1823)에 進士가 된 이래 벼슬이 深州知州에 이르렀으나 太平天國의 亂 때 殉難하였다.

395) 顔錫敏 : ?~1853. 淸末의 지방 관리로, 曲阜 사람이다. 拔貢生으로 선발되어 深州州判이 되었으나 太平天國의 亂 때 殉難하였다.

396) (隅)〔宇〕: 저본에는 '隅'로 되어 있으나, ≪深州風土記≫에 의거하여 '宇'로 바로잡았다.

397) 都講 : 學舍에서 講學을 主管하는 직책이다.

398) 勅符 : 조정에서 명령을 전달하고 병력을 파견하는 데 사용한 증빙으로, 竹木이나 金玉 위에 글씨를 쓴 다음 이를 둘로 쪼개어 하나는 조정에 보관하고 하나는 당사자가 소지하고 다니면서 신분의 증거로 사용하였다. 여기서는 陳希敬이 深州知州로서 소지한 勅符를 가리킨다.

399) 鹵簿 : 古代에 임금이 거둥할 때의 儀仗을 뜻하는데, 후대에 일반 관원의 의장을 가리키는 말로도 쓰였다. 여기서는 知州의 의장을 가리킨다.

賊이 이르자 儀門[401]에서 안석민을 만나 살해하니, 〈안석민은〉 일백 칼날에 찔려 죽었다. 〈賊이〉 마침내 들어가자, 진희경이 賊을 꾸짖어 말하기를, "어허! 너희들도 백성인데 무엇 때문에 구태여 逆徒가 되었느냐! 능히 무기를 내려놓는 자는 죽음을 면할 것이다!"라고 하니, 賊이 노하여 진희경을 무기로 찍자, 〈진희경이〉 이마에 상처를 입고 땅에 쓰러졌다. 賊魁가 뒤늦게 이르러 진희경을 항복시키고자 하여 손을 내저어 무리를 물러나게 하고 진희경을 뜰의 나무 위에 묶어둔 채 갖은 방법으로 괴롭히고 능욕하였다.

밤이 되어 賊의 무리가 곤히 누웠을 때 심주의 백성으로서 함께 묶여 있던 자가 있어 포박을 풀고 함께 떠나자고 요청하였는데, 진희경이 말하기를, "나는 아직 할 일이 있으니, 너는 우선 가 있거라."라고 하고, 이어서 횃불을 들고 州衙를 불사르고자 하였는데, 賊이 놀라 잠에서 깨어 다시 진희경을 포박하였다. 진희경이 크게 꾸짖자 賊의 몰려드는 칼날이 그 배를 찔러 적중하므로 〈진희경이〉 눈을 부릅뜬 채로 말을 하지 못하였는데, 그 우두머리가 〈진희경을〉 들것에 싣고 衙舍 곁의 못 속으로 가라고 명하니,[402] 〈진희경이〉 이로써 죽었다.

賊中에서 도주하여 돌아온 자가 그 情狀을 진술한 것이 이와 같았고, 훗날 冀州知州 葛之勞[403]가 賊將을 사로잡고서 진희경이 죽은 일을 물었을 때에도 이와 같았다. 일이 보고되자 道銜[404]을 더하고 贈恤[405]하며 죽은 곳에 專祠[406]를 세우라는 聖旨가 내려졌다.

先是에 **正定人王蔭普都講深州**라가 **聞警將歸**러니 **戊申**①에 **至藁城**이라가 **遇賊而旋**하여 **己酉平明**에 **還深州**라 **希敬迎至州廨**하고 **竝召錫敏至**하여 **籌守禦**할새 **希敬曰 城無斗糧寸械**하니 **無徒苦吾民爲也**라 **吾身當與此城**으로 **俱靡耳**라하고 **因自入臥內**하여 **埋印敕**하고 **散妻孥**하더니 **復**(부)**出**하여 **問錫敏計**한대 **錫敏曰 願從公死守**라하니 **希敬喜**하고 **麾蔭普去曰 君在賓師**하니 **無徒俱死也**라하고

400) 堂皇 : 官吏가 執務하는 廳堂이다.
401) 儀門 : 官衙의 대문 안에 있는 두 번째 문이다.
402) 그……명하니 : 陳希敬을 衙舍 곁의 못 속에 산 채로 갖다 버리라고 명한 것이다. 진희경의 문집인 ≪退耕堂詩集≫의 卷頭에 수록된 〈家傳〉에는 '賊의 우두머리가 公을 公署 곁의 못 속에 버리라고 賊徒에게 명하니〔賊首命群賊棄公署側積水中〕'로 되어 있다.
403) 葛之勞 : ≪深州風土記≫에는 '葛之榮'으로 되어 있다.
404) 道銜 : 道의 1급 官銜이다.
405) 贈恤 : 죽은 자의 유족에게 장사를 치르거나 제사 지낼 재물을 내려 撫恤하는 것이다.
406) 專祠 : 여러 神位를 모시지 않고 한 神位만 단독으로 제향한 사당을 이른다.

命陳鹵簿朝服하고 坐堂皇하여 待賊이러라 賊至에 遇錫敏於儀門하여 殺之하니 被百刃以死하다 遂入에 希敬叱賊하여 曰 咄이라 若亦民也어늘 何苦爲逆가 能釋兵者는 免死라하니 賊怒하여 斫希敬에 傷額仆地라 賊渠後至에 欲降(항)之하여 麾衆退하고 縛希敬庭樹上하여 窘辱百端이러라 至夜하여 賊衆倦臥에 有州民同縛者하여 脫其縛하고 要與俱去어늘 希敬曰 吾尙有事하니 若姑去라하고 因擧火하여 欲燒州廨어늘 賊驚覺하여 再縛希敬이라 希敬大罵한대 賊攢刃刺其腹하여 洞(통)中이라 瞪目不能言이어늘 其酋命舁至解舍旁積水中하니 以死하다 自賊中逃歸者가 述其狀如此요 後冀州知州葛之勞獲賊將하여 問希敬死事에도 亦云이라 事聞에 得旨加道銜하고 贈卹하고 立專祠死所하다

① 이달 6일이다. ≪平定粵匪方略≫[407]에 "勝保[408]가 8일에 〈賊이〉 심주를 함락하였다고 아뢰었다."라는 내용이 실려 있고, 晉州가 함락된 일 또한 보고가 8일에 있었으니, 賊이 무리를 나누었기 때문임은 의심할 나위가 없다. 王蔭普가 陳希敬이 죽은 일을 기록한 글[409]에 의거하면, 藁城은 6일에 함락되었고 심주는 7일에 함락되었다.
是月六日也라 平定粵匪方略에 載勝保奏初八日陷深州라하고 晉州被陷도 亦報在初八日이니 其爲賊分黨無疑라 據王蔭普記陳希敬死事文이면 則藁城이 初六陷하고 深州初七陷이라

이때에 天子께서 명하여 科爾沁 親王 僧格林沁[410]은 京師의 군대를 거느리고 進軍하여 保定에 주둔하고, 欽差大臣 勝保는 進擊하는 데 專力하게 하였다. 승격임심이 涿州에 주둔할 것을 청하자, 승보가 賊을 뒤쫓아 급히 말을 달려 보정에 이르렀다가 深州가 함락되었다는 소식을 듣고 張登[411]과 安平을 경유하여 진격하였다.

---

407) 平定粵匪方略 : 淸 同治 연간에 奕訢 등이 勅命을 받들어 太平天國의 亂을 진압하는 과정에서 생산된 황제의 詔書나 大臣의 奏章 등의 기록을 일자별로 모아 편찬한 ≪剿平粵匪方略≫을 가리킨다. 이 책은 道光 30년(1850)부터 同治 5년(1866)까지 淸朝의 태평천국 진압 경위를 소상히 담은 官邊側 기록으로 평가된다. 이하 ≪平定粵匪方略≫은 모두 ≪剿平粵匪方略≫을 가리킨다.

408) 勝保 : 淸末의 장수이자 大臣인 蘇完瓜爾佳 勝保(1821~1863)를 이른다. 滿洲 鑲白旗 사람으로, 字는 克齋이고, 號는 克齋이다. 道光 20년(1840) 擧人이 된 이래 國子監祭酒, 翰林學士 등을 지내고, 太平天國의 亂과 捻軍의 亂을 진압하는 데 참여하였다. 辛酉政變에서 西太后를 지지하여 鑲黃旗滿洲都統 兼正藍旗護軍統領에 올랐으나, 많은 각료로부터 탄핵을 받아 서태후로부터 자결하라는 명을 받고 자결하였다.

409) 王蔭普가……글 : 王蔭普가 撰한 〈紀癸丑九月深州刺史海昌陳公殉難事〉를 이른다. 陳希敬의 문집인 ≪退耕堂詩集≫의 卷頭에 수록되어 있다.

410) 科爾沁……僧格林沁 : 僧格林沁(1811~1865)은 淸末의 장수이자 大臣으로, 科爾沁 左翼後旗 사람이다. 太平天國의 亂을 진압하는 데 큰 공을 세웠으나 曹州에서 捻軍과의 전투 중 戰死하였다. '科爾沁'은 내몽골의 옛 部 이름으로, 道光 5년(1825)에 승격임심이 과이심 郡王의 爵位를 襲封하였다.

411) 張登 : 지금의 河北省 保定市에 있는 張登鎭이다.

癸丑日에 都統 西淩阿[412)]가 東鹿으로부터 심주에 이르렀다가 州城 서쪽 10리에 있는 杜莊[413)]에서 賊을 만나 패하여 東鹿으로 돌아가고, 都統 三祿이 深澤[414)]으로부터 뒤이어 이르렀다.

乙卯日에 승보가 심주 북쪽에 이르러 王村[415)]에 주둔하니, 그 마을을 이름하여 得勝營이라 한다.

丙辰日에 賊이 城에서 나와 官軍을 맞아 공격하였는데, 승보가 서릉아・삼록과 더불어 세 길로 동시에 나아가 賊을 패퇴시키고 마침내 進軍하여 심주 북쪽 15리에 있는 西午村[416)]에 주둔하였다.

己未日에 賊이 우리 군대를 夜襲하자, 승보가 騎兵과 步兵에게 길을 나누어 伏兵을 배설하도록 명하고 직접 나가서 지휘하였고, 副都統 佟鑑이 砲隊를 거느리고 砲擊하니, 賊이 비로소 무너져내리기 시작하였다.

辛酉日에 승보가 길을 나누어 진격하다가 〈賊을〉 뒤쫓아 州城 아래에 이르자, 賊이 패퇴하여 주성으로 들어가 수비하였다. 우리 군대가 진군하여 東門에 접근했다가 날이 저물자 뭇 군사를 거두어 장차 돌아가려 하였는데, 賊이 南門으로 몰래 나와서 城을 우회하여 동문에 이르러 우리 군대를 측면에서 공격하니, 都統 三福이 吉林의 騎馬隊를 거느리고 힘껏 싸우다가 곁마가 나무에 걸려 戰死하였다. 그리하여 관군이 마침내 패하니, 죽은 자가 천여 명이었다.

壬戌日 밤에 폭풍이 불자 賊이 이 틈을 타서 城을 말끔히 비우고 동쪽으로 달아나 武彊의 小範[417)]을 경유하여 滏水[418)]를 건너고서 다리를 불사르고 마침내 獻縣[419)]을 함락하더니, 그 후로 오랜 시간이 흐르자 마침내 臨清[420)]과 馮官屯[421)]에

412) 西淩阿 : ?~1866. 清末의 장수로, 滿洲 正白旗 사람이다. 咸豐・同治 연간에 浙江, 直隸, 山東 등지에서 太平天國과 捻軍의 亂을 진압하는 데 참여하여 벼슬이 鑲藍旗漢軍都統에 이르렀다. 諡號는 勇毅이다.

413) 杜莊 : 지금의 河北省 衡水市 深州市 서쪽에 있는 마을로, 杜家莊村이라고도 한다.

414) 深澤 : 지금의 河北省 石家莊市 深澤縣이다.

415) 王村 : 지금의 河北省 衡水市 深州市 북쪽에 있는 마을이다.

416) 西午村 : 지금의 河北省 衡水市 深州市 북쪽에 있는 마을이다.

417) 小範 : 지금의 河北省 衡水市 武强縣 동쪽에 있었던 小範鎭을 가리킨다. 지금의 武强鎭이 옛 소범진이다.

418) 滏水 : 지금의 滏陽河로, 武强縣 境內를 남북으로 관통하여 흐른다.

419) 獻縣 : 지금의 河北省 滄州市 獻縣이다.

420) 臨清 : 지금의 山東省 聊城市 臨清市에 해당하는 옛 縣이다. 太平軍이 臨清縣城을 포위하고서 주둔하다가 勝保가 이끄는 官軍에게 大敗하여 남쪽으로 달아났다.

서 포위되어 섬멸되었다.

當是時하여 天子命科爾沁親王僧格林沁統京兵하여 進駐保定이요 欽差大臣勝保專力進攻이라 僧格林沁請駐涿州에 勝保追賊急馳하여 至保定이라가 聞深州陷하고 由張登安平하여 進擊이라 癸丑에 都統西(陵)〔淩〕[422]阿自東鹿으로 至深州라가 遇賊於城西十里之杜莊하여 敗還東鹿이요 都統三祿自深澤으로 繼至라 乙卯에 勝保至州北하여 屯於王村하니 名其村하여 曰得勝營이라 丙辰에 賊出城하여 迎擊官軍이어늘 勝保與西淩阿三祿으로 三道竝進하여 敗之하고 遂進하여 屯(己)〔州〕[423]北十五里之西午村이라 己未에 賊夜襲我軍이어늘 勝保命馬步分道設伏하고 自出指麾요 副都統佟鑑督礮隊하여 轟擊하니 賊始披靡라 辛酉에 勝保分道進攻이라가 追至城下에 賊敗退하여 入城守라 我軍進薄東門이라가 日暮에 收衆將還이어늘 賊自南門으로 潛出하여 繞至東關하여 橫擊我軍하니 都統三福이 統吉林馬隊하여 力戰이라가 驂挂於木하여 陣亡이라 官軍遂敗하니 死者千餘人이라 壬戌에 夜暴風에 賊乘間席(倦)〔卷〕[424]東竄하여 由武彊之小範하여 濟滏焚橋하고 遂陷獻縣이러니 其後久之에 乃聚殲於臨淸馮官屯也라

처음에 賊이 深州를 점거하고 장차 東進하여 饒陽을 넘보려 할 때에 知縣 秦聚奎가 鄕勇[425] 1만 4천 명을 훈련시키고 兵器를 갖추어두고서 部隊를 나누어 수비하게 하고 賊의 諜者를 포획하면 그때마다 살해하니, 賊이 감히 침범하지 못하였다. 文宗께서 이를 듣고 가상히 여겨 直隷總督 桂良[426]에게 명하여 조사해서 아뢰어 장려하게 하니, 이에 秦聚奎는 4품 官銜을 더하여 直隷州知州에 올려 임용하였고, 典史 袁文潮, 教諭 張德立, 訓導 李文炳 및 團練[427]의 士民에게는 벼슬을 내리되 저마다 오른 품계에 차등을 두었다. 이 일이 ≪平定粵匪方略≫에 실려 있으니, 대

421) 馮官屯 : 지금의 山東省 聊城市 茌平縣 동북쪽에 있는 鎭이다. 太平軍의 장수 李開芳의 군대가 이곳에서 僧格林沁이 이끄는 官軍에게 大敗하여 거의 潰滅되었다.
422) (陵)〔淩〕: 저본에는 '陵'으로 되어 있으나, ≪深州風土記≫에 의거하여 '淩'으로 바로잡았다.
423) (己)〔州〕: 저본에는 '己'로 되어 있으나, ≪深州風土記≫에 의거하여 '州'로 바로잡았다.
424) (倦)〔卷〕: 저본에는 '倦'으로 되어 있으나, ≪深州風土記≫에 의거하여 '卷'으로 바로잡았다.
425) 鄕勇 : 淸末 白蓮教의 亂이나 太平天國의 亂 등에 대항하기 위하여 官軍과 별도로 지방에서 자체적으로 조직한 義勇兵을 이른다.
426) 桂良 : 1785~1862. 淸末의 大臣이다. 滿洲 正紅旗 사람으로, 字는 燕山이고, 諡號는 文端이다. 買官으로 벼슬에 올라 兵部와 吏部의 尙書, 直隷總督, 文華殿大學士, 軍機大臣 등을 역임하였다. 死後 太傅에 追贈되었다.
427) 團練 : 鄕村의 自衛를 위하여 지방에서 자체 조직한 義勇軍으로, 여기서는 秦聚奎가 조직한 鄕勇을 가리킨다.

개 특별한 예우였다.

初에 賊踞深州하고 將東窺饒陽할새 知縣秦聚奎練勇一萬四千人하고 置備器械하여 分隊防守하고 禽獲賊諜에 輒殺之하니 賊不敢犯이라 文宗聞而嘉之하여 命直隸總督桂良查奏奬勵하니 於是에 聚奎加四品銜하여 以直隸州知州升用이요 署典史袁文潮, 教諭張德立, 訓導李文炳及團練士民하되 各進秩有差라 事載方略하니 蓋異數也라

처음에 賊이 深州城을 점거했을 때에는 일찍이 약탈한 적이 없었는데, 辛酉日에 賊이 다른 곳으로 달아날 방도를 꾀하다가 마침내 백여 騎兵을 내보내어 촌락을 약탈하였다. 〈賊이〉 深州 동남쪽 景萌村[428]에 이르자, 마을 사람 郭洛慶이 사람들을 거느리고 賊에 항거하므로 賊이 접근하지 못하였다. 壬戌日에 賊이 다시 이르자 마을 사람들의 힘이 버티지 못하므로 물러나 塹壕 속에서 수비하니, 賊이 공격하여 마을로 들어섰다. 그리하여 곽낙경은 거리에서 싸우다 죽었고, 마을 사람들 가운데 죽은 자가 백여 명이었으니, 심주 사람들이 지금까지도 이들을 가엾게 여긴다.

初에 賊踞州城에 未嘗劫略이러니 辛酉에 賊謀他遁이라가 乃出百餘騎하여 劫村落이라 至州東南景萌村에 村人郭洛慶이 率(솔)衆拒賊일새 賊不能近이러니 壬戌에 賊復(부)至에 衆力不支라 退守塹中하니 賊攻入村이라 洛慶巷戰以死요 村衆死者百餘人이니 州人至今矜之라

粵逆[429]이 떠나고 그 후로 16년이 되자 深州 境域에 다시 捻匪의 禍[430]가 있었다. 염비는 豫와 皖[431] 지역에서 일어나 河水 이남과 淮水 이북의 각 行省으로 번져간 것이 10여 년이요 일찍이 그 騷擾가 河北까지 미친 적은 없었는데, 同治 6년(1867)에 그 우두머리 張總愚 등이 비로소 북쪽으로 물을 건너와 秦과 晉[432] 땅으로부터 畿輔를 침범하였다. 동치 7년(1868) 正月 丁卯日에 祁州를 경유해 安平과 饒陽으로 竄入하여 이르는 곳마다 불을 지르고 약탈하니, 遊騎가 饒陽城에 이르러

428) 景萌村 : 지금의 河北省 衡水市 深州市의 동남쪽에 있는 마을이다.
429) 粵逆 : 太平天國軍을 가리킨다. 太平軍이 옛 百粵 땅인 廣東과 廣西 지역에서 봉기하였기에 '粵逆'으로 지칭한 것이다.
430) 捻匪의 禍 : 淸나라 嘉慶 연간에 河南·安徽·山東 지방을 중심으로 일어난 농민 반란군인 捻軍의 亂을 가리킨다. 匪는 도적의 무리를 뜻하는 蔑稱이다.
431) 豫와 皖 : 河南省과 安徽省을 이른다.
432) 秦과 晉 : 陝西省과 山西省을 이른다.

銀과 말을 요구하자 문을 지키던 자가 좋은 말로 물러가게 하고 마침내 대비책을 세우지 않았다. 戊辰日 申時를 넘긴 때에 賊徒가 城에 오르더니, 城이 함락되자 敎諭 常蒓이 衣冠을 갖춘 채로 賊을 꾸짖다 죽었고, 그 아들 房山[433]의 縣學生[434] 常履剛도 따라서 해를 입었다.

粵逆旣去요 **其後十有六年**에 **而州境復**(부)**有捻匪之禍**라 **捻匪者**는 **起豫皖間**하여 **蔓延河南淮北各行省**이 **十餘年**이요 **未嘗擾及河北也**러니 **同治六年**에 **其渠張總愚等**이 **始北渡**하여 **自秦晉**으로 **犯畿輔**라 **七年正月丁卯**①에 **由祁州**하여 **竄安平饒陽**하여 **所至焚略**하니 **游騎扣饒陽城**하여 **索銀馬**한대 **守者以好言**으로 **卻之**하고 **遂不設備**러라 **戊辰時加申**에 **賊衆乘城**하더니 **城陷**에 **敎諭常蒓具衣冠**하여 **罵賊**이라가 **死**하고 **子房山縣學生履剛從被害**하다

① 18일이다.
十八日이라

이때에 여러 장수가 군사를 일으켜 王室을 구원하니, 천하의 강한 군대가 모두 畿內로 모여들었다. 庚午日에 齊軍의 王心安, 湘軍의 劉松山, 皖軍의 郭寶昌[435]이 모두 饒陽에 이르렀으되, 여러 장수가 나뉘어 元帥의 명령을 받고 서로 策應하지 않았다.

辛未日에 유송산과 곽보창은 이른 새벽에 군사를 모아 城 북쪽 張岡[436]에 주둔한 賊을 공격하여 敗退시키고, 왕심안은 尹村[437]에서 賊을 공격하니 賊이 城을 버리고 지레 달아났다. 왕심안이 추격하여 菜園[438]에 이르자 賊이 다시 陣을 치고 死鬪를 벌이므로 왕심안의 군대가 크게 패하니, 參將 金成德과 守備 劉家興이 戰死하고, 賊의 기세는 더욱 등등해졌다. 壬申日에 饒陽의 鄕團[439] 10여 마을이 賊에 항거하니, 죽은 자가 천여 명이었다. 그날 밤 王心安이 다시 군대를 연합하여 賊을

---

433) 房山 : 지금의 北京市 서남쪽 房山區 일대에 있었던 옛 縣이다.
434) 縣學生 : 生員을 말한다.
435) 齊軍의……郭寶昌 : 齊軍·湘軍·皖軍은 모두 淸末 太平天國의 亂과 捻軍의 亂 등을 진압하기 위해 지방에서 조직된 鄕勇으로, 제군은 山東省을, 상군은 湖南省을, 환군은 安徽省을 중심으로 發起하였다. 王心安·劉松山·郭寶昌은 염군 토벌에 가담한 제군·상군·환군의 장수이다.
436) 張岡 : 지금의 河北省 衡水市 饒陽縣 북쪽 大官亭鎭 일대에 있었던 옛 마을인 張岡村으로, 張崗村으로도 표기한다. 지금은 東張崗村과 西張崗村 두 마을로 나뉘었다.
437) 尹村 : 지금의 河北省 衡水市 饒陽縣 동북쪽에 있는 尹村鎭이다.
438) 菜園 : 지금의 河北省 衡水市 饒陽縣 饒陽鎭 隸下의 菜園村이다.
439) 鄕團 : 鄕勇 團練을 이른다.

습격하니, 賊이 달아나 深州와 武彊의 경계로 竄入하였다. 癸酉日에 淮軍[440]의 潘鼎新이 요양에 이르러 환군과 합세하여 進軍하니, 이날 賊이 심주의 夾城으로부터 西進하여 東鹿과 深澤 등의 縣으로 달아났다. 甲戌日에 유송산 등이 추격하여 심주에 들어가보니, 賊은 이미 北進하여 高陽[441]으로 달아나 있었다.

2월 辛巳日 밤에 큰 눈이 내렸다. 賊이 다시 安平과 饒陽으로 달아나 북으로 博野[442]와 蠡[443]로 이어졌다가 癸未日에 심주 남쪽으로 달아나더니, 乙酉日에 東鹿, 晉州, 衡水 등의 縣으로 달아나고 丙戌日에 심주의 서남쪽 王家井[444]으로 달아났다가 丁亥日에 다시 심주의 남쪽에 이르러 이틀간 머물렀다.

己丑日에 유송산과 곽보창이 豫軍의 宋慶과 張曜,[445] 齊軍의 莫組紳 등과 더불어 賊을 추격하여 심주의 동남쪽 30리 되는 곳에 있는 五龍堂[446]에 이르러 賊을 크게 敗退시키고 달아나는 賊을 20여 리 추격하여 東陽臺[447]에 이르러 隊伍를 수습하니, 사로잡고 베어 죽인 자가 수백 명이었고, 奪獲한 말과 노새 및 武器가 헤아릴 수 없이 많았다.

庚寅日에 여러 장수가 다시 길을 나누어 추격하니, 賊이 祁州로 달아났다. 甲午日에 淮軍의 郭松林[448]과 楊鼎勛[449]이 안평에 이르러 賊을 공격하였는데, 乙未日 밤에 賊이 안개가 낀 틈을 타서 요양의 동쪽으로 달아났다가 丙申日에 饒陽縣 북쪽에 이르자, 장요와 송경이 夾攻하니, 賊이 獻縣으로 달아났다.

丁酉日에 賊이 요양과 심주의 경계에 있는 留楚鎭[450]과 大馮營[451] 등의 마을로

---

440) 淮軍 : 淸末 鄕勇의 하나로, 李鴻章의 주도하에 淮河 유역을 중심으로 조직되었다.
441) 高陽 : 지금의 河北省 保定市 高陽縣이다.
442) 博野 : 지금의 河北省 保定市 博野縣이다.
443) 蠡 : 지금의 河北省 保定市 蠡縣이다.
444) 王家井 : 지금의 河北省 衡水市 深州市 서남쪽에 있는 王家井鎭이다.
445) 豫軍의……張曜 : 豫軍은 淸末 鄕勇의 하나로, 河南省을 중심으로 조직되었다. 宋慶(1820~1902)과 張曜(1832~1891)는 모두 예군의 장수이다.
446) 五龍堂 : 지금의 河北省 衡水市 深州市 大堤鎭 隸下의 五龍塘村이다.
447) 東陽臺 : 지금의 河北省 衡水市 深州市 남쪽에 있는 東陽臺村이다.
448) 郭松林 : 1833~1880. 淸末 湘軍·淮軍의 장수로, 湖南 湘潭 사람이다. 字가 西堂, 號가 子美이며, 諡號는 武壯이다. 太平天國과 捻軍의 亂을 진압하는 데 공을 세워 黃馬褂와 輕車都尉 世職을 하사받았고, 벼슬이 直隸提督에 이르렀다.
449) 楊鼎勛 : 1835~1868. 淸末 淮軍의 장수로, 四川 華陽 사람이다. 字는 少銘이며, 諡號는 忠勤이다. 太平天國과 捻軍의 亂을 진압하는 데 공을 세워 騎都尉 世職과 鋒勇 巴圖魯 칭호를 하사받았고, 死後 太子少保에 追贈되었다.
450) 留楚鎭 : 지금의 河北省 衡水市 饒陽縣 동쪽에 있다.

달아나자, 유송산과 곽송림 등이 追擊하니, 賊이 晉州로 달아났다가 庚子日에 방향을 꺾어 동쪽으로 달아나 武彊의 小範에 이르렀는데, 辛丑日에 요양을 경유하여 곧장 肅寧[452]으로 달아났다. 장요와 송경이 급히 말을 달려 백여 리를 쫓아가 賊의 앞으로 우회하여 나와서 유송산, 곽보창 등과 〈賊을〉 夜襲하기로 약속을 정해 두었다가 賊이 점거한 마을을 불살라 크게 敗退시키고 그 우두머리 張五孩[453]를 죽이니, 賊의 기세가 꺾이자 張總愚[454]의 卒黨은 서쪽으로 달아났고, 祁州와 深澤의 賊도 이로부터 형세가 점차 버티지 못하게 되었다.

壬寅日에 陝甘總督 左公 宗棠[455]이 직접 군대를 거느리고 賊을 추격하여 안평의 북쪽에 이르니, 癸卯日에 賊이 기주와 심택으로부터 몰래 滹沱河를 건너 남쪽으로 떠나갔다.

是時에 **諸帥勤王**하니 **天下勁兵**이 **竝集畿內**라 **庚午**에 **齊軍王心安, 湘軍劉松山, 皖軍郭寶昌**이 **皆至饒陽**이로되 **諸將分稟帥命**하고 **不相策應**이라 **辛未**에 **劉松山郭寶昌**은 **淩晨會兵**하여 **擊城北張岡屯賊**하여 **敗之**요 **王心安**은 **自尹村**으로 **攻賊**하니 **賊棄城先遯**이러라 **心安追至菜園**에 **賊更**(갱)**結陣死鬭**라 **心安兵大敗**하니 **參將金成德守備劉家興**이 **戰死**요 **賊勢益張**이러라 **壬申**에 **饒陽鄕團十餘村**이 **拒賊**하니 **死者千餘人**이라 **其夜**에 **王心安復**(부)**合兵襲賊**하니 **賊竄入深州武彊境**이라 **癸酉**에 **淮軍潘鼎新**이 **至饒陽**하여 **與皖軍會進**하니 **是日**에 **賊自深州夾城而西竄東鹿深澤等縣**이러라 **甲戌**에 **劉松山等**이 **追入深州**하니 **賊已北竄高陽矣**러라 **二月辛巳**①에 **夜大雪**이라 **賊復竄安平饒陽**하여 **北連博野蠡**라가 **癸未**에 **竄深州南**이러니 **乙酉**에 **竄東鹿, 晉州, 衡水等縣**하고 **丙戌**에 **竄深州西南之王家井**이라가 **丁亥**에 **復至州南**하여 **留二日**이라 **己丑**에 **劉松山郭寶昌**이 **與豫軍宋慶張曜齊軍莫組紳等**으로 **追賊**하여 **至州東南三十里之五龍堂**하여 **大敗之**하고 **追奔二十餘里**하여 **至東陽臺**하여 **收隊**하니 **禽斬數百名**이요 **奪獲馬贏器械無算**이러라 **庚寅**에 **諸將復分道追擊**하니 **賊竄祁州**라 **甲午**에 **淮軍郭松林楊鼎勛**이 **至安平**하여 **擊賊**이러니 **乙未夜**에 **賊乘霧**하여 **竄**

451) 大馮營 : 지금의 河北省 衡水市 深州市의 동쪽에 있는 大馮營村이다.
452) 肅寧 : 지금의 河北省 滄州市 肅寧縣으로, 당시에는 河間府 소속이었다.
453) 張五孩 : ?~1868. 淸末 捻軍의 지도자로, 安徽 亳州 사람이다. 염군의 盟主였던 張樂行의 조카로 장낙행 死後 太平天國의 幼沃王 직위를 襲爵하고 염군의 가장 나이 어린 將領이 되었다. 張禹爵이라는 異名으로도 널리 알려져 있다.
454) 張總愚 : 淸末 捻軍의 지도자인 張宗禹(?~1868?)를 이른다. '總愚'는 淸나라 조정 혹은 官軍의 입장에서 장종우를 언급할 때 쓴 蔑稱이다.
455) 左公 宗棠 : 淸나라 말의 將帥이자 大臣인 左宗棠(1812~1885)을 이른다. 좌종당은 湖南 湘陰縣 사람으로, 字는 季高이고, 號는 湘上農人이며, 諡號는 文襄이다. 太平天國의 亂 때 曾國藩의 湘軍에 가담하여 공을 세우고 浙江巡撫에 발탁되었다.

饒陽東이라가 **丙申**에 **至其縣北**한대 **張曜宋慶**이 **夾擊**하니 **賊竄獻縣**이라 **丁酉**에 **賊竄饒陽深州界上留楚鎭大馮營等村**한대 **劉松山郭松林等**이 **追擊**하니 **賊竄晉州**라가 **庚子**에 **折而東竄**하여 **至武彊之小範**이러니 **辛丑**에 **由饒陽**하여 **徑竄肅寧**이라 **張曜宋慶**이 **急馳百餘里**하여 **繞出賊前**하여 **與劉松山郭寶昌等**으로 **約定夜襲**이라가 **焚(敗)〔賊〕**[456]**所據村**하여 **大敗之**하고 **斃其豪酋張五孩**하니 **賊氣奪**에 **張總愚卒黨**이 **西遯**이요 **祁州深澤賊**이 **自是**로 **勢漸不支**러라 **壬寅**에 **陝甘總督左公宗棠**이 **自率**(솔)**軍追賊**하여 **至安平北**하니 **癸卯**에 **賊自祁州深澤**으로 **偷渡滹沱**하여 **南去**하다

① 이달 3일이다.
是月三日이라

正月 丁卯日부터 2월 癸卯日까지 賊이 深州의 境內를 드나든 총 37일 동안 죽은 남녀가 1만여 명이었다. 이해에 지금의 大學士이자 直隷總督인 合肥의 李公[457]이 마침내 徒駭河[458]에서 賊을 섬멸하니, 誅罰을 피하였던 사나운 賊이 마침내 괴멸되기에 이르렀다. 아! 天子의 威靈[459]과 장수들의 協力이 아니었다면 어떻게 이 큰 공을 이룰 수 있었겠는가.

이후로 海內는 태평하였거니와, 萬國이 條約을 맺고서 使臣을 통하고 물물을 交易하면서 나란히 畿甸으로 모여드는지라 임금과 재상이 노심초사하며 외국을 懷柔하고 恩澤을 베푸는 데에 종사하였다. 원근의 나라에서 軍艦과 兵器를 꽤 사들여 구비하여 불의의 사태를 경계하기도 하였으나, 士大夫 사이에 이따금 異論이 있어 政府에서 차츰 겸하여 채택하였다.[460]

自正月丁卯로 **至二月癸卯**히 **賊往來州境**이 **凡三十七日**에 **男婦死者**가 **萬餘人**이라 **是年**에 **今大學士直隷總督合肥李公**이 **遂殲賊徒駭河**하니 **逋誅悍賊**이 **卒就夷滅**이라 **嗚呼**라 **非天子威靈**

---

456) (敗)〔賊〕: 저본에는 '敗'로 되어 있으나, ≪深州風土記≫에 의거하여 '賊'으로 바로잡았다.

457) 合肥의 李公 : 淸末의 大臣 李鴻章(1823~1901)을 가리킨다. 合肥는 지금의 安徽省 合肥市로, 이홍장이 이곳 출신이다. 이홍장은 太平天國의 亂을 진압하는 데 공을 세운 이후 淸末 조정의 실력자로 부상하여 北洋大臣 兼直隷總督으로 근 30년간 재직하면서 內政과 外交 전 분야에 걸쳐 실권을 행사하였다.

458) 徒駭河 : 山東省 서부에서 발원하여 동북쪽으로 흘러 渤海로 注入되는 강으로, 河南省과 河北省 등지를 경유한다.

459) 威靈 : 威嚴과 神靈함을 이른다.

460) 원근의……채택하였다 : 淸末 西勢東漸의 상황에서 西洋의 新式 軍艦과 軍器를 구매하여 중국의 自强을 도모하려 하였으나, 이에 반대하는 士大夫들의 의견 또한 있었기에 서양 군기의 도입을 통한 국방력 강화가 점진적으로 이루어졌다는 뜻이다.

將帥勠力이면 曷由蔵此元功哉리오 自是以來로 海內清平이어니와 萬國結約하여 通使互市하여 竝集畿甸이라 君相焦勞하여 以懷濡方外爲事라 亦頗購備遠隣船械하여 用戒不虞나 而士夫時有異論에 政府稍稍兼採하다

光緖 26년(1900)에 이르러 畿輔의 亂民[461]이 무리 지어 일어났는데, 國事를 주관하는 자들이 일을 도모하고 논의하는 데 어두우므로 원근의 隣敵들이 군대를 연합하여 內侵해 오니, 京師를 지키지 못하였으므로 兩宮이 蒙塵하였다.[462] 和議를 맡은 大臣이 백방으로 미봉하고 不和의 端緖를 조성한 주요 인사들이 차례로 論罪됨에 힘입은 뒤에야 경사가 收復되어 乘輿가 돌아왔으니, 이것이 經書에서 이른바 "멀리 가지 않고 돌아오는지라 뉘우침에 이르지 않는다."라는 경우이다.[463] 安危가 걸린 때에 도대체 어찌 계책으로써 하지 않겠는가.

至光緖廿有六年하여 畿輔亂民이 麻起어늘 當國者昡於圖議라 遠近隣敵이 聯兵內犯하니 京師不守라 兩宮蒙塵이러라 賴議和大臣이 彌縫百端이요 構衅諸要人이 以次論罪而後에 京師復하여 乘輿還하니 此經所謂不遠復無祗悔者也라 安危之機에 夫豈不以謀哉리오

이에 앞서 明나라 末葉에 西洋의 天主教가 처음으로 중국에 들어오니, 우리 聖祖皇帝(康熙帝)께서 西學을 겸하여 다스리시어 聖旨를 내려 그 傳授를 윤허하셨다.[464] 그 후로 차츰 더 禁止하고 根絶하였으나 民間의 사사로운 전수는 그치지 않았는데, 咸豐·同治 연간에 외국과 友好를 맺고서 마침내 그 禁令을 느슨하게 하니, 이로부터 民教가 화합하지 못하여 訟事의 端緖가 불어나게 되었다.

조정에서 國交를 잃을까 두려워하여 때때로 有司를 경계하여 西教를 보호하게 하였는지라 아직 큰일은 일어나지 않았는데, 이해[465]에 이르러 亂을 唱導하는 무리가 서교를 원수로 삼는다는 것을 명분으로 내세우고 白蓮教에서 전해온 술법을

461) 畿輔의 亂民 : 清末 山東과 河北을 중심으로 봉기한 反外勢 세력인 義和團을 가리킨다.
462) 兩宮이 蒙塵하였다 : 清末 義和團 사건 때 慈禧皇太后와 光緖帝가 西安으로 避身한 일을 가리킨다.
463) 이것이……경우이다 : 비록 처음에 잘못을 범했다가도 얼마 안 가서 반성하여 善을 회복한다는 뜻으로, ≪周易≫ 復卦 初九爻辭에 나온다.
464) 우리……윤허하셨다 : 1692년에 康熙帝는 천주교를 公許하는 勅書를 내려 중국 내에서의 宣教를 許하고 教會에 대한 박해를 금지하였다.
465) 이해 : 光緖 26년(1900)을 말한다.

빌려와 神의 도움이 있다고 일컬으며 壇[466)]을 설치하여 전수하고 익히면서 이름을 義和拳[467)]이라 하고 乾·坤·坎·離 등 여러 卦를 써서 旗幟를 나누어 세우고서[468)] 곳곳마다 徒黨을 모아 방자하게 행동하면서 千百으로 무리를 이루어 열흘 사이에 聲勢가 걷잡을 수 없이 퍼져 안으로는 公卿을 동요시키고 밖으로는 疆吏[469)]를 겁박하니, 중국과 외국의 不和의 단서가 조성되었다.

先是에 明之季世에 西方天主之敎가 始入中國하니 我聖祖皇帝兼綜西學하여 有旨允其傳授러라 其後로 稍益禁絶이나 而民間私傳이 不止러니 咸同之世에 與外國約好하여 遂弛其禁하니 自是로 民敎不和에 訟端繁滋라 朝廷恐失邦交하여 時誡有司하여 調護西敎라 未生大事러니 及此年하여 倡亂之徒가 以仇西敎爲名하고 假白蓮敎遺術하여 稱有神助하여 設壇傳習하여 名爲義和拳하고 用乾坤坎離諸卦하여 分立旗幟하여 所在聚黨橫恣하여 千百爲群하여 旬日間에 聲執猖獗하여 內動公卿하며 外劫疆吏하니 而中外之釁이 成矣라

이때 深州의 境內에는 不逞한 백성들이 분분히 다투어 일어나 인근의 州縣과 서로 호응하여 가는 곳마다 불을 놓아 사람을 죽이고 약탈하였다. 西敎의 스승과 敎徒들은 죽거나 이사하여 뿔뿔이 흩어지고 감히 대항하지 못하였는데, 위아래가 〈불령한 백성들을〉 받들어 의로운 백성이라 하자 官家에서도 제어하지 못하였고 간혹 덩달아 묵묵히 도와주기도 하였다.

외국군[470)]이 京師에 들어오고 나서 나뉘어 保定을 점거하여 大吏를 죽이고[471)] 서쪽으로 正定을 침범하고 동쪽으로 공략하여 河間과 獻縣에 이르니, 亂黨은 이로 말미암아 잠잠히 해산하였다. 보정·정정·하간·헌현의 여러 郡邑은 외국군이 지

466) 壇 : 義和團은 촌락 단위로 壇이라는 하부 조직을 설치하여 구성원을 통솔하고 拳術을 익히는 등의 장소로 삼았다.

467) 義和拳 : 義和團 내에서 전수된 拳法으로, 義和團員들은 이 권법을 익히면 神의 가호로 金剛不壞의 몸이 되어 칼이나 창에 찔려도 다치지 않는다고 믿었다.

468) 乾坤坎離……세우고서 : 義和團은 乾·坤·坎·離·震·艮·巽·兌 8卦에 따라 여덟 개의 큰 계통으로 조직되었다.

469) 疆吏 : 한 지방을 鎭守할 책임을 맡은 高位 地方官을 이른다.

470) 외국군 : 淸末 義和團 사건 때 出兵한 러시아, 일본, 독일, 영국, 미국, 이탈리아, 오스트리아, 프랑스 등 8개국의 연합군을 가리킨다.

471) 나뉘어……죽이고 : 大吏는 지방의 長官을 이르는데, 여기서는 直隷布政使를 가리킨다. 光緖 26년(1900) 閏 8월에 8개국 연합군 중 영국·프랑스·독일·이탈리아 연합군이 保定을 침탈하여 直隷布政使 廷雍 등을 梟首하였다.

나간 곳에 禍를 많이 입었으나, 심주의 境域은 큰길에 면해 있지 아니하고 외지고 멀었으며 관가에서도 智慮를 다해 서교의 유랑하는 백성들을 거두어 구휼한 덕에 官吏가 사사로운 청탁으로 요행을 훔침으로써 외국의 모욕을 구차히 면하였다.

이윽고 敵軍이 돌연 보정을 벗어나 심주의 관리가 일찍이 난당을 도왔다고 공언하고서 장차 심주에 이르러 분을 풀려 하였는데, 결국에는 거두어 구휼하였던 〈서교의〉 스승과 교도들이 마음과 힘을 다함에 힘입어 교도 가운데 俠氣를 지닌 자가 밤에 敵의 軍中으로 들어가 〈심주를〉 위하여 游說하였다. 그리하여 외국군이 이미 境界에 다다랐다가 마침내 들어오지 않고 다시 군사를 이끌고 떠나니, 심주에 마침내 아무 일도 없었다.

當是時하여 州境不逞之民이 紛紛競起하여 與隣州縣으로 相應和하여 所至에 焚殺攘奪이라 西教師徒는 死徙流散하고 不敢與校어늘 上下奉爲義民에 官不能制하고 或從而嘿助之러라 外國兵旣入京師에 分據保定하여 戕大吏하고 西侵正定하고 東略至於河獻하니 亂黨이 繇是潛解라 保定正定河獻諸郡邑은 外兵所過에 多受禍나 而州境以不當孔道僻遠이요 官亦竭盡智慮하여 收恤西教流徙諸民으로 官吏私語竊幸하여 以爲婾免外侮矣러라 已而요 敵軍忽出保定하여 聲言州官嘗助亂黨하고 將至州而甘心焉이러니 卒賴收卹教徒盡心力하여 教徒中有俠者가 夜入敵軍하여 爲游說(세)라 軍已臨境矣라가 竟不入하고 復(부)引去하니 州卒無事러라

北魏의 大乘賊이 狂藥을 調劑하여 擧事하고서부터 明代의 妖人 馬相이 白蓮教의 術法을 써서 亂을 일으키기까지 모두 바야흐로 봉기하였다가 갑자기 소멸되었고, 그 나머지 盜賊들도 처음 일어날 때에 모두 異術을 빌려와 명분으로 삼았었지만, 지금처럼 亂民들이 怪誕하고 망령된 邪說을 써서 조정에 있는 百官으로 하여금 무리 지어 미혹되어 깨어나지 못하게 한 경우는 종래로 없었다.

歷代의 兵禍가 多端하지만, 우리 清朝의 咸豐・同治 연간 이래의 粵盜와 捻逆[472]에 미쳐 군대를 부리는 것이 피폐한 지경에 이르렀고, 그 禍가 신속히 일어난 것도 五大洲의 군대를 발동시켜 처음부터 끝까지 수십 일 만에 마침내 宮廟를 두려워 떨게 하는 지경에 이른 것이 지금과 같은 경우는 없었다.

傳에 말하기를, "깊은 근심이 聖明을 계발시킨다."[473]라고 하였으니, 우리나라는

472) 粵盜와 捻逆 : 각각 太平天國軍과 捻軍을 가리킨다.

지금부터 아마도 變動하고 光明하여 떨치고 일어나 날로 새로워질 것이다. 한 州의 수백 리 되는 땅이 古今에 없었던 뜻밖의 變을 만났으되 마침내 편안하게 거주하며 생업에 종사하고 외국군이 들이닥치는 憂患으로부터 비켜 있을 수 있었으니, 또한 다행이라 하겠다. 禍와 福의 기틀은 그 사이에 미세한 차이도 용납하지 않나니, 計謀의 得失에 신중하지 않을 수 있겠는가.

漢나라와 晉나라 이래로 唐나라, 宋나라, 金나라, 元나라, 明나라와 本朝(淸朝)에 들어오기까지 深州가 겪은 兵禍를 삼가 기록하되 지금의 畿輔 난만의 일의 始末로써 글을 마치어 후세의 國聞을 다스리는 자[474]로 하여금 상고할 것이 있게 한다.

自北魏大乘賊이 合狂藥起事로 至明世妖人馬相이 用白蓮教術稱亂히 皆始起遽滅이요 其餘盜賊은 初發에 皆借異術爲名이어니와 從未有似今茲亂民用怪妄邪說하여 使在廷百執으로 群焉惑溺而不寤라 歷代兵禍多端이어니와 及我朝咸同以來粤盜捻逆하여 用兵이 (治)〔至〕[475]罷敝矣요 而其禍之捷發도 亦未有動五洲之兵하여 起訖數旬에 遂至震驚宮廟如今者也라 傳曰 殷憂啓聖이라하니 吾國家自今으로 其變動光明하여 振拔而日新矣乎인저 而一州數百里間이 遭古今未有之奇變이로되 竟獲安居作業하고 逃於外至之憂虞하니 亦云幸矣라 禍福之機는 間不容翲忽하나니 謀之藏否를 可勿愼諸(저)아 謹記漢晉以來로 迄唐宋金元明入國朝히 州所歷兵革하되 而終之以今茲畿輔亂民事始末하여 俾來世治國聞者로 有考焉케하노라

473) 깊은……계발시킨다 : 晉나라 劉琨이 元帝에게 王位에 오를 것을 권유하면서 "많은 어려움이 나라를 흥기시키고, 깊은 근심이 聖明을 계발시킨다.〔多難興邦 殷憂啓聖〕"라고 한 말을 인용한 것이다.(≪晉書≫ 권6 〈元帝紀〉)

474) 國聞을……자 : 國史를 편찬하는 史官을 가리킨다.

475) (治)〔至〕 : 저본에는 '治'로 되어 있으나, ≪深州風土記≫에 의거하여 '至'로 바로잡았다.

25-5. ≪深州風土記≫의 敍錄　深州風土記敍錄*

*이 글은 ≪深州風土記≫의 편찬 경위와 체재를 소개하고 각 편의 주제를 차례로 약술한 것이다. ≪심주풍토기≫ 제22편에 해당한다.

옛날에 韓退之(韓愈)는 史書를 짓고자 하지 않았으니[1] 구구하게 한 州, 한 縣에 재주를 써서 옛 사실을 수집하여 연구하면서 세월을 오래도록 보내는 것은 걸출하고 뜻있는 선비가 대개 모두 물리쳐 내버리고 하지 않는 일이다.

昔에 **韓退之不肯作史**하니 **區區用才於一州一縣**하여 **蒐討故實**하여 **窮年恒歲**는 **則豪傑有志之士**가 **慮皆擯棄而不爲**라

深州는 明나라 이래로 인습할 만한 地方志가 적은지라 심주의 옛 친구가 이전에 지방지를 찬수하는 일을 맡겼는데 이미 사양하지 못하였다. 그러니 이 때문에 전대의 기록을 수집하고 산실된 것을 망라하여 문헌에 변석하여 밝히고 한 지방에 확실하게 전하기를[2] 바랐다. 그러나 벼슬살이하고 학문하며 人事를 돌보는 번거로움에 구애되어 누차 짓다가 누차 그만두어 지금에 이르렀다.

난리를 겪은 뒤에 보충하고 편집하여 마침내 책을 완성하니, 모두 39만여 字이고 도합 22편이며 분량이 많은 편은 여러 권으로 나누었다. 이 책에 시간을 다 쓴 것이 참으로 애석하다. 다만 나의 문장은 오래도록 전해지기에 부족하니 어찌 감히 그릇되이 옛사람에 〈나 자신을〉 붙여 〈저술로 자처할 수〉 있겠는가.

深州는 **自明以來**로 **志乘少可因襲**이라 **州中故人**이 **曩以修志諈諉**어늘 **旣不獲讓**하니 **則爲之捃**

1) 韓退之(韓愈)는……않았으니 : 〈答劉秀才論史書〉에서 韓愈는 孔子, 左丘明, 司馬遷, 班固 등의 불우한 삶을 예로 들면서 "역사를 기록한 자들은 人禍를 당하지 않으면 天刑을 당하였으니, 어찌 두려워하지 않고 경솔히 史書를 지을 수 있겠는가.〔夫爲史者 不有人禍 則有天刑 豈可不畏懼而輕爲之哉〕"라고 하였다.(≪韓昌黎集≫ 外集 권2 〈答劉秀才論史書〉)

2) 확실하게 전하기를 : 원문은 '傳信'이다. ≪春秋穀梁傳≫ 桓公 5년에 "≪春秋≫의 의리는 확실한 것은 확실하게 전하고 의심되는 것은 의심되는 대로 전한다.〔春秋之義 信以傳信 疑以傳疑〕"라는 말이 보인다.

摭前載하고 網羅放失하여 庶幾辨章乎文獻하고 傳信乎一方이러니 牽於宦學人事之擾하여 婁作婁輟하여 迄於今茲라 補葺於亂離之餘하여 乃克成書하니 凡三十九萬餘言이요 都廿二篇이며 篇大者는 析爲數卷하니 窮日力於此가 良可惜已로다 顧吾文不足行遠이니 焉敢謬附於昔人이리오

周나라·秦나라로부터 지금에 이르기까지 지역 제도가 일정하지 않고 명칭이 자주 바뀌었다. 지역의 경계가 구분되지 않으면 人文이 어찌 조리가 서겠는가. 〈疆域〉 제1편을 편찬한다.

周秦到今히 地制不常하고 名號數(삭)更이라 域分不區면 人文曷條리오 纂疆域第一하노라

常山[3]이 동쪽으로 비스듬히 뻗어 퍼져서 넓은 평원이 되니, 黃河에서 흘러나온 오래된 물길들이 여기에 있다. 뒤에는 沙河·唐河·滋河가 있고 앞에는 漳河 물가가 가로막고 있으며 가운데에는 虖它河(滹沱河)가 있는데 강이 터져 이동하는 것이 문제이다. 〈河渠〉 제2편을 편찬한다.

常山東迤하여 散爲鴻原하니 大河故瀆在焉이라 後沙唐滋하고 前阻漳濱하며 中有虖它러니 決徙爲患이라 纂河渠第二하노라

河水가 물길이 바뀌어 이곳을 떠나가자 백성들이 그 땅을 밭으로 일구니 과일을 잡다하게 심었고 소금기 많은 땅이 절반을 넘는다. 〈부세를〉 취하는 데에 제도가 있어야 백성들이 소요하지 않으니 國朝(淸朝)에서 법을 정할 적에 대부분 明代의 故事를 인습하였다. 〈賦役〉 제3편을 편찬한다.

河棄而去에 民田其土하니 雜植果隋요 强半潟鹵라 取之有制라야 民用不擾하니 國朝定法에 多襲明故라 纂賦役第三하노라

素王[4]을 존경하여 섬겨서 그 곁에 학교를 세우니 聖人의 文德을 입어 우리의 우매함을 벗어나게 하였다. 학문이 실전되고 道가 산실되어 어리석음으로 변란을 조

---

3) 常山 : 河北省 曲陽縣 서북쪽에 위치한 恒山을 말한다.
4) 素王 : 제왕으로서의 德이 있으나 제왕의 지위에 있지 않은 사람을 뜻하는 말로, 孔子를 가리킨다.

장하면 사당 제사를 비록 엄숙히 지내고 序塾[5]이 비록 많은들 저절로 오랑캐와 같은지라 이단의 학문만도 못하니, 儒者여! 유자여! 〈學校〉 제4편을 편찬한다.

尊事素王하여 立學其傍하니 譽被聖文하여 開我顓蒙이라 學失道散하여 以愚長亂이면 廟祀雖嚴하고 序塾雖殷인들 自同獠蠻이라 異學之不如하니 儒乎儒乎여 纂學校第四하노라

恒山과 瀛州의 동서쪽은 그 땅이 사방으로 戰場이니 五胡와 唐나라가 나뉘어 발호하였다. 明나라 때에 家禍[6]가 일어났을 적에 虖它河를 끼고 진을 쳤고, 후에는 近郊에 예속되어 좀도둑 문제가 있었다. 大淸이 융성하고 태평하여 전쟁이 그쳤는데 粵盜[7]가 경박하여 우리 충성스럽고 선량한 이들을 섬멸하고, 流寇[8]가 다시 떠들썩하였으나 제대로 防守하여 완전히 지켰다. 光緒 26년(1900)에 畿甸에서 난이 일어났을 적에 御駕가 蒙塵하여[9] 四海가 전복되니 백성들이 우러러 그 군주[10]를 司牧으로 섬겨 삼가 오랑캐를 불러들이지 않고 삼가 강성한 오랑캐를 물러가게 하였다. 〈兵事〉 제5편을 편찬한다.

恒瀛東西는 其地四戰이니 五胡暨唐이 割裂畔換이라 有明家禍에 陳夾虖它하고 後隷近郊하여 (山)〔屮〕[11]竊之憂라 大淸隆平하여 偃革休兵이러니 粵盜剽輕하여 殲我忠良하고 流寇再讙이로되 墨守以完이라 維廿六載에 畿甸亂起할새 乘輿蒙塵하여 顚覆四海하니 黔黎喁喁하여 司牧伊主하여 不愼召戎하고 愼退彊虜라 纂兵事第五하노라

이전 시대에 관직을 나눈 것을 후대에 변혁한 것이 많으니, 官簿를 상고하여 기록하고 인물 또한 덧붙여 기재하였다. 〈歷代官制〉 제6편을 편찬한다.

前世分職을 後多變革하니 考錄官簿하고 人亦附著라 纂歷代官制第六하노라

---

5) 序塾 : 지방에 설치한 교육기관을 통칭하는 말이다.
6) 家禍 : 燕王 朱棣(훗날의 永樂帝)가 1399년에 靖難을 구실 삼아 자신의 조카인 建文帝를 몰아내고 1402년에 즉위한 것을 말한다.
7) 粵盜 : 태평천국의 창시자 洪秀全이 廣西에서 起兵하였으므로 淸나라에서는 태평군을 폄하하여 粵盜라고 불렀다.
8) 流寇 : 捻軍을 말한다.
9) 畿甸에서……蒙塵하여 : 義和團 운동의 발발로 光緒帝와 西太后가 西安에 피신한 것을 이른다.
10) 그 군주 : 원문은 '司牧伊主'이다. '司牧'은 君主를 뜻한다. 여기서는 西太后를 가리키는 말이다.
11) (山)〔屮〕 : 저본에는 '山'으로 되어 있으나, ≪吳汝綸全集 1≫(黃山書社, 2002)에 의거하여 '屮'로 바로잡았다.

明代와 昭代[12)]의 官吏와 差備官을 그 年月을 계통에 따라 기록하고 모르는 것은 제쳐두었다.[13)] 〈明以來職官表〉 제7편을 편찬한다.

明及昭代의 **官吏差備**를 **譜其年月**하고 **不知蓋闕**이라 **纂明以來職官表第七**하노라

관리로서 賢能한 자는 名宦祠에서 제사를 지내거니와, 제사는 받지 못하지만 업적이 있는 자는 누가 高下를 매기겠는가. 유명한 관리를 나란히 열거하여 후대의 본보기로 삼는다. 〈名宦〉 제8편을 편찬한다.

吏賢能者는 **祀名宦祠**어니와 **未祀而有績**은 **孰軒輊之**리오 **竝列名宦**하여 **爲後之規**라 **纂名宦第八**하노라

著作에 뛰어난 인재는 시대마다 많이 있지 않다. 漢나라와 晉나라의 崔氏들이[14)] 성대하게 으뜸으로 꼽히고, 隋나라와 唐나라에 미쳐서는 孫氏·魏氏·李氏·張氏가[15)] 나란히 치달려 최씨들에 필적하였다. 明淸 때의 작자들은 대개 옛사람에 미치지 못하지만, 한 권을 작성함에 차마 잘라내 버리지 못하였다. 기록만 있고 책은 없는 것은 헤아릴 수는 없으나, 돌아가신 학자들의 정신이 혹 이에 깃들어 있을 것이다. 〈藝文〉 제9편을 편찬한다.

箸作之才는 **代不多有**하니 **漢晉諸崔**가 **蔚爲選首**요 (泊)〔洎〕[16)]**乎隋唐**하여는 **孫魏李張**이 **竝轡聯鑣**하여 **與崔抗行**이러라 **明淸作者**는 **蓋不逮古**로되 **一卷之成**에 **未忍割舍**라 **有錄無書**는 **不可選**(산)**數**나 **先士精爽**이 **儻式憑此**라 **纂藝文第九**하노라

---

12) 昭代 : 본디 잘 다스려져 밝은 시대를 뜻하는 말로, 當代를 칭송하여 일컫는 말이다. 여기서는 淸代를 가리킨다.

13) 모르는……제쳐두었다 : 원문은 '不知蓋闕'이다. ≪論語≫ 〈子路〉에 "군자는 자신이 모르는 것에 대해서는 대개 제쳐둔다.〔君子於其所不知 蓋闕如也〕"라는 말이 보인다.

14) 漢나라와……崔氏들이 : ≪深州風土記≫에 의하면, 漢나라의 崔篆·崔駰·崔瑗·崔琦·崔寔·崔烈·崔皓, 晉나라의 崔豹를 말한다.

15) 隋나라와……張氏가 : ≪深州風土記≫에 의하면, 隋나라의 李德林·孫萬壽, 唐나라의 李百藥·李安期·魏知古·張薦·張鷟·張讀·張文規·張著·張又新을 말한다.

16) (泊)〔洎〕 : 저본에는 '泊'으로 되어 있으나, ≪吳汝綸全集 1≫(黃山書社, 2002)에 의거하여 '洎'로 바로잡았다.

옛 城과 황폐한 정자, 나루와 鎭堡는 옛날을 상고할 때 참고할 바인지라 분명히 기록하여 후세에 보인다. 촌락과 宅墓는 이에 의거하여 조문할 곳이다. 北魏와 北齊의 佛寺와 道觀은 천년이 지난 고적인지라 名勝이 남아 있어 유람에 도움이 된다. 〈古蹟〉 제10편을 편찬한다.

故城廢亭과 **津渡鎭堡**는 **考古攸資**라 **甄錄示後**요 **村墟宅墓**는 **憑弔之處**요 **魏齊寺觀**은 **閱歲踰千**이라 **名勝遺留**하여 **有裨觀游**라 **纂古蹟第十**하노라

산실된 典籍은 碑刻에서 고증할 것이니, 鄕曲에 때때로 六朝의 遺跡이 있다. 근래에 故事가 시간이 지날수록 인몰되나 사라진 내용이 비각에 있어 혹 견문을 넓히는 데 도움이 될 것이다. 〈金石〉 제11편을 편찬한다.

典籍散亡은 **證之碑刻**이니 **鄕曲時有六朝舊蹟**이라 **近代掌故**가 **踰時而湮**이로되 **佚在貞珉**하여 **或補方聞**이리라 **纂金石第十一**하노라

安平의 崔氏는 옛날의 명망 있는 姓이니, 漢나라와 唐나라의 천 년 동안 世系가 오래될수록 더욱 성대해졌다. 그 支流를 表[17]로 만들었으니 史書를 읽는 자가 도움을 받을 수 있을 것이다. 이에 여러 姓氏에 이르러 당시의 賢人들까지 아울러 미쳐 譜學을 열어 深州 사람들에게 누리게 한다. 〈人譜〉 제12편을 편찬한다.

安平之崔는 **古之箸姓**이니 **漢唐千載**에 **系久愈盛**이라 **表其枝別**하니 **讀史者資焉**이라 **爰及庶氏**하여 **竝逮時賢**하여 **開玆譜學**하여 **以餉州人**이라 **纂人譜第十二**하노라

深州는 明나라 이전에 시대마다 유명한 자가 있어 尙書와 侍郎과 卿과 少卿이 先後하여 잇달아 나왔는데 我朝(淸朝)에 점점 쇠미해져 세상에 알려지지 않은 채 빛나지 못했다. 백 년 동안 현달한 관리는 劉氏・張氏와 趙氏이다. 科擧에 급제한 이들을 덧붙여 기록하니 盛衰를 상고할 수 있을 것이다. 〈薦紳表〉 제13편을 편찬한다.

州在前明에 **代有聞者**하여 **尙侍卿貳**가 **先後踵武**러니 **我朝寖微**하여 **幽潛弗燿**라 **百年顯宦**은 **劉張暨趙**라 **附著科弟**하니 **盛衰有考**라 **纂薦紳表第十三**하노라

---

17) 表 : ≪深州風土記≫ 〈人譜〉에 〈崔氏世譜〉가 있다.

당시에 영화롭고 현달하여 內職과 外職을 출입하며 공적을 세운 경우는 遺蹟에서 고찰해볼 수 있고 서책에 환히 드러나 있다. 〈名臣〉 제14편을 편찬한다.

榮顯於時하여 **出入有立**은 **考覽遺蹟**이요 **光於篇笈**이라 **纂名臣第十四**하노라

선비가 文采가 있으면 川澤이 이 때문에 빛난다. 백 그루 떨기나무에 이삭 하나가 외로이 가지에 패었으되 英華를 모아 결실을 맺으면 마침내 道德을 짊어지나니, 백발이 되도록 經書 하나만 읽어도 얻음이 있다고 하는 것이다. 西學이 동쪽으로 온 것은 明나라 말엽에 비롯되었는데, 잡다하게 조화의 이치를 밝혔으니 그 算數의 학문은 어디에 근본하였는가. 선비는 한 부류가 아니거늘 深州에는 모든 부류가 다 있었다. 〈文學〉 제15편을 편찬한다.

士有文采에 **川澤爲輝**라 **百樸一秀**가 **孤英在枝**로되 **斂英入實**에 **乃荷道德**하나니 **皓首一經**도 **亦云有得**이라 **西學東來**는 **始明季晩**하니 **雜揉造化**하니 (蒜)〔算〕[18]**數焉本**이리오 **士不一流**어늘 **州盡有之**라 **纂文學第十五**하노라

燕·趙 지방은 강개하여 節操와 俠氣를 숭상하였으니 明나라 말엽에 절의를 위해 죽어서 쓰러진 시체가 즐비하였다. 우리 皇朝의 위엄이 멀리 미치고 신하들이 힘써 무예를 익히니, 호위 무사들이 크게 정벌하고 집으로 영광스럽게 돌아왔다. 그런데 咸豐·同治 연간에 재차 난이 일어나서[19] 우리 閭里에 해독을 끼쳤다. 〈武節〉 제16편을 편찬한다.

燕趙慷慨하여 **高上節俠**하니 **明季義死**하여 **僵尸鱗接**이러라 **我皇威遠**하고 **臣力師武**하니 **爪士濯征**하고 **歸榮牖下**러니 **咸同再駭**하여 **毒我閭里**라 **纂武節第十六**하노라

賢人은 지위가 높아 백성들에게 멀지만, 관리는 郡邑에서 은혜와 포악함이 즉시

---

18) (蒜)〔算〕: 저본에는 '蒜'으로 되어 있으나, ≪吳汝綸全集 1≫(黃山書社, 2002)에 의거하여 '算'으로 바로잡았다.

19) 咸豐……일어나서 : 태평천국의 난이 발발한 것을 이른다. 咸豐은 淸 文宗의 연호(1851~1861)이며, 同治는 淸 穆宗의 연호(1862~1874)이다. 태평천국은 1851년에 수립되어 1864년까지 존속하였다.

효과가 있으니, 나아가 벼슬살이를 하여 업적이 드러나면 社에서 제사를 지낼 수 있다. 〈吏績〉 제17편을 편찬한다.

賢人位高하여 **於民曠遼**나 **吏於郡邑**에 **惠虐立效**하니 **出宦蹟箸**면 **可祭於社**라 **纂吏績第十七**하노라

孝는 하늘의 常道이며 中庸은 능한 이가 드물다.[20] 떳떳한 본성을 가진 백성이 좋아하는 것은[21] 鄕縣에서 익히 일컬어져 왔다. 仁을 미루어 〈기록을〉 두루 넓혀서 신의와 진휼[22]을 행한 사람까지 넓게 〈기록한다.〉 〈孝義〉 제18편을 편찬한다.

孝爲天經이요 **中庸鮮能**이라 **秉彝之好**는 **鄕縣熟稱**이니 **推仁滂逮**하여 **任卹是宏**이라 **纂孝義第十八**하노라

詩畫는 한 가지 기예일 뿐이지만, 이름을 이루는 것은 어렵다. 〈외지에서 이곳으로 와서〉 우거하는 인사가 명성이 높아지면 명승고적을 이에 남긴다. 〈流寓〉 제19편을 편찬한다.

詩畫一藝耳로되 **成名則艱**이라 **寓公聲高**에 **勝蹟斯留**라 **纂流寓第十九**하노라

집안이 잘 다스려지지 못해 부인이 학문의 영향을 받지 못하더라도 天性이 淸淑함을 발휘하여 현숙함과 효성이 모이면 지아비와 아들로 인하여 명성을 역사에 드리운다. 곧고 미더운 절개가 눈서리처럼 희니, 몸은 가볍게 여기고 의리는 무겁게 여겨 격동하여 英烈이 되었다. 〈列女〉 제20편을 편찬한다.

門內治失에 **婦不染學**이라도 **天挺淸淑**하여 **乃鍾賢孝**하면 **緣夫及子**하여 **垂聲在史**라 **貞信之節**이

20) 中庸은……드물다 : ≪論語≫ 〈雍也〉에 "孔子께서 '中庸의 德이 지극하구나. 사람들이 〈이 德을〉 소유한 이가 적은 지 오래이다.' 하였다.〔子曰 中庸之爲德也 其至矣乎 民鮮久矣〕" 하였으며, ≪中庸≫ 3장에 "공자께서 '中庸은 지극할 것이다. 사람들이 능한 이가 적은 지가 오래이다.' 하였다.〔子曰 中庸 其至矣乎 民鮮能久矣〕" 하였다.

21) 떳떳한……것은 : 원문은 '秉彝之好'이다. ≪詩經≫ 〈蒸民〉에 "사람이 떳떳한 본성을 가진지라 이 아름다운 덕을 좋아하도다.〔民之秉彝 好是懿德〕"라고 한 데서 온 말이다.

22) 신의와 진휼 : 원문은 '任卹'이다. ≪周禮≫ 〈地官 大司徒〉에 "六行은 孝·友·睦·姻·任·恤이다."라고 한 데서 온 말이다. 鄭玄의 주에 '任'은 友道를 미덥게 하는 것이고, '恤'은 가난을 근심하는 자를 진휼하는 것이라 하였다.

皭若霜雪하니 身輕義重하여 激爲英烈이라 纂列女第廿하노라

강과 들이 아득하니 기이함과 화려함이 보배가 아니라 충만한 기운이 성대하게 맺혀 발산하여 풍족한 물산이 되니, 토질에 맞는 물건을 이에 쌓아두고 이에 가지고 있다. 〈物産〉 제21편을 편찬한다.

川原莽蒼하니 怪麗非寶요 磅礴鬱結하여 泄爲殷阜하니 物土之宜를 爰居爰有라 纂物産第廿一하노라

생각건대 深州는 이미 直隸로 승격되었으니 3개 縣이 와서 예속되어 심주와 더불어 넷이 되었다. 漢나라·元나라로부터 지금에 이르기까지 2천 년 남짓 동안 遺聞과 故事가 여러 史書에 흩어져 있으며, 傳記와 文物이 그 넉넉한 평판이 밝게 갖추어져 있고, 산실된 내용이 있는 것은 간간이 금석문자에 보이니 이미 편집하여 조목별로 차서를 두었다.

다만 글만 있고 그림은 없는지라 보는 자가 이를 아쉬운 점으로 여긴다. 종전에 天文 曆算의 宗工인 海寧 李公[23]이 그의 제자 熊方柏을 추천하였는데 사사로이 초빙할 수 없는지라 疆帥[24]에게 아뢰어 同文館[25]에 문서를 보내어 사신으로 와서 심주를 위해 측량하여 그림을 그리게 하여 2년으로 기한을 정하였는데, 주인[26]이 혼매하여 3개월 만에 그만두었다. 이후에 결국 그림을 그릴 수 있는 자가 없었으니 애석하고 애석하다. 삼가 明나라 이래 州縣의 志를 찬수한 諸君의 姓名과 年代를 계통별로 기록하여 그 시종을 상고하고 인하여 지금 편찬한 목차를 논열하여 〈深州風土記敍錄〉 제22편으로 삼는다.

維深州는 旣升爲直隸하니 三縣來屬하여 與州而四라 自漢元到今히 餘二千歲에 遺聞故事가

23) 海寧 李公 : 淸나라 말기의 수학자 李善蘭(1814~1884)을 말한다. 이선란은 浙江 海寧 사람으로 자는 壬叔이며 호는 秋紉이다. 1868년부터 몰년까지 북경 同文館의 算學總敎習으로 재직하였다.

24) 疆帥 : 淸代에 總督과 巡撫를 일컫는 말이다.

25) 同文館 : 1862년 북경에 설립된 외국어 전문학교로서, 總理衙門의 부속관청이다. 본디 영어·프랑스어·러시아어 등의 외국어를 교육하였는데, 1866년에는 외국어 외에 자연과학을 가르치는 算文館이 추가로 설립되었다.

26) 주인 : 오여륜 자신을 가리킨다. 오여륜은 1871년에서 1873년까지 深州知州를 지냈다.

散在諸史하며 傳記文物이 富聲明備하고 厥有佚墜는 間見(현)於金石文字하니 既綴緝而條次之矣라 獨有書無圖하니 覽者病諸(저)라 異時에 天(蒜)〔算〕[27]宗工海寧李公이 薦其弟子方柏氏熊이어늘 私聘不可라 白之疆帥하여 移書同文하여 以使事來하여 爲州測繪하여 刻以再期어늘 主人憒眊하여 三月而罷라 後遂莫能圖하니 惜哉惜哉로다 謹譜明以來州縣修志諸君姓名年世하여 考其終始하고 因論列今所纂目次하여 爲深州風土記敍錄第廿二하노라

27) (蒜)〔算〕: 저본에는 '蒜'으로 되어 있으나, ≪吳汝綸全集≫에 의거하여 '算'으로 바로잡았다.

附錄

〔附錄 1〕 – 索引

〔附錄 2〕 – 參考資料

索 引

索 引 凡 例

1. 색인의 대상

본서의 색인은 ≪譯註 明淸八大家文鈔≫(全4冊)의 原文을 대상으로 하였다.

2. 색인의 구성

1) ≪明淸八大家文鈔≫는 八大家의 작품을 選集한 책이다. 이에 歸有光의 〈歸震川文鈔〉, 方苞의 〈方望溪文鈔〉, 劉大櫆의 〈劉海峰文鈔〉, 姚鼐의 〈姚姬傳文鈔〉, 梅曾亮의 〈梅伯言文鈔〉, 曾國藩의 〈曾滌生文鈔〉, 張裕釗의 〈張濂亭文鈔〉, 吳汝綸의 〈吳摯甫文鈔〉로 나누어 각각 색인하였다.

3. 색인 작성 방법

1) 索引語

(1) 색인어는 人名, 官職, 地名, 書名, 國名, 篇名 등의 고유명사와 주요 用語, 故事 등을 중심으로 추출하였다.

(2) 해당 색인어의 변별력을 높이고 내용을 전달하기 위하여 官職, 地名, 國名, 書名, 篇名, 年號, 建物, 器物 등의 부가 정보를 ( ) 안에 표기하였다.

예) 秋官郎(官)　歷山(地)　孤竹(國)　書經(書)
武成(篇)　乾隆(年號)　守耕室(建物)　甌(器物)

(3) 人名, 地名, 書名 등의 경우 일반적으로 통용되는 名稱을 대표 색인어로 설정하고 異稱, 略稱, 別稱 등을 추출하여 상호 참조하게 하였다.

예) 竹君先生 → 朱筠(淸)　朱筠(淸) ← 美叔, 朱竹君, 竹君
宋之南 → 南宋(國)　南宋(國) ← 宋, 宋之南

皖 → 桐城(地)　　桐城(地) ← 皖, 皖城

易 → 周易(書)　　周易(書) ← 易

2) 人名

(1) 人名의 경우 ( ) 안에 國名을 기입하여 인물의 구별을 용이하게 하였다. 국명만으로 불확실한 경우에는 시대명도 같이 표시하였다.

예) 王守仁(明)　　段干木(戰國 晉)　　南宮适(春秋 魯)

(2) 人名이 2인 이상 合稱으로 쓰인 경우 색인어를 따로 뽑아서 상호 참조하게 하였다. 또 아래 '二疏'처럼 여러 사람을 별칭으로 표기한 경우 역시 따로 뽑았다. 다만 堯舜의 경우 시기나 성현을 나타내는 경우가 많으므로 따로 뽑지 않았다.

예) 疏廣受 → 疏廣(漢), 疏受(漢)　　二疏 → 疏廣(漢), 疏受(漢)

疏廣(漢) ← 疏廣受, 二疏　　疏受(漢) ← 疏廣受, 二疏

(3) 人名의 從屬項目은 인물 간의 관계, 問答, 行跡, 官爵, 著書, 評價, 관련된 事件이나 故事 등을 추출하여 참조하게 하였다. 동일한 색인어는 '──'를 사용하여 생략하였다.

예) 袁枚(淸)←簡齋先生, 隨園君, 子才

── 江寧知縣(官)

── 銅鼓賦

── 溧水縣令(官)

── 世謂百餘年來 極山林之樂 獲文章之名 蓋未有及君也

── 隨園(別莊)

── 隨園詩集(書)

── 袁錡(祖父)

── 袁濱(父)

── 袁樹(堂弟)

── 粤有耆龐 才博以豐 出不可窮 匪雕而工

—— 蔣士銓(友)

—— 陳熙(弟子)

—— 沈德潛(友)

—— 隨園雅集圖(畵)

2) 官爵

(1) 官爵의 從屬項目은 해당 관작에 관련된 인물을 추출하였다.

예) 禮部侍郞(官)

———— 廷璐(淸)

———— 張廷瑑(淸)

3) 書名

(1) 書名의 경우 '(書)'라고 부기하였으며, 異稱은 함께 추출하여 상호 참조하게 하였다. 다만 ≪詩經≫, ≪書經≫이 '詩', '書'로 표기된 경우 完稱으로 추출하였다.

예) 尙書→書經(書)　　　　書經(書)←尙書

'詩', '書'의 경우 : 詩經(書), 書經(書)

(2) 書名의 從屬項目은 관련 내용, 관련 篇名을 추출하고, 인용문인 경우 주요 語彙와 句節을 추출하였다. 어휘와 구절의 경우 ( ) 안에 해당 편명을 표기하였다.

예) 詩經(書)

—— 三百篇 多不知其作者所自

—— 樂只君子 邦家之光 樂只君子 萬壽無疆(南山有臺)

—— 猗那(篇名)

—— 淸廟(篇名)

—— 隰有萇楚 猗儺其枝 夭之沃沃 樂子之無知(隰有萇楚)

4) 故事·成語

(1) 본문의 중요한 語彙와 句節을 색인어로 추출하였다. 인용문인 경우 색인어의 종속항목으로 뽑았다.

예) 狄仁傑(唐)

——— 對俗吏 不暇與偶語

莊子(書)

—— 觀化(至樂)

張良(漢)

—— 敎四皓 以羽翼太子

4. 항목 배열 및 표시

1) 색인어의 배열은 한글 가나다 순서를 따랐으며 두음법칙을 적용하였다.

2) 색인어의 위치는 '冊數-面數'의 형태로 하고, 冊數와 面數는 아라비아숫자로 표기하였으며, 같은 책은 面數가 다른 경우에는 冊數는 생략하고 面數만 ','로 이어 표기하였다.

예) 望溪→方苞(淸) 1-35, 37, 2-201, 281

3) 색인에 사용한 부호는 다음과 같다.

—— : 동일한 색인어 생략 표시

→ : 대표 색인어로 나간 표시

← : 대표 색인어로 모아주는 표시

( ) : 색인어에 대한 부가정보 표시

, : 面數와 面數 구분, 상호참조 색인어가 둘 이상일 때 구분하는 표시

제1권 歸震川文鈔 索引

【ㄱ】

【ㄴ】

【ㄷ】

【ㅁ】

【ㅂ】

【ㅅ】

【ㅇ】

【ㅈ】

【ㅊ】

【ㅌ】

【ㅍ】

제2권 方望溪文鈔 索引

【ㄱ】

【ㄴ】

【ㄷ】

【ㅁ】

【ㅂ】

【ㅅ】

【ㅇ】

【ㅈ】

【ㅊ】

【ㅌ】

【ㅍ】

【ㅎ】

제3권 劉海峰文鈔 索引

【ㄴ】

【ㄷ】

【ㄹ】

【ㅁ】

【ㅂ】

【ㅅ】

【ㅇ】

【ㅈ】

【ㅊ】

【ㅌ】

【ㅍ】

【ㅎ】

제4권 姚姬傳文鈔 索引

【ㄱ】

【ㄴ】

【ㄷ】

【ㄹ】

【ㅁ】

【ㅂ】

【ㅇ】

【ㅈ】

【ㅊ】

【ㅌ】

【ㅍ】

【ㅎ】

제5권 梅伯言文鈔 索引

【ㄱ】

【ㅈ】

【ㅍ】

【ㅎ】

제6권 曾滌生文鈔 索引

【ㄴ】

【ㄷ】

【ㅁ】

【ㅅ】

【ㅇ】

【ㅈ】

【ㅊ】

【ㅎ】

제7권 張濂亭文鈔 索引

【ㄱ】

【ㅁ】

【ㅂ】

【ㅅ】

【ㅇ】

【ㅈ】

【ㅊ】

【ㅌ】

【ㅍ】

【ㅎ】

제8권 吳摯甫文鈔 索引

【ㄱ】

【ㄴ】

【ㄷ】

【ㅁ】

【ㅂ】

【ㅅ】

【ㅇ】

【ㅈ】

【ㅊ】

【ㅌ】

【ㅍ】

【ㅎ】

1. ≪明清八大家文鈔 4≫ 參考書目

◇ 底本

- ≪明清八大家文鈔≫, 王文濡(淸) 編, 進步書局, 石印本, 1915.

◇ 底本 관련 자료

- ≪明淸八大家文鈔≫, 趙伯陶 導讀, 李保民・冷時峻 整理集評, 上海古籍出版社, 2008.
- ≪濂亭文集≫, 張裕釗(淸) 撰, 淸光緖八年(1882)刻本.
- ≪張裕釗詩文集≫, 張裕釗(淸) 撰, 王達敏 校點, 上海古籍出版社, 2007.
- ≪桐城吳先生全書≫, 吳汝綸(淸) 撰, 淸光緖三十年(1904)吳氏家刻本.
- ≪吳汝綸全集≫, 吳汝綸(淸) 撰, 施培毅・徐壽凱 校點, 黃山書社出版社, 2002.

◇ 原典

〔經部〕

- ≪論語集註大全≫, 朱熹(宋) 集註, 胡廣(明) 等 編, 朝鮮 內閣本, 影印本, 學民文化社.
- ≪孟子注疏≫, 阮元(淸) 校刻, 十三經注疏(淸 嘉慶刊本), 中華書局, 2009.
- ≪孟子集註大全≫, 朱熹(宋) 集註, 胡廣(明) 等 編, 朝鮮 內閣本, 影印本, 學民文化社.
- ≪書傳大全≫, 蔡沈(宋) 集傳, 胡廣(明) 等 編, 朝鮮 內閣本, 影印本, 學民文化社.
- ≪詩傳大全≫, 朱熹(宋) 集傳, 胡廣(明) 等 編, 朝鮮 內閣本, 影印本, 學民文化社.
- ≪禮記集說大全≫, 陳澔(元) 集說, 胡廣(明) 等 編, 朝鮮 內閣本, 影印本, 學民文化社.
- ≪儀禮注疏≫, 鄭玄(漢) 注, 賈公彦(唐) 疏, 北京大學出版社, 2000.
- ≪周禮正義≫, 孫詒讓(淸), 續修四庫全書 82~84, 上海古籍出版社, 1995~1999.
- ≪周易傳義大全≫, 程頤(宋) 傳, 朱熹(宋) 本義, 胡廣(明) 等 編, 朝鮮 內閣本, 影印本, 學民文化社.
- ≪中庸章句大全≫, 朱熹(宋) 集註, 胡廣(明) 等 編, 朝鮮 內閣本, 影印本, 學民文化社.
- ≪春秋經筌≫, 趙鵬飛(宋) 撰, 文淵閣四庫全書 제157책, 臺灣商務印書館, 1983~1986.

- ≪春秋穀梁傳注疏≫, 范寧(晉) 注, 楊士勛(唐) 疏, 北京大學出版社, 1999.
- ≪春秋公羊傳注疏≫, 何休(漢) 注, 徐彦(唐) 疏, 北京大學出版社, 1999.
- ≪春秋左傳正義≫, 杜預(晉) 注, 孔穎達(唐) 疏, 北京大學出版社, 1999.
- ≪韓詩外傳≫, 韓嬰(漢) 撰, 文淵閣四庫全書 제89책, 臺灣商務印書館, 1983~1986.

〔史部〕

- ≪舊唐書≫, 劉昫(後晉) 等 撰, 中華書局, 1996.
- ≪國語≫, 左丘明(周) 撰, 朝鮮 鐵鑄字本, 影印本, 學民文化社.
- ≪大淸會典≫, 允祹(淸) 撰, 文淵閣四庫全書 제619책, 臺灣商務印書館, 1983~1986.
- ≪史記≫, 司馬遷(漢) 撰, 中華書局, 1974.
- ≪三國志≫, 陳壽(晉) 撰, 裴松之(南朝 宋) 注, 中華書局, 1971.
- ≪宋史≫, 脫脫(元) 等撰, 中華書局, 1985.
- ≪宋書≫, 沈約(梁) 撰, 文淵閣四庫全書 제257~258책, 臺灣商務印書館, 1983~1986.
- ≪水經注≫, 酈道元(北魏) 撰, 文淵閣四庫全書 제573책, 臺灣商務印書館, 1983~1986.
- ≪新唐書≫, 歐陽脩(宋) 宋祁(宋) 撰, 中華書局, 1975.
- ≪列女傳≫, 劉向(漢) 撰, 文淵閣四庫全書 제448책, 臺灣商務印書館, 1983~1986.
- ≪逸周書≫, 孔晁(晉) 注, 文淵閣四庫全書 제370책, 臺灣商務印書館, 1983~1986.
- ≪戰國策≫, 高誘(漢) 注, 姚宏(宋) 續注, 文淵閣四庫全書 제406책, 臺灣商務印書館, 1983~1986.
- ≪晉書≫, 房玄齡(唐) 等 撰, 中華書局, 1997.
- ≪淸史稿≫, 趙爾巽(淸) 等 撰, 中華書局, 1974.
- ≪漢書≫, 班固(後漢) 撰, 中華書局, 2002.
- ≪後漢書≫, 范曄(南朝 宋) 撰, 中華書局, 1996.
- ≪後漢書補逸≫, 姚之駰(淸) 撰, 文淵閣四庫全書 제402책, 臺灣商務印書館, 1983~1986.
- ≪欽定盛京通志≫, 阿桂(淸) 等 撰, 文淵閣四庫全書 제501~503책, 臺灣商務印書館, 1983~1986.

〔子部〕

- ≪古今合璧事類備要≫, 謝維新(宋) 編, 文淵閣四庫全書 제939~941책, 臺灣商務印書館, 1983~1986.
- ≪孔叢子≫, 孔鮒(漢) 撰, 文淵閣四庫全書 제695책, 臺灣商務印書館, 1983~1986.
- ≪管子≫, 管仲(周) 撰, 文淵閣四庫全書 제729책, 臺灣商務印書館, 1983~1986.
- ≪近思錄≫, 朱熹(宋)・呂祖謙(宋) 同編, 文淵閣四庫全書 제699책, 臺灣商務印書館, 1983~1986.

- ≪老子道德經≫, 王弼(魏) 注, 文淵閣四庫全書 제1055책, 臺灣商務印書館, 1983~1986.
- ≪論衡≫, 王充(漢) 撰, 文淵閣四庫全書 제862책, 臺灣商務印書館, 1983~1986.
- ≪山海經≫, 郭璞(晉) 註, 文淵閣四庫全書 제1042책, 臺灣商務印書館, 1983~1986.
- ≪世說新語≫, 劉義慶(南朝 宋) 撰, 文淵閣四庫全書 제1035책, 臺灣商務印書館, 1983~1986.
- ≪小學集注≫, 朱熹(宋) 撰, 文淵閣四庫全書 제699책, 臺灣商務印書館, 1983~1986.
- ≪荀子≫, 荀況(戰國) 撰, 楊倞(唐) 注, 盧文弨(淸) 等校, 中華書局, 1985.
- ≪揚子法言≫, 揚雄(漢) 撰 ; 李軌(晉) 注, 臺灣中華書局, 1968.
- ≪呂氏春秋≫, 呂不韋(秦) 撰, 文淵閣四庫全書 제848책, 臺灣商務印書館, 1983~1986.
- ≪列子≫, 列御寇(周) 撰, 文淵閣四庫全書 제1055책, 臺灣商務印書館, 1983~1986.
- ≪莊子≫, 莊周(周) 撰, 文淵閣四庫全書 제1058책, 臺灣商務印書館, 1983~1986.
- ≪朱子大全≫, 朱熹(宋) 撰, 朝鮮 影印本, 學民文化社, 2004.
- ≪天工開物≫, 宋應星(明) 撰, 續修四庫全書 제1115책, 上海古籍出版社, 1995~1999.
- ≪太平御覽≫, 李昉(宋) 等撰, 中華書局, 1960.
- ≪通雅≫, 方以智(明) 撰, 文淵閣四庫全書 제857책, 臺灣商務印書館, 1983~1986.
- ≪韓非子≫, 韓非(周) 撰, 文淵閣四庫全書 제729책, 臺灣商務印書館, 1983~1986.
- ≪淮南子≫, 劉安(漢) 撰, 文淵閣四庫全書 제848책, 臺灣商務印書館, 1983~1986.

〔集部〕

- ≪東坡全集≫, 蘇軾(宋) 撰, 文淵閣四庫全書 제1107~1108책, 臺灣商務印書館, 1983~1986.
- ≪文選≫, 蕭統(梁) 編, 李善(唐) 等註, 文淵閣四庫全書 제1330~1331책, 臺灣商務印書館, 1983~1986.
- ≪文苑英華≫, 李昉(宋) 編, 文淵閣四庫全書 제1333~1342책, 臺灣商務印書館, 1983~1986.
- ≪文忠集≫, 歐陽修(宋) 撰, 文淵閣四庫全書 제1102~1103책, 臺灣商務印書館, 1983~1986.
- ≪詳說古文眞寶大全≫, 黃堅(宋) 編, 朝鮮 影印本, 學民文化社.
- ≪樂府詩集≫, 郭茂倩(宋) 輯, 文淵閣四庫全書 제1347~1348책, 臺灣商務印書館, 1983~1986.
- ≪御選唐宋文醇≫, 弘歷(淸) 編, 文淵閣四庫全書 제1447책, 臺灣商務印書館, 1983~1986.
- ≪柳河東集≫, 柳宗元(唐) 撰, 文淵閣四庫全書 제1067책, 臺灣商務印書館, 1983~1986.
- ≪臨川文集≫, 王安石(宋) 撰, 文淵閣四庫全書 제1105책, 臺灣商務印書館, 1983~1986.
- ≪楚辭集註≫, 朱熹(宋) 集註, 文淵閣四庫全書 제1062책, 臺灣商務印書館, 1983~1986.
- ≪韓昌黎文集校注≫, 韓愈(唐) 撰, 馬其昶, 馬茂元 整理, 上海古籍出版社, 1987.
- ≪晦庵集≫, 朱熹(宋) 撰, 文淵閣四庫全書 제1143~1146책, 臺灣商務印書館, 1983~1986.

◇ 研究論著 및 飜譯書

〔韓國〕

• 김화진, 〈근대시기 동성파 고문의 변화 양상 - 만청 해외유기문을 중심으로〉, ≪중국어문논총≫63, 중국어문연구회, 2014.
• ———, 〈만청 고문 선집의 변천과 문화·교육적 함의〉, ≪중국어문학논집≫84, 중국어문학연구회, 2014.
• ———, 〈吳汝綸 『東遊叢錄』에 나타난 고문글쓰기의 근대적 변이양상〉, ≪중국어문학논집≫88, 중국어문학연구회, 2014.
• ———, 〈청말 교육사상의 근대적 전환과 桐城古文〉, ≪중국어문논총≫76, 중국어문연구회, 2016.
• 敏澤 著, 유병례 외 譯, ≪中國文學理論批評史≫, 성신여자대학교출판부, 2019.
• 백광준, 〈중심 지역 이동에 따른 桐城派의 변화 - 吳汝綸을 중심으로〉, ≪중어중문학≫36, 한국중어중문학회, 2005.
• ———, 〈後期桐城派의 地理 觀念 - 吳汝綸과 張裕釗를 중심으로〉, ≪중국문학≫77, 한국중국어문학회, 2013.
• ———, 〈後期桐城派의 '三江' 論爭 - 吳汝綸, 張裕釗를 중심으로〉, ≪중국문화연구≫43, 중국문화연구학회, 2019.
• ———, ≪동성파 산문집≫, 지식을 만드는 지식, 2019.
• 吳孟復 著, 심경호·김봉희 譯, ≪桐城文派述論≫, 태학사, 1998.
• 이상하 외 역, ≪明淸八大家文鈔≫ 1~3, 전통문화연구회, 2021~2023.

〔日本〕

• 佐藤一郎, ≪中國文章論≫, 研文出版, 1988.

〔中國〕

• 盧　坡, 〈從尺牘交往看張裕釗与吳汝綸對桐城義法的因襲与突破〉, ≪安徽大學學報≫, 安徽大學文學院, 2018.
• 代利萍, 〈論吳汝綸古文創作中的"重文輕理"說〉, ≪淮南師范學院學報≫, 安徽大學文學院, 2015(4).

- 馬　玉,〈吳汝綸与桐城派在清末民初的演變 - 以《漢魏六朝百三家集選》及其刊刻爲考察中心〉, ≪湖南大學學報≫, 安徽大學文學院, 2015(4).
- 葉　龍, ≪桐城派文學史≫, 香港龍門書店, 1975.
- 孫莹莹,〈張裕釗文气論与桐城傳承〉, ≪漢語言文學硏究≫, 河南大學, 2012(3).
- 楊懷志・江小角 主編, ≪桐城派名家評傳≫, 安徽人民出版社, 2001.
- 吳昭謙,〈吳汝綸思想特質探析〉, ≪合肥學院學報≫, 安徽省文史硏究館, 2007(6).
- 李松榮,〈張裕釗、吳汝綸交游考論〉, ≪紹興文理學院學報≫, 深圳大學人文學院, 2022(1).
- 張鳳云,〈守与變:桐城大師吳汝綸的文學傳承与超越〉, ≪安康學院學報≫, 河南大學文學院, 2019.
- 張迪平,〈桐城派美學話語的歷史意義和当代价值〉, ≪甘肅社會科學≫, 甘肅社會科學院, 2016(6).
- 周中明, ≪桐城派硏究≫, 遼寧大學出版社, 1999.
- 曾光光・唐灵,〈吳汝綸与曾國藩關系辨析〉, ≪蘭台世界≫, 暨南大學歷史系, 2014(6).

〔英美〕

- Joseph Roe Allen & Timothy Phelan, *Two studies in Chinese literary criticism*, Institute for Comparative and Foreign Area Studies, University of Washington, 1976.
- Zeng Guangguang, "The Tongcheng School and the social thought of the late Qing dynasty", *Chinese studies in history*, Routledge, 2018, Vol.51(2).

◇ 데이터베이스(DB) 자료

- 동양고전종합DB(http://db.cyberseodang.or.kr)
- 상우천고(http://www.s-sangwoo.kr)
- 한국고전종합DB(http://db.itkc.or.kr)
- 中國基本古籍庫, 黃山書社.
- 電子版 文淵閣四庫全書, 上海古籍出版社.

2. ≪明淸八大家文鈔 4≫ 參考圖版 目錄

3. ≪明淸八大家文鈔 4≫ 板本 見本

其君未之或聞。其下又孰有能知之者乎。司馬遷之述漢初也。有微詞焉。後之人尠足以識之耳。
其後賈生興於孝文之世。請改正朔。易服色。分王諸侯王。定經制。興禮教。諭教太子。禮貌大臣。信
可謂卓然者歟。然於君人者修己正家之道。無一及焉。道之不明也久矣。吾於是知劉向之盛稱
董生非妄也。正身以正朝廷之言。正誼明道之說。孔孟既沒。而程朱未興。千餘歲之中。孰能與於
此哉。惜乎武帝之不能用也。

書埶文志後

余讀班固埶文志。甚高其辭。與班氏它所為文異甚。後讀司馬貞史記索隱引劉向別錄語。則班
氏志所有者。往往而在。然後知為向之辭。而固取之者也。固為漢書。所取司馬遷揚惲馮商揚雄
劉向父子甚衆。今豈知太初以前。本司馬遷三統秝本劉歆而已。其它並已不可見。而是篇傑然
出於班氏之書。考求而乃知其出於劉向。甚矣。文高下不可假也。固之文於東漢人最為崛出。而
與司馬遷相如劉向揚雄較。則不逮遠甚。其中時有其辭之高。而非固所能為者。雖於今不可考。
然可以意而知也。烏乎。非夫昔之人所謂好學深思心知其意者。彼且不以為妄言乎哉。

書魏其武安傳後

魏其既失勢。引灌夫為援。而其後遭禍。乃徒以灌夫故。不然。魏其即與武安隙。禍不至若是酷也。
且灌夫既抗為義烈之行自喜矣。即又何取於武安之臨況魏其以為榮也。進退失據。適足以殃
其身而已。富貴顯赫之途。庸鄙之夫。十而八九焉。意得志溢。則貿然惟勢利之知。而不復識其餘。彼

≪明淸八大家文鈔≫〈張濂亭文鈔〉進步書局 石印本

沒而程朱未興千餘歲之中孰能與於此哉惜乎武帝之不能用也

書蓺文志後

余讀班固蓺文志甚高其辭與班氏它所爲文異甚後讀司馬貞史記索隱引劉向別錄語則班氏志所有者往往而在然後知爲向之辭而固取之者也固爲漢書所取司馬遷揚惲馮商揚雄劉向父子甚衆今壹知太初以前本司馬遷三統秝本劉歆而已其它並已不可見而是篇傑然出於班氏之書考求而乃知其出於劉向甚矣文高下不可假也固之文於東漢人最爲廡出

《濂亭文集》 北京大學圖書館 所藏

𦒍兮其來下。朱衣兮中央。曹椽侍兮雁鶩行。傅爰書兮聽鞫。誓將訟理兮陷之側。山沈淪兮為淵。水填闕兮成田。莽終古兮煩冤。靈安能兮盡聞。憤不舒兮可奈何。願靈保兮有以為。繡畫兮關河。祖規兮孫隨。不騫兮不虧。忽百祅兮千怪。紛競進兮潛噬。目眈睗兮焉求。狻猊陸吼兮鱷鯢川游。雌雄兮首尾。中凡立兮餘幾。瀝肝心兮上訴。冀我靈兮一寤。彈厭四瀆兮紐絕綱。振威棱兮射天狼。火山兮刀樹。血池兮膏鑊。聚不若者兮殲之。亘我圉兮清夷。儻若茲兮神武。蒙靈佑兮遍下寓。旱無亢兮水不溢。毒蟲遠遯兮猛鳥佗適。擊靈鼓兮烹羔羊。歲時報祀兮罔有斁忘。

送張廉卿序

孫況揚雄。世傳所稱大賢。其著書皆以成名乎後世。而孫卿書稱說春申。法言歎安漢公之懿。皆干世論之不韙。載而以告萬世者。世以此頗怪之。我則以謂凡著書者。君子不自得於時者之所為作也。凡所以不自得者。君子之道。不枉實以諛人。而當世貴人在埶者。必好人諛己。十人諛之。一人不諛。則貴人惡其傲己。十人者惡其異己。貴人與貴人比肩於上。十人與十人比肩於下。上惡其傲。下惡其異。雖窮天地橫四海。而無與容我身。吾且於書也何有。於此有一在埶者雖甚惡之。而猶敬乎其名。而不之害傷。則君子俛嘿而就容焉。而以成我書。而是人也雖敬乎其名。固前知其不諛己也。聞有書則就求而亟觀焉。察其譏議所寓。得其疑且似者。且曰此謗我也。此怨非我也。則從而齮齕之矣。蓋必其章章然稱道歎羨我也。夫乃始慭置而相忘焉。彼君子也。其志潔其行危。其不枉實而諛人。衆著於天下後世。及其為書。則往往詭辭謬稱。譎變以自亂以為我意

《明清八大家文鈔》〈吳摯甫文鈔〉進步書局 石印本

送張廉卿序　　　　文集第二

孫況揚雄世傳所稱大賢其著書皆以成名乎後世而
孫卿書稱說春申法言歎安漢公之懿皆干世論之不
韙載而以告萬世者世以此頗怪之吾則以謂凡著書
者君子不自得於時者之所為作也凡所以不自得者
君子之道不枉實以諛人而當世貴人在埶者必好人
諛己十人諛之一人不諛則貴人惡其慠己十人者惡
其異己貴人與貴人比肩於上十人與十人比肩於下
上惡其慠下惡其異雖窮天地橫四海而無與容吾身

≪桐城吳先生全書≫ 하버드 옌칭 도서관 所藏

4. ≪明淸八大家文鈔≫ 總目次

• QR코드를 스캔하면 ≪明淸八大家文鈔≫ 總目次를 볼 수 있습니다.

5. ≪明淸八大家文鈔≫ 解題

• QR코드를 스캔하면 ≪明淸八大家文鈔≫ 解題를 볼 수 있습니다.

責任飜譯

李相夏

啓明大學校 中語中文學科 졸업
高麗大學校 大學院 國語國文學科 文學博士
民族文化推進會 부설 常任研究員 졸업
朝鮮大學校 漢文學科 教授 역임
韓國古典飜譯院 부설 古典飜譯教育院 教授(現)

論文 및 譯書
〈漢文古典 文集飜譯의 특성과 문제점〉
〈≪朱子書節要≫가 조선조에 끼친 영향〉
〈退溪・南冥의 시와 대조적인 학문성향〉 등
≪寒洲 李震相의 主理論 研究≫, ≪冷淡家計≫, ≪儒學的 思惟와 韓國文化≫(공저) 등
≪挹翠軒遺稿≫, ≪月沙集≫, ≪容齋集≫, ≪鵝溪遺稿≫, ≪石洲集≫ 등

共同飜譯

金玟榮

서울大學校 英語英文學科·國語國文學科 卒業
서울大學校 大學院 國語國文學科 博士 修了
韓國古典飜譯院 附設 古典飜譯教育院 專門課程Ⅱ 卒業
韓國古典飜譯院 飜譯委員(現)

論文 및 譯書
〈凌壺觀 李麟祥 산문 연구〉
≪日省錄≫, ≪詳說古文眞寶大全後集≫, ≪明清八大家文鈔 1 歸有光・方苞≫, ≪明清八大家文鈔 2 劉大櫆・姚鼐≫, ≪明清八大家文鈔 3 梅曾亮・曾國藩≫ 등

金成恩

延世大學校 國語國文學科 卒業
延世大學校 大學院 國語國文學科 文學碩士
韓國古典飜譯院 附設 古典飜譯教育院 專門課程 卒業
誠信女子大學校 附設 古典硏究所 硏究員(現)

論文 및 譯書
〈而已广 張混의 漢詩 硏究〉
≪梅山集≫, ≪東槎日記≫, ≪詳說古文眞寶大全後集≫, ≪明清八大家文鈔 1 歸有光・方苞≫, ≪明清八大家文鈔 2 劉大櫆・姚鼐≫, ≪明清八大家文鈔 3 梅曾亮・曾國藩≫ 등

安埈爽

서울大學校 國語國文學科 卒業
서울大學校 大學院 國語國文學科 博士 修了
韓國古典飜譯院 附設 古典飜譯教育院 專門課程Ⅰ 卒業
韓國古典飜譯院 飜譯委員(現)

論文 및 譯書
〈李奎象 人物傳의 作法上 特徵과 立傳意識〉
≪承政院日記(英祖代)≫, ≪詳說古文眞寶大全後集≫, ≪明清八大家文鈔 1 歸有光・方苞≫, ≪明清八大家文鈔 2 劉大櫆・姚鼐≫, ≪明清八大家文鈔 3 梅曾亮・曾國藩≫ 등

禹羅映

서울大學校 中語中文學科 卒業
서울大學校 中語中文學科 碩士 卒業
서울大學校 中語中文學科 博士 修了
韓國古典飜譯院 附設 古典飜譯教育院 專門課程Ⅰ,Ⅱ 卒業
韓國古典飜譯院 飜譯委員(現)
서울大學校 奎章閣韓國學硏究院 硏究員(現)

論文 및 譯書
〈王思任 遊記文의 공간인식 연구〉
≪詳說古文眞寶大全後集≫, ≪明清八大家文鈔 1 歸有光・方苞≫, ≪明清八大家文鈔 2 劉大櫆・姚鼐≫, ≪明清八大家文鈔 3 梅曾亮・曾國藩≫ 등

東洋古典譯註叢書 140
譯註 明清八大家文鈔 4 張裕釗 · 吳汝綸
附 索引 정가 50,000원

2023년 12월 20일 초판 인쇄
2023년 12월 30일 초판 발행

企劃編輯 東洋古典飜譯編輯委員會
飜譯研究管理 南賢熙
著　者 張裕釗 吳汝綸
編　者 王文濡
責任飜譯 李相夏
共同飜譯 金玟榮 金成恩 安埈奭 禹羅映
索　引 禹羅映
潤　文 南賢熙 李孝宰
校　訂 南賢熙 李孝宰
出　版 白俊哲
裝　幀 김진디자인

發行人 郭成文
發行處 社團法人 傳統文化研究會
서울시 종로구 삼일대로 428 낙원빌딩 411호
전화 : (02)762-8401 전송 : (02)747-0083
전자우편 : juntong@juntong.or.kr
홈페이지 : juntong.or.kr
사이버書堂 : cyberseodang.or.kr
온라인서점 : book.cyberseodang.or.kr
등록 : 1989. 7. 3. 제1-936호

인쇄처 : 한국법령정보주식회사(02-462-3860)
총　판 : 한국출판협동조합(070-7119-1750)

ISBN 979-11-5794-568-9 94820
978-89-85395-71-7 (세트)

※ 이 책은 2023년도 교육부 고전문헌 국역지원사업 지원비에 의해 출판되었음.